Jonathan Kühn
Klanggewalt und Wir-Gefühl

Für Onkel Bäda

Gewiss, kein Ersatz für das Christkindl – aber das ist (Gott sei Dank!) ja zugleich „unkaputtbar"! Und wenn Du doch einmal über jenes aus Porzellan traverst, findest Du nachfolgend 484 Seite Ablenkung…

Herzlich
Dein Jonathan

Kohlhammer

Praktische Theologie heute

Herausgegeben von
Stefan Altmeyer
Christian Bauer
Kristian Fechtner
Albert Gerhards
Thomas Klie
Helga Kohler-Spiegel
Isabelle Noth
Ulrike Wagner-Rau

Band 157

Jonathan Kühn

Klanggewalt und Wir-Gefühl

Eine ethnographische Analyse
christlicher Großchorprojekte

Verlag W. Kohlhammer

Meinen Weggefährten

Die Publikation wurde im Rahmen des Projektes „Gemeinde auf Zeit"
durch die EKD und die ELKB gefördert.

1. Auflage 2018

Alle Rechte vorbehalten
© W. Kohlhammer GmbH, Stuttgart
Gesamtherstellung: W. Kohlhammer GmbH, Stuttgart

Print:
ISBN 978-3-17-034505-8

E-Book-Format:
pdf: ISBN 978-3-17-034506-5

Für den Inhalt abgedruckter oder verlinkter Websites ist ausschließlich der jeweilige Betreiber verantwortlich. Die W. Kohlhammer GmbH hat keinen Einfluss auf die verknüpften Seiten und übernimmt hierfür keinerlei Haftung.

Inhaltsverzeichnis

Vorwort 13

A. Annäherung an ein weites Feld:
   „Die 10 Gebote" von außen betrachtet 15

1. Fragehorizont: Singende Masse als Gemeinde? 17
1.1 Welche Fragen stellen sich? 17
1.2 Was ist überhaupt Gemeinde? Auf der Suche nach Orientierung 18
    1.2.1 Theologische Annäherung: Was sagen
           (außer-) biblische Texte über Kirche und Gemeinde? 19
    1.2.1.1 „Kirche" und „Gemeinde" im Neuen Testament 20
    1.2.1.1.a Exkurs: Gemeinschaft nach Apg 2,42 23
    1.2.1.2 „Kirche" und „Gemeinde" in der Confessio Augustana 25
    *1.2.1.3 „Kirche" und „Gemeinde" in der Kirchenverfassung
           der Evangelisch-Lutherischen Kirche in Bayern* 26
    *1.2.1.4 „Kirche" und „Gemeinde" aus gegenwärtiger
           systematisch-theologischer Sicht* 28
    *1.2.1.5 „Kirche" und „Gemeinde" aus gegenwärtiger
           praktisch-theologischer Sicht* 31
    1.2.2 Sozialwissenschaftliche Annäherung: Impulse von
           Max Weber und Winfried Gebhardt 34
    1.2.2.1 Affektuelles Zusammengehörigkeitsempfinden nach Max Weber 34
    1.2.2.2 Situative Event-Vergemeinschaftung nach Winfried Gebhardt 35
    1.2.3 Definitorische Annäherung: Welcher aktuelle Gemeindebegriff
           könnte christlichem Massensingen gerecht werden? 38
1.3 Welche Rolle kann Musik bei der religiösen
    Erfahrung von (Christen-) Menschen spielen? 39
    1.3.1 Zur grundsätzlichen Bedeutung von Musik 39
    1.3.2 Musikalische und (christlich-) religiöse Erfahrung 40
    1.3.2.1 Ästhetische Musikerfahrung und Transzendenzoffenheit 43
    1.3.2.2 Religiöse Deutung ästhetischer Musikerfahrung 44
    1.3.3 Singen als Erfahrung mehrfacher Grenzüberschreitung 45
    1.3.4 Bedeutung von Kirchenmusik für
           Kirchen- und Gemeindeentwicklung 47

2. Forschungsdesign: Potentielle Gemeinden empirisch untersuchen ... 48

2.1 Das Feld abstecken: Welche Projekte sind geeignet? ... 49
2.2 Zum gegenwärtigen Forschungsstand: Wo steht die Erforschung christlicher Riesenchorprojekte? ... 52
2.3 Methodik: Wie wurden die Daten erhoben? ... 55
    2.3.1 Grundsatzfrage: Welche Möglichkeiten und Grenzen hat die Theologie, wenn sie empirisch forschen will? ... 55
    2.3.2 Wie sah die Arbeit im Forschungsverbund „Gemeinde auf Zeit" aus? ... 57
    2.3.3 Welche Methoden kamen zur Anwendung? ... 57
    2.3.3.1 Grundorientierung: Qualitativ statt quantitativ ... 57
    2.3.3.2 Die Kernmethode: Teilnehmende Beobachtung ... 59
    2.3.3.3 Interviews ... 62
    2.3.3.4 Videomitschnitte und Fragebogen ... 64
    2.3.3.5 Triangulation und Mixed Methods ... 65
    2.3.3.6 Typisierung und Anonymisierung ... 68
    2.3.4 Was brachte der Feldforscher an Voraussetzungen mit? ... 69
2.4 Interdisziplinäre Fundierung: Welche wissenschaftlichen Theorien sind hilfreich? ... 70
    2.4.1 Lebenswelt, kleine soziale Lebenswelt(en) und Dichte Beschreibung ... 71
    2.4.1.1 Lebenswelt nach Alfred Schütz und Thomas Luckmann ... 71
    2.4.1.2 Anne Honers Konzept der kleinen sozialen Lebenswelt ... 73
    2.4.1.3 Dichte Beschreibung nach Clifford Geertz ... 77
    2.4.2 Rekonstruktive Sozialforschung und Dokumentarische Methode nach Ralf Bohnsack ... 78
    2.4.2.1 Grundprinzipien der Rekonstruktiven Sozialforschung ... 78
    2.4.2.2 Die Dokumentarische Methode als Leitprinzip der Datenauswertung ... 80
    2.4.3 Erleben und Erfahrung ... 84
    2.4.3.1 Erleben und Erfahrung – eine begriffliche Annäherung ... 85
    2.4.3.2 Erleben und Erfahrung – zwei Beispiele ... 86
    2.4.3.3 Erleben und Erfahrung – methodische und praktische Relevanz für diese Studie ... 88
    2.4.4 Populäre Religion nach Hubert Knoblauch ... 90
2.5 Annäherungsbewegung: von außen nach innen ... 92

Inhalt 7

B. Eintauchen ins Menschen-Meer:
Erleben beim Gospelkirchentag 2014 95

1. Going native:
Gospel-Singen als kleine soziale Lebenswelt 95

1.1 Theoretische Vorbereitungen:
Die Gospelstudie des Sozialwissenschaftlichen Instituts der EKD ... 96
1.2 Ausgestaltung der Feldforschung auf dem Gospelkirchentag 2014 .. 98
1.3 Vorstellung des empirischen Materials zum Gospelkirchentag 2014 98
    1.3.1   Überblick über das Gesamtmaterial 98
    1.3.2   Begründung der Forschungsschwerpunkte 99
    1.3.3   Detaillierter Überblick über die persönlich
            geführten Interviews auf dem Gospelkirchentag 101
1.4 Der Gospelkirchentag 2014 als Manifestation
der kleinen sozialen Lebenswelt Gospel-Singen 104

2. Moved and Inspired: „Ich" in der Masse 108

2.1 Die performative Feedback-Schleife 109
2.2 Zur Auswertungsmethodik erhobener Daten 114
2.3 Erleben in der Masse konkret: „Loved" beim MassChoir I 115
2.4 Rituelle Erfahrung im Menschenmeer 123
2.5 Manipulation oder Horizontweitung? 126

3. United (we sing): Singend im gleichen Boot –
Die dreifache Typologie 135

3.1 Zu Genese und Systematik der Typologien 137
    3.1.1   Prinzip der MassChoir-Typologie 143
    3.1.2   Orientierungsrahmen und Einzeltypen 145
3.2 Orientierungsrahmen Fühlen 148
    3.2.1   Der Wir-Typ 148
    3.2.2   Der Gefühlswellen-Typ 149
    3.2.2.a Exkurs: Emotionale Verständigung und Atmosphäre 151
    3.2.3   Der Überwältigungs-Typ 152
    3.2.4   Der Gegenwelt-Typ 154
    3.2.5   Der Berührungs-Typ 155

3.3 Orientierungsrahmen Denken 156
    3.3.1 Der Weltverbesserungs-Typ 156
    3.3.2 Der Deutungs-Typ 157
    3.3.3 Der Bewältigungs-Typ 158
3.4 Orientierungsrahmen Handeln 160
    3.4.1 Der Musizier-Typ 160
    3.4.2 Der Führer-Typ 161
    3.4.3 Der Lobpreis-Typ 162
    3.4.4 Der Sendungs-Typ 162
3.5 Potentiale, Grenzen und Desiderate 164

C. Vom Moment zur Langzeitwirkung: *Amazing Grace* 169

1. Ein Musical in Ludwigsburg 170

1.1 Ein Musical in mehreren Generationen 172
1.2 Ein Musical mitsingen – Forschungskonzept 178
    1.2.1 Gewinnung der Gesprächspartner, Konzeption
           und praktische Durchführung der Interviews 180
    1.2.2 Übersicht über die Gesprächspartner 184
    1.2.3 Übersicht über die geführten Interviews 187
1.3 Ein Musical und sein Riesenchor 188
    1.3.1 Erhebungen zum Projektchor
           bei *Amazing Grace* in Ludwigsburg 189
    1.3.2 Vorstellung der Interviewpartner
           bei *Amazing Grace* in Ludwigsburg 195
        1.3.2.1 Die Amazing Grace-*Sängerin Anja B. (AB)* 195
        1.3.2.2 Die Amazing Grace-*Sängerin Elske B. (EB)* 196
        1.3.2.3 Die Amazing Grace-*Sängerin Stefanie B. (SB)* 198
        1.3.2.4 Die Amazing Grace-*Sängerin Bärbel F. (BF)* 199
        1.3.2.5 Die Amazing Grace-*Sängerin Brigitte H. (BH)* 203
        1.3.2.6 Die Amazing Grace-*Sängerin Elke H. (EH)* 206
        1.3.2.7 Die Amazing Grace-*Sängerin Nikola I. (NI)* 209
        1.3.2.8 Die Amazing Grace-*Sängerin Gabi K. (GK)* 211
        1.3.2.9 Die Amazing Grace-*Sängerin Frauke L. (FL)* 213
        1.3.2.10 Der Amazing Grace-*Sänger Jens M. (JM)* 215
        1.3.2.11 Die Amazing Grace-*Sängerin Katharina M. (KM)* ... 218
        1.3.2.12 Der Amazing Grace-*Sänger Paul P. (PP)* 220
        1.3.2.13 Der Amazing Grace-*Sänger Michael R. (MR)* 223
        1.3.2.14 Die Amazing Grace-*Sängerin Tanja R. (TR)* 225

Inhalt

1.3.2.15 Die Amazing Grace-Sängerin Gabi S. (GS) 227
1.3.2.16 Der Amazing Grace-Sänger Gerhard S. (SG) 227
1.3.2.17 Die Amazing Grace-Sängerin Hilderose S. (HS) 229
1.3.2.18 Die Amazing Grace-Sängerin Janina S. (JS) 231
1.3.2.19 Die Amazing Grace-Sängerin Kathrin S. (KS) 234
1.3.2.20 Die Amazing Grace-Sängerin Susanna M. (SM) 237
1.3.2.21 Zusammenfassung:
Wer bei Amazing Grace *singend mitwirkt(e)* 239
    1.3.3   Teilnehmende Beobachtung
           bei *Amazing Grace* in Ludwigsburg 241
    1.3.4   Rekonstruktion des Erlebens Dritter am Beispiel von Gabi S. . 242
1.4 Ein Musical nimmt Gestalt an: Beobachtungen zur Probenphase 250
    1.4.1   Vielfältige Ausgangslagen 251
    1.4.2   Wachsende Einheit: Von vielen Individuen zu einer Gruppe .. 253
    1.4.3   In der Masse erblüht individuelle Freiheit 262
1.5 Ein Musical als Feuerwerk: Die Aufführung 266
    1.5.1   Überwältigung und Gänsehaut 269
    1.5.2   Totale Gemeinschaft 272
    1.5.3   Die Feedback-Schleife in der MHP-Arena 273
    1.5.4   Eine Botschaft senden 275
    1.5.5   Eine Botschaft empfangen 277
    1.5.6   Zwischen den Welten:
           Vom Eintauchen in das und Auftauchen aus dem Wunderland 279
1.6 Ein Musical klingt nach 280
1.7 Ein Musical und sein Menschenmeer:
    Auftrieb oder Untergang des Einzelnen? Zu Chancen
    und Kehrseiten der Entindividualisierung in der Masse 285
1.8 Ein Musical und seine singenden Erlebnisnachfrager:
    Was stimmen muss, wesentlich ist und begeistern kann –
    Impulse des Kano-Modells der Kundenzufriedenheit 291
    1.8.1   Das Kano-Modell der Kundenzufriedenheit in Grundzügen 291
    1.8.2   Impulse des Kano-Modells
           für die Forschung zu *Amazing Grace* 295
1.9 Ein besonderer Fall:
    Der mehrfache „Amazing Grace"-Sänger Klaus B. 298

2. Ein Musical proben, erleben und erfahren – drei Typologien und 20 Sänger ... 301

2.1 Ein Musical entsteht: Produktionstypologie ... 304
    2.1.1 Der Gelegenheitssänger ... 306
    2.1.2 Der Gewohnheitssänger ... 309
    2.1.3 Die Promi-Sängerin ... 312
    2.1.4 Der Response-Sänger ... 314
    2.1.5 Die Singende Hörerin ... 317
    2.1.6 Die Distanzierte Sängerin ... 319
2.2 Ein Musical wirkt: Wirkungstypologie ... 324
    2.2.1 Die Soziale Wirkung ... 326
    2.2.2 Die Harmonische Wirkung ... 332
    2.2.3 Die Verändernde Wirkung ... 336
    2.2.4 Die Überwältigende Wirkung ... 339
    2.2.5 Die Distanzierte Beobachterin ... 344
2.3 Ein Musical mit Langzeitwirkung: Nachhaltigkeitstypologie ... 350
    2.3.1 Der Persönlichkeitsentwicklungs-Typ ... 352
    2.3.2 Der Inhaltliche Typ ... 355
    2.3.3 Der Großprojekte-Abo-Typ ... 357
    2.3.4 Der Freundschafts-Typ ... 359
    2.3.5 Der Werbe-Typ ... 362
    2.3.6 Der Keine Nachhaltigkeit-Typ ... 365
2.4 Ein Musical und seine Schlüsselfigur: Die Rolle des musikalischen Leiters Hans-Martin Sauter ... 369
2.5 Ein Musical verändert: Individuelle Entwicklungen während und im Nachgang des Projekts ... 372
    2.5.1 Anja B.: Das Musical als Wegbegleiter auf geistlich-spiritueller Reise ... 373
    2.5.2 Gabi S.: Von der Pionierin zur Multiplikatorin ... 374
    2.5.3 Jens M.: Von Rollen-Routine zu persönlicher Inspiration ... 375
    2.5.4 Michael R.: Wenn geistliche Impulse Langzeitwirkung zeigen ... 375
2.6 Ein Musical lässt zusammenwachsen: Der Projektchor als Gemeinschaft ... 376
    2.6.1 Gemeinschaftsförderung durch ein verbindendes Ziel ... 378
    2.6.2 Gemeinschaftsförderung durch einen gemeinsamen (Verkündigungs-) Auftrag ... 381
    2.6.3 Gemeinschaftsförderung durch gemeinsames Handeln ... 386

Inhalt 11

    2.6.4   Gemeinschaftsförderung durch geteiltes Erleben 390
    2.6.5   Gemeinschaftsförderung durch eine
            kollektive Wohlfühl-Atmosphäre 394
    2.6.6   Gemeinschaftsförderung durch charismatische Führung 399
2.7 Ein Musical als „Krippenspiel für Erwachsene"? 402

3. Ein Musical erforschen – Grenzen des Erklärbaren 405

D. Einblicke und Ausblicke: Emotion statt Institution,
     Identifikation statt Konfession, intensiv statt dauerhaft 409

1. Zuspitzung: Wo und wie entstand (k)eine Gemeinde? 410
1.1 Zweckfreie Moment-Begeisterung:
     Der MassChoir beim Gospelkirchentag in Kassel 411
    1.1.1   Intensive Gemeinschaftserfahrung 412
    1.1.2   Verkündigung und Gottesbegegnung 413
    1.1.3   Auftrag und Sendung 414
    1.1.4   Die MassChoir-Gemeinde 414
1.2 Zielorientierte Langzeit-Erfahrung:
     Amazing Grace in Ludwigsburg 417
    1.2.1   Gemeinschaft integrativer Harmonie 418
    1.2.2   Rezeptive und produktive Kommunikation des Evangeliums . 420
    1.2.3   Gegenwelt zum und Verzahnung mit dem Alltag 422
    1.2.4   Einbindung in die Gesamtkirche 423
    1.2.5   Die Musical-Gemeinde 424

2. Hermeneutische(r) Schlüssel:
     Die Rolle(n) von Emotionalität, Zugehörigkeitserfahrung,
     (religiöser) Sinndeutung und Kirchenmusik 427
2.1 Sehnsucht nach Gemeinschaftserfahrung 427
2.2 Sehnsucht nach religiöser Erfahrung 431
2.3 Hubert Knoblauchs Beobachtungen
     zum Phänomen des spirituellen Fleckerlteppichs 435
2.4 Wilhelm Gräbs Impulse zu Kultur und Religion 438
2.5 Chancen und Gefahren des (Massen-) Singens 441

2.6 Potenziale der Kirchenmusik 444

3. Damit alle gewinnen:
   Eine theologische Positionierung 447
3.1 Vergemeinschaftung, Gemeinde und kirchliche Orte: Plädoyer für
    terminologische Gelassenheit und den Mut zum „dritten Weg" 448
    3.1.1   Das Modell „Kirchliche Orte" 448
    3.1.2   Kirchliche Orte in Kassel und Ludwigsburg 450
    3.1.3   Plädoyer für terminologische Gelassenheit 452
3.2 Miteinander statt Neben- oder Gegeneinander:
    Parochie und Feuerwerk, Kontinuität und Projektbegrenzung,
    regelmäßig und intensiv-verdichtet 454
    3.2.1   Mut zu pluralem Reichtum 454
    3.2.2   Chance gegenseitiger Ergänzung und Korrektur 457
3.3 Reichtum durch Vielfalt: So können alle gewinnen 458

4. Ausblick: Wie es weitergehen könnte 464
4.1 Erweiterter Untersuchungsgegenstand 464
4.2 Erweitertes methodisches Instrumentarium 466
4.3 Konsequenzen für das Selbstverständnis der eigenen Fachdisziplin . 467

5. Verzeichnis verwendeter, zitierter
   und weiterführender Literatur 469

Vorwort

Die vorgelegte Arbeit wurde von der Philosophischen Fakultät und Fachbereich Theologie der Friedrich-Alexander-Universität Erlangen-Nürnberg im Jahr 2017 als Dissertation mit dem Titel „Populär, intensiv, nachhaltig: Singende Massen und individuelle Entwicklungsprozesse. Eine ethnographische Untersuchung christlicher Riesenchorprojekte und der Frage, ob sie ‚Gemeinde' sind" angenommen; für diese Buchausgabe erfolgte eine Überarbeitung. Aus praktischen Gründen, insbesondere aber zugunsten des Schutzes personenbezogener Daten, wird auf die Veröffentlichung des gesamten empirischen Forschungsmaterials – der Dissertation war ein Materialband mit rund 520 Seiten beigelegt – verzichtet. Die zahlreichen in dieser Buchausgabe enthaltenen Interviewausschnitte und Abbildungen sollen gleichwohl zumindest in Grundzügen nachvollziehbar machen, wie die vorgestellten Analyseergebnisse zustande kamen.

Allerlei Grund zur Dankbarkeit besteht im Rückblick auf das mit dieser Buchpublikation im Wesentlichen abgeschlossene Forschungsunterfangen; so will ich alsdann meine Danksagungen machen: meiner Landeskirche, der Evangelisch-Lutherischen Kirche in Bayern, für ein Promotionsstipendium sowie einen Druckkostenzuschuss; der Evangelischen Kirche in Deutschland für die Übernahme nicht geringer Kosten im Forschungsprojektverlauf – über den großzügigen Druckkostenzuschuss hinaus – für Tagungen et cetera; den anderen Mitgliedern des Forschungsverbundes „Gemeinde auf Zeit", insonderheit Tanja Martin und Kathrin Sauer, für das kollegiale Miteinander; meinen theologischen Lehrern, deren Fachkenntnis, Weisheit und Freundschaft mir lieb und teuer sind, allen voran den Professoren Otfried Hofius, Rolf Hille und Jürgen Kampmann; meinem einstigen Erlanger Kollegen Dr. Jochen Kaiser, der mir über die gemeinsame Feldforschung, die Lehrveranstaltungen und engagierten Diskussionen über Gott, die Welt und die CSU zu einem engen Freund geworden ist; Prof. Dr. Manfred Pirner für das wertschätzende Zweitgutachten; meinem Doktorvater, Prof. Dr. Peter Bubmann, für die nun bereits mehrere Jahre während akademische Förderung, die Ermutigung zu weiterer wissenschaftlicher Betätigung über das Promotionsstudium hinaus und die freundschaftliche Verbundenheit trotz nicht unbeträchtlicher theologischer wie politischer Differenzen; meinem gegenwärtigen Vorgesetzten Prof. Dr. Henrik Simojoki, dessen Kollegialität und Freundlichkeit mich zu beeindrucken nicht nachlassen und der als Vorsitzender des Habilitationsfachmentorats meinen weiteren akademischen Weg konstruktiv zu begleiten bereit ist.

Ganz besonders will ich meiner Familie Dank sagen, der anzugehören mir Privileg und Freude ist, allen voran meinen Eltern Margot und Martin für alle Förderung und Begleitung seit nunmehr 35 Jahren. Ihnen, meinen großartigen Geschwistern und all den weiteren vertrauten Weggefährten im Bayern-, Schwaben- und Schottenland, in den Vereinigten Staaten von Amerika und anderswo ist dieses Buch in herzlicher Verbundenheit gewidmet.

A. Annäherung an ein weites Feld: „Die 10 Gebote" von außen betrachtet

Als mich[1] die Anfrage erreichte, im Rahmen eines Promotionsprojekts christliches Riesenchorsingen wie beim Pop-Oratorium „Die 10 Gebote" zu erforschen, lag dessen Uraufführung im Januar 2010 in Dortmund bereits zwei Jahre zurück. So konnte mein Erstzugang zu diesem Stück von Dieter Falk und Michael Kunze nur mehr im Betrachten des Live-Mitschnitts auf DVD bestehen, statt im Publikum an Ort und Stelle zuzuhören oder gar selbst als einer der rund 2.500 Chormitglieder in der Westfalenhalle mitzusingen. Dem Zuschauer, zuhause am Bildschirm, boten sich aus dem Abstand und auf Knopfdruck imposante Bilder eines Menschenmeeres an Sängern in uniformer weißer Gewandung, professioneller Solisten in schillernden Kostümen sowie eine bombastische Klanggewalt, die Ahnung eines alles in allem gigantischen Feuerwerks vermittelnd: an technischem Aufwand, an künstlerischer Professionalität, an wallenden Emotionen bei Akteuren und Rezipienten. Gewiss, Niveau und Anspruch des Stückes hatten mich, der Hochkultur zugeneigter Absolvent eines musischen Gymnasiums, stellenweise als trivial verstört, verschiedene kritische Anfragen an die ästhetische Gestalt(ung) provozierend; und dennoch: dass hier etwas Ungewöhnliches vorlag, das unzählige Menschen begeistert hatte, war unverkennbar. Die Interviews mit Beteiligten im Bonus-Material der DVD verstärkten diese Impressionen des von außen auf „Die 10 Gebote" Blickenden und Hörenden. Tief bewegt und berührt äußerten sich einzelne Menschen über das, was sie als Mitwirkende erlebt hatten: überwältigende Emotionen inmitten der gewaltigen Menschenmenge, *Gänsehaut*[2], intensive Gemeinschaft et cetera.[3]

Bereits diese mediale Erstbegegnung mit dem gegenwärtigen Phänomen christlicher Riesenchorveranstaltungen warf grundlegende Fragen auf: Fragen an den Theologen, Fragen an den Hobbymusiker, Fragen an den Pfarrer. Und so

---

[1] Entgegen anderer im Wissenschaftskontext begegnender Auffassungen erscheint es mir nicht weiterführend, von sich selbst – zumal bei Feldforschung und deren Auswertung, wie diese den Kern der vorgelegten Studie bildet – distanziert in der dritten Person zu schreiben („der Verfasser" oder dergleichen), weshalb ich es in dieser Qualifikationsarbeit prinzipiell unterlasse. Vgl. zu ähnlichem Vorgehen exemplarisch Laack, Religion, 64.

[2] Hier und in dieser Studie häufig ist durch Kursivdruck eine Bezugnahme auf (Interview-) Aussagen von Mitwirkenden an den untersuchten Riesenchorprojekten oder auf vorangehende beziehungsweise unmittelbar nachfolgende wörtliche Zitate kenntlich gemacht, wobei es sich in aller Regel lediglich um einzelne Ausdrücke oder ein sprachliches Bild handelt. Da dieses kursiv Gedruckte selbst kein Zitat im klassischen Sinn ist, wird – nicht zuletzt zugunsten des Leseflusses – dabei auf Fußnoten verzichtet.

[3] Vgl. exemplarisch DVD „Die 10 Gebote", Extras III „Der Countdown zur Premiere", time code 0:08:10–0:09:05.

wuchs in der Folgezeit die fachliche Leidenschaft ebenso wie das persönliche Interesse daran, mich eben diesen zu stellen, ihnen mit geeigneten wissenschaftlichen Mitteln nach- und auf den Grund zu gehen. Dies geschah im Rahmen des Forschungsverbunds „Gemeinde auf Zeit", den die Evangelische Kirche in Deutschland (EKD) zusammen mit der Evangelisch-Lutherischen Kirche in Bayern (ELKB) ins Leben gerufen hatte und der in größeren zeitlichen Abständen zu Austausch und Diskussion zusammentrat.[4]

---

[4] Dieser Forschungsgruppe gehörten (außer mir selbst) an: Prof. Dr. Peter Bubmann (FAU Erlangen), Prof. Dr. Kristian Fechtner (JGU Mainz), Prof. Dr. Birgit Weyel (EKU Tübingen), OKR Prof. Dr. Stefan Ark Nitsche (ELKB), Tanja Martin (JGU Mainz) und Kathrin Sauer, geborene Wanner (EKU Tübingen) sowie zeitweise Propst Dr. Sigurd Rink (EKD), OKR Dr. Konrad Merzyn (EKD), OKR Dr. Torsten Latzel (EKD) und Pfr. Jürgen Schilling (EKD).

1. Fragehorizont: Singende Masse[5] als Gemeinde?

1.1 Welche Fragen stellen sich?

Das Pop-Oratorium „Die 10 Gebote" begegnet als modernes christliches[6] Riesenchorprojekt, das offenkundig – weit über die Uraufführung in Dortmund hinaus – tausende Menschen begeistert hat. Dies ließe sich phänomenologisch als Erfolgsmodell, als zeitgemäße Form christlichen Lebens inmitten der bunten Vielfalt von der parochialer Ortsgemeinden bis hin zu extraordinären Großereignissen wie dem Deutschen Evangelischen Kirchentag, dem Katholikentag, dem Weltjugendtag oder dem Christival schlicht als gegeben anerkennen.[7] Zugleich stellt sich indes eine Vielzahl grundlegender Fragen, welche die vorgelegte Studie nach besten Möglichkeiten zu beantworten und dadurch eine empirisch informierte praktisch-theologische Annäherung an das weite Feld christlicher Großchorveranstaltungen zu unternehmen versucht.

Was erleben Menschen bei christlichen Riesenchorprojekten, was zieht sie an und was begründet ihre Begeisterung? Sind die augenfälligen emotionalen Wallungen einzig das Ergebnis von Dynamiken in Menschenmassen, wie sie auch außerhalb des christlichen Kontextes, etwa in Fußballstadien oder bei Rockfesti-

---

[5] Während umgangssprachlich und in wissenschaftlichen Fachdiskursen „Masse" häufig negativ konnotiert begegnet, zumal als Negativfolie sich ausdifferenzierender Individualisierung, ist der Terminus in dieser Studie prinzipiell wertneutral gebraucht und bezeichnet eine große Anzahl von Menschen, ohne implizit auf deren etwaige Manipulierbarkeit, selbstvergessene Selbstaufgabe, Entindividualisierung oder dergleichen anzuspielen. Zugleich werden an geeigneter Stelle natürlich die Fragen nach Gruppendynamik, Mitschwimmen und Mitgerissenwerden des Einzelnen in der Masse et cetera einschließlich möglicher Gefahren zu diskutieren sein (s. insbesondere Kapitel B 2.5 und C 1.7). In den geführten Interviews ist „Masse" innerhalb eines umfassenden Konnotationsspektrums verortet, weder stets negativ-abgrenzend noch immer positiv-bejahend. Zur Diskussion um gegenwärtige Phänomene im Zusammenhang der Popular- und Massenkultur vgl. Bubmann, Popkultur.

[6] Während die potentiellen Kriterien, die eine Veranstaltung als christlich qualifizieren, strittig sein mögen, erscheint mir neben inhaltlichen Gehalten gesungener Lieder ein formales Kriterium entscheidend: Mit dem Forschungsverbund aus EKD und ELKB verstehe ich die hier untersuchten Chorprojekte bereits deshalb als christlich, weil sie eindeutig an die christliche Kirche angebunden (gewesen) sind, in Kooperation und somit im (Mitverantwortungs-) Bereich der verfassten (evangelischen Volks-) Kirche stattfinden, vgl. Bubmann/Fechtner/Weyel, Ausgang ungewiss, 32.

[7] Vgl. etwa Ueberschär, Kirchentag; Haar, Mega-Begeisterung; Gebhardt/Hitzler/Liebl, Megaparty.

vals, zu beobachten sind? Handelt es sich bei diesen Phänomenen um Reizüberflutungen durch technische Feuerwerke, womöglich gar gezielte Suggestion oder (Massen-) Manipulation durch den geschickten Einsatz von Sound und Bildern, während die gefeierten Inhalte keine Rolle spielen und gleichsam austauschbar wären?

Die Kernfrage, welche zu klären als das Forschungsziel dieser Arbeit identifiziert werden kann, ist so schlicht wie grundlegend: Ereignet sich im Rahmen solcher christlichen Chorprojekte Gemeinde(leben), ist also das emotional – zuweilen höchst – aufgeladene Gemeinschaftserleben über einen stark begrenzten Zeitraum eine Form gemeinsamen Feierns und Ausdrückens des christlichen Glaubens? Und welche Kriterien könnten als konstituierend gelten, damit eine Riesenchorgemeinschaft aus theologischer Perspektive – neben formalen und strukturellen Aspekten – als christliche Gemeinde respektive als Teil von Kirche gelten kann? Ist es womöglich ein vermessener Anspruch, dies überhaupt bejahen oder verneinen zu wollen, zumal als einzelner Theologe?

Könnten, so ein solches Unterfangen gewagt wird, bereits Liedtexte, die Kernelemente des christlichen Glaubens in Worte fassen und jene, die solche Texte freiwillig singen, als diesen Glauben teilend, bezeugend und verkündigend, als ausreichend konstitutiv betrachtet werden, um auf dieser Grundlage solche Chorgemeinschaften zur singenden Gemeinde zu erklären? Oder müsste primär nach der Deutung des Gesungenen durch die Chormitglieder sowie nach ihrer Intention gefragt werden, weil etwa der Wille, mit den anderen Sängern zusammen nicht allein Chor, sondern auch Gemeinde zu sein, sie insgesamt zu einer solchen machte? Welche Rolle spielt das Singen für die einzelnen Mitwirkenden und für ihr Gemeinschaftserleben?

Diesen und weiteren Fragestellungen nachzugehen erschien bereits bei ersten Überlegungen unter dem Eindruck des Live-Mitschnitts aus Dortmund lohnend; in der Folge entwickelte sich das Forscherinteresse weiter mit dem Ziel, den Phänomenen solcher christlicher gegenwärtiger Riesenchorprojekte bestmöglich auf den Grund zu gehen.

1.2 Was ist überhaupt Gemeinde? Auf der Suche nach Orientierung

Dabei erwies sich der Gemeindebegriff als problematisch und herausfordernd, worauf bereits in diesem Kapitel knapp eingegangen werden soll. Denn es gehört zum Gesamtkonzept dieser Studie, erste Klärungen, insbesondere zu den gemeindetheoretischen Fragestellungen, als grundlegend für alles Folgende sehr früh vorzunehmen und beispielsweise auf den aktuellen Forschungsstand im für diese Studie relevanten Wissenschaftsbereich erst im Kapitel A 2.2 einzugehen. Auf diese Weise soll zunächst grundsätzlich erhellt werden, was genau diese Arbeit untersuchen möchte, ehe zum gegenwärtigen Stand der Forschung ein Überblick gegeben wird.

Ob und wann von Kirche oder Gemeinde gesprochen werden kann, ist im gegenwärtigen (praktisch-) theologischen Diskurs höchst strittig, für die Fragestellungen der vorgelegten Studie indes von hoher Relevanz.[8] Deshalb wird bereits im Eingangsteil auf einer theoretisch-abstrakten Ebene davon zu handeln sein: Unter Rekurs auf ausgewählte biblisch-theologische, konfessionstheologische, systematisch-theologische, praktisch-theologische und kirchenjuristische Quellen sowie durch Aufnahme sozialwissenschaftlicher Konzepte menschlicher Gemeinschaftsformen soll eine interdisziplinär ausgerichtete erste Annäherung an einen wissenschaftlich fundierten aktuellen Gemeindebegriff erfolgen, welche am Ende dieser Studie aufgegriffen und hinsichtlich ihres Verhältnisses zu jenen induktiv aus dem empirischen Material gewonnenen Erkenntnissen diskutiert werden soll. Dabei ist zu beachten, dass es sich beim Folgenden um einen deduktiv aus den verschiedenen referierten Theoriequellen gewonnenen Gemeindebegriff handelt, der weder als normatives Vorverständnis von Gemeinde an die empirisch untersuchten Riesenchorprojekte herangetragen wurde noch den Anspruch erhebt, die kontrovers geführten Diskussionen der Gegenwart um einen adäquaten Gemeindebegriff zu lösen. Vielmehr soll er begründete Theorie sein, die mit empirisch Gewonnenem ins Gespräch gebracht werden kann.

1.2.1 Theologische Annäherung: Was sagen (außer-) biblische Texte über Kirche und Gemeinde?

Udo Schnelle[9] hat gezeigt, dass bereits in den ersten Jahr(zehnt)en nach Jesu Wirken die sich auf ihn berufenden Christen ihren Glauben – mindestens auch – gemeinschaftlich und rituell praktiziert haben, insbesondere in Gestalt der Mahlgemeinschaft, sodass heutige christliche Glaubenspraxis in Versammlungen in einer langen Traditionslinie steht, seit den Tagen der sogenannten Urgemeinde[10] bis ins Heute. Auch andere aktuelle exegetische Untersuchungen belegen neben den ethischen Implikationen für den persönlichen Lebenswandel die grundlegend dazugehörende Gemeinschaftspraxis ab den frühen Anfängen des verfassten Christentums, so etwa eindrücklich die Qualifikationsarbeiten von Volker Gäckle[11].

---

[8] Vgl. Scherle, Gemeinde, 1–2; Bubmann/Fechtner/Weyel, Gemeinde auf Zeit (VWGTh), 132–133. Für eine hilfreiche Übersicht zur Entwicklung des Gemeindebegriffs vgl. Möller, Gemeinde.
[9] Vgl. Schnelle, Symbol.
[10] In den neutestamentlichen Fachdiskursen ist die Rede von *Urgemeinde*, *Urchristentum* et cetera offenbar umstritten. Koch plädiert aber überzeugend für die Verwendung des Begriffs *Urchristentum*, sofern damit nicht verklärend ein (normativer) Idealzustand verbunden werde, vgl. Koch, Geschichte, 22–27.
[11] Vgl. Gäckle, Die Starken, 183–185.292–302.307–310; Gäckle, Allgemeines Priestertum, 309.321.368–376.

So sollen im Folgenden ausgewählte exegetische und andere für die kirchliche Tradition bedeutsame Texte als für den Forschungsgegenstand relevant knapp dargestellt und der daraus deduktiv entwickelte Gemeindebegriff an passender Stelle (s. Kapitel D 1) in die Diskussion, ob die empirisch untersuchten Phänomene christlichen Gemeinschaftserlebens der Gegenwart als „Gemeinde" oder – im weiteren Sinne – als zum Leben der „Kirche" gehörig gelten können, einbezogen werden.

1.2.1.1 „Kirche" und „Gemeinde" im Neuen Testament

Wiewohl für die Fragen nach christlicher Identität in all ihren Bezügen selbstredend der gesamte biblische Kanon Relevanz besitzt, soll hier gezielt der Blick auf das Neue Testament gerichtet werden. Wie Jürgen Roloff[12] festhält, biete dieses allerdings keine einheitliche Lehre zur, noch nicht einmal ein einheitliches Bild von Kirche, das als schriftgemäß gelten und auf gegenwärtige Verhältnisse unmittelbar übertragen werden könnte; vielmehr finde sich eine Vielzahl normativer Vorstellungen nebeneinander, was auch die heutige Theologie vor entsprechende Aufgaben und Herausforderungen stelle, mit dem überkommenen biblischen Befund in seiner Diversität adäquat umzugehen, insofern das Gespräch der dritten Generation über die Kirche weiterhin offen sei und weitergeführt werden müsse.[13]

Bei Paulus findet sich nach Roloff erstmals die lokale Versammlung der Christen als theologisch relevante Größe;[14] die örtliche Gemeinde sei somit „als die normale Form gemeinschaftlichen Lebens der Christen"[15] herausgestellt und habe sich auf paulinischer Grundlage bis heute gehalten. Zugleich sei diese Versammlung am Ort nicht mit der Kirche in ihrer Gesamtheit gleichgesetzt. Denn Kirche Gottes beziehungsweise Gemeinde Gottes gehe nicht restlos in einer örtlichen Versammlung auf, während jede Gemeinde aber zugleich in vollem Sinne *Ekklesia Gottes* sei, da sich die Zusammenkommenden *in Christus* versammelten und in ihrer Versammlung das In-Christus-Sein der Getauften zum sichtbaren Ausdruck komme.[16] In eben dieser gottesdienstlichen Versammlung der Getauften trete Gemeinde bei Paulus in Erscheinung:

> „Die Schar der Getauften erweist sich als das, was sie aufgrund des Wirkens des Geistes ist, indem sie zusammenkommt."[17]

---

[12] Vgl. für das Folgende Roloff, Kirche.
[13] Vgl. a.a.O., 310.322; zur großen Vielfalt hinsichtlich der „Kirche" im Neuen Testament vgl. auch Frey, Neutestamentliche Perspektiven, 31, der gar konstatiert, dass es insgesamt keine biblische Ekklesiologie gebe.
[14] Vgl. Roloff, Kirche, 96–99.160–161.285–289.307–323, hier: 96.
[15] A.a.O., 96.
[16] Vgl. a.a.O., 97–99.
[17] A.a.O., 99.

A 1.2 Was ist überhaupt Gemeinde?

Zentral für das paulinische Gemeindekonzept ist, wie Jörg Frey betont, freilich auch das Bild vom Leib, dessen Glieder alle wertvoll und nötig seien;[18] in Abgrenzung von seiner griechisch-römischen Umwelt, wo das Leib-Bild zur Legitimierung einer gegebenen Hierarchie verwendet worden sei, finde es sich bei Paulus subversiv und integrativ zur Stützung des Zusammenhalts der Gemeinde gebraucht, deren Einheit durch Heterogenität beständig gefährdet gewesen sei. Anders als in zielgruppenorientierten Vereinen – zu denen christliche Gemeinden einen Gegenentwurf darstellten – sei das Zusammenleben der überregional verbundenen Christen mit ihrem ohnehin von ihrer Umwelt abweichenden Lebensstil auch deshalb für Außenstehende attraktiv gewesen, da weder wirtschaftliche Leistungsfähigkeit noch irgendwelche Hierarchien der Zugehörigkeit Schranken gesetzt hätten; vielmehr seien sie für Außenstehende grundsätzlich offen gewesen.[19]

Im Unterschied zum paulinischen Konzept von Kirche, wonach diese wesenhaft Tempel des lebendigen Gottes sei, ihre vom Heiligen Geist geschaffene Reinheit bewahren und deshalb Böse aus ihrer Mitte entfernen müsse, beschreibt Roloff das matthäische Verständnis als das eines *corpus permixtum*.[20] Gute und Böse seien Teil der Kirche, die ihrerseits keinen eigenen, von der Welt unterschiedenen Raum darstelle, sondern in der Welt und als Teil der Welt sichtbar sowie von eben dieser Welt wiederum unterscheidbar werde in ihrem Auftrag und ihrer Vollmacht:

> „Sie gewinnt Gestalt als die Jüngergemeinschaft, die gesandt ist, um das Herrschaftsrecht des erhöhten Weltherrschers in seinem Herrschaftsbereich, der Welt, zu proklamieren und zur Geltung zu bringen."[21]

Damit finde sich bei Matthäus ein funktionales Kirchenverständnis, zu dem gehöre, dass die Kirche ihr Kirche-Sein nicht selbst beurteilen könne.

Abermals anders akzentuiert begegne im Hebräerbrief das Prinzip einer Schicksals- und Solidargemeinschaft, innerhalb derer die einzelnen Christen – als durch das ihnen gemeinsame Ziel wie auch den gemeinsamen Weg dorthin – verbunden aufeinander (an-) gewiesen seien.[22] Dieses Ziel, auf das hin die Kirche unterwegs sei, liege indes jenseits von Welt und Geschichte; am Bekenntnis der Hoffnung festhaltend gehe sie der himmlischen Gottesstadt entgegen, dem von Gott her gegliederten heilvollen Gemeinwesen.

In den johanneischen Schriften liege ein starker Akzent auf der Einheit der Glaubenden, die vertikal bestimmt sei als allein von Gott bewirktes Geschehen und als wesenhaft Relation der Glaubenden zum himmlischen Bereich:[23]

> „Einheit kommt dadurch zustande, daß die Glaubenden Anteil bekommen an der unmittelbaren Liebesgemeinschaft, die den Sohn mit dem Vater verbindet. Die Einheit

---

[18] Vgl. Frey, Neutestamentliche Perspektiven, 34.
[19] Vgl. a.a.O., 36–37.
[20] Vgl. Roloff, Kirche, 160–161.
[21] A.a.O., 161.
[22] Vgl. a.a.O., 285–287.
[23] Vgl. a.a.O., 307–309.

von Vater und Sohn, wie sie in der Reziprozitätsformel ‚du in mir und ich in dir' (V.21a; vgl. 14,10f.20) ausgesagt ist, ist zugleich Modell und Ermöglichungsgrund für die Einheit der Glaubenden *mit* Vater und Sohn"[24].

Diese Einheit entscheide sich daran, ob der einzelne Christ in der Christusgemeinschaft bleibt, insofern die Gemeinschaft der Geeinten Folge eben dieser Christusgemeinschaft jedes Einzelnen sei. Roloff sieht in der johanneischen Betonung der vertikalen Dimension somit eine Individualisierung des Einheitsverständnisses.[25] Dem widerspricht allerdings Ulrich Wilckens[26] vehement: von einem *individualistischen Christentum* könne keine Rede sein. Vielmehr komme im johanneischen Denken der Gemeinschaftlichkeit der Kirche hohes theologisches Gewicht zu. Mit Blick auf Joh 13 hält er fest:

> „Das ‚neue Gebot', worin die Entsprechung der Liebe der Jünger zueinander zu seiner Liebe zu ihnen betont die Mitte bildet, ist eine testamentarische *Gabe* an sie. In der Liebe untereinander kommt seine Liebe zu ihnen in ihrer Mitte bleibend zur Wirkung […] Darum ist die Bruderliebe die Weise ihres missionarischen Zeugnisses, die dem Wesen der Kirche am deutlichsten entspricht. Die Welt soll daran, wie die Christen miteinander umgehen, die wirksame Gegenwart der Liebe Jesu in ihrer Mitte erkennen, die in seiner Verherrlichung ihre Vollendung gefunden hat. […} durch die Gegenwart seiner Liebe als der Quelle ihrer gegenseitigen Liebe werden sie für die Welt zu Zeugen dessen, daß ihre Jüngerschaft mit seinem Tode nicht erloschen ist, sondern in Kraft steht. Deutlicher kann die wesenhafte Bedeutung der Sozialität der Kirche gar nicht herausgestellt werden!"[27]

Aus der Fülle dessen, was über die schlaglichtartig bereits aufgezeigten neutestamentlichen Konzepte zu „Kirche" und „Gemeinde" noch gewinnbringend angeführt werden könnte, soll zugunsten der forschungsgegenstandsorientierten Fokussierung lediglich eine weitere Passage ergänzt werden: der an die Pfingstwundererzählung anschließende Sammelbericht zum gemeinsamen Leben der Christen in Apg[28] 2,42–47. Rudolf Pesch[29] sieht darin eine summarische Beschreibung des Lebens der Neubekehrten, „die Lukas wohl auch für die Gemeinden seiner Zeit zum verpflichtenden Vorbild machen möchte."[30] Demnach bedürfen die Getauften der postbaptismalen Unterweisung in der apostolischen Lehre, der Integration in die Gemeinschaft und der Einübung ins gemeinschaftliche Leben.[31] Die *Koinonia* sei charakterisiert durch gemeinsames Brotbrechen beziehungsweise gemeinsame Mahlzeiten (Eucharistiefeier und Sättigungsmahle), sowie gemeinsame Gebete – im Tempel und in den häuslichen Gemeindeversammlungen. Außerdem sei der neuen Gemeinschaft aller Gläubigen in ihrem Beisammensein am

---

[24] A.a.O., 307.
[25] Vgl. a.a.O., 307–308.
[26] Vgl. Wilckens, Kirchenverständnis, 232.
[27] Ebd.
[28] Biblische Bücher sind in dieser Arbeit abgekürzt nach Schwertner, Abkürzungsverzeichnis.
[29] Vgl. für das Folgende Pesch, Apostelgeschichte, 128–133.
[30] A.a.O., 130.
[31] Vgl. ebd.

selben Ort die Gütergemeinschaft ebenso ermöglicht wie abverlangt, was Pesch in der vorfindlichen Generalisierung für eine idealisierende Überhöhung hält, die betonen solle, dass der Glaube der Christen nicht spiritualisiert werden dürfe.[32] Zudem sei durch mehrere gleichsinnige Ausdrücke das Leben der ersten Gemeinde umfassend „als das einer einmütigen Gemeinschaft gekennzeichnet"[33]. Somit stelle Apg 2,42–47 die christliche Gemeinde als eine einmütige „Gemeinschaft des endzeitigen Gottesvolkes"[34] dar, deren Bild und Charakteristika – Lehre der Apostel, Brotbrechen, Gemeinschaft, Gebet und Gotteslob – Lukas als verpflichtend und stimulierend verstanden wissen wolle.

Während diese Studie mit ihrem praktisch-theologischen Interesse und ethnographischen Forschungsansatz den Bereich der Exegese nur streifen kann, erscheint gerade im Blick auf Apg 2 bemerkenswert, wie offenbar die von Pesch akribisch herausgearbeiteten Charakteristika der Urgemeinde letztlich die im Pfingstwunder erlebte extraordinär-ekstatische Sondersituation ablösen. Nachdem demzufolge 3.000 Menschen spontan und wundersam zum Glauben gekommen waren, beschreibt Apg 2,42–47 – wenn auch als idealisierende Maxime – zur Folgezeit ein alltägliches Zusammenleben der Christen jenseits der besonderen, beGeisternden wie wirkmächtigen Großveranstaltung, gleichsam auf Dauer gestellt. Mit Roloff:

„Nach der dramatischen Pfingsterzählung schafft Lukas mit diesem Summarium wieder einen Ruhepunkt"[35].

1.2.1.1.a   Exkurs: Gemeinschaft nach Apg 2,42

Im Blick auf das in Apg 2 beschriebene Gemeinschaftsleben der Urgemeinde verdient eine weitere Beobachtung von Jürgen Roloff besondere Beachtung:

„Das mit ‚Gemeinschaft' übersetzte griech. Wort koinōnia ist Lukas sonst fremd; es begegnet jedoch bei Paulus [...] Und zwar bezeichnet es eine Gemeinschaft, die in der gemeinsamen Anteilhabe an etwas gründet bzw. einen Akt des Teilgebens an einem Besitz zwischen Partnern, in dem sich Gemeinschaft realisiert. Konstitutiv für das Selbstverständnis der Gemeinde war das Bewußtsein, durch Jesu Werk und Gabe zur Gemeinschaft zusammengeschlossen zu sein (1.Kor 10, 16f.; vgl. 12, 4–31). Diese war nicht ein freier Zusammenschluß Gleichgesinnter zum Zweck gesteigerter religiöser Selbstverwirklichung des einzelnen, sondern Konkretion einer vorgegebenen heilsmächtigen Realität. Ihre Glieder geben einander das weiter, was sie als Gabe des Herrn empfangen hatten, und in dieser Weitergabe nimmt das empfangene Heil in der Gemeinschaft geschichtliche Gestalt an. So ist koinōnia letztlich nichts anderes als Christus – durch seine Heilsgabe als geschichtliche Gemeinschaft existierend."[36]

---

[32] Für ein ähnliches Urteil, in der Begründung etwas anders akzentuiert, vgl. Roloff, Apostelgeschichte, 67.
[33] Pesch, Apostelgeschichte, 132.
[34] Ebd.
[35] Roloff, Apostelgeschichte, 65.
[36] Vgl. a.a.O., 66.

An passender Stelle (s. Kapitel D 1.1) wird diese Beschreibung der Gemeinschaft in Apg 2 aufzunehmen und dabei zu fragen sein, inwieweit beim Massensingen die völlige Hingabe einzelner Sänger, das gegenseitige Sich-Beschenken mit dem Klang ihrer Stimmen, das anteilgebende Sich-Hineingeben in die gewaltigen Klangkörper der Menschenmenge einerseits und die persönliche Anteilhabe an diesem Geschehen des Gospelsingens, das sich in Liedtexten und Begründung[37] wie Apg 2 auf das Evangelium von Jesus Christus bezog, ebenfalls als eine Art (idealer) Gütergemeinschaft gelten könnte, innerhalb derer Beteiligte das Miteinander entsprechend intensiv und außeralltäglich erlebten.

Ebenfalls bemerkenswert ist Roloffs Betonung, dass die Christen in der lukanischen Darstellung nach dem Pfingstwunder zwar gewiss ihre besonderen Mahlfeiern (*Brotbrechen*) reihum in den Häusern gehabt, darüber jedoch den Tempelgottesdienst des jüdischen Volkes gewiss nicht vernachlässigt hätten, was von Lukas' Überzeugung, die Gemeinde sei das wahre Israel, zeuge.[38] Die in Apg 2,47 geschilderte Erfahrung eben dieser Jerusalemer Gemeinde hält Roloff für historisch:

> „Die Zahl der Bekehrten wächst unaufhaltsam, so daß es zunächst geradezu den Anschein haben muß, als würde bald ganz Israel zur Heilsgemeinde stoßen."[39]

Dies scheint für diese Studie – während es ihr um keinerlei Spekulationen geht, an welche Größenordnung hier zu denken sein könnte – insofern relevant, als es das kurze Summarium abrundet: Mag, anders als beim Pfingstwunder, das zuvor recht nüchtern Aufgelistete nicht an ein ekstatisches Gemeindeleben denken lassen, mehr an eine Mischung aus Bibelstunde, Sakramentsfeier und Gebetstreffen – lediglich die Wunder stechen heraus –, impliziert neben den Wundern auch das kontinuierliche Wachstum der Gemeinde sowie die Intensität täglicher Versammlungen, dass Mitglieder dieser Gemeinde an Begeisterungsfaktoren (s. Kapitel C 1.8.1) gewiss keinen Mangel hatten. Es liegt somit nahe, dass im Miteinander der Urgemeinde Menschen (auch) Begeisterndes bis Ekstatisches als Teil ihres Alltags erlebt haben, was, wenngleich kategorisch vom Pfingstwunder abgesetzt, (Gemeinschafts-) Gefühle vermittelt haben dürfte wie sie bei beforschten Sängern beim Singen im Riesenchor sich einstellten.[40]

---

[37] Vgl. dazu exemplarisch die Ansagen des MassChoir-Moderators „Matze" im MassChoir I, wonach das *ganze Evangelium* in den beiden Songs „Loved" und „We are changing the world" zum Ausdruck komme.

[38] Vgl. Roloff, Apostelgeschichte, 67–68.

[39] A.a.O., 68.

[40] Natürlich bin ich mir des spekulativen Charakters dieser Aussage bewusst, die entsprechend nicht als Faktum behauptet werden soll; vielmehr soll angedeutet werden, dass die in Apg 2,42–47 beschriebene Situation der Urgemeinde in manchen Zügen nicht weit weg gewesen sein muss von in christlichen Kontexten heute Vorfindlichem, das Menschen begeistert und untereinander verbindet, wie im Folgenden untersucht.

1.2.1.2 „Kirche" und „Gemeinde" in der Confessio Augustana

Ähnlich wie bei der reichen Fülle des gesamtbiblischen Zeugnisses kann auch hinsichtlich der Vielzahl reformatorischer Zeugnisse und Bekenntnisschriften als wesentlichen Quellen für heutige evangelische Kirchen- wie Gemeindebegriffe hier nur auf Ausgewähltes eingegangen werden. Welche normative Prägekraft die Confessio Augustana[41] (CA) bis in die Gegenwart besitzt wird nicht zuletzt daran deutlich, dass sie nach Apostolicum, Nicaeno-Constantinopolitanum und Martin Luthers Kleinem Katechismus als einziges kirchliches Bekenntnis unter Randnummer 906 im aktuell gebräuchlichen Evangelischen Gesangbuch, Ausgabe für Bayern und Thüringen, zu finden ist.

Die CA zeugt im Artikel VII von der *heiligen, christlichen Kirche* als der *Versammlung aller Gläubigen* und nennt als ihre Kernmerkmale die *reine Predigt des Evangeliums* sowie die *laut diesem Evangelium* erfolgende Sakramentsverwaltung.

> „Denn das genügt zur wahren Einheit der christlichen Kirche, daß das Evangelium einträchtig im reinen Verständnis gepredigt und die Sakramente dem göttlichen Wort gemäß gereicht werden. Und es ist nicht zur wahren Einheit der christlichen Kirche nötig, daß überall die gleichen, von den Menschen eingesetzten Zeremonien eingehalten werden, wie Paulus sagt: ‚Ein Leib und ein Geist, wie ihr berufen seid zu einer Hoffnung eurer Berufung; ein Herr, ein Glaube, eine Taufe' (Eph 4,4-5)."[42]

Damit sind maßstabsartige Kriterien benannt – Verkündigung und Sakramentsverwaltung gemäß dem christlichen Evangelium – und zugleich ist ein weiter Horizont markiert, der evangelischer Freiheit und Vielfalt Raum gibt, indem die Kirche ohne einzuhaltende feste Formen menschengemachter *Zeremonien* gezeichnet wird.[43] Kirche ist demnach inhaltlich bestimmt und kann sich in allerlei konkreten Ausformungen manifestieren.

Artikel VIII fügt hinzu, dass in der kirchlichen *Versammlung der Heiligen* sich *in diesem Leben* auch zahlreiche *falsche Christen, öffentliche Sünder und Heuchler* fänden, die Wirksamkeit der Sakramente jedoch nicht am Frommsein der sie reichenden Priester hänge. Während die CA an keiner Stelle explizit von *Gemeinde* spricht, vielmehr neben *Kirche* häufig vom *Volk*[44], zeichnet sie doch

---

[41] Vgl. für das Folgende als Originalquelle (Lateinisch und Deutsch) Dingel, Bekenntnisschriften, 63–225; zum leichteren Verständnis vgl. die Textversion im Evangelischen Gesangbuch: Evangelisch-Lutherische Kirche in Bayern, Antwort, 1564–1576.

[42] Evangelisch-Lutherische Kirche in Bayern, Antwort, 1567–1568; zur besseren Lesbarkeit ist diese Fassung zitiert, als Originalquelle vgl. Dingel, Bekenntnisschriften, 102–103.

[43] Auch die CA ist hier gezielt auf ihren möglichen Beitrag zum Fragehorizont und Gegenstand dieser Studie zu befragen, weshalb bei ihrer knappen Aufnahme nicht auf die enthaltenen Verwerfungen, auf die Rezeptionsgeschichte der CA, auf gegenwärtige Diskussionen über Interpretationsvarianten et cetera eingegangen werden soll.

[44] Vgl. etwa Dingel, Bekenntnisschriften, 132.134.142.146 und insbesondere a.a.O., 210, wo die sonntägliche Zusammenkunft des *Volkes*, da Gottes Wort zu hören und zu lehren sei, explizite Erwähnung findet.

insgesamt das Bild einer überall dort begegnenden Gemeinde, wo *Kirche* als konkrete Versammlung Gläubiger im Zusammenwirken von *Volk* und *Priester* in Raum und Zeit Gestalt gewinnt. Im Gegenüber aus Priester und Gemeinde sind demnach Messen zu feiern zur Glaubensweckung und -vergewisserung.

Für den Forschungsgegenstand besonders relevant erscheint die Charakterisierung lokaler Versammlungen als *corpus permixtum* (s. Kapitel A 1.2.1.1) und die dezidiert bejahte Formenvielfalt kirchlichen respektive gemeindlichen Lebens. Daraus ergibt sich, dass zwar eine evangeliumsgemäße Sakramentsverwaltung als ein konstitutives Merkmal von Kirche vor Ort festgehalten wird, daraus aber nicht abzuleiten wäre, dass nach CA in jeder Zusammenkunft von *Gemeinde* als lokaler Manifestation der *heiligen christlichen Kirche* ein Sakrament gefeiert werden müsste, um die Versammlung zur *Gemeinde* zu qualifizieren. Vielmehr tritt auch dort *Kirche* als *Gemeinde* zusammen, wo *reine Evangeliumsverkündigung* im Gegenüber von Priester(n) und Angeredeten stattfindet, wobei im Sinne des allgemeinen Priestertums eine Funktion, kein formales, hierarchisch übergeordnetes Amt im Blick ist.

1.2.1.3 „Kirche" und „Gemeinde" in der Kirchenverfassung der Evangelisch-Lutherischen Kirche in Bayern

In Ergänzung der ausgewählten biblischen Quellen und Reformationszeugnisse soll noch ein Beispiel für gegenwärtiges kirchenrechtliches Verständnis von Kirche und Gemeinde betrachtet werden. Dies nicht allein deshalb, weil die untersuchten Riesenchorveranstaltungen strukturell und formal mit evangelischen Landeskirchen verbunden waren – was beim Gospelkirchentag (GKT[45]) durch das Auftreten mehrerer Vertreter von Kirchenleitungen besonders augenfällig wurde –, sondern weil eine Kirchenverfassung prinzipiell wie potentiell konkret für alle Formen kirchlichen Leben Relevanz besitzt, auch in überkonfessionellen und im Schwerpunkt musikalischen Kontexten.[46]

Die „Verfassung der Evangelisch-Lutherischen Kirche in Bayern"[47] (KVerf) definiert in ihrem Grundartikel:

> „Die Evangelisch-Lutherische Kirche in Bayern lebt in der Gemeinschaft der einen, heiligen, allgemeinen und apostolischen Kirche aus dem Worte Gottes, das in Jesus

---

[45] Während der Gospelkirchentag im Folgenden in aller Regel ausgeschrieben wird, findet vereinzelt auch die Abkürzung GKT zugunsten des Leseflusses Verwendung, insbesondere beim Verweis auf Interviewpassagen.

[46] Dass hier auf die bayerische und nicht, etwa nach Territorialprinzip orientiert an den Veranstaltungsorten, auf die württembergische oder eine hessische Kirchenverfassung beziehungsweise -ordnung rekurriert wird, hat zwei schlichte Gründe: Zum einen liegt mir als Träger des ordinierten Amtes der ELKB deren Kirchenverfassung persönlich besonders nahe, zum anderen forsche und lehre ich gegenwärtig an einer bayerischen Universität, somit im Gebiet der ELKB.

[47] Für das Folgende vgl. Landeskirchenrat, Verfassung, 1–8.

A 1.2 Was ist überhaupt Gemeinde?

Christus Mensch geworden ist und in der Heiligen Schrift Alten und Neuen Testamentes bezeugt wird."[48]

Sowie im Artikel 4, Absatz 2:

„Die Gemeinde ist die Gemeinschaft der Menschen, die durch Wort und Sakrament zur Einheit des Glaubens, der Liebe und der Hoffnung gesammelt werden und dazu berufen sind, Jesus Christus als den Herrn und Heiland vor der Welt zu bezeugen."[49]

Während, analog zu den oben zitierten Artikeln der CA, in der bayerischen Kirchenverfassung demnach zwischen der Kirche Jesu Christi als alle Grenzen von Konfessionen, Ländern et cetera überwindend und der örtlichen Versammlung als deren Manifestation in Gestalt einer Gemeinde differenziert wird, erscheinen drei Aspekte besonders bedeutsam für den Forschungsgegenstand: Gemeinschaft, Einheit und Zeugnis vor der Welt. So scheinen *Gemeinde* und *Gemeinschaft* zwar synonym zu stehen zu kommen, allerdings abhängig von der Näherbestimmung der *Gemeinschaft* als eine jener Menschen, die durch verkündigtes (Evangeliums-) Wort und recht verwaltete Sakramente zur *Einheit des Glaubens* zusammengeführt sind. Damit qualifiziert nicht Sympathie, nicht eine wie immer begründete Erfahrung von Verbundenheit untereinander, auch nicht gemeinsame formale Mitgliedschaft eine Gemeinschaft zur *Gemeinde*, sondern *Wort und Sakrament* konstituieren diese. Ihre *Einheit* besteht im *Glauben*, in *Liebe* und *Hoffnung* ebenso wie in der *Berufung, Jesus Christus zu bezeugen vor der Welt*. Während die kirchlichen Ordnungen an anderen Stellen freilich genaue Regelungen zur Mitgliedschaft, zu Ämtern et cetera umfassen, ist hier *Gemeinde* primär als geistliche Entität beschrieben, als „Gemeinschaft der Menschen, die durch Wort und Sakrament zur Einheit des Glaubens, der Liebe und der Hoffnung gesammelt werden"[50].

---

[48] A.a.O., 1.
[49] A.a.O., 2.
[50] Ebd.

1.2.1.4 „Kirche" und „Gemeinde" aus gegenwärtiger systematisch-theologischer Sicht

Wie Christiane Tietz[51] anschaulich darlegt gehört seit der Reformation die Entwicklung im Sinne einer Erneuerung des Bestehenden zu evangelischem Kirchenverständnis wesentlich dazu. Zugleich bestehe in aller Entwicklung die Zuversicht,

> „dass es beständig eine durch Gott konstituierte Wirklichkeit der Kirche gibt. Die an Jesus Christus Glaubenden sind bereits Leib Christi und müssen nicht erst zu einem solchen werden."[52]

Diese Kirche, die an Gottes Wirken hänge und als die eine heilige, katholische und apostolische geglaubt werde, sei zwar nicht sichtbar vor Augen, sondern werde geglaubt, existiere aber zugleich in einer konkreten, vorfindlichen Gestalt, sei also – hier nimmt sie Eilert Herms auf – in Kirchen erfahrbar:

> „Zentrale soziologische Größe ist die Gemeinde. Hier […] ereignet sich die entscheidende Entwicklung: Hier werden Menschen zu Glaubenden, weil sie durch das Wort Gottes angesprochen werden, hier wachsen Menschen durch Predigt und Sakrament in Glauben und Heiligung."[53]

Kirche und Gemeinde seien komplementär und Kirche werde konkret in Gemeinden, welche „die Gemeinschaft der Glaubenden an einem bestimmten Ort zu einer bestimmten Zeit vollziehen."[54] Gleichzeitig wüssten sie sich eingebunden in die Kirche als alle Glaubenden aller Zeiten und Orte verbindende Gemeinschaft. Insofern in Gemeinden Kirche konkret werde müsse jede einzelne Ausformung anerkennen, „dass andere Konkretionen an anderen Orten und zu anderen Zeiten legitimerweise andere Gestalt haben."[55]

Peter Scherle[56] weist auf die grundsätzliche Problematik des Redens von „Gemeinde" hin, insofern der Begriff zum einen normativ aufgeladen sei und zum anderen sich auf drei Horizonte zugleich beziehe. Als theologischer Begriff meine er die Versammlung von Menschen im Namen Christi, die „sich Kraft des Heiligen Geistes in ihrem Glauben (rituell-kollektiv) vergewissern."[57] Damit bezeichne er also eine leibliche Zusammenkunft in Zeit und Raum sowie die inhaltliche Bestimmtheit dieser Interaktion, nämlich pneumatologisch-christlich. Zum zweiten stehe „Gemeinde" für „eine bestimmte rechtlich verfasste Sozialgestalt des Glaubens"[58], was nicht zuletzt mit dem für den Körperschaftsstatus relevanten

---

[51] Für das Folgende vgl. Tietz, Systematisch-theologische Perspektiven.
[52] A.a.O., 49.
[53] A.a.O., 50.
[54] A.a.O., 54.
[55] Ebd.
[56] Für das Folgende vgl. Scherle, Gemeinde und Scherle, Nachhaltige Kirchenentwicklung.
[57] Scherle, Gemeinde, 2.
[58] A.a.O., 3 (unter Verzicht auf Fett- und Kursivdruck im Original).

A 1.2 Was ist überhaupt Gemeinde?

Charakter zu erwartender Dauerhaftigkeit zu tun habe. Zum dritten werde der Begriff mit gewissen Praxisformen von Geselligkeit oder Vergemeinschaftung verknüpft.

Die Verschmelzung von Territorium, Staat und Konfession in der frühen Neuzeit habe in den reformatorischen Kirchen dazu geführt, dass der Gemeindebegriff mit der territorialen Kirchengemeinde heute weitgehend gleichgesetzt sich finde und die Utopie der christlichen Hoffnungslehre stillstehe, während die *Logik der Grenzziehung* vorherrsche. Diese stellt Scherle in Frage und fordert eine programmatische Entgrenzung, eine *Suchbewegung in der Christologie*, die „eine neue Auseinandersetzung mit dem Verständnis des Christus-Ereignisses riskiert"[59].

Kirche sei statt exklusiv von der Erwählung vielmehr von ihrem Auftrag her zu beschreiben, an der Kommunikation des Heiligen Geistes mitzuwirken. Über die Organisation Kirche hinaus solle mit dem Ereignis von Kirche gerechnet und ein die Dichotomie Ereignis versus Institution vermeidender Begriff von Kirche gebraucht werden, der eine entsprechende Sozialgestalt mitdenken lasse. Im Anschluss an Lehmann und White schlägt Scherle das „Bild der Kirche als netdom, als network und domain"[60] vor.[61] Jeder *domain* werde darin eigene Gestalt und

---

[59] A.a.O., 5 (unter Verzicht auf Fett- und Kursivdruck im Original).
[60] A.a.O., 7 (unter Verzicht auf Fett- und Kursivdruck im Original).
[61] Der in den ekklesiologischen und kirchentheoretischen Fachdiskursen ungewöhnliche Begriff des *netdom*, der einen inspirierenden Ausfluss der Beschäftigung Scherles mit Netzwerktheorien darstellt, ist hier knapp zu erläutern (vgl. Scherle, Gemeinde, 7 und Scherle, Nachhaltige Kirchenentwicklung, 50–52; ergänzend außerdem Lehmann, Leutemangel, 123–134): Indem der Kirchenbegriff nicht mit Mitgliedern, sondern (auch) mit (flüchtigen) Begegnungen, die ereignishaft und episodisch sein können, rechne, könne er als *network und domain* – als *Kommunikationsnetz und Gemeinde* – sich entwickeln, statt statisch feststehen. Der der digitalen Welt entnommene Begriff des *netdom* sei reichhaltiger als jener eines einfachen (Fischer-) Netzes mit Knoten, weil er einer jeden *domain* eine „eigene Ausdrucksgestalt und kommunikative Anziehungskraft zugesteht, die Vernetzungsprozesse aber als unabhängig, offen und vielgestaltig denken kann." (Scherle, Gemeinde, 7) Damit führt Scherle 2014 (Scherle, Gemeinde) ekklesiologisch konsequent weiter, was er 2005 (Scherle, Nachhaltige Kirchenentwicklung) bereits angedeutet und mit Blick primär auf Ortsgemeinden formuliert hat: Dass die Erträge der Netzwerk-Theorie für die Theologie, insbesondere für den Kirchen- und Gemeindebegriff, zu einer *Re-Vision der kirchlichen Topographie* ebenso wie ihrer *Tempographie* einlüden. Ein Fokus auf formale Zugehörigkeit und Beteiligung am (Vereins-) Leben einer Kirchengemeinde, speziell am Gottesdienst, verenge – weil als enges Netz der (Lebens-) Wirklichkeit nicht angemessen – den Blick auf die tatsächlich vorfindliche Praxis: Dass Kirche Menschen auch jenseits von Mitgliedschaft und Partizipation am (Haupt-) Gottesdienst durch sozialdiakonische und sonstige Dienste, durch flüchtige Begegnungen et cetera erreiche. Vielversprechend sei daher eine Netzstruktur, „die sich um wirkmächtige sakrale Räume und Orte verdichteten christlichen Lebens als Knotenpunkte bildet." (Scherle, Nachhaltige Kirchenentwicklung, 51) Scherles Plädoyer für eine netzwerktheoretisch inspirierte Entgrenzung im Kirchen- und Gemeindebegriff, die statt von starren Grenzen eines Innen und Außen vielmehr von großer Weite und sich zeitlich wie örtlich punktuell oder längerfristig ereignenden Verdichtungen ausgeht, erscheint für einen gegenwärtigen theoretischen Gemeindebegriff

Anziehungskraft eingeräumt, doch könnten Vernetzungsprozesse als vielgestaltig vorgestellt werden.

> „Mit diesem Bild der Kirche als netdom (auf der Basis von flüchtigen Begegnungen) lässt sich auch das Grundproblem fassen, dass die Kirche/Gemeinde als Ereignis (wie jedes Netzwerk) prinzipiell grenzenlos gedacht werden muss, sie aber doch im Moment ihrer Instituierung eine Gestalt (wie eine Organisation) gewinnt, die ein Innen und ein Außen kennt."[62]

Eben diese Hybridität sei der Kirche eigen, hindere sie aber nicht daran, als Ereignis des Jubilierens oder Klagens „jeweils in sozialer, sachlicher, räumlicher und zeitlicher Dimension"[63] sich zu entfalten. Wenn es gelänge, die Gleichsetzung von Gemeinde und Kirchengemeinde aufzubrechen „und den Christusbezug des Gemeindebegriffs neu zu entdecken, dann wäre jede Sozialgestalt von ‚Gemeinde' orts- und zeitspezifisch identifizierbar."[64] Entscheidend sei, dass *Raum und Zeit für Ekklesiogenese* angeboten würden.[65]

Damit lassen beide, Scherle und Tietz, mit der Betonung des Ereignischarakters und der Konkretisierung von Kirche in Gemeinde(n) eine große Offenheit für Phänomene jenseits des kirchlichen Lebens in der Parochie erkennen, die gleichwohl *Gemeinde* sein können.

---

ausgesprochen anregend, insbesondere in ihrer Zusammenschau aus *network* und *domain(s)* im Sinne eines grenzenlosen kommunikativen Netzwerks *und* konkreter Momente der Instituierung. Das mit diesem ekklesiologischen Konzept Scherles aus meiner Sicht überaus kompatible kirchentheoretische Modell der *Kirchlichen Orte* von Uta Pohl-Patalong wird an späterer Stelle (s. Kapitel D 3.3.1) aufgenommen.

[62] Scherle, Gemeinde, 7 (unter Verzicht auf Fett- und Kursivdruck im Original).
[63] A.a.O., 8 (unter Verzicht auf Fett- und Kursivdruck im Original).
[64] Ebd. (unter Verzicht auf Fett- und Kursivdruck im Original).
[65] Lehmann, Leutemangel, 125, formuliert ebenso unkonventionell wie provokant: „Eine Kirche, die aus *encounters* besteht, ist ein Netzwerk, und ein Netzwerk ist nichts anderes als *communicative work*. Eine stabile, zuverlässige Identität hat ein solches Netzwerk nicht und braucht auch eine solche Kirche nicht, um bestehen zu können. Sie braucht Gelegenheiten für Begegnungen unter Leuten." Mag sich das Konzept des *netdom* mit dem Adressieren von Menschen ohne sie zu disziplinieren, sie als zugehörig und nichtzugehörig zugleich betrachtend, sich konzeptionell an Kernpunkten unterscheiden, so erinnert der grundsätzliche Fokus doch stark an Ernst Langes Reden vom *Gottesdienst im Tor*, vom zweiphasigen Leben der Gemeinde in Ekklesia und Diaspora, bei damit verbundener Ablehnung eines Zerfalls der Wirklichkeit in zwei getrennte Bereiche (profan versus sakral), vgl. Lange, Chancen, 146–151.

A 1.2 Was ist überhaupt Gemeinde?

1.2.1.5 „Kirche" und „Gemeinde" aus gegenwärtiger praktisch-theologischer Sicht

Ebenso umfassend wie grundlegend haben sich Eberhard Hauschildt und Uta Pohl-Patalong in ihrem 2013 erschienenen Lehrbuch[66] zu Wesen und Verhältnis von Kirche und Gemeinde positioniert.[67] Darin definieren sie anhand ausgesprochen konkreter Merkmale[68], ob eine in der Praxis vorfindliche „kirchliche Organisationsform *die theologischen Kriterien für das ‚Gemeindesein' erfüllt oder nicht*"[69]. *Gemeinde*, ein theologisch aufgeladener und darin kirchenrechtlich abgesicherter Begriff, werde in der evangelischen Tradition als grundlegende und zentrale Einheit von Kirche begriffen. Neben einer historischen bestehe die theologische Begründung von Gemeinde in einem geistlichen Geschehen, aus welchem sich die Organisationsform in der Folge bilde:

> „Das geistliche Geschehen wird gesteuert durch etwas, was sich empirisch als Entdeckung, Einsicht, Erfahrung beschreiben lässt und von den Glaubenden als Wirkung des Heiligen Geistes gedeutet wird. Die vom geistlichen Geschehen Erfassten sind dadurch eine *Gemeinschaft*, erleben sich als ein ‚Wir', unterschieden von allen anderen und von all dem anderen, das nicht dieses Geschehen selbst ist. Es stellt sich in den gemeinschaftlichen religiösen Vollzügen von Christinnen und Christen dar: Versammlung im Namen des dreieinigen Gottes, Lob und Anbetung des Vaters Jesu Christi, Hören und Auslegen der Heiligen Schrift, Teilen der Sorgen und Wünsche in Fürbitte, rituelle oder auch ekstatische Gestaltungen, Bekenntnis, Segen. Mit allen Gruppen [...] in denen dieses Geschehen erfahren wird, weiß sich die Gemeinde in einer Gemeinschaft verbunden."[70]

Historisch sei zu beobachten, dass für Luther zwar sowohl lokal sich versammelnde Christen, also Ortskirche, als auch die Gesamtkirche *Gemeinde* gewesen seien – bestimmt in erster Linie durch die reine Predigt des Evangeliums habe er somit einen eigentümlich vagen und weiten Gemeindebegriff vertreten –, dass sich aber die Praxis von der Theologie der Reformation entfernt habe, indem die Parochie konkurrenzlos gestellt und mit Zwangsrechten versehen worden sei.[71] Hauschildt und Pohl-Patalong wollen auf biblische sowie reformatorische Wurzeln zurückgreifend und neuere kirchentheoretische Impulse aufnehmend wiederum den Gemeindebegriff von dieser Fixierung auf die parochiale Form lösen und Gemeinde mehrschichtig verstehen: als geistliches Geschehen, als Institution und

---

[66] Vgl. für das Folgende Hauschildt/Pohl-Patalong, Kirche, 271–284.
[67] Für weitere fundierte und für den Gegenstand dieser Studie hilfreiche Profilierungen im praktisch-theologischen Diskurs der Gegenwart zu Kirchen- und Gemeindebegriffen vgl. Bubmann et al., Gemeindepädagogik, 33–105.
[68] Kompakt zusammengefasst – ehe sie auf den Folgeseiten des Lehrbuchs breiter entfaltet werden – finden sich diese bei Hauschildt/Pohl-Patalong, Kirche, 275.
[69] Hauschildt/Pohl-Patalong, Kirche, 284.
[70] A.a.O., 272.
[71] Vgl. a.a.O., 272–275.

als Organisation.[72] In ihr solle Glauben entstehen und wachsen können, solle biographisch-religiöse Begleitung stattfinden und die christliche Botschaft sowohl individuell als auch situationsbezogen erlebbar sein. Inhaltlich und methodisch plural sollten Menschen unterschiedliche Glaubensauffassungen kommuniziert und gemeinsam Erkenntnis gesucht werden. Während keine Gemeinde allen Beteiligten gleichermaßen passende Formen anbieten müsse, habe in jeder ein kirchlich legitimiertes Leitungsamt vorhanden zu sein und die gegebene Struktur verantwortliche Mitarbeit der Gemeindemitglieder zu ermöglichen, ohne diese zu verlangen oder zu Engagement zu nötigen.[73]

Biblisch fundiert auf Jesus Christus bezogen verstehe Gemeinde ihren Auftrag in der Welt – Kommunikation des Evangeliums in Wort und Tat[74] – von Gottes Handeln her und sich selbst als Teil der Gesamtkirche, weshalb sie Tendenzen zu Selbstbezogenheit oder Abschottung wehre. In ihr ereigne sich „unterschiedslose Vergemeinschaftung aus Gnade durch Christus vor Gott"[75]. Allerdings beruhe diese Gemeinschaft, in der ansonsten nur schwer überwindbare soziale Grenzen überwunden werden könnten,

> „nicht in jedem Fall auf kontinuierlicher, auf persönlichen Beziehungen beruhender Teilnahme, sondern kann auch in größeren Abständen und im gemeinsamen Bezug auf die gleichen Inhalte realisiert werden."[76]

Der „auf Zeit"-Aspekt ist damit im vorgeschlagenen Gemeindebegriff grundsätzlich enthalten. Allerdings ist darin zugleich offenkundig eine prinzipiell kontinuierliche beziehungsweise auf – gewisse, wiewohl nicht präzise definierte – Dauer existierende kirchliche Organisationsform vorgesehen, damit – nach den festgelegten Kriterien – von *Gemeinde* gesprochen werden kann. Dies implizieren bereits die skizzierten Möglichkeiten zu Mitgliedschaft und Übernahme von Leitungsaufgaben. Demnach ist lediglich die individuelle Partizipation an einer solchen Gemeinde *auf Zeit* möglich, während sie selbst dauerhaft angelegt ist. Ein weiteres – gewiss noch gravierenderes – Kriterium, damit sich eine bestimmte Ausformung kirchlichen Lebens nach diesem Verständnis als *Gemeinde* qualifiziert, ist außerdem der Gottesdienst:

> „Die Zuverlässigkeit und eine gewisse Regelmäßigkeit der gottesdienstlichen Feier einschließlich des Abendmahls bilden allerdings ein Kriterium, das manche nichtparochiale Arbeitsformen stärker berücksichtigen müssten, um als Gemeinde zu gelten."[77]

Mit dieser stark an CA VII angelehnten Maxime schränken Hauschildt und Pohl-Patalong die ansonsten betonte Vielfalt möglicher Ausformungen von *Gemeinde* nach meinem Dafürhalten effektiv drastisch ein und widersprechen – wenigstens

---

72 Vgl. a.a.O., 275.
73 Vgl. a.a.O., 280–281.
74 Vgl. dazu a.a.O., 409–415.
75 A.a.O., 277 (unter Verzicht auf Kursivdruck und Großschreibung im Original).
76 A.a.O., 278.
77 A.a.O., 279.

A 1.2 Was ist überhaupt Gemeinde?

in Teilen – ihrem eigenen Anspruch der Loslösung von der zutreffend konstatierten historisch gewachsenen Fixierung auf die Parochialform. Denn aus dem bunten Spektrum nichtparochialer kirchlicher Organisationsformen dürfte nur weniges den vorgestellten Kriterien zur Gänze entsprechen, insbesondere hinsichtlich der geforderten Kontinuität und Abendmahlspraxis.[78] Dies scheint durchaus intendiert zu sein:

> „'Gemeinde' kann auf unterschiedlichen Wegen zustande kommen, aber nicht jede kirchliche Sozialform ist auch eine Gemeinde."[79]

Und wenig später im Blick auf kirchliche Einrichtungen wie evangelische Akademien:

> „Für die vollständige Erfüllung der Gemeindekriterien müssten teilweise Umgestaltungen vorgenommen werden, zum Beispiel hinsichtlich ihrer Leitungs- und Vertretungsstruktur oder hinsichtlich der regelmäßigen Feier von Gottesdiensten."[80]

Somit reicht der Gemeindebegriff von Hauschildt und Pohl-Patalong programmatisch zwar potentiell sehr weit über die Ortsgemeinde hinaus, bleibt faktisch aber dennoch nur kurz hinter ihr stehen und affirmiert in wesentlichem Umfang die zuvor selbst beklagte Verkürzung des Gemeindebegriffs auf die Parochialgemeinde.[81] Andere kirchliche Organisationsformen, die (noch) nicht allen Kriterien entsprechen, sollen sich offenbar erst durch Umbildungen zur *Gemeinde* qualifizieren oder sich damit bescheiden, dies eben nicht zu sein – wenigstens nicht in den Augen von Hauschildt und Pohl-Patalong.

---

[78] Selbst der Kirchentag, zu dessen Merkmalen Abendmahlsfeiern gehören, dürfte kaum unter den von Hauschildt und Pohl-Patalong gefassten Begriff zu subsumieren sein, indem er keine Kontinuität gewährleistet und allenfalls bei zentralen Gottesdiensten, an denen prinzipiell – wenn gewiss auch nicht faktisch – alle Teilnehmer Anteil haben, das Sakramentskriterium erfüllt.
[79] Hauschildt/Pohl-Patalong, Kirche, 283.
[80] A.a.O., 283–284.
[81] In entscheidenden Details anders akzentuierte Uta Pohl-Patalong wenige Jahre zuvor in ihrem Modell der *Kirchlichen Orte* (s. Kapitel D 3.1.1). Gleichwohl scheinen die beiden Modelle insofern durchaus konsistent aufeinander beziehbar zu sein, als auch ihr mit Hauschildt vertretener Gemeindebegriff Raum lässt im kirchlichen Leben für Organisationsformen, denen sie zwar mangels erfüllter Kriterien das Gemeinde-Sein abspricht, die sie aber im Sinne der *Kirchlichen Orte* grundsätzlich anerkennt, vgl. Hauschildt/Pohl-Patalong, Kirche, 283–284.

1.2.2 Sozialwissenschaftliche Annäherung: Impulse von Max Weber und Winfried Gebhardt

1.2.2.1 Affektuelles Zusammengehörigkeitsempfinden nach Max Weber[82]

„'Vergemeinschaftung' soll eine soziale Beziehung heißen, wenn und soweit die Einstellung des sozialen Handelns – im Einzelfall oder im Durchschnitt oder im reinen Typus – auf subjektiv g e f ü h l t e r (affektueller oder traditionaler) Z u s a m m e n g e h ö r i g k e i t der Beteiligten beruht."[83]

Die derart kompakt gefasste *Vergemeinschaftung* unterscheidet Weber vom Modell der *Vergesellschaftung*, welche davon bestimmt sei, dass ihren Mitgliedern eine auf Interessenausgleich respektive Interessenverbindung zielende rationale Einstellung des sozialen Handelns gemein sei. Dieses Handeln könne als frei paktierter Tausch auf dem Markt sich ereignen; ebenso könne es zu einem organisatorischen Zusammenschluss, etwa in Gestalt eines Zweck- oder Gesinnungsvereins, kommen.[84] Wiewohl er beides, *Vergemeinschaftung* und *Vergesellschaftung*, definitorisch akribisch voneinander scheidet, erklärt Weber zugleich unumwunden, dass im gesellschaftlichen Miteinander die große Mehrzahl der vorfindlichen sozialen Beziehungen sowohl den Charakter des einen wie des anderen haben könnten, indem etwa eine abgezweckte Beziehung wie die Kundschaft „Gefühlswerte stiften [kann], welche über den gewillkürten Zweck hinausgreifen."[85]

Für das für den Forschungsgegenstand dieser Studie bedeutsamere Konzept der *Vergemeinschaftung*, welches auf affektueller, traditionaler oder emotionaler Grundlage jeder Art beruhen könne, bietet er beispielhaft mehrere konkrete Ausformungen an, darunter die erotische Beziehung, die pneumatische Brüdergemeinde, oder die kameradschaftlich zusammenhaltende Truppe und notiert pointiert: „Den Typus gibt am bequemsten die Familiengemeinschaft ab."[86]

So lässt sich festhalten, dass für Max Weber – definitorisch und etwas vergröbert – im Zusammenhang sozialer menschlicher Beziehungen entweder Interessen (*Vergesellschaftung*) oder Gefühle (*Vergemeinschaftung*) verbinden und dem Zusammenschluss der Verbundenen ein jeweiliges Gepräge geben. Für das hier Untersuchte erscheint dies insofern hilfreich, als bereits im Vorfeld der Feldforschung für den Kontext des christlichen Riesenchorsingens potentiell mit beidem zu rechnen war: dass beteiligte Sänger sich emotional zugehörig fühlen, die

---

[82] Das Verhältnis der von Weber verwendeten Begriffe beziehungsweise Begriffsfüllungen zu jenen von Ferdinand Tönnies hier aufzunehmen würde zu weit führen, weshalb nur knapp auf die bei Weber selbst vorfindliche Konzeption eingegangen wird. Für die Diskussion beider Konzepte vgl. exemplarisch Knoblauch, Kommunikationsgemeinschaften.
[83] Weber, Wirtschaft, 21.
[84] Vgl. a.a.O., 21–22.
[85] A.a.O., 22.
[86] Ebd.

A 1.2 Was ist überhaupt Gemeinde? 35

Großgruppe der Singenden als eine Art Familiengemeinschaft empfinden einerseits und dass andererseits faktisch gemeinsame Interessen sie zusammenbinden, eine zweckorientierte Vergesellschaftung losgelöst von Gefühlen der Zusammengehörigkeit erfolgt, um des Singens selbst – wie beim MassChoir auf dem Gospelkirchentag – oder der geplanten Musicalaufführung willen.

1.2.2.2 Situative Event-Vergemeinschaftung nach Winfried Gebhardt

An drei Beispielen illustriert Winfried Gebhardt[87] das gegenwärtig beobachtbare Phänomen der situativen Event-Vergemeinschaftung: an den Nacktfoto-Installationen von Spencer Tunick, am Weltjugendtag der römisch-katholischen Kirche und am Public Viewing. Allen diesen Ereignissen sei gemein, dass wildfremde, in ihrer Zusammensetzung teils höchst heterogene Menschen in riesiger Zahl für ein zeitlich begrenztes, situatives Ereignis zusammenkommen, dort geradezu ekstatische Gemeinschaftserfahrungen machen und sich anschließend, etwa in Internet-Chatrooms, zu ihrem fantastischen Erleben äußern. Charakteristisch sei dabei, dass nach extraordinären, kollektiv geteilten Situationen das Menschenmeer sich wieder auflöst und jeder seines Weges zieht, was die begrenzte Dauer der von ihm analysierten flüchtigen Gemeinschaftsform unterstreicht:

> „Wildfremde Menschen fallen sich um den Hals, drücken, herzen und küssen sich. Sie weinen gemeinsam vor Freude (oder auch aus Enttäuschung). Und ist das Spiel vorbei, geht die Party weiter. Autokorsos werden gebildet, Polonaisen formiert, Grüppchen hüpfen im immer gleichen Takt und mit den immer gleichen Schlachtrufen im Kreis. Die ‚Gemeinschaft der Sieger' feiert enthusiastisch sich selbst, und zwar auch dann noch, wenn sie die ‚Gemeinschaft der Verlierer' ist. Und auch hier zeigt sich wieder: Lassen die Kräfte nach und dämmert der Morgen, geht jeder wieder seine eigenen Wege. Menschen, die sich noch vor Stunden – auch physisch – sehr nahe waren, begegnen sich nun wieder distanziert als Fremde. Zurück bleibt die Erinnerung an ein großartiges Gemeinschaftserlebnis, von dem man noch den Enkelkindern erzählen kann."[88]

Die sich zum Foto-Nacktspektakel, zum Glaubensfest, zur Ekstase anlässlich eines Sportereignisses formierende Menschenmasse sei dabei prinzipiell eine Gemeinschaft auf Zeit.[89] Und dies in Unterscheidung von Wave-Gothic-Treffen, Love-Parade oder Mountain-Bike-Contests, insofern sie nicht bereits vorhandenen (posttraditionalen) Vergemeinschaftungsformen, etwa Jugendszenen, entwüchsen, sondern in ihrem eigenen Anspruch offen seien für alle:

> „Es bedarf keiner Zugehörigkeitsbekenntnisse, keiner Erfahrungen und Vorkenntnisse, keiner Beziehungen und (Freundschafts-) Kontakte, um dabeisein zu können. Was allein zählt, ist der Wille, dazugehören zu wollen, einzutauchen in ein enthusiastisches Massenerlebnis, in dem für einen kurzen Moment die ‚eigene Persönlichkeit' sich auflöst in einem Meer von ekstatischen, ‚gesichtlosen' Körpern. Anders also als

---

[87] Für das Folgende vgl. Gebhardt, Gemeinschaften.
[88] A.a.O., 204.
[89] Vgl. a.a.O., 207; daneben auch Gebhardt, Kein Pilger mehr, 239.

bei herkömmlichen Festen und den für die Spätmoderne typischen Szene-Events, die beide einer bereits existierenden Vergemeinschaftungsform dazu dienen, ihr Wir-Gefühl zu aktualisieren und für den Alltag zu stabilisieren, scheint es bei jenen Veranstaltungsformen, die hier als *situative Event-Gemeinschaften* bezeichnet werden, das ‚außerordentliche', in (Massen-) Gemeinschaft begangene und nur durch die (Massen-) Gemeinschaft entstehende ‚Gefühlserlebnis' als solches zu sein, das gesucht wird und die Veranstaltung trägt."[90]

Situative Event-Vergemeinschaftungen zeichneten in aller Bandbreite – vom Weltjugendtag bis zur Foto-Nacktinstallation – elementare Gemeinsamkeiten aus: Sie seien, wie alle Events, thematisch fokussiert, zentral von einem professionellen Veranstalter geplant wie realisiert und setzten durch geeignete Gestaltungsmittel ein Gesamtkunstwerk in Szene, welches hernach als *totales Erlebnis* in Erinnerung bleibe(n solle).[91]

In Abgrenzung zu den von Max Weber und Ronald Hitzler beschriebenen Erscheinungsformen von Vergemeinschaftung, Fest und Events, beschreibt Gebhardt die von ihm als situative Event-Vergemeinschaftungen bezeichneten außeralltäglichen, flüchtigen Veranstaltungsformen als nicht an dauerhafte Vergemeinschaftungen gebunden, ja solche Bindungen gewollt negierend. Aus Prinzip seien sie lediglich auf Zeit angelegt, flüchtig, ohne Auswirkung für den nachfolgenden Alltag. Ihr kollektiver Vollzug stifte keine Gemeinsamkeit mit anderen, keine Verlässlichkeit, keine im Alltag tragenden Beziehungen, weil das Kollektiv nur scheinbar ein Kollektiv sei, die sozialen Beziehungen nur momentane.[92]

Für die Identifizierung situativer Vergemeinschaftungsformen nennt Gebhardt ein markantes Kriterium:

„Hier darf man endlich einmal ungestraft ‚die Sau rauslassen!' In dieser Extremisierung der ‚letzten Entschleierung' liegt nun auch der Unterschied zwischen traditionalen und posttraditionalen Festen und Events und den flüchtigen Formen *situativer Event-Vergemeinschaftungen*. Dort, wo niemand den anderen kennt, muss auch niemand damit rechnen, mit seinen Handlungen später wieder konfrontiert zu werden, geschweige denn hinterher über sein Handeln Rechenschaft ablegen zu müssen. Gibt es in den traditionalen und posttraditionalen Formen der außeralltäglichen, situativen Vergemeinschaftung noch so etwas wie deutlich markierte ‚Peinlichkeitsschwellen', so schwinden diese in dem Maße, in dem der Grad der Fremdheit unter den Beteiligten wächst. Erst unter den Bedingungen des Sich-nicht-Kennens und damit des Niemandenverpflichtet-Seins entfaltet die Emotionalität des gemeinschaftlichen Handelns ihre volle anarchische Kraft. Nur dann sind die Menschen bereit, ihr Innerstes nach außen zu kehren und sich im wahrsten Sinne des Wortes zu ‚entschleiern'. Und diese im ‚Kollektiv' oder auch nur unter den Augen des ‚Kollektivs' vollzogenen Entschleierungs-Akte bleiben dann – im Nachhinein verklärt – als ‚ultimatives Gemeinschaftserlebnis' in nostalgischer Erinnerung."[93]

---

[90] Gebhardt, Gemeinschaften, 205.
[91] Vgl. a.a.O., 204–205.
[92] Vgl. a.a.O., 207.
[93] A.a.O., 209.

A 1.2 Was ist überhaupt Gemeinde?

Gewiss wäre es dem Forschungsgegenstand nicht angemessen, die steilen Formulierungen Gebhardts ohne Abstriche als auf das Singen in christlichen Riesenchören übertragbar anzusehen, indem die Mitwirkung an solchem Massensingen als individuelles *Die-Sau-Rauslassen* im Schutz der Anonymität gedeutet würde, da auch die vielen Fremden, von denen der Einzelne umgeben ist, etwas Außeralltägliches darstellten und ihm die Freiheit ermöglichten, ohne Angst vor Scham und Konsequenzen sich auszutoben, wie andere dies womöglich als Teil eines pöbelnden Mobs aus Hooligans tun.[94] Doch scheint, wiewohl weniger zugespitzt ins Extrem, der Gedanke (Erfahrungs-) Räume eröffnender Anonymität dennoch ein die Rekonstruktion des hier untersuchten Erlebens potentiell befördernder zu sein, insofern das Eintauchenkönnen des Einzelnen in die Masse überwiegend fremder – und dabei wohlwollender, also nicht bedrohlicher oder auch nur Misstrauen erweckender – Menschen ihm erleichtern dürfte, Hemmungen abzulegen (wie die Tunnick-Modelle ihre Kleidung), sich auch körperlich ganz der Musik hinzugeben, bis hin zu emotionalen Erfahrungen von Ekstase. Ob dem Singnachbarn dabei auffällt, dass ihr die Tränen in die Augen schießen, sie vor Überwältigung nicht weitersingen kann, von Gänsehaut und Zittern überkommen wird et cetera, dürfte der Sängerin umso gleichgültiger sein, je fremder ihr ihre unmittelbare Umgebung ist – und bleibt, insofern es über den Moment hinaus keine Verpflichtungen oder Bindungen gibt. Stattdessen befreit die Anonymität und zeitliche Begrenzung die beteiligten Individuen zur Enthemmung, zum Ablegen von Konventionen, zum Über-Bord-Werfen von Scham und Angst vor Peinlichkeit, eröffnet vielmehr einen Frei- oder Erfahrungsraum, im Augenblick ganz man selbst zu sein, was immer andere Menschen darüber denken mögen.

---

[94] Eine solche aus meiner Sicht dem Forschungsgegenstand unangemessene Betrachtung würde bereits von den für diese Studie erhobenen empirischen Befunden widerlegt, insofern ein fraglos beträchtlicher Teil der Riesenchorsänger nicht allein, als Einzelsänger, teilnahm, sondern etwa zusammen mit dem Partner, einer Freundin oder dem heimischen Chor (s. Kapitel C 1.3: Von den 660 für die Mitwirkung an *Amazing Grace* angemeldeten Sängern hatten sich 186 einzeln, 474 hingegen mit einer Gruppe angemeldet). Zudem trafen mehrere Gesprächspartner vor Ort unerwartet auf Bekannte, etwa frühere Studienkollegen, was ebenfalls faktisch den Rahmen der Anonymität aufbrach.

1.2.3 Definitorische Annäherung: Welcher aktuelle Gemeindebegriff könnte christlichem Massensingen gerecht werden?

Vor dem Hintergrund der in Kapitel A 1.2.1 und A 1.2.2 schlaglichtartig beleuchteten Quellen soll nun ein deduktiv daraus abgeleiteter Gemeindebegriff formuliert werden, der für Veranstaltungsformate wie das christliche Riesenchorsingen als potentiell adäquat erscheint.[95] Er erhebt nicht den Anspruch, alle referierten Aspekte – als eine Art Extrakt – bündelnd aufzunehmen, sondern greift vielmehr als Ergebnis subjektiver Gewichtungen einzelnes auf, anderes nicht.[96] Im Kapitel D 1 wird dieser theoretische Begriff mit dem in der Praxis Vorgefundenen und empirisch Erforschten diskutiert werden.

Besonders ausschlaggebend für den vorgeschlagenen Begriff war neben der räumlichen wie zeitlichen Manifestation von Kirche mit globalem und überzeitlichem Bezug, dem Ereignis des Kirche-Seins, dem intensiven Zusammenhalt des Leibes Christi als Liebesgemeinschaft, der intersubjektiven Einmütigkeit[97] dieser erfahrbaren Schicksals- und Solidargemeinschaft, der Evangeliumsverkündigung mit Lebensbezug, der Voraussetzungslosigkeit und Inklusivität des Miteinanders auch das Zeugnis vor der Welt. So schlage ich vor:

Eine Gemeinde ist die frei zugängliche leibliche Versammlung von Menschen, die – für das Wirken des Heiligen Geistes offen – als einmütige Solidargemeinschaft das Wort Gottes hören, auf ihr Leben beziehen und vor der Welt bezeugen. In ihr werden der Alltag transzendiert, Menschen miteinander sowie mit der alle Zeiten und Orte übersteigenden Kirche Jesu Christi verbunden und individuelle Freiheit eröffnende christliche Botschaften kommuniziert.

---

[95] Wie zu Beginn des Kapitels A 1.2 erläutert geht es dabei nicht um einen normativen allgemeinen Gemeindebegriff, der auf alle vorfindlichen christlichen Gemeinden gleich anwendbar wäre oder sein sollte, sondern um einen theoretisch aus ausgewählten Quellen gewonnenen, der später mit den auf konkrete Praxis bezogenen Beobachtungen der empirischen Forschung ins Gespräch gebracht werden soll (s. Kapitel D 1.1.4 und D 1.2.5).

[96] Beispielsweise wurde das im Kapitel A 1.2.1.5 als essentiell zum Gemeindebegriff von Hauschildt und Pohl-Patalong gehörig identifizierte Charakteristikum regelmäßiger Abendmahlspraxis als unnötige Engführung zugunsten eines weiteren theoretischen Gemeindebegriffes bewusst ausgelassen.

[97] Festzuhalten ist, dass dieser vor allem der in Kapitel A 1.2.1.1.a besprochenen Passage aus Apg 2 entnommene Aspekt nicht im Sinne kollektiven harmonischen Wohlgefühls (miss-) zu verstehen ist. Vielmehr geht es darum, dass Menschen einem sie verbindenden größeren Ganzen sich zugehörig fühlen und ihre individuellen Eigeninteressen im Zweifel eine geringere Rolle spielen als das Gemeinsame. Somit bezeichnet *einmütig* nicht wechselseitige Sympathie oder wohlige Gefühle, sondern vielmehr, dass der Einzelne auf die Gemeinschaft bezogen, darin aufgehoben ist und Gemeinsinn statt Egoismus herrscht. Damit besteht deutliche inhaltliche Nähe zum Aspekt der Liebesgemeinschaft, die ebenfalls nicht engzuführen ist auf romantische Zuneigung, sondern im Sinne der Agape-Liebe innige freundschaftliche bis geschwisterliche Verbundenheit bezeichnet, die zugleich – im Sinne von Apg 2 – aus anderen Kontexten Vertrautes zu übersteigen das Potential besitzt.

1.3 Welche Rolle kann Musik bei der religiösen Erfahrung von (Christen-) Menschen spielen?

Der Gegenstand dieser Studie legt eine Vielzahl von Fragen nahe. Mehrere besonders zentrale wurden – in erster Linie im Kapitel A 1.1 – bereits aufgezeigt, andere werden im weiteren Verlauf an passender Stelle noch zu verhandeln sein. Während die Untersuchung der Kernfrage, ob beim christlichen Riesenchorsingen – konkret: beim MassChoir des Gospelkirchentags in Kassel und bei *Amazing Grace*[98] in Ludwigsburg – „Gemeinde" sich ereignet, durch bedachtes Hinzuziehen geeigneter sozialwissenschaftlicher Instrumente durchaus interdisziplinär erfolgen soll, bleibt durchgehend im Blick zu behalten, welche Fragestellungen und Erkenntnisinteressen über Kompetenz und Kapazitäten eines Theologen hinausweisen, weshalb aus wissenschaftlicher Verantwortung zu einer Bescheidung mit dem Möglichen Anlass besteht.

Für mich gehört etwa das komplexe Feld der Musikpsychologie – so faszinierend und relevant es potentiell gewiss für die Fragestellung sein mag – zu diesem das realistisch Mögliche übersteigenden Bereich. Fachuntersuchungen zum Singen, zumal zum Chorsingen, ließen sich bestimmt trefflich fruchtbar machen – aber dies bleibt anderen überlassen, die davon mehr verstehen.[99] Vielmehr will ich mich in dieser Studie auf eigene Kernkompetenzen konzentrieren und den Fragen nach Theologie, Gemeinschaftserfahrung und Gemeindebildung nachgehen. Gleichwohl soll eingangs auf ausgewählte Theorien eingegangen werden, die für musikalische und speziell (christlich-) religiöse Erfahrung nicht ohne Bedeutung sind.

1.3.1 Zur grundsätzlichen Bedeutung von Musik

> „Musik ist aus unserem Alltag nicht wegzudenken: Sie beeinflusst unser Fühlen und Denken, sie kann Worte und Ideen weitertragen, Stimmungen hervorrufen und verändern. […] immer verdichten sich in der Musik Atmosphären, es werden neue Dimensionen eröffnet, die das Reden und Schauen übersteigen und es vertiefen. […] Überall drücken sich in Musik tiefste Sehnsüchte, Hoffnungen und Ängste aus. Die Töne offenbaren, woran das Herz hängt. Musik ist eben nicht nur Geschmacks- sondern auch Glaubenssache."[100]

---

[98] Zur leichteren, möglichst unzweideutigen Unterscheidung des Musicals und des ihm zu Grunde liegenden Songs wird in der vorgelegten Studie in aller Regel das Musical – speziell die Aufführung in Ludwigsburg – durch *Kursivdruck* kenntlich gemacht werden, das Lied „Amazing Grace" hingegen durch Anführungszeichen.

[99] Vgl. exemplarisch Kaiser, Singen in Gemeinschaft, 71–200, besonders 168–184.

[100] Evangelische Kirche in Deutschland, Kirche klingt, 7. Vgl. auch Bubmann, Klänge, 10 und Pirner, Musik (LexRP), 1363–1364. Die enorme Bedeutung von Musik für jugendli-

Entsprechend spiele Musik für menschliches (Zusammen-) Leben in Alltag und Fest, in Höhe- und Tiefpunkten eine elementare Rolle und ermögliche

> „meditative oder ekstatische, bewusstseinserweiternde Erfahrungen, kann [...] eine völlig andere vom Alltag abgehobene Welt repräsentieren [...] oder starke Gemeinschaftserfahrungen vermitteln."[101]

Henning Schröer[102] sieht es als wesenhaft zum Menschen gehörig an, Musik zu machen, wahrzunehmen und dabei als Macht zu erfahren. Aus theologischer Perspektive seien ihre drei Modi Poiesis, Creatura und Charisma, „als Befreiung, Schöpfung und Begabung"[103] erfahrbar, *auf Spiel, Symbol und Fest ausgerichtet*. Indem Kunst Sinneserfahrung und Geist verbinde, sei dort stets *ein Moment der Transzendenz wirksam*; auch habe Musik grundsätzlich politische, therapeutische und grenzüberschreitende Bedeutung. Ihr – und keineswegs nur der Vokal-, sondern auch der Instrumentalmusik – eigne das Vermögen, „der Mehrstimmigkeit des Lebens Ausdruck zu geben, besser als Begriffe das können."[104]

1.3.2 Musikalische und (christlich-) religiöse Erfahrung

Während im Kapitel A 2.4.3 ausführlich auf das Begriffsfeld Erleben/Erfahrung sowie die Relevanz der Unterscheidung für diese Studie einzugehen sein wird, soll der Blick hier zunächst auf die für den Forschungsgegenstand bedeutsame religiöse Erfahrung und besonders zur Bedeutung von Musik hierfür gerichtet werden.[105]

---

che Schüler – für deren viele es „kaum noch einen faszinierenderen Lebensinhalt" (Heimbrock, Didaktik, 461) gebe – betonte Heimbrock bereits 1991. Diese Beobachtung hat in den rund 30 Jahren seither gewiss kaum an Gültigkeit verloren, mögen neben die Musik auch der Konsum von Videoclips, von TV-Serien, die Nutzung sozialer Mediendienste und allgemein des Internets et cetera getreten sein.

[101] Evangelische Kirche in Deutschland, Kirche klingt, 11. Zu den vielseitigen Wirkungen von Musik auf Menschen – einschließlich körperlich-vegetativer Resonanzbildungen, persönlichkeitsverändernder transformatorischer Kraft et cetera – vgl. a.a.O., 10.
[102] Vgl. für das Folgende Schröer, Theophonie und Schröer, Poiesis.
[103] Schröer, Poiesis, 30.
[104] Schröer, Theophonie, 302.
[105] Dabei wäre gewiss etliches mehr sinnvoll und wünschenswert, als im Rahmen dieser Arbeit mit ihrem besonderen Schwerpunkt auf (ethnographisch-) empirischer Erforschung des Erlebens beim christlichen Riesenchorsingen leistbar, etwa die theoretische Beschäftigung mit den jüngsten Erkenntnissen der Shell-Jugendstudie, des Religionsmonitors der Bertelsmann-Stiftung, der umfangreichen Publikationen zur aktuellen Kirchenmitgliedschaftsuntersuchung et cetera. Zugunsten fundierter eigener Forschung wurde aber auf Vieles verzichtet, was in die vorgelegte Studie hätte aufgenommen werden können.

A 1.3 Welche Rolle kann Musik spielen?

Manfred Pirner hat in seiner Dissertation[106] hilfreiche Definitionen sowie eine Unterscheidung musikalischer und religiöser Erfahrung vorgelegt.[107] Dabei folgt er der in dieser Studie positiv aufgenommenen Unterscheidung unmittelbaren Erlebens von durch Reflexion des Erlebten entstehender Erfahrung (s. Kapitel A 2.4.3.1) dezidiert nicht, lehnt sie sogar entschieden ab, da menschliches Erleben und Wahrnehmen von kognitiven Faktoren – wie Einstellungen und früheren Erfahrungen – abhänge, weshalb kein Erleben als unmittelbar gelten könne, sondern stets vermittelt sei.[108]

> „Dabei ist impliziert, daß eine Erfahrung durch eine bestimmte Deutung und deren Verarbeitung vertieft, verändert oder erweitert werden kann."[109]

Und später:

> „… psychologisch gesehen sind [...] Wahrnehmung, innere Disposition und Deutung bzw. Weiterverarbeitung des Erfahrenen so ineinander verwoben, daß sich ‚Erfahrung' in der Regel nur als Ergebnis eines letztlich oftmals undurchschaubaren interdependenten Oszillierens zwischen Wahrnehmen und – emotional-affektive Elemente einschließendem – Deuten fassen läßt."[110]

Diese Überzeugung erscheint indes durchaus mit dem in dieser Studie verwendeten Begriff des Erlebens kompatibel, der ein Miteinfließen früherer individueller Erfahrungen ebenso wenig ausschließt wie kognitiv-reflexive Vermittlung des jeweiligen Erlebens, ja im Gegenteil geradezu damit rechnet; doch selbst im Falle tatsächlich unterschiedlicher Auffassungen sind Pirners Beobachtungen zur musikalischen wie religiösen Erfahrung als Teil des theoretischen Hintergrunds der nachfolgend präsentierten empirischen Befunde ausgesprochen hilfreich, einschließlich seines Sprechens von Erfahrung im prozessualen Sinn.

Im Beziehungsfeld zwischen Musikerfahrung auf der einen und religiöser Erfahrung auf der anderen Seite komme Musik in doppelter Funktion vor: als Auslöser besonderer Erfahrungen, die religiös gedeutet werden könnten, oder als Qualifikator von Erfahrungen, also Mittel zur Anbahnung, Bearbeitung et cetera.

Indem Musik Menschen fasziniere, übe sie dabei Macht aus, was besondere Verantwortung von Machern und Rezipienten begründe, da die Gefahr der Manipulation, der Funktionalisierung, Instrumentalisierung oder sonstiger Formen des Missbrauchs bestehe, sei dieser religiös, ideologisch oder sonstwie beschaffen, wofür Pirner Beispiele aus Geschichte und Gegenwart anführt: Verführung der

---

[106] Pirner, Musik und Religion.
[107] Vgl. für das Folgende Pirner, Musik und Religion, 423–430; ergänzend außerdem Pirner, Aspekte.
[108] Vgl. Pirner, Musik und Religion, 424.
[109] Ebd.
[110] A.a.O., 429.

Massen im Nationalsozialismus, Transport rechtsradikaler Botschaften oder zerstörerisches Treiben einer Sekte – alles durch beziehungsweise vermittels Musik.[111]

Zu beobachten sei in all dem die Ambivalenz von Musik, die Teil der guten Schöpfung Gottes, aber auch der gefallenen Schöpfung sei, somit Gabe und Aufgabe; letzteres insofern, als es sie – recht praktiziert – zur Förderung der Humanität des Menschen einzusetzen gelte, damit sein Leben sich entfalte und gelinge.[112] Sie könne - schöpfungstheologisch, christologisch oder pneumatisch[113] begründet – zum symbolischen Hinweis auf Gott, ebenso aber auch zum „Ersatz" für Religion und Glauben werden, Zugang zu Gott sein oder diesen – selbst zum *Eigentlichen* und *Letzten* werdend – verstellen; kirchliche Musik könne den ganz anderen ebenso wie den nahe kommenden Gott repräsentieren.

> „Diese Erfahrung des *nahen* Gottes vermittelt sich symbolisch am ehesten durch ästhetische Formen, die den Gottesdienstbesuchern aus ihrer Lebenswelt vertraut sind, musikalisch also vor allem durch populäre Musik bzw. ihr ähnliche Musikstile."[114]

Gleichzeitig dürfe nicht auf Widerständiges zugunsten eines populistisch-beliebigen Gottes- und Glaubensverständnisses verzichtet, sondern müsse vielmehr, Anbiederung vermeidend, das Transzendieren der Alltagswelt durch Andersartiges und Fremdes befördert werden.[115] Von Jesu Gleichnissen gelte es zu lernen, insofern diese an alltagsweltlich Vertrautes angeknüpft, dieses aber auch mit dem Mehr und Anderen des Reiches Gottes durchbrochen hätten.

---

[111] Vgl. Pirner, Aspekte, 214 und Pirner, Musik und Religion, 428; ergänzend auch Evangelische Kirche in Deutschland, Kirche klingt, 18 und Bubmann, Kirchenmusik, 582.

[112] In Anlehnung an Peter Bubmann nennt Pirner über die symbolische Darstellungsfunktion der Musik hinaus diese humanisierenden, lebensförderlichen oder menschenfreundlichen Aspekte: Allgemeine Orientierungs- und Sinnstiftungsfunktion; (Re-) Somatische und psychische Stimulierungsfunktion; Kommunikative Funktion/Sozialisationsfunktion in Cliquen, Fan-Clubs und Konzertgemeinden; Kulturelle Identitäts- und Merkmalsbildung für Gruppen, Szenen, Lebensstile und Subkulturen; Politische Protestfunktion; Anregung und Aktivierung zum eigenen Singen und Musizieren, vgl. Pirner, Aspekte, 213–217 sowie Bubmann, Klänge, 11 und Bubmann, Kirchenmusik, 582.

[113] Für ein trinitarisch strukturiertes Konzept von (Kirchen-) Musik als kreativem *Spiel*, als „*Symbol* für Transzendentes" und als „Erfahrung der Gegenwart des Heiligen im *Fest*" vgl. Bubmann, Kirchenmusik, 583 (Zitate ebd.) und Evangelische Kirche in Deutschland, Kirche klingt, 16.

[114] Pirner, Aspekte, 216. Peter Bubmann weist darauf hin, dass von kirchenleitender und -musikalischer Seite zwar regelmäßig Maßstäbe hochkultureller Ästhetik normativ ins Spiel gebracht würden gegen popkulturelle Elemente wie Beat-, Pop- und Rockmusik, wo diese in gottesdienstlichem Rahmen zum Einsatz kämen, dass aber gleichzeitig religiöse Massenveranstaltungen, darunter nicht zuletzt Kirchentage, mittlerweile trotz aller Kritik häufig von popkultureller Stilistik geprägt seien, vgl. Bubmann, Popkultur, 422.

[115] Vgl. hierzu auch Gotthard Fermors Reden vom *Unerhörten* des Glaubens in Fermor, Sound des Lernens, 124, sowie Evangelische Kirche in Deutschland, Kirche klingt, 16: „*Einstimmung* ins Heilige, *Umstimmung* zum guten Leben, *Verstimmung* als notwendige Verstörung falschen Lebens und *Hochstimmung* als Vorgriff auf Gottes Ewigkeit können als die musikalischen Wirkungen des Heiligen Geistes verstanden werden."

A 1.3 Welche Rolle kann Musik spielen? 43

Theologisch betrachtet kommt musikalischer Erfahrung nach Pirner grundsätzlich enorme Bedeutung zu, da sie – neben Bildern, Sprache et cetera – ermögliche, das christliche Gottesverständnis des sich in Christus ganz dem Menschen zuwendenden, sich den Kommunikations- und Verständnismöglichkeiten des Menschen zur Verdeutlichung seiner Liebe anpassenden nahen Gottes symbolisch zu vermitteln.

> „Auf solche symbolischen Versinnlichungen Gottes sind wir angewiesen; wir können nicht anders als symbolisch von Gott reden und uns über ihn verständigen."[116]

Damit wird Musikerfahrung das Potential zur (christlich-) religiösen Kommunikation, ja zur Glaubensvermittlung und -vergewisserung attestiert.[117]

1.3.2.1 Ästhetische Musikerfahrung und Transzendenzoffenheit

Während bis heute keine letztgültige Definition für das Wesen der Musik vorliege, habe diese eine Affinität zum Religiösen, insofern sie über den Menschen hinausweise:[118]

> „Musik kann offenbar, und zwar in vielfältiger und kulturell unterschiedlicher Weise, eine Ahnung von einer übernatürlichen Wirklichkeit vermitteln, kann das Göttliche symbolisieren oder zumindest den Menschen dazu anregen, über sich selbst und die vorfindliche Wirklichkeit hinaus zu fragen oder zu ahnen: ‚Da muss es noch mehr geben als unser Leben und diese Welt.'"[119]

Dieser transzendentale Charakter der Musikerfahrung könne erfahrbar sein etwa im Spüren des Geschenkcharakters schöpferischer Kreativität, im Überwältigt-Werden von Schönheit und Gefühlsgewalt der Musik, in ihrer Harmonie als Symbol einer heilen Welt, in Bewusstseinserweiterung, Gemeinschafts- und Einheitsgefühlen, Musizieren im Sinne originärer Daseinsäußerung, identitätserschütternder wie -stabilisierender Kraft und anderem mehr.[120] Diese multifaktorielle Transzendentalität der Musikerfahrung eigne der Musik als besondere Potenz, ohne indes machbar zu sein, weshalb von einer besonderen Transzendenzoffenheit der Musik gesprochen werden könne.

---

[116] Pirner, Aspekte, 215.
[117] Auch „Kirche klingt" spricht von besonderem missionarischem Potential, das der Musik eigne, vgl. Evangelische Kirche in Deutschland, Kirche klingt, 19.
[118] Dass Musik in etlichen Zeiten, Kulturen, Kulten und Kontexten mit einer transzendental-religiösen Dimension verbunden war und ist zeigt anschaulich Bubmann, Musik (MLexR), 499–500. Vgl. dazu auch Evangelische Kirche in Deutschland, Kirche klingt, 11.
[119] Pirner, Aspekte, 213–214. Nach Heimbrock – der Frieder Harz aufnimmt – wird Musik theologisch bedeutungsvoll „in ihrer Deutung hin auf die Perspektive eschatologischer Freiheit; sie hat Anteil an den symbolischen Gestalten, in denen sich in der Welt diese Freiheit ausdrückt." (Heimbrock, Didaktik, 463)
[120] Vgl. Pirner, Aspekte, 214 und Pirner, Musik und Religion, 425; außerdem Bubmann, Klänge, 10.

> „So kann [...] ein beeindruckendes instrumentales Musikstück in seiner überwältigenden Schönheit oder in seiner Gefühlsgewalt zum *erfahrungsauslösenden* Impuls werden. Als besondere Erfahrung durch- bzw. unterbricht eine solche Musikerfahrung zunächst einmal die Alltagserfahrung und kann transzendentalen Charakter gewinnen [...] So kann etwa die Erfahrung der Ergriffenheit von der ästhetischen Schönheit und Größe eines Musikstücks zum Fragen nach dem letzten Ermöglichungsgrund dieser Schönheit bzw. zum Vermuten oder Ahnen einer höheren Macht führen. Ohne eine entsprechende, kulturell vermittelte Deutung bleibt dieses transzendentale Fragen und Ahnen jedoch unbestimmt."[121]

Damit betont Pirner, dass die Musikerfahrung in ihrer Transzendentalität respektive Transzendenzoffenheit – als Grundlage einer religiösen Deutung der Musikerfahrung – „nur" eine ästhetische Erfahrung darstellt, was implizit der Musikerfahrung – und sei sie noch so intensiv – den möglichen Offenbarungscharakter in sich selbst abspricht.[122]

1.3.2.2 Religiöse Deutung ästhetischer Musikerfahrung

Vielmehr trete zur Konstituierung einer religiösen Musikerfahrung zur ästhetischen als Basis die qualifizierende religiöse Deutung erst noch hinzu, ohne dass dies in Pirners Modell chronologisch zwingend als ein Hintereinander gedacht wäre, da die wesensverändernde Interpretation *vorgängig*, *simultan* oder *nachträglich* erfolgen könne.[123] Zudem bleibe Musikerfahrung trotz religiöser Traditionen unbestimmt:

> „Auch ein Musikstück abendländisch-christlicher Prägung führt nicht notwendigerweise zum transzendentalen Fragen, sondern kann auch musikimmanent oder rein gefühlsmäßig rezipiert bzw. ‚genossen' werden. [...] Entscheidend für eine spezifische *religiöse* Wirksamkeit der Musikerfahrung ist [...] eine *religiöse* Deutung, die zur Musikerfahrung hinzukommt und die Transzendenzoffenheit in einen religiös spezifizierten Transzendenzbezug überführt [...] Die Musikerfahrung gewinnt damit *symbolischen Charakter*, indem sie auf eine weitere Ebene der ‚Musikwirklichkeit' verweist, und zwar in diesem Fall gerade *durch* die vollständig zu ihrem Recht kommende ästhetische Wahrnehmung hindurch."[124]

Eine derart durch sinnliche Musikerfahrung und qualifizierende religiöse Deutung zustande gekommene religiöse Erfahrung könne sich auf die Alltagserfahrung des Subjekts auswirken, etwa in Gestalt theologischer und ästhetischer Neuperspektivierungen.[125] Im Abschlussteil dieser Studie (s. Kapitel D 2.2) wird zu betrachten sein, inwieweit sich dies empirisch bestätigt fand.

Die über diese Bestimmung von Musik als Auslöser transzendentaler Erfahrungen – zu denen jeweils religiöse Deutung verändernd hinzutritt oder nicht –

---

[121] Pirner, Musik und Religion, 425–426. Vgl. ergänzend Evangelische Kirche in Deutschland, Kirche klingt, 11.
[122] Vgl. dazu auch Schröer, Theophonie, 300.304.
[123] Vgl. Pirner, Musik und Religion, 427.
[124] A.a.O., 426–427.
[125] Vgl. a.a.O., 427.

bei Pirner hinausgehende Rede von Musik als Qualifikator religiöser Erfahrungen, die er am Beispiel eines Waldspaziergangs illustriert, würde hier zu weit führen, zumal er selbst den Modellcharakter der feingliedrigen Ausdifferenzierung unterstreicht.[126] Festzuhalten ist, dass er in beiden Fällen die alles Ästhetische ergänzende religiöse Deutung für konstitutiv für eine religiöse Erfahrung hält und weder vorhergesagt noch geplant werden könne, dass aus einer Musikerfahrung eine religiöse Erfahrung entsteht.[127]

1.3.3 Singen als Erfahrung mehrfacher Grenzüberschreitung

> „Musizieren und Singen gehören zu den elementaren menschlichen Verhaltensweisen wie Reden, Hören, Essen, Trinken, Schweigen, Gehen."[128]
> „Musik kann trösten, aus Verbitterung und Trauer herausreißen und zum Leben umstimmen. Sie kann glückliche Erinnerungen bewahren helfen, Traumzeiten stimulieren, Verkrampfungen und Ich-Fixierungen lösen und Beziehungen stiften. Noch bevor Musik ausdrücklich religiösen Charakter annimmt, ist sie daher als wohltuende menschliche Kulturtechnik hoch zu schätzen."[129]
> „Musik fördert in besonderer Weise das Verstehen dessen, was das Evangelium an uns bewirken will […] Singend belehrt das Wort nicht, es bewegt."[130]

Bereits diese drei Passagen aus „Kirche klingt" illustrieren einerseits die grundlegende Bedeutung wie andererseits das große Potential musikalischen Handelns, das als rezeptives, aber mehr noch als aktiv-produzierendes Geschehen demnach beleben, *wohltun* und *bewegen* kann. In der Kirche halte Musik zudem die theologisch erforderliche Differenz zwischen Glaubensaussagen und dem Grund des Glaubens lebendig: „Mit ihr wird zu fassen versucht, was und wer nicht zu fassen ist, sondern uns erfasst."[131]

Bezogen auf den Gottesdienst als einem *Gesangs-Reservat* spricht Manfred Josuttis[132] – zunächst hypothetisch – vom Singen als Verhalten von transitorischer Kraft, als Technik der Grenzüberschreitung:

> „Beim Singen werden Menschen ergriffen, weil die internen Schranken zwischen Körper, Seele und Geist in diesem Augenblick durchlässig werden. Von den musikalischen Elementen geht […] eine Heilkraft aus, die Blockaden beseitigt und Spannungen abbaut."[133]

---

[126] Vgl. a.a.O., 429.
[127] Vgl. a.a.O., 430.
[128] Evangelische Kirche in Deutschland, Kirche klingt, 16.
[129] A.a.O., 18.
[130] A.a.O., 20.
[131] A.a.O., 21.
[132] Vgl. für das Folgende Josuttis, Singen; ergänzend auch Josuttis, Leben, 173–204.
[133] Josuttis, Singen, 10.

In Anlehnung an A. A. Tomatis sieht Josuttis eine mit dem Singen als Resonanz auf den Urklang sich vollziehende Veränderung der Haltung zur eigenen Person und zum Leben insgesamt.[134] Dabei könne sich der Einzelne, wo in Gruppen gesungen wird, als gleichberechtigter Teil der Gemeinschaft erleben: „Religiöse Gemeinschaften können bis heute durch ihre Lieder ein tiefes Gefühl der Zusammengehörigkeit schaffen."[135] Zudem erwachse im gemeinsamen Singen eine neue Wirklichkeit, eine Atmosphäre, welche die Anwesenden erfülle und ergreife. Allerdings sorge der *hurtige Ablauf* evangelischer Gottesdienste dafür, dass „eine tiefe Ergriffenheit, eine intensive Realitäts- und Persönlichkeitserweiterung nur ausnahmsweise vonstatten geht."[136]

Wo indes jemand im Singen Zeit und Raum transzendiere, sei dies ein *Akt reiner Lebensbejahung* und überführe den Singenden in einen Zustand der Selbstvergessenheit. Umgekehrt gelte:

> „Wenn Menschen nicht mehr singen, erleiden sie einen erheblichen Lebensverlust. Denn gerade bei diesem Verhalten tun sie mehr, als sie wissen, und widerfährt ihnen mehr, als sie wollen."[137]

Zu solchen Erfahrungen zählt gewiss auch, wenn, wie Bubmann beschreibt, im gemeinsamen – womöglich konfessorischen – Singen inmitten des Klangleibs eine Gemeinschaft derer sich bildet, „die durch das Band der geistlichen Musik verbunden sind."[138]

So ist, diese Positionen bündelnd, festzuhalten, dass im Singen eine Vielzahl von Grenzen überschritten werden kann: individuell-persönliche, einzelne Menschen voneinander trennende ebenso wie einen Rahmen, etwa raum-zeitlich, begrenzend absteckende et cetera. Demnach eignet dem Singen, zumal dem (christlich-) religiösen Singen in Gemeinschaft, das Potential des subjektiven Wachstums, der intersubjektiven Verständigung und intensiver kollektiver Gemeinschaftsbildung, die allesamt rational und kognitiv Fassbares übersteigen. Für den Hauptgegenstand dieser Studie, die Gemeinschafts- sowie potentielle Gemeindebildung beim christlichen Riesenchorsingen, ist daher davon auszugehen, dass Musik – selbst gestaltete und rezipierte – für die religiöse Erfahrung einzelner

---

[134] Ob und inwieweit bei Josuttis' Positionen Grenzen zwischen christlicher Theologie und Esoterik überschritten sind kann hier nicht diskutiert werden; unabhängig von solchen grundsätzlichen Anfragen sollen in dieser Studie aber wertvolle Impulse aus seinen Überlegungen in christlicher Freiheit aufgenommen werden.

[135] Josuttis, Singen, 11. Zur integrativen Kraft des Musizierens trotz aller Unterschiede zwischen den Beteiligten vgl. auch Evangelische Kirche in Deutschland, Kirche klingt, 23.

[136] Josuttis, Singen, 12. Dieser Einwand, dass für gewöhnlich Eile in gottesdienstlichen Vollzügen tiefe Ergriffenheit behindere, wirft ein besonderes Licht auf die beforschten Singveranstaltungen, in denen jeweils mehrere Stunden lang gesungen wurde, was atmosphärische Vertiefungen und die Entfaltung von Wirkungen des gemeinschaftlichen Singens beziehungsweise Musizierens bei beteiligten Individuen – im Sinne von Josuttis – gewiss begünstigt hat.

[137] Josuttis, Singen, 12.

[138] Bubmann, Klänge, 10.

Sänger wie womöglich auch eines kollektiven Individuums[139] von zentraler, ja von elementarer Bedeutung ist. Dort, wo das ästhetische Erleben beim Singen – im Sinne Pirners in Verbindung mit individueller Deutung – mit einer religiösen Dimension einhergeht, kann die kategorische Grenzüberschreitung der Kommunikation zwischen Gott und Mensch hinzukommen.[140]

1.3.4 Bedeutung von Kirchenmusik für Kirchen- und Gemeindeentwicklung

> „Kirchenlied und Kirchenmusik zählen zu den größten Schätzen der evangelischen Kirche in Deutschland. Wo zur Ehre Gottes und zum Wohl der Menschen musiziert und gesungen wird, erweist das Evangelium seine einladend-ausstrahlende Kraft durch Klänge und Rhythmen: Kirche klingt!"[141]

Angesichts dieser hohen Bedeutung von (Kirchen-) Musik für das evangelische Selbstverständnis nimmt es nicht wunder, dass ihr im kirchentheoretischen Fachdiskurs weithin eine entscheidende Funktion zugeschrieben wird und der EKD-Text „Kirche klingt" ihre Rolle im Bemühen um eine missionarisch und kulturell präsente Kirche der Gegenwart und Zukunft für kaum überschätzbar hält.[142] Denn:

> „Es ist die Musik, und vielleicht besonders das gemeinsam gesungene Lied, das Menschen zu einer Übereinstimmung führt, die sonst in persönlicher Glaubensüberzeugung deutlich verschieden sind. Durch Musik und Gesang gelingt es [...] leichter, Menschen in eine Gemeinschaft zu integrieren. Kirchenmusik zeigt, dass Gemeindeaufbau und die Weitergabe christlicher Tradition nicht möglich ist ohne eine ganzheitliche und ästhetische Komponente."[143]

Dabei gelte es in (kirchen-) musikalischer Hinsicht, einerseits das Ohr nicht vor den Hörgewohnheiten der Menschen zu verschließen und andererseits die Vielfalt der Musikrichtungen und -stile zu berücksichtigen.[144]

Diese konzeptionellen Überlegungen sollen im Kapitel D 2.6 aufgegriffen und auf die Ergebnisse der empirischen Forschung bezogen werden.

---

[139] Vgl. dazu Kaiser, Singen in Gemeinschaft, 153–155.194,287.458–459. Zur Verwendung des Begriffs des kollektiven *Individuums* – statt etwa kollektive *Person* oder eine andere terminologische Variante – in dieser Studie vgl. Fußnote 867.
[140] Zum *wichtigen Zusammenhang* zwischen ästhetischer und religiöser Erfahrung sowie der theologischen Deutung ästhetischer Phänomene vgl. Heimbrock, Didaktik, 465 und die Abbildungen in Kaiser, Singen in Gemeinschaft, 146.154.
[141] Evangelische Kirche in Deutschland, Kirche klingt, 8.
[142] Vgl. Evangelische Kirche in Deutschland, Kirche klingt, 23; außerdem, auch für das Folgende, Bubmann, Musik in Kirche, sowie Bubmann, Kirchenmusik.
[143] Evangelische Kirche in Deutschland, Kirche klingt, 23.
[144] Vgl. a.a.O., 24.

2. Forschungsdesign: Potentielle Gemeinden empirisch untersuchen

Ausgehend vom Fragehorizont, wie er anhand des Pop-Oratoriums „Die 10 Gebote" entwickelt wurde, prägte sich ein Forschungsdesign aus, mittels dessen die aufgeworfenen Fragen geklärt werden sollten. Anliegen war und ist es hierbei, die rege geführte kirchentheoretische Fachdiskussion nicht in erster Linie theoretisch fortzuführen, sondern stattdessen einen empirisch fundierten Beitrag zu den praktisch-theologischen Diskursen zu leisten, zumal im für diese Studie essentiellen Bereich potentieller passager-situativer christlicher (Groß-) Gemeindeformen mit musikalischem, präziser: gesanglichem, Schwerpunkt bislang keine bis bestenfalls wenige Forschungsergebnisse vorliegen.[145] Denn aus meiner Sicht kann der praktisch-theologische – speziell der kirchentheoretische – Fachdiskurs von empirischer Forschung grundsätzlich nur profitieren, weshalb diese Studie ein auf diese Art gewonnene Erkenntnisse darstellender, diskutierender und mit ausgewählten Teilen der gegenwärtigen Forschungslandschaft verbindender Beitrag zur Praktischen Theologie der Gegenwart sein soll. Er geht davon aus, dass christliche Wirklichkeit einschließlich des Bereichs konkreter Gemeindeformen sozialwissenschaftlich erforschbar ist, insofern individuell und gemeinschaftlich vollzogene Glaubenspraxis eine lebensweltlich sich manifestierende und darin fassbare ist. Gewiss wird angesichts der Komplexität menschlichen (Zusammen-) Lebens empirische Forschung – auch in methodisch noch so ausgefeilten Varianten – notwendig stets an Grenzen stoßen und nicht alles zur Gänze ergründen, geschweige denn plausibel darstellen können; aber im anderen Extrem müssen nicht Theorie auf der einen und gelebte Praxis auf der anderen Seite als getrennt voneinander betrachtet beziehungsweise erlebt werden.

Elementar für mein Verständnis von adäquater empirischer Erforschung gemeinschaftlicher Lebens- und Glaubenspraxis, wie sie in Gestalt von Massensingereignissen untersucht werden sollte, ist der unmittelbare Zugang zu dieser. So war ausgeschlossen, dass die Fragen nach dem subjektiven Erleben von Menschen bei christlichen Großchorprojekten und deren möglichem Gemeindecharakter anhand der Uraufführung des Pop-Oratoriums „Die 10 Gebote" in Dortmund hätte stattfinden können, da mir diese primär durch Live-Mitschnitt und Presseberichte nur mittelbar zugänglich war. Auch das Führen von Interviews mit

---

[145] Eine der wenigen Ausnahmen bildet die musik- beziehungsweise religionswissenschaftliche Studie von Isabel Laack (Laack, Religion). Allerdings ist das von ihr Untersuchte, bei dem es vornehmlich um die Rolle von Musik für Religiosität unterschiedlichster Ausprägung geht, nur teilweise als *christliche* Praxis anzusehen, vgl. a.a.O., 54–57. Somit unterscheidet sich ihre Arbeit, die keine theologische ist, in ihrem Gegenstand grundlegend von der hier vorgelegten. Anders und dem hier Untersuchten näher ist die Forschung zum Weltjugendtag 2005 in Köln, vgl. Gebhardt/Hitzler/Liebl, Megaparty. Auf beide Studien wird im Kapitel A 2.2 zum gegenwärtigen Forschungsstand eingegangen.

damals Beteiligten kam auf Grund des beträchtlichen zeitlichen Abstands ebenso wenig in Frage wie die wissenschaftliche Auswertung der Äußerungen von Sängern im Bonusmaterial der DVD, die schlaglichtartig das subjektiv Erlebte zu beleuchten scheinen.[146] Stattdessen diente mir das Stück mitsamt dem leicht zugänglichen Material in seinem zeitlichen, räumlichen und habituellen Abstand als konkretes Beispiel eines jener Projekte, die es zu erforschen galt und anhand dessen geeignete Methoden, Modi und Forschungsfragen entwickelt werden konnten.

2.1 Das Feld abstecken: Welche Projekte sind geeignet?

Von außen „Die 10 Gebote" betrachtend zeichnete sich ab, welche Kriterien christliche Riesenchorprojekte erfüllen müssten, um für die empirische Untersuchung des subjektiven Erlebens daran Beteiligter und für die Beantwortung der Frage, ob dort in Gemeinschaft Gelebtes als Gemeinde gelten könne, sich zu eignen. Wie offenbar bei diesem Pop-Oratorium der Fall, sollte es sich um zeitlich begrenzte, also nicht auf Dauer gestellte, potentiell überregionale, kirchlich angebundene, christliche Großveranstaltungen handeln, bei denen die aktive Teilnahme – im Kontrast zum Parochialprinzip – nicht wesentlich vom Wohnort der Mitwirkenden abhängt; überdies sollten keine konfessionellen Hürden bestehen, so dass (fehlende) Kirchenmitgliedschaft weder Beteiligung begünstigen noch erschweren oder gar verhindern würde. Somit schärfte sich der Blick mit dem Fokus auf außergewöhnliche Erfahrungsräume, in denen Menschen leiblich kopräsent, singend, kurz und intensiv dabei sein können.

Neben diesen vornehmlich formalen Kriterien spielten drei weitere Charakteristika eine entscheidende Rolle: die emotionale Aufladung, die personelle Dimension des Unterfangens sowie dessen Sinngehalt. Denn offenbar erlebten die an „Die 10 Gebote" mitwirkenden Sänger etwas Extraordinäres, ihre sonstige Alltagserfahrung markant Übersteigendes, was subjektiv enorme, nicht zuletzt emotionale Auswirkungen zeitigte. Daher sollten auch die empirisch untersuchten

---

[146] Auch die Erforschung späterer Aufführungen des Pop-Oratoriums kam nicht in Frage, obgleich daran – insbesondere in Mannheim – mehrere der Gesprächspartner von *Amazing Grace*, etwa Michael R., beteiligt gewesen waren und im Mehrjahresabstand bereitwillig Auskunft über ihr dortiges Erleben gaben, meist aus eigener Initiative. Zwar war in diesen Fällen das reflektierte Erleben von unmittelbar Beteiligten mir als Interviewer direkt zugänglich, nicht allein durch Video-Aufnahmen Vermitteltes aus Befragungen Dritter mit mir fremden Sängern; aber es war – neben den Erkenntnissen zum subjektiven Erleben im Moment tendenziell abträglichen großen zeitlichen Abstand ein weiterer Nachteil – keine persönliche Feldforschung vor Ort durch teilnehmende Beobachtung möglich, die solche (Erinnerungs-) Aussagen ergänzt hätte. Deshalb wurde „Die 10 Gebote" in dieser Studie zwar aufgenommen, doch stehen der MassChoir auf dem Gospelkirchentag und *Amazing Grace* im Mittelpunkt.

Projekte die Erwartung starker emotionaler Dichte begründen, indem die Themen, die Modi des Singens oder das Ziel des Projekts neben Kopf und Verstand auch Herz und Seele in Bewegung bringen sollten. Daneben – und damit zusammenhängend – sollte die personelle Dimension des Geschehens ebenfalls eine außeralltägliche sein, damit das Großveranstaltungsgeschehen[147] als Massensingen qualifiziert sei. Freilich wäre schwer begründbar und müsste somit wohl prinzipiell willkürlich anmuten, eine konkrete Anzahl an Sängern zu benennen, ab der von einer Masse gesprochen werden könnte. Zugleich illustriert bereits die naheliegende Aktivität mindestens eines Teils der bei solchen musikalischen Großveranstaltungen Beteiligten außerhalb solcher Projekte regelmäßig in festen Chören, dass die Mitgliederzahl vom Vertrauten deutlich nach oben abweichen muss, um als außergewöhnlich und hinsichtlich der Zahl der Mitwirkenden als besonders gelten zu können.[148] Bei „Die 10 Gebote" war dies mit rund 2.500 Sängern, die weiß gewandet auf der großen Tribüne der Westfalenhalle mindestens dem theologischen Betrachter den Begriff der himmlischen Heerscharen ins Gedächtnis riefen, fraglos gegeben. Darüber hinaus sollte bei den beforschten Riesenchorprojekten neben der das Ganze als christlich qualifizierenden kirchlichen Anbindung auch ein Sinngehalt identifizierbar sein, ein substantieller Inhalt, so dass – in seiner Existenz mir nicht bekannt – beispielshalber ein bloßes Ton- oder Akkordsingen in einem Massenchor den Anforderungen nicht genügt hätte.

Bei der Auswahl der nachfolgend analysierten beiden Großveranstaltungen, der MassChoir-Einheiten auf dem 7. Internationalen Gospelkirchentag 2014 in Kassel sowie des Musicals *Amazing Grace* 2014 in Ludwigsburg, war bereits vor allen inhaltlichen Kriterien aus methodischen Überlegungen von größter Relevanz, dass diese mir selbst die Teilnahme als Feldforscher ermöglichten, insofern sie zu Beginn des Forschungsvorhabens noch in der Zukunft lagen. Zudem sollte es sich dezidiert um Gesangsveranstaltungen handeln, bei denen zur aktiven Beteiligung lediglich die individuelle Stimme vonnöten ist. Wiewohl auch bei anderen musikalischen (Groß-) Veranstaltungen, die wesentlich vom Instrumentenspiel getragen werden – auf die Forschung von Julia Koll[149] zur Posaunenchorarbeit wird im Kapitel A 2.2 einzugehen sein – das Erleben der Beteiligten sowie

---

[147] Während bloßen Teilnehmerzahlen und deren Relation zu denen sonstiger organisierter Ereignisse gewiss beträchtliche Bedeutung zukommt, verdienen doch weitere Kriterien ergänzend Beachtung, wie sie etwa die bayerische Landeshauptstadt München in einer Handreichung für Sicherheitsbehörden dargelegt hat. Demnach spielen auch die Relation der Personenzahlen zur vorhandenen lokalen Infrastruktur, der individuelle Veranstaltungsort – etwa, inwieweit dieser den Teilnehmern bekannt ist und in welcher strukturellen Umgebung er sich befindet –, die Veranstaltungsart sowie zu erwartende Umwelt- und Wettereinflüsse entscheidende Rollen, vgl. Landeshauptstadt München, Großveranstaltungen.

[148] Die erhobenen Daten legen sowohl für die an *Amazing Grace* wie auch am MassChoir Beteiligten nahe, dass die große Zahl singender Menschen ihnen – mit wenigen Ausnahmen wie der im ProChrist-Chor mitgesungen habenden Elske B. – aus anderen Kontexten als dem beforschten Vertrautes weit überstieg.

[149] Vgl. Koll, Kirchenmusik.

A 2.1 Das Feld abstecken

die Frage, ob dort eine Gemeinde zusammenfindet, empirisch zu untersuchen lohnen dürfte, sollte hier die Teilnahmehürde so niedrig sein, dass sprichwörtlich jedermann praktisch dabei sein konnte und dies auch nur punktuell-projekthaft, ohne Notwendigkeit des vorherigen Erlernens eines Instruments, des regelmäßigen Übens oder der Bindung an eine lokale Combo, wie dies etwa im Kontext von Posaunenchören in der Regel der Fall ist. Gerade das Format des Gospelkirchentags bot stattdessen die Möglichkeit, versuchshalber und nur für ein Wochenende in die Welt des Gospel-Singens einzutauchen, vergleichsweise niederschwellig wie unverbindlich am Geschehen zu partizipieren. Daher ist Dorothea Muthesius beizupflichten, wenn sie konstatiert:

> „Prinzipiell gilt auch heute noch, daß Singen für jeden zugänglich ist, es sei denn er hat einen Stimmband- oder Lungenschaden und Ähnliches."[150]

Hinzu kam, dass auf einem Sänger, der als einer von 700 (*Amazing Grace*) oder 5.000 (MassChoir) für einen chorischen Gesamtklang mitverantwortlich ist, kein besonderer Leistungsdruck lastet, was die untersuchten Projekte prinzipiell zu potentiell ausgesprochen integrativen Veranstaltungen machte.[151] Dies ist insofern bemerkenswert, als Chorsingen nach Muthesius grundsätzlich mit individuellen gesanglichen Fähigkeiten und deren Entwicklung in Verbindung steht.[152] Häufig werde es als Leid empfunden, nicht singen zu können und Differenzen zwischen Singfreude und Singen*können* könnten sogar zwischenmenschliche Beziehungen belasten. Mehrstimmiges Singen stelle eine besondere Herausforderung dar. Ihre geringen musikalischen Zugangshürden dürften daher neben der zeitlichen Begrenzung ein wesentlicher Faktor gewesen sein, der die untersuchten Projekte für die beteiligten Menschenmassen attraktiv machte. Wer mitsingen wollte, konnte dies auch, ohne Nachweis von Vorerfahrung oder individueller Kompetenz als Zugangsvoraussetzungen.

Während der MassChoir auf dem Gospelkirchentag Interessierten für ein Wochenende Gelegenheit bot, mit tausenden anderen Menschen zusammen Gospelmusik aktiv zu erzeugen und rezeptiv wahrzunehmen, ohne hierbei ein gemeinsames Ziel erreichen zu müssen, zeichneten die Aufführung von *Amazing Grace* in Ludwigsburg nicht zuletzt zwei Merkmale aus, die das damit verknüpfte Projekt vom Geschehen in Kassel qualitativ unterschieden und für die vorgelegte Studie ergänzend relevant gemacht haben: dass die kollektiven gesanglichen Bemühungen auf ein klar umrissenes Ziel als Höhepunkt des Projekts zusteuerten und dass es sich um eine mehrmonatige Veranstaltung handelte, deren mehrere Proben über einen Zeitraum von vier Monaten neben den musikalischen Anforderungen

---

[150] Muthesius, Musikerfahrungen, 103.
[151] Für *Amazing Grace* hat dies der Textautor Andreas Malessa im Interview explizit als Ziel formuliert und als Stärke des Veranstaltungsformats interpretiert. Auch interviewte Sänger äußerten sich in diese Richtung.
[152] Vgl. für das Folgende Muthesius, Musikerfahrungen, 145–149.

für Mitwirkende auch ein höheres Maß an zeitlicher Bindung mit sich brachten.[153] Hinzu kam, dass auf Grund der geographischen Verortung des Musicals in der Metropolregion Stuttgart einerseits und des musikalischen Gepräges über mehrere Genregrenzen – von Musical über Gospel bis Pop – hinweg bereits im Vorfeld davon auszugehen war, dass diese längerfristige Unternehmung eine andere Klientel aktivieren würde als dies der bereits zum wiederholten Male stattfindende Gospelkirchentag erwarten ließ, bei dem mit dem Zusammenkommen primär von Anhängern speziell des Gospel-Singens zu rechnen war. Neben den prinzipiellen Chancen der Feldforschung eröffnete *Amazing Grace* außerdem die besondere Möglichkeit einer Längsschnittstudie, also der kontinuierlichen Befragung Beteiligter über den gesamten Zeitraum des Großprojekts.

So kristallisierte sich von der Außenperspektive und zeitlich versetzten Wahrnehmung von „Die 10 Gebote" vermittels medialer Dokumente herkommend ein zweifacher Forschungsgegenstand heraus: Das Herzstück des auf ein Wochenende begrenzten Gospelkirchentags, dessen Verzicht auf ein klar definiertes Ziel ein lockeres, zweckfreies Gepräge ausstrahlte einerseits und das mehrmonatige Musicalprojekt *Amazing Grace* mit dem Höhepunkt eines Bühnenfeuerwerks mit Star-Solisten und Orchester andererseits. Wie sich erweisen sollte, haben beide Projekte in aller Verschiedenheit die skizzierten Kernkriterien eines emotional aufgeladenen, christlichen Massensingens in zeitlicher Begrenztheit, mit niedrigen Zugangshürden und hoher Erlebensintensität, mit leiblicher Kopräsenz und klarem Sinngehalt, erfüllt.

2.2 Zum gegenwärtigen Forschungsstand: Wo steht die Erforschung christlicher Riesenchorprojekte?

Bei christlichen Riesenchorveranstaltungen der untersuchten Gattung – mit vielen hundert oder gar mehreren tausend Sängern, angelegt als überregionale Projekte, mit dem Schwerpunkt eines bestimmten Musikgenres und so weiter – handelt es sich um ein noch recht neues Phänomen, welches sozialwissenschaftlich nach meiner Kenntnis bislang kaum erforscht worden ist.[154] Somit konnte diese Studie nicht auf entsprechende Befunde aufbauen, auch nicht bei in bisher Vorliegendem

---

[153] Ein weiterer gewichtiger Unterschied lag beim MassChoir im Fehlen eines Publikums, was die Singveranstaltung umso mehr als selbstbezüglich erscheinen lässt, von *Amazing Grace* mit seinem Aufführungs-Ziel markant abgesetzt.

[154] Arbeiten wie jene von Adnams (Adnams, The Experience of Congregational Singing), sind zwar zweifellos sehr erhellend, allerdings insofern für den hier behandelten Untersuchungsgegenstand von nur begrenzter Relevanz, als es darin um das Singen in Kirchengemeinden geht.

A 2.2 Zum gegenwärtigen Forschungsstand

identifizierten Desideraten[155] ansetzen, sondern hatte sich stattdessen zu bemühen, Schneisen zu schlagen ins Dickicht des wenig erforschten Fragehorizontes.

Zunächst soll dabei überblicksartig skizziert werden, welche vorhandenen Forschungsbeiträge für die eigenen Untersuchungen des subjektiven Erlebens von Teilnehmern an christlichem Riesenchorsingen einschließlich der Gemeinschaftsdimension potentiell hilfreich erscheinen und erläutert werden, inwieweit sie für diese Studie Relevanz besitzen.

Die Dissertation von Monique Ingalls[156] behandelt eindrücklich die musikalische Praxis der evangelikalen Lobpreis-Szene Nordamerikas in Vergangenheit und Gegenwart, wobei auch ethnographische Forschung einfloss. Insofern neben lokalen Gemeinden auch Konzerte sowie Konferenzen beziehungsweise Festivals erforscht wurden, besitzt ihre Studie eine erkennbare Nähe zum hier behandelten Gegenstand. Allerdings spricht gegen eine breite Aufnahme ihrer Arbeit, dass darin größere Veranstaltungen mit Konzertcharakter behandelt werden, bei denen Besucher zwar mitsingen konnten, die Konstitution des musikalischen Geschehens aber keineswegs davon abhing, dass der Fokus auf lokal begrenzte Ausprägungen der evangelikalen Worship-Bewegung dem überregionalen Interesse meiner Forschung gegenüber steht und dass bei Konferenzen oder Festivals, dem deutschen Christival wohl nicht unähnlich, das Singen nur einen Teil des Programms ausmacht.[157] Überdies stellt sich die Grundsatzfrage, inwieweit ethnographisch im nordamerikanisch-evangelikalen Raum Erforschtes sich auf das deutsche oder, allgemeiner, auf das europäische Christentum übertragen oder fruchtbar anwenden ließe.

Das Forschungskonsortium um Winfried Gebhardt hat eine beeindruckende Publikation zum XX. Weltjugendtag 2005 in Köln vorgelegt.[158] Da es sich hierbei um ein fraglos religiöses, zumal christliches, Größtevent handelt, könnte es für den eigenen Fragehorizont prinzipiell vieles austragen. Leider fehlt aber die essentielle Dimension der Musik beziehungsweise speziell des Singens als Kernelement dieser Studie, ebenso wie die Langzeitperspektive zu wenig im Blick

---

[155] In einem Punkt kommt diese Studie allerdings solchem recht nahe: Das Forschungskonsortium um Winfried Gebhardt hatte im Rückblick auf den Weltjugendtag 2005 in Köln als Desiderat formuliert, die Nachhaltigkeit dieser *Megaparty* zu untersuchen, etwa ob feste Pläne Beteiligter, beim nächsten Mal unbedingt wieder dabei zu sein, später auch tatsächlich ins Werk gesetzt wurden. Die hier vorgelegte Arbeit kann zwar keine Aussagen über Teilnehmer an Weltjugendtagen treffen, hat aber doch im Fall von *Amazing Grace* eben jene Nachhaltigkeit empirisch erforscht (s. insbesondere Kapitel C 2.3), die bei Gebhardt et al. offen bleibt, vgl. Gebhardt/Hitzler/Liebl, Megaparty, 216.

[156] Vgl. Ingalls, Awesome; diese Studie ließ sich zwar weder über die Universitätsbibliotheken in Erlangen oder München – selbst mittels Fernleihe aus dem europäischen Raum nicht – bestellen noch käuflich erwerben, ist aber als digitale Version direkt bei der Autorin auf Anfrage erhältlich. Mir selbst liegt sie als pdf-Datei vor und wird in dieser Arbeit entsprechend zitiert.

[157] Vgl. Ingalls, Awesome, 272.

[158] Vgl. Gebhardt/Hitzler/Liebl, Megaparty.

ist.[159] Diese Mängel waren letztlich ausschlaggebend dafür, die Ergebnisse der Weltjugendtagsuntersuchungen in dieser Arbeit nicht detailliert aufzugreifen.

In ihrer ausgesprochen umfangreichen Dissertation befasst Isabel Laack[160] sich intensiv mit musikalischen Phänomenen in religiösen Kontexten. Aufwändig untersuchte sie in der südenglischen Stadt Glastonbury vorzufindende Strömungen, darunter Anglikaner, Druiden, Sufis und Krishna Devotees, mit dem Fokus auf die Einbindung des Mediums Musik in individuelle und kollektive religiöse Praxis.[161] Diese lokale Fallstudie zu Gegenwartsreligionen, speziell zur Rolle von Musik in religiöser Alltagspraxis sowie in Konstruktionsprozessen religiöser Identität, enthält als Grundlagenforschung auf einem bis dato offenbar kaum beackerten Feld der Religionswissenschaft zwar zweifellos eine große Bandbreite wertvoller Einblicke, die mit dem hier Behandelten fruchtbar ins Gespräch zu bringen wären; gleichwohl zielt sie mit dem starken Fokus auf religiöse Identitätsfindung, individuell wie kollektiv, sowie der allgemein-religiösen Perspektive bereits im Ansatz auf Anderes, als es hier zu untersuchen unternommen wurde. Denn die vorgelegte Studie soll das situative Erleben beim außeralltäglichen, projekthaften Musizieren in christlichen Riesenchören, die Erfahrung christlicher Gemeinschaft und die Frage nach Gemeinde(n) beim Massensingen in dezidiert christlichen Kontexten erhellen, was ihren Gegenstand deutlich von jenem Laacks unterscheidet. Deshalb werden auch Laacks Einsichten nicht breiter rezipiert, zumal die hier präsentierte Forschung ihrerseits zu einem wesentlichen Teil als Grundlagenforschung konzipiert ist und mit ihren eigenen Befunden die empirische praktisch-theologische Fachdiskussion bereichern möchte, statt allzu sehr den Anschluss an respektive den Diskurs mit religionswissenschaftlichen Erkenntnissen wie jenen von Laack zu suchen. Die vorgelegte Untersuchung, insbesondere die Längsschnittstudie zu *Amazing Grace*, soll vielmehr für sich stehen und erst in späteren Arbeiten – durch mich selbst oder Dritte – verstärkt ins Gespräch gebracht werden, dann womöglich gezielt mit den Ergebnissen von Laack, Ingalls, oder anderen.

Julia Koll[162] hat jüngst zur Posaunenchorarbeit als sozioreligiöse Praxis gearbeitet. Allerdings verfolgte sie bei ihrer Habilitationsschrift einerseits einen praxistheoretischen Ansatz, während diese Studie vorfindliche Praxis mit einem speziellen Fokus auf etwaige Gemeindebildung empirisch – wenn auch nicht völlig losgelöst von theoretischen Hintergründen und Horizonten – untersucht und hieraus grundsätzliche Erkenntnisse ableiten soll, was bereits in der Gattung eine Zusammenschau erschwert; zum anderen – und noch gewichtiger – fehlt bei Koll natürlicherweise die für meinen Gegenstand entscheidende Dimension des Singens. Drittens liegt ihr Fokus auf kirchenmusikalischen Gruppen, speziell Posaunenchören;[163] damit fehlt – neben dem Singen – das für die vorgelegte Studie

---

[159] Vgl. a.a.O., 216.
[160] Vgl. Laack, Religion.
[161] Vgl. a.a.O., 15.
[162] Koll, Kirchenmusik.
[163] Vgl. a.a.O., 7–10.283–311.

zentrale (relative) situative Element des Musizierens im Moment, des Zusammenkommens einer beträchtlichen Zahl (überwiegend) Fremder, die für einen bestimmten Zeitraum zusammenströmen, miteinander musizieren und hernach wieder auseinanderströmen.

So lässt sich hinsichtlich des gegenwärtigen Forschungsstandes festhalten, dass die in diesem Abschnitt beschriebenen aktuellen Veröffentlichungen – und potentiell weitere[164] neben jenen von Ingalls, Koll und Laack – in ihren unterschiedlichen Akzentuierungen zwar mit den im Folgenden vorzustellenden Befunden der Feldforschung vermutlich fruchtbar diskutiert werden könnten, dass diese Studie aber an nichts den gleichen Forschungsgegenstand Behandelndes unmittelbar anknüpfen konnte, sondern Neuland zu betreten hatte. Was sich dort fand kommt besonders konzentriert im abschließenden Abschnitt D zur Darstellung.

2.3 Methodik: Wie wurden die Daten erhoben?

2.3.1 Grundsatzfrage: Welche Möglichkeiten und Grenzen hat die Theologie, wenn sie empirisch forschen will?

Ein Forschungsvorhaben wie dieses stellt vor method(olog)ische Grundfragen. Die angeeigneten Kompetenzen eines Theologen bestehen – neben den fachspezifischen Sprachkenntnissen, der biblischen Hermeneutik und womöglich liturgischen Finesse – in Textanalyse, Exegese und Systematisierung. Wissenschaftliche Instrumente, welche die Soziologin ebenfalls gebraucht. Dennoch wirken beide Arbeitsfelder und Grundqualifikationen in weiten Teilen derart different, dass ganz grundsätzlich zu fragen bleibt, in welchem Maß sich die Theologie sozialwissenschaftlicher Methoden bedienen kann und darf. Auf jegliche empirische Erhebung zu verzichten erschiene ebenso unangemessen wie die Annahme, die Lektüre einiger Hand- und Lehrbücher ersetzte ein Studium der Sozialwissenschaften und mühsame Feldforschungserfahrung. Es musste daher ein Mittelweg sein, der sich in geeignete Forschungstheorien einarbeitete wie auch Praxis einübte[165], um solide Ergebnisse erzielen zu können. Eine empirisch und theologisch

---

[164] Ergänzend sollen hier noch die beiden großen Arbeiten von Jochen Kaiser (Kaiser, Religiöses Erleben sowie Kaiser, Singen in Gemeinschaft), auf die im weiteren Verlauf dieser Studie noch mehrfach eingegangen wird und jene von Stephan Reinke (Reinke, Musik im Kasualgottesdienst) wenigstens genannt werden.

[165] Dies geschah forschungspraktisch nicht zuletzt dadurch, dass ich – wie alle Mitglieder der GKT-Forschergruppe – im Vorfeld der Feldforschung in Kassel zu mehreren Veranstaltungen nach den Prinzipien der Dichten Beschreibung Feldtagebücher erstellte und diese im Kontext der Lehrveranstaltung an der FAU Erlangen (s. Kapitel B 1.2) besprochen

fundierte Forschungsleistung war hierbei das Ziel, aus einer Haltung heraus, die den Ansatz von Kristian Fechtner und Christian Mulia[166] einerseits aufnimmt, andererseits aber weiterführt. Hiernach ist (Praktische) Theologie nicht selbst empirisch, nimmt wohl aber empirische Einsichten reflektierend in sich auf, „indem sie sie in einen praktisch-theologischen Zusammenhang stellt."[167]

Das Fundament dieser Studie, die keine primär sozialwissenschaftliche sein will, war eigene Feldforschung, deren Erträge in einem praktisch-theologischen Zusammenhang diskutiert werden sollten. Bei der Erhebung und Auswertung der Forschungsdaten sollte die Wahl der Methoden und Instrumente – im Wissen um die unvermeidbaren Begrenzungen eines Nichtsozialwissenschaftlers – diesem Ziel eines empirisch informierten Beitrags zu den aktuellen Diskursen meiner eigenen Fachdisziplin dienen. Dieser klare Fokus half bei der Orientierung angesichts der höchst komplexen Kontroversen und einander entgegengesetzten sozialwissenschaftlichen Schulen, die sich dem Außenstehenden präsentieren.[168] Während sich, grob unterteilt, quantitative und qualitative Forschungsansätze gegenüberstehen, sind jenseits dieser Kategorien spezielle Modelle wie jene der Rekonstruktiven Sozialforschung oder der lebensweltlichen Ethnographie als besondere Varianten qualitativ fokussierter Sozialforschung zu finden.[169] Die Herausforderung bestand zu Beginn des Forschungsprojekts darin, im Sinne von Przyborski/Wohlrab-Sahr[170] aus der Vielzahl sozialwissenschaftlicher Verfahren die für die eigenen Erkenntnisinteressen passenden theoretischen Konzepte wie praktischen Vorgehensweisen zu ermitteln. Dies geschah im Bewusstsein, dass Praktische Theologie als „eine interdisziplinäre Wissenschaft"[171] zum einen von den Erkenntnissen anderer Fachrichtungen prinzipiell stark profitieren kann, zum anderen sich – in adäquatem Umfang – selbstbewusst der Instrumentarien anderer universitärer Fächer bedienen darf, wie dies umgekehrt ebenfalls geschieht, etwa durch Psychologen und Soziologen, die hermeneutische und religionswissenschaftliche Verfahren anwenden.

---

wurden. Interviewbefragungen zum Erleben beim Singen in großen Gruppen hatte ich beim Deutschen Evangelischen Chorfest im Juni 2014 in Leipzig einzuüben Gelegenheit.

[166] Vgl. Fechtner/Mulia, Kasualwirklichkeiten.
[167] A.a.O., 182.
[168] Vgl. exemplarisch Przyborski/Wohlrab-Sahr, Sozialforschung, 11–13.
[169] Dass diese in ihrer eigenen Disziplin nicht unumstritten sind zeigt exemplarisch Knoblauch, Ethnographie.
[170] Vgl. Przyborski/Wohlrab-Sahr, Sozialforschung, 1–10.
[171] Vgl. Domsgen, Familie, 16.

2.3.2 Wie sah die Arbeit im Forschungsverbund „Gemeinde auf Zeit" aus?

Die Mitwirkung am Forschungsverbund „Gemeinde auf Zeit" von EKD und ELKB ermöglichte bei mehreren Arbeitszusammenkünften, den jeweiligen Forschungsstand zu präsentieren und mit den anderen Gruppenmitgliedern zu diskutieren. Diese gruppeninternen Fachgespräche wurden ergänzt durch Impulse von zu Rate gezogenen externen Experten und eine Konsultation im Oktober 2016 mit rund 40 Teilnehmern, die im Wesentlichen aus in universitär-theologischer Forschung und Lehre Tätigen, aus Vertretern von Kirchenleitungen sowie kirchlichen Beauftragten, etwa für Tourismusseelsorge, bestanden. Auf den dort von Prof. Dr. Peter Scherle eingebrachten Vortrags-Impuls wurde im Kapitel A 1.2.1.4 bereits ausführlich eingegangen. In Form eines in Vorbereitung befindlichen Tagungsbandes[172] soll dieser ebenso wie weitere Beiträge zur Konsultation der Öffentlichkeit zugänglich gemacht werden.

2.3.3 Welche Methoden kamen zur Anwendung?

Angesichts dessen, dass es dieser Studie um die Erforschung des Erlebens beim Massensingen im Rahmen christlicher Großveranstaltungen und die Frage, ob sich hierbei Gemeinde bildet, zu tun ist, stellte die Wahl geeigneter Vorgehensweisen und Forschungsinstrumente zur Erhellung des Fragehorizontes kein leichtes Unterfangen dar. Ganz im Sinne von Carsten Ramsel, der für die zukünftige Erforschung von Kirche und Gemeinde „*mixed-methods-Forschungsdesigns*"[173] als ideal betrachtet, stand eine bunte Methodenvielfalt am Ende des Findungsprozesses, die – orientiert am Ziel der Untersuchung – in Kombination zum Einsatz kam.[174]

2.3.3.1 Grundorientierung: Qualitativ statt quantitativ

Bei näherer Betrachtung des Forschungsgegenstandes wurde alsbald deutlich, dass im Sinne der kategorischen Unterscheidung von qualitativer und quantitativer Sozialforschung letztere für die Klärung des Fragehorizonts sich kaum eignet.

---

[172] Der Band befindet sich in Vorbereitung und wird voraussichtlich im Frühjahr 2019 erscheinen: Bubmann et al., Gemeinde.
[173] Ramsel, Teilhabeverhalten, 131.
[174] Dass und warum ich, mindestens bezogen auf das für diese Studie gewählte Forschungsdesign, den Begriff der Triangulation der Rede von mixed methods vorziehe, wird in Kapitel A 2.3.3.5 erläutert.

Zwar ließe sich mit ausreichenden zeitlichen, personellen, finanziellen und logistischen Möglichkeiten womöglich repräsentativ[175] erheben, welcher Prozentsatz der an einer konkreten christlichen Riesenchorveranstaltung Beteiligten das dortige Geschehen zu welchem Grad als (Er-) Leben einer vordefinierten Gemeinde (auf Zeit) einstuft, doch trügen solche Auskünfte für die Ziele dieser Studie wohl wenig aus. Denn sie sollte ergebnisoffen und weitgehend losgelöst von bereits bestehenden Gemeindebegriffen[176] oder kirchentheoretischen Konzeptionen eruieren, was Menschen bei solchen Veranstaltungen im Einzelnen an Emotionen, Dynamiken und Prozessen erleben (können), wie sie selbst dies wahrnehmen und beschreiben. Ob und inwieweit diese beschriebene Lebenswirklichkeit dann aus wissenschaftlicher, speziell aus praktisch-theologischer Perspektive, in einem späteren Schritt einem bestehenden theologischen Gemeindebegriff zugeordnet werden kann oder aber womöglich – ohne jede Anschlussmöglichkeit – einen neuen konstituiert, sollte erst auf Grundlage der induktiv gewonnenen Ergebnisse der empirischen Forschung geprüft und diskutiert werden.

Nachdem christliche Riesenchorveranstaltungen wie die hier im Fokus stehenden bislang empirisch nicht umfassend untersucht worden sind (s. Kapitel A 2.2) und daher keine entsprechenden Ergebnisse vorliegen, auf deren Grundlage sich Hypothesen für ein quantitatives Forschungsdesign hätten entwickeln lassen, galt es, die vielversprechendste methodische Vorgehensweise zu finden, um zu ergründen, was Sänger bei solchen Großveranstaltungen und, spezieller, wie sie dabei Gemeinschaft erleben. Um das subjektive Erleben zu erheben und dabei die Komplexität des individuellen Erlebenshorizontes, der Sinndeutungen und Relevanzsysteme möglichst nicht zu verkürzen, erschien das gewählte qualitativ orientierte Design am besten geeignet.[177] Denn bei quantitativem Vorgehen, etwa durch Einsatz von Fragebögen – seien diese noch so klug konzipiert, die darin angebotenen Erlebensmodi und Gemeindekonzepte noch so trennscharf zugeschnitten – würde der Fragehorizont am Ende wohl doch unvermeidlich auf das

---

[175] Selbst bei Vorhandensein entsprechender Ressourcen erschiene allerdings tendenziell fragwürdig, ob tatsächlich eine *repräsentative* Untersuchung möglich wäre, insofern hierfür entweder eine lückenlose Vollerhebung unter Einbeziehung aller Beteiligten erfolgen oder aber, wie etwa bei Erhebungen unter Wahlberechtigten, die Gesamtheit bekannt sein müsste, um eine solide begründete Stichprobe vornehmen zu können, vgl. Przyborski/Wohlrab-Sahr, Sozialforschung, 32.

[176] Zu dieser prinzipiell ergebnisoffenen feldforschenden Suchbewegung der vorgelegten Studie steht es nicht im Widerspruch, dass im Kapitel A 1.2.3 bereits ein deduktiv aus verschiedenen Quellen gewonnener theoretischer Gemeindebegriff formuliert wurde. Denn dieser ist, wie bereits angedeutet (s. Kapitel A 1.2), nicht als Hypothese, Norm oder Maßstab für das empirisch Beobachtete zu verstehen, sondern als (gleichrangiges) Gegenüber zu induktiv aus dem Material gewonnenen Gemeindebegriffen, wie diese in den Kapiteln D 1.1.4 und D 1.2.5 vorgestellt und mit ihm diskutiert werden.

[177] Dass klassische quantitative Forschung – am naturwissenschaftlichen Experiment orientiert – an Gesetzmäßigkeiten und Wahrscheinlichkeiten bei sozialen Sachverhalten interessiert ist, während es der qualitativen Sozialwissenschaft um subjektive Bedeutungen und Interpretationen geht, zeigt Bohnsack, Sozialforschung, 16–22.

mittels standardisierter Verfahren Abfragbare reduziert.[178] Das Erleben von Beteiligten bei den zu untersuchenden Veranstaltungen sollte aber stattdessen mit größtmöglicher Offenheit in seiner Komplexität, Individualität und Vielfalt wahrgenommen werden.[179]

2.3.3.2 Die Kernmethode: Teilnehmende Beobachtung

Zur explorativ-interpretativen Analyse dessen, was Menschen bei christlichen Riesenchorveranstaltungen erleben, gehören emotionale, physische und psychische Erfahrungen des menschlichen Individuums – buchstäblich am eigenen Leib – essentiell hinzu. Die Erhebungsinstrumente mussten darauf Rücksicht nehmen, dass es sich beim Forschungsgegenstand nicht um objektiv messbare Faktizitäten handelt, sondern die Subjektivität und Ganzheitlichkeit persönlicher Erfahrung zu seiner charakteristischen Natur gehört. Um nicht auf Selbstauskünfte von Teilnehmern, die im zeitlichen Abstand notwendig erinnertes und mindestens in Teilen bereits reflektiertes Erleben darlegen, Berichte von Zuschauern oder überkommenes Datenmaterial – etwa Videomitschnitte wie im Fall von „Die 10 Gebote" – allein zu bauen, fand das Prinzip der Teilnehmenden Beobachtung als Kernmethode Anwendung; als Kernmethode weder in numerisch-materialem Sinn noch als Höhergewichtung eigener Eindrücke bei Gering(er)schätzung der Selbstdarstellungen anderer Teilnehmer, wohl aber als Grundprinzip. Denn mit Anne Honer[180] halte ich es für unverzichtbar, des zu erforschenden Wirklichkeitsbereiches soweit möglich selbst teilhaftig zu werden durch (temporäre) praktische Mitgliedschaft, eine existenzielle Innensicht zu erlangen durch ein Hineingeben ins Feld; nicht beobachtende Teilnahme, sondern teilnehmende Beobachtung sollte stattfinden mit dem Ziel, den zu analysierenden Ausschnitt der Lebenswelt so zu rekonstruieren, wie die beforschten Menschen ihn erfahren und bestmöglich darauf zu achten, dass ich unbeschadet der Forschungsinteressen auch tatsächlich teilnehme, Anteil habe, persönlich (mit-) erlebe.[181] Clifford Geertz[182] folgend galt es

---

[178] Zur Problematik der Verordnung externer Relevanzsysteme und fremder Konstruktionen von Wirklichkeit bei standardisierten Erhebungen vgl. Honer, Ethnographie, 80–81. Interviewte Gospelkirchentagsteilnehmer fanden sich indes durchaus bereit, zur Frage nach dem/einem Gemeindecharakter des Geschehens in Kassel Stellung zu beziehen.

[179] Zur Bedeutung der Offenheit des nicht hypothesengeleiteten (Feld-) Forschers insbesondere am Beginn seiner Untersuchungen vgl. Honer, Ethnographie, 50; ergänzend auch Flick/Kardorff/Steinke, Forschung, 17.24.

[180] Vgl. Honer, Ethnographie, 19.31–33.35–36.40–46.56–58; ergänzend vgl. auch Laack, Religion, 64.

[181] Laack ist darin beizupflichten, dass sie eine herausfordernde Spannung des unverzichtbaren Ausbalancierens ausmacht zwischen dem umfassenden Mitleben einerseits sowie der inneren Forscherdistanz, aus der heraus analysiert und reflektiert werden kann, andererseits, vgl. Laack, Religion, 64–65.

[182] Vgl. Geertz, Dichte Beschreibung, 7–43; sehr eindrücklich ist die Mahnung, sich als teilnehmender Beobachter durchweg als interessierter, aber voreingenommener Beobachter seiner speziellen kulturell bedingten Rolle bewusst zu bleiben, vgl. a.a.O., 29 (Anm.4).

dabei, nicht dauerhaft *Eingeborener* werden zu wollen, wohl aber, mit der untersuchten (Teil-) Kultur erlebend vertraut zu werden.

Ein solches Vorgehen sollte zum einen den Phänomenen umfassenden subjektiven wie intersubjektiven Erlebens bei Riesenchorveranstaltungen an Körper, Seele und Geist gerecht werden, zu deren Erforschung das eigene Erleben, Empfinden und Erfahren aus meiner Sicht unabdingbar gehört; zum anderen sollte es ermöglichen, den Selbstauskunftsdaten Teilnehmender, die, wie alle empirischen Daten, prinzipiell skeptisch zu betrachten sind, ergänzend Erfahrungsdatenmaterial des Forschers als eines ebenfalls Partizipierenden beizustellen.[183] Im Sinne Honers ist das Prinzip der lebensweltlichen Ethnographie das beste Instrument für diese Forschungsziele, da sich derart vorzüglich herausfinden lässt, wie ein Handelnder seine Welt erfährt und was ihm wichtig ist, indem ein Forscher selbst ein so Handelnder wird mit der Bereitschaft, den anderen Sinn so zu verstehen, wie er gemeint ist, sowie mit der Bereitschaft, im Feld selbst als Person verändert zu werden.[184] Dabei entspricht es seiner aufrichtigen, explorativ-investigativen Offenheit[185], dass sein Interesse an seinem Gegen-Stand nicht hypothesengeleitet ist, er diesen vielmehr als einen fremden annimmt und im Zuge seiner Erschließung sozial konstruierter Wirklichkeit mittels Befragung, Beobachtung und Dokumentenanalyse eine zunehmend grundlegende Perspektivübernahme erfolgt, welche die Sicht der Wirklichkeit seitens der Untersuchten ebenso zu rekonstruieren sucht wie deren Handlungswissen und sie dabei nicht allein als Forschungsobjekte wahrnimmt, sondern sich auf sie als (beforschte) Personen einlässt.[186]

Die existenzielle Innensicht des teilnehmenden Beobachters fußt darauf, dass er nicht allein *so tut als ob*, sondern tatsächlich *mit-tut* und innerhalb der kleinen sozialen Lebenswelt, in der Handlungswissen ebenso einfach vorhanden ist wie in der Lebenswelt insgesamt, Erfahrungen selbst macht, statt sie nur zu erfragen; so hat er aus Neugier umfassend Anteil am Feld, wiewohl die Rolle des lebensweltlichen Ethnographen unweigerlich eine doppelte bleibt, insofern er eben nicht einzig Teilnehmer – im Sinne von Teilnahme als Selbstzweck – ist, sondern in

---

[183] Ein elementarer Grund für die teilnehmende Beobachtung des Forschers besteht für mich im dadurch gegebenen geteilten Erlebenshintergrund. Denn die entscheidende Frage ist nicht, ob und wie stark der Wissenschaftler den Selbstauskünften seiner Gesprächspartner (miss-) traut, sondern vielmehr, ob er diese Aussagen Beforschter auf der Basis von gemeinsam Erlebtem hören und interpretieren kann, was das hermeneutische Instrumentarium grundlegend verändert und meines Erachtens nur durch teilnehmende Beobachtung adäquat ermöglicht wird.

[184] Vgl. Honer, Ethnographie, 41–49.

[185] Dass die Feldforschung dieser Studie erklärtermaßen ein besonderes Interesse am Gemeinschaftsaspekt des christlichen Massensingens hatte sowie speziell auf die Frage, ob hierbei etwas als Gemeinde zu Identifizierendes entsteht, steht hierzu nicht im Widerspruch, da dies nicht die Offenheit für im Forschungsfeld Vorfindliches einschränkte, sondern lediglich den (ergebnis-) offenen Blick auf einen bestimmten Bereich fokussierte, ohne indes andere(s) zwingend aus demselben zu verlieren.

[186] Vgl. Honer, Ethnographie, 50.54–57; Geertz, Dichte Beschreibung, 29 (Anm.4).

A 2.3 Methodik

allem *beobachtender* Forscher bleibt.[187] Als Teil eines prinzipiell methodenpluralen ethnographischen Ansatzes (zur *Triangulation* s. Kapitel A 2.3.3.5) trägt die teilnehmende Beobachtung somit dem Umstand Rechnung, dass subjektive Erfahrungen von Individuen im Rahmen kleiner sozialer Lebenswelten als Fragmenten der Lebens-Welt und Teil-Kulturen innerhalb der komplexen modernen Gegenwart schlechterdings nicht standardisiert maschinenlesbar abgefragt, sondern nur mit einer Mehrzahl adäquater Instrumente, zu der essentiell die praktische Feldmitgliedschaft des Forschers gehört, rekonstruiert werden können.[188]

Ganz ähnlich argumentiert Ralf Bohnsack. Wenn beispielsweise jemand dörflichen Alltag verstehen und beschreiben wolle, sei der „nahe liegendste Weg der ‚Erarbeitung' des Erlebniszusammenhangs"[189] jener „der Teilnahme am dörflichen Alltag, also die *teilnehmende Beobachtung*"[190], um den zu erforschenden Erfahrungsraum allererst kennen zu lernen und vor diesem Hintergrund die Selbstauskünfte von Dorfbewohnern fundiert interpretieren zu können. Die sprachliche Verständigung mit den im Dorf Lebenden über ihren Alltag sei dabei unverzichtbare Ergänzung der eigenen Beobachtungen des an diesem Alltagsleben teilnehmenden Feldforschers.[191]

Hinsichtlich der praktischen Feldforschung sowohl beim Gospelkirchentag als auch bei *Amazing Grace* bot die teilnehmende Beobachtung für diese Studie unersetzliche Vorzüge, insofern ich als Feldforscher durch eigenes leibhaftes Erleben einschließlich der Partizipation am Erleben der Gruppe insgesamt nicht allein auf Darstellungen und Deutungen Dritter angewiesen war. Da nicht alles (spirituelle) gegenwärtige Erleben über Sprache und Bewusstsein erfolgt oder vollständig ausgedrückt werden kann, wie Jochen Kaiser[192] anschaulich illustriert hat – ermöglichte die teilnehmende Beobachtung als Kernmethode des zu Grunde gelegten Forschungsdesigns die Untersuchung des leibhaft Erlebbaren, Erfahrbaren, Spürbaren jenseits des zur Gänze begrifflich Fassbaren. Dies mag tendenziell den Vorwurf intransparenter Subjektivität provozieren; gleichwohl sehe ich keine valide Alternative, emotional Spürbares – über Aussagen Dritter hinausgehend – anders adäquat zu erforschen als durch eigenes Erleben und methodisch kontrollierte Reflexion hierüber. Bei der Auswertung des erhobenen Materials spielten Erinnerungen an das persönlich im Forschungsfeld Erlebte, belebt durch Audio- und Videomaterial sowie Feldtagebucheinträge, deshalb eine wesentliche Rolle.

---

[187] Vgl. Honer, Ethnographie, 58–61.67.
[188] Vgl. a.a.O., 55–56.74.81.89. Somit ist Honer zwar ähnlich motiviert wie Geertz, geht in ihrem Ansatz des feldforschend der kleinen sozialen Lebenswelt Teilhaftigwerdens indes weiter, wie Honer, Lebensweltanalyse, 203, zeigt: „Programmatisch gesehen ist das einer ethnographischen Lebensweltanalyse inhärente Erkenntnisinteresse ‚existenzialistischer' als das einer ‚dichten Beschreibung'.".
[189] Bohnsack, Sozialforschung, 131.
[190] Ebd.
[191] Vgl. ebd.
[192] Vgl. exemplarisch Kaiser, Das Triviale, 235–239; ergänzend Kaiser, Religiöses Erleben, 16–18.44–48.156.

2.3.3.3 Interviews

Eine Schlüsselrolle in der Rekonstruktion des Erlebens beteiligter Dritter beim untersuchten Massensingen kam den geführten Interviews zu, welche die erzählende Entfaltung seitens der Erlebnisträger anregen sollten, denn: „Erzählungen sind Ausdruck selbst erlebter Erfahrungen"[193]. Grundanliegen war es, das jeweilige Gegenüber zum freien Erzählen zu motivieren und als Interviewer nicht einschränkend den Orientierungsrahmen vorzugeben, sondern in der Interaktion von Forschendem und Beforschten vielmehr auf Selbstläufigkeit und Eigengestaltung hinzuwirken.[194]

Für Aufbau, Gepräge und Zielrichtung der gewählten Gesprächsform lieferte das in seinen Ursprüngen besonders auf Fritz Schütze zurückgehende Grundmodell des narrativen Interviews, insbesondere aber die Impulse zu dessen Weiterentwicklung durch Anne Honer, entscheidende Orientierung.[195] Um Gesprächspartnern eine Plattform zu bieten, in Selbstläufigkeit Auskunft über ihr Erleben zu geben, war durch Erzählung generierende Stimuli dazu beizutragen, dass sie nicht primär über Erlebtes kognitiv reflektieren, sondern möglichst frei hiervon erzählen, damit ihr Erleben empirisch fassbar wird. Daher dürften gerade die *Zugzwänge des Erzählens* im offenen Interview eine Annäherung an die zu untersuchenden Phänomene befördert haben.[196]

Zugleich erschien für den Forschungsgegenstand eine exklusive Verwendung narrativer Interviewmethoden nicht hinreichend, weshalb die Interviews an passend erscheinender Stelle um gezielte, teils lenkende Fragen ergänzt wurden, besonders, wenn Gesprächspartner auf eindeutige Fragen zu warten schienen.[197] In der praktischen Durchführung bestätigte sich Honers Beobachtung, dass die weit verbreitete Vorstellung von Interviews als einer einseitigen Kommunikationsform eines Frage-Antwort-Schemas häufig dazu führt, dass gerade anfängliche Äußerungen überblicksartig kurz ausfallen, wiewohl das Interviewerinteresse sich doch eigentlich

---

[193] Bohnsack, Sozialforschung, 93; vgl. auch Honer, Ethnographie, 70–72.75.77–78.
[194] Vgl. Honer, Ethnographie, 81.
[195] Vgl. Honer, Ethnographie, 70–88; Honer, Interview; Przyborski/Wohlrab-Sahr, Sozialforschung, 67–88, besonders 79–82; ergänzend auch Bohnsack, Sozialforschung, 93–98.
[196] Vgl. Przyborski/Wohlrab-Sahr, Sozialforschung, 80.
[197] Ob sich solches (noch) unstrittig unter *exmanente Fragen* subsumieren und das Gesamtergebnis somit formal als *rein narratives* Interview fassen lässt, ist für das Erkenntnisinteresse dieser Studie vernachlässigbar. Zugleich soll in ihr prägnant umrissen werden, auf Grund welcher methodologischen Überlegungen und methodischen Vorgehensweisen, welche ich den speziellen Erfordernissen des Forschungsgegenstandes und Gegebenheiten im Forschungsfeld gemäß zu adaptieren unternommen habe, die Interviewleitfäden und -fragen zustande kamen. Insofern letztere in der konkreten Interviewgesprächssituation spontan adaptiert und modifiziert wurden, sind sie zwar nicht eigens in den Materialband zur eingereichten Dissertation aufgenommen worden, aber freilich anhand der transkribierten Interviews – mindestens in weiten Teilen – identifizierbar.

A 2.3 Methodik 63

„auf Erzählungen über persönliche Erfahrungen und/oder darauf richtet, was dem Interviewten ‚von sich aus' als mitteilenswert erscheint"[198].

Dies dokumentierte sich in den für diese Studie geführten Interviews ebenso wie das Bemühen des Feldforschers, durch geeignete Gesprächs(mit)gestaltung und spontane Interventionsvarianten zur Beförderung von freien Erzählungen anstelle eines pingpong-artigen Frage-Antwort-Spiels beizutragen.[199]

Da die Interviews dem Ziel dienen sollten, die notwendig begrenzte Perspektive des teilnehmend beobachtenden Feldforschers zu ergänzen und diese in einen weiteren Horizont zu stellen, kommt ihnen eine gewichtige Rolle innerhalb des Forschungsdesigns zu. Konkret konnten sie in Gestalt und Umfang höchst unterschiedlich ausfallen, indem beim Gospelkirchentag nach Zufallsprinzip Menschen im Umfeld des Feldforschers spontan um Gewährung eines kurzen, prinzipiell und in aller Regel einmaligen Interviews gebeten, bei *Amazing Grace* hingegen 20 Probanden, die einem allgemeinen Aufruf zur Teilnahme gefolgt waren, über das gesamte Projekt und darüber hinaus interviewend begleitet wurden.

Bei der Transkription von Interviews wurde nicht allein das von Gesprächspartnern auf Fragen respektive Erzählimpulse hin Gesagte verschriftlicht, sondern auch bestätigende oder fragende Äußerungen – und sei es nur ein „Mhm" durch den Interviewer – dokumentiert.[200] Dies ist – um den Preis großen Umfangs und womöglich gewisser Lesbarkeitseinschränkungen – Ausdruck des Bemühens um Nachvollziehbarkeit, anstelle einer Konzentration auf das in der Substanz Artikulierte allein unter Vernachlässigung von Wortabbrüchen, Pausen, den Austausch mitprägenden Einwürfen und dergleichen. Bohnsack nennt überzeugende Gründe, warum eine solche möglichst präzise Verschriftlichung des Gesprochenen beziehungsweise Hör- und gegebenenfalls Sichtbaren in verbatimen Transkripten ein methodisch adäquates Forschungsvorgehen darstellt. Daher ist bei dieser Studie im Wesentlichen nach seinen Richtlinien der Transkription von Texten (TiQ)[201] verfahren worden, wonach die schriftliche Dokumentation der realen Interviewsituation – unter Berücksichtigung einer gewissen Forschungspragmatik – möglichst umfassend und präzise Rechnung zu tragen hat, hinein bis in Details.[202] Während ein solches Vorgehen zwar selbstredend keine Objektivität der

---

[198] Honer, Interview, 96.
[199] Zu den Lektionen der empirischen Forschung zählte für mich, bei der akribischen Interviewanalyse im Rückblick hie und da das eigene Kommunikationsagieren im Feld hinterfragt und dabei etwa bedauert zu haben, womöglich in der Gesprächssituation sich andeutendes Erzählpotential spontan nicht ausgeschöpft, sondern etwa durch eine direktive Sachfrage dessen Entfaltung faktisch eingeschränkt zu haben.
[200] Vgl. dazu auch Przyborski/Wohlrab-Sahr, Sozialforschung, 69.
[201] Vgl. Bohnsack, Sozialforschung, 253–254.
[202] So wurden neben Sprech-Überlappungen auch Pausen durch Klammern markiert [(5)], daneben betont [betont], laut [laut], leise [°leise°] oder kaum bis gar nicht verständlich [(unverständlich)] Gesprochenes, Wortdehnungen [Wortdeh::nung], Wortabbrüche [Wortab-] und Wortverschleifungen [Wortverschleifungen=und]. Dezidiert von Bohnsack abweichend sind allerdings Satzzeichen nicht – schon gar nicht ausschließlich – zur Anzeige der

Interpretationen wie Erkenntnisse herstellen oder gar garantieren könnte, dürfte es doch die Reproduzierbarkeit des dadurch nachvollziehbare(re)n Erkenntnisprozesses befördern, der so zu einem intersubjektiv überprüfbare(re)n wird.[203] Die erstellten Transkripte sollen von daher möglichst ungetrübt das tatsächlich Geäußerte – inklusive Lachen, Pausen, Körpersprache und so fort – bestmöglich nachzeichnen, den Duktus nachvollziehbar machen, das vom Feldforscher Wahrgenommene abbilden.

2.3.3.4 Videomitschnitte und Fragebogen

Nicht alles gegenwärtig Erlebte kann diskursiv vollständig artikuliert werden (s. auch Kapitel A 2.4.3.2). Damit zusammenhängend spielt die Unterscheidung von präsentativer Ästhetik beziehungsweise Symbolik einerseits und diskursiver andererseits eine für diese Studie ausgesprochen wichtige Rolle. Jochen Kaiser hat in Aufnahme von Susanne Langer hilfreiche Aspekte hierzu herausgearbeitet.[204] Demnach lassen sich präsentative Symbole, wie sie vornehmlich im Kontext von Kunst und Musik begegnen, niemals gänzlich in Sprache auflösen, sondern sind in ihrer Komplexität und Tiefe den menschlichen Rezipienten im Rahmen einer Art Beziehung zugänglich, indem sich das simultane Erleben mit großer Tiefenwirkung zwar nicht vollumfänglich verbal artikulieren lässt, aber erleben und zumindest partiell auch begrifflich fassen. Eben dies will die Methodik dieser Studie berücksichtigen, indem sie durch die Kernmethode der teilnehmenden Beobachtung dem (mit-) erlebenden Feldforscher einen präsentativ orientierten Zugang zum untersuchten Gegenstand ermöglicht.

Wie im Nachhinein die Beobachtungsprotokolle dabei unterstützen sollten, das eigene gegenwärtige Erleben der beforschten Situationen sich am heimischen Schreibtisch zu Analysezwecken zu vergegenwärtigen, so sollten auch Videoaufzeichnungen jenseits deskriptiv-diskursiver Sprachmöglichkeiten – in Bild und Ton einen Teil des Geschehens dokumentiert habend – den Erfahrungshintergrund des Augenblicks reaktivieren helfen. Mit diesen Instrumenten gelang es, sich, teils Monate nach den Ereignissen selbst, zurück in die Stimmung des Er-

---

Intonation gebraucht und ist nicht zur Kennzeichnung derselben nach Punkten klein weitergeschrieben (da es nur um Intonation, nicht um Grammatik gehe), sondern sind je nach Gesprächssituation Satzzeichen wie etwa Punkte so verwendet worden, wie sie aus meiner Sicht vom Gesprächsgegenüber intendiert gewesen sein dürften, etwa zur Kennzeichnung eines Satzabschlusses, der in sich geschlossen mit sinkender Intonation vom Folgenden abgetrennt ist, was dann wiederum mit Großschrift beginnt; anders bei Bohnsack, Sozialforschung, 254.

[203] Vgl. Bohnsack, Sozialforschung, 199.
[204] Vgl. Kaiser, Religiöses Erleben, 44–48.156. Dass Musik in den Bereich des präsentativen Symbolismus, nicht des diskursiven gehört, betont Heimbrock, der ebenfalls Langer aufnimmt: Heimbrock, Didaktik, 470.

lebten zu versetzen, Gefühlsdimensionen und die herrschende Atmosphäre wachzurufen, um vor diesem Hintergrund Beobachtungsprotokolle und Interviews zu analysieren.

Außerdem half das Videomaterial dabei, gruppendynamische Prozesse und körperliche Bewegungen zu beobachten, was dem teilnehmenden Beobachter als subjektivem Teil der Masse im Blick auf das Ganze der Gruppe in der Situation selbst nicht möglich gewesen war; etwa, dass beim Singen von „Amazing Grace" am Ende des MassChoir I auf dem Gospelkirchentag von (mindestens) einer Kleingruppe ausgehend ein schunkelndes Im-Takt-Wiegen sich ausbreitete und immer mehr der rund 5.000 versammelten Sänger erfasste.

Ein weiteres Element der *Triangulation* war in Kassel das Arbeiten mit einem erlebnisbezogenen Fragebogen, der in seiner Grundform von Jochen Kaiser entwickelt und im Rahmen der gemeinsamen Lehrveranstaltung an der Universität Erlangen mit Exkursion zum Gospelkirchentag für die Feldforschung beim MassChoir modifiziert worden war.[205] Mithilfe dieses Fragebogens wurden MassChoir-Sänger aufgefordert, Auskunft über ihre Gefühle und Empfindungen beim Singen zu geben. Der in Ludwigsburg verwendete Fragebogen sollte hingegen persönliche Daten der Projektchormitglieder erheben helfen, ohne sich direkt auf das Erleben beim Singen zu beziehen (s. Kapitel C 1.3.1).

2.3.3.5 Triangulation und Mixed Methods

Mit ihrer Bündelung der Analysen primär von Texten, Interviews und Videomaterial soll diese Studie mit ihrem Fokus auf Erleben der Beteiligten bei christlichen Riesenchorveranstaltungen zur Rekonstruktion von Orientierungen, Lebenswelten und Lebenswirklichkeiten in ihrer Vielschichtigkeit beitragen. Insofern es bei diesem Ziel wesentlich um die Rekonstruktion subjektiven Sinns und ebensolcher Bedeutung ging, ist Honer zuzustimmen, dass das Erhebungsinstrument des Interviews zwar keineswegs als Königsweg qualitativer Sozialforschung für alle Fragestellungen gelten könne, wohl aber

> „zur Rekonstruktion thematisch aussonderbarer, sprachlich explizierbarer Wissensbestände […] als effektivstes und effizientestes Erhebungsinstrument unter den in der Sozialforschung (bislang) verfügbaren Verfahren"[206].

Methodisch-instrumentell erwies sich die teilnehmende Beobachtung des Feldforschers, wodurch eigene leibhafte Erfahrungen und Reflexionen neben den Selbstauskünften der Beforschten zu stehen kamen, als ausgesprochen wertvoll, indem so die primär durch explorative Interviews erhobenen Daten ergänzt wurden. Die von ihrem Forschungsinteresse geleitete Auswahl der Methoden dieser

---

[205] Vgl. Kaiser, Singen in Gemeinschaft, 210–212.
[206] Honer, Interview, 97.

Studie – in erster Linie teilnehmende Beobachtung und explorativ-narrative Interviews, ergänzend Fragebögen und Videoanalysen – hat sich im Verlauf der Forschung insgesamt als fruchtbar erwiesen.

Im Wissen um meine notwendigen Begrenzungen als prinzipiell Fachfremder, will ich gleichwohl die gewählte Methodik dieser Studie innerhalb der gegenwärtigen sozialwissenschaftlichen Diskurse so weit wie möglich knapp verorten. Dabei helfen zwei Begriffe, deren erster weniger kontrovers zu sein scheint. So spreche ich, angelehnt an den Überblick bei Uwe Flick[207], von einer doppelten Triangulation, indem sowohl hinsichtlich der Daten als auch der Methoden der Forschungsgegenstand von mindestens zwei Punkten aus betrachtet wurde.

Beim Gospelkirchentag waren neben schriftlichen Daten – Interviewtranskripten, Feldtagebuchaufzeichnungen und dem von Riesenchorsängern selbstständig ausgefüllten Fragebogen – auch Bild- und Tondokumente (Videomitschnitte der beiden MassChoir-Einheiten) analysiert worden und sind entsprechend in die Rekonstruktion des subjektiven Erlebens bei diesem Massensingen eingeflossen. Bei *Amazing Grace* verhielt es sich ähnlich, wobei der eingesetzte Fragebogen zur Erhebung insbesondere sozialer Daten als Vergleichsgröße für das Sample aus 20 Probanden intendiert war, nicht zur Erforschung des individuellen Erlebens beim Singen.

Bezüglich der gewählten Methoden lässt sich in mehrerer Hinsicht von *Between-Method-Triangulation* sprechen, insofern – Bohnsack folgend – in dieser Studie einerseits qualitative und quantitative Forschungsinstrumente zur Analyse des Forschungsgegenstandes kombiniert und andererseits die im Forschungsdesign enthaltenen reaktiven gezielt durch nicht-reaktive Verfahren ergänzt wurden, indem beim MassChoir wie auch bei *Amazing Grace* neben den Interviews sowohl Videomaterial[208] als auch Graue Literatur sowie weiteres nicht eigens für die Forschung erstelltes, sondern vorgefundenes Material untersucht wurde.[209]

Zwar ließe sich aus meiner Warte zusätzlich zu Daten und Methoden auch mit Blick auf die Perspektiven von Triangulation sprechen, da zu meinen persönlichen teilnehmenden Beobachtungen als Feldforscher die auf der Grundlage geführter Interviews rekonstruierbaren Perspektiven Dritter traten und schließlich um die Perspektiven des in Bild und Ton Aufgezeichneten – im Falle des Gospelkirchentages gar aus der Bühnenperspektive auf den Riesenchor blickend – er-

---

[207] Vgl. für das Folgende Flick, Triangulation.
[208] Beim MassChoir auf dem Gospelkirchentag kam das Videomaterial durch eine Standkamera auf der Bühne zu Stande, so dass niemand während der Aufzeichnung Einfluss auf die Einstellungen et cetera nahm. Im Fall von *Amazing Grace* wurde das Videomaterial von Mitarbeitern der Creativen Kirche erstellt, ohne dass ich als Feldforscher darauf Einfluss genommen hätte. Bei der Aufführung in Musicalstadt habe ich hingegen zwar selbst die Kamera bedient, die Videoaufzeichnung aber hernach – wegen der Schwerpunktsetzung auf die Aufführung in Ludwigsburg – nicht für umfangreiche Analysen verwendet.
[209] Vgl. Flick, Triangulation, 313.

A 2.3 Methodik

gänzt wurden. Doch erschiene mir dies im Lichte der von Flick angebotenen Beispiele multiperspektivischer Triangulation doch etwas zu kühn.[210] Gleichwohl könnte angesichts der ethnographischen Komponente – teilnehmende Beobachtung als Kernelement des Forschungsdesigns – sowie des theoretischen Zugangs zum Forschungsgegenstand – Reflexion über das Wesen von Gemeinde – begründet von einer mehr als doppelten Triangulation gesprochen werden.

Ob das faktisch Stattgefundene als doppelte, drei- oder gar vierfache Triangulation bezeichnet werden mag, ist für das Forschungsdesign und die Ergebnisse dieser Studie letztlich unerheblich. Vielmehr spielte hierfür der bei Flick beschriebene Grundgedanke der Triangulation, wonach durch eben diese die Erkenntnis über den untersuchten Gegenstand erweitert werden soll, eine entscheidende Rolle.[211] Sowohl hinsichtlich der Datenquellen, der Datengewinnung wie auch der Erhebungs- und Analysemethoden sollten die verschiedenen Elemente des Forschungsdesigns in ihrer Kombination den Weg zu zusätzlichen Erkenntnissen ebnen und über das hinausgehen, was ohne Triangulation sich hätte beobachten lassen.[212]

Was die Rede von „Mixed Methods" anlangt, so ist festzuhalten, dass das für diese Studie gewählte Forschungsdesign in seiner bereits beschriebenen Kombination von klassischen quantitativen und qualitativen Instrumenten (s. Kapitel A 2.3.3.1) prinzipiell gewiss dieser Kategorie zuzurechnen ist.[213] Allerdings erscheint mir mit Leo Gürtler und Günter Huber[214] die verbreitete Rede von „Mixed Methods" beziehungsweise „Mixed Models" insofern als fragwürdig, als hiermit zwar weithin ein gegenwärtiger methodologischer Trend benannt wird, es sich bei näherer Betrachtung beim damit Bezeichneten aber doch in der Regel um Triangulation handelt, denn:

> „Streng genommen kann forschungstechnisch nichts gemischt werden. Vielmehr geht es um einen *Prozess des ständigen Vergleichens und Schließens* auf unterschiedlichen Ebenen im Verlauf der Datenerhebung und -analyse. Denzin (1978) verwendet den […] Begriff der Triangulation für die Betrachtung desselben Untersuchungsgegenstandes aus verschiedenen Perspektiven. […] Geht man die Komponenten durch, die den Forschungsprozess bestimmen, sieht man unschwer, dass nichts ‚gemischt' werden kann"[215].

Während die offenkundig kontrovers geführten sozialwissenschaftlichen Fachdiskussionen in ihren Details[216] für diese Studie keine Relevanz besitzen und deshalb

---

[210] Vgl. a.a.O., 315–316.
[211] Vgl. a.a.O., 318.
[212] Freilich kann hierüber nur spekuliert werden, doch liegt es zugleich auf der Hand, dass etwa bei Beschränkung auf entweder Feldtagebücher oder Interviews, erst recht bei zusätzlichem Verzicht auf Videomaterial, Graue Literatur et cetera, nicht in vergleichbarer Tiefe und Intensität der Forschungsgegenstand hätte studiert werden können wie es durch die gewählte Triangulation möglich war.
[213] Vgl. Gläser-Zikuda et al., Mixed methods, 7.
[214] Vgl. Gürtler/Huber, Triangulation, 37.
[215] Ebd.
[216] Vgl. dazu auch im selben Band Mayring, Mixed Methods.

nicht näher betrachtet werden sollen, ist festzustellen, dass das gewählte Forschungsdesign in einem gewissen Sinne – in der Vergröberung gleichsam umgangssprachlich – zwar durchaus mit dem Terminus „Mixed Methods" bezeichnet werden könnte, dass dies aber keinen Mehrwert gegenüber der Rede von Triangulation mit sich brächte und deshalb verzichtbar ist.

2.3.3.6 Typisierung und Anonymisierung

Orientiert an den Überlegungen von Bohnsack, Honer, Kaiser und Przyborski/Wolhrab-Sahr soll in dieser Studie auf Grund der empirisch-methodisch kontrollierten dokumentarischen Untersuchungen von Einzelfällen über den Weg der Inbeziehungsetzung mit Gegenhorizonten, der Vergleichsgruppenbildung et cetera das partizipative und gestaltende Erleben des Einzelnen transzendiert werden.[217] Dies wurde möglich durch Typenbildung, indem mittels der komparativen Analyse kollektiver Bedeutungsmuster, gemeinsamer Hintergründe und Orientierungen des je persönlichen Erlebens individuelle Fälle in ihre Bedeutungsschichten (re-) konstruktiv zerlegt wurden und auf dieser Grundlage eine Typisierung erfolgen konnte.

Dabei sollte aus dem erhobenen Datenmaterial selbst heraus, orientiert insbesondere am Konzept der Kirchenmusiktypologie von Kaiser[218], eruiert werden, in welchen charakteristischen Merkmalen sich Teilnehmer christlichen Riesenchorsingens von anderen daran Beteiligten unterscheiden und daher sinnvoll abgrenzen lassen. Im Sinne der Rekonstruktiven Sozialforschung nach Bohnsack waren Zahlen und Feldanteile prinzipiell unerheblich dafür, insofern nicht die Einordnung einer bestimmten Anzahl von Beforschten in einen Typus diesen legitimierte oder gar verifizierte.[219] So konnte die Analyse nach dem für diese Studie gewählten Ansatz anhand der Daten allein eines einzigen Probanden zur Entwicklung beziehungsweise Rekonstruktion eines eigenen Typus' führen, logisch nachvollziehbar, aber nicht durch Häufigkeiten illustriert oder bewiesen, wohl aber belegt. Denn das Hauptinteresse dieser Untersuchung galt markanten Eigenschaften, typischen beziehungsweise charakteristischen (Alleinstellungs-) Merkmalen. Neben diesen Propria konnten weitere Eigenschaften verschiedenen Typen gemeinsam sein, wodurch es zu Mehrfacheinordnungen von Beforschten kam.

Wie sich diese grundsätzlichen Entscheidungen zur Typenbildung im Verlauf der Analyse des empirisch gewonnenen Materials für beide untersuchten Riesenchorprojekte ausgewirkt haben, so dass am Ende zwei Typologie-Systeme zu stehen kamen, wird in den jeweiligen Abschnitten konkret zu zeigen sein (s. Kapitel B 3.1, C 2.1, C 2.2 und C 2.3).

---

[217] Vgl. Bohnsack, Sozialforschung, 51.131–145; Honer, Ethnographie, 110–116; Kaiser, Religiöses Erleben, 88–90.127–173; Przyborski/Wohlrab-Sahr, Sozialforschung, 376–385.
[218] Vgl. Kaiser, Religiöses Erleben, 140–148.
[219] Vgl. auch Honer, Ethnographie, 115.

Die im Forschungsfeld erhobenen Daten wurden, insbesondere hinsichtlich personenbezogener Informationen, sehr sensibel behandelt. Zum Schutz der Persönlichkeitsrechte aller Individuen, die an der Feldforschung unentgeltlich mitgewirkt und der Verwendung ihrer Angaben in anonymisierter Form ausdrücklich zugestimmt haben, wurden deren Angaben entsprechend anonymisiert.[220] Um bestmöglich im Interesse der beforschten Personen zu handeln wurde im Zweifel eher mehr Anonymisierung geübt als weniger, etwa im Falle von Wohnort- oder Chornamen. Die Audiomitschnitte der Interviews werden nicht veröffentlicht und in dieser Studie nur in transkribierter Form – meist passagenweise – zitiert.

Mit jedem der 20 Probanden bei *Amazing Grace* wurde dezidiert vereinbart, dass und wie stark personenbezogene Daten verfremdet werden sollten. So bestand etwa eine Möglichkeit darin, den tatsächlichen Vornamen im Sinne Bohnsacks durch einen ähnlichen fiktiven Eigennamen zu ersetzen – etwa Hilderose durch Rosalinde – wovon aber nur eine Sängerin unter den 20 Interviewpartnern Gebrauch machte.[221] Beim MassChoir auf dem Gospelkirchentag legten bereits Erkenntnisinteresse und Format der spontanen Kurzinterviews nahe, dass in der Regel lediglich das Alter abgefragt wurde, daneben aber keine weiteren sozialen Daten.

Hilfreiche Orientierung für das praktische Vorgehen im Forschungsfeld und bei der Datenanalyse bot neben den zurate gezogenen Fachbüchern auch der Ethik-Kodex der Deutschen Gesellschaft für Soziologie (DGS) und des Berufsverbandes Deutscher Soziologinnen und Soziologen (BDS)[222].

2.3.4 Was brachte der Feldforscher an Voraussetzungen mit?

Zum ethnographisch orientierten Vorgehen gehört die Reflexion darüber, mit welchen Voraussetzungen ich mich als Forscher ins Feld begeben habe. Aus einer Pfarrfamilie stammend, ein musisches Gymnasium absolviert und in der Schul- wie Studienzeit in verschiedenen Chören, darunter ein kirchlicher Gospelchor, gesungen habend, waren mir weder kirchliches Leben, musikalische Projekte, noch christliche Großveranstaltungen wie etwa Kirchentage fremd. Dieser Hintergrund legte nahe, dass Vieles im Forschungsfeld prinzipiell vertraut sein beziehungsweise an gemachte Erfahrungen anschließen könnte. Zugleich war mit den Jahren, die die letzte eigene Choraktivität zurücklag – 2007/2008 als Mitglied eines Auswahlchores in Princeton – das Interesse an solchen Veranstaltungen gewichen und ich wäre ohne das Forschungsvorhaben kaum zu gewinnen gewesen für den Gospelkirchentag oder *Amazing Grace*, zumal die erste Betrachtung des

---

[220] Vgl. Przyborski/Wohlrab-Sahr, Sozialforschung, 164–165.
[221] Vgl. Bohnsack, Sozialforschung, 254–255.
[222] Vgl. ohne Autor, Ethik-Kodex.

Mitschnitts von „Die 10 Gebote" die Motivation, selbst an etwas Ähnlichem mitzuwirken, nicht gesteigert hatte.

Angesichts dieser Mischung aus Vertrautheit und gleichzeitiger Distanz, bis hin zu vereinzelten Ansätzen innerer Widerstände – insbesondere auf Grund abweichender musikalischer Präferenzen –, erschien der Ansatz von Anne Honer (s. Kapitel A 2.4.1.2) umso hilfreicher. Diesem folgend bergen Fremdheit und Vertrautheit besonderes Potential dafür, mit größtmöglicher Offenheit sich auf den Gegenstand der Untersuchung einzulassen, eine praktische Mitgliedschaft unabhängig von eigenen Vorlieben zu erwerben und in der teilnehmenden Beobachtung grundsätzlich bereit zu sein, sich als Forscher auch persönlich vom Feld verändern zu lassen. Diese Grundhaltung ermöglichte, teilnehmender *Beobachter* zu sein und nicht als eine Art geborenes Mitglied – hier etwa als Gospel-Fan, der bereits jeden bisherigen Gospelkirchentag begeistert miterlebt hat – die eigene Lebenswelt erforschen zu wollen, ohne hierzu ernstlich eine distanzierte Beobachterposition einnehmen zu können.

Ralf Bohnsack[223] aufnehmend und weiterführend war bei der Analyse im Feld gewonnener Daten die Standortgebundenheit dieses Beobachters als eines musikalisch versierten Theologen mit Großveranstaltungserfahrung ebenfalls zu beachten. Deshalb wurden bei der Auswertung eigener Beobachtungen auch Vergleichshorizonte Dritter, etwa in Gestalt der Beobachtungsprotokolle anderer Feldforscher beim Gospelkirchentag, berücksichtigt.

2.4 Interdisziplinäre Fundierung: Welche wissenschaftlichen Theorien sind hilfreich?

Leitend bei der Auswahl der wissenschaftlichen Theoriegrundlagen für die hier vorgestellte Studie war die Frage, was dem angestrebten Forschungsziel, der Untersuchung des (inter-) subjektiven (Gemeinschafts-) Erlebens beim Singen in christlichen Riesenchören, besonders dienlich sein würde. So wurde manche potentielle Theoriequelle, da zu wenig für den Fragehorizont austragend, nicht aufgenommen; die skizzierten imponierten sich hingegen als dem Forschungsziel förderlich und sind in diesem einleitenden Kapitel vorzustellen. Andere Konzepte, etwa das Kano-Modell der Kundenzufriedenheit (s. Kapitel C 1.8), werden erst später direkt einbezogen.[224]

---

[223] Vgl. Bohnsack, Typenbildung.
[224] Während im Eingangsteil nur auf grundlegende Theorien und Konzepte eingegangen wird, werden weitere, speziellere, wie etwa auch Erika Fischer-Lichtes Beobachtungen zur *Feedback Schleife* (s. Kapitel B 2.1) erst im weiteren Verlauf der Studie an passender Stelle verhandelt werden.

2.4.1 Lebenswelt, kleine soziale Lebenswelt(en) und Dichte Beschreibung

2.4.1.1 Lebenswelt nach Alfred Schütz und Thomas Luckmann

Im Blick auf die menschliche Lebenswelt und ihre komplexen Strukturen sind wesentliche Einsichten Alfred Schütz und Thomas Luckmann[225] zu verdanken. Danach handelt es sich bei der individuellen wirklichen Lebenswelt nie um eine Privatwelt, sondern in der natürlichen Einstellung stets um eine intersubjektive, insofern andere Menschen prinzipiell als mit gleichem Bewusstsein begabt angenommen werden, ihre Erlebnisse bis zu einem bestimmten Grad den eigenen vergleichbar, somit als versteh- und nachvollziehbar.[226] Die gemeinsame Grundstruktur der Wirklichkeit der geteilten alltäglichen Lebenswelt schließe neben der Natur auch die Sozial- und Kulturwelt mit ein, was sie wiederum zum Schauplatz wie Zielgebiet des eigenen sowie des fremden wechselseitigen Handelns mache:[227]

> „Wir handeln und wirken folglich nicht nur innerhalb der Lebenswelt, sondern auch auf sie zu."[228]

Das Wechselspiel von handelndem Subjekt und seiner Lebenswelt, die ihm zur Auslegung aufgegeben sei, bewirke reziproke Modifikation, zeige aber auch, dass sich menschliche Wirkzonen und Relevanzsysteme notwendig unterscheiden, was in der sozialen Begegnung offenbar werde, insofern die Generalthese reziproker Perspektiven beziehungsweise die Vorstellung von der Kongruenz der Relevanzsysteme rasch an ihre Grenzen stießen, sobald zu Tage träte, dass es verschiedene Arten von Menschen gibt, weshalb folglich zwischen einem Wir und einem Ihr differenziert werden könne.[229] Hinsichtlich des Untersuchungsgegenstandes wird diese Einsicht kaum zu überschätzen sein, da selbst bei Vorhandensein einer identifizierbaren kleinen sozialen Lebenswelt des Gospel-Singens nicht davon ausgegangen werden kann, dass die an einer konkreten Großchorveranstaltung Beteiligten alle bis ins Detail das exakt Gleiche erleben.[230] Eben diese Grundannahme

---

[225] Schütz/Luckmann, Lebenswelt.
[226] Vgl. a.a.O., 30.98.109.609.
[227] Vgl. a.a.O., 30–32.49.
[228] A.a.O., 32.
[229] Vgl. a.a.O., 33.49.98–101; zu den Grenzen der Erfahrung in der Lebenswelt sowie der Verstehbarkeit eigener und fremder Erfahrungen beziehungsweise Handlungen darin vgl. die dreifache Unterscheidung kleiner, mittlerer und großer Transzendenzen a.a.O., 593–633, hier: 596–598.
[230] Ob sie (es) innerhalb des gleichen Relevanzsystems wahrnehmen, wird bei der Behandlung des Konzepts kleiner sozialer Lebenswelten nach Anne Honer, welches Ähnlichkeiten im Erleben voraussetzt, noch zu thematisieren sein (s. Kapitel A 2.4.1.2). Diese Konzeption

motivierte die qualitativ-rekonstruierende Herangehensweise, die das individuell
Erlebte zu verstehen versucht, der reflektierten beobachtenden Teilnahme des
Feldforschers die vermittelten Erfahrungen anderer Teilnehmer an die Seite stellt
und beides zu interpretieren die Aufgabe hat.

Nach Luckmann und Schütz können Individuen am bewussten Leben, an den
Erfahrungen eines anderen Menschen, allerdings schlechterdings nicht unmittelbar teilnehmen, sondern sind stets auf mediatisierende Vermittlung beschränkt;
allenfalls in der Gleichzeitigkeit der Begegnung einer konkreten Wir-Beziehung,
welche die am wenigsten mediatisierte mittelbare Anteilgabe am Erfahrungsablauf des Anderen darstelle, sei es annähernd möglich, eine gemeinsame Erfahrung
zu teilen, während ein Reflektieren hierüber bereits ein distanzierendes Heraustreten aus der relativen Unmittelbarkeit der geteilten Wir-Beziehung bedeute:[231]

> „Je mehr ich mich dem Nachdenken widme, um so weniger lebe ich in der gemeinsamen Erfahrung und um so entfernter, mittelbarer ist der Nebenmensch."[232]

Überdies verdiene der individuelle Erfahrungsraum Beachtung, insofern sich jeder Mensch stets in einer konkreten, von der Transzendenz der Weltzeit absolut
begrenzten Situation befinde, diese aber wiederum durch Vorgegebenheiten wie
die körperliche Konstitution (mit-)bestimmt sei.[233] Während die subjektiven Relevanzstrukturen des sogenannten normalen Erwachsenen in der Lebenswelt des
Alltags gesellschaftlich bedingt seien, abhängig von der sozialen Situation und
Prägung in der Biographie des Einzelnen, bleibe inmitten aller Ähnlichkeiten der
sozialisierte Mensch in seinem innersten Wesen doch einzigartig.[234] Eben dieser
Mensch erfahre seine Lebenswelt als den „Inbegriff einer Wirklichkeit, die erlebt,
erfahren und erlitten wird."[235]

Zu den je individuellen Besonderheiten tritt noch die begrenzte Artikulierbarkeit menschlicher Erfahrungen. Denn jede Schilderung persönlicher Erlebnisse ist
unvermeidlich eine mediatisierend-vermittelnde sowie zugleich eine Reflexion in
der Rückschau, ein Räsonieren über Erlebtes, in der Feldforschungssituation womöglich geprägt von speziellen Motivlagen der Darstellung gegenüber dem Interviewer. Wer soeben mehrere Stunden im Riesenchor gesungen hat, ergriffen und
berührt, der kann im Anschluss (zwar) von seiner Freude, Begeisterung und dem
Gänsehaut-Feeling berichten, mitunter impulsiv, wortreich und anschaulich. Die
Distanz zum tatsächlichen Erleben im Moment ist fraglos aber bereits in dieser
zeitnahen Erzählung nicht zu unterschätzen. Reden *über* Freude, Ekstase und an-

---

    steht zur Konstatierung individueller Konstruktion von Wirklichkeit meines Erachtens indes nicht im Widerspruch, vielmehr ergänzen und befruchten sich beide Modelle, vgl. Honer, Ethnographie, 29–30.
[231] Vgl. Schütz/Luckmann, Lebenswelt, 103–104.
[232] A.a.O., 104.
[233] Vgl. a.a.O., 150–151; daneben Eberle/Hitzler, Lebensweltanalyse, 113–114.
[234] Vgl. Schütz/Luckmann, Lebenswelt, 342.354.
[235] A.a.O., 447.

A 2.4 Interdisziplinäre Fundierung 73

dere Emotionen oder Erlebnisse ist dabei kognitives Geschehen, Ausweis individueller Sprachfähigkeit und Abbild eines ersten Reflexionsprozesses. Die Interviewpartnerin steht selbst bereits in gewisser Distanz zum Erlebten, das von ihr Vermittelte erreicht den Interviewer zwingend in noch größerem Abstand hierzu. Eine wesentliche Stärke des Konzepts der teilnehmenden Beobachtung besteht deshalb darin, dass der Feldforscher ebenfalls innerhalb der gleichen Veranstaltung etwas erlebt hat, sich womöglich mit einzelnen Aussagen identifizieren oder sie zumindest nachvollziehen kann vor dem eigenen Erlebnishintergrund. Außerdem konnte so davon ausgegangen werden, dass Gesprächspartner einem Interviewer, der ihnen als Mitsänger und damit „einer von ihnen" – mindestens im Fall von *Amazing Grace* – bekannt war, aufgeschlossen und mit großem Vertrauen darauf, verstanden zu werden, sich anvertrauen würden, einschließlich intimer Themen wie intensiven Gefühlsregungen bis zum Tränenfluss, spirituellen Erfahrungen et cetera.[236] Gleichwohl bleibt am Ende unvermeidlich ein nicht gänzlich überwindbarer Abstand und kann individuell Erlebtes nicht komplett abgebildet werden.

2.4.1.2 Anne Honers Konzept der kleinen sozialen Lebenswelt

Anne Honer[237] sieht, wo Erfahrungskorrelate anderer Menschen zum Forschungsgegenstand gemacht werden, eine besondere Herausforderung darin, den „subjektiven Sinn *ihrer* Erfahrungen zu rekonstruieren."[238] Subjektorientierte Sozialwissenschaft habe die Aufgabe, Konstruktionen der Wirklichkeit zu rekonstruieren im Wissen darum, dass objektive Faktizitäten letztlich stets subjektive Bewusstseinsgegebenheiten seien, es in der Alltagswelt statt *brute facts* lediglich Bedeutungen gebe und das Erleben maßgeblich sei für die Situationsdefinition; jeder Mensch lebe in seiner eigenen Welt als Insgesamt seines konkreten Erfahrungsraums, wobei sich die individuellen Relevanzsysteme vielfach überschnitten, intersubjektiv gültige Deutungsschemata mit individuellen Sinnstrukturen korrelierten und die Welt-Wahr-Nehmungen aufeinander abgestimmt würden.[239]

Den methodisch adäquaten Weg zur Erreichung dieses Ziels der Rekonstruktion beschreibt sie als ethnographische Lebensweltanalyse zur verstehenden Be-

---

[236] Freilich ist andererseits nicht auszuschließen, dass Gesprächspartner im Bemühen, das nicht zur Gänze Sagbare diskursiv zu verbalisieren, gegenüber einem, der das vorausgehende Ereignis selbst miterlebt hat, Manches mehr oder minder übergehen, weil sie es als selbstverständlich voraussetzen, da ihnen schließlich kein außenstehender Ahnungsloser gegenübersteht.
[237] Für das Folgende vgl. Honer, Lebensweltanalyse; Honer, Ethnographie, 13–88; Honer/Hitzler, Lebens-Welten.
[238] Honer, Lebensweltanalyse, 195.
[239] Vgl. Honer, Ethnographie, 13.18–20.

schreibung kleiner sozialer Lebens-Welten, welche andere Forschungsprogramme wie jenes der Dichten Beschreibung relativ problemlos ergänze.[240] Insofern jeder Forscher, der in der eigenen Kultur und Gesellschaft Untersuchungen anstellt, nicht generell Fremdheitserfahrungen mache wie bei der Erforschung völlig fremder Kulturen und sozialer Systeme, sondern sich im grundsätzlich vertrauten Umfeld bewege, gelte es zwar nicht, das eigene Wissen vergessen zu wollen, wohl aber, „dessen Relativität zu erkennen und interpretativ zu berücksichtigen."[241] Weder sei das Beobachtete völlig fremd noch das subjektive Wissen anderer Menschen dem Feldforscher direkt zugänglich, weshalb das methodisch verantwortungsvolle Vorgehen darin bestehe, sich derart auf die zu erforschende Praxis einzulassen, dass – idealiter im Rahmen einer temporären Mitgliedschaft am Feld – mit der zu analysierenden Lebenswelt größtmögliche Vertrautheit entstehe, da wichtig sei, was der Untersuchte als *seine Welt* erfahre:

> „,Lebensweltanalyse' meint somit den methodischen Versuch, die Welt gleichsam durch die Augen eines idealen Typs (irgend-)einer Normalität hindurchsehend zu rekonstruieren."[242]

Anliegen der ethnographischen Lebensweltanalyse ist es demnach, die untersuchten Phänomene durch adäquate methodische Akzentsetzungen zunächst aus sich selbst heraus zu verstehen und die Welt(en) so zu rekonstruieren, wie Menschen sie erfahren bei gleichzeitiger Vergegenwärtigung, dass auch die Welt des forschenden Wissenschaftlers keine übergeordnete, objektive ist.[243] Daher sei gegenüber allen Daten Skepsis geboten und das Handeln des Feldforschers in einer sozialen Umwelt, sein Teilnehmer-Standpunkt, genau zu reflektieren (s. Kapitel A 2.3.4).

Diese Impulse schärften den Blick dafür, dass es bei der *teilnehmenden* Beobachtung nicht um eine Betrachtung fremder Phänomene, gänzlich distanziert von außen, geht, sondern dass dabei vielmehr eine (kleine soziale) Lebenswelt, jener des Forschers nicht völlig fremd, im Zuge temporärer Mitgliedschaft von innen erforscht werden soll. Während Honer die Lebenswelt als Insgesamt von Sinnwelten, welche alltägliche und außeralltägliche Zweckwelten potentiell miteinschlössen, begreift, könnten in kleinen sozialen Lebens-Welten, die jeweils Fragmente hiervon seien, die daran Teilnehmenden – im starken Kontrast zur individuell-pluralen, problematisch gewordenen Gesamt-Lebenswelt des modernen Menschen – erwarten, dass wenigstens dieser Welt-Ausschnitt von ihnen

> „typischerweise ähnlich erfahren wird, daß ihre Standpunkte vertauschbar, daß ihre Relevanzsysteme kongruent, daß mithin ihre Perspektiven reziprok sind [...] Dadurch werden in der kleinen sozialen Lebens-Welt reziproke Verhaltenserwartungen typisch

---

[240] Vgl. Honer, Lebensweltanalyse, 195; eine Definition der kleinen sozialen Lebens-Welten findet sich bei Honer, Ethnographie, 25–32, besonders 27 (Anm.17).
[241] Honer, Lebensweltanalyse, 197.
[242] A.a.O., 198; vgl. Honer, Ethnographie, 41.49.
[243] Vgl. Honer, Lebensweltanalyse, 199.

A 2.4 Interdisziplinäre Fundierung

standardisiert. Der Andere wird als Mitglied bzw. als Teilhaber ‚wie man selbst' verläßlich, und ‚man selber' ist es ebenso für ihn."[244]

Entsprechend sei mit einer kleinen sozialen Lebens-Welt ein

> „sozial vordefinierter, intersubjektiv gültiger, zweckbezogener Ausschnitt aus der alltäglichen Lebenswelt gemeint, der subjektiv als Zeit-Raum der Teilhabe an einem besonderen Handlungs-, Wissens- und Sinnsystem erfahren und im Tages- und Lebenslauf aufgesucht, durchschritten oder auch nur gestreift"[245]

werde; klein, weil darin die Komplexität der möglichen Relevanzen reduziert werde auf lediglich ein bestimmtes Relevanzsystem und sozial, da letzteres intersubjektiv für gelingende Partizipationen verbindlich sei.[246] Im Blick auf christliche Riesenchorveranstaltungen ist somit dann von einer kleinen sozialen Lebens-Welt im Singular oder Plural zu sprechen, wenn Teilnehmern ein Relevanzsystem gemein ist, wenn und insofern durch den methodenpluralen Erhebungszugang ein besonderes geteiltes Handlungs-, Wissens- und Sinnsystem nachgewiesen werden kann. Dass eine solche kleine soziale Lebens-Welt nach Honer den partizipierenden Menschen einen Orientierungsrahmen im verwirrenden Gefüge modernen Lebensalltags bietet, ein Stück Geborgenheit durch die Bescheidung mit einem verbindenden Deutungsrahmen, macht ihr Konzept für diese Studie insofern besonders relevant, als es etwaiges Erleben von Zugehörigkeit und Gemeinschaft ebenso wie transzendent-spirituelle Erfahrungen besser verstehen helfen könnte.

Grundsätzlich ist mit Honer zu unterscheiden zwischen Handlungs- und Erklärungswissen wie außerdem zwischen Handlungsdaten, wie sie durch Beobachtung und Teilnahme gewonnen und andererseits Selbstdarstellungsdaten, wie sie Gesprächen entnommen werden können und „idealerweise handlungsleitendes Wissen repräsentieren".[247] Wer sich praktisch in ein Feld hinein begeben und anschließend mittels kontrollierter, theoretischer Reflexion wissenschaftlich wiederum distanzieren könne, verfüge über anderweitig – wenn überhaupt – nur schwer zu gewinnende Erhebungsdaten. Die praktische Mitgliedschaft am Geschehen, welche eine existenzielle Innensicht ermögliche, sei dabei Basis einer lebensweltanalytischen Ethnographie, für die weiterhin die Beschreibung des Geschehens aus Sicht eines (typischen oder charakteristischen) Teilnehmers ebenso unverzichtbar sei wie die Überprüfung der Forscherkommentare auf das zu Grunde liegende Relevanzsystem hin und die Reflexion der Analysen als Produkte einer theoretischen Einstellung:[248]

---

[244] Honer, Ethnographie, 29; vgl. auch a.a.O., 25–26.
[245] A.a.O., 30.
[246] Vgl. a.a.O., 32.
[247] Honer, Lebensweltanalyse, 200.
[248] Vgl. a.a.O., 201.

„Denn eine Erfahrung von innen lässt sich, jedenfalls im strengen phänomenologischen Sinn, eben nur gewinnen, wenn man sich auf ein Thema (auch) existenziell) einlässt."[249]

Die so erworbene intime Feldkenntnis begünstige dann die Interpretation der Mitteilungen Anderer wie auch die Evaluation vorhandener Daten allgemein.

Eine Stärke des Konzepts von Honer – für die vorgelegte Studie von großer Bedeutung – besteht in ihrer Orientierung am Subjekt in seiner Lebenswelt, die analysiert werden soll, bei gleichzeitiger Betonung, dass diese Lebenswelt einem Feldforscher trotz aller Besonderheiten und Fremdheit nicht gänzlich fremd sein *kann*, da es sich um einen geteilten Kulturkreis, gemeinsame Sprache und dergleichen handelt.[250] In eben dieser Spannung aus gewisser Vertrautheit und elementarem Forschungswillen bewegt sich das Wagnis des Sich-Hineingebens ins Forschungsfeld, das – durch temporäres Ausbrechen aus der eigenen primären Lebenswelt und Eintauchen in die fremde mit dem Ziel, dem *native's point of view* möglichst nahe zu kommen – sich existenziell einlässt auf Neues und Unerwartetes, Fremdes und Befremdliches mit der maximalen Bereitschaft, „den anderen Sinn *so* zu verstehen, wie er gemeint ist"[251] sowie der Offenheit, das Feld selbst als Veränderter zu verlassen. Überdies trägt der Ansatz jener Begrenzung Rechnung, der zufolge keineswegs *die* gesellschaftliche Wirklichkeit, sondern allenfalls Wirklichkeits-*Bereiche* beschreibend erschlossen werden können, „die sich um Themenfoki herum kristallisieren und an den Rändern diffus verschwimmen."[252]

Honers Konzept der kleinen sozialen Lebens-Welt, zumal in Kombination mit Bohnsacks Rede vom individuellen Relevanzsystem als Bezugsrahmen menschlichen Wissens und Handelns, erscheint insofern fruchtbar und hilfreich für das Forschungsinteresse dieser Studie, als es dezidiert „die Sinnhaftigkeit konkreter Phänomene, Prozesse und Ereignisse in ihrer Typik zu verstehen"[253] intendiert. Eben darum soll es gehen: Die Phänomene, Ereignisse und Prozesse innerhalb der ausgewählten christlichen Großchorveranstaltungen so weit möglich existenziell von innen heraus zu verstehen, zu reflektieren und analytisch gewonnene Erkenntnisse abstrahiert zu beschreiben wie praktisch-theologisch einzuordnen.

---

[249] Ebd..
[250] Vgl. Honer, Ethnographie, 54.
[251] Honer, Lebensweltanalyse, 203.
[252] Honer, Ethnographie, 41.
[253] Honer, Lebensweltanalyse, 204.

2.4.1.3 Dichte Beschreibung nach Clifford Geertz

Das Prinzip der Dichten Beschreibung nach Clifford Geertz stellte eine wesentliche methodische Grundlage der Dokumentation des im Forschungsfeld selbst Beobachteten und Erlebten in Feldtagebüchern[254] dar.[255] Demnach ist es ethnographisches Kernanliegen, jenseits bloßer dünner Beschreibungen, die messbare Handlungen dokumentieren – Geertz führt als eindrückliches Beispiel das Augenzwinkern an – auf der Basis persönlicher Erfahrung im Feld wissenschaftlich verantwortet die Symbol- wie Bedeutungssysteme anderer Menschen und Völker „aus der Sicht der Handelnden darzustellen"[256]. Dies könne auch in der eigenen Kultur erfolgen, keineswegs nur in fremden, allerdings müsse klar bleiben, dass der Forscher selbst kein Eingeborener zu werden trachten und ebenso wenig vergessen sollte, dass seine Interpretationen bestenfalls solche zweiter Ordnung, keinesfalls Informationen erster Ordnung, seien.[257] Wie sein Beispiel des potentiell mehrdeutigen Augenlidbewegens – etwa Zucken, Zwinkern oder Parodieren – illustriert, ist das Bemühen um Interpretation von Bedeutungen, Symbolen und Codes bei kulturellen Untersuchungen im Sinne der Dichten Beschreibung ein kompliziertes intellektuelles Wagnis.[258] Gleichwohl scheint es mir unverzichtbar, wenn der Forscher sich nicht mit bloßer Dokumentation messbarer Fakten – wie im Beispiel des simplen Augenlidbewegens – bescheiden, sondern Deutungssysteme begreifen, kulturelle Implikationen nachvollziehen und Handlungswissen rekonstruieren möchte.

Daher gingen von Geertz' Anliegen, sich im Forschungskontext nicht auf die Dokumentation faktischer Handlungen und Verhaltensweisen zu beschränken, sondern auf der Basis phänomenologischer Beobachtungen fundierte Deutungen zu wagen, wesentliche Impulse für diese Studie, die beobachten und deuten will, aus.

---

[254] Der Begriff des Feldtagebuchs wird in dieser Studie synonym zu jenem des Beobachtungsprotokolls verwendet, was in erster Linie zugunsten sprachlicher Variation geschieht.
[255] Vgl. Geertz, Dichte Beschreibung, 7–43; dazu auch Honer, Ethnographie, 52–53.
[256] Geertz, Dichte Beschreibung, 22.
[257] Vgl. a.a.O., 20–23.
[258] Vgl. a.a.O., 10–12.

2.4.2 Rekonstruktive Sozialforschung und Dokumentarische Methode nach Ralf Bohnsack

2.4.2.1 Grundprinzipien der Rekonstruktiven Sozialforschung

Statt der Gegenüberstellung von alternativ qualitativen oder quantitativen Formen der Sozialforschung unterscheidet Ralf Bohnsack[259] zwischen rekonstruktiven und hypothesenprüfenden Verfahrensweisen.[260] Grundsätzlich fänden in den Sozialwissenschaften nur solche theoretischen Aussagen Anerkennung, die durch die Erfahrung prinzipiell nachprüfbar seien. Während über dieses Abgrenzungskriterium noch alle sozialwissenschaftlichen Richtungen und Schulen einig seien, begännen die Probleme bei der Frage, wie sich Erfahrung vollziehe und in welcher Beziehung sie zur Theorie stehe, zumal wissenschaftlich relevante Erfahrung – im Unterschied zu nicht interpretierter Sinneserfahrung – stets in Form bereits interpretierter Sachverhalte, in der Gestalt von Beobachtungs- oder Basissätzen, begegne, die wiederum auf theoretische Sätze bezogen werden müssten.

Hypothesenprüfende Verfahren strebten danach, empirisch abgesicherte Gesetzes- oder All-Aussagen zu treffen, die sich raumzeitlich unabhängig bezögen „auf eine unbegrenzte Zahl prinzipiell möglicher Anwendungsfälle"[261]. Da sich solche All-Sätze indes empirisch per se nicht verifizieren ließen, führe der methodische Weg – analog zu naturwissenschaftlichen Experimenten – zwingend über die Falsifikation und anschließende Variation der ursprünglichen Hypothese zu immer näher an der beobachteten Wirklichkeit liegenden Aussagen. Problematisch sei allerdings, dass nicht verifizierbare Gesetzesaussagen keine wahren, sondern lediglich bewährte Aussagen zum Ergebnis haben könnten. Hypothesenprüfende Wissenschaft kenne daher keine wahren, sondern allenfalls bewährte Aussagen.[262]

Die zunehmende Standardisierung sozialwissenschaftlicher Forschung führe dazu, dass die Erhebungsmethoden, etwa das Interview, zu bloßen Instrumenten würden, statt den Stellenwert von Kommunikationsmedien zwischen Forschenden und zu Erforschenden zu haben. Dies beschneide die Ausdrucksmöglichkeiten der Probanden in illegitimer Weise und stelle die Validität der Verfahrensweise infrage, etwa weil Interviewer und Befragte auch bei Gebrauch der gleichen Syntax nicht automatisch einander verstünden, insofern die Zugehörigkeit zu unterschiedlichen sozialen Welten, Subkulturen und Milieus wie auch die jeweilige

---

[259] Vgl. für das Folgende Bohnsack, Sozialforschung, 11–32, hier: 12.
[260] Auch Schulze hält diesen „unausrottbaren Gegensatz" für so konstruiert wie unbegründet, vgl. Schulze, Erlebnisgesellschaft, 27.83–84; ähnlich auch Przyborski/Wohlrab-Sahr, Sozialforschung, 11–17.
[261] Bohnsack, Sozialforschung, 17.
[262] Bohnsacks Überlegungen zum Basissatzproblem, zur intersubjektiven Nachprüfbarkeit empirischer Forschung et cetera, sind zwar sehr erhellend, führen für den Gegenstand dieser Studie aber zu weit und werden deshalb darin nicht näher behandelt.

A 2.4 Interdisziplinäre Fundierung

Sozialisation es mit sich bringen könnten, dass selbst mit identischen sprachlichen Äußerungen unterschiedliche Sinngehalte verbunden sind.[263] Die Problematik des forschungsrelevanten Fremdverstehens trete im Grunde bei jeder Kommunikation zwischen Forschenden und ihrem Forschungsgegenstand auf. Innerhalb der konventionellen Verfahrensweise solle die intersubjektive Überprüfbarkeit durch Vorstrukturierung und Standardisierung des Kommunikationsverlaufs hergestellt werden, was aber durch zwangsläufige Beschneidung der Kommunikationsmöglichkeiten die Annäherung an den beobachteten Forschungsgegenstand behindere. Auch deshalb spricht Bohnsack sich neben der strikten Trennung zwischen qualitativen und quantitativen Zugängen auch gegen zu starke Orientierung am naturwissenschaftlichen Experiment aus.[264]

Seine Theorie ist für die vorgelegte Studie nicht zuletzt dadurch sehr hilfreich, dass sie nicht Hypothesen zu überprüfen und durch einen reproduzierbaren Erkenntnisprozess zu ermitteln intendiert, ob ein bestimmter, nicht mehr falsifizierbarer theoretischer Gemeindebegriff auf praktisch vorfindliche christliche Riesenchorprojekte zutrifft, den der forschende Fremde Sängern als Deutungsschema ihres Erlebens offerierte und im günstigsten Fall bestätigt bekäme, womöglich nach Eliminierung von Falschheitsgehalten in der Ausgangshypothese;[265] sondern diese soll möglichst vorurteilsfrei und ergebnisoffen analysieren, was Beteiligte an solchen Großveranstaltungen einschließlich des Gemeinschaftsaspektes erleben.[266]

Die Rekonstruktive Sozialforschung setzt auf das vermeintliche Paradoxon, dass weniger Eingriff ein Mehr an Kontrollmöglichkeiten schaffe, etwa indem beim Interview durch offene Fragestellung die Strukturierung der Kommunikation weitestgehend beim Befragten liegt, wodurch dieser die Gelegenheit erhalte, gemäß seiner Lebenswelt beziehungsweise seines individuellen Relevanzsystems Fragen selbst zu übersetzen, zu interpretieren und in der eigenen Sprache zu entfalten.[267] Wo dies umfassend geschehe sinke die Gefahr, dass Interviewer oder Auswerter das Gesagte missverstehen oder Bedeutungen hineinprojizieren, da es

---

[263] Zur Illustration verweist Bohnsack auf Garfinkels Krisenexperimente, die gezeigt hätten, wie prekär Kommunikation selbst im Alltag bereits zwischen einander wohlvertrauten Menschen sein könne, vgl. Bohnsack, Sozialforschung, 20–21.

[264] Zu den Möglichkeiten und der Legitimität methodenpluralen Vorgehens jenseits klassischer (rein) quantitativer oder qualitativer Sozialforschungskonzepte vgl. auch Honer, Ethnographie, 55–58.74 (Anm. 49).

[265] Mit Honer ließe sich in einem solchen Falle zwar die *Zuverlässigkeit* der Wirklichkeitsuntersuchung nachweisen, die *Gültigkeit* der erhobenen Daten und deren Aussagekraft über die Konstruktionen von Wirklichkeit und Sinndeutung seitens der Befragten bliebe allerdings höchst fragwürdig, vgl. Honer, Ethnographie, 55–57.

[266] Insofern diese Riesenchorprojekte noch kaum erforscht sind, sollen die neben Bohnsack und Honer auch von Flick et al. beschriebenen Methoden zunächst eine Grundlagenforschung ermöglichen, auf die fürderhin aufgebaut werden kann, dann womöglich auch mittels klassischer hypothesenprüfender Verfahren (s. Kapitel D 4.2), vgl. Flick/Kardorff/Steinke, Forschung, 23.25.

[267] Vgl. Bohnsack, Sozialforschung, 22.93–98.

keine Einzeläußerungen auf konkrete geschlossene Fragen hin seien. Gerade dadurch, dass die Unterschiede zwischen Forschern und Erforschten offen zu Tage träten, etwa in Sprache und Interpretationsrahmen, werde methodische Kontrolle möglich. Die Interviewten legen durch die ihnen gewährte aber auch zugemutete Freiheit demnach offen, wie sie eine bestimmte Fragestellung übersetzen in ihre Lebenswelt hinein, welchen Platz sie ihr darin einräumen, ob sie sie überhaupt interessiert und unter welchen Aspekten sie gegebenenfalls Bedeutung für sie gewinnt.

2.4.2.2 Die Dokumentarische Methode als Leitprinzip der Datenauswertung

Diese Grundideen der Rekonstruktiven Sozialforschung wurden zusammen mit der Dokumentarischen Methode[268] für diese Studie aufgenommen und, inspiriert von Jochen Kaisers[269] Forschung zum religiösen Erleben durch gottesdienstliche Musik, modifiziert auf den eigenen Gegenstand bezogen.[270] Leitendes Ziel hierbei war es, einen Zugang zum handlungsleitenden – nicht allein zum reflexiven – Wissen der beforschten Akteure zu erhalten und dadurch zu ihrer Handlungspraxis insgesamt. Im Unterschied zu objektivistischen Zugängen ist die Dokumentarische Methode bemüht, die empirische Basis des Wissens der Akteure nicht zu verlassen, statt nach Handlungsstrukturen hinter ihrem Rücken zu suchen. Damit soll das Dilemma

> „zwischen einem theoretisch-methodischen Zugang, der den subjektiv gemeinten Sinn lediglich nachzeichnet [...] auf der *einen* Seite und dem objektivistischen Anspruch auf einen privilegierten Zugang zur Realität auf der *anderen* Seite"[271]

überwunden und stattdessen in der Nachfolge Karl Mannheims eine Beobachterperspektive eingenommen werden, welche letztlich „das Wissen der Akteure selbst als die empirische Basis der Analyse belässt"[272] sowie zwischen einem theoretischen und einem handlungsleitenden, atheoretischen Wissen differenziert.

> „Die sozialwissenschaftlichen Interpret(inn)en [...] gehen also nicht davon aus, dass sie *mehr* wissen als die Akteure [...], sondern davon, dass letztere selbst nicht wissen, was sie da eigentlich alles wissen, somit also über ein implizites Wissen verfügen, welches ihnen reflexiv nicht so ohne weiteres zugänglich ist."[273]

Im Rahmen der hier vorgestellten Untersuchung des subjektiv-individuellen Erlebens von an christlichen Riesenchorprojekten Beteiligten war nicht allein deren

---

[268] Vgl. für das Folgende Bohnsack, Sozialforschung, 136–143; Bohnsack/Nohl, Sequenzanalyse; Bohnsack/Schäffer, Diskursorganisation; Przyborski/Wohlrab-Sahr, Sozialforschung, 292–305.
[269] Vgl. Kaiser, Religiöses Erleben, 80–91.
[270] Vgl. Bohnsack/Nentwig-Gesemann/Nohl, Einleitung, 9–17.
[271] A.a.O., 11–12.
[272] A.a.O., 12.
[273] Ebd..

A 2.4 Interdisziplinäre Fundierung   81

Handlungswissen, sondern auch ihre subjektive Deutung des Erlebten von Bedeutung. Bei der Auswertung der im Forschungsfeld gewonnenen Daten galt es, die Standortgebundenheit des interpretierenden Forschers und seine Prägung durch das eigene Relevanzsystem bestmöglich im Blick zu behalten (s. Kapitel A 2.3.4).[274] Daher wurden Analyseergebnisse während des Forschungsprozesses bei geeigneten Gelegenheiten, etwa der Jahrestagung des Arbeitskreises Empirische Religionsforschung 2015, bei Doktorandenkolloquien, Oberseminaren oder Forschungswerkstätten, zur Diskussion gestellt mit dem Ziel gesteigerter intersubjektiver Validität.[275] Anhand der Reaktionen Dritter, darunter auch Nichttheologen und Nichtmusiker, auf vorgestellte Befunde und ausgewählte Felddaten konnte ich prüfen, ob die Analyseergebnisse plausibel und nachvollziehbar waren oder ob womöglich eine Art „Betriebsblindheit" eine allzu standortgebundene Datenauswertung befördert hatte. Dies ermöglichte, Teilergebnisse kritisch zu hinterfragen, gegebenenfalls Felddaten erneut zu untersuchen und Rekonstruiertes für Außenstehende plausibler darzustellen.

Die zu analysierenden Felddaten bestanden zu wesentlichen Teilen aus Texten. Die Textinterpretation der Dokumentarischen Methode umfasst vier Arbeitsschritte: die formulierende wie reflektierende Interpretation, die komparative Analyse und die Typenbildung. Wiewohl sich das praktische Vorgehen nur begrenzt in voneinander getrennte Schritte unterteilen lässt und insbesondere die komparative Analyse das ganze Vorgehen prägt, da Vergleich(shorizonte) und Unterscheidung Beobachtung und Erkenntnis wesentlich ermöglichen, sollen sie hier grob abstrakt skizziert werden.[276]

Die formulierende Interpretation bewegt sich im Rahmen des immanenten Sinngehalts, nimmt eine thematische Feingliederung vor und fasst das Ausgesagte innerhalb des Orientierungsrahmens der Beforschten zusammen.[277] Ziel ist es dabei, die Textgliederung nachzuzeichnen und so einen Überblick zu gewinnen, der die Grundlage für alle weiteren Analyseschritte darstellt und zur intersubjektiven Überprüfbarkeit beiträgt; die vom Interpreten zu erstellenden paraphrasierenden Zusammenfassungen des Dateninhalts sollen innerhalb der Sprache und des Relevanzsystems der Sprecher beziehungsweise Schreiber verbleiben und gegebenenfalls wörtliche Zitate aus dem Transkript verwenden. Besonders dichte Aussagen können als Kernerzählsätze identifiziert und markiert werden, auf Abstraktionen wird verzichtet. Die formulierende Interpretation bewegt sich somit auf der Ebene der Was-Fragen, bescheidet sich mit der thematischen Entschlüsselung des

---

[274] Vgl. Nentwig-Gesemann, Typenbildung, 310–311 und Bohnsack, Sozialforschung, 139.203; ergänzend auch Geertz, Dichte Beschreibung, 29 (Anm. 4), Fritzsche, Mediennutzung, 48 und Kaiser, Religiöses Erleben, 81.86–87.
[275] Vgl. Przyborski/Wohlrab-Sahr, Sozialforschung, 16–17.26–28; Bohnsack, Sozialforschung, 139–140.
[276] Vgl. Bohnsack/Nohl, Sequenzanalyse; ergänzend Kaiser, Religiöses Erleben, 86.
[277] Vgl. Bohnsack, Sozialforschung, 136–137; Przyborski/Wohlrab-Sahr, Sozialforschung, 293–294.

jeweiligen Textes und richtet den Fokus noch nicht auf das Wie der Themenbehandlung, in welcher sich der Orientierungsrahmen beziehungsweise Modus Operandi dokumentiert, im Gesagten also etwas über das aussagende Individuum oder die Gruppe Ausdruck findet.[278]

Um dieses Wie des Gesagten und die dem subjektiven Sinn der Akteure erkenntnislogisch vorgeordnete Regelhaftigkeit des Orientierungsrahmens[279] oder Habitus geht es der Reflektierenden Interpretation. Fragt die Formulierende Interpretation nach dem verhandelten Thema, so gilt das Interesse der Reflektierenden der Art und Weise, in welcher dasselbe behandelt wird, dem Bezug auf das Orientierungsmuster. Fallintern wird zu dessen Eruierung nach positiven Horizonten und negativen Gegenhorizonten[280] gefragt, nach Enaktierungspotentialen[281], Propositionen[282], Validierungen[283] und Homologien[284], im Bemühen, den Dokumentsinn, der „in die Handlungspraxis eingelassen ist, auf den Begriff"[285] zu bringen.

---

[278] Vgl. Bohnsack/Nohl, Sequenzanalyse, 325.
[279] Kaiser, Religiöses Erleben, 87, fasst prägnant zusammen: „*Orientierungsrahmen* sind tiefe Einstellungen der Menschen, die in einem *konjunktiven Erfahrungsraum* automatisch verstanden werden, weil sie als Handlungswissen, nach dem sich der Einzelne richtet, der Handlung und deren Verständnis zugrunde liegen." Vgl. dazu auch Bohnsack, Sozialforschung, 60–65.
[280] Przyborski/Wohlrab-Sahr, Sozialforschung, 302, erläutert kompakt: Ein positiver Horizont ist jenes Ideal, auf welches eine Sinneinheit hinstrebt; was dieses begrenzt oder wovon (als Negativideal) sie wegstrebt ist ein negativer (Gegen-) Horizont. Vgl. auch Bohnsack, Typenbildung, 251–262.
[281] Przyborski/Wohlrab-Sahr, Sozialforschung, 296.302, zeigt: Das Enaktierungspotential beantwortet die Frage danach, inwieweit eine identifizierte Ausrichtung seitens der Untersuchten auch realisiert werden kann, also im Handeln die positiven und negativen Horizonte auch umgesetzt werden können.
[282] Mit *Proposition* wird in dieser Studie ein konkreten Äußerungen von Beforschten zugrundeliegender und in diesen zum Ausdruck kommender Orientierungs- oder grundsätzlicher: Sinngehalt verstanden, der reflektierend identifiziert und zur Rekonstruktion der Propria des Einzelfalls herangezogen werden kann. Zum Begriff und seiner vielseitigen Füllung vgl. Przyborski/Wohlrab-Sahr, Sozialforschung, 299, Bohnsack, Sozialforschung, 137 und Bohnsack/Nohl, Sequenzanalyse, 328.
[283] Eine *Validierung*, besonders im Kontext von Gruppendiskussionen beziehungsweise -interviews von Bedeutung, bezeichnet die über eine Ratifizierung, welche bloßes Verstandenhaben dokumentiert, hinausgehende Bestätigung einer Proposition, also einer aufgeworfenen Orientierung anderer Diskursbeteiligter. Vgl. Bohnsack, Sozialforschung, 240–241 und Przyborski/Wohlrab-Sahr, Sozialforschung, 299.
[284] Homologien sind in dieser Studie verstanden als einzelne Orientierungen übersteigende Motive, welche die Einstellungen, Erfahrungen und Erlebnishintergründe beforschter Individuen prägen und in Interviews in der Regel dadurch identifiziert werden können, dass sie sich darin in verschiedenen Bezügen niederschlagen.
[285] Przyborski/Wohlrab-Sahr, Sozialforschung, 302 (unter Verzicht auf Hervorhebungen im Originaltext).

A 2.4 Interdisziplinäre Fundierung

"Es handelt sich dabei insbesondere um die Explikation von Handlungsorientierungen und Habitusformen."[286]

Dies umfasst, die Interaktionen zwischen mehreren am Gespräch Beteiligten – im Rahmen einer Gruppendiskussion, eines Interviews mit mehreren Gesprächspartnern oder aber zwischen Interviewer und einem Interviewten – zu untersuchen und vorliegende Aussagen mit denkbaren Alternativen zu konfrontieren, zunächst fallintern, unter bewusster Einbeziehung der kreativen Phantasie des interpretierenden Forschers in vertretbarem Umfang[287], weiterhin aber auch im Vergleich mit Alternativen außerhalb des Fallbeispiels, also anderen Individuen, an deren abweichenden Handlungsweisen oder Aussagen sich die Konturen, Besonderheiten und Kontingenzen des zu untersuchenden explizieren lassen. Gemeinsamkeiten wie Kontraste und damit der dem subjektiven Sinn des Aussagenden zu Grunde liegende Orientierungsrahmen können so, insbesondere durch die Markierung einander begrenzender Horizonte und Gegenhorizonte, innerhalb des relevanten Erfahrungsraums erfasst werden. Leitende Fragen sind dabei, wo der vorliegende Text hinstrebt (positiver Horizont) und wovon er sich abgrenzt (negativer Gegenhorizont). Die persönlichen Horizonte des interpretierenden Forschers dienen ihrerseits ebenfalls als Gegen- beziehungsweise Vergleichshorizonte und sollen helfen, eine möglichst scharfe Kontur des Horizonts des Beforschten hervorzubringen; dass diese ebenso wie Erleben und Erfahrungswelt des Forschers einen zu reflektierenden Kontext der Textinterpretation darstellen, ist bei der Auswertung adäquat zu berücksichtigen.

Bei Gruppendiskussionen oder -interviews spielen zudem die Diskursorganisation wie Interaktion der beteiligten Akteure eine wesentliche Rolle, wie also die verschiedenen Redebeiträge aufeinander bezogen sind, wodurch womöglich erkennbar wird, ob einfließende Orientierungen von der Gruppe geteilt werden und ob diese überhaupt vom forschenden Interpreten vollständig rekonstruiert worden sind. Zusammengefasst besteht das Ziel dieses Arbeitsschrittes somit in der Rekonstruktion der Regelhaftigkeit des Orientierungsrahmens oder Habitus.[288] Das Forschungsdesign dieser Studie brachte es mit sich, dass zahlenmäßig nur wenige empirische Erhebungen mit mehreren Interviewten zugleich stattfanden; wo dies, insbesondere beim Gospelkirchentag in Kassel, doch der Fall war, wurde in der Analyse die Interaktion der Beforschten untereinander berücksichtigt. Auch sollten die individuellen Orientierungsrahmen der Einzelpersonen je für sich rekonstruiert werden, statt die mehreren Gesprächspartner zusammengefasst als mit gleichsam einer Stimme sprechend und somit einen einzigen Orientierungsrahmen präsentierend anzusehen, was weniger komplex gewesen wäre, zugleich aber

---

[286] Ebd. (unter Verzicht auf Hervorhebungen im Originaltext).
[287] Eleganter und wohl weniger willkürlich anmutend lässt sich alternativ von *gedankenexperimentellen Vergleichshorizonten* sprechen, vgl. ebd..
[288] Vgl. Bohnsack/Nohl, Sequenzanalyse, 325.

wertvolle Differenzierungen verhindert haben dürfte, die trotz vordergründig großer Übereinstimmungen bei näherer Betrachtung teils im Detail angeklungen sind.[289]

Insgesamt kann die Dokumentarische Methode als Leitprinzip der Datenauswertung dieser Arbeit gelten, welches für die konkreten Erkenntnisinteressen modifiziert wurde. Dabei brachte es bereits die große Fülle an Datenmaterial mit sich, dass nicht jeder Text nach den skizzierten vier Schritten extensiv untersucht werden konnte, sondern eine sachorientierte Fokussierung stattfand, etwa, indem aus dem vielfältigen Interviewmaterial zum Gospelkirchentag 2014 – insgesamt 49 von mir geführte Kurzinterviews – lediglich die MassChoir-Interviews mittels dieses Vorgehens umfassend analysiert wurden. Nichtsdestoweniger kamen die konzeptionellen Grundsätze dieser Methode bei der vorgelegten Studie insgesamt zur Anwendung. Sie hatten sich im Verbund mit der Rekonstruktiven Sozialforschung im Vorfeld beim Vergleich mehrerer möglicher Methoden empirischer Forschung gerade dadurch imponiert, dass sie vermittels der alle Auswertungselemente durchziehenden komparativen Analyse durch Vergleichshorizonte, fallimmanent und darüber hinausgehend, die jeweiligen singulären Besonderheiten innerhalb des verbindenden Gemeinsamen herauszuarbeiten ermöglichen und zugleich eine auf diesen Analysen fußende Typisierung zulassen (s. Kapitel A 2.3.3.6).[290]

2.4.3 Erleben und Erfahrung

Da diese Studie danach fragt, was Menschen beim christlich geprägten Riesenchorsingen erleben, um sodann einen angemessenen (praktisch-) theologischen Umgang mit diesen Phänomenen zu eruieren, ist zu klären, was mit dem *Erleben* gemeint und inwieweit dieser Begriff von der *Erfahrung* unterschieden ist. Zu diesem Zweck soll auf ausgewählte Positionen Dritter zurückgegriffen und auf deren Grundlage ein präzisiertes Verständnis herausgearbeitet werden, welches drei für diese Studie bedeutsame Dimensionen des Erlebens identifiziert: die emotionale, die kognitive und die körperliche.[291]

---

[289] Zu der diffizilen Frage, ob und inwieweit in einer identifizierten Gruppenmeinung statt einer Summe von Einzelmeinungen vielmehr ein Produkt von kollektiven Interaktionen zu sehen ist, vgl. Bohnsack, Sozialforschung, 108–109.

[290] Vgl. Bohnsack, Sozialforschung, 137–141; daneben auch Kaiser, Religiöses Erleben, 85.

[291] Auch an dieser Stelle prägen die Forschungsinteressen der vorgelegten Studie ihre Perspektive, so dass nicht etwa etymologisch-philosophisch über Erlebnis, Erleben und Erfahrung gehandelt werden soll, sondern fokussiert auf die Dimension des religiösen Erlebens beim Singen in Riesenchören hin.

2.4.3.1 Erleben und Erfahrung – eine begriffliche Annäherung

Uta Pohl-Patalong[292], die in ihrer Studie „Gottesdienst erleben" das Erleben als Leitkategorie identifiziert, hat überzeugend dessen psychologische, philosophische, soziologische und theologische Kontexte beziehungsweise Dimensionen aufgezeigt. Demnach ist das Erleben stets subjektiv und perspektivisch; es

> „ist nicht gleichbedeutend mit Fühlen, aber jedes Erleben ist (auch) emotional geprägt. Emotionen geben jedem Erleben sein spezifisches Gepräge"[293].

In den verschiedenen akademischen Disziplinen werde der Erlebensbegriff indes „in unterschiedlicher Weise und mit unterschiedlichen Konnotationen verwendet"[294], ohne dass er klar definiert sei.[295] Hilfreich angesichts dieser Diffusion ist gewiss die Unterscheidung von akut-situativem und generalisiertem (emotionalen) Erleben, welche Pohl-Patalong im Anschluss an Hans Goller vornimmt: Während ersteres spontan im Moment der konkreten Situation stattfinde sei letzteres zu verstehen als dauerhafte emotionale Reaktionsbereitschaft, somit als eine aus mehreren Situationen entstandene generelle Einstellung wie etwa die subjektive Ablehnung von Kampfhunden oder die Liebe zu den Bergen.[296]

Mit den bereits zitierten Schütz und Luckmann (s. Kapitel A 2.4.1.1) wird in der vorgelegten Studie vorausgesetzt, dass die alltägliche Wirklichkeit der Lebenswelt neben der subjektiv erfahrenen Natur ebenso auch die jeweilige Kultur- wie Sozialwelt, in der man sich je befindet, mit einschließt.[297] Somit umspannt die Lebenswelt neben Ereignissen und bloß materiellen Gegenständen, die in der Umgebung begegnen,

---

[292] Vgl. für das Folgende Pohl-Patalong, Gottesdienst, 81–94.
[293] A.a.O., 83.
[294] A.a.O., 93.
[295] Als einen Definitionsversuch für *Erlebnis* (nicht *Erleben*) vgl. Anz, Erlebnis, 97–98: „Erlebnis. Eine mit intensiven und nachhaltig wirksamen Emotionen verbundene Konfrontation eines Subjektes mit einem von ihm als besonders bedeutsam eingeschätzten Ereignis. Im Vergleich mit ‚Erfahrung' akzentuiert das Wort häufig die plötzliche Präsenz, die kurze Dauer und die Einmaligkeit einer Reizkonfiguration sowie [...] die hohe affektive Komponente bei seiner Wahrnehmung." Trotz solcher definitorischen Bemühungen ist Pohl-Patalong gewiss darin zuzustimmen, dass von einem klar umrissenen, von verschiedenen Disziplinen geteilten Verständnis im Wortfeld *Erleben*, *Erlebnis* und *Erfahrung* nicht begründet gesprochen werden kann.
[296] Vgl. Pohl-Patalong, Gottesdienst, 83–84. Während es Pohl-Patalong in ihrer Studie um die grundsätzliche Einstellung, nicht das situative Erleben der Beforschten, geht, liegt der Fokus der hier vorgelegten im Gegenteil auf dem konkreten (religiösen) (Gemeinschafts-) Erleben, nicht grundsätzlichen Einstellungen etwa zu Gospel-, Pop- oder sonstiger (Kirchen-) Musik.
[297] Vgl. Schütz/Luckmann, Lebenswelt, 31.45.

„alle Sinnschichten, welche Naturdinge in Kulturobjekte, menschliche Körper in Mitmenschen und der Mitmenschen Bewegungen in Handlungen, Gesten und Mitteilungen verwandeln."[298]

Die Auslegung der (Lebens-) Welt erfolge auf Grundlage eines Vorrats an Erfahrungen, eigenen unmittelbaren oder übermittelten Dritter, welche sich zu einem Wissensvorrat zusammenfügten.[299] Daher sei die Lebenswelt von Anbeginn als Sozialwelt intersubjektiv und stelle sich dem Einzelnen als subjektiver Sinnzusammenhang dar.[300] *Sinn* sei dabei zu betrachten als

„Resultat meiner Auslegung vergangener Erlebnisse, die von einem aktuellen Jetzt und von einem aktuell gültigen Bezugsschema reflektiv in den Griff genommen werden."[301]

Damit unterscheiden Schütz und Luckmann zwischen unmittelbaren Erlebnissen, in denen das Subjekt befangen sei, sowie – auf einer zweiten Ebene – Erfahrungen, zu welchen Erlebnisse durch die post hoc erfolgende reflexive Auslegung Sinn-konstituierend werden und dann wohlumschrieben fasslich sein könnten:[302]

„Subjektiv sinnvoll sind also nur Erlebnisse, die über Aktualität hinaus erinnert, auf ihre Konstitution befragt und auf ihre Position in einem zuhandenen Bezugsschema ausgelegt werden."[303]

Insofern diese Studie unmittelbares (religiöses) Erleben an christlichen Riesenchorveranstaltungen Beteiligter untersucht, erscheint diese Differenzierung hilfreich: Während prinzipiell beides, das unmittelbare Erleben und der reflexive Erfahrungswissensvorrat, von Interesse sind, liegt allerdings der Fokus auf der Rekonstruktion des Erlebens in seiner jeweiligen Aktualität, in der Flüchtigkeit des Augenblicks. Somit bezeichnet Erleben in dieser Studie prinzipiell jene aktualaugenblicklichen Prozesse des und um den leibhaft kopräsenten Singenden, der Anteil hat an Text und Song, an Sängergemeinschaft, Stimmung und Musik.

2.4.3.2 Erleben und Erfahrung – zwei Beispiele

Wie im Kapitel A 2.4.1.1 bereits kurz angedeutet und an anderen Stellen, etwa im Kapitel B 3.1, mit Beispielen („**Supi!**") versehen, hatte es für die Analyse der Interviewdaten gravierende Bedeutung, dass Gesprächspartner unvermeidlich in der verbalen Beschreibung ihres Erlebens – selbst im unmittelbaren Anschluss daran und somit noch weitestgehend in der entsprechenden Stimmung et cetera – hierzu in gewisser Distanz sich befanden. Das situative Erleben im Moment des Massensingens schien zwar an etlichen Stellen deutlich auf, war aber gewiss nicht

---

[298] A.a.O., 32.
[299] Vgl. a.a.O., 33.
[300] Vgl. a.a.O., 44.
[301] Ebd..
[302] Anders akzentuiert Knecht, Erlebnis Gottesdienst, 147–148, wonach das Erzählen als Aussage des Erlebten für eine Herausbildung von Erfahrung grundlegend sei.
[303] Schütz/Luckmann, Lebenswelt, 44.

A 2.4 Interdisziplinäre Fundierung

in Gänze greifbar. Denn prinzipiell sind – und dies unabhängig vom zeitlichen Abstand – erinnerte Erlebnisse stets mit Reflexion verbunden; in ihrer Artikulation sind Meinungen, Einstellungen, Reaktionen auf den Interviewer und so weiter mitprägend. Daher wäre es illusorisch zu meinen, mittels des für diese Studie gewählten Forschungsdesigns wäre das unmittelbare Erleben beim christlichen Riesenchorsingen uneingeschränkt rekonstruierbar. Ein Beispiel aus der Feldforschung soll dies illustrieren:

1	JK	Bitte erzähl' einfach frei von der Leber weg: Wie hast Du's erlebt? Wie ist die Stimmung?
2		Wie war die Aufführung?
3	JS	Ä:hm also im Moment bin ich eigentlich nur noch „Huh!" @(.)@ ich kann's gar nich' so
4		richtig in Worte fassen, also total überwältigt, begeistert ähm ja von von allem, von der
5		Stimmung, von den Schauspielern, vom Publikum, die haben supertoll mitgemacht und
6		und waren ja einfach (.) <u>klasse</u>, 'n tolles Publikum und ähm (.) ja, bin grad noch ganz
7	JK	∟ mhm
8	JS	erfüllt von dieser ganzen <u>Euphorie</u> und ja Freude und (.) genau. Wird sich jetzt wahrschein-
9		lich den Abend über so 'n bisschen setzen, morgen kommt dann immer (.) des <u>Loch</u>, al-
10		so=is' immer so bei mir, ich (.) hab' ja früher recht häufig schon Aufführungen mitgemacht
11		und des am nächsten Tag is' immer so 'n bisschen diese (.) ja, nur so 'n bisschen ne le-
12		leichte Melancholie (.) wenn man dann doch s:o (.) Monate lang sich drauf vorbereitet
13	JK	∟ h:m
14	JS	und ja übt und sich drauf freut und dann äh geht der Abend immer so schnell vorbei und
15		dann ja ist=es auf einmal so „Zack!" und [melancholisch] j:a (.) vorbei und (.) genau, des
16		is' immer so 'n bisschen „Hm!" wehmütig und ja (.) **aber** es war war klasse, also war um-
17		werfend toll und (.) ja amazing! @(.)@ ja hm.

[304]

Wie dieser Interviewausschnitt unmittelbar nach der Aufführung von *Amazing Grace* erkennen lässt, ist die darin ihr Erleben beim Musicalsingen beschreibende Janina S. demselben noch recht nahe. Sie ringt um adäquate diskursive Begriffe, um ihr präsentatives Erleben im Moment zu beschreiben, offenbar in einer Übergangsphase zwischen diesem Erleben und einer auf dieser Grundlage mit der Zeit durch Reflexion geronnenen Erfahrung, auf die sie dann zurückschauen wird. Zugleich mischen sich frühere Erfahrungen mit hinein in ihr Denken, Fühlen und Darstellen im Gespräch mit dem Feldforscher: Sie rechnet damit, dass am Folgetag dasselbe passieren werde wie bisher *immer*. Statt – soweit möglich – in der Begeisterung des Erlebens im Moment zu verweilen und an dieser Gegenwart orientiert zu sein denkt sie also schon an das Morgen, erwartet eingedenk früherer Erfahrungen ein *Loch*, dass *Zack!* alles wieder vorbei ist und die gegenwärtige Begeisterung der Melancholie weichen wird.

Ein anderes Beispiel veranschaulicht einen womöglich noch größeren Schritt der distanzierenden Reflexion zwischen situativem Erleben im Moment der Musicalaufführung und der Beschreibung desselben, wobei der größere zeitliche Abstand – das Interview fand am Folgetag statt – eine Rolle spielen mag. So erklärte Gabi K. am Morgen nach *Amazing Grace* auf einen Narrationsimpuls des Interviewers hin:

---

[304] JS 3, Z.1–17.

```
       äh ich nehm's heut' erst so richtig wahr, ja? Also äh (.) des des des is' einfach normal, also
       ich kenn' des von anderen Auftritten, da is' man irgendwie so'n bissle im (.) ja Rausch
       @(.)@ is' so'n Art @Rauschzustand@, wo man da einfach man schwebt da irgendwo auf
       Wolke Sieben und is' total ja (.) im Rauschzustand von dem Auftritt, das schon, ja und
       also ich hatte gestern auch grad (.) bei dem allerletzten bei der Zugabe ä:hm auch alle
       drumrum richtiges Gänsehautfeeling! Und das hab' ich, des wird mir heute jetzt erst
JK                      L mhm
GK     so richtig bewusst, also (.) und ich summ' auch heut' immer noch so Lieder vor mich hin
       und bin dann noch irgendwie mittendrin und find's eigentlich schade, dass man's nur au-
       einmal aufgeführt hat. Als:o wär' ganz schön, wenn man jetzt nochmal ne zweite oder
JK                      L ja
GK     dritte Aufführung auch hätte (.)    so.
```
305

Auch am Beispiel von Gabi K. wird somit nachvollziehbar, wie unmittelbares, präsentatives Erleben im Moment mit der Zeit durch rational-kognitive individuelle Reflexion sowie diskursive Darstellung zur Erfahrung werden kann, was für die Analyse der für diese Studie erhobenen Daten von nicht geringer Bedeutung war.

2.4.3.3 Erleben und Erfahrung – methodische und praktische Relevanz für diese Studie

Nach den tendenziell abstrakten Überlegungen zum Begriffsfeld Erleben/Erfahrung und den angeführten Beispielen aus der Feldforschungspraxis soll noch knapp erläutert werden, inwieweit die Mehrdimensionalität des skizzierten Erlebensbegriffs sich auf das gewählte Forschungsdesign und die Datenanalysen ausgewirkt hat.

Die körperliche Dimension des von dieser Studie untersuchten Erlebens erscheint empirischer Forschung unter den dreien – körperlich, emotional und kognitiv – am leichtesten zugänglich; denn wiewohl etliches an vorfindlichen Bewegungen, Gebärden, Darstellungsformen von Mimik, Gestik und so weiter potentiell vielseitig deutbar sein und keineswegs eine unumstritten eindeutig objektive Interpretation zulassen mag[306], so sind auf dieser Ebene im Forschungskontext dieser Studie gesicherte Aussagen durchaus möglich. Wenn etwa beim Gospel-Day innerhalb des MassChoir-Singens beim Gospelkirchentag sich die Teilnehmer an den Händen fassen und die Kameraperspektive von der Bühne in die riesige Halle ein Meer von erhobenen Armen und miteinander fest verbundenen Händen dokumentiert, so wird darin vollzogene körperliche Vergemeinschaftung sichtbar, prinzipiell gänzlich unabhängig von den womöglich korrespondierend auftretenden Emotionen und Gedankenprozessen der Beteiligten. Ob sich einzelne Sänger dabei in Ekstase mit ihren Nachbarn verbunden fühlten oder widerwillig, etwa aus Gruppendruck, die Berührungen mitvollzogen beziehungsweise

---

[305] GK 4, Z.72–83.
[306] Vgl. Geertz, Dichte Beschreibung, 9–12.

A 2.4 Interdisziplinäre Fundierung

über sich ergehen ließen, sie waren in jedem Fall faktisch mit anderen körperlich eng verbunden, was ihr Erleben entsprechend beeinflusst und geprägt hat. Freilich gehört neben solchen besonders anschaulichen Beispielen noch mehr zur körperlichen Dimension des Erlebens bei den untersuchten Riesenchorveranstaltungen: die sinnliche Wahrnehmung der Raumatmosphäre, etwa die Qualität der Atemluft oder die eingeschränkte Bewegungsfreiheit innerhalb von mehreren tausend Singenden, ebenso wie jene der Klanggewalt oder des extraordinären Anblicks, den der Massenchor bietet. All dies und gewiss noch weit mehr prägt das Erleben einer Teilnehmerin, beeinflusst die emotionalen und kognitiven Prozesse, trägt bei zum Gesamtbild der Rezeption und Partizipation.

Die emotionale Dimension umfasst das Fühlen und Empfinden, ausgelöst von Sinneswahrnehmungen wie optischen Impressionen und gehörten Klängen. Damit ist sie gefühlter Ausdruck eingehender Eindrücke, Verarbeitung und Einordnung, etwa dergestalt, dass Anblick und Sound tausender Menschen beim Einzelnen im konkreten Fall Un- oder im Gegenteil Wohlbehagen auslösen.[307] Da Musik Menschen grundsätzlich stark auf einer emotionalen Ebene anspricht ist diese Erlebensdimension gewiss nicht zu unterschätzen im Zusammenhang des Forschungsgegenstands.[308]

Die kognitive oder geistige Dimension des Erlebens beinhaltet reflexive Elemente, die inmitten einer Massensingveranstaltung auftreten und das subjektive Erleben mitprägen, etwa wenn ein Sänger individuell als albern oder fragwürdig eingestuften Vorgaben nicht Folge leistet, sondern sich bewusst verweigert und seine Umwelt (innerlich) distanziert betrachtet, statt gemeinsam mit ihr zu handeln. Was Menschen beim Singen im Riesenchor denken, aber auch, was an subjektiven (Vor-) Einstellungen darin praktischen Niederschlag findet in ihrem Verhalten oder der Rezeption des Geschehens, ist entsprechend Bestandteil ihres Erlebens.

Für die Wahl geeigneter empirischer Forschungsinstrumente spielte dieser mehrdimensionale Erlebensbegriff eine gewichtige Rolle. Während das Interesse am (inter-) subjektiven Erleben bereits grundsätzlich keine standardisierten, hypothesenprüfenden Herangehensweisen als primäre Analysemittel nahelegte, sondern vielmehr einen im Kern qualitativen und ethnographischen Zugang zum Untersuchungsgegenstand, richteten sich auch die gewählten triangulierten Einzelmethoden in ihrer Kombination daran aus: Die beobachtbaren körperlichen Facetten des Erlebens sollten insbesondere vermittels der Videoaufzeichnungen in den Analyseblick genommen werden können, die emotionalen und kognitiven durch den Zusammenfluss von eigener leibhafter Partizipation des Forschers am Forschungsfeld durch teilnehmende Beobachtung sowie Interviews und Fragebögen zum Erleben beim Singen. Diese vier Instrumente sollten den drei Dimensio-

---

[307] Ein interviewter 76-jähriger Sänger etwa gab an, dass ihn große Menschenansammlungen grundsätzlich störten, im Falle des MassChoir-Singens allerdings dezidiert nicht, sondern dass er sich im Gegenteil vielmehr in dieser Gruppe wohlgefühlt habe.
[308] Zur (emotionalen) Wirkung von Musik s. Kapitel A 1.3.

nen des hier zugrundeliegenden Erlebensbegriffs Rechnung tragen und eben dieses Erleben rekonstruieren helfen, um es anschließend praktisch-theologisch einordnen zu können.

2.4.4 Populäre Religion nach Hubert Knoblauch

Nach Hubert Knoblauch[309] hat die Jahrhunderte währende Entwicklung von Religion schon seit dem frühen 19., besonders deutlich aber im ausgehenden 20. Jahrhundert zur Profilierung der *Säkularisierungsthese* geführt, welche von der fortschreitenden Abnahme, der Ausdifferenzierung sowie der Privatisierung der Religion, die als Auslaufmodell betrachtet wird, ausgeht. Diesem Paradigma widerspricht er entschieden, besonders darin, dass es von einem linearen Schwundprozess ausgehe. Wie bereits früher in der Historie, etwa beim mittelalterlichen Investiturstreit, müssten zwar auch heute kirchliche Vertreter oder Auffassungen ihren Geltungsanspruch aufgeben, während die Kirchlichkeit in Deutschland weithin rückläufig sei, doch gingen die institutionelle Schwächung und die Abkehr heutiger Menschen von etablierten religiösen Organisationen wie den Großkirchen keineswegs einher mit einem Verlust von Religion, schon gar nicht automatisch.

Habe nach der Reformation zunächst noch die Bindung der Gläubigen an die Religion ihrer Herrscher gegolten, so habe später „die bürgerliche Gesellschaft die Freiheit des Einzelnen bei der Wahl"[310] seiner Religion erzwungen und deren Ausübung in die Privatsphäre verdrängt; dabei sei Privatsphäre als Abgrenzung zu politischen öffentlichen Körperschaften zu begreifen und meine „einen Raum der Nichteinmischung des Politischen"[311], der allerdings sehr wohl sozial strukturiert sein könne, etwa in Gestalt des Familienverbunds. In der Folge dieser Loslösungsbewegung sei nun gegenwärtig statt des vom Säkularisierungsparadigma behaupteten großflächigen steten linearen Niedergangs, prinzipiell bis hin zur völligen Auflösung, vielmehr ein Aufflammen der Religion festzustellen, das einerseits außerhalb traditioneller beziehungsweise konventioneller religiöser Organisationen, etwa im Volkshochschulkontext, stattfinde, aber auch in sie eindringe, bis dahin, dass Priester und Mönche esoterische oder östliche Religiosität verträten.[312]

Im Blick auf den Einzelnen – für den Forschungsgegenstand besonders bedeutsam – konstatiert der Berliner Soziologe, dass sich dieser am Markt der Weltanschauungen völlig frei orientiere wie bediene und es dadurch zunehmend zu individuell zusammengewebten *Fleckerlteppichen* komme, je nach persönlichen

---

[309] Vgl. für das Folgende Knoblauch, Populäre Religion, 16–42, hier: 16; Knoblauch, Transformation.
[310] Knoblauch, Populäre Religion, 24.
[311] Ebd..
[312] Vgl. a.a.O., 40.

A 2.4 Interdisziplinäre Fundierung

Bedürfnissen gebildet. Gerahmt werde diese potentiell synkretistische Individualisierung von der sich allgemein vollziehenden Transformation der Religion, die der sie ablösenden Spiritualität[313] weiche und ihrerseits von der gesellschaftlichen Transformation – nicht zuletzt durch neue Kommunikationsformen – stark beeinflusst sei. Kern und Wesensmerkmale dieser Spiritualität bestünden im Vermeiden einer straffen kirchlichen Organisation, in einer ganzheitlichen Ausrichtung und einem besonderen Fokus auf subjektive Erfahrungen der Transzendenz. Inmitten aller erfahrungsbetonten Subjektivität seien Formen wie Inhalte allerdings stets kulturell geprägt und sei überdies zu berücksichtigen, wie stark sich Spiritualität heute aus dem „immer breiter werdenden Fundus der populären Kultur"[314] speise.

Während in der Gegenwart die Kirchen als bedeutendste Trägerinnen der Religion weiterhin nicht zu unterschätzen seien, richte sich in der Gesellschaft wachsendes Interesse auf am Rande oder außerhalb der etablierten Großkirchen liegende Aspekte von Religion.[315] Auch von daher sei die zunehmende Popularität von Religion nicht mit wachsender Kirchlichkeit identisch, vielmehr sei festzustellen:

> „Die erfolgreichen Formen der Religion sind zugleich Formen einer popularisierten Religion."[316]

Die „Popularisierung und Spiritualisierung der Religion"[317] bezögen sich auf die subjektive Religiosität des Menschen; die populäre Religion sei die kulturelle Ausdrucksweise der neuen Spiritualität.

Während hier auf weitere Darstellungen sowie die Diskussion von Knoblauchs Beobachtungen verzichtet wird, werden im Kapitel D 2.3 einzelne Aspekte ins Verhältnis zu den Ergebnissen der empirischen Erhebungen dieser Studie gesetzt.

---

[313] Auf Knoblauchs soziologischen Begriff von Spiritualität genauer einzugehen und diesen womöglich mit den Ausführungen der 20 Interviewpartner bei *Amazing Grace*, die alle zu ihrem Verständnis von Glaube und Spiritualität befragt wurden und hierzu teils umfassend ihre Sicht darlegten, vergleichend zu diskutieren, wäre vermutlich lohnend, bewegte sich aber wohl zu weit vom unmittelbaren Forschungsgegenstand weg, um den zu erwartenden Umfang zu rechtfertigen, weshalb darauf verzichtet wird. Zur Erhellung seines Spiritualitätsbegriffs vgl. Knoblauch, Populäre Religion, 121–130.
[314] A.a.O., 41.
[315] Vgl. Knoblauch, Transformation, 3.
[316] A.a.O., 3.
[317] A.a.O., 7.

2.5 Annäherungsbewegung: von außen nach innen

Hatte ich als mit christlichen Riesenchorprojekten der Gegenwart gleichsam Nichtvertrauter zunächst dieses weite Feld lediglich medial durch den Mitschnitt der Uraufführung von „Die 10 Gebote" vermittelt betrachtet, so fand im Verlauf der vorgestellten Studie zusehends eine zeitliche wie persönliche Annäherung statt. Statt im Nachhinein von außen zu beobachten war die Feldforschung zum Gospelkirchentag als teilnehmende Beobachtung bereits ein Modus der intensiven subjektiven Beteiligung, der zutreffend als ein Eintauchen beschrieben werden kann: Eintauchen in das Meer der vielen Menschen vor Ort. Eintauchen in die kleine soziale Lebenswelt des Gospel-Singens, die sich für ein Wochenende in Kassel manifestierte. Eintauchen in die Phänomene des Massensingens. Und dies alles nun nicht mehr aus der Warte des Zuschauers, der – mehr oder minder – kritisch[318] auf Distanz zum Geschehen bleibt, sondern als aktiv Mitwirkender, sich den Ereignissen leibhaft Aussetzender, wiewohl begrenzt auf ein Wochenende und in einer gewissen Sonderrolle als Mitglied eines Feldforscherteams. Noch einen deutlichen Schritt weiter hinein ins Innere des Forschungsfeldes stellte die teilnehmende Beobachtung bei *Amazing Grace* dar, nicht zuletzt insofern, als diese über mehrere Monate sich erstreckte und durch die Längsschnittuntersuchung des Erlebens von 20 Probanden ein höheres Maß an (andauerndem) Involviertsein bedeutete, einschließlich der Langzeitperspektive, wobei auch für mich als Feldforscher Alltag und Musicalprojekt merklich miteinander verwoben waren.

Somit ist, um ein anderes Bild als die schrittweise Annäherung des zunächst von außen Beobachtenden immer weiter hinein ins Innere des beobachteten weiten Feldes zu gebrauchen, das analytische Vorgehen dieser Studie in Verlauf und Gestaltung – in gewissen Grenzen – vergleichbar mit einem, der mit dem Schwimmen im Freibad vertraut ist, sich nun aber für jenes in Badeseen interessiert. Er nimmt zunächst Berichte Dritter über ihr Erleben beim Baden im See wahr, bleibt aber zum Wasser zunächst noch persönlich auf Distanz. Im nächsten Schritt nimmt er an einem überschaubaren Ereignis teil: Nur für eine Stunde beteiligt er sich, schwimmt mit zum Testen, lässt sich treiben, spricht mit anderen Badenden über ihr Erleben und reflektiert sein eigenes. Im dritten Schritt lässt er sich auf einen ganzen Tag ein, erlebt als Teil einer kleinen Gruppe über einen längeren Zeitraum, wie das ist. Die Gespräche mit den anderen Gruppenmitgliedern sind lange, intensiv und sehr individuell. In der nächsten Woche interessiert ihn, wie es bei den anderen weitergegangen ist und er telefoniert noch einmal mit jedem einzelnen.

---

[318] Ganz ähnlich wie von Martin Nicol beschrieben, der von *Ereignis* und *Kritik* in einem oszillierenden Verhältnis spricht (vgl. Nicol, Ereignis), liegt der Fokus hierbei auf der Nähe respektive Distanz zum Geschehen, ohne Kritik per se im Sinne einer kritisch-skeptischen Haltung zu verstehen. Zu meinem eigenen Verständnis von Praktischer Theologie s. Kapitel D 4.3.

A 2.5 Annäherungsbewegung

Mag dieses Bild – wie jedes Symbol, jede Metapher et cetera – seine (gewiss nicht geringen) Begrenzungen haben, so drückt es doch im Wesentlichen die Vorgehensweise dieser Feldstudie aus, gerade in ihrer grundsätzlichen Ablehnung auf Voreinstellungen basierender Wertungen des Beobachteten und der stattdessen intendierten Offenheit für den Gegenstand mit seinem Gepräge. Denn Schwimmen im Badesee ist – mag man den Umweltaspekt durch Chlorzugabe und so fort für den Moment außer Acht lassen – nicht automatisch besser oder schlechter als Schwimmen im Freibad oder ein völliger Verzicht auf diese Sportart. Wer daran interessiert, aber unerfahren ist, kann – sofern er zu schwimmen beherrscht – es experimentell kennen lernen, sich solchen Praktizierenden anschließen, eine Art *native* auf Zeit werden und dadurch einerseits – in Gemeinschaft mit anderen – am eigenen Leib subjektiv erleben, wie das ist und andererseits vor diesem persönlichen (Erlebnis-) Hintergrund das Erleben anderer Menschen untersuchen. Dabei mag er selbst mit der Zeit zu einem Skeptiker oder gar Gegner der für ihn neuen Praxis werden, vielleicht aber auch zu einem euphorischen Anhänger – oder nichts davon.

Im Fall der vorgelegten Studie bestand – das Bild des Schwimmens verlassend – das Ziel im ergebnisoffenen bestmöglichen empirischen Ergründen des Erlebens an christlichen Riesenchorprojekten Beteiligter und – im reflektierenden Abstand (s. Kapitel D 4.3) – dessen theologischer Einordnung. Doch um diesen letzten Schritt adäquat gehen zu können, waren die vielen vorgängigen nötig, von außen nach innen und wieder heraus.

B. Eintauchen ins Menschen-Meer: Erleben beim Gospelkirchentag 2014

Die anhand der Uraufführung des Pop-Oratoriums „Die 10 Gebote" entwickelten Fragehorizonte zum individuellen und (inter-) subjektiven Erleben bei christlichen Riesenchorveranstaltungen, speziell zur Erfahrung von Gemeinschaft und eventuellen Gemeindebildung, sollten beim Gospelkirchentag 2014 praktisch erforscht werden. Dieses September-Wochenende in Kassel bot Gelegenheit, zusammen mit Forscherkollegen als teilnehmender Beobachter selbst ins Erleben einzutauchen, mich ins Feld hineinzugeben, auf Zeit Mitgliedschaft und die Perspektive eines aktiv beteiligten *native* zu erwerben.

1. Going native: Gospel-Singen als kleine soziale Lebenswelt

Wie in den nachfolgenden Kapiteln als ein Ergebnis meiner Feldforschung näher auszuführen sein wird, handelte es sich beim Gospelkirchentag 2014 in Kassel um ein Geschehen innerhalb der kleinen sozialen Lebenswelt „Gospel-Singen". Zu betonen ist dabei schon vorab, dass sich diese zwar sehr wohl an jenem September-Wochenende in Hessen manifestiert hat und von unserem Feldforschungsteam vor Ort miterlebt wie untersucht werden konnte, dass sie sich aber nicht auf diesen oder einen anderen Gospelkirchentag beschränken dürfte. Das Rekonstruierte ist somit nicht die kleine soziale Lebenswelt „Gospelkirchentag (2014 in Kassel)", sondern die vorfindliche konkrete, gestaltgewordene Realisation der allgemeineren kleinen sozialen Lebenswelt „Gospel-Singen" mit ihren Codes und Charakteristika, die sich – jenseits dieses Wochenendes – auch an anderem Ort, zu anderer Zeit und in anderer Veranstaltungs- beziehungsweise Erscheinungsform finden lassen mag.

1.1 Theoretische Vorbereitungen: Die Gospelstudie des Sozialwissenschaftlichen Instituts der EKD

Wiewohl die persönliche Erfahrung in einem kirchengemeindlich angebundenen Gospelchor in Jugendjahren (s. Kapitel A 2.3.4) – welche zu Beginn der Feldforschung für diese Studie etwa 14 Jahre zurücklag – eine gewisse Vertrautheit mit der deutschen (kirchlichen) Gospel-Szene bedeuten mag, zumal im Vergleich zu einem bis dato gar nicht aktiv singend mit dem Gospelsingen in Berührung Gekommenen, so wirkte der Gospelkirchentag im Vorfeld auf mich doch weitgehend fremd, was nicht allein an der zu erwartenden besonderen, ungewohnten Rolle des Feldforschers gelegen haben dürfte, sondern an Dimension und Gepräge dieser musikalischen Großveranstaltung mitsamt ihren Unwägbarkeiten, wenigstens für einen neu Hinzukommenden. So sollte die Studie „BeGeisterung durch Gospelsingen"[319], herausgegeben vom Sozialwissenschaftlichen Institut der EKD (SI), im Vorfeld eine theoretische Annäherung an das Phänomen der deutschen Gospelmusik erleichtern. Wesentliche Ergebnisse sollen knapp zusammengetragen werden.

An der Befragung beteiligten sich aus den bundesweit vorhandenen geschätzt 3.000 Gospelchören mit circa 100.000 Mitgliedern insgesamt 8.411 Sänger und 421 Chorleiter.[320] Dabei habe sich herausgestellt, dass mit rund 80 Prozent der Anteil von Frauen noch höher ausfalle als in gemischten Chören durchschnittlich der Fall, wo dieser bei 70 Prozent liege. Grundsätzlich hätten Gospelchöre keine Nachwuchssorgen, sondern wüchsen mit der Fortdauer ihres Bestehens sogar noch weiter. Das Altersspektrum, durchschnittlich bei 42 Jahren – und damit zehn Jahre unter dem Durchschnittsalter der am evangelischen Kirchenleben insgesamt Beteiligten – angesiedelt, reiche an den Rändern vom Grundschul- bis zum Seniorenalter: Die jüngsten an der Befragung Mitwirkenden seien neun, die ältesten über 90 Jahre alt gewesen. Sie seien weit überdurchschnittlich gebildet und setzten bei ihren persönlich präferierten Musikrichtungen die Fragebogenoptionen Pop, Musical und Rock an die obersten Stellen.[321] Was die Milieuzuordnung betrifft, so seien unter Gospelsängern Vertreter des Unterhaltungs- sowie des Harmoniemilieus „eher selten zu finden"[322], zugleich sei aber auch das Niveaumilieu nicht stark vertreten; vielmehr überwiege das Selbstverwirklichungsmilieu.

Zu rund 60 Prozent seien die Gospelchöre in evangelische Kirchengemeinden eingebunden; zu über 80 Prozent bestünden sie seit mindestens fünf Jahren, probten in den allermeisten Fällen wöchentlich und lebten von der Treue ihrer Mit-

---

[319] Vgl. für das Folgende Ahrens, BeGeisterung.
[320] Vgl. a.a.O., 8.
[321] Vgl. a.a.O., 12–13.
[322] A.a.O., 14.

glieder, die zu 81 Prozent angegeben hätten, an den wöchentlichen Proben teilzunehmen.[323] Dabei gelinge es problemlos, neue Mitwirkende in die Gospelchorarbeit aufzunehmen. Unabhängig von der konfessionellen Anbindung des jeweiligen Chores wirkten auch Anderskonfessionelle oder Bekenntnislose mit; da überdies bei der evangelischen Kirche angeschlossenen Gospelchören sogar mehr römisch-katholische Sänger mitwirkten als bei römisch-katholisch angebundenen – und umgekehrt – könne von gelebter Ökumene gesprochen werden.[324] Nahezu alle Gospelchöre sängen in englischer Sprache, in ihrer Mehrzahl aber zusätzlich auch auf Deutsch (60 Prozent) und zu 48 Prozent in einer anderen Sprache.[325] Die zu einer Kirchengemeinde gehörenden Gospelchöre seien zu 99 Prozent auch an der lokalen Gottesdienstgestaltung beteiligt. Was Einzelne zur Mitwirkung an ihrem Gospelchor motiviert, sei zu 100 Prozent die „Freude am Singen und Musizieren"[326].

Laut Befragung fühlen sich die Gospelsänger verglichen mit der Gesamtheit der Mitglieder der beiden Großkirchen nur geringfügig stärker mit ihrer Kirche verbunden als jene Gesamtzahl.[327] Zugleich gelte, dass sich durch die Mitwirkung am Gospelchor die empfundene kirchliche Verbundenheit verstärkt ebenso wie die persönliche Religiosität.[328] Zur Erklärung konstatiert die Studie: „Gospel versetzt Saiten in Schwingungen, die im üblichen Gemeindeleben kaum berührt werden."[329] Im Gospelsingen fänden 84 Prozent der Befragten dabei „neue Kraft für den Alltag"[330]. Und wiewohl dieses Singen von starker Emotionalität geprägt sei, erklärten doch 79 Prozent, dass sie an der Gospelmusik die überzeugenden Liedtexte als bewegend erleben.[331]

In summa stellt die Studie fest, dass Gospelchöre eine Bereicherung des kirchlichen Lebens seien, aber – gewiss nicht minder bedeutsam – auch für die beteiligten Menschen selbst; mit den Worten Andreas Lennigers: „Gospel öffnet das Herz, öffnet die Augen berührt die Menschen im tiefsten Inneren Ihres Seins."[332]

Nachdem die Gospelstudie des SI in Kooperation mit der Creativen Kirche durchgeführt worden war und ein Teil der Befragungen auf dem 4. Internationalen Gospelkirchentag in Hannover stattgefunden hatte[333], war es durchaus nicht verwunderlich, dass sich bei den vom selben Veranstalter zur Verfügung gestellten „Daten und Fakten zum 7. Internationalen Gospelkirchentag in Kassel" nicht weniges ähnlich darstellte.

---

[323] Vgl. a.a.O., 16.
[324] Vgl. a.a.O., 18.
[325] Vgl. a.a.O., 20.
[326] A.a.O., 25.
[327] Vgl. a.a.O., 27–28 (Abb.20).
[328] Vgl. a.a.O., 29–30.
[329] A.a.O., 33.
[330] A.a.O., 35.
[331] Vgl. a.a.O., 36.
[332] Lenniger, Andreas, Statement zitiert in Ahrens, BeGeisterung, 38.
[333] Vgl. Ahrens, BeGeisterung, 2.9.

1.2 Ausgestaltung der Feldforschung auf dem Gospelkirchentag 2014

Die in diese Studie eingegangene Feldforschung auf dem Gospelkirchentag im September 2014 war verbunden mit einer Lehrveranstaltung im Sommersemester 2014 an der Friedrich-Alexander-Universität Erlangen-Nürnberg, welche Dr. Jochen Kaiser und ich leiteten. Der Blockkurs „Gospelkirchentag als Lernort" beinhaltete als elementaren Bestandteil die Exkursion nach Kassel, wo wir als vierköpfiges Forscherteam teilnehmend-beobachtend am Gospelkirchentag beteiligt waren: Die Theologiestudentinnen B und N, Jochen Kaiser und ich selbst. Die drei anderen Teammitglieder haben freundlich gestattet, ihre Aufzeichnungen für diese Studie zu verwenden.

Im Vorfeld des Gospelkirchentags hatte im Rahmen der universitären Übung eine intensive Vorbereitung auf die Feldforschung vor Ort stattgefunden, durch Diskussion geeigneter Forschungsliteratur ebenso wie durch praktische Übungen im persönlichen Umfeld, etwa teilnehmende Beobachtung bei besonderen Gottesdiensten oder einer politischen Versammlung. Weiterhin wurden die Schwerpunkte der Forschung im Feld verabredet und der Fragebogen, auf eine Vorlage von Jochen Kaiser aufbauend, für den MassChoir modifiziert (s. Kapitel A 2.3.3.4).

1.3 Vorstellung des empirischen Materials zum Gospelkirchentag 2014

1.3.1 Überblick über das Gesamtmaterial

Die im Zusammenhang der Feldforschung auf dem Gospelkirchentag 2014 entstandenen Daten dokumentieren eine Vielzahl von Perspektiven und Dimensionen. Während die Feldtagebücher das Erleben der Erlanger Forscher nachzeichnen, weiten die mit anderen Teilnehmern geführten Interviews den Blick weit über diesen Kreis hinaus. Die im MassChoir erstellten Videoaufnahmen wiederum geben – soweit videographisch fassbar – in Bild und Ton Atmosphäre, Stimmungen und Dynamiken in der Rothenbach-Halle beim Massensingen wieder, indem sie die Musik, den Gesang, die körperlichen Bewegungen, die Gestik und Mimik von Singenden dokumentieren.[334]

---

[334] Jochen Kaiser, dessen Videokamera für die Erstellung dieser Bild- und Tondokumente verwendet wurde, stellte mir die Originalaufnahmen zu Analysezwecken zur Verfügung, so dass sie jederzeit zu Rate gezogen werden konnten. Zur Veranschaulichung der daraus

B 1.3 Vorstellung des empirischen Materials

Ergänzend hatte der im MassChoir an Sänger ausgegebene Fragebogen[335] zur Erhebung ihres Erlebens beim Singen die Funktion, den Beobachtungen der Feldforscher sowie den Interview- und Videoanalysen einen (weiteren) Vergleichshorizont beizustellen, anhand dessen sich prüfen ließ, ob beispielsweise eine vom teilnehmenden Beobachter in der Gesamtheit der Versammlung wahrgenommene Stimmung während eines Liedes – etwa beim Song „Loved" – sich mit den Einschätzungen wie Auskünften anderer Sänger deckt.[336]

Bei den MassChoir-Proben am Samstag- und Sonntagvormittag hat unser Forscherteam insgesamt circa 1.200 Fragebögen an Sänger verteilt, wovon am Samstag 134[337] und am Sonntag 220[338] Bögen ausgefüllt zurückgegeben wurden. Die Videomitschnitte während dieser beiden Proben wurden mittels Standkamera von der Bühne aus erstellt, wobei die Kamera besonders auf die Tenor- und Sopran-Seite der Halle gerichtet war. Aus der sogenannten Grauen Literatur – Programmübersicht, Liederheft, Werbematerialien zu anderen Veranstaltungen et cetera – wurde für den Forschungsgegenstand (besonders) Relevantes in die Analysen miteinbezogen.

1.3.2 Begründung der Forschungsschwerpunkte

Wie im Vorfeld erwartet und im Forschungsfeld in Kassel bestätigt, kann der MassChoir gewiss als Herzstück des Formats Gospelkirchentag gelten. Während der Ökumenischen Gospelnacht am Freitag artikulierten Interviewpartner bereits ihre Vorfreude auf diesen Höhepunkt; außerdem waren es neben dem Eröffnungs- und Abschlussgottesdienst auf dem Königsplatz die einzigen der sehr zahlreichen Programmpunkte, welche – abgesehen vom Jugendprogramm „SoulTeens" – ohne parallele Alternative exklusiv für alle Teilnehmer vorgesehen waren – exklusiv auch darin, dass an den Eingängen die Teilnehmerausweise kontrolliert wurden.

Zudem entsprach der Modus am stärksten dem Forschungsinteresse dieser Studie: Dass mehrere tausend Menschen mitgestaltender Teil einer christlichen

---

gewonnenen Erkenntnisse finden sich in dieser Studie an geeigneter Stelle mehrere Szenenfotos eingefügt.

[335] Die ausgefüllten Fragebögen wurden von Jochen Kaiser in die Statistiksoftware IBM SPSS Statistics übertragen und die Dateien mir anschließend zur Verfügung gestellt.

[336] Vgl. hierzu die ausführliche Behandlung des Liedes „Loved" beim MassChoir I in Kapitel B 2.3.

[337] 128 davon machten verwertbare Angaben zu ihrem Geschlecht: 103 Frauen (76,9%), 25 Männer (18,7%); 111 Altersangaben ergaben eine Spannweite von 12 bis 70 Jahren bei einem Mittelwert von 45,74 Jahren.

[338] 216 davon äußerten sich zu ihrem Geschlecht: 183 Frauen (83,2%), 33 Männer (15,0%); 189 Angaben zum Alter ergaben eine Spannbreite von 12 bis 78 Jahren bei einem Mittelwert von 44,75 Jahren. Die von uns beim MassChoir I und II erhobenen Sozialdaten der Befragten liegen somit nahe an den von der Creativen Kirche zur Verfügung gestellten Werten zu den (Dauer-) Teilnehmern des Gospelkirchentags insgesamt.

Riesenchorveranstaltung sind, nicht allein Zuhörer oder Zuschauer, sondern aktiv Singende, Gestaltende, Erlebende – und dies dicht gedrängt an einem Ort, an dem, abgelegen vor den Toren der Stadt und in gewissem Sinne abgeschottet von der Außenwelt, das Erleben nochmals intensiver gewesen sein dürfte als dort, wo außerhalb des MassChoir-Musizierens als der zentralen Veranstaltung die Masse der Gospelkirchentagsteilnehmer sich verlief, mehr oder minder über die ganze Stadt sich verteilte und lediglich in vergleichsweise kleinen Grüppchen wahrzunehmen war. An den Vormittagen in der Rothenbach-Halle kamen hingegen alle zusammen, bis zu 6.000 Menschen.[339] Rückblickend ist daher festzuhalten, dass die beiden MassChoir-Einheiten als Herzstück des Gospelkirchentags gelten müssen und sich die Vorentscheidung des Erlanger Forschungsteams, den Analyse-Schwerpunkt hierauf zu legen, im Feld bewähren sollte.

Vor diesem Hintergrund fiel die Entscheidung, in der Auswertung der gesammelten Datenfülle für diese Studie den Schwerpunkt auf das Erleben bei den beiden MassChoir-Einheiten zu legen. Den im Rahmen der Ökumenischen Gospelnacht, in der Pause der Uraufführung von *Amazing Grace* und vor dem Abschlussgottesdienst auf dem Königsplatz von mir ebenfalls mit spontan Angesprochenen geführten Interviews kam eine wesentliche Funktion dabei zu, meinen Weg als Feldforscher in die sowie in der Welt des Gospel-Singens in Kassel praktisch zu finden wie zu gehen; sie enthalten gewiss wertvolle Informationen, wurden aber letztlich nicht in gleicher Intensität analysiert wie jene von den MassChoir-Einheiten.

Bei der Erforschung des Erlebens beim MassChoir-Singen wiederum lag der Schwerpunkt auf den Interviews mit anderen Beteiligten, der Interviewten wie der Feldforscherteamkollegen. Das eigene Feldtagebuch, die Videoaufnahmen und verfügbares Bildmaterial dienten in erster Linie der Vergegenwärtigung des selbst vor Ort Erlebten und bildeten somit den (re-aktivierten) Erlebnishintergrund des analytischen Zugangs beziehungsweise einen Vergleichshorizont. Dadurch konnte an passender Stelle, etwa, wenn in der Interviewanalyse die Aussagen einer Gesprächspartnerin zu einem bestimmten Lied untersucht wurden, für mehrere Sinne wachgerufen werden, was zur Deutung dienlich erschien (und sich mitunter auch als solches erwies): die eigene Gefühlslage während dieses Lieds (eigenes Feldtagebuch), die Stimmung im Saal (alle Feldtagebücher), die körperlichen Regungen einzelner Gruppen und der Menschenmenge insgesamt (Videoaufnahme). Auch in diesen praktischen Analysevollzügen schlug sich somit der von Triangulation geprägte methodische Zugang dieser Studie nieder.

---

[339] In den „Daten und Fakten zum 7. Internationalen Gospelkirchentag in Kassel" spricht der Veranstalter zwar von 6.000 mitwirkenden Sängern insgesamt, doch lässt sich daraus nicht ableiten, wie viele Menschen am MassChoir tatsächlich beteiligt waren. Für die Fragehorizonte dieser Studie spielt indes keine Rolle, ob es exakt 6.000, 5.500 oder 5.000 gewesen sein mögen. Angesichts leer bleibender Sitzplätze in der Rothenbach-Halle und in der Annahme, dass nicht alle Gospelkirchentagsteilnehmer an beiden MassChoir-Einheiten vollumfänglich teilgenommen haben – wie bereits das Beispiel von Kathrin S. zeigt – wird im Folgenden etwas zurückhaltender von 5.000 Teilnehmern am MassChoir gesprochen.

1.3.3 Detaillierter Überblick über die persönlich geführten Interviews auf dem Gospelkirchentag

Ergänzend zum oben bereits Dargelegten sollen hier die von mir geführten Interviews in ihrer Intention und Durchführung detailliert erläutert werden. Nachdem ich im Vorfeld bewusst auf feste Kriterien für die Interviewpartnerauswahl – etwa Altersspektrum, Geschlechterverhältnis, soziale Gesichtspunkte oder dergleichen – verzichtet und stattdessen spontan Menschen nach dem Zufallsprinzip anzusprechen geplant hatte, ging es mir doch um die qualitativ orientierte Erhebung ihres individuell-subjektiven gegenwärtigen Erlebens, war mir innerhalb der faktischen Gegebenheiten vor Ort gleichwohl spontan an einer Vielfalt der Gesprächspartner – verschiedene Altersstufen, beide Geschlechter, Einzelne und in Kleingruppen Angetroffene und so fort – gelegen; die Möglichkeiten der Umsetzung dieses Ansinnens erwiesen sich freilich als begrenzt, insofern in der jeweiligen Situation nur eine bestimmte Anzahl von Menschen in meinem Umfeld praktisch ansprechbar war und hiervon wiederum nicht alle sich zum Gespräch bereitfanden. Im Fall des Zustandekommens eines Interviews wurde auf eine explizite Abfrage von sozialen Daten, Kirchenzugehörigkeit et cetera in der Regel verzichtet, zum Schutz persönlicher Daten zudem keine Eigennamen abgefragt und im Interview genannte Orts- oder Chornamen in der Transkription abgekürzt beziehungsweise durch Platzhalter ersetzt. Für das Geschlechterverhältnis und die Altersstruktur der Teilnehmer am Gospelkirchentag sollen die statistischen Angaben des Veranstalters, die meinen subjektiven Eindrücken vor Ort durchaus nahekommen, genügen: rund 80 Prozent weibliche Teilnehmer, Altersdurchschnitt circa 44 Jahre et cetera.

Am Freitagabend habe ich im Rahmen der Ökumenischen Gospelnacht im Rathaussaal 22 Kurzinterviews mit insgesamt 33 Personen[340] geführt, darunter 18 männliche und 15 weibliche Gesprächspartner.[341] Diese Interviews dienten in erster Linie meiner vertiefenden persönlichen Einstimmung als Feldforscher und der Sensibilisierung für die kleine soziale Lebenswelt Gospel-Singen ebenso wie zur Orientierung hinsichtlich der Erwartungen, Hoffnungen und Ziele der Befragten

---

[340] Gezählt wurden die jeweils am Gespräch substantiell Beteiligten, nicht schweigende Beistehende, die etwa, nachdem aus ihrer Kleingruppe ein oder zwei Personen sich zum Interview bereit erklärt hatten, während desselben zuhörend partizipierten.

[341] Wie erwähnt lag dies nicht an bewussten Vorentscheidungen, sondern kam bei der Feldforschung am Rande der Veranstaltung im Rathaussaal praktisch zustande, indem eine höhere Zahl männlicher Teilnehmer meinen Feldforscher-Weg kreuzte beziehungsweise sich gesprächsbereit zeigte, wodurch freilich das Geschlechterverhältnis der an diesem Abend Interviewten augenscheinlich im markanten Kontrast zu jenem der Dauerteilnehmer am Gospelkirchentag (laut Veranstalter rund 80 Prozent weiblich) steht. Allerdings ist zu berücksichtigen, dass die mit insgesamt 45.000 bezifferten Stadtbesucher mindestens hinsichtlich der Geschlechtskonstellation nicht exakt erfasst worden sein können, so dass ein direkter Vergleich des recht zufällig am Freitagabend zustande gekommenen Samples mit den Dauerteilnehmern des Gesamtwochenendes nicht adäquat erscheint.

am Beginn des Wochenendes in Kassel. Deshalb bilden sie zwar eine wertvolle Ergänzung zum sonstigen Feldforschungsmaterial, spielten für die Rekonstruktion des Erlebens beim Gospelkirchentag aber eine nachgeordnete Rolle, was auch bereits formal darin begründet liegt, dass zwar alle im Rahmen der Gospelnacht stattgefundenen Konzerte Teil des Gospelkirchentagsprogramms waren, aber – im Gegensatz zu den MassChoir-Einheiten der Folgetage – weder als eine Großveranstaltung für alle abgehalten wurden noch prinzipiell auf der Mitwirkung der aktiv singenden Gospelkirchentagsteilnehmer basierten, sondern durch ihren Konzertstil eine passiv zurückhaltende Zuhörerhaltung der *Massen* beförderten, während nur vergleichsweise wenige Sänger aktiv musizierten.

Außerdem waren die einzelnen Konzerte zwar durch den Gesamtrahmen des Gospelkirchentags miteinander verbunden, was ein Konzert-Hopping zwischen einzelnen Veranstaltungsorten begünstigte, es waren aber offenbar alles einzelne Veranstaltungen, die auch außerhalb dieses Wochenendes hätten stattfinden können und am jeweiligen Ort allenfalls in engen Grenzen erkennen ließen, welche große Gesamtveranstaltung in Kassel über den einzelnen Konzertraum am Freitagabend hinaus im Gange sich befand. Hinzu kam, dass die vielen parallel stattfindenden Konzerte für jedermann offenstanden – mit dem Laufpublikum wird wohl die hohe Zahl der 45.000 Stadtbesucher in den Angaben des Veranstalters begründet – und somit ein deutlich anderes Gepräge besaßen als etwa der exklusive MassChoir, was für das Erleben einzelner Teilnehmer gewiss nicht ohne Einfluss war.

Ähnliches gilt für die acht Interviews, die ich in der Pause zwischen den beiden Akten von *Amazing Grace* bei der Uraufführung am Samstagabend geführt habe, mit insgesamt zehn Personen, wovon sechs männlich und vier weiblich waren. Denn auch hier waren diese Gesprächspartner Zuschauer des Geschehens, berichteten von ihren Eindrücken, was häufig an eine Film- oder Theaterkritik erinnerte und sich auf ein Erleben als Rezipient oder Konsument bezog, nicht das eines aktiv Mitgestaltenden und aus dieser Perspektive Erlebenden. Somit konnte der primäre Gegenstand dieser Studie im Gespräch mit den Musical-Zuschauern prinzipiell nicht adäquat erforscht werden.

Die drei Interviews am Sonntagnachmittag auf dem Königsplatz mit fünf Personen, darunter vier Frauen und ein Mann[342], können in gewissen Grenzen erhellen, welche persönliche Bilanz einzelne Teilnehmer zogen. Diese Gespräche vor Beginn des Abschlussgottesdienstes, bei dem ebenfalls gesungen wurde – auch mehrere Songs aus den MassChoir-Einheiten – standen im zeitlichen Abstand von anderthalb bis zwei Stunden zum Ende des MassChoir II in der Rothenbach-Halle. Bereits optisch fiel bei ihrer Durchführung der große Kontrast zum Vormittag auf, da – statt dicht gedrängter Menschenmassen in einer großen Halle – nun eine erkennbar signifikant kleinere Zahl etwas versprengt auf dem Königsplatz in der

---

[342] Wie rückblickend festzustellen war, entsprach eben dieses zufällig zustande gekommene Geschlechterverhältnis der tatsächlichen Teilnehmerstruktur des Gospelkirchentags insgesamt.

B 1.3 Vorstellung des empirischen Materials

Innenstadt stand, teils in kleineren Ansammlungen, während am Vormittag der Riesenchor weitgehend homogen gewirkt hatte. Zudem unterschied sich die Veranstaltungsgattung stark vom Morgen, da es beim Open Air-Abschlussgottesdienst nun, anders als zweimal in der Messehalle, keine primär vom Gesang lebende Großveranstaltung unter angeleiteter Beteiligung aller Gospelkirchentagsteilnehmer war, sondern das Geschehen offenbar eine Art Ausklang darstellte für jene Teilnehmer, die noch nicht abgereist waren als optionales, nichtexklusives Angebot wie der Eröffnungsgottesdienst und die Konzerte der Gospelnacht am Freitag.

Damit sind es nicht allein – aber freilich auch – forschungspragmatische Gesichtspunkte, die dazu geführt haben, nicht alle 49 geführten Gospelkirchentags-Interviews nach den Prinzipien der Dokumentarischen Methode auszuwerten, sondern diese enorm aufwändige Analyse vielmehr auf die MassChoir-Gespräche zu begrenzen. Diese Differenzierung der Auswertungsintensität steht in Analogie zum Forschungsschwerpunkt auf dem Gospelkirchentag – dem Erleben bei den MassChoir-Einheiten als dessen Herzstück – und orientierte sich zudem am primären Gegenstand dieser Studie insgesamt.

Im Rahmen der MassChoir-Vormittage habe ich teils innerhalb, zum überwiegenden Teil aber unmittelbar im Anschluss an die offiziellen Singeinheiten – damit während des „Praise Break" als Angebot zum Weitersingen für interessierte, noch in der Halle verbleibende Sänger, während die anderen hinausströmten – am Samstag zwölf Gespräche mit insgesamt 13 Sängern geführt, darunter sechs männliche und sieben weibliche. Am Sonntagvormittag waren es vier Interviews mit fünf Personen, davon zwei männliche und drei weibliche. Ergänzt durch mein persönliches Feldtagebuch, das Fremdmaterial der Feldforschungskollegen, die Fragebogenauswertungen und Videoanalysen, bilden diese 16 Interviews mit insgesamt 18 Teilnehmern am MassChoir-Singen auf dem Gospelkirchentag den Kernbestand der Feldforschung und der in dieser Studie vorgelegten Analyse zum Erleben bei der christlichen Riesenchorveranstaltung Gospelkirchentag 2014 in Kassel.

1.4 Der Gospelkirchentag 2014 als Manifestation der kleinen sozialen Lebenswelt Gospel-Singen

Das im Kapitel A 2.4.1.2 bereits vorgestellte Konzept der kleinen sozialen Lebenswelt nach Anne Honer kann hier vorausgesetzt werden; nur stichwortartig sei erinnert: Innerhalb der individuell je verschiedenen subjektiven Lebens- beziehungsweise Sinnwelten und deren konstruierten Deutungen bestehen kleine soziale Lebenswelten als bestimmte, intersubjektiv verbindliche Relevanzsysteme zwischen Menschen, deren Erfahrungen und Erwartungen einander entsprechen oder zumindest nahe beieinander liegen.[343]

Dieses Konzept im Gedächtnis begab ich mich im September 2014 in die Kasseler Gospelwelt, um temporäre Mitgliedschaft hieran zu erwerben und in der besonderen Doppelrolle des teilnehmenden Beobachters vor Ort mitzuerleben, mitzugestalten und (mit-) zu forschen. Bereits äußerlich war dabei rasch erkennbar, dass eine Community sich lokal versammelte, deren Mitglieder ihre Zugehörigkeit mühelos symbolisch kenntlich machen (können). So notierte ich ins Feldtagebuch zum Morgen des 20. September:

„[...] Wir waren früh dran, sahen aber bereits ab dem ersten Umsteigen am Rathaus in der Innenstadt etliche andere Teilnehmer des GKT, klar erkennbar am umgehängten Teilnehmerausweis, an Schals, Programmheften in der Hand, Rucksack-Aufschriften, Chor-Hemden oder ähnlichen eindeutigen Merkmalen. Beherzt stimmten einige der Wartenden einen mir unbekannten Gospelsong an. Wer mitsang tat dies kräftig und engagiert; mir schien, die kleine, dicht beieinanderstehende Gruppe der Sänger kam aus dem gleichen Chor. Sie wirkten sehr vertraut miteinander, textsicher und fröhlich."[344]

Wie bei Kirchen-, Katholiken- und Weltjugendtagen prägten äußere Erkennungsmerkmale das Stadtbild und markierten damit zugleich eine Grenze zwischen denen, die (erkennbar ganz) dazugehörten und der Gruppe der *Anderen*.[345] Gewiss wäre es unbegründet, hiermit automatisch eine subjektive Haltung zu verbinden, wie etwa ein bewusstes Sich-Abgrenzen-Wollen von den Nichtgosplern seitens der Träger klarer Identifikationszeichen; ebenso willkürlich erschiene es, die (volle) Teilhabe an der kleinen sozialen Lebenswelt Gospel-Singen an das Tragen

---

[343] Vgl. Honer/Hitzler, Lebens-Welten, 99.
[344] Feldtagebuch Kühn, 5 (offenkundige Rechtschreib- sowie Tippfehler im Originaltagebuch – hier und an anderer Stelle, vereinzelt auch die Aufzeichnungen der anderen Feldforscher betreffend – wurden zugunsten des Leseflusses für die Buchausgabe geringfügig korrigiert).
[345] Zum kollektiven Ausdrücken von Gruppenzugehörigkeit durch äußere Merkmale wie Pilgerrucksäcke, daneben aber auch von individuellen Einstellungen und Botschaften als Identifikationsmerkmalen jenseits der und gegebenenfalls in Abgrenzung zur breiten Masse auf dem Weltjugendtag 2005 in Köln vgl. Gebhardt/Hitzler/Liebl, Megaparty, 57–64.

B 1.4 Kleine soziale Lebenswelt Gospel-Singen

entsprechender Ausweise, Textilien oder anderer Utensilien zu knüpfen. Gleichwohl ist die Symbolkraft und materiale Markierung einer Welt, zu der gehörig sich zu fühlen äußerlich ausgedrückt werden kann und sinnenfällig auch wird, kaum geringzuschätzen. Als teilnehmendem Beobachter, der die Codes dieser Gospelwelt ausreichend kennt, um sich darin zurechtzufinden und die angetroffenen Menschen zu verstehen, bot sich mir das Bild eines eigenen Kosmos, einer Art in sich abgeschlossener Gospel-Welt, in die zwar auch Außenstehende wie wir Feldforscher eintauchen können, die sich Insidern aber anders und umfänglicher zu erschließen schien, etwa indem sich bei spontanem Gruppensingen an Haltestellen erkennbar einzeln Wartende dem Gesang ohne Zögern in großer Selbstverständlichkeit anschlossen, während andere – wie ich selbst – distanzierte Beobachter blieben.[346] Auffällig waren hierbei besonders die regelmäßig anzutreffenden Chöre, Gruppenverbünde in Größenordnungen von etwa drei bis 20 Sängern, die durch einheitliche T-Shirts, Schals oder anderswie kenntlich waren und sich aus der großen Menschenmenge heraus abhoben.[347]

Als ein mit den äußeren Erkennungsmerkmalen womöglich korrelierendes Charakteristikum dieser kleinen sozialen Lebenswelt war außerdem das friedlich-freundliche Miteinander zu beobachten. Dieses schlug sich in meiner Wahrnehmung als Feldforscher nicht allein im Ausbleiben von Aggression oder gar Gewalt trotz großer Menschenansammlungen und langer Wartezeiten nieder, sondern begegnete etwa in Gestalt anscheinend Wildfremder, die an Straßenbahn- oder Bushaltestellen einander zulächelnd gemeinsam gesungen oder in den öffentlichen Verkehrsmitteln ohne Scheu Smalltalk gepflegt haben. Die positive Grundatmosphäre sowie die Vertrautheit der Gospler untereinander kamen in Interviews mehrfach explizit zur Sprache.

Auch auf der sprachlichen Ebene waren Auffälligkeiten zu beobachten, insofern Englisch anscheinend als kollektiv akzeptiert, ja geradezu selbstverständlich beim Programm des Gospelkirchentags – mindestens beim MassChoir – galt und keiner Erklärung oder gar Entschuldigung bedurfte: Nach meiner Wahrnehmung sowie dem von den anderen Feldforschern Dokumentierten zufolge wurde bei keiner der Hauptveranstaltungen – die beiden Videoaufzeichnungen des Mass-Choir, Herzstück des Gospelkirchentags, wurden gezielt daraufhin überprüft zur etwaigen Korrektur der persönlichen Erinnerungen – erläutert oder gar um Verständnis dafür geworben, dass die Anleiter, mit Ausnahme des deutschen Peter Hamburger, alle nahezu durchgehend Englisch sprachen, ohne Übersetzung. Mindestens bei der zentralen Eröffnungsfeier sowie dem Abschlussgottesdienst auf

---

[346] Eine anschauliche Beschreibung des Gospelkirchentags in Kassel als einer Welt, die sich Insidern erschließt, zugleich aber weniger Zugehörigen zuweilen ihr relatives Nicht-Heimischsein vor Augen führt, bot etwa ein 43-jähriger Gesprächspartner, der zum ersten Mal am Gospelkirchentag teilgenommen und offenkundig hierbei mehrere Erlebnisse von Fremdheit gesammelt hat.

[347] Nach Auskunft des Veranstalters nahmen rund 88 Prozent der Gospelkirchentagsteilnehmer als Mitglieder eines Chores oder einer Gruppe teil, nur rund 12 Prozent waren dagegen Einzelsänger.

dem Königsplatz verhielt sich dies zwar anders, insofern diese überwiegend auf Deutsch – wiederum ohne Übersetzung für des Deutschen nicht kundige internationale Teilnehmer – stattfanden, doch können diese Programmpunkte im Blick auf Teilnehmerzahl und Gewichtung innerhalb des Gesamtprogramms beziehungsweise subjektiv seitens Teilnehmender als nachgeordnet gelten.[348]

Beim MassChoir hingegen fanden – abgesehen von deutschsprachigen Zwischenmoderationen durch Moderator „Matze" und Peter Hamburger – Instruktionen, Interviews mit den Anleitern und Erläuterungen zu einzelnen Liedern nahezu ausnahmslos auf Englisch[349] statt, ohne Übersetzung, zusammenfassende Übertragung oder Hinweise, warum dies so gehalten wurde. Das allgemeine (Ein-)Verständnis wurde offenbar vorausgesetzt. Einzig Hamburger sprach als Chorleiter Deutsch mit den vorgeblich internationalen Teilnehmern[350], ohne dass dies wiederum thematisiert oder problematisiert worden wäre. Die Videoanalyse illustrierte, ergänzend und korrigierend zu einzelnen Interviewaussagen wie jener des 76-jährigen Sängers, der „so gut wie kein Englisch"[351] verstehe, dass und wie die Gospel-Welt sprachlich gleichwohl funktionierte: Kein Teilnehmer hat für mich wahrnehmbar die fehlende Übersetzung moniert, vielmehr riefen die Erzählungen und Scherze der Anleiter durchweg hierzu passende Reaktionen seitens der Sängermassen hervor, wie etwa Lachen auf im Englischen vorgetragene Witze hin. Innerhalb der kleinen sozialen Lebenswelt Gospel-Singen gelang die Verständigung aufs Ganze gesehen also offenbar auch sprachlich problemlos und bedurfte keiner Erklärung oder Hilfestellung, da die an ihr Anteil Habenden den deutsch-englischen Sprachmodus kannten und akzeptierten, was bezeichnenderweise auch für den 76-Jährigen gilt, der im Interview nach Schilderung seines Sprach*problems* sogleich relativierend nachschob, dass ihm die englische Sprache, wiewohl er dieselbe nahezu gar nicht verstehe, auf dem Gospelkirchentag

---

[348] Aufgrund der Schwerpunktsetzung der Feldforschung in Kassel auf die größeren Programmpunkte – Eröffnungs- wie Schlussveranstaltung, MassChoir-Einheiten und die Uraufführung des Musicals *Amazing Grace* – kann im Blick auf Sprache(n) beim Gospelkirchentag nur über diese etwas qualifiziert ausgesagt werden; ob indes bei einzelnen Programmpunkten wie Workshops auf Deutsch, Englisch oder in anderen Sprachen kommuniziert wurde, entzieht sich meiner Kenntnis, spielt für den Forschungsgegenstand aber auch keine bedeutende Rolle.

[349] Sehr wenige Ausnahmen, bei denen Anleiter ein paar Worte auf Deutsch sagten, sind als Bestätigung der Regel aufzufassen, etwa, dass Joakim Arenius am Ende des MassChoir II die Riesenchorsänger auf Deutsch begrüßt hat.

[350] Als bemerkenswert erscheint, dass – mit der potentiellen Ausnahme des (auch) Deutsch sprechenden Schweizers – die von mir auf der Suche nach Interviewpartnern angesprochenen Personen auf dem GKT in Kassel offensichtlich allesamt (Deutsch-) Muttersprachler waren, was für ein als international beworbenes und als solches ausgewiesenes Gospelfestival doch ungewöhnlich anmutete. Auch beim Datenblatt der Creativen Kirche wird zwar beispielsweise nach Schulabschluss und Konfession differenziert (zum Beispiel 7,23% konfessionslos), nicht jedoch hinsichtlich der Herkunft der angemeldeten Teilnehmer unterschieden, sondern lediglich pauschal aufgelistet, aus welchen Ländern – insgesamt 13 – die „auftretende[n] und mitwirkende[n] Chorsängerinnen und –sänger" gekommen seien.

[351] GKT-Interview 140920_006, Z.31.

B 1.4 Kleine soziale Lebenswelt Gospel-Singen

nichts ausmache. Somit hat dieser Sänger die sprachliche Komponente beim Gospel-Singen nicht allein zutreffend erkannt, sondern ebenso als verbindlich und akzeptabel anerkannt.

In all diesen und weiteren Merkmalen präsentierte sich die Gospelkirchentags-Community als eine der Gospelmusik und durch dieselbe untereinander verbundene. Offenbar traf sich hier eine eigene Welt des Gospel-Singens mit ihren spezifischen Codes und Regeln, ihren Ritualen und ihrem atheoretischen Handlungswissen, die als Fragment der Lebenswelt nach ihren charakteristischen Gesetzmäßigkeiten funktionierte, deren Normalität als „Normalität einer *besonderen* Perspektive"[352] anzusehen ist und außerhalb derer spezielles Verhalten wie das darin geübte kaum als normal oder weit verbreitet gelten könnte. Für die Feldforschung war dies insofern von Bedeutung, als die – ungeachtet individueller Unterschiede – allen vor Ort Beteiligten gemeine Begeisterung für Gospelmusik als Konstitutivum der Teilnahme vorausgesetzt werden konnte und nicht davon auszugehen war, dass jemand trotz dezidierter Ablehnung dieser Musik oder generell von Großveranstaltungen teilnehmen würde.[353] In Kassel wurde dann tatsächlich erkennbar, dass Teilnehmer offenkundig nicht allein mit großen habituellen und kognitiven Gemeinsamkeiten angereist, sondern mindestens in Teilen längst mit dieser kleinen sozialen Lebenswelt des Gospel-Singens und dem Format des Gospel-Massenfestivals vertraut waren. Ihre Partizipation, zumal wo sie wiederholt erfolgte, konnte entsprechend wohl bereits an sich als Zugehörigkeit(sbekenntnis) zur Welt des Gospel-Singens oder mindestens doch als Ausdruck von Offenheit, sich auf Zeit darauf einzulassen, wie im Falle unseres Erlanger Forschungsteams zur Teilhabe als teilnehmende Beobachter, gewertet werden.

---

[352] Honer/Hitzler, Lebens-Welten, 99.
[353] Die von Petra-Angela Ahrens herausgegebene Gospelstudie ist auch deshalb sicherlich adäquat mit „BeGeisterung durch Gospelsingen" überschrieben. Was für die an lokalen Gospelchören Teilnehmenden in dieser Hinsicht zutrifft, dürfte nicht minder für die Gospelkirchentagsteilnehmer gelten, wie die Untersuchungen vor Ort bestätigt haben.

2. Moved and Inspired: „Ich" in der Masse

Zum methodenpluralen Forschungsdesign dieser Studie gehörte die teilnehmende Beobachtung konstitutiv hinzu. Um zu eruieren, was Individuen als Teil einer Menschenmasse, speziell eines Riesenchores, erleben und um ihre Artikulation des Erlebten adäquat zu analysieren, war es unverzichtbar, selbst ins Erleben einzutauchen, am eigenen Leib und mit den eigenen Sinnen teilzuhaben am Geschehen. Dem so erschlossenen und erworbenen Erlebnishintergrund kam bei der Interpretation von Interviewaussagen, Videomaterial, aber auch eigenen Feldaufzeichnungen aus dem Abstand heraus grundlegende Bedeutung zu.

Wie in Kapitel A 2.3.3.4 bereits angedeutet liegt es in der Natur der Sache, dass extraordinäres, präsentatives Erleben nur begrenzt diskursiv in Worten ausgedrückt werden kann. Diese theoretische Erkenntnis fand sich praktisch im Feld bestätigt:

JK	Dann würde ich Sie bitten, mir einfach mal zu beschreiben, was Sie hier heute erlebt haben.
M	J:a, also für mich is im Grunde genommen die Atmosphäre hier, wenn so viele Menschen gleichzeitig singen und dann eben im Chorsatz, das is einfach toll, das is'n (.) Gefühl und ne Atmosphäre, die (.) kann man eigentlich nicht beschreiben! Ich denke, man muss sie miterleben (.) und das is einfach des (.) ganz Tolle, dass man singen kann und dass man dabei dann viel Spaß hat, auch Neues kennenlernt und einfach die Atmosphäre genießen kann, das is schon sehr überwältigend! Auch das, was die (.) äh Interpreten, also die Chorleiter, was sie so vortragen (.) °das is einfach toll!°
JK	Jawoll. Wi- welche Rolle spielen denn da die Anderen in dieser großen Menge?
M	(2) Äh (.) ja, wie soll man des beschreiben? Ich denke die (.) ohne die Anderen, sag ich mal, wär's langweilig, weil da kommt kein kein (.) kein Feeling rüber (2) also die (.) große Anzahl von begeisterten Menschen, die hier sind, die is schon sehr wichtig dabei, weil dann, nur dann so'n Gemeinschaftsgefühl aufkommt, dass man (.) dass alle, die hier sind, eigentlich das Gleiche wollen (.) sie wollen singen, sie wollen das erleben (.) das ist einfach schön!

354

Ähnlich fiel die Aussage einer Sängerin beim Musical *Amazing Grace* direkt nach der Aufführung in der MHP-Arena in Ludwigsburg aus:

> „Ä::hm (.) es war einf- un- unbeschreiblich! Und am Schluss einfach nur genial, wie dann alle zusammen gesungen haben (.) bei der Zugabe (3) (Des war toll!)"[355]

---

[354] GKT-Interview 140921_002, Z.1–16.

[355] SB 3, Z.3–4. Hier – wie auch an etlichen anderen Stellen – wird, insbesondere zugunsten des Leseflusses, auf die Wiedergabe von Interviewpassagen (oder Feldtagebuchabschnitten) in Gestalt von Snapshots aus dem Materialband zur Dissertation verzichtet; stattdessen werden (insbesondere) Aussagen der Interviewpartner in komprimierter Form als Fließtext dargestellt, teils unter Auslassung von Sprechanteilen des Interviewers.

In diesen und ähnlichen Interviewaussagen findet sich anschaulich umschrieben, was Jochen Kaiser in Aufnahme und Weiterentwicklung von Erika Fischer-Lichte über den Gottesdienst sagt:

> „Der Gottesdienst ist nur als Ereignis erlebbar. In der Übertragung eines ‚Kunstslogans' könnte man formulieren: Gottesdienst gibt es nur im Erleben des Gottesdienstbesuchers"[356].

Es entsprach daher der Logik des gewählten Forschungsansatzes zur Erforschung des erlebenden Ichs und des Wir in der Menschenmasse, selbst Teil des Menschenmeeres zu werden, leiblich ko-präsent als Feldforscher jene Prozesse mitzuerleben, die zu einem Teil wohl unsagbar bleiben, deren exakten Verlauf niemand im Vorfeld hatte festlegen und die in ihrem Vollzug als Wechselwirkung der beteiligten Gruppen verstanden werden können, die im räumlichen Hier und zeitlichen Jetzt stattgefunden haben, singulär waren, flüchtige Momente, die er- und sogleich wieder verklangen, die unter den Beteiligten ein Gemeinschaftsempfinden befördert haben, wobei Rhythmus und Lautlichkeit insgesamt eine bedeutende Funktion zukam.[357]

2.1 *Die performative Feedback-Schleife*

Von Erika Fischer-Lichtes[358] Untersuchungen zur „Ästhetik des Performativen" erscheinen ausgewählte Aspekte für dieses Forschungsvorhaben hilfreich. Am Beispiel der jugoslawischen Künstlerin Marina Abramović hat sie illustriert, dass zwischen einem Kunstwerk und einer Performance zu unterscheiden sei.[359] Im Kontrast zu ersterem sei bei der Performance keine klare Unterscheidung des Künstlers als des Artefakt schaffenden Subjekts und dem Rezipienten, der das als eine eigene Existenz vom Künstler ablösbare Kunstwerk zum Objekt seiner Wahrnehmung machen könnte, möglich. Vielmehr werde im Rahmen neuer Performances eben diese alte Subjekt-Objekt-Relation als Trennung zwischen Betrachter und Betrachtetem ebenso wie die Verhältnisse von Signifikant und Signifikat, also die Beziehung von Körper- beziehungsweise Materialhaftigkeit und Zeichenhaftigkeit der Elemente, aufgehoben und stattdessen ein Ereignis geschaffen, „in das alle Anwesenden involviert"[360] seien. Von zentraler Bedeutung ist demnach die Aufführung als Realisierung von Kunst, als *Ereignis*. Im Falle der Performance von Abramović hätten sich die Zuschauer als Ko-Subjekte zur sel-

---

[356] Kaiser, Aufführung, 4.
[357] Vgl. a.a.O., 4–5.9–13.
[358] Vgl. für das Folgende Fischer-Lichte, Ästhetik.
[359] Vgl. a.a.O., 19–22.
[360] A.a.O., 19.

ben Zeit im selben Raum vorgefunden, wobei ihre Handlungen allerlei Reaktionen der Künstlerin ausgelöst und jene sie wiederum zu weiteren Handlungen herausgefordert hätten:

> „Durch diesen Prozeß wurde die dichotomische Subjekt-Objekt-Relation in ein eher oszillierendes Verhältnis überführt, in dem sich Subjekt- und Objektposition kaum mehr klar bestimmen noch auch deutlich voneinander unterscheiden ließen."[361]

Für diese Studie besonders relevant ist Fischer-Lichtes Beschreibung einer in diesem oszillierenden Prozess sich vollziehenden, soziale Aufführungs-Gemeinschaft konstituierenden *Feedback-Schleife*: durch gemeinsames Handeln und Erleben entstehe temporäre Gemeinschaft unter den Beteiligten, den Akteuren wie den – vermeintlichen – Zuschauern, indem beide Parteien interagieren, im oszillierenden Prozess als Gruppe zusammenwirken.[362] Die hierdurch entstehende vorübergehende Gemeinschaft könne jederzeit wieder zerfallen und sei ohnehin nicht auf Dauer angelegt, gleichwohl aber für den Moment der Performance als sozialem Geschehen, als Ereignis und gemeinsamem Erleben, elementar, insofern sich Ästhetik und soziale Gemeinschaft überlagerten und letztere von den Beteiligten als soziale Realität erfahren werde. Hinzu komme, dass, in Abgrenzung zur die abendländische Tradition wie Kultur stark prägenden Körper-Geist-Dichotomie,

> „Präsenz ein Phänomen darstellt, welches sich in Kategorien der Körper/Geist- bzw. Bewußtseins-Dichotomie überhaupt nicht fassen läßt, vielmehr diese Dichotomie zum Kollabieren bringt, ja aufhebt."[363]

Demnach sind Körper und Geist respektive Bewusstsein in der Performance des Schauspielers nicht zu separieren, vielmehr ist eins mit dem anderen im Sinne eines *embodied mind* „immer schon gegeben"[364]. In dieser Präsenz des Darstellers wiederum erlebe der Zuschauer diesen und sich selbst als dauernd Werdenden und nehme die zirkulierende Energie als transformatorische Kraft wahr. Damit sei das Glücksversprechen des Zivilisationsprozesses eingelöst in der Präsenz des Darstellers im Ereignis der Aufführung. Nach diesen raren Augenblicken des Glücks in der Erfahrung von Präsenz, die sich nicht in den Alltag hinüberretten ließen, könne der Zuschauer süchtig werden.

Der performative Raum sei immer auch ein atmosphärischer.[365] Das Subjekt finde sich nicht der Atmosphäre distanziert gegenüber, sondern werde von ihr umfangen, tauche gleichsam in sie ein, was an Gerüchen besonders deutlich werde, aber auch Klänge, Laute, Geräusche und Musik und ihr „starkes atmosphärisches Wirkpotential"[366] einschließe. Das erhellende Potential dieser Hinweise unterstreicht eine Interviewpasssage, in der sinnlich wahrnehmbare Gerüche und

---

[361] A.a.O., 20.
[362] Vgl. a.a.O., 91.
[363] A.a.O., 171.
[364] Ebd..
[365] Vgl. a.a.O., 200–209, hier: 203.
[366] A.a.O., 207.

B 2.1 Die performative Feedback-Schleife

emotional-sensorisch spürbare Sphären bezogen auf das MassChoir-Singen parallelisiert zu stehen kommen:

> „Das is <u>auch</u> einfach beeindruckend! Bewegend, dass diese Masse da (.) mitmacht! Ähm, ich saß nun leider nich (.) ä:h in einer Gruppe v- von meinen Chormitgliedern, weil ich die einzige Alt-Stimme war, aber (.) ja, des macht nichts! Also man ist um diesen (.) es ist auch ne (.) natürlich diese Halle macht so 'n gewissen Mief und schlechte Luft irgendwann (.) aber ähm genau so ist das eben mit der Stimmung um einen rum, die (.) hüllt einen auch ein! Genau."[367]

Was im Rahmen einer Aufführung zwischen Akteuren und Publikum oder auch *zwischen* den Zuschauern von statten geht, ereigne sich immer als ein spezifischer sozialer Prozess, der „eine spezifische soziale Wirklichkeit"[368] konstituiere.

Zwar ist das Kernbeispiel der – bereits in der verbalen Beschreibung – verstörenden Performance von Marina Abramović, die 1975[369] das Interventionshandeln des Publikums provozierte, in grundlegenden Charakteristika gewiss nicht den in dieser Studie behandelten Großchorveranstaltungen vergleichbar, schon allein hinsichtlich der zunehmenden Selbstzerstörung im Verlauf der Performance; dennoch erscheinen die konzeptionellen Überlegungen, wiewohl diese auf schauspielerische Performances abzielen, für die Analyse des Geschehens weiterführend, indem sie aufzeigen, welche Bedeutung (leiblicher Ko-) Präsenz der Subjekte bei performativen Veranstaltungen zukommen kann, wie sich die *Feedback-Schleife* zwischen Bühnenkünstlern und (vermeintlichen) Zuschauern als Ereignis und als atmosphärisches Geschehen begreifen lässt, wie sich in performativen Aufführungshandlungen Wirklichkeit konstituierende soziale Prozesse abspielen und vorübergehende Gemeinschaft entsteht im interaktiven Zusammenwirken der verschiedenen Beteiligten.[370] Dabei gilt gewiss auch für das MassChoir-Geschehen beim Gospelkirchentag, dass zwar alle Mitwirkenden die Aufführung *selbsterzeugend* gemeinsam hervorbrachten,

> „daß sie jedoch von keinem einzelnen vollkommen durchgeplant, kontrolliert und in diesem Sinne produziert werden kann, daß sie sich der Verfügungsgewalt jedes einzelnen nachhaltig entzieht."[371]

Obwohl kein klassisches Gefälle zwischen aktiven Künstlern und passiven Zuschauern bestand, standen in der Rothenbach-Halle in Kassel doch prominente Künstler[372] auf der Bühne, gebärdeten sich zuweilen wie Rock- oder Popstars und ernteten für ihre Darbietungen den entsprechenden Beifall der zuhörenden, teils mitsingenden Menschenmasse; die besondere Rolle der Dirigenten als Anleiter

---

[367] GKT-Interview 140921_004, Z.28–34.
[368] Fischer-Lichte, Ästhetik, 297.
[369] Vgl. a.a.O., 9–30.
[370] Vgl. a.a.O., 81, wo, statt von Produzenten und Rezipienten, vielmehr von *Mit-Erzeugern* die Rede ist, welche „in unterschiedlichem Ausmaß […] an der Gestaltung der Aufführung mitwirken".
[371] A.a.O., 80–81.
[372] Vgl. exemplarisch Jochimsen, American TV.

oder „Führer" auf der Bühne wurde auch in Interviews immer wieder benannt. Zugleich stand den zahlenmäßig nur wenigen Bühnenakteuren mitsamt ihrer instrumentalen wie elektronischen Verstärkung ein Massenchor von etwa 5.000 Sängern mit ihren leibeigenen Instrumenten gegenüber, die zwar als Angeleitete und insofern hierarchisch nachrangig gelten können, gewiss aber nicht als auf die Rolle von Rezipienten festgelegt. Im Gegenteil ließen sie sich gar als die wahren Hauptakteure, als die eigentlichen Künstler verstehen, denen die Handvoll Dirigenten nachgeordnet wäre als eine Art Dienstleister, als Instrument oder Vehikel, das die angeleiteten Gesangskünstler zum Erklingen ihrer Kunst benötigen wie ein eigenständiger Bühnenperformer seinerseits Musikinstrument(e), Mikrofon und Verstärkeranlage, insofern diese die Chorkünstler darin unterstützten, ihre eigenleiblichen Gesangs-Instrumente möglichst kunstvoll in der und als Gruppe zu gebrauchen.

Eine solche Betrachtung, die zwei Parteien – Künstlerstars und Publikum, Dienstleister und wahre Gesangskünstler – voneinander scheidet, würde dem Geschehen beim MassChoir mit seinen Wirklichkeit konstituierenden Prozessen mitsamt der *Feedback-Schleife* indes gewiss nicht gerecht. Angemessener erscheint es vielmehr, mit Fischer-Lichte die Interaktion aller Beteiligten in ihrem Zusammenwirken als vorübergehende Gemeinschaft der *embodied minds* anzusehen.[373]

Im Blick auf den MassChoir ist festzuhalten, dass Chorleiter und angeleitete Riesenchormitglieder aufeinander reagierten, einander brauchten; denn ohne die auch in Interviews dezidiert positiv hervorgehobene ordnende und den harmonischen Gesamtklang der Tausenden beförderende Rollenwahrnehmung der Bühnenanleiter wäre gewiss kein solches Soundgebäude zu Stand und Wesen gekommen, ebenso wenig, wie umgekehrt die Chorleiter ohne die singende Menschenmenge etwas ausrichten hätten können im Blick auf die gewaltigen Lautsphären. Beide Seiten waren somit aufeinander angewiesen und wirkten zusammen, ein außeralltägliches und – insbesondere emotional – bewegendes Klangkonstrukt konstituierend. Dabei war die Rollenaufteilung, anders als bei manchen Beispielen Fischer-Lichtes, prinzipiell keine Überraschung: Wer sich zum Gospelkirchentag angemeldet hatte – zumal, wo dies nicht zum ersten Mal geschah – konnte damit rechnen, dass es, mindestens zu einem Gutteil, an diesem Wochenende des Gospel-Singens auch auf seine Mitwirkung ankommen würde, dass er sich kaum, wenigstens nicht durchgehend, in die Rolle des passiven Zuhörers zurückziehen und bequem rezipierend genießen würde können – oder dass ein solches Konsumentenverhalten wenigstens nicht Wesen und Ziel der Veranstaltung ausmacht –, sondern dass vielmehr das Zustandekommen des fulminanten Gospelklangs im

---

[373] Freilich wird dabei abermals deutlich, dass ihre Theorie auf Theaterwirklichkeiten abzielt, wo grundsätzlich ein Gefälle zwischen Darstellern/Produzenten und Zuschauern/Rezipienten/Konsumenten besteht, was sich charakteristisch von solcher Chorarbeit wie dem MassChoir unterscheidet.

MassChoir und eventuell überdies bei weiteren Veranstaltungen auch an ihm selbst hängen würde.[374]

Damit lässt sich der MassChoir, Herzstück des Gospelkirchentags, als ein verabredetes Zusammenwirken von Gesangskünstlern fassen, von den anleitenden auf der Bühne und den angeleiteten als ihrem Gegenüber in der Halle, weshalb das Konzept der *Feedback-Schleife* zwar in der Tat ein das Verständnis der Wirkzusammenhänge zwischen den einzelnen Akteuren beziehungsweise Akteur-Gruppen beförderndes ist, zugleich aber für den Forschungsgegenstand dieser Studie erweitert und modifiziert werden muss, insofern es in der von Fischer-Lichte vorgestellten Grundform zwar gewiss für die verstehende Einordnung der Aktionen und Reaktionen im Zusammenspiel der Beteiligten innerhalb eines jeden künstlerischen Geschehens potentiell hilfreich ist, im Fall des MassChoir-Singens auf dem Gospelkirchentag aber kein Gegenüber von aufführenden Künstlern und rezipierendem Publikum die Grundlage des Geschehens bildet, sondern zwei prinzipiell gleichrangige Akteur-Gruppen, die einander brauchen und von vornherein geplant interagieren zugunsten eines monumentalen Riesenchor-Klangkonstrukts.

Der MassChoir (-Klang) kam allererst dadurch ins Sein, dass die leiblich (Ko-) Präsenten mit ihrer Einzelstimme angeleitet zum monumentalen Gesamtklang lautlich beitrugen. So wurde die Größe und Mächtigkeit der chorisch agierenden Gesamtgruppe von den individuellen Sängern, neben körperlicher Bewegung und Berührung untereinander, insbesondere im Sound der Masse vernehmbar, vereinten sich die Stimmen darin doch zu jenem den Einzelnen transzendierenden und in ein großes Ganzes zusammenfließenden tonalen Konstrukt, das den Akteuren ermöglichte, in der Gruppe sich und die Anderen sinnenhaft wahrzunehmen, musikalische und zuweilen auch (deutend) spirituelle Gemeinschaft zu erleben.[375] In all dem ist die *Feedback-Schleife* zwischen Bühnenanleitern und angeleiteten Sängern als eine performative qualifiziert.

Inmitten dieser MassChoir-Prozesse kam es zu ästhetischen Erfahrungen, geradezu – mit Kaiser, der Jauß aufnimmt – „zum Genuss erfüllter Gegenwart"[376]. Dies wurde nicht zuletzt dadurch bestätigt, dass Gesprächspartner ihr Erleben zu Beginn des Interviews, aus ihrem unmittelbaren Erleben kommend und dieses – allein schon wegen des geringen zeitlichen wie räumlichen Abstands – wohl allenfalls erst wenig reflektiert habend, spontan beispielsweise als Gefühl von *Lebendigsein* oder von *Zugehörigkeit* zur Gruppe beschrieben haben.

---

[374] Das Bedauern von Gesprächspartnern darüber, emotional überwältigt nicht immer mitsingen zu können, mag womöglich so zu verstehen sein, dass der Betreffende seine Mitwirkendenrolle gerne permanent ausgefüllt hätte, dies aber schlichtweg nicht zu tun vermochte.
[375] Vgl. Kaiser, Aufführung, 9; Kaiser, Religiöses Erleben, 143.
[376] Kaiser, Aufführung, 11.

2.2 Zur Auswertungsmethodik erhobener Daten

Die Auswertungsmethodik der beim Gospelkirchentag 2014 in Kassel erhobenen Daten – in erster Linie Interviews, Feldtagebücher, Videomitschnitte, Fragebogen-Auswertungen und Graue Literatur – basierte auf dem Prinzip der Rekonstruktiven Sozialforschung nach Ralf Bohnsack und insbesondere der Dokumentarischen Methode (s. Kapitel A 2.4.2). Dabei brachte es die Schwerpunktsetzung auf die beiden MassChoir-Einheiten in der Rothenbach-Halle mit sich, dass den an deren Rand geführten Interviews, den sich auf diese Vormittage beziehenden Feldtagebuchaufzeichnungen des Erlanger Feldforschungsteams sowie dem entsprechenden Videomaterial, innerhalb aller vorhandenen Daten besonderes Gewicht zufiel, da für die beabsichtigte Rekonstruktion primär relevant. Im praktischen Vollzug dieser Auswertungsmethodik mit ihrer intensiven Arbeit am Text kam der reflektierenden Analyse die wohl größte Bedeutung zu. Konkret konnte diese etwa so aussehen:

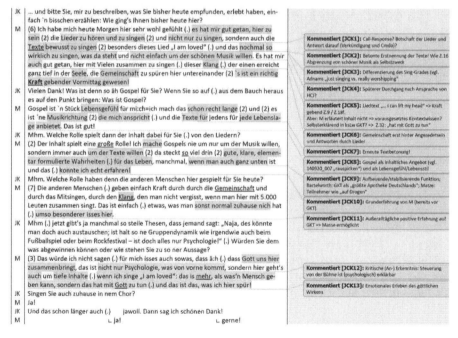

Abbildung 1[377]: Beispiel eines im Zuge des Analyseprozesses bearbeiteten Interviewtextes (GKT-Interview 140920_010, Z.1–36)

---

[377] Abbildungen (Grafiken, Fotos et cetera) sowie Tabellen sind fortlaufend nummeriert. Bei Snapshots aus dem Materialband (primär Interview- und Feldtagebuch-Ausschnitte) und von im Zuge des Analyseverfahrens bearbeiteten Interviewtranskriptpassagen (s. Kapitel C 1.3.4) wird hingegen grundsätzlich darauf verzichtet.

Die Grafik zeigt ein im Zuge der Analyse bearbeitetes Interview-Transkript.[378] An diese ersten Bearbeitungen, die den Text, präziser: die Aussagen des Gesprächspartners, zu erschließen und aus sich selbst heraus zu verstehen helfen sollten, schlossen sich die Suche nach positiven Horizonten und negativen Gegenhorizonten, die Identifikation von Kernerzählsätzen, das Fragen nach Homologien wie Propositionen und mitunter (sehr vereinzelt) überdies nach Anhaltspunkten für soziogenetische Rekonstruktionen[379] an, was hier detailliert darzustellen zu weit führen würde. Bei den Analyseprozessen, die letztlich zur im Kapitel B 3 vorgestellten Typologie führten, lag das größte Augenmerk auf den Interviews mit Dritten, bei deren Auswertung die vorhandenen Feldtagebuche ebenso wie die Videoaufzeichnungen indes ebenfalls eine unverzichtbare Rolle spielten.

Wie im Kapitel B 1.2 erläutert fand meine Feldforschung auf dem Gospelkirchentag im Kontext einer Lehrveranstaltungs-Exkursion und als Mitglied einer Forschergruppe statt, wodurch etwa ein von mir geführtes Interview (GKT-Interview 140920_003) auch in Jochen Kaisers umfangreiche Untersuchungen zum „Singen in Gemeinschaft als ästhetische Kommunikation" Eingang fand, dessen Analyse in Vergleich und Ergänzung zu meinen Ergebnissen gewiss sehr erhellend sein kann.[380]

2.3 Erleben in der Masse konkret: „Loved" beim MassChoir I

Wie die skizzierten ästhetischen Prozesse, wie atmosphärische Faktoren und die performative *Feedback-Schleife* zwischen Bühnenakteuren und MassChoir-Sängern sich praktisch ausgewirkt haben auf das subjektive wie intersubjektive Erleben beim Massensingen, lässt sich anschaulich anhand der Beobachtungsprotokolle der vier Erlanger Feldforscher illustrieren, zumal, wenn ergänzend zu den Aufzeichnungen dieser teilnehmenden Beobachter die Videomitschnitte und die Auswertungen des Fragebogens hinzugezogen werden. Am Beispiel des Songs „Loved" im MassChoir I am Samstagvormittag soll dies demonstriert werden.

---

[378] Wiewohl in der vorgelegten Qualifikationsarbeit nur ein stark begrenzter Einblick in die zugrundeliegenden Analysen der Feldforschung gegeben werden kann, soll doch wenigstens ansatzweise nachvollziehbar gemacht werden, wie das aufwändige und komplexe Vorgehen nach den Prinzipien der Dokumentarischen Methode praktisch sich ausnahm.

[379] Grundsätzlich bescheidet sich diese Studie allerdings mit sinngenetischen Rekonstruktionen beziehungsweise Typisierungen, da bereits – neben dem spezifischen Forschungsinteresse auch – die vorhandene Datenlage und meine Begrenzungen als Fachfremder das Wagnis eines solch diffizilen sozialwissenschaftlichen Unterfangens fragwürdig erscheinen ließen (s. Kapitel B 3.1).

[380] Vgl. Kaiser, Singen in Gemeinschaft, 250–254.

Dieser wurde, angeleitet von seinem Komponisten Hans Christian Jochimsen, dem Gesicht des Gospelkirchentags 2014[381], in der dritten Stunde der den gesamten Vormittag füllenden Singeinheit geprobt und gesungen. Als Basssänger inmitten des mich umgebenden Menschenmeeres habe ich es gegenwärtig als emotional berührend erlebt, als beruhigend wie erbaulich, es dabei indes mit größter Selbstverständlichkeit als auf den dreieinigen Gott bezogen verstanden und bestimmt gerade deshalb begeistert mitgesungen:

> „Bereits das erste seiner drei Stücke spricht mich stark an: ‚Loved'. Der tief evangelistisch anmutende Text, die warmherzige Erläuterung seiner Eigenkomposition durch den Dirigenten von der Bühne, die humorvoll-sensible Anleitung der einzelnen Stimmen, sie alle begeistern mich. Die knappe, schlichte Botschaft des Geliebt-Seins beziehe ich auf mich, fühle mich bewegt von der klaren Verkündigung der Liebe Gottes in Liedform, tief im Inneren angerührt von der gewaltigen positiven Botschaft, dass ICH geliebt bin. So stört es mich auch überhaupt nicht, dass auch die Probe dieses einen Liedes rund 40 Minuten umfasst. Ich bin so ergriffen, dass ich sogar zwei kurze Videomitschnitte erstelle […]"[382]

Mein erlebendes Feldforscher-Ich hat somit inmitten der emotional aufgeladenen religiösen Atmosphäre des MassChoir I nicht auf der Suche nach präziser, unzweideutiger Deutungsgrundlage reflexiv hinterfragt, wer denn mit „you" im Liedtext und den Ausführungen von Hans Christian Jochimsen auf der Bühne gemeint sei, sondern das singend angeredete *you* – in diesem Moment der teilnehmenden Beobachtung mit deutlichem Fokus auf die Teilnahme – ohne zu zögern auf den Gott der Bibel bezogen und sich am Mitsingen, am Spüren, am Erleben der zugesagten Liebe dieses (göttlichen) *you* gefreut. Das reflektierend-distanzierte Ich des Felddaten Auswertenden beobachtete in den Folgemonaten – im Abstand eines halben Jahres zum Geschehen und nach ausgiebiger Beschäftigung mit Interviews und anderem Datenmaterial mit hierdurch geschärftem Blick und Fokus auf die Beobachtung – hingegen am Videomitschnitt, wie unwahrscheinlich vage die deutenden Aussagen von der Bühne vom Komponisten und Autoren selbst gehalten gewesen waren: (Der christliche) Gott wurde begrifflich noch

---

[381] Den subjektiven Eindrücken vor Ort, dass Jochimsen bei den MassChoir-Sängern (mit) die größte Begeisterung ausgelöst hat, korrespondiert seine offenkundige systemimmanente Prominenz, die sich an zwei Beispielen leicht illustrieren lässt: Zum einen zeigt das Songbook zum Gospelkirchentag 2014 „Best of..." auf der Vorderseite eine Großaufnahme des engagiert singenden und augenscheinlich zugleich chorleitenden Komponisten, der somit den tausenden Dauerteilnehmern bereits im Vorfeld als *das Gesicht* des Gospelkirchentags auf der Bildebene vermittelt wurde. Zum anderen wurde im MassChoir I darauf hingewiesen, dass sein Song „We are changing the world" beim nächsten Gospel-Day an die Stelle von „Amazing Grace" 2014 treten werde. Dies beides schreibt dem Dänen in klarer Absetzung von anderen Akteuren strukturell eine hervorgehobene Rolle zu, die auch im Programmheft deutlich dokumentiert sich findet: Auf Seite 22 wird darin erläutert, dass Jochimsen seit Jahren aus der deutschen Gospelszene nicht mehr wegzudenken sei, während auf der Folgeseite Malcolm Chambers als „neues Gesicht" eingeführt wird.

[382] Feldtagebuch Kühn, 9.

B 2.3 Erleben in der Masse konkret

nicht einmal explizit erwähnt, das *you* blieb völlig im Nebel der vieldeutigen Offenheit.[383] Zugleich war ich nachweislich nicht der einzige Sänger, der das *you* im Moment des (inter-) subjektiven Erlebens explizit auf den Gott der Bibel bezogen hat, die Vagheit in dieser Richtung verstehend beziehungsweise in diese deutend.[384]

Mein Feldforscherkollege Jochen Kaiser dagegen beschrieb in seinem Tagebuch, bereits im Moment des MassChoir-Singens weitaus skeptisch-reflektierender gefragt zu haben, von wem er denn eigentlich *loved* sei, dass er gleichwohl aber den Song als angenehm empfunden habe, sowohl persönlich als auch im Blick auf die Gesamtstimmung:

> „Als wir es noch einmal gesungen haben, hält er eine längere, sehr emotionale Rede über you are loved! Weder muss man ein Held, noch ein Genie etc. sein, aber DU bist geliebt, das sollten wir auf unsere Visitenkarte schreiben und uns so auch vorstellen, denn allein darauf kommt es an. Diese einfache Rede spricht mich an, auch wenn ich mich frage, ‚von wem' bin ich geliebt. Darüber sagt weder der Song noch Jochimsen etwas."[385]

Diese differierende (Deutungs-) Wahrnehmung zeigt, dass zwar der eine Feldforscher bereitwillig im Sinne seines persönlichen Glaubens die Inhaltslücke schloss und sein Erleben – oder doch mindestens das erinnerte und zeitversetzt notierte – (auch) davon geprägt wurde, während der andere skeptisch-reflektierter blieb, dass aber beide dieser Differenz unbenommen „Loved" als gefühlvoll, angenehm

---

[383] Der rezeptions- und wirkungsgeschichtliche Fortgang, partiell wahrnehmbar via Internet, kann daher nicht ernstlich verwundern. So findet sich online der Videomitschnitt einer Performance von „Loved" durch den Gospelchor Unity in Münster, bei der explizit auf den Gospelkirchentag und Hans Christen Jochimsen Bezug genommen sowie Jochimsens „Loved"-Textkärtchen im Visitenkartenformat verwendet wurden, vgl. Hotten, Loved. Dabei animierte die Chorleiterin die in der Universitätskirche Versammelten, ihren Sitznachbarn oder, bei zu geringer Vertrautheit, sich selbst zu *knuddeln*. Wie die Ausführungen der jungen Frau nahelegen, ist es primär dies, was sie von Hans Christian Jochimsen gelernt hatte und nun, da es in Kassel „so romantisch war", auch mit den Konzertbesuchern in Münster teilen wollte.

[384] Vonseiten der Videoanalyse ist – Interviewäußerungen ergänzend – festzuhalten, dass viele Sänger – beim MassChoir I augenscheinlich mehr als beim MassChoir II – bei „Loved" mehrfach an jener Stelle, da „you" im Refrain vorkommt (besonders beim ersten „you" des Refrains), während des Singens einen Arm gen Decke beziehungsweise Himmel streckten, ohne dass dazu von der Bühne aus verbal aufgefordert worden wäre; allerdings ging von Bühnenakteuren, die diese Bewegung vormachten, ein starker Impuls aus, was die Geste bei den Riesenchorsängern als Nachahmungshandlung erscheinen lässt. Im Verlauf des Singens erhöhte sich die Zahl der so Agierenden allmählich. Dass viele beim Singen und Armheben die Augen geschlossen hatten legt nahe, dass ihre Bewegung eine Richtungsanzeige des Singens symbolisierte und Gott als Quelle der besungenen Liebe und als Adressat der gesungenen Anrede identifizierte.

[385] Feldtagebuch Kaiser, 3.

und wohltuend empfunden haben, also jenseits der kognitiv-rationalen (Reflexions-) Ebene emotional und atmosphärisch ganz ähnlich erlebt haben.[386] Bei der Betrachtung des Unterschieds bleibt indes zu berücksichtigen, dass Feldtagebuchdarstellungen grundsätzlich unvermeidlich von (nachgängigen) Reflexionsprozessen (mit-) geprägt sind, somit per se nicht zur Gänze das tatsächlich im jeweiligen Moment Erlebte wiedergeben können, sondern bereits Deutungen, Zuschreibungen und analytische Perspektiven beinhalten. Dies ist weder grundsätzlich problematisch noch als eine Art Realitätsverzerrung in solcher Darstellung zu beklagen, macht aber die Ergänzung der Feldtagebuchinhalte – hier konkret um Videoanalysen und Fragebogenauswertungen – erforderlich, um ein möglichst zutreffendes Gesamtbild des Erlebens im Moment zu rekonstruieren.

Wie die Videoanalyse ergeben hat, kann inmitten der allgemeinen bewegten Atmosphäre des MassChoir I bei „Loved" dieses Erleben im Moment – insbesondere in seiner emotionalen Dimension – als ein weithin geteiltes gelten und davon ausgegangen werden, dass die beiden Forscher als ganz in ihrem Feld verortet die intersubjektiv präsenten Gefühle mitempfunden wie selbst singend ausgedrückt haben. Die im Video sichtbaren Sänger wirken hoch konzentriert, engagiert und ganz bei der Sache. Sie sind stark auf den Dirigenten Jochimsen ausgerichtet, folgen seinen Anweisungen, die meisten einschließlich der von ihm angeregten Selbstumarmung beim Refrain. Bei „you" heben viele – wohl dem nonverbalen Impuls der meisten Bühnenakteure dazu folgend – einen Arm gen Himmel, zeigen mit ausgestrecktem Finger nach oben, als wollten sie symbolisch demonstrieren, wenn sie mit dem angeredeten „you" meinen. Zugleich herrscht dynamische Bewegung vor, da sich ein stattlicher Teil zur Musik bewegt, mitschwingt; aber das mutet nicht hektisch oder unruhig an, sondern ruhig bis meditativ. Viele haben beim Singen die Augen geschlossen und verstärken damit den Eindruck einer andächtigen, gebetsartigen Ausrichtung auf Gott. So zeigt sich eine dichte (religiöse) Atmosphäre, eine einmütige bis homogene Einheit von Sängern, die sich wohlfühlen im Moment, die entspannt und zufrieden sind, tief bewegt und begeistert, verbunden mit den anderen Sängern und – wenigstens in Teilen – auch mit Gott.

---

[386] Entsprechend ließe sich fragen, ob das präsentativ weitgehend gleiche Erleben womöglich erst in der diskursiven Beschreibung im Nachhinein durch die unterschiedliche Deutung auseinanderstrebte. Im Letzten wird sich solches zwar kaum klären lassen, es illustriert aber gerade mit dem, was offen bleiben muss, dass diskursiven Daten – eigenen wie fremden – über gegenwärtig im Moment Erlebtes mit einer Grundskepsis zu begegnen begründet ist und solche Darstellungen durch andere Perspektiven auf denselben Untersuchungsgegenstand – wie durch das methodenplurale und multiperspektivische Vorgehen dieser Studie ermöglicht – ergänzt werden sollten.

B 2.3 Erleben in der Masse konkret 119

Abbildung 2: Screenshot Bühnenkamera, MassChoir I, time code 02:38:22; Bildrechte: Dr. Jochen Kaiser

Vom emotionalen Bewegtsein der einzelnen Sängerin respektive der um sie herum wahrgenommenen dichten Atmosphäre zeugen auch die Feldtagebuchdarstellungen der beiden anderen Forschungsteammitglieder. So notierte Studentin B zu „Loved":

> „Das Lied selbst fand ich für den Vormittag am schönsten. Die getragene Melodie und der Text gingen mir sehr nahe und als der ganze Chor zusammen sang, musste ich wieder aufhören zu singen und konnte nur noch gebannt zuhören. Jedes Mal wenn ich wieder versuchte einzusteigen, stiegen mir die Tränen in die Augen und so hörte ich bis zum Ende des Lieds nur noch zu."[387]

Studentin N beschrieb hingegen knapp und distanzierter wirkend ihre Beobachtung der Ergriffenheit anderer Sänger:

> „Ich merke, dass das Lied viele berührt und sie davon ergriffen sind."[388]

So zeigt sich an diesem Beispiel, wie mehrere Feldforscher an derselben Veranstaltung partizipierend diese in einer inhaltlichen Detailfrage beziehungsweise (Deutungs-) Dimension zwar differierend kognitiv interpretiert (Kaiser und Kühn), gleichwohl aber emotional und körperlich im Moment recht ähnlich erlebt haben.[389] Dabei mag die Unterscheidung des gegenwärtig erlebenden und des später aus der Distanz reflektierenden Ichs desselben Wissenschaftlers Skeptikern als

---

[387] Feldtagebuch Studentin B, 7.
[388] Feldtagebuch Studentin N, 8.
[389] Studentin N hatte in ihrem Feldtagebuch bereits kurz vor der zitierten Passage ihr persönliches Ergriffensein bei „Loved" beschrieben, was ihre zitierten Ausführungen entscheidend ergänzt.

künstlich und allzu theoretisch erscheinen; zugleich dürfte es praktisch kaum eine adäquatere Methode zur (eigenleiblichen) Erforschung des Erlebens bei solchen (christlichen) musikalischen Großveranstaltungen geben.

Weiterhin zeigt das Exempel, wie bedeutsam die persönliche Felderfahrung für den sachgerechten Umgang mit Interviewaussagen Dritter beziehungsweise mit Beobachtungsprotokollen anderer Feldforscher, die als Fremdmaterial ähnlich behandelt wurden, einerseits und wie wertvoll die Ergänzung der Feldtagebücher und Interviews durch Videomaterial und Fragebogenauswertungen andererseits ist.[390] Deshalb werden am Ende dieses Kapitels aus den Erhebungen mittels Fragebogen für das gegenwärtige subjektive Erleben bei „Loved" nun wesentliche Ergebnisse knapp dargestellt.

Von den 134 zum individuellen Erleben während des MassChoir I ausgefüllten Fragebögen wurden im Bereich der vier selbst wählbaren Lieder in 114[391] Fällen Angaben zu „Loved" getätigt. Dieser hohe Anteil von rund 85 Prozent lässt den Schluss zu, dass dieser Song innerhalb der sechs an diesem Vormittag vom Gesamtchor gesungenen – das Gospel Medley wird hier als ein Lied, die Vortragsstücke und solche Lieder, die nicht im Songbook zu finden waren und die nur ein Teil des Riesenchores, sie offenbar von anderswoher bereits kennend, mitsang, gar nicht gerechnet – besonders intensiv auf die Angaben machenden Sänger gewirkt hat.[392]

Von herausragendem Interesse im Blick auf Atmosphäre, intersubjektive Gefühlsausdrücke und die das Gesamtgeschehen prägende Stimmung sind die Items *geborgen – nicht geborgen, einsam – zugehörig, Solo-Feeling – Gruppen-Feeling* sowie *nicht berührt – überwältigt*. Da diese mithilfe einer Skala von 1 bis 5 abgefragt wurden, so dass eine neutrale Positionierung zwischen beiden Polen möglich war, sind anhand der gegebenen Antworten klare Tendenzen erkennbar. Im Sinne des semantischen Differentials lässt sich zudem die Verortung der überwiegenden Mehrheit leicht durch Kombination besonderer Häufungen feststellen.[393] Im kon-

---

[390] Vgl. die unbestimmt anmutende Aussage zu „Loved" durch eine Gesprächspartnerin nach dem MassChoir II in GKT-Interview 140921_004, Z.47: „Ja, einer liebt einen! Auf jeden Fall!"

[391] Von diesen 114 Bögen sind 97 von weiblichen, 16 von männlichen Teilnehmern ausgefüllt worden, nur in einem Fall fehlt die Geschlechtsangabe.

[392] Freilich ist nicht auszuschließen, dass der Hinweis des Moderators „Matze" auf unsere Feldforschung und die hierfür auszufüllenden Fragebögen rund zehn Minuten nach Abschluss des Singens von „Loved" mindestens auch eine Rolle dabei gespielt hat, dass so viele Riesenchorsänger Angaben zu ihrem Erleben hierbei gemacht haben.

[393] Zur grundsätzlichen Systematik des Semantischen Differentials vgl. Osgood, Meaning, 76–124; zur Ausgestaltung des beim Gospelkirchentag 2014 verwendeten Fragebogens vgl. Kaiser, Singen in Gemeinschaft, 210–212.398–399. Die Diskussion und Festlegung der konkreten Erhebungs-Items für die MassChoir-Einheiten in Kassel im Rahmen der Lehrveranstaltung an der FAU Erlangen im Vorfeld folgte dem in Osgood, Measurement, 76, dargelegten Grundverständnis: „Although we often refer to *the* semantic differential as if it were some kind of ,test', having some definite set of items and a specific score, this is

B 2.3 Erleben in der Masse konkret

kreten Fall bedeutet dies, dass sich von den 108 gültige Angaben hierzu machenden Sängern 95 – und damit rund 88 Prozent[394] – entweder zugehörig (Wert 4, 26 Fälle) oder sogar sehr zugehörig (Wert 5, 69 Fälle) fühlten, während sie „Loved" sangen.[395] Von 112 fühlten sich 88 Sänger – rund 79 Prozent – geborgen (Wert 4, 32 Fälle) oder sehr geborgen (Wert 5, 56 Fälle). Unter den 109 Auskunft gebenden Sängern kam bei 83 – rund 76 Prozent – ein ausgeprägtes (Wert 4, 21 Fälle) oder sogar ein starkes (Wert 5, 62 Fälle) Gruppen-Feeling auf. Von 110 Sängern empfanden sich 102 – rund 93 Prozent – als überwältigt (Wert 4, 44 Fälle) beziehungsweise total überwältigt (Wert 5, 58 Fälle).[396]

Damit lässt sich in Ergänzung und Bestätigung der aus den Feldtagebüchern, aus Interviewaussagen sowie aus dem verwendeten Videomaterial heraus gewonnen Befunde als Ergebnis der Fragebogenerhebungen zusammenfassen: Das Singen von „Loved" wurde (inter-) subjektiv mehrheitlich als Geborgenheit vermittelnd, Zugehörigkeit fördernd, Gemeinschaft stiftend und stark überwältigend erlebt.

---

not the case. To the contrary, it is a very general way of getting at a certain type of information, a highly *generalizable technique of measurement* which must be adapted to the requirement of each research problem to which it is applied. There are no standard concepts and no standard scales; rather, the concepts and scales used in a particular study depend upon the purposes of the research."

[394] Bei diesen und den folgenden Prozentangaben wurden jeweils nur die zum entsprechenden Item gültig ausgefüllten Fragebogenangaben berücksichtigt, so dass etwa beim Item *einsam – zugehörig* sechs Bögen, deren Ausfüller keine Angaben zu ihrem Erleben hinsichtlich dieses Aspekts gemacht haben, nicht in die Prozentangaben eingeflossen sind. Stattdessen wurden die 108 gültigen Bögen berücksichtigt, deren Gesamtheit 100 Prozent ergibt und nicht die 114 Bögen insgesamt, von denen 108 verwertbare nur 94,7 Prozent ergäben und zu 100 Prozent die sechs Bögen ohne Angabe fehlten.

[395] Offen muss bei diesem Item – zumindest dann, wenn es singulär betrachtet wird – bleiben, ob sich die Ankreuzenden dem Lied, der Gruppe aller Singenden, Gott oder Kombinationen beziehungsweise weiteren denkbaren Bezugsgrößen zugehörig fühlten. Vgl. zu dieser Frage Kaiser, Singen in Gemeinschaft, 436.440.

[396] Hinsichtlich dieses Items verdient besondere Beachtung, dass – zusammen mit „Amazing Grace", das zum Abschluss des MassChoir I im Rahmen des „Gospel Day", von Hans Christian Jochimsen angeleitet und stark emotional aufgeladen, gesungen wurde – aus den in den MassChoir-Einheiten gesungenen Liedern, zu denen Fragebogenangaben vorliegen, „Loved" mit besonders hohen Überwältigungswerten herausragt, bereits hier beim MassChoir I, am Folgetag dann nochmals etwas gesteigert, insbesondere beim Maximalwert der Skala (mit 106 von 178 gültigen Angaben liegen dort rund 60 Prozent auf der höchsten Stufe). Offenbar barg und entfaltete das Lied innerhalb des MassChoir-Erlebensspektrums besonders hohes Überwältigungspotential.

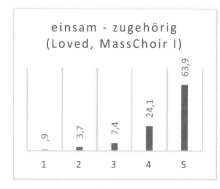 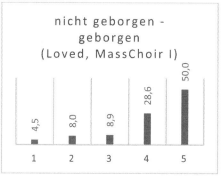

Abbildung 3[397]: Angaben zum Erleben bei „Loved" im MassChoir I, Item „einsam – zugehörig" in Prozent

Abbildung 4: Angaben zum Erleben bei „Loved" im MassChoir I, Item „nicht geborgen – geborgen" in Prozent

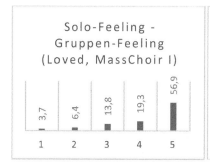 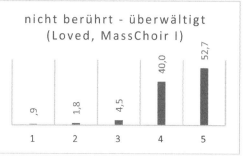

Abbildung 5: Angaben zum Erleben bei „Loved" im MassChoir I, Item „Solo-Feeling – Gruppen-Feeling" in Prozent

Abbildung 6: Angaben zum Erleben bei „Loved" im MassChoir I, Item „nicht berührt – überwältigt" in Prozent

---

[397] Zur besseren Vergleichbarkeit werden in den grafischen Darstellungen die Ergebnisse der Fragebogenerhebung zu den vier ausgewählten Items jeweils in Prozent angeben, nicht in absoluten Fallzahlen. Dadurch wird besonders anschaulich, wie sich die gemachten Angaben der Singenden zu ihrem Erleben bei „Loved" im MassChoir I innerhalb des jeweiligen Items verteilen und in welchem Verhältnis einzelne Werte oder das Item-Gesamtbild zu anderen Items stehen. Wie in Fußnote 394 beschrieben, beziehen sich die Prozentangaben auf die vorliegenden Angaben zu diesem Item, im Fall der Abbildung 3 also: n = 108.

2.4 Rituelle Erfahrung im Menschenmeer

Ronald Grimes[398] bietet mit seiner sechsteiligen Unterscheidung ritueller Erfahrung wertvolle Impulse für die Einordnung des im Zuge der Feldforschung auf dem Gospelkirchentag im MassChoir Beobachteten und eigenleiblich Erlebten. Hier sollen gleichwohl nicht alle sechs Typen näher beschrieben, sondern nur knapp besonders relevante Aspekte aus diesem ritualtheoretischen Gesamtkonzept aufgenommen und auf das Untersuchte bezogen werden. Grimes unterscheidet Erfahrungsvarianten, die nicht strikt voneinander zu trennen und statt Ritualtypen vielmehr „Erfahrungen oder körperbezogene Haltungen, wie sie im Laufe eines Rituals entstehen können"[399], seien. Ritualisierung – wie beispielhaft die Angriffs-Zeremonie von Enten – beginne dort, wo „die Bedeutung, die Kommunikation oder die Performance wichtiger wird als der funktionale und praktische Zweck"[400].

Ritualisierung lasse sich selbst bei dezidierter Ritualverachtung, wie sie in bestimmten protestantischen Gruppierungen anzutreffen sei, nicht vermeiden, sondern gehöre zu den tierischen Funktionen des Menschen und sei von daher unausweichlich. Sie lenke Menschen auf je kulturell spezifische Weise, mit oder ohne ihr Einverständnis und schaffe Verbindungen zwischen Körpern und ihrer Umwelt. Dabei sei Ritualisierung – im Gegensatz zu einer unvorteilhaften Tendenz westlicher Ritualtheorie – gerade nicht als angewöhntes Verhalten zu betrachten, stattdessen stelle Gewöhnung das Ende jeder Ritualisierung dar.[401]

Bezüglich des Gospelkirchentags helfen diese Hinweise, die beobachteten Dynamiken einzuordnen, insbesondere das emotionale Mitgerissenwerden in der Stimmung des Augenblicks, das Wohlgefühl im Menschenmeer der beim MassChoir singend Feiernden, das individuelle Überwältigt-Sein des Augenblicks völliger Reizüberflutung, das situative Verbundenheitsgefühl mit den tausenden anderen Sängern und vieles mehr, was in den Interviews geäußert wurde. Dass sich im Singen Verbindungen zwischen den Sängern und ihrer Umwelt – den Tausenden anderen Teilnehmern – bildeten und entwickelten ist in diesem Sinne als Ritualisierung qualifiziert.

Mag Grimes' Beschreibung des Menschen als eines gleichsam triebgesteuerten Tieres, das unwillkürlich Ritualisierungshandeln unterworfen sei, statt selbstdiszipliniert, reflektiert und vernunftbegabt zu agieren, aus theologischer Perspektive – etwa mit Verweis auf die Gott-Ebenbildlichkeit des Menschen, den Ps 8,6 als „wenig niedriger gemacht als Gott"[402] selbst beschreibt – anstößig sein, so birgt sein Konzept nichtsdestoweniger großes Interpretationspotential dafür, dass

---

[398] Vgl. für das Folgende Grimes, Typen; daneben auch Kaiser, Religiöses Erleben, 23–26.
[399] Grimes, Typen, 117.
[400] A.a.O., 118.
[401] Vgl. a.a.O., 120.
[402] Evangelische Kirche in Deutschland, Bibel, 536.

Menschen gerade beim Massensingen inmitten tausender ihnen fremder Menschen sich offenbar derart wohl fühlen können, wie dies in den Spontan-Interviews während und besonders nach dem MassChoir-Singen in Kassel dokumentiert werden konnte; denn dort wurde ihnen ein Erfahrungsraum angeboten, in welchem sie sich – ob bei wiederholter Teilnahme am Gospelkirchentag oder zum ersten Mal – bedenkenlos mitreißen lassen, im Menschenmeer mitschwimmen und körperlich wie emotional Extraordinäres erleben konnten, während sie als Einzelne, vom alltäglichen Individualisierungsdruck befreit, einfach ein- und abzutauchen, ein Stück weit im Augenblick in einer großen, starken Gesamtheit aufzugehen in die Lage versetzt wurden, den engen Begrenzungen und Sorgen des sonstigen Lebens entrissen. So konnte eben jene dicht von Menschen erfüllte Rothenbach-Halle dem singenden Subjekt statt es einzuengen, wie von außen bereits räumlich näher zu liegen scheint, zum Ort eines Erlebens werden, das im Sinne von Ps 31,9 einen weiten (Erfahrungs-) Raum eröffnete.

Hierbei ist gewiss von nicht geringer Bedeutung, dass es sich beim MassChoir-Singen im Sinne von Grimes' ritueller Erfahrung der *Feier* um ein prinzipiell spielerisches Geschehen handelt:

> „Im Feierritual gibt es keinen Handel, keinen Gewinn, kein Ziel, das man verfolgt und keine Magie. Die Feier ist ein expressives rituelles Spiel."[403]

Zugleich spielen aber auch charakteristische Züge der *Liturgie* eine Rolle, in der, so Grimes, die Teilnehmer aktiv handelnd geordnet darauf warten, dass heilmachende Macht einströmt, was sie unausweichlich zu einer spirituellen Übung macht. Insofern rituelle Symbole und Gesten das Heilige in sich trügen „ist [die Übung] die Hierophanie selbst."[404] Dabei sei die liturgische Handlung in der Lage, die Ritualteilnehmer zu tragen, jedoch nur ein Stück weit.[405]

Als Abwehr der Versuchung der *Liturgie*, in Anmaßung zu verfallen, lauerten bei der *Feier* irgendwo „immer ein Grinsen und ein Purzelbaum – losgelöst von den Ritualteilnehmern und dennoch mit ihnen spielend."[406] Ganz in diesem Sinne fanden sich beim MassChoir-Singen mehrere Elemente von Selbstironie, Schabernack, bis hin zur ausgeprägten Albernheit.[407] Dies streute immer wieder die Botschaft ein: „Wir arbeiten zwar lange am gleichen Stück, bemühen uns dabei

---

[403] Grimes, Typen, 130.
[404] A.a.O., 128.
[405] Die begrenzte Tragfähigkeit des Erlebens beim Riesenchorsingen kann etwa in Gestalt der individuellen Erfahrung eines emotionalen Absturzes im Anschluss daran aufscheinen. Wegen der beschriebenen unterschiedlichen methodischen Zugänge dieser Studie konnte dies für den Gospelkirchentag zwar kaum erhoben werden – einzige Ausnahme bildet das Interview KS 2 –, dafür aber für *Amazing Grace*, wo sich zwei Probandinnen hierzu besonders explizit geäußert haben (in BF 1, BF 5 und JS 4).
[406] Grimes, Typen, 129.
[407] Hierzu zählt etwa die Aufforderung von Hans Christian Jochimsen im MassChoir I: „Pretend, you know this song! (Damn it!) If you want to change (the note), you can! Just feel free!", die großes Gelächter auslöste.

B 2.4 Rituelle Erfahrung im Menschenmeer 125

um Feinschliff – aber das ist doch alles Spaß hier! Wir nehmen uns nicht allzu ernst, sondern selbst auf den Arm!"

An einer Begebenheit während des Warm-Up beim MassChoir II lässt sich dies beispielhaft illustrieren: Hans-Christian Jochimsen leitete dieses Einsingen an und forderte die bereits anwesenden Sänger nach knapp zwei Minuten im Rahmen mehrerer Dehnungsübungen dazu auf, den Kopf zurückzulegen, mit den Händen die eigene Kehle zu umfassen – als wolle man sich selbst erwürgen – und nach oben zu sehen. Während dies (nahezu) alle ohne zu zögern auch taten, kommentierte der Anleiter „Do you see the camera up there? [...] Say 'Hello, U2, hello!'" und winkte selbst in die imaginierte Videokamera an der Hallendecke. Diese Einlage löste große Heiterkeit aus und vermittelte bereits zu Beginn des Vormittags den Eindruck, dass doch alles nicht so ernst und die mehreren tausend Sänger um des gemeinsamen Spaßes willen versammelt seien.

Abbildung 7: Screenshot Bühnenkamera, MassChoir II, time code 00:18:57; Bildrechte: Dr. Jochen Kaiser

Angesichts der Dominanz dieser spielerischen Leichtigkeit im Gesamtduktus der MassChoir-Einheiten ist dieses Singen im Riesenchor zweifellos am stärksten dem Typus *Feier* innerhalb der Typologie ritueller Erfahrung nach Grimes zuzurechnen und sind seine Ausführungen hierzu entsprechend besonders erhellend.

2.5 Manipulation oder Horizontweitung?

Während angesichts eigenleiblich erlebter und von Beforschten beschriebener Phänomene wie dem individuellen Mitgerissenwerden im begeisterten Sängermeer et cetera naheliegende Fragen nach potentieller Suggestion oder gar Manipulation der am MassChoir beteiligten Menschenmassen durch Programmverantwortliche durchaus ernst zu nehmen sind, legte die Feldforschung ein auffällig hohes Maß an reflektierter Grundhaltung seitens mindestens eines Gutteils der Gesprächspartner offen. Diese lässt sich in weiten Teilen als ein bewusstes Einlassen auf die beim Gospelkirchentag, speziell beim MassChoir, angebotenen Erlebnishorizonte beschreiben, wofür Mitwirkende sich geöffnet und hingebungsvoll-anvertrauend von den Chorleitern an die Hand haben nehmen lassen. Besonders markant ist hierfür das Beispiel jener Agnostikerin, die von den Bühnenakteuren als von den „Führern" sprach, die Botschaften vermittelten und die Menschenmenge – die sich entsprechend führen und bewegen lasse – in die eine oder andere Richtung führten. Dass dieses Geführt-Werden indes nicht als fragwürdige psychologische Fernsteuerung, als spirituell-geistliches Verführen gelten müsse, begründete eine andere Gesprächspartnerin mit der Transparenz des Gesamtgeschehens:

> "[...] es geht wir wollen etwas verändern im Namen Gottes (.) des is vorher gesagt und Psychologie wär für mich so'n bisschen auch dieses: ‚Ich komme so durch die Hintertür und mache mit dieser guten Musik und der schönen Stimmung infiltriere ich dich ein bisschen!' (.) aber da- das isses nicht! Ich finde, es ist eine klare Aussage und ich (.) es zwingt mich hier niemand, dass ich zu d- Stellung nehmen muss und dass ich sage: ‚Ja, wow! Gott isses!' Sondern ich kann hier auch rausgehen und sagen: ‚Es war wunderschön, aber ihr könnt mich mal!'"[408]

Demnach ist das inhaltliche Angebot des Singens beim MassChoir ebenso transparent wie in seinem Charakter freibleibend. Niemandem werde im Vorfeld etwas anderes vorgespiegelt als dann faktisch stattfinde und jedem verbleibe die Freiheit, ohne persönliche Konsequenzen für Glaube oder Spiritualität ausschließlich im Moment des Massensingens am multidimensionalen Geschehen teilzuhaben und hernach mit einer „Ihr könnt mich mal!"-Haltung wieder zu gehen, zurück in sein Leben außerhalb des Riesenchores.[409]

Es erscheint vor dem Hintergrund solcher Teilnehmerreflexionen den beobachteten Phänomenen somit durchaus angemessen, das Sich-Einlassen auf auch emotionales und spirituelles Geführt- wie Bewegtwerden als ebenso bewusste wie

---

[408] GKT-Interview 140921_002, Z.52–59.
[409] Wie stark einzelne Sänger am MassChoir-Singen mitunter tatsächlich und bewusst dezidiert losgelöst von persönlichen Glaubensfragen, einfach aus *Freude am Singen*, partizipiert haben, zeigte ein Interview besonders deutlich.

B 2.5 Manipulation oder Horizontweitung? 127

reflektierte Entscheidung des (mündigen) Einzelnen anzusehen.[410] In Ergänzung des Interviewmaterials sind für diesen Zusammenhang auch die Beobachtungsprotokolle der Erlanger Feldforscher hilfreich; so findet sich in meinem eigenen Feldtagebuch eine Passage zur bewussten Entscheidung, die forschende Distanz im singenden Menschenmeer noch stärker zu verlassen, mich persönlich stärker einzulassen auf das Massensingen, um das zu untersuchende Geschehen umfassender am eigenen Leib mitzuerleben, was dann merklich auch der Fall war und Erlebnishorizonte beziehungsweise Erfahrungsräume erschloss, die ohne diese verstärkte Hingabe wohl unweigerlich verschlossen geblieben wären.

Daher ist Michael Meyer-Blanck[411] zuzustimmen, wenn er in „Inszenierung des Evangeliums" unter Aufnahme etwa von Dietrich Stollberg im Zusammenhang der Bedeutung von Leiblichkeit festhält, dass der Weg zu angemessenem individuellen liturgischen Handeln über das Durchleben führe und dies insbesondere durch Anleitung und praktisches Erproben. Demnach würden im evangelischen Kontext Körpersprache und sinnliche Erfahrung tendenziell vernachlässigt, verdienten aber – wie allen voran die liturgischen Bewegungen, etwa jene der Berneuchener, verdeutlicht hätten – einiges mehr an Aufmerksamkeit, zumal im liturgischen Diskurs. Was er zur Sprache des Leibes ausführt, die etwa für das Knien oder Gebetsgebärden eine Rolle spiele, befördert gewiss auch das bessere Verständnis der MassChoir-Vorgänge, die ebenfalls von instruktiven Vorgaben geprägt waren, welche Mitwirkende zur Nachahmung, zum liturgischen Durchleben und zur Aneignung animierten.

Offenkundig schloss, mindestens für Einzelne, das vertrauend-hingebungsvolle Sich-Einlassen auf die anleitende Führung durch Bühnenakteure beim MassChoir die Grundhaltung, die emotionale Einstellung – soweit selbst steuerbar – sowie körperliche Vollzüge mit ein und ein An-die-Hand-Genommen-Werden auf diesen Gebieten wurde nicht als Freiheitseinschränkung oder gar Manipulation bewertet, sondern als das persönliche Erleben in der Gruppe befördernd, klangliche und allgemein sinnliche Sphären eröffnend. In partieller Analogie zum Gemeindegottesdienst lässt sich also konstatieren, dass, wenigstens in gewissem Umfang, auch hier Handlungsanweisungen prinzipiell unhinterfragt gefolgt wurde und etwa der Einzelne aufstand, wenn die Gruppe der Anwesenden hierzu aufgefordert wurde, mag er sich individuell danach gefühlt haben oder nicht. Beim MassChoir ging dies allerdings über die basale körperliche Grundhaltung – Sitzen oder Stehen, Liegen oder Gehen – hinaus, insofern dezidiert Gefühle und Gebärden mit eingeschlossen wurden in die Anleitungsvorgaben, die aus klassischen (mindestens landeskirchlichen) Gottesdiensten vertraute Dimensionen überstiegen, wie beispielsweise – und besonders augenfällig – die choreographisch mit dem Singen verbundene Selbstumarmung bei „Loved" im MassChoir I.

---

[410] Andreas Malessa sprach im Interview von nicht zu unterschätzenden *Emanzipationskräften* heutiger Menschenansammlungen – konkret bezogen auf das Publikum von *Amazing Grace* – und betonte, dass diese entgegen häufigen Annahmen *nicht doof* seien.

[411] Vgl. Meyer-Blanck, Inszenierung, 24–30.

Zugleich unterstreicht die Aktivität und Einbindung in Bewegungsabläufe, mögen es auch vorgegebene sein, das gegenüber anderen (Gottesdienst-) Kontexten sogar höhere Maß an individueller Freiheit in Kassel, mag das im Feldforschungsvideo dokumentierte geradezu uniforme Bild einer größtenteils einheitlich sich gebärdenden und ganz nach Bühnenanleitung agierenden Menschenmasse auch – zumal auf Außenstehende – einen eher eingeschränkten Eindruck erwecken. Denn Meyer-Blanck beschreibt, hier in Aufnahme von Manfred Josuttis, dass Sitzen im evangelischen Gottesdienst gemeinhin nicht mehr Ausdruck von Herrschaft, sondern „eingeschränkte Bewegungsfreiheit" und im Sinne eines Machtgefälles Verurteilung „zur Rezeption und damit zum Beeinflußtwerden"[412] sei. Gerade darin wird deutlich, dass – im starken Unterschied zu Tendenzen des klassischen Sonntagsgottesdienstes – beim MassChoir die Teilnehmer nicht zum „bewegungslosen Publikum degradiert"[413] zu werden drohten, sondern im Gegenteil höchst aktiv beteiligt waren, wenn auch Anleitungen folgend. Dies kam faktisch Meyer-Blancks Appellen entgegen, horizonterweiternd zunächst noch fremde Gebärden wie etwa bestimmte Gebetshaltungen zum praktischen Mitvollzug vorzugeben beziehungsweise anzubieten, die zu einer Adaption als eigene Handlungspraxis durch das Individuum einladen:

> „Auch leiblich sollten wir üben, miteinander und mit Gott zu sprechen."[414]

So scheint es, dass analog zum grundsätzlichen Sich-Einlassen auf die Manifestation der kleinen sozialen Lebenswelt des Gospel-Singens für ein Wochenende in Kassel – insbesondere seitens bislang damit Nichtvertrauter wie etwa jenes 43-Jährigen aus dem GKT-Interview 140921_003 – Teilnehmer am MassChoir sich hingebungsvoll auch für emotionale und körperliche Vorgaben geöffnet haben, um sich dadurch von den Anleitern Erfahrungsräume aufzuschließen, um sich in dieselben hinein- und sodann darin führen zu lassen.

Wie intensiv das Erleben in solchen Räumen sein konnte wird nicht zuletzt an mehreren Stellen der Feldtagebücher des Erlanger Forschungsteams deutlich, wie im Kapitel B 2.3 bereits aufgeschienen ist. Während die vier Feldforscher lediglich *natives auf Zeit* waren und ihre Teilnahme in Kassel – wie die Aufzeichnungen veranschaulichen – im Unterschied zu „echten natives" grundsätzlich von einer gewissen Distanz geprägt war, hatte ihr persönliches Sich-Einlassen auf das Forschungsfeld mitunter gleichwohl massive Konsequenzen für das individuelle Erleben daselbst. Studentin N beschrieb:

> „Wir lernen nun ,This ist the day'. Dieser Song ist spritzig und schnell. Es macht Spaß ihn zu singen, ist er doch nicht besonders schwer. Nun hatten wir zwei Lieder zum Wachwerden gesungen. Darauf folgt der gefühlvolle Song ,Loved'. Es ist sehr packend und ergreifend. Irgendwann gibt Jochimsen die Anweisung an seine Band und das Klavier nun nur uns singen zu lassen ohne Begleitung. Es ist ein wahnsinniges Gefühl Teil einer so großen Menge zu sein. Das kann ich kaum beschreiben, ich glaub

---

[412] Meyer-Blanck, Inszenierung, 28.
[413] A.a.O., 29.
[414] Ebd..

B 2.5 Manipulation oder Horizontweitung?

das muss man einfach selbst erlebt haben. Dann übernimmt Jochimsen und leitet zu einem Lied über, das er alleine singt und wir nur zuhören. Es ist unglaublich gefühlvoll. Er lässt uns mit einstimmen, es gibt keinen Text auf der Leinwand, trotzdem können alle mitsingen. In meinem Umfeld sind viele sehr ergriffen, nehmen sich gegenseitig in die Arme und es fließen bei meinen Nachbarn sogar Tränen. Dieses Lied macht was mit einem, es brüht einfach."[415]

Ganz ähnlich führte Studentin B zu „Now" beim MassChoir I am Vortag aus:

„[...] Belustigung dazu, da es einige Startschwierigkeiten mit den Bewegungen gab. Als wir nach etwa 40 Minuten Proben das Lied einmal ganz durchsangen, war ich am Ende des Lieds von der Stimmgewalt in den lang gehaltenen Noten so überwältigt, dass ich nicht weiter mitsingen konnte, sondern nur noch zuhören. Die Stimmen von 5000 Sängern machten mir Gänsehaut und ich war völlig ergriffen von der Intensität und der Lautstärke, mit der diese Menschen sangen."[416]

Besonders erhellend ist zudem eine Passage ihres Protokolls zu „My Promise" beim MassChoir II:

„Bereits diese ruhige, getragene Melodie und der Text berührten mich und ich fühlte mich sehr ruhig. Auch die eher tief gehaltene Melodie hatte eine sehr beruhigende Wirkung auf mich, sodass ich mich mit dem Lied sehr wohl fühlte. Auch der vierstimmige Teil, der etwas schneller und höher gehalten ist, ging mir wegen des Textes nahe. Die Vorstellung, ewig in Gott geborgen zu sein, fühlte sich tröstend an. Die Coda des Lieds, in der jede Stimme eine separate Rolle hat, nahm mich besonders wegen des starken, fast gerufenen ‚This is my promise' des Tenors mit, durch das das Versprechen sich greifbar anfühlte. Als wir mit dem Lied fertig waren, erzählte Arenius von der Inspiration für das Lied, das er für die Tochter einer befreundeten Familie geschrieben hatte. Er erklärte, dass es dazu dienen sollte, eine Art Hilfe zu leisten, wenn man eigentlich nicht helfen kann. Mit diesem Hintergrund für das Lied sangen wir es noch einmal ganz durch, wobei es so wirkte, als ob jeder Teilnehmer extra viel gab. Für mich war es unmöglich, das Lied mitzusingen, weil meine Stimme immer wieder brach so dass ich nur zuhören konnte. Das Versprechen des Lieds, die Melodie und die Stimmgewalt des Chores überwältigten mich und ich stand gebannt da und hörte zu. Statt mitzusingen, nahm ich das Lied auf mein Handy auf, um es nochmal anhören zu können. Ich war froh, dass wir nach diesem Lied mit der Probe fertig waren und der Eindruck des Lieds so ungetrübt bleiben konnte. Auf dem Weg von unseren Plätzen zum Ausgang konzentrierte ich mich jedoch schnell wieder auf meine Aufgabe, Teilnehmer zu interviewen und schloss für den Moment mit dem Lied ab."[417]

Exemplarisch wird hieran deutlich, in welcher Intensität eine Feldforscherin, die sich hingebungsvoll auf den Forschungsgegenstand einließ, im Massensingen –

---

[415] Feldtagebuch Studentin N, 9–10.
[416] Feldtagebuch Studentin B, 6.
[417] Feldtagebuch Studentin B, 12–13; bemerkenswert ist, wie stark das kollektive Singen desselben Liedes beim Abschluss-Gottesdienst auf dem Königsplatz dieses individuelle Erleben der Feldforscherin reaktivierte und im erneut *hauptsächlich gebannten Zuhören* ein *warmes Gefühl sich innerlich ausbreitete*.

trotz ihrer Beobachterrolle – persönlich erleben konnte, ohne dies im Rückblick als Manipulation oder Verführung anzusehen.[418]

Zugleich bleibt – im Kapitel B 3 wird auch eine einschlägige Passage aus Studentin Ns Tagebuch zur Thematik knapp besprochen – nüchtern festzuhalten, dass unleugbar suggestive und potentiell manipulative Elemente das MassChoir-Geschehen mitprägten, ja zu dessen ureigenem Wesen gehörten, wie etwa die Aufzeichnungen von Jochen Kaiser illustrieren; er hat zum MassChoir II – zur gleichen Stelle wie Studentin N im Zitat oben (s. Fußnote 415) – notiert:

> „Nach einigen weiteren Proben und Abschnitten, die gesungen werden, singen wir das ganze Lied. Es ist wieder sehr emotional, Gänsehaut. Der Chorus wird 3x gesungen, mit E-Piano, dann nur noch mit Ansingechor und schließlich nur die Halle. Es ist zwar leiser, aber es sind wirklich wir! Wir hören uns, wir singen, wir sind total emotional dabei und es ist ein absolutes Gemeinschaftsfeeling. Jochimsen nimmt den Song auf: Today, here, thousands of people sing the same song, everybody smiles. It is easy to believe, but Monday at home, you will go to Lidl, nobody will smile, and then you have to take your card and ah yeah: I am loved... Er setzt mit einem Song fort, eine Ballade, seine Stimme und das Keyboard. Der Inhalt ist die Bitte an Gott, dass wir glauben können: Help me to believe, help me to know, I belong to you... Zwar kommt wieder Gott nicht vor, aber wir spüren alle das Gebet. Dann geht es über in einen anderen Song. Alle stehen auf und kennen ihn offenbar, ich nicht, ich höre zu und fühle mit. Es ist wie ein Gebet.
> Matze geht vorbei er bewegt den Mund und singt mit, die Augen sind, obwohl er ja läuft fast geschlossen – das turned mich etwas ab, weil ich nicht verstehe, was das soll. Sein Handy leuchtet auch, er hat wahrscheinlich gerade telefoniert... Es wirkt nicht echt!
> Doch dann bin ich wieder im Song, nun singe ich auch mit. Es ist eine ruhige und dichte Atmosphäre, keine Lautstärke mehr, nichts Aufgeheiztes. Das berührt mich und spricht mich an: I belong to you. Lord, I believe I belong to you – 3-stimmig gesungen. Jochimsen geht durch die Stimmen und baut diese Dreistimmigkeit auf, es dauert bestimmt 5 Minuten und ist relativ ruhig, immer nur I belong to you. Lord, I belong to you... Das hat schon meditative und suggestive Wirkung. Wir sind gemeinsam in dem Bekenntnis, auch wenn ich nicht weiß, ob es nur Feeling ist oder ob tatsächlich die Singenden es als Bekenntnis wahrnehmen. Nach einer Zwischenstrophe sind wir wieder bei Nr. 3 Because I am loved. Wir singen mit Kraft und Energie und Begeisterung diesen Chorus. Wir sind im Flow und singen vereint dieses Lied."[419]

Die hier pointiert formulierte (An-) Frage ist zweifellos so fundiert wie berechtigt. Denn natürlich kann eine solche kollektive einmütige Stimmung wie jene in Kassel, der *Flow* des Miteinanders Sänger etwa zur singenden Abgabe eines (Glaubens-) Bekenntnisses veranlassen, das sie in anderem Kontext nicht abgäben, zu dem sie sich jedoch inmitten des stark von Gruppendynamik geprägten, emotional

---

[418] Dass dieselbe Feldforscherin indes keineswegs unhinterfragt oder gar naiv sich von allem begeistern oder gruppendynamisch im Riesenchor mitreißen hätte lassen ist beispielhaft daran erkennbar, dass sie – offenbar im starken Kontrast zu ihrer Umwelt – das sehr langsame Singen von „Amazing Grace" beim Gospel-Day als störend empfand und das Ende dieser Singsequenz kaum erwarten konnte.

[419] Feldtagebuch Kaiser, 5.

B 2.5 Manipulation oder Horizontweitung?

aufgeladenen Moments des Massensingens hinreißen lassen und dies im Nachhinein als übergestülpte Bevormundung betrachten. Zugleich legen die angeführten Interviewpassagen ebenso wie die Feldtagebuchaufzeichnungen und das Feldforschungsmaterial insgesamt nahe, dass die beforschten am MassChoir Beteiligten sich der christlichen Bezüge des Gesamtgeschehens ebenso wie der entsprechenden Gehalte der (englischsprachigen) Liedtexte bewusst waren und dennoch oder gerade deshalb partizipierten am Gemeinschaftssingen.

Daher ist zusammenfassend festzuhalten, dass beim MassChoir auf dem Gospelkirchentag in Kassel – bei allen grundsätzlichen (An-) Fragen, allem beobachtbaren Potential in dieser Hinsicht und womöglich einer besonderen Anfälligkeit eben jenes Massensing-Modus', bei dem Einzelne im Menschenmeer sich hingebungsvoll weit öffnen und von Leitfiguren führen lassen – in meiner Feldforschung keine Manipulation Einzelner oder Verführung von Massen zu beobachten war, sondern vielmehr angeleitete Horizontweitung durch bewusste Hingabe und Sich-Anvertrauen selbstbewusster Teilnehmer.

Im Gegenteil lässt sich rückblickend sogar festhalten, dass ganz im Sinne von Pirners Forderung nach Förderung einer *zweiten Naivität* bezüglich der Wirkungen von Musik[420] beim MassChoir in Kassel an mehreren Stellen die Möglichkeiten der Bühnenakteure, die Menschenmasse zu lenken und in ihrem Verhalten zu führen, persifliert, karikiert und damit mindestens thematisiert, wenn nicht gar sublim in Richtung potentiellen Machtmissbrauchs hin deutend problematisiert beziehungsweise entlarvt wurden. Und dies durch die prominenten und von der begeisterten Menschenmasse gefeierten Chorleiter selbst. So geschehen insbesondere im Bühnenhandeln von Hans-Christian Jochimsen, dem Gesicht und Star des Gospelkirchentags 2014 (s. Kapitel B 2.3), mehrfach an beiden Vormittagen. So rief er beim MassChoir I während der rund 40-minütigen Arbeit an „Loved" den Riesenchorsängern zu: „Never wait for the director! Never trust the director!"

Beim MassChoir II ließ er im Rahmen des Warm-Up als erster Dirigent des Vormittags die versammelten Gospelkirchentagsteilnehmer Geräusche von sich gebend auf und ab hüpfen, was – wie an diesem Morgen selbst inmitten des hüpfenden Menschenmeeres bereits anzunehmen war und später die Videoanalyse auch klar belegte – jenseits der Sinnfrage die einzelnen Teilnehmer nicht vorteilhaft erscheinen ließ. Unumwunden erklärte Jochimsen sogleich, dass diese Übung zwar keinerlei Sinn ergebe, „but it's fun for me to watch!" Statt dass sich die soeben offenbar an der Nase Herumgeführten über diesen Scherz auf ihre Kosten erkennbar ärgerten, wurde dieser vielmehr wohlwollend mit Lachen quittiert. Wenige Minuten später ließ Jochimsen die MassChoir-Sänger zudem einen Bühnenmusiker begrüßen, den er als seinen ältesten Sohn vorstellte, nach kurzer Pause hinzufügend:

„And the funny thing is, I know that some of you actually believed that!"

---

[420] Vgl. Pirner, Aspekte, 218–219.

Dieses selbstironische Untergraben seiner eigenen Autorität beziehungsweise seiner Glaubwürdigkeit scheint mir mehr als ein morgendlicher Scherz gewesen zu sein, um die von der kurzen Nacht noch müden Gospelsänger in Stimmung zu bringen. Vielmehr könnte es sich um ein Kommunikationsgeschehen gehandelt haben, im Rahmen dessen die Riesenchormitglieder, welche auf den zitierten Kommentar des dänischen Dirigenten – wenigstens die *some* betreffend – keineswegs mit Empörung ob des implizierten Vorwurfs beziehungsweise der Entlarvung als naiv und blind vertrauend reagiert haben, sondern mit herzlichem Lachen, zwischen den Zeilen sensibilisiert und ermahnt wurden, auch ihrem Helden Jochimsen nicht einfach alles zu glauben. Das kollektive Lachen mag als Bestätigung, dass die Botschaft ankam, gewertet werden können.

Und noch ein drittes Beispiel soll die differenzierte Wahrnehmung seiner Führungsmacht illustrieren. Es zeigt, dass Jochimsen nicht allein durch Selbstironie und scherzhaftes, offensichtliches An-der-Nase-Herumführen der Masse unhinterfragt-unreflektiertem Folgen der ihm gegenübersitzenden und -stehenden Menschenmenge entgegenwirkte, sondern außerdem der zu erwartenden Ernüchterung nach dem euphorischen Erleben beim Gospelkirchentag vorgriff, wenn jeder Beteiligte wieder im Alltag angekommen sein würde. Im Kontrast zum Erleben beim MassChoir – „thousands of people, everybody singing the same song, everybody smiling, everybody being positive" – sei es dann – bei „Lidl […] and no one is smiling, no one is hugging you and telling you ‚You are loved!'"– nämlich schwerer zu glauben, dass man *loved* ist, weshalb jeder Sänger sich ein Kärtchen mit dem Songtext von „Loved" mitnehmen solle, im Alltag bei sich haben und zur Vergewisserung in solchen Momenten einsetzen. Mit dieser Intervention verband sich nach meiner Interpretation eine doppelte Intention: Das Gefälle zwischen euphorischem Riesenchorsingen und ernüchterter Vereinzelung im Alltag ernst nehmend darauf vorzubereiten sowie die Sondersituation in Kassel zu thematisieren, die zwar als Zurüstung für die Herausforderungen des Alltags dienen, aber nicht in diesen hinein fortgesetzt werden kann, sondern allenfalls – etwa durch Erinnerungsträger wie das „Loved"-Kärtchen – reaktiviert. Damit wurde, wenn auch implizit, den Begrenzungen aller Wirkungen des in der Rothenbach-Halle situativ erlebten und genossenen Musizierens beim Massensingen ungeschönt ins Auge gesehen; die Riesenchorteilnehmer wurden durch denselben Chorleiter, der zuvor ihre (potentiell) ekstatischen Erlebnisse befördert hatte, auf die bevorstehende Transition hingewiesen, gewissermaßen vorgewarnt, dass nach aller Begeisterung und Transzendenzerfahrung wieder unausweichlich der *Lidl-Alltag* kommen und dann ein Transfer nötig sein würde von der im Riesenchor gemachten Erfahrung in denselben hinein, so dass die Botschaft von „Loved" auch darin dann noch trägt und tröstet.

Gerade in der Rückschau erscheinen diese drei simplen Beispiele als sehr bedeutsam für mindestens Jochimsens Wahrnehmung seiner faktisch vorhandenen Führungsrolle bei den beiden MassChoir-Einheiten. Manfred Pirner, der für entscheidend hält, dass ein

B 2.5 Manipulation oder Horizontweitung?

„aufgeklärt-selbstbestimmter Umgang mit Musik (im Sinne der oben genannten ‚zweiten Naivität') *auch in der Kirche und auch mit religiösen Liedern und Kirchenmusik eingeübt wird*"[421],

weist unzweifelhaft auf einen ausgesprochen gravierenden Teil der Verantwortung von –buchstäblich – Machthabern im musikalischen Bereich hin, im Fall des MassChoir somit seitens der einflussreichen „Führer" auf der Bühne. Dass sein berechtigter Appell, auch und gerade im christlichen Kontext durch kokettierende Selbstironie wie andere geeignete Mittel einer fragwürdigen Entfaltung von Wirkungen von Musik entgegenzusteuern und vielmehr einen aufgeklärten, selbstbestimmten Umgang mit derselben zu begünstigen, beim MassChoir-Singen erkennbar auch ein wesentliches Anliegen Verantwortlicher war, unterstreicht in Ergänzung der Interviewauswertungen, wie unbegründet ein Manipulationsvorwurf in diesem konkreten Zusammenhang erscheinen müsste. Denn wie reflektiert und sensibel Riesenchormitglieder sich bewusst eben diesen mitunter selbstironisch agierenden Chorleitern, die sie für vertrauenswürdig halten, anvertraut haben, ist in mehreren Gesprächen aufgeschienen.[422] Wie sie illustrierten, gehört – mit Pirner – zu einem gesunden Umgang mit Musik und ihren potentiellen Wirkungen im Sinne einer aufgeklärten *zweiten Naivität*

„auch die bewusst verantwortete Entscheidung bezüglich damit verbundener gesundheitlicher, psychischer wie physischer Risiken, also beispielsweise die gründliche Überlegung, wem bzw. welcher Gemeinschaft ich mich bei meditativen oder ekstatischen Musikerlebnissen anvertraue oder welche Lautstärke ich meinen Ohren zumute."[423]

So bleibt auch und gerade im Rückblick auf die MassChoir-Einheiten beim Gospelkirchentag die Verantwortung des einzelnen Sängers zu unterstreichen, der – sobald er sich einmal auf das Geschehen eingelassen hat – weder eine der Bühnenkamera vergleichbare Gesamtperspektive hat noch aus der Distanz kritisch reflektieren kann über das sich Ereignende, sondern mittendrin sich befindet im Moment des gegenwärtigen Erlebens:

---

[421] Pirner, Aspekte, 219.
[422] Im Zuge der Feldforschung zu *Amazing Grace* begegnete im Gespräch mit Susanna M. ebenfalls eine Haltung, welche die Machtwahrnehmung von charismatischen Schlüsselfiguren im Umgang mit ihnen folgenden Menschenmassen als besondere Herausforderung und es als wesentlichen Teil ihrer Verantwortung ansieht, mit ihren Möglichkeiten in rechter Weise umzugehen, während sich die Einzelperson im Gegenüber zu Führungsfiguren ihrerseits jeweils überlegen müsse, wem sie folgen wolle.
[423] Pirner, Aspekte, 219.

Abbildung 8: Screenshot Handy-Video während MassChoir I („Loved"); Bildrechte: Jonathan Kühn

3. United (we sing): Singend im gleichen Boot – Die dreifache Typologie

Das Grundprinzip der ethnographischen Lebensweltanalyse, wie Honer es am Beispiel von Heimwerkern entwickelt hat, wird in dieser Studie aufgegriffen, allerdings insofern modifiziert, als sich innerhalb des Gospel-Singens als eines geteilten Lebensweltfragments der Beteiligten Verästelungen und Differenzierungen finden lassen, die Anlass zu einer materialorientierten Weiterentwicklung beziehungsweise einer anderen Perspektive auf das Untersuchte geben. Dies steht indes nicht im Widerspruch zum Konzept der kleinen sozialen Lebenswelt, das dann zwar für Heimwerker und deren Gemeinsamkeiten, nicht aber, oder zumindest nur reduziert, für Gospel-Begeisterte geeignet wäre, sondern liegt allein im unterschiedlichen Fokus: Während mit der phänomenologischen Untersuchung und Skizzierung einer kleinen sozialen Lebenswelt nach Honer die jeweiligen *Gemeinsamkeiten* im Erleben betrachtet und beschrieben werden, ist es Aufgabe einer materialorientierten, differenzierenden Typologie, wie sie im Folgenden vorgestellt wird, auf die Unterschiede *innerhalb* der untersuchten kleinen sozialen Lebenswelt abzuheben, was notwendig auf einer reflexiven Ebene geschieht, im konkreten Fall auf der Grundlage der analysierten Selbstauskünfte der Beforschten in Interviews vor dem Hintergrund des vom Feldforscher vor Ort selbst Erlebten und mittels Feldtagebuch und Videoaufzeichnungen Dokumentierten. Diese Befragten erlebten präsentativ gemeinsam beziehungsweise nebeneinander innerhalb des geteilten Kontextes der kleinen sozialen Lebenswelt „Gospel-Singen" als eines bündelnden Gesamtrahmens, ließen im diskursiv-reflexiven Reden über ihr Erleben aber gleichwohl Unterschiede erkennen, da sie unterschiedlich erlebt beziehungsweise ihr individuelles Erleben, welches es bestmöglich zu rekonstruieren galt, verschieden gedeutet haben. Auf der analytischen Ebene der Typisierung ist daher zu berücksichtigen, dass die kleine soziale Lebenswelt des Gospel-Singens die Ränder beschreibt, *innerhalb* derer die differenzierten Verästelungen begegneten, also das breite Spektrum dieses Erlebens zu anderen Lebensweltfragmenten hin abgrenzt.[424] Dies wirkte sich unmittelbar auf die nachfolgend darzustellende dreifache Typologie aus.

Denn beim Gospelkirchentag in Kassel, wo sich 2014 die kleine soziale Lebenswelt Gospel-Singen für ein Wochenende konkretisiert und manifestiert hat, erlebten prinzipiell alle daran Beteiligten – unbenommen der Unterschiede im Detail – *innerhalb* des einen Lebensweltfragments als umspannendem Rahmen oder – wie im gewählten Bild gefasst – als bergendem Hausboot, das alle zugehörigen Facetten beherbergt und in aller Gemeinsamkeit zugleich Raum lässt für bunte Vielfalt. Somit sind unbeschadet der Ausdifferenzierungen in verschiedene Modi

---

[424] Besonders anschaulich wird die Differenz zwischen präsentativem Erleben und diskursiv-reflexivem Beschreiben desselben im GKT-Interview 140920_003.

des Erlebens im Detail die Singenden allesamt der gleichen kleinen sozialen Lebenswelt teilhaftig, sind im gleichen Erlebnisboot, selbst wenn – wie wir vier Erlanger Feldforscher – lediglich als Bewohner oder *natives auf Zeit*.

Wie stark das gegenwärtige (inter-) subjektive Erleben – unbeschadet der Unterschiede durch reflektierende Deutungen oder den Ausdruck von Einstellungen im Nachhinein – beim Singen im Riesenchor des MassChoir ein einheitliches, von der emotional teils höchst aufgeladenen Gesamtsituation und Atmosphäre geprägtes war, konnte im Kapitel B 2.3 am Beispiel von „Loved" beim MassChoir I bereits gezeigt werden. Dies ergänzend soll hier ein Auszug aus dem Feldtagebuch von Studentin N zum selben Vormittag illustrieren, wie stark das Erleben der einzelnen Sängerin im Moment von Gruppendynamik und allgemeiner, die Einzelne mitreißender Stimmung geprägt sein und wie dies in nachgelagerter Reflexion zu Hinterfragung und Selbstkritik Anlass geben konnte:

> „Dank ihm und seiner Freude am Singen vergesse ich zumindest für einen Moment, dass ich eigentlich ziemlich angespannt und aufgeregt bin, wegen dieser Interviews. Nun singen wir wieder alle zusammen, weil es alle Stimmen einzeln gelernt hatte. Auf der einen Seite bin ich von dem Singen in dieser großen Menge total begeistert, weil der Klang einfach überragend und eindrucksvoll ist, auf der anderen Seite bin ich total erschrocken, wie beeinflussbar und manipulierbar man ist. Ich weiß nicht, ob wir nicht auch irgendwelche kriegsverherrlichende Lieder gesungen hätten, wenn sie uns mit einer ansprechenden Melodie und mit dieser Motivation von Chambers verkauft worden werden. Ich unterstelle nun mal, dass der GKT nicht solche Absichten hatte. Mir macht es tatsächlich viel Spaß und irgendwann wehrt man sich auch nicht mehr mit aufzustehen, wenn man singt oder mit zu klatschen. Es tun ja alle und man will nicht alleine sitzen und so aus der Reihe tanzen. Das hat schon sehr was von Gruppenzwang. Nachdem wir nun alle den Song zu Ende gesungen hatten [...]"[425]

Diese Passage legt nahe, dass die Feldforscherin im Moment des Erlebens mit *viel Spaß* beteiligt war, mitgerissen wurde von der Dynamik des MassChoir-Singens und die selbstkritische Hinterfragung des Mitschwimmens mit der Masse erst im Nachhinein hinzutrat, sich im Feldtagebuch stark niederschlagend das Beschriebene ins Licht kritischer (Selbst-) Distanzierung tauchend, die der *totalen Begeisterung* einen *Gruppenzwang* zugesellt, gegen den sich die Einzelne schließlich *nicht mehr wehrt*. Insbesondere die Frage nach dem ebenso begeisterten etwaigen Mitsingen *kriegsverherrlichender Lieder* deutet auf spätere Reflexionen über das Erlebte hin.[426]

---

[425] Feldtagebuch Studentin N, 7–8.
[426] Freilich ist es nicht mein Anspruch, verlässlich deuten zu können, was genau die Feldforscherin wann erlebt oder (währenddessen) gedacht hat; zugleich scheint diese Passage des Beobachtungsprotokolls, welches – wie bei allen Erlanger Feldforschern – auf Grund praktischer Gegebenheiten erst im zeitlichen Abstand zum gegenwärtigen Erleben entstehen konnte, deutlich identifizierbare Züge interpretierender Reflexion zu enthalten, die die Darstellung des konkreten Erlebens im Menschenmeer prägen, womöglich gar überlagern. Ein ähnliches Beispiel findet sich im Zusammenhang der Forschung zu *Amazing Grace* im Interview mit Susanna M. (SM 4, Z.82–105); vgl. auch Kapitel C 1.7.

An diesem Beispiel ist – ähnlich wie anhand von Interviewaussagen und den Aufzeichnungen der anderen drei Feldforscher, vielleicht aber hier besonders anschaulich – erkennbar, wie stark das individuelle gegenwärtige Erleben vor Ort im MassChoir – inmitten aller Ausdifferenzierungen im Detail, wie sie in den nachfolgenden Typologien aufscheinen werden – als ein grundsätzlich gemeinsames, von den Beteiligten geteiltes zu begreifen ist, als eines, das die vom Hausboot der kleinen sozialen Lebenswelt Gospel-Singen beherbergten Einzelausprägungen des Erlebens zusammenführte und verband. So verschieden die Modi des singenden Erlebens im Detail wirken mögen, die Singenden waren prinzipiell doch alle im gleichen Boot, umgeben von der gleichen Atmosphäre, mitgerissen – mehr oder minder stark – von der gleichen allgemeinen Dynamik des Moments.[427]

3.1 Zu Genese und Systematik der Typologien

Die im Rahmen der feldforschenden Teilnahme am Gospelkirchentag in Kassel von mir geführten 49 Interviews – davon 16 zum MassChoir-Singen, die den vorgestellten Typologien zugrunde liegen – umfassten zwischen rund ein und elf Minuten. Die Gesprächspartner wurden spontan vor Ort angesprochen und nach ihrem Erleben, ihren Gefühlen und ihrer Wahrnehmung befragt mit dem Ziel, ihre Orientierungsrahmen wie Relevanzsysteme zu ergründen und Einblick in ihre jeweilige Lebenswelt, insbesondere ihren Erlebensmodus auf dem Gospelkirchentag zu erhalten. Wiewohl durch den bei den beiden MassChoir-Einheiten verteilten und von der Bühne kommentierten Fragebogen bereits ein erstes Bewusstsein der Feldforschung entstanden sein könnte – zumindest bei allen ab dem MassChoir I Befragten – ist davon auszugehen, dass, mindestens in den meisten Fällen, im Vorfeld seitens der Gesprächspartner keine Vorbereitung auf ein Interview erfolgt war. Weder haben sich die Beforschten hierfür freiwillig gemeldet – etwa einem allgemeinen Aufruf folgend wie die 20 Probanden aus dem Riesenchor bei *Amazing Grace* in Ludwigsburg – noch konnte ihnen vor der spontanen Interviewanfrage klar sein, wozu sie in welcher Art und Intensität befragt werden könnten. Somit, wie auch die kurzen Wortwechsel vor Beginn der eigentlichen, dann mittels Diktiergerät mitgeschnittenen, Interviews, in welchen ich dem potentiellen Interviewpartner knapp erläutert habe, zum Erleben beim Gospel-Singen zu forschen und dafür Interviews zu führen, nahelegen, handelte es sich bei den Interviewäußerungen grundsätzlich um spontane Ausführungen, mögen diese auch unvermeidbar bereits von ersten Reflexionen über das zuvor Erlebte durchdrungen gewesen sein.

---

[427] Bereits am Freitag – noch vor dem MassChoir-Singen – hat ein Teilnehmer am Gospelkirchentag Mitreißendes erlebt, das er rückblickend als „völlig verrückt", aber ausgesprochen positiv beschrieb (vgl. GKT-Interview 140919_018, Z.38–48, zitiert in B 3.5).

Dieser Modus ging nicht primär auf pragmatische oder organisatorische Gründe zurück, sondern orientierte sich am Erkenntnisinteresse der vorgelegten Studie: Was Menschen beim Singen im christlichen Riesenchor *im Augenblick* erleben beziehungsweise soeben erlebt haben, ehe sie diskursiv darüber Auskunft geben, sollte möglichst zeitnah und ungefiltert in Erfahrung gebracht werden, ohne eine ausgiebige Reflexion oder innere Vorbereitung auf die Interviewsituation zu befördern, was womöglich dazu geführt hätte, dass zu treffende Aussagen über das soeben Erlebte gezielt zurechtgelegt worden wären oder Gegenüber (noch stärker) allgemein von ihrer Einstellung zum Gospelsingen oder dergleichen gesprochen hätten. Dass dies in der Praxis in aller Regel tatsächlich gelungen ist legen nicht zuletzt die unterschiedlichen Sprechakte der Beforschten nahe, die auf eine große individuelle Vielfalt schließen lassen: Während Einzelne laut, schnell und voller Pathos ihre Eindrücke artikulierten, waren Andere sehr bedächtig, sprachen langsam, fast meditativ, in einem Fall sogar teils mit geschlossenen Augen, was häufig mit dem unmittelbar zuvor gesungenen Lied und dessen Duktus zusammenzuhängen schien.[428] Auch thematisierten Gesprächspartner regelmäßig ihre Schwierigkeiten, soeben spontan Erlebtes in Worte zu fassen, bemühten sich zuweilen, eben Gesagtes hernach zu ergänzen, zu relativieren oder zu korrigieren.

Freilich garantiert ein solcher Befragungsmodus nicht authentische Aussagen im Sinne freier Äußerungen ohne vorausgehende reflektierende Filterungsprozesse, wie diese bei Schreibaufrufen[429] oder anderen Formen von Anteilgaben am individuellen Erleben im musikalisch-spirituellen Zusammenhang stärker zu erwarten sein mögen; gleichwohl erscheint es, auch im Rückblick, eine besonders adäquate Methode zu sein, persönliches Erleben nahe am Ereignis selbst abzufragen.

Für die Einordnung dieser Spontaninterviews erscheinen abermals Elemente von Grimes' Ritualtheorie[430] bereits insofern hilfreich, als sie eine im Feld und bei der späteren Datenanalyse gewachsene Beobachtung plausibilisieren, wonach sich Individuen freudig bereit zeigen, für die Teilhabe an einer größeren Sache ihre jeweils eigene Individualität zurückzustellen, um im Verbund mit anderen Menschen über persönliche Grenzen, etwa des eigenen Geschmacks oder der Glaubenseinstellung, hinausgehend etwas Größeres zu erleben, seiner erlebend teilhaftig zu werden.[431] Bei Grimes findet sich dieser Aspekt insbesondere beim

---

[428] Deutlich unterschied sich diese Vielzahl der Artikulationsweisen der Gesprächspartner vom Verhalten der Interviewten bei *Amazing Grace*, die sich – womöglich nicht zuletzt wegen der Vorankündigung und des zeitlichen Abstands zum Erlebten – insbesondere in Telefoninterviews mehrere Tage nach einer Probe deutlich reflektierter wirkend und oftmals einander recht ähnlich in Duktus und Tonfall äußerten.
[429] Vgl. Kaiser, Religiöses Erleben, 57–58.
[430] Vgl. Grimes, Typen; ergänzend auch Kaiser, Religiöses Erleben, 23–26.
[431] Besonders anschaulich wird dies am GKT-Interview 140921_003: Während sich der Befragte betont abgrenzt von der Gospel-Szene (Z.50–57), die für ihn nur punktuell von Interesse sei, beschreibt er sein bereitwilliges Sich-Hineingeben in diese ihm teils fremde

B 3.1 Genese und Systematik der Typologien

Ritualtyp *Zeremonie*; insgesamt unterscheidet er sechs Typen ritueller Erfahrung, welche sich indes gegenseitig durchdrängen und ineinanderflössen (s. Kapitel B 2.4):

> „Erfahrungen sind nicht Löcher, in die man irgendwelche Gegenstände stopft. Sie sind vielmehr Weisen der Welterkenntnis, die auch nebeneinander existieren können."[432]

Vor diesem Hintergrund wird deutlich, dass es für die Anliegen dieser Studie gänzlich unproblematisch ist, dass die besonders pointierte Formulierung des Verzichts des Einzelnen auf „seine persönliche Eigenart und Unabhängigkeit zugunsten eines größeren Ziels"[433] in Grimes' Darstellung bei der Vorstellung des rituellen Erfahrungstyps *Zeremonie* begegnet, den er mit Zwang und rechtlicher Durchsetzung unter Strafandrohung verbindet; während er von einer Einladung an den Einzelnen zu solcher Zurückstellung eigener Individualität spricht, ergehe diese Einladung zugleich doch mit Befehlscharakter und spiele Macht eine wichtige Rolle in der Zeremonie, welcher Krönungen, Gerichtssitzungen, aber auch Olympische Spiele zuzurechnen seien. Denn dieser gewichtige Aspekt begegnet – wiewohl nicht gar so explizit artikuliert – auch in anderen Typen ritueller Erfahrung nach Grimes, deren Übergänge als fließend vorgestellt werden.

Zeitlich dem präsentativen Erleben im Menschenmeer, in dem Einzelne ihre individuellen Eigenheiten und Interessen zugunsten des großen Ganzen zurückgestellt hatten, nachgelagert, in der diskursiven Interview-Begegnung mit dem Feldforscher, war dann aber wiederum stets das einzelne Subjekt gefragt und seine persönliche Darstellung des soeben Erlebten.[434] Damit können prinzipiell je zwei Dimensionen beziehungsweise Aspekte unterschieden werden: einerseits das Erleben im Moment vom späteren, bereits von – mindestens ersten – Reflexionen getränkten Berichten hierüber (Erleben – Beschreibung) wie andererseits die

---

Welt, wodurch er sich im Ergebnis als „bereichert und beschenkt" (Z.43) bezeichnet. Persönliche Präferenzen und Glaubenseinstellungen beziehungsweise -ausdrucksformen wurden also erkennbar nachgeordnet, um beim Gospelkirchentag trotz solcher Grenzen intensiv mitzuerleben und teilzuhaben. Vgl. dazu auch die Feldtagebuchpassagen zur bewussten Erleben beförderdnen Hineingabe ins Geschehen seitens der Feldforscher, etwa Feldtagebuch Kühn, 7.

[432] Grimes, Typen, 131.
[433] A.a.O., 124.
[434] Mit dem starken Interesse am Erleben im Moment und dessen method(olog)ischer Berücksichtigung unterschied sich das Vorgehen dieser Studie im Blick auf den Gospelkirchentag in Kassel etwa von der Forschung von Gordon Adnams, der Menschen zu ihrem Erleben beim Singen befragt und dazu aufgefordert hat, im Rückblick über Erinnertes zu berichten. Interviewtranskripte wurden den Gesprächspartnern später zur Autorisierung wie Ergänzung vorgelegt; auch anekdotische schriftliche Äußerungen von Gesprächspartnern sind eingeflossen, vgl. Adnams, Congregational Singing (Experience), 18–20. Anders verhielt es sich beim Forschungsmodus auf dem Gospelkirchentag, dessen Fokus auf dem Erleben im Moment lag, nicht auf einer reflektierten Darstellung von (weit) Zurückliegendem; bei der spontanen Befragung wurden, orientiert am Erkenntnisinteresse, lediglich grobe soziale Eckdaten (Alter und Geschlecht) erhoben beziehungsweise die subjektive Einschätzung des Feldforschers hierzu dokumentiert.

Zurückstellung oder Unterordnung persönlicher Individualität zugunsten eines gemeinsamen oder gemeinschaftlichen Kollektivs (Einzelner – Gesamtheit). Dies schien besonders da auf, wo Menschen ihre grundsätzliche Haltung zur (aktiv mitgestalteten) Gospelmusik, zu Massenveranstaltungen, zu bestimmten Frömmigkeitsstilen et cetera zum Ausdruck brachten, besonders auffällig beim Rückgriff auf verallgemeinernde Formeln: „‚Wellness für die Seele' sag ich immer (wieder)"[435] mag als illustrierendes Beispiel hierfür dienen, insofern die Formulierung nahe legt, dass die Interviewte sich bereits – gar mehrfach – Gedanken über ihr Erleben beim Gospel-Singen gemacht, hierfür eine Formel gefunden beziehungsweise für sich übernommen hat und diese *immer wieder* gebraucht.

Auch war mindestens vereinzelt zu beobachten, wie im Verlauf eines Interviews die Beforschten zunehmend aus einem Modus des unmittelbaren Erzählens in eine reflektierte Mitteilung von Haltung, Meinung und Einstellung übergingen, was sich teilweise auch in der Wortwahl spiegelte. Exemplarisch lässt sich dies am soeben zitierten GKT-Interview 140920_003 zeigen: Während die 36-jährige Interviewpartnerin am Platz, noch singend an der „Praise Break" nach Abschluss der MassChoir-Einheit partizipierend, angetroffen wurde und das Interviewgespräch mit dem Feldforscher ihrerseits mit einem fulminanten „**Supi!**"[436] als Ausruf ihrer Begeisterung eröffnete, nahmen im weiteren Verlauf des kurzen Gesprächs die abstrakten Schlagworte zu, bis am Ende schließlich die Formel von Gospel als *Wellness für die Seele* stand. So war ihr eingangs erfolgter spontaner Freudenschrei offenkundig noch Ausdruck ihres gleichsam unmittelbaren Erlebens innerhalb der kleinen sozialen Lebenswelt Gospel-Singen im Rahmen des MassChoir (somit präsentativ), spätere Aussagen im selben Gespräch hingegen eine Art reflektierende Selbsterklärung (diskursiv), geprägt von grundsätzlichen Meinungen, individuellen Einstellungen bis hin zur formelhaft-abstrakten Floskel am Ende.

Aus den Analysen der Spontan-Interviews im Umfeld der beiden MassChoir-Singeinheiten wurden die im Folgenden vorgestellten Typen des Erlebens beim Gospel-Singen im Riesenchor entwickelt. Dabei handelt es sich um sinngenetische Typenbildungen, keine soziogenetischen, da im beschriebenen Modus die Sozialisation der Beforschten nicht (ansatzweise hinreichend) miterfasst wurde und der Fokus dieser Studie ohnehin ein anderer ist.[437]

Am Ende des Analyseverfahrens stand die dreiteilige, aus dem Feldforschungsmaterial heraus entwickelte Typologie, die noch vor der detaillierten Darstellung in den Kapiteln B 3.2 bis B 3.4 hier schon einmal grafisch veranschaulicht werden soll. Zur Systematik gehört die einerseits Schütz und Luckmann, andererseits Honer aufnehmende Konzeption der einen großen Lebenswelt und der darin wiederum vorfindlichen kleinen (sozialen) Lebenswelten (s. Kapitel

---

[435] GKT-Interview 140920_003, Z.20.
[436] GKT-Interview 140920_003, Z.2.
[437] Zudem wäre fraglich, ob ein so komplexes Unterfangen wie eine soziogenetische Typenbildung mir als Fachfremdem adäquat möglich wäre. Für die grundsätzliche Unterscheidung beider Typenbildungsarten vgl. Bohnsack, Typenbildung, 244–249.

B 3.1 Genese und Systematik der Typologien 141

A 2.4.1). Daher erscheint zur Veranschaulichung der hinsichtlich des Massensingens beim Gospelkirchentag gewonnenen Erkenntnisse das Bild des Weltenmeeres passend. Als Schwäche dieser Illustration mag gewertet werden, dass durch die Aufteilung der kleinen (sozialen Teil-) Lebenswelten auf Boote beziehungsweise Schiffe der wichtige Aspekt, dass Menschen parallel zu mehreren verschiedenen Lebenswelten gehören (können), grafisch nicht zur Gänze umgesetzt ist. Um dies zu veranschaulichen wären beispielsweise Kreise gewiss passender, auf deren Fläche vorfindliche Elemente – als Platzhalter für Personen – bei Überschneidung mehrerer zugleich sichtbar an mehreren Kreisen Anteil haben könnten.

Für den hier zu veranschaulichenden Gedanken erscheinen mir indes Boote insofern adäquater, als einerseits das alle noch so unterschiedlichen Einzelboote bergende Meer als alle verbindend ins Auge sticht und andererseits die relative Abgeschlossenheit der einzelnen kleinen (sozialen) Lebenswelten in sich selbst deutlich aufscheint. Einzelne Menschen können dauerhaft auf einem Boot mitfahren – die Grenzen des Meerbildes transzendierend sogar auf mehreren Booten/Schiffen gleichzeitig –, aber auch nur einmal zur Probefahrt ein Boot besteigen, wie wir Feldforscher beim Gospelkirchentag das Hausboot des Gospel-Singens für ein Wochenende als *natives auf Zeit* dies taten. Deshalb ist das folgende Lebensweltenmeer zu betrachten als Umschlagplatz der verschiedenen Boote und Schiffe, die einander auf ihrer Fahrt fortwährend begegnen können: Mancher (See-) Wege kreuzen sich häufiger, die anderer seltener, die Dritter womöglich nie; manche Schiffe sind schwerer vom außenstehenden, Aufnahme Begehrenden zu besteigen – wie es ein Kreuzfahrtschiff auf hoher See sein mag – andere leichter. Wieder andere mögen nur denjenigen vollumfänglich zugänglich sein, die sich dauerhaft zur Mitfahrt verpflichten, statt nur auf eine Probefahrt sich einlassen zu wollen, oder eine bestimmte, erforderliche Besteigungs- oder Erschließungskompetenz mitbringen.

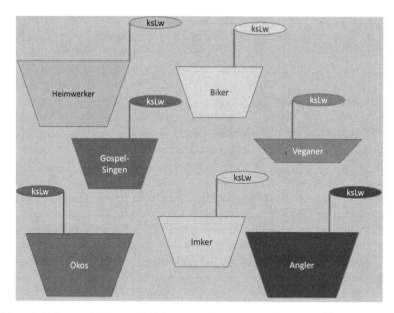

Abbildung 9: Lebenswelt-Meer und kleine (soziale) Lebenswelten darauf[438]

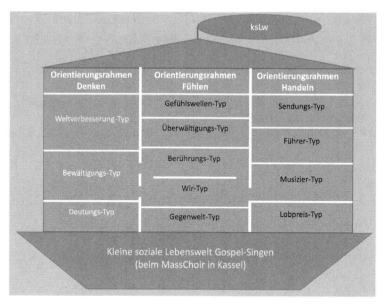

Abbildung 10: Hausboot „Kleine soziale Lebenswelt Gospel-Singen", manifestiert beim MassChoir in Kassel

---

[438] Die anderen Beispiele (vermuteter) kleiner sozialer Lebenswelten sind – mit Ausnahme jener von Honer beforschten der Heimwerker – zu Illustrationszwecken willkürlich gewählt, ebenso wie die Größen der Boote/Schiffe, ihre Fahrtrichtungen et cetera.

B 3.1 Genese und Systematik der Typologien 143

Die in der Hausboot-Grafik nicht durchgezogenen Linien zwischen einzelnen Typen – teils die einzelnen Orientierungsrahmen übergreifend – sollen die substanziellen Gemeinsamkeiten der so verbundenen Einzeltypen illustrieren. Während die am Riesenchorsingen Beteiligten grundsätzlich zwischen den verschiedenen Kajüten, Zimmern oder Abteilungen sich frei bewegen können und die Grenzen zwischen den Einzeltypen allgemein als potentiell fließend anzusehen sind, bestehen etwa zwischen dem Musizier- und dem Wir-Typ oder zwischen dem Berührungs- und dem Wir-Typ einerseits ausreichend große Beschaffenheitsdifferenzen, um eine Ausdifferenzierung in drei Einzeltypen zu erfordern, zugleich aber auch große Schnittmengen. Dem war grafisch Rechnung zu tragen.

3.1.1 Prinzip der MassChoir-Typologie

Auf der Grundlage des Datenmaterials aus den beiden MassChoir-Einheiten entstand im Zuge der Auswertungen eine Typologie, welche in ihrer Systematik konzeptionelle Impulse von Jochen Kaiser[439] aufnahm. So wurden charakteristische Typen entwickelt, welche sich jeweils analytisch von anderen abgrenzen lassen, ohne einander jedoch auszuschließen; entsprechend war eine Mehrfacheinordnung Befragter in mehrere Einzeltypen ebenso konzeptionell vorgesehen wie im praktischen Vollzug regelmäßig der Fall, während bloße Zahlen keinen Ausschlag bei der Bewertung der Validität des Einzeltyps gaben. Denn eine substantielle Typik hing und hängt im gewählten rekonstruktiven Verfahren nicht davon ab, dass bestimmte Häufungen oder Prozentsätze erreicht werden – indem etwa erst dann ein Typus dezidiert als solcher identifiziert werden könnte, wenn mindestens ein bestimmter Anteil der Beforschten sich ihm zurechnen ließe. Vielmehr kann bereits ein einziger Beforschter – wie beim Sendungs-Typ der MassChoir-Typologie tatsächlich zu beobachten – zur fundierten Identifikation eines datenbasierten eigenen Typus' veranlassen, während sich im Bereich eines anderen Typus' zahlenmäßig ein Gutteil der Beforschten wiederfindet – etwa beim Musizier-Typ mit zehn von 18 Befragten – und somit, zumal von außen betrachtet, ein markantes Quantitätsgefälle begegnet. Entscheidend für die Herausarbeitung eines Typs sind im gewählten Grundverständnis aber charakteristische Auffälligkeiten in Gestalt (relativer) Alleinstellungsmerkmale, nicht numerische Häufigkeiten des Vorkommens – auch in dieser Hinsicht gab die Studie dem qualitativen Ansatz den Vorzug. Dabei ist zu beachten, dass die sich aus Interviewaussagen speisenden und deren Analysen zuspitzenden rekonstruierten Typen zwar die Erlebensweisen und Wissensbestände der Befragten abbilden (sollen), dass letztere aber nie ganz aufgehen können in einem oder mehreren Typen, welche jeweils atheoretisches Wissen zu benennen und trotz bleibender Unterschiede die einzelnen Beforschten Verbindendes zu bündeln die Aufgabe haben. Die Interviewpartner der beiden MassChoir-Einheiten konnten letztlich diesen Einzeltypen zugeordnet werden:

---

[439] Vgl. Kaiser, Religiöses Erleben, 88.140–173.

Interviewpartner MassChoir	Typologie-Zuordnungen: Einzeltypus (Orientierungsrahmen)
M aus 140920_001	Gegenwelt-Typ (Fühlen)
M1 aus 140920_002	Berührungs-Typ (Fühlen), Musizier-Typ (Handeln)
F aus 140920_003	Gefühlswellen-Typ (Fühlen), Überwältigungs-Typ (Fühlen)
F aus 140920_004	Wir-Typ (Fühlen), Lobpreis-Typ (Handeln)
M aus 140920_005	Wir-Typ (Fühlen), Berührungs-Typ (Fühlen), Lobpreis-Typ (Handeln)
M aus 140920_006	Gefühlswellen-Typ (Fühlen), Überwältigungs-Typ (Fühlen), Berührungs-Typ (Fühlen), Führer-Typ (Handeln), Lobpreis-Typ (Handeln)
F aus 140920_007	Weltverbesserungs-Typ (Denken), Deutungs-Typ (Denken), Wir-Typ (Fühlen), Überwältigungs-Typ (Fühlen), Musizier-Typ (Handeln)
F aus 140920_008	Deutungs-Typ (Denken), Wir-Typ (Fühlen), Gefühlswellen-Typ (Fühlen), Überwältigungs-Typ (Fühlen), Berührungs-Typ (Fühlen), Musizier-Typ (Handeln), Führer-Typ (Handeln)
M aus 140920_009	Bewältigungs-Typ (Denken), Wir-Typ (Fühlen), Führer-Typ (Handeln), Lobpreis-Typ (Handeln)
M aus 140920_010	Deutungs-Typ (Denken), Bewältigungs-Typ (Denken), Wir-Typ (Fühlen), Gefühlswellen-Typ (Fühlen), Gegenwelt-Typ (Fühlen), Berührungs-Typ (Fühlen), Lobpreis-Typ (Handeln)
KS aus 140920_011	Überwältigungs-Typ (Fühlen), Musizier-Typ (Handeln), Führer-Typ (Handeln)
F1 aus 140920_012	Überwältigungs-Typ (Fühlen), Musizier-Typ (Handeln)
F2 aus 140920_012	Musizier-Typ (Handeln)
F aus 140921_001	Gefühlswellen-Typ (Fühlen), Überwältigungs-Typ (Fühlen), Gegenwelt-Typ (Fühlen), Berührungs-Typ (Fühlen), Musizier-Typ (Handeln), Lobpreis-Typ (Handeln)
F aus 140921_002	Weltverbesserungs-Typ (Denken), Deutungs-Typ (Denken), Bewältigungs-Typ (Denken), Wir-Typ (Fühlen), Gefühlswellen-Typ (Fühlen), Berührungs-Typ (Fühlen), Musizier-Typ (Handeln)
M aus 140921_002	Deutungs-Typ (Denken), Gefühlswellen-Typ (Fühlen), Überwältigungs-Typ (Fühlen), Gegenwelt-Typ (Fühlen), Musizier-Typ (Handeln)
M aus 140921_003	Deutungs-Typ (Denken), Gefühlswellen-Typ (Fühlen), Berührungs-Typ (Fühlen)
F aus 140921_004	Deutungs-Typ (Denken), Bewältigungs-Typ (Denken), Überwältigungs-Typ (Fühlen), Berührungs-Typ (Fühlen), Musizier-Typ (Handeln), Lobpreis-Typ (Handeln), Sendungs-Typ (Handeln)

Tabelle 11: Übersicht Zuordnung der MassChoir-Interviewpartner in der Typologie

3.1.2 Orientierungsrahmen und Einzeltypen

Insgesamt ließen sich für meine Feldforschung beim Gospelkirchentag 2014 mit Schwerpunkt MassChoir-Einheiten letzten Endes zwölf Typen des Erlebens beim Riesenchorsingen herausarbeiten, welche sich wiederum in drei Orientierungsrahmen beziehungsweise Erlebensmodi einordnen. Da die Einzeltypen über das in Interviews expressis verbis Ausgesagte hinaus atheoretische Grundhaltungen und Wissensbestände umfassen, liegt es in der Natur der Sache, dass sie sich nicht in von Befragten getroffenen Aussagen erschöpfen und diese wiederum nicht ganz in den Typen, denen sie zugeordnet sind – die allermeisten ohnehin einer Mehrzahl von Typen – aufgehen. Damit einher geht, dass die angeführten Zitate zwar verdeutlichen können, warum die Gesprächspartner dem jeweiligen Typus zugerechnet wurden, zugleich aber wohl immer ein nicht darstellbarer Rest bleibt, da die Typologie keine Summierung von explizit belegten (respektive unmittelbar belegbaren) beziehungsweise ausgesagten Merkmalen darstellt, sondern diese rekonstruierend zusammenfasst, weiterführt und zuspitzt.

Leitendes Motiv bei der identifizierenden De-finition von Orientierungsrahmen beziehungsweise Erlebensmodi oder Erfahrungsräumen[440] als Charakteristika des jeweiligen MassChoir-Erlebens war die Abgrenzung einer orientierenden Kernausrichtung des Erlebens in Unterscheidung von anderen (Kern-) Ausrichtungen. Dabei mag es für außenstehende Betrachter mitunter willkürlich wirken, dass ausgerechnet diese drei hier präsentierten Orientierungsrahmen Fühlen, Denken und Handeln aus den Interviews heraus entwickelt worden sind. Für sie, wie die hier vorgestellte empirische Forschung insgesamt, gilt indes, dass sie sich induktiv aus dem Datenmaterial heraus ergeben und mit ihren untergliedernden Einzeltypen markante distinktive (Alleinstellungs-) Merkmale des Erlebens innerhalb der auf dem Gospelkirchentag in Kassel vorfindlichen kleinen sozialen Lebenswelt „Gospel-Singen" zu systematisieren ermöglicht haben.

Unter mehreren aus dem analysierten Feldforschungsmaterial heraus entwickelten und wiederum auf dieses angewendeten Orientierungsrahmenmodellen hat sich dieses als adäquateste Variante imponiert. Dabei gilt, dass alle drei Orientierungsrahmen am innerhalb der kleinen sozialen Lebenswelt „Gospel-Singen" sich ereignenden Erleben als eines Gemeinschaftserlebens Anteil haben, die ihnen zugehörigen zwölf Einzeltypen also ihrerseits alle diese Gemeinsamkeit besitzen, weshalb weder ein eigener Orientierungsrahmen Gemeinschaft(serleben) noch ein einzelner Gemeinschafts-Typ definiert ist, sondern vielmehr das Erleben in und als Teil der „Gospel-Singen"-Gemeinschaft alles individuelle Erleben (mit-) qualifiziert, als geteilte Basis der zwölf Ausdifferenzierungen. Dies ist be-

---

[440] Da der Terminus des *Erfahrungsraums* hier anders zu verstehen wäre, als er bei Bohnsack begegnet (s. Kapitel A 2.3.3.2), wird im Weiteren auf seine Verwendung verzichtet und stattdessen von *Orientierungsrahmen* gesprochen.

reits insofern plausibel, als – zugespitzt formuliert – es praktisch wohl kein Massensingen ohne Masse geben kann, was ein entsprechendes individuelles Erleben von Gemeinschaft nahelegt.

Für die Analyseergebnisse bezüglich des Gemeinschaftserlebens ist es natürlich nicht ohne Bedeutung, dass eben diesem das spezielle Forschungsinteresse dieser Studie galt. Zugleich kann aus meiner Warte davon losgelöst festgehalten werden, dass die Gemeinschaftskomponente als alles Erleben beim Riesenchorsingen auf dem Gospelkirchentag mindestens mitprägende und somit als verbindendes Kernelement zu betrachten ist. Etliche Beispiele aus Interviews dürften bei näherer Betrachtung auch Skeptiker davon überzeugen, dass nicht erst das spezifische Untersuchungsinteresse beziehungsweise der Fokus meiner Feldforschung das Singen im MassChoir zum (inter-) subjektiven Gemeinschaftserleben qualifiziert hat oder als solches erscheinen ließ, sondern dass dieses – empirisch belegt – für die Beteiligten schlichtweg ein solches war. Was die kollektive mehrstündige Ausrichtung aller Chorsänger beim Gemeinschaftssingen nach vorne als Gesamtgegenüber zu den Chorleitern auf der Bühne bereits optisch für das empfundene Miteinander vermuten lässt, findet sich nicht zuletzt in Interviews vielfach bestätigt: Der einzelne Sänger erfuhr und fühlte sich bei diesem Riesenchorsingen als Teil einer Gospel-Musiziergemeinschaft, in der zwischen den einzelnen Beteiligten familiäre Empfindungen inniger Verbundenheit entstehen und in anderen Kontexten womöglich trennende Unterschiede von Herkunft, Alter, Geschlecht, Stand, Konfession et cetera überbrückt werden konnten. Dieser beim rekonstruierten MassChoir-Erleben grundsätzlich überall vorfindliche Gemeinschaftsaspekt – wie immer er im Einzelnen ausgeprägt sein mochte – findet sich in allen drei Orientierungsrahmen und in jedem Einzeltypen, den sie ihrerseits umfassen, wieder, so dass diese ausführlicher und mit Betonung der Gemeinschaftskomponenten alternativ bezeichnet werden könn(t)en mit „Im Fühlen erlebte Gemeinschaft", „Im Denken erlebte Gemeinschaft" und „Im Handeln erlebte Gemeinschaft".

Wie der Terminus des Orientierungsrahmens insinuiert, stehen die Kategorisierungen beziehungsweise Bündelungen der Einzeltypen zu Gruppen im Zusammenhang mit jeweils identifizierten und im entsprechenden Rahmen gruppierten Orientierungen oder Ausrichtungen. Für die beispielsweise im Orientierungsrahmen Fühlen vereinten Einzeltypen spielt das geteilte Fühlen als ihr MassChoir-Erleben besonders prägender Faktor eine bestimmende Rolle, während der emotionale Aspekt für Typen im Orientierungsrahmen Denken zwar ebenfalls sehr relevant sein kann, dort aber weniger stark ausgeprägt beziehungsweise bestimmend ist als die prägenderen kognitiv-rationalen Einstellungskriterien. Als illustrierende Beispiele mögen der Überwältigungs-Typ (Fühlen) und der Bewältigungs-Typ (Denken) dienen.

Wie die Zuordnung zu einem konkreten Typus einen beforschten MassChoir-Teilnehmer nicht auf diesen einen exklusiv festlegt, sondern in Verbindung mit weiteren Zuordnungen zu anderen Typen stehen kann und in aller

B 3.1 Genese und Systematik der Typologien

Regel auch faktisch steht, die sich gegenseitig ergänzen[441], so gilt auch für die drei Orientierungsrahmen, dass sie nicht als Entweder/Oder zu verstehen sind, sondern jeweils als Kernausrichtung des Erlebens: Zugespitzt kann also etwa ein dem Fühlen zugeordneter Typus – und in ihm die ihn begründenden MassChoir-Teilnehmer – ohne Weiteres auch Charakteristika umfassen, die eine Einordnung in Denken oder Handeln ermöglicht hätten; zugleich sind seine Anteile der fokussierenden Ausrichtung Fühlen aber so stark, dass ich die Zuordnung zu diesem Orientierungsrahmen als dem primären für angemessen(er) hielt. Exemplarisch sei auf den Gefühlswellen-Typ verwiesen.

Innerhalb der drei Orientierungsrahmen unterscheiden sich die zugeordneten einzelnen Typen voneinander insbesondere dadurch, dass sie ein bestimmtes Merkmal (oder mehrere) als Proprium exklusiv vertreten. So konnte zustande kommen, dass die Schnittmengen der zugeordneten Interviewpartner bei zwei Typen zwar mitunter beträchtlich sind, die Unterscheidung zweier Typen anstelle der Subsumption beider Merkmalkataloge zu nur einem Gesamttypus aus meiner Sicht gleichwohl erforderlich war, insofern die jeweiligen Besonderheiten je einen eigenen Typus begründen und ein Bemühen, diese beiden zusammenzuführen, das Gesamtbild unnötig vergröbernd eintrüben würde. Stattdessen waren jene speziellen Aspekte herauszuarbeiten, welche die beide Typen verbindenden Attribute übersteigen und darin eine Detaildistinktion nicht nur ermöglichen, sondern nahelegen.[442] Ein Beispiel hierfür bieten innerhalb des Orientierungsrahmens Fühlen der Gefühlswellen-Typ einer- und der Überwältigungs-Typ andererseits.

---

[441] Eben dies begründet die grafisch nicht adäquat umgesetzte – hier stößt die Illustration an klare Grenzen (in einem 3D-Modell ließe sich solches hingegen wohl anschaulich darstellen) – grundsätzliche Durchlässigkeit zwischen den Hausbootabteilungen, wo einzelne Interviewpartner innerhalb der kleinen sozialen Lebenswelt „Gospel-Singen" von einer Kajüte (also Einzeltyp) zu einer anderen überwechseln können – unabhängig davon, ob die Wände zwischen den Kajüten in der Grafik durchgezogen sind oder nicht, ob der Wechsel zwischen zwei direkt benachbarten Kajüten/Einzeltypen oder von einem Ende des Hausboots zum anderen erfolgt et cetera. Prinzipiell sind die MassChoir-Teilnehmer nicht auf eine einzelne Kajüte/Einzeltypus, in die sie eingeordnet wurden, festgelegt, sondern können innerhalb des Hausboots hin und her sich bewegen.

[442] Im Einzelnen galt es dabei, einen adäquaten Mittelweg zu finden, der nicht auf Grund feinster Detailunterschiede eine verwirrend hohe Anzahl von distinkten Einzeltypen generiert, die sich durch sachlich begründete Zusammenfassungen sinnvoll hätte reduzieren lassen; zugleich konnte die Intention auf der anderen Seite kaum darin bestehen, möglichst wenige Typen zu definieren, da mit der Trennschärfe zugleich auch auf das Aufzeigen vorhandener Abgrenzungen innerhalb der kleinen sozialen Lebenswelt – die ja ohnehin mit den Orientierungsrahmen auch alle Einzeltypen in sich birgt und somit, bei ausgesprochen grober Betrachtung, eine Art „Gesamt-Typ" darstellt – verzichtet worden wäre. Im Bemühen, beide Extrema zu vermeiden, ist eine Typensystematik entstanden, die unter den MassChoir-Teilnehmern identifizierte Unterschiede klar ans Licht gebracht, zugleich aber die vielen Gemeinsamkeiten nicht verdunkelt hat.

3.2 Orientierungsrahmen Fühlen

Bei den diesem Orientierungsrahmen zugeordneten fünf Einzeltypen kommt das MassChoir-Singen primär als Musizieren einer Fühlgemeinschaft zu stehen, deren Mitglieder im Teilen von Emotionen miteinander sich verbinden, wobei sich der einzelne Sänger als der Gruppe zugehörig und in dieser Identifikation das Geschehen (mit-) erlebt.

3.2.1 Der Wir-Typ

Diesem Einzel-Typ sind sieben der insgesamt 18 Befragten zugeordnet.[443] Für diese Sänger entsteht beim gemeinsamen Gospelsingen im MassChoir eine innige Verbundenheit mit den anderen Beteiligten bis hin zur Erfahrung von Vergeschwisterung; die Masse fremder Menschen kann in Kategorien familiärer Nähe wahrgenommen und beschrieben werden:

> „[...] es ist ähm (3) das ist eigentlich so überwältigend, dass ä:h einem häufig die die Worte dafür fehlen, die Adjektive fehlen. Ähm es ist ne ne Vereinigung, man möchte eigentlich seine Nachbarn äh umarmen ä:hm (.) ja, weil's es es es geht eben an die Seele! Es ist ja (.) äh Gospel hat ja was mit Seele, mit Soul Soul zu tun und ä:hm es geht (.) also **mir** geht dabei das Herz auf! Ja und (.) und dann dieses gemeinsame Singen, des hat natürlich was äh enorm Erhebendes, des=hat ja auch was mit Psychologie und äh Psyche zu tun, was was da abläuft (.) äh an an Verbrüderung oder Verschwesterung, ja? (.) Ja, j:a."[444]

Dabei sind es anscheinend neben der gemeinsamen Motivation zum Singen insbesondere die kollektive Konzentration und Ausrichtung, welche die riesige Menschenmenge statt als bedrohlich als positiv überwältigend wahrnehmen lassen und das Erleben von Zugehörigkeit wie Verbundenheit befördern. Die Vielzahl einzelner Sänger wird als von außen, von den Chorleitern auf der Bühne und/oder von Gott, zur Gruppe zusammengeführt empfunden und der Einzelne identifiziert sich als Teil eines (MassChoir-) Wir, als Mitglied einer großen Gruppe. In dieser fühlt er sich wohl und definiert mitunter als Ziel des gemeinsamen Handelns, dass das Gesungene *rüberkommt*.[445]

Das Erleben von Zu(sammen)gehörigkeit wird neben gemeinsamer Motivation, Ausrichtung und Zielsetzung auch gespeist von Grenzüberschreitung, indem

---

[443] Für diese wie für alle folgenden Typenbeschreibungen ist anhand der Tabelle 11 (s. Kapitel B 3.1.1) zu ersehen, welche Interviewpartner dies im Einzelnen sind.
[444] GKT-Interview 140920_008, Z.3–10.
[445] Diese Interviewaussage mag zwar insofern verwundern, als kein zu erreichendes Publikum beim MassChoir anwesend war, zugleich illustriert sie aber die starke Identifikation des Einzelnen mit dem *Wir* der Sängergruppe und legt nahe, dass der Gesprächspartner erhoffte Auswirkungen des Gesungenen im Leben und Verhalten der Sänger selbst im Blick hatte.

Barrieren – etwa von Alter, Geschlecht, Konfession, körperlicher Behinderung oder Nationalität – überwunden werden; hierdurch entsteht beim Einzelnen ein Gefühl des Verbunden-, des Angenommen- und des Geborgenseins. Elementar hierfür ist, dass sich das (mit-) singende Individuum als von der besonderen, außeralltäglichen MassChoir-Gemeinschaft getragen und in der Gruppe aufgehoben empfindet, sich akzeptiert weiß und Orientierung erfährt. Diese emotionale Gemeinschaftserfahrung im Menschenmeer der Tausenden ist überwältigend und eine Steigerung zum Erleben im heimischen Chor, lässt Wärme und Befreiung für die Seele spüren und ist geprägt von einem harmonischen Gruppen-Feeling. Auf dieser emotional bestärkenden Grundlage bildet sich ein Gefühl der Stärke aus, als kraftvolles Wir etwas verändern zu können:

> „[…] man fühlt sich halt so, ja zur Gruppe gehörend (.) und wenn man so Lieder singt wie ‚We can change the world', dass man's wirklich kurz glaubt oder dass man denkt: ‚Yoah, wir können vielleicht wirklich was verändern!'"[446]

Dabei müssen das Erleben intensiver Gruppengemeinschaft und der Potenz zur aktiven Weltgestaltung nicht allein auf emotionalen Faktoren, sondern können mitunter auch auf einer verbindenden (Glaubens-) Grundhaltung, erfahrener *Stärkung von Gott* oder gegenseitigem Kraftgeben im Singen fußen. Der extraordinären Klanggewalt, welche die Einzelne tief in der Seele erreicht, sie vergewissert, sowie ihr Sicherheit und Kraft zuströmt, kommt ebenfalls Bedeutung zu.

Damit sind es allen voran die zwei Aspekte der getragenen Geborgenheit und der (Be-) Stärkung, welche den Erlebensmodus dieses Typus' charakteristisch prägen.

3.2.2 Der Gefühlswellen-Typ

Diesem Typus sind acht der 18 MassChoir-Interviewpartner zugeordnet. Als charakteristisch zeigen sich insbesondere das im Musizieren geteilte Erleben von Gefühlen und das darauf fußende Selbstverständnis, dass die einzelnen Zugehörigen Teilhaber an einer intensiven Gefühls(wellen)-Gemeinschaft sind. So kreiert bei diesen Riesenchormitgliedern das Singen im MassChoir ein starkes Wohlempfinden, welches Verbundenheitsgefühle befördert und dem Einzelnen ermöglicht, die Masse nicht als negativ oder gar bedrohlich wahrzunehmen; vielmehr werden starke positive emotionale Regungen freigesetzt, die gemeinschaftlich produzierte und geteilte Gospelmusik als Beförderer, Ausdruck und Vehikel von Gefühl(swell)en wahrgenommen, welche wiederum die Beteiligten untereinander verbinden.

Das Agieren der Chorleiter wurde von manchen Interviewpartnern als Mitteilung von deren Gefühlen eingestuft, wodurch die Bühnenakteure – hier ist an Fischer-Lichtes Konzept der *Feedback-Schleife* zu erinnern (s. Kapitel B 2.1) – im

---
[446] GKT-Interview 140920_007, Z.3–5.

Massenchor Reaktionen auslösten und somit das Zusammenwirken von Anleitern und Angeleiteten nicht allein als ein musikalisch-instruktives, sondern als ein darin zugleich emotionales qualifiziert war. Die Musik transportierte in dieser wechselseitigen Prozessabfolge starke Gefühle, sowohl solche der Sänger wie auch der Chorleiter und in der erzeugten enormen Klangsphäre fand emotionale Kommunikation statt. Musikalisch-emotionale Anleitungen durch die Bühnenkünstler und das Einlassen der Sänger auf Fühl- wie Haltungsvorgaben ermöglichten ein besonders starkes Gemeinschaftssingerlebnis. Elementar ist hierbei der Eindruck, ähnliche bis gleiche Gefühle im Massensingen gemeinsam zu erleben und somit speziell im geteilten Fühlen als Gruppe verbunden zu sein; dieses Spüren, mit seinen Nachbarn emotional auf der gleichen Welle(nlänge) unterwegs zu sein, öffnet füreinander und verbindet miteinander:

> „Wenn's so ruhige Lieder warn, wo alle auch ruhig gsungen ham so, da konnt man ganz bei sich sein und dann war auch wieder schön einfach, dass alle um Dich rum so (.) hat man des Gfühl ghabt, die empfinden auch irgendwie so wie Du grad und des is äh glaub ich, was des auch so ausmacht hier."[447]

Dieses Empfinden wurde teils begründet mit einem wahrnehmbaren gemeinsamen Wollen und Streben, wobei sich die theoretische Prämisse, wonach alle am MassChoir Beteiligten bereits grundsätzlich verbunden sind durch die einigende Liebe zur Gospelmusik – sonst partizipierten sie schließlich nicht vor Ort am Riesenchormusizieren – offenkundig paarte mit dem praktischen Erleben im Augenblick des kollektiven Massensingens. Grundhaltung, Erwartung und Spüren im Moment wirkten somit zusammen und verstärkten das sich aus geteiltem Fühlen speisende Gemeinschaftsempfinden. Gewiss spielt eine bedeutende Rolle, dass das Individuum mindestens für einen Teil seiner emotionalen Wallungen und Regungen die große Menschenmenge, präziser: die durch sie und in ihr produzierten und atmosphärisch spürbaren Gefühlswellen, benötigt und dann in der empfundenen Erfüllung seiner Erwartungen erlebt, dass und wie es nicht nur ihm allein so ergeht, sondern der einzelne Sänger die Masse wie wiederum die Masse den Einzelnen braucht als Grundlage und Instrument des individuellen wie in der Gruppe geteilten Fühlens.

Dieweil sich die Einzelne als unter gleich Gesinnten und gleich Fühlenden erlebt, wagt sie die Öffnung für Andere mit deren Gefühlen und für die Gemeinschaft insgesamt, was die Voraussetzung bildet für eine intensive, emotionale Gruppenerfahrung wie auch die Identifikation mit der Gruppe der gleich oder mindestens ähnlich Fühlenden. Der Umstand, dass mehrere Gesprächspartner ihre wiederholte Teilnahme am Gospelkirchentag betont und ihre Erwartungen daran explizit artikuliert haben, unterstreicht die Wechselwirkungen von persönlichen Erfahrungen bei früheren Teilnahmen, mitunter sich hieraus speisenden Erwartungen im Vorfeld des Wochenendes in Kassel und des konkreten individuellen wie übergreifenden Erlebens dann beim MassChoir eben dort. Das Wesen oder

---

[447] GKT-Interview 140921_003, Z.12–15.

Ziel des MassChoir-Singens wird in all dem primär als ein emotionales, spürbares, durch Musik und Riesenchoratmosphäre transportiertes Feeling begriffen und ergriffen.

Die dem Gefühlswellen-Typ zugeordneten Sänger haben Anteil an diesem Feeling, erleben sich als Teil einer intensiven Choreinheit; ihre Verständigung erfolgt durch musikalisch ausgedrückte wie transportierte Gefühle und Klänge, über konventionelle menschliche (Sprach-) Barrieren hinweg. Das gemeinschaftliche Erleben von Gefühl(swell)en im Musizieren bewirkt somit eine Vereinigung der Sänger untereinander bis zum Empfinden von Vergeschwisterung; zudem kann es für eine Verbindung mit Gott öffnen. Kerncharakteristikum ist somit, dass die Sänger sich öffnen, an den Gefühlen anderer am Geschehen Beteiligter Anteil nehmen und wiederum ihrer Umwelt an eigenen Emotionen Anteil gewähren; hierbei findet geteiltes Erleben und Ausdrücken von Gefühlen statt.

3.2.2.a Exkurs: Emotionale Verständigung und Atmosphäre

Ob ähnliche individuelle Gefühle, inmitten des MassChoir gemeinschaftlich erlebt, wie beim Gefühlswellen-Typ identifiziert, zunächst beim singenden Individuum entstehen beziehungsweise auftreten und dann in der Folge, also erst im zweiten Schritt, dieses mit seiner Umwelt zur Großgruppe des Riesenchores ähnlich bis gleich Fühlender verbinden, oder ob allererst im gemeinschaftlichen Musizieren, gewissermaßen von außen herangetragen und den einzelnen Sänger atmosphärisch umfangend, sich diese (auch) bei ihm bilden und in die Fühl-Gemeinschaft integrieren, wird sich kaum zuverlässig empirisch feststellen lassen. Für letzteres ließe sich mit Gernot Böhme[448] argumentieren. Beides ist denkbar, beides mag von den Interviewaussagen und der eigenen teilnehmenden Beobachtung herkommend begründbar sein; in jedem Fall – ob nun eine der beiden Varianten oder eine Mischung als ursächlich gelten mag, worüber nicht spekuliert werden soll – spielt die intensive emotionale Verbundenheit und Verständigung im Musizieren des MassChoir-Geschehens durch gemeinschaftlich erlebte Gefühle eine wesentliche Rolle ebenso wie das subjektive Empfinden, dass *alle* etwas gleich empfinden und an dieser Atmosphäre Anteil haben, wie anhand dieser Passage des Feldtagebuchs von Jochen Kaiser anschaulich wird:

> „Wir singen nun diesen Song. Die Soprane beginnen und ich bin voll beteiligt, etwas gerührt, denn ich höre den ganzen Sound. Die Alte proben auch noch einmal und dann singen die Frauen zusammen.
> Nach einigen weiteren Proben und Abschnitten, die gesungen werden, singen wir das ganze Lied. Es ist wieder sehr emotional, Gänsehaut. Der Chorus wird 3x gesungen, mit E-Piano, dann nur noch mit Ansingechor und schließlich nur die Halle. Es ist zwar leiser, aber es sind wirklich wir! Wir hören uns, wir singen, wir sind total emotional

---

[448] Vgl. Böhme, Aisthetik, 45–58, hier: 45–46; ergänzend zudem Kaiser, Menschen.

> dabei und es ist ein absolutes Gemeinschaftsfeeling. Jochimsen nimmt den Song auf: Today, here, thousands of people sing the same song, everybody smiles. It is easy to believe, but Monday at home, you will go to Lidl, nobody will smile, and then you have to take your card and ah yeah: I am loved... Er setzt mit einem Song fort, eine Ballade, seine Stimme und das Keyboard. Der Inhalt ist die Bitte an Gott, dass wir glauben können: Help me to believe, help me to know, I belong to you... Zwar kommt wieder Gott nicht vor, aber wir spüren alle das Gebet. Dann geht es über in einen anderen Song. Alle stehen auf und kennen ihn offenbar, ich nicht, ich höre zu und fühle mit. Es ist wie ein Gebet."[449]

Diese subjektive Gewissheit, dass alle mehr oder minder gleich erleben, illustriert das hohe Maß an emotionaler Kommunikation im Modus des kollektiven Musizierens, dessen Zustandekommen als eine Art Kontrakt der Beteiligten untereinander begriffen werden kann. Denn bereits durch die schlichte Mitwirkung, das individuelle Beitragen zum Gospel-Gesamtklang durch Beisteuern ihrer Einzelstimme zum MassChoir, haben sich alle Sänger faktisch darauf verständigt, unabhängig von der jeweiligen Einstellung, Haltung und Erwartung, zum Gelingen der Gruppe beizutragen. Dieser Grundkonsens, der das Massenchor-Erleben praktisch allererst ermöglicht hat, überführte im Zuge der mehrstündigen Veranstaltungen dann offenbar – mindestens einen Teil der Beteiligten – zu einem gesteigerten Maß an Verständigung im Musizieren und erzeugte eine Atmosphäre, innerhalb derer Gefühle gemeinschaftlich (mit-) erlebt werden konnten.

Was die atmosphärischen Komponenten des MassChoir betrifft, so haben die Erfahrungen der Forscher im Feld die grundlegenden Einsichten Böhmes bestätigt, wonach

> „man den Charakter einer Atmosphäre nur bestimmen kann, indem man sich ihr aussetzt. Er ist nicht von einem neutralen Beobachterstandpunkt aus festzustellen, sondern nur in affektiver Betroffenheit."[450]

Wer sich Atmosphären aussetzt kann demnach leiblich erfahren, dass diese

> „die spürbare Ko-Präsenz von Subjekt und Objekt [sind], ihre aktuelle Einheit, aus der sich ihr unterschiedenes Sein erst durch Analyse gewinnen läßt."[451]

3.2.3 Der Überwältigungs-Typ

Für die diesem Einzeltypus zugerechneten neun MassChoir-Sänger ist das Singen ein erhebendes, fantastisches Erlebnis, welches bei ihnen derart starke Gefühlsregungen freisetzt, dass der Einzelne – wenigstens kurzzeitig – nicht mehr mitsingen kann, überwältigt von seinem emotionalen Erleben und dem gemeinschaftlich erzeugten mehrstimmigen Klangkonstrukt. Die ihn überkommenden Gefühlsflutungen sind kaum artikulierbar und treten teils durchgehend, teils punktuell als

---

[449] Feldtagebuch Kaiser, 5.
[450] Böhme, Aisthetik, 52.
[451] A.a.O., 57.

B 3.2 Orientierungsrahmen Fühlen

emotionale Spitzenerfahrungen auf. Die musizierende Masse der Sänger fungiert als Vehikel zum wohligen Sinneshöhenflug und wird dadurch intensiviert, dass sich die Beteiligten im Singen zunehmend für ihre Nachbarn wie die Gesamtgruppe öffnen und untereinander im musikalischen Handeln verbinden. Hierbei entsteht eine Art atmosphärische Stimmungswolke, welche die Überwältigung spürenden Individuen umhüllt und bewegt. Es bildet sich gleichsam ein eigener, gefühlsexplosiver MassChoir-Kosmos, innerhalb dessen sich der Einzelne als Überwältigter wiederfindet. Hinderliche Barrieren, wie etwa solche von Sprache oder reziproker Fremdheit, werden überwunden und emotionale Ausnahmezustände erlebt.

Im Bemühen, das erlebte emotionale Feuerwerk diskursiv zu beschreiben, griffen mehrere Befragte auf den Terminus des *Gänsehaut-Feelings* zurück. Dies erscheint insofern bemerkenswert, als es nicht allein die Schwierigkeit, emotional Erfahrenes explizit zu verbalisieren, illustriert, sondern zudem auch die leibliche, geradezu physisch-psychische holistische Dimension des MassChoir-Singerlebens umschreibt, die sich offenbar nicht auf Hörbares, Sichtbares oder Sagbares beschränkt, sondern auch jenseits dessen Spürbares umfasst, das dem Individuum inmitten des Riesenchores widerfährt und somit zwar als Effekt des musikalischen (Mit-) Tuns begegnet, sich aber der individuellen Verfügbarkeit entzieht und insofern als Teil der Überwältigungserfahrung etwas ist, das am Sänger geschieht, Auswirkungen auf – etwas salopp formuliert – sein Herz, sein Hirn und seine Haut zeitigt.

Damit ist der Überwältigungs-Typ ein von der Menschenmasse des MassChoir bereits strukturell lebender und sich nährender Einzeltypus, der in seiner extraordinären Überwältigungserfahrung der Reizüberflutung eine emotionale Überforderung beinhaltet, ein individuell gefühltes und erlebtes Eingebettetsein in die Großgruppe der Tausenden. Während beim Gefühlswellen-Typ die gemeinschaftlich empfundenen und geteilten Emotionen durchaus auch „negative" sein könn(t)en – etwa Traurigkeit – begegnen in den Beschreibungen der dem Überwältigungs-Typ zugerechneten Befragten, etwa eines 76-jährigen Mannes, ausschließlich „positive" Konnotationen:

	so nicht in nem Chor mit, aber für mich alleine (.) ä:h ja, werden da so viele Gefühle frei und des is einfach fantastisch! Manchmal kann ich gar nicht singen! @(2)@
JK	∟ jawoll ∟ Jawoll! Was für Gefühle sind des denn, die so frei werden?
M	Bitte?
JK	Was genau für Gefühle werden denn da frei?
M	(3) Kann ich nicht beschreiben.
JK	Jawoll. Aber im Positiven?
M	Ja, natürlich positiv! Ich mein (.) wie sage ich das? Bei mir ist alles positiv (.) aber es ist so'n starkes Gefühl einfach, ja? Und verbindet mich auch zu unserem Herrgott und °(des is also wirklich unwahrscheinlich!)°

[452] GKT-Interview 140920_006, Z.3–13.

Die von diesem Typus erlebte Überwältigung im Riesenchorsingen lässt sich also annähernd umschreiben mit den Worten Freude, Glück, Gänsehaut-Feeling und Sprachlosigkeit, beziehungsweise mit Adjektiven wie super, bombastisch – oder, mit jener 36-jährigen Sängerin aus dem Interview 140920_003 kompakt in zwei Silben komprimiert: „**Supi!**"[453]

3.2.4 Der Gegenwelt-Typ

Diesem Einzeltypus sind vier Gesprächspartner zugerechnet. Sein Kerncharakteristikum ist, dass beim Riesenchorsingen ein enorm starker Kontrast zur sonstigen Alltags(lebens)welt – gleichsam eine Gegenwelt – erlebt wird, der von Entspannung und Befreiung geprägt ist. Anders als beim an das Format des Massensingens gebundenen Überwältigungs-Typ könnte diese wohltuende Gegenwelt zwar prinzipiell auch im vergleichsweise beschaulichen heimischen Gospelchor erfahren werden, doch bietet das zweijährliche MassChoir-Highlight eine besondere Plattform zum individuellen „Auftanken" in Übersteigerung lokaler gospelmusikalischer Praxis unter tausenden Mitsängern. Denn gerade im Riesenchor der Gospelbegeisterten kommt für diesen Typus das gesuchte und genossene Feeling von *Wärme* und *Befreiung* auf, das als massiver positiver Gegensatz zum persönlichen Alltag, einschließlich chorischer Erfahrungen darin, wahrgenommen wird:

> „J:a, also es ist scho äh 'n großes Erlebnis, weil sonst ä:h bei uns zu Hause (.) wenn's viel is simmer vielleicht hundert Sänger oder dreißig Sänger und da is das doch was ganz was Anderes (hier)! [...] es ist eindrucksvoller, irgendwie stimmungsvoller. Man spürt eigentlich irgendwie so die Wärme und die Befreiung, find ich."[454]

Zwar mag auch im individuellen Alltagsumfeld die Gospelsingpraxis eine positive (Gegen-) Welt darstellen, doch eröffnet insbesondere das MassChoir-Singen eine ganz andere, überwältigend schöne Welt, die weniger als emotional überfordernde Momenterfahrung sich manifestiert, sondern vielmehr als eine Form des stärkenden Anteilgebens und Mitnehmenlassens von Stimmung, Feeling und außeralltäglicher Erfüllung im Singen und Hören. Eben darin geben die Sänger einander Kraft, rüsten sich gegenseitig zu für den Alltag und bauen sich wechselseitig auf.

Indem das außeralltägliche Erleben der MassChoir-Mitwirkung bei den dem Gegenwelt-Typ zugeordneten Beforschten zur sonstigen Gospelchorerfahrung hinzutritt – drei der vier singen aktuell im festen Gospelchor, der vierte hat dies 15 Jahre lang getan und verzichtet gegenwärtig allein aus Zeitgründen – kann davon ausgegangen werden, dass es sich um keine nur punktuell auf Gospelkirchentagen sich bietende Gegenwelt der *Wärme* und *Befreiung* als wohltuender Kontrast zur Alltagserfahrung, deren Erfahrung für die nächsten zwei Jahre zurüstet und auftanken lässt, handelt, die im sonstigen Leben zwischen diesen Highlights

---
[453] GKT-Interview 140920_003, Z.2.
[454] GKT-Interview 140920_001, Z.25–30.

jedoch keine – wenn auch nur abgeschwächte – Entsprechung kennte; vielmehr ist die beim MassChoir-Singen erlebte und genossene Gegenwelt wohl eine Steigerung des auch sonst beim Gospelsingen Erlebbaren und praktisch Erfahrenen oder dort wenigstens prinzipiell ebenfalls Erfahrbaren.[455]

3.2.5 Der Berührungs-Typ

Diesem Typus sind neun der 18 Interviewpartner zugeordnet. Essentiell für sein Erleben im MassChoir-Singen ist, dass der gewaltige Klang der Vielen, der voluminöse Sound des Chores der Tausenden, den einzelnen Sänger ganz tief in seinem Inneren, in Herz und Seele anspricht und berührt. Die von den Interviewten zur Beschreibung ihres Erlebens gebrauchten Termini sind dementsprechend stark geprägt von den Wortfeldern *Seele, Herz* und *berührt* beziehungsweise *bewegt*.[456]
Es geht im Erleben dieses Typus also nicht allein um ein tendenziell statisches individuelles Ergriffensein, sondern im Berührtwerden zugleich auch um Bewegung: Die einzelne Sängerin empfindet erhebende, sie überkommende Gefühle, wird dabei aber bewegt, innerlich für sich und zugleich von sich weg auf ihre Umgebung hin, spürt kollektive Dynamik, deren Teil sie selbst ist und erlebt intensive Gemeinschaft mit anderen MassChoir-Teilnehmern. Damit ist, in gewisser Parallele zum Gefühlswellen-Typ, der Riesenchor auch hier als eine Fühlgemeinschaft qualifiziert, die sich wesentlich dadurch auszeichnet, dass den beteiligten Individuen beim Singen *das Herz aufgeht*, sie *reine Freude* verspüren, Entspannung wie Befreiung ihrer *Seele*. Diese innerhalb der großen Menschenmenge sich ereignenden emotionalen Höhenflüge sorgen dafür, dass die dem Berührungs-Typ Zugerechneten – ähnlich dem Wir- sowie Gefühlswellen-Typ – die enorme Zahl der am MassChoir Beteiligten nicht als negativ oder gar bedrohlich empfinden, so dass sich innerhalb der riesigen Gruppe benannte Wohlgefühle des Berührtseins selbst für jene ungetrübt entfalten können, denen Menschenmassen *ansonsten* Unbehagen bereiten.
Im MassChoir kann die Einzelne vor lauter Glück und Freude ihre *Seele schweben lassen*. Dabei spielen die Chorleiter auf der Bühne eine grundlegende Rolle, indem sie den tief bewegenden Sound anleitend befördern, durch ihre Wortbeiträge und Steuerung der Liedabfolge die Stimmung massiv beeinflussen, den MassChoir-Teilnehmern *in die Tiefe etwas beibringen* und sie *berührt kriegen*. Die als berührend wie bewegend erlebte Atmosphäre vermittelt hierbei ein positives Grundgefühl, in dem die Einzelne sich *voll wiederfindet* und – ähnlich

---

[455] Es kann gewiss als charakteristisch gelten, wenn in Interviewausschnitten das Gospelsingen in klanglichem wie gegenständlichem Gehalt als deutlich unterschieden von Leben und Alltag in Erscheinung trat, indem etwa die Liedtexte der Gospelsongs als *Wahrheiten für das Leben* bereithaltend gerühmt wurden, die dann in eben demselben tatsächlich als hilfreich erfahren werden könnten.
[456] Vgl. GKT-Interview 140920_008, Z.3–10 (zitiert in B 3.2.1).

wie beim Wir-Typ – getragen wird, prognostiziert über die Sondersituation des Gospelkirchentags hinaus auch im persönlichen Alltagsleben. Damit ist das Singen im MassChoir für diesen Typus primär ein von Berührung, Bewegung und Bestärkung geprägtes Geschehen.

Die spirituell-christliche Komponente kann darin eine bedeutende Dimension des individuellen Erlebens sein, muss es aber nicht: Während mehrere Gesprächspartner dezidiert davon sprachen, dass sie sich im MassChoir-Musizieren als mit dem *Herrgott verbunden* erfahren, dass die vereinten Menschen mit ihren *Stimmen zu Gott hinaufschweben* oder beim Gospelsingen etwas entstehe, was *kein Mensch geben* könne, sondern was *mit Gott zu tun* habe, betonten andere wiederum, sich nicht als gläubig zu verstehen und dass für sie Stimmung und Musik zählten, nicht Text oder (Glaubens-) Inhalt.[457]

3.3 Orientierungsrahmen Denken

Wie im Kapitel B 3.1.2 ausgeführt ist das (Gemeinschafts-) Erleben beim MassChoir-Singen für die im Orientierungsrahmen zusammengefassten drei Einzeltypen von einer markanten kognitiven Dimension geprägt, was freilich intensive Emotionen ebenso wenig ausschließt wie Aktivität. Das dominante (Alleinstellungs-) Merkmal ist aber jeweils ein mit der Kategorie Denken verbundenes.

3.3.1 Der Weltverbesserungs-Typ

Die beiden diesem Typus zugeordneten Sängerinnen erleben Gemeinschaft, anders als etwa zum Musizier-Typ gerechnete, auf Grund geteilter Überzeugungen, einer verbindenden religiösen Einstellung zur Welt. Diese ihnen gemeine Grundhaltung lässt sich fassen als *Glaube an etwas Gutes*, zudem als gemeinsam im Singen zum Ausdruck gebrachter Handlungs- oder Veränderungswille. Dieser Glaube(nsausdruck) beschränkt sich nicht auf etwaige theoretisch-dogmatische Botschaften, sondern vermittelt in seinem (Mit-) Geteiltwerden etwas über den Moment Reichendes, umfasst eine aktiv-handelnde Komponente, wie bereits das musizierende Handeln ein aktives ist. Die beim MassChoir als durch diese aktive Einstellung des Positiv-Gestalten-Wollens sich verbunden Wähnenden möchten danach nicht beim Singen stehen bleiben, sondern etwas *mitbewegen*. Das (Gemeinschafts-) Erleben in der Gruppe bestärkt die Einzelne in ihrem Weltverbesserungsansinnen.

---

[457] Dass der Heilige Geist durch das Medium Musik menschliche Herzen zum festlichen Lob Gottes hochstimmt betont Evangelische Kirche in Deutschland, Kirche klingt, 20.

Somit ist – unbeschadet mancher inhaltlichen Vagheit, die sich in konkreten Interviewaussagen findet – der motivierende Quell des Weltveränderungs-, -gestaltungs- und -verbesserungswillens letztlich doch die religiöse, die christliche Grundeinstellung zur Welt, aus der heraus und von der gleichsam angestiftet die einzelne Sängerin, für sich und mit anderen zusammen, etwas verändern will. Auf eben diesem im Glauben gründenden geteilten Handlungswillen liegt der Schwerpunkt des ‚Einzeltypus', dem es nicht vorrangig um ein Gospelsingen als Glaubensausdruck oder öffentliches Bekenntnis geht, sondern um die Verbindung aus Glauben und Handeln(wollen), was die Zugeordneten in ihrem Denken affirmiert und im gemeinsamen Wollen miteinander verbindet. Ihre Gemeinschaft ist dabei von der geteilten (Glaubens-) Einstellung auch im Singen auf dem Gospelkirchentag selbst geprägt, was sie etwa von Fangesänge schmetternden Fußballanhängern unterscheidet:

JK	Aber es ist dann nicht austauschbar, weil manchmal sagt man ja so: „Naja, so Gruppenphänomene, da ist ja ganz egal, was man da singt, das Gemeinschaftsgefühl entsteht ja sowieso!"
F	Ja, das stimmt. Aber es is ja schon was Anderes, ob ich jetzt 'n Fußballsong mitschmettere oder halt (.) dass ich an Gott glaube. Also klar, man muss schon an Gott glauben und das mitmachen, aber (.) zu mir passt das dann!

[458]

3.3.2 Der Deutungs-Typ

Für diesen Einzeltypus, dem sieben der 18 Interviewpartner zugeordnet sind, spielt die individuelle Deutung des Geschehens beim Riesenchorsingen eine Schlüsselrolle. Dies kann sich explizit auf die Texte einzelner Gospel-Songs beziehen, die bewusst und bekenntnisartig als Ausdruck des eigenen christlichen Glaubens gesungen werden, aber auch auf die Sängergemeinschaft oder andere Komponenten des beim MassChoir Erlebten.

Im Interview mit einem 51-jährigen Sänger[459] klingt etwa an, dass die Liedtexte – neben anderen Faktoren – für ihn eine doppelte Funktion haben: Sie sind einerseits Instrument oder Vehikel, sein Lebensgefühl, seine Lebensgrundeinstellung und den damit zusammenhängenden Glauben auszudrücken; zugleich erfährt er sie offenbar regelmäßig als Verkündigung, die ihm elementare Wahrheiten, ja Lebenshilfen vermittelt und damit für den Alltag zurüstet. So deutet er die Erfahrungen beim Gospelsingen und dessen Auswirkungen auf sein (Alltags-) Leben in direkter Bezugnahme auf die Liedtexte, die ihm Bekenntnis und Zuspruch sind.

---

[458] GKT-Interview 140920_007, Z.18–23.
[459] Vgl. GKT-Interview 140920_010, Z.3–6.12–19 (zitiert in B 2.2, Abbildung 1).

Während eine solche konfessorisch-interpretative Facette charakteristisch ist für den Deutungs-Typ, können zugerechnete Sänger andererseits in großer Freiheit ihr Verständnis von Glauben in den Horizont bejahter Vielfalt stellen, die individuelle Interpretation etwa der Liedtexte betont offenlassend. Damit deuten sie das Singen christlicher Songs – mögen diese auch in englischer Sprache und ohne die Worte „Jesus" oder „Gott" konzipiert sein – der Tausenden beim MassChoir insofern als verbindend, als die Gemeinschaft nicht vom Teilen des Inhalts respektive bestimmter Auslegungen desselben abhing. Diese Haltung, die das Gemeinschaftserleben als konfessions-unabhängig versteht, schlug sich in mehreren Interviewpassagen nieder, welche die christlichen Aussagen als eine Art Buffet erscheinen ließen, woraus sich jeder das für ihn Passende *herauspicken* könne, bis dahin, dass durch Liedtexte und den Gospelkirchentag insgesamt transportierte christliche Inhalte dezidiert umgedeutet wurden, etwa durch jene 61-jährige Agnostikerin, die sich – statt auf *den lieben Gott* oder *Jesus* – auf *das Überirdische* beziehe und das Göttliche als *das Tragende* erlebe. Solche Deutungen und die ihnen zugrundeliegende Einstellung konnten die emotional erlebte Zu(sammen)gehörigkeit interpretativ plausibilisieren, ohne hierfür die Gefühls- oder die Handlungsebene zu bemühen.

Für das Erleben des Deutungs-Typs ist zwar die kognitive Dimension charakteristisch, im (inter-) subjektiven Erleben kann sie sich jedoch mit anderen, etwa der emotionalen, verbinden. So hat ein Nicht-Gospelaffiner, der aus Interesse und Neugierde erstmalig am Gospelkirchentag teilgenommen hat, vom Dirigenten Joakim Arenius von der Bühne Gesagtes mit seiner Alltagsarbeit in einer Klinik reflektierend zusammen betrachtet, das Massensingen vor diesem Hintergrund als tief bewegend erlebt und sich mit seiner Umwelt stark verbunden gefühlt, überzeugt, dass seine Mitsänger *gerade auch so empfinden* wie er selbst. Emotionales Erleben und deutende Reflexion, Fest und Alltag flossen so ineinander.

Somit bestehen die Kennzeichen des Deutungs-Typs in einer potentiell vielgestaltigen Interpretation von Liedtexten, von Gefühlen und Phänomenen beim Massensingen, die vom bekenntnisartigen Singen bis zum die Gemeinschaft zusammenhaltenden abstrakten Glauben *an etwas Gutes* oder Transzendentes reichen können.

3.3.3 Der Bewältigungs-Typ

Die dem Bewältigungs-Typ zugeordneten vier Interviewpartner verstehen das Gospelsingen als Lebensstil, als Hilfe beim Bestehen des Alltags mit allen Freuden und Krisen. Gerade dann, *wenn man ganz unten ist*, könne man erfahren, dass und wie im intensiven Moment des (Riesen-) Gospelchorsingens erlebtes Begeisterndes und tief Bewegendes sich praktisch bewähre. Dadurch beschränkt sich das phantastische Gefühl, Teil einer Gemeinschaft und von Gott getragen zu sein, keineswegs nur auf das Fest des Massensingens, worin sich der Einzelne angenommen, zugehörig und gestärkt fühlt, sondern setzt sich fort in Lebenslagen, wo sol-

B 3.3 Orientierungsrahmen Denken

che *guten, elementaren Wahrheiten* besonders nottun, welche er inmitten des MassChoirs singend im Blick hat.

Damit wird das Gospelsingen zum Instrument der Verarbeitung von Vergangenem sowie zu einer Zurüstung auf kommende Herausforderungen. Dies muss sich indes nicht auf das singende Individuum selbst beschränken, sondern kann zur aktiven Weitergabe dessen animieren, was im Riesenchorsingen Überwältigendes erlebt wurde. So beschrieb ein 51-Jähriger ausgesprochen persönlich:

> „Gospel, ja, doch (.) ich mein, man sieht ja, wie ich jetzt hier sitze im Rollstuhl (.) und ich sehe mittlerweile für mich auch eine Funktion (.) zu zeigen: ‚Hey Leute, auch wenn ich im Rollstuhl sitze: das Leben ist lebenswert!' (.) Und (.) so kann ich auch anderen Menschen eventuell (.) eine Hilfestellung geben (.) ich sag mal unbewusst (2) dass sie einfach das Leben und das Schicksal annehmen (.) und sagen: ‚Hey, ich bin (.) ich werde getragen von Gott und ich (.) ich <u>darf</u> an dieser Gemeinschaft teilnehmen!'"[460]

Ganz ähnlich artikulierte eine 46-jährige Sängerin ihr offenbar intensives Erleben, das in aller Emotionalität von deutender Reflexion über ihr eigenes Leben sowie das von ihr Nahestehenden geprägt war und dazu überging, nach dem Gospelkirchentag selbst Erfahrenes weitertragen zu wollen, damit es anderen zur heilenden Bewältigungshilfe werde:

F	∟ Ä:hm grundsätzlich ähm (.) ist das so eine erfüllende Botschaft ähm und so eine beglückende Botschaft, dass da natürlich eigentlich Freudentränen kullern müssten, aber (.) man denkt eben auch an die ähm Sachen im Leben, die dann ähm (.) tatsächlich da <u>schief</u> laufen, auf die wird ja auch angespielt (.) und da (.) wird man auf manches Ereignis gestoßen, was einem so 'n bisschen auch nahe geht dann.
JK	Also wird die eigene Biographie wachgerufen?
F	∟ genau! ∟ oder auch (.) also nicht nur die eigene, sondern auch ähm (.) Leute, die einem <u>nahe</u> stehen und (.) wo man einfach weiß, des is (.) is nich so gut! (.) Und die könnten diese Heilung gebrauchen, ähm diese (.) und dieses Bewusstsein, dass sie geliebt sind und (.) **ja**, der Vorsatz (.) ich hab hier so'n paar Kärtchen eingesteckt, diese Loved-Kärtchen, die werden jetzt fleißig verteilt.

[461]

Zusammenfassend lässt sich entsprechend festhalten, dass für diesen Typus ein kognitiv-interpretierender Konnex zwischen Alltag und Fest des Massensingens, zwischen intensivem Erleben im Moment und Bewährung des Erfahrenen außerhalb des Gospelchores besteht, was wiederum das (Gemeinschafts-) Erleben beim Gospelsingen beeinflusst und dazu beiträgt, dass sich der Einzelne mit anderen Sängern und nicht anwesenden Personen verbunden weiß beziehungsweise wähnt.

---

[460] GKT-Interview 140920_009, Z.54–59.
[461] GKT-Interview 140921_004, Z.11–21.

3.4 Orientierungsrahmen Handeln

Die vier in diesem Orientierungsrahmen zusammengefassten Einzeltypen zeichnen handlungsorientierte Kernmerkmale aus, da die beim Massensingen erlebte Gemeinschaft(sbildung) mit der Umwelt im Riesenchor für die zugeordneten Gesprächspartner neben geteiltem Wollen, gemeinsamer Liebe zur Gospelmusik oder dergleichen in erster Linie mit dem kollektiven Handeln zusammenhängt.

3.4.1 Der Musizier-Typ

Der Musizier-Typ erlebt im Riesenchorsingen beim MassChoir eine Vergemeinschaftung mit ihm fremden Menschen – die ihm grundsätzlich während des gemeinsamen Musizierens fremd bleiben – durch den kollektiven praktischen Vollzug, somit durch das musikalische Handeln als Gruppe, welche sich beim und durch eben dieses (Inter-) Agieren konstituiert beziehungsweise weiterentwickelt und intensiviert. Mag der einzelne Sänger kognitiv davon überzeugt sein, dass alle am Massensingen Partizipierenden *eigentlich das Gleiche wollen* – im Moment des Zusammenklingens der mehreren tausend Stimmen, die einen bombastischen Sound bilden, kann er es sinnlich *erleben*. Das Gemeinschaftserleben beschränkt sich dabei nicht allein auf das Singen, weshalb nicht vom „Sing-Typ" gesprochen wird; vielmehr gehört neben den emotionalen und kognitiven Dimensionen auch die körperliche elementar zum mitgestalteten und erfahrenen Musizieren hinzu, etwa das Klatschen, Stampfen und Tanzen, das Sich-an-den-Händen-Fassen, simultane Heben der Arme et cetera.

Das musizierende Gruppenhandeln gilt dem Individuum als Ausdruck des allen Beteiligten gemeinen Klang-Bilden-Wollens aus Begeisterung für die Gospelmusik und Offenheit für fremde Gleichgesinnte, was inmitten des Menschenmeeres kognitiv und emotional Vertrautheit untereinander begründet. Die an fröhlichen Gesichtern, an Gesten persönlicher Ergriffenheit und weiteren Phänomenen bei Dritten wahrgenommene Freude am und beim Singen verstärkt dies. Das musizierende kollektive Tun im MassChoir produziert respektive befördert beim Einzelsänger ein Zusammengehörigkeitsgefühl jener Handlungsgemeinschaft, die im Gemeinschaftswerk zu einer Einheit geformt wird, für das nur die Musik zählt, (Glaubens-) Inhalte hingegen sekundär sind; weitaus bedeutsamer, ja entscheidend ist, dass faktisch alle musizierend das Gleiche tun.

Die Teilhabe an der Musizierpraxis des Riesenchores vergewissert den Einzelnen, Teil dieser gewaltigen Chorgruppe zu sein, dieweil sich im Hören und Mitsingen das Gemeinschaftsgefühl verdichtet.[462]

---

[462] Vgl. GKT-Interview 140921_002, Z.1–16 (zitiert in B 2).

Welch integratives Potential im praktischen Musizieren des Riesenchores liegt wird am Beispiel von Kathrin S. besonders anschaulich. Die *Amazing Grace*-Sängerin war erst gegen 11 Uhr zur ersten MassChoir-Einheit hinzugekommen, fand aber – ohne das zu diesem Zeitpunkt gesungene Lied zu kennen oder neben ihr vertrauten Mitsängern zu sitzen – offenbar sehr rasch ins Gemeinschaftswerk hinein, empfand sich als Mitglied der Gruppe und nannte im Interview als relevante Faktoren hierfür das *Mitsingen*, Mittun sowie das gegenseitige *Sich-an-den-Händen-Nehmen*, was binnen kürzester Zeit ein *Gänsehaut-Feeling* und ein als *richtig, richtig klasse* qualifiziertes Gesamterleben ermöglicht habe.

Zehn der 18 Interviewpartner sind dem Musizier-Typ zugerechnet.

3.4.2 Der Führer-Typ

Bei diesem Einzeltypus, dem vier Interviewpartner zugeordnet sind, ist nicht das Handeln der Gruppe, sondern der anleitenden Dirigenten mitsamt seinen Auswirkungen auf die versammelten Sänger für das (inter-) subjektive (Gemeinschafts-) Erleben beim Massensingen konstitutiv. Die charismatischen, hoch-professionellen Chorleiter *bringen* den MassChoir-Beteiligten *in die Tiefe etwas bei, kriegen sie berührt* und ermöglichen beziehungsweise befördern die Vereinigung der Singenden zu einer *Großgruppe*.

Welche Schlüsselrolle für individuelles Erleben im Riesenchor dem Dirigenten zukommen kann lässt sich abermals am Beispiel von Kathrin S. illustrieren, für deren Wohlfühlen im MassChoir I trotz später Ankunft, trotz Fremdheit von Lied und Mitsängern, die Führung des Massenchores durch Hans-Christian Jochimsen offenkundig ausschlaggebend war:

> „Also die ich bin ja heut erst um etwa 11 Uhr etwa hier gewesen (.) ä:hm hab jetzt aber den Gospel-Day mitgenommen und des war Gänsehaut-Feeling pur, des ‚Amazing Grace' und auch die Songs da hinterher noch und Hans Christian hat des so toll gemacht (.) also des war echt super! [...] ich bin hingega- (.) ich bin hier hingesessen und hab mitgesungen (2) Und ich hab des Lied noch nie vorher gesungen, als:o (.) von daher [...] in so nem großen Chor findet man ja eh niemand (.) ähm da muss man dann wirklich sagen: ‚Gut, man sucht sich `n Platz und (.) setzt sich hin und singt mit.' (.) und durch den Hans Christian geht des auch relativ schnell, dass man da mit reinkommt, ohne dass man groß (3) ja."[463]

Wie in dieser Passage in Ansätzen erkennbar hängen Anleitungshandeln, Führung der Gruppe, Vergemeinschaftung und subjektives Erleben der Einzelnen durchaus zusammen. In ihrer spezifischen Rollenwahrnehmung können die Bühnenakteure – über die Zusammenführung der tausenden Sänger zur Gruppe hinaus – mitunter sogar zu spirituellen Führern und zu persönlichen Vorbildern werden.

---

463 GKT-Interview 140920_011, Z.3–7.25–28.31–36.

3.4.3 Der Lobpreis-Typ

Für diesen Typus, dem sieben Gesprächspartner zugerechnet sind, ist das Gospelsingen im Rahmen der MassChoir-Einheiten wesentlich von einem Transzendenzbezug geprägt, insofern im gemeinschaftlichen Musizieren die einzelnen Sänger Gottes *Anwesenheit* wie auch *Nähe spüren* können und an etwas Anteil erhalten, was über rein Menschliches hinausgeht. Denn im Riesenchorsingen erfahren sie als Individuen wie als Gruppe Stärkung von Gott, der sie zu einer (Lobpreis-) Gruppe zusammenführt, innerhalb derer sie sich angenommen und geborgen fühlen.

Dabei beschränkt sich das Erleben weder auf eine persönliche Gotteserfahrung (vertikal) noch auf ein intensives Gemeinschaftsgefühl (horizontal), das deutend mit Gott verbunden würde, sondern erstreckt sich auf einen alles Zwischenmenschliche transzendierenden doppelten Kommunikationsprozess, der einerseits das Massensingen als Lobpreis versteht, welcher den einzelnen Sänger *mit seinem Herrgott verbindet* und *alle Stimmen zu ihm schweben* lässt und andererseits den Gospelsänger als Empfänger einer göttlichen Botschaft des Angenommenseins, die über das hinausgeht, *was ein Mensch geben kann*.[464]

So werden im MassChoir-Gospelsingen für den Lobpreis-Typ mehrerlei gewichtige Grenzen überschritten:[465] zwischen Gott und Mensch, als einzelnem wie als Gruppe, aber auch zwischen tausenden fremden Menschen mit ihren individuellen und gruppenspezifischen Eigenschaften, wozu auch (Mutter-) Sprachen, Konfessionen et cetera gehören können. Die am MassChoir-Geschehen Teilnehmenden loben durch ihr gemeinschaftliches Singen Gott, der ihnen in eben diesem Singen spürbar nahe ist und sie zur (Lobpreis-) Gemeinschaft verbindet, so dass insgesamt – wenigstens potentiell – eine zweifache, gemeinschaftsstiftende Verbindungsschleife den und die Einzelsänger umfängt: Vertikal erlebt sich der am Gotteslob Partizipierende, von Gott im Riesenchorsingen Angeredete und Gestärkte, mit Gott verbunden; und horizontal werden die im Lobpreis so Vereinten zur intensiven Menschengemeinschaft, die im Lobpreis gebenden und Stärkung empfangenden kollektiven Musizieren als Gemeinschaft handelt.

3.4.4 Der Sendungs-Typ

An diesem Einzeltypus wird besonders anschaulich, dass es sich bei den hier vorgestellten, aus dem Interviewmaterial heraus entwickelten Typologie-Elementen um Idealtypen handelt, insofern von den 18 Gesprächspartnern diesem lediglich eine Sängerin zugeordnet ist, was dem Profil des Typus' indes keinen Abbruch

---

[464] Vgl. GKT-Interview 140920_010, Z.25–32 (zitiert in B 2.2, Abbildung 1).
[465] Zur Überschreitung von Grenzen beim Singen s. Kapitel A 1.3.3.

B 3.4 Orientierungsrahmen Handeln

tut. Während er starke kognitive und emotionale Wesensmerkmale besitzt, überwiegen letztlich doch die handlungsorientierten, weshalb er im entsprechenden Orientierungsrahmen zu stehen kommt.

Der Sendungs-Typ ist inmitten des MassChoir-Riesenchorsingens ergriffen, ja tief getroffen von der Kraft der Musik sowie den atmosphärisch im Raum schwebenden und beim Individuum ausgelösten Emotionen, die unweigerlich zum reflektierenden Sinnieren veranlassen: über das eigene Leben und das von nahestehenden Dritten.[466] Dermaßen intensiv kann sich dies auswirken, dass unaufhaltsam *Tränen fließen*, die am Weitersingen hindern. Zugleich bleibt es nicht bei der emotionalen Überwältigung der Einzelsängerin, sondern sie ist – im Wortsinn – derart bewegt, dass sie das selbst Erlebte weitertragen möchte, weit über die Grenzen der Großveranstaltung beim Gospelkirchentag, nun verstärkt sensibilisiert für und fokussiert auf die Not und Bedürfnisse Dritter, einschließlich der spirituellen und mit einer Art Handlungsanleitung ausgerüstet.[467]

Dabei wird die Botschaft der MassChoir-Einheiten, seitens der interviewten Sängerin mit dem Jochimsen-Lied „Loved" – offenbar als eine Art Quintessenz der Erfahrungen der Vormittage – identifiziert[468], nicht als eine lediglich an die Einzelsängerin ergangene und von dieser als weiterzutragende begriffen, sondern in beiden Fällen ist die Singgemeinschaft insgesamt im Blick: Jedem Riesenchormitglied ist zugerufen, von Gott geliebt zu sein und als Gemeinschaft der singenden Geliebten sind alle Sänger in die Welt gesandt, diese elementare Botschaft, dieses in „Loved" zum Ausdruck kommende Evangelium der Gottesliebe, heilbringend weiterzutragen. Die im Massensingen von Gott Gesegneten teilen demnach gemeinsame Sendung und Auftrag, am je eigenen Ort als Multiplikatoren zu wirken.

Für die dem Sendungs-Typ zugeordnete 46-Jährige sind Kernbotschaft und kollektiver Handlungsauftrag offenbar so klar, dass sie das MassChoir-Singen im

---

[466] Hinsichtlich des geführten GKT-Interviews 140921_004 und der Zuordnung der Gesprächspartnerin zum Sendungs-Typ verdient Erwähnung, dass Joakim Arenius circa 15 Minuten vor Abschluss der MassChoir-Einheit von einem magersüchtigen Mädchen im Teenageralter aus seinem Bekanntenkreis berichtet hatte. Angesichts ihres Schicksals stießen Worte unvermeidlich an Grenzen, aber man könne in solchen Fällen immer noch singen und beten für Leidtragende. Er rief die Versammelten dazu auf, über sich und Menschen in ihrer eigenen Umgebung nachzudenken, das Lied „My Promise" womöglich ihnen zuzusingen. Während dieser Impuls für das Erleben der Interviewten eine gewichtige Rolle gespielt haben dürfte, was sich auch im Interviewgespräch erkennbar niederschlug, ändert der Zusammenhang nichts an der Validität der Beobachtung und materialgestützten Beschreibung des Sendungs-Typs. Bemerkenswert ist, dass auch die feldforschende Studenten B vom Singen des Liedes vor dem Hintergrund des von Arenius Gesagten stark ergriffen war, in ihren Aufzeichnungen aber kein Handlungsimpuls im Sinne des Sendungs-Typs erkennbar ist.
[467] Vgl. GKT-Interview 140921_004, Z.11–21 (zitiert in B 3.3.3).
[468] Dies unterstreicht, dass sich die Aussagen im GKT-Interview 140921_004 keineswegs nur auf das mit „My Promise" verknüpfte Erleben beziehen, sondern darüber hinaus gehen, zumal Hans-Christian Jochimsen als erster Dirigent den MassChoir II eröffnet hatte und „Loved" circa zwei Stunden vor „My Promise" gesungen worden war.

Interview als *Gottesdienst*, als *hoch missionarisches Ereignis* beschreiben und formulieren kann:

> „Ja, <u>einer</u> liebt einen! Auf jeden Fall! Und alles Andere (.) müsste sich dann ähm also beziehungsweise (.) ä:hm vielleicht gibt einem das schon so viel <u>Freude</u>, dass ä:hm (.) dass man auch schon positiver in in die Welt reinschaut (.) und das vielleicht auch 'n bisschen widerspiegelt, wiedergibt."[469]

Mag das vage *einer* als Quelle der empfangenen und weiterzutragenden Liebe zunächst irritieren, so macht das Interview insgesamt doch deutlich, dass die Gesprächspartnerin – wie der Sendungs-Typ insgesamt – Gott im Sinne des christlichen Glaubens im Blick hat.

3.5 Potentiale, Grenzen und Desiderate

Die bei meiner Feldforschung in Kassel geführten Spontan-Interviews bergen gewiss weit mehr Erkenntnispotential, als in der vorgelegten Studie mit ihren Fokussierungen ausgeschöpft wurde oder im Rahmen einer Qualifikationsarbeit generell werden könnte. So soll abschließend schlaglichtartig und beispielhaft anhand einiger ausgewählter Passagen hingewiesen werden auf einen – gewiss nur kleinen – Teil jener möglichen Schätze im Material, die durch eingängige Analyse womöglich zu heben wären, hier indes nicht näher untersucht, sondern nur knapp angedeutet werden können.

So beschrieben mehrere Frauen in einem Gruppeninterview am Rande der Ökumenischen Gospelnacht, inwieweit ihre Einstellungen zu Gott, zum Glauben und zur Kirche für das Gospelsingen eine markante Rolle spielten, indem sie zu gesungenen Inhalten in Harmonie oder Spannung ständen:

---

[469] GKT-Interview 140921_004, Z.47–50.

B 3.5 Potentiale, Grenzen und Desiderate

JK	Generell so Eure (.) eigene Haltung zur Kirche, die Verbundenheit, wie groß ist die oder wie sieht die aus?
F1	Äh zur Kirche oder zum Glauben?
JK	Beides gerne.
F1	Äh zur Kirche, j:a (.) aber glauben tu ich auf jeden Fall!
F3	Oah ich immer weniger! @(2)@ Ich hab immer mehr Probleme da-
F2	∟ @(.)@ Nee, ich auch nich
F3	mit, ja (.) ehrlich gesagt (.) ja!
JK	Aber Go- (.) aber Gospelsingen is trotzdem kein Problem?
F3	∟ (Vom)
F3	Ja, das ist (.) ja (.) das ist manchmal die Frage! (.) Also ich sing (.) ich sing Gospel total gerne, aber ich kann manchmal (.) das mit Gott bald nicht mehr singen, also (.) ja (.) das (2) schwierig (.) für mich!
JK	Und ist das dann auch 'n innerer Konflikt, also quasi was zu singen, was Du nicht glaubst?
F3	Ja! Manchmal ja. Obwohl ich denke, wenn ich äh Rocklieder sing oder irgendwas anderes (.) und wenn äh wenn ich Rammstein singen würde und der singt da sonst was äh das sing ich ja auch mit, ohne mir Gedanken darüber zu machen. Darum (2) sing ich auch die Gospels mit, aber (.) ja, ich hab da immer mehr Schwierigkeiten mit!
JK	Wie geht's Euch damit?
F4	Ich bin ne gläubige Christin (.) inzwischen hab ich mich auch bekehrt zu Jesus Christus und (.) es macht mir total Freude, das zu singen! (.) Vorher auch schon, aber jetzt erst recht!
F2	@(.)@ Ja, ich bin nicht in der Kirche und für mich is äh (.) äh dieses Gospelsingen, also wir
F1	∟ @(.)@
F2	ham ne sehr große Gemeinschaft auch bei uns im Chor, wir sind 60 Leute (.) und viele

Solche Interviewaussagen werfen allerlei Fragen auf: Wie wirkt sich das Gospelsingen – in einem heimischen, festen Chor oder auf festivalartigen Treffen wie jenem beforschten in Kassel – auf die Glaubenseinstellungen, auf die individuelle religiöse Identität[471], auf soziale Beziehungen und die Zugehörigkeit zu Konfessionsgemeinschaften aus – jeweils kurz-, mittel- und langfristig? Sind subjektiv empfundene Spannungen zwischen den häufig programmatisch stark konfessorischen Texten der Gospelsongs zum eigenen (Nicht-) Glauben auf Dauer problemlos erträglich oder, die Gestalt eines inneren Konflikts annehmend, zunehmend belastend, bis hin zum Ausstieg aus der (kleinen sozialen Lebens-) Welt des Gospel-Singens? Wie stark ist das Phänomen unter nichtgläubigen Sängern verbreitet, sich als Gospelsongs Singende herausgefordert zu sehen zur eigenen Positionierung durch Teilen oder Sich-Abgrenzen, Bejahen oder Verneinen? In welchem Verhältnis steht es zu einer womöglich ebenfalls vorfindlichen Indifferenz, die im Sinne der in den Zeilen 181 bis 183 im obigen Interviewausschnitt beschriebenen Grundhaltung die Möglichkeit eines gedanken- und bekenntnislosen Singens andeutet, wenngleich diese für die befragte Sängerin F3 offenbar keine Dauerlösung des subjektiv erlebten inneren Konflikts darstellt?

Eine valide persönliche Lösung einer ähnlichen Konfliktlage besteht für eine Sängerkollegin von F3 (F2) aus dem gleichen lokalen Chor offenbar in einer

---

[470] GKT-Interview 140919_024, Z.167–190.
[471] Bei einer intensiven Beschäftigung mit dieser Fragestellung ließe sich vermutlich gut anknüpfen an die Befunde von Laack, Religion.

Funktionalisierung des Gospelsingens beziehungsweise in der bewussten Abspaltung beziehungsweise Trennung der Inhalts- von persönlichen Bekenntnisfragen:

> „[...] ham ne sehr große Gemeinschaft auch bei uns im Chor, wir sind 60 Leute (.) und viele haben auch schon ihre Probleme bisschen da mit hergebracht und fühlen sich da gut äh aufgehoben und aufgefangen und das ist für mi- bedeutet für mich der Chor! Und ich kann ‚Hallelujah!' singen und ‚Oh Lord!', aber äh für mich ist das (.) es gibt für mich irgendwas, wo ich dran glaube, aber (.) es is nich äh der Gott, der in der Kirche (.) angepriesen wird. Aber ich kann das singen, weil's mir Freude bereitet und ich glaube, das tut den Menschen gut. Das is für mich meine Lebensweise (.) und nich, für wen ich das singe. Ich kann das bisschen ausblenden."[472]

Bezogen auf Gospel-Großveranstaltungen wie den Gospelkirchentag wäre weiterhin gewiss zu untersuchen lohnend, ob in einem solchen Kontext entstehende Dynamiken auf erstmals Teilnehmende ähnlich oder gleich wirken, wie groß die Bandbreite empirisch fassbarer Reaktionen auf dort begegnende Phänomene ist und ob sich mit wiederholter Teilnahme das Erleben charakteristisch verändert. Ein Beispiel für positive Fremdheitserfahrung im nicht vertrauten Umfeld – bei der Eröffnungsveranstaltung auf dem Königsplatz – schilderte ein 50-Jähriger, ebenfalls am Rande der Gospelnacht am Freitagabend:

> „Schon beeindruckend. Also für uns ist=es das allererste Mal, dass wir an so nem Gospelkirchentag teilnehmen (.) ähm ich fand das völlig verrückt, da gab's eine Szene ähm wo sich das Publikum an die Hände genommen hat und plötzlich fasst mich @eine wildfremde Frau an und hebt meinen Arm mit hoch@. °Ich denk: ‚Boah!'° Also, sowas hab ich noch nich erlebt! Total verrückt, ja. [...] Man war so (.) ich sag mal Teil des Ge- Gesamten und fühlte sich zu allen (.) hingezogen, also fand ich toll! Tolle Erfahrung, ja!"[473]

Offenbar ist das ihm Widerfahrene derart fern von seiner vertrauten Alltagswelt respektive Lebenswelt, dass er es als *völlig* und *total verrückt* empfindet, zugleich aber auch als *tolle Erfahrung*. Während andere Gesprächspartner wiederholt am Gospelkirchentag teilgenommen und das in Kassel Vorgefundene mit früheren Gospelkirchentagen verglichen haben, war die dort sich manifestierende kleine soziale Lebenswelt des Gospel-Singens dem 50-Jährigen offenbar noch weitestgehend neu, seine Teilnahme entsprechend keine von Routine und Vertrautheit geprägte. Sein Beispiel könnte anregen, bei einem Gospel-Festival gezielt erstmals Teilnehmende hinsichtlich der Wirkung des vor Ort Erlebten auf sie zu beforschen und dabei womöglich speziell ihre Sozialisation, musikalische Vorbildung, spirituelle Ausgangslage und andere individuelle Merkmale zu berücksichtigen.

Vielversprechender Forschungsgegenstand wäre weiterhin die Frage nach der sozialen Komponente des Singens in einem festen örtlichen Gospelchor: In welchem Verhältnis stehen Chorleben und Alltagswelt der Mitglieder zueinander? Inwieweit verbinden sich die Lebenswelten der einzelnen Chormitglieder – über

---

[472] GKT-Interview 140919_024, Z.190–197.
[473] GKT-Interview 140919_018, Z.38–48.

B 3.5 Potentiale, Grenzen und Desiderate

Milieugrenzen et cetera hinweg – durch das gemeinsame Singen im Chor miteinander – innerhalb und außerhalb des eigentlichen Chorsingens? Wie stark identifizieren sich die Sänger mit ihrem Chor, schreiben ihm Bedeutung und Relevanz zu? Ist das Beispiel dieses Sängers mittleren Alters völlig ungewöhnlich oder weit verbreitet?

M1	Ja, auf jeden Fall! Also, weil auch der Chor is ja Gemeinde, also also sind wir sowieso der Gemeindechor bei uns jetzt in dem Fall, aber selbst wenn des nich so wäre, würde ja durch das Gospelsingen sowas wie eine soziale Gemeinschaft entsteht ja da auf jeden Fall! (.) Ja, mit allen Höhen und Tiefen, die mer da miteinander durchleben kann. Also,
JK	⌊ mhm
M1	es is schon (.) 'n Stück gelebte Gemeinschaft, ja.
JK	Aha!
M2	⌊ Es is (.) is ja so, ich meine in in dem besten biblischen Wort „Wo zwei oder drei versammelt sind in meinem Namen, da bin ich mitten unter Euch" äh wir versuchen tatsächlich (2) jetzt wie gesagt auch wieder nicht mit der Brechstange, aber tatsächlich Gemeinschaft auch zu leben, des heißt, füreinander da zu sein, wenn's einem nich so gut geht oder äh (.) bei so ganz lebenspraktischen Dingen, wo jemand (.) jemand zieht um, ja?
JK	⌊ mhm ⌊ ja, ja
M1	⌊ bei Umzügen
M2	Also ich bin vor zwei Jahren, zweieinhalb Jahren, mit dem kompletten Hausstand äh @Frau und zwei Kindern@ umgezogen und nem Haus mit 80 180 Quadratmeter vollge-
JK	⌊ mhm
M2	stellt (.) inklusive Tonstudio und so weiter (.) wir haben (.) ich weiß net 28, 30 Mann, vier
JK	⌊ ja
M2	Bussen und was weiß ich was äh äh Ketten gebildet vom Speicher bis ins Auto (.) äh ist
JK	⌊ ja
M2	bei die Nachb- in der Nachbarschaft immer @noch legendär@ äh und wir haben's tatsächlich 'n kompletten Umzug in sechs Stunden geschafft hier (.) mit allem Hausstand.

[474]

Welche Rolle spielen gemeinsame Teilnahmen an Festivals wie dem Gospelkirchentag – mit oder ohne Auftritt daselbst – für das Miteinander einer örtlichen Chorgruppe?

Interessant wäre zudem, die etwaige Motivationslage oder Zielsetzung von Chorsängern zu erforschen: Ist etwa eine Form von erhoffter Psychohygiene durch Gospelsingen identifizierbare Funktion individueller Mitwirkung, ob dem Sänger selbst bewusst oder nicht?[475] Welche Rolle spielt der Wille, Stärkung des eigenen Glaubens zu erhalten, diesen zu bekennen und andere Menschen singend dazu einzuladen – also eine missionarische Intention als (ein) Antriebsfaktor? Oder jener, persönliche existenzielle (Glaubens-) Fragen zu klären durch das beziehungsweise beim Gospelsingen?

---

[474] GKT-Interview 140919_023, Z.62–84; in der unmittelbar vorausgehenden Frage war das Wort „Gemeinde" explizit vorgekommen.

[475] Aussagen, dass Gospelsingen – auch das Singen im heimischen Chor – gute Laune hervorrufe, *Wellness für die Seele* darstelle, zur Entspannung vom Alltag diene und vieles mehr, wurden in zahlreichen Interviews getroffen.

Zu den weiteren Desideraten, die sich aus dem ausgewerteten Interview- und sonstigen Feldforschungsmaterial heraus nahelegen, gehört beispielsweise die Frage nach den Erwartungen der Teilnehmer an den Gospelkirchentag und die Überprüfung, was hiervon sich in welchem Grad und auf welche Weise (nicht) erfüllt hat; außerdem die Langzeitwirkungen des Singens im MassChoir, also dessen Nachhaltigkeit, wie diese bei der Feldforschung zu *Amazing Grace* bei den befragten 20 Probanden erhoben wurde. Und freilich noch etliches mehr.

All dies kann in dieser Studie nicht geleistet, soll aber wenigstens benannt werden als aus meiner Warte lohnende weitere Fragenhorizonte, die hinfort zu klären unternommen werden könnte und womöglich auch werden sollte.

C. Vom Moment zur Langzeitwirkung: *Amazing Grace*

Während meine Feldforschung beim Gospelkirchentag in Kassel – darin durchaus zum flüchtigen Format des Wochenendprogrammes passend – von Spontaneität geprägt war, im Verbund einer Forschungsgruppe stattfand und nach dem Erleben im Moment fragte, ohne die Langzeitwirkungen des Singens im Riesenchor in die Untersuchung einzuschließen, war die Beschäftigung mit dem Gospel-Musical *Amazing Grace* als Längsschnittstudie konzipiert und dabei dezidiert auch an der Nachhaltigkeit interessiert. In ihr arbeitete ich mit numerisch weniger Interviewpartnern, führte deutlich längere Interviews und befragte dieselben Personen mehrfach über den gesamten Zeitraum von der Auftaktprobe bis zur Aufführung sowie darüber hinaus.

Somit liegt ein zentraler der – trotz aller Gemeinsamkeiten insgesamt doch zahlreichen – Unterschiede beider Projektuntersuchungen darin, dass, anders als beim MassChoir auf dem Gospelkirchentag, bei *Amazing Grace* neben dem situativen *Erleben* im Moment die darauf basierende *Erfahrung* einschließlich ihrer Alltagsaus- wie Langzeitwirkungen erforscht wurde, indem ebenso wie die teilnehmende Beobachtung auch die Begleitung der 20 Gesprächspartner über mehrere Monate sich erstreckte und eine letzte Befragung rund ein Jahr nach Projektbeginn die umfangreiche Datenerhebung abschloss. Hinsichtlich des komplexen, vielseitigen Forschungsgegenstands dieser Studie sollte das durch dieses Vorgehen im Verlauf der Feldforschung Rekonstruierte als wertvolle Ergänzung der Ergebnisse zum Geschehen in Kassel sich erweisen.

Amazing Grace hatte, kategorisch im gleichen Segment christlicher projektartiger Riesenchorveranstaltungen verortet, bereits im Vorfeld sich in wesentlichen Charakteristika vom Gospelkirchentag zu unterscheiden und dessen Untersuchung daher wertvoll zu ergänzen versprochen, was sich in der Praxis bestätigen sollte, teils stärker als im Vorfeld vermutet. Nicht festgelegt auf nur ein Musikgenre wie der Gospelkirchentag, der primär bis exklusiv mit Gospelsongs assoziiert grundsätzlich eine spezifischere Zielgruppe anziehen – oder von der Teilnahme abhalten – dürfte, war dem Musical mit seiner Kombination verschiedener Musikstilrichtungen zuzutrauen, für eine größere Bandbreite von Menschen mit ihren jeweiligen Präferenzen faktisch offen und attraktiv zu sein. Hinzu kam die Aufführung als Zielpunkt des Projekts, bei dem mit Stars vor großem Publikum das Einstudierte dargeboten werden sollte. Die Gewinnung und permanente Begleitung von Probanden wiederum ließ darauf hoffen beziehungsweise sogar davon ausgehen, dass einerseits eine den Forschungsinteressen dienliche, von Vertrauen geprägte Beziehung zwischen Interviewten und Interviewer im Verlauf der Längsschnittstudie sich entwickeln würden und andererseits die jeweiligen Selbstauskünfte keine reinen Momentaufnahmen darstellen müssten, sondern durch fallinterne Vergleiche Kontextualisierungen möglich sein sollten.

So waren es mehrere Aspekte, die neben dem Gospelkirchentag eine extensive feldforschende Befassung mit dem Gospel-Musical nahelegten, um die Wirkungen der Mitgestaltung auf Singende im Moment, aber auch die Alltags- und Langzeitwirkungen auf diese daran Beteiligten zu ergründen. Im Verlauf der Längsschnittstudie erwiesen sich deren Erkenntnisgewinne – nicht zuletzt auf Grund der immensen Materialfülle – als derart umfassend, dass der Schwerpunkt der vorgelegten Qualifikationsarbeit letztlich nur auf der Analyse des (inter-) subjektiven Erlebens bei diesem Riesenchorprojekt liegen konnte.

1. Ein Musical in Ludwigsburg

Analog zum Pop-Oratorium „Die 10 Gebote" hat die Stiftung Creative Kirche auch im Fall von *Amazing Grace* zur Mitwirkung bei sich an die Uraufführung im Rahmen des Gospelkirchentags in Kassel am 20. September 2014 anschließenden Folgeaufführungen eingeladen, darunter jene für den 9. November 2014 in der MHP-Arena in Ludwigsburg angesetzte. Diese war offen ausgeschrieben, auch im Internet und in der Lokalzeitung. Jedermann konnte sich selbstständig anmelden, ohne hierbei einen Nachweis über Chorerfahrung respektive aktuelle Chormitgliedschaft, gesangliche oder sonstige musikalische Kompetenz erbringen zu müssen. Die Kirchenzugehörigkeit schien ebenfalls keinerlei Rolle zu spielen. Die Struktur mit halbtägigen Probenterminen, Generalprobe und Aufführung war klar umrissen, durch Auskünfte über Teilnahmegebühr und vorhandenes Hilfsmaterial wie käufliche Übungs-CDs transparent, wie auch für Einzelsänger, die nicht mit ihrem Chor teilnehmen, die Gestaltung der persönlichen Projektbeteiligung konkret aussehen könnte. In wenigen Schritten war somit (auch) mir die Aufnahme der Rolle eines im Ludwigsburger Projektchor mitwirkenden (Bass-) Sängers möglich: Ein paar Klicks und Eingaben persönlicher Daten online, die Zahlung von rund 50 Euro für Teilnahmegebühr sowie Chorpartitur und ich war dabei, Mitglied der großen Chorgemeinschaft, Teil von *Amazing Grace* in der Region Stuttgart.

Wie integrativ dieses Projekt angelegt war zeigte sich bereits an der Beschreibung im Internet:

C 1. Ein Musical in Ludwigsburg

Ludwigsburg 09.11.2014 MHPArena

Werde Teil einer großen Musical-Inszenierung
„Amazing Grace" - Das Chormusical von Andreas Malessa und Tore W. Aas kommt am 09.11.2014 in die MHPArena Ludwigsburg. Es sollen sich mehrere hundert Sängerinnen und Sänger beteiligen und mit Orchester, Band und Solisten die außergewöhnliche Geschichte des Seefahrers und Sklavenhändlers John Newton erzählen, der schließlich jenes Lied schrieb, das wohl zum bekanntesten Gospel überhaupt wurde.

So funktioniert das Chorprojekt:
Für die Aufführung bildet sich ein Projektchor, der das Musical in einem Zeitraum von ungefähr einem halben Jahr vorbereitet. Mitmachen darf jeder, ob mit dem eigenen Chor (Kirchen-, Pop-, Gospel- oder Jugendchor usw.) oder als Sängerin und Sänger ohne Chorzugehörigkeit. Das Musical besteht aus neukomponierten Musical- und Gospelsongs sowie arrangierten Traditionals. Die Stücke sind so angelegt, dass auch Laien die Liedererlernen können und Spaß bei den Proben haben. Jedes Chormitglied erhält eine Chorpartitur, welche alle Chor- und Solistenstellen umfasst. Optional stehen Klavierausgabe, Stimmen-CDs (SATB) und weitere Übungsmaterialien zur Verfügung. So kann sich jede Sängerin und jeder Sänger optimal auf die Proben vorbereiten. Interessierte Sänger und Sängerinnen, die nicht in einem Chor singen, sind willkommen. Hierfür wird speziell eine Einzelteilnehmer-Probe angeboten.

Hinweis: Die Teilnehmerzahl ist begrenzt! An einer Aufführung können maximal 800 Mitwirkende teilnehmen.

Abbildung 12: Screenshot der Beschreibung von *Amazing Grace* bei der Online-Anmeldung im Web-Shop der Creativen Kirche am 14. Juni 2014

Ausschlaggebend waren somit einzig Wille zur Teilnahme und Bereitschaft, sich für die viermonatige Dauer des Projekts zu binden, an Proben und Aufführung mitzuwirken. Anders ausgedrückt: Die Stiftung Creative Kirche unterbreitete als Erlebnisanbieter ein offenes Erlebnisangebot auf dem freien Erlebnismarkt für alle interessierten Erlebnisnachfrager.[476] Wer die festgelegten Gebühren von maximal 40 Euro Teilnahmebeitrag[477], 19,95 Euro für die Chorpartitur und anfallende Fahrtkosten zu bezahlen bereit war, konnte dabei sein.

Anders als beim MassChoir auf dem Gospelkirchentag war die kirchliche Anbindung bereits durch Raum und leitendes Personal offenkundig. Geprobt wurde nicht auf religiös neutralem Terrain wie der Rothenbach-Halle in Kassel, sondern in der evangelischen Friedenskirche im Herzen Ludwigsburgs. Chorleiter war kein aus dem Ausland eingeflogener freier Dienstleister wie die Anleiter in Kassel, sondern der hauptamtliche Kirchenmusikdirektor Hans-Martin Sauter. Durch den einschlägig kirchlichen Probenort, den kirchlich angestellten musikalischen Gesamtleiter und kirchliche Kommunikationswege als (ein) wesentliches Element des Vertriebskonzepts – nicht zuletzt den ebenfalls von Sauter geleiteten Projektchor der Friedenskirche „Voices of Peace", dem auch fünf der 20 Probanden[478] angehörten – war *Amazing Grace* somit rein strukturell maximal christlich, sogar amtskirchlich konnotiert. Im Kontrast hierzu stand freilich die MHP-Arena als Ort der Aufführung, der den rund 700 Massenchor-Mitgliedern, den weiteren Akteuren und den circa 4.500 Zuschauern am Tag der Aufführung als Höhepunkt des Musicalprojekts Raum bot. Seitens der Probanden wurde dieser räumliche

---

[476] Vgl. Schulze, Erlebnisgesellschaft, 417–457, hier: 419.422–423.425.
[477] Die Teilnahmegebühr war ausdifferenziert in Einzel- und Gruppenanmeldungen sowie Sondertarife, darunter einer für Frühbucher.
[478] Im Einzelnen waren dies Anja B., Bärbel F., Tanja R., Gerhard S. und Susanna M.

Unterschied zwischen Proben und Aufführung teils explizit thematisiert und dabei nachvollziehbar, wie der veränderte Ort individuelles Erleben (mit-) prägte.

Als Chormusical angelegt präsentiert *Amazing Grace* nach dem (Selbst-) Verständnis des Veranstalters die Geschichte von John Newton, des Texters hinter dem weltbekannten Gospel-Song „Amazing Grace", denn:

> „Die Wandlung vom rücksichtslosen Kapitän eines Sklavenschiffes zum frommen Gospeltexter und engagierten Kämpfer gegen die Sklaverei ist wie geschaffen, um als berührendes Musical auf der Bühne erzählt zu werden."[479]

Musikalisch sollen hierdurch die beiden dramatischen Wendungen im Leben von John Newton, seine beiden Bekehrungen, zunächst vom rücksichtslosen Wüstling zum gläubigen Christen und dann vom noch immer die Sklaverei Befürwortenden zum entschiedenen Gegner derselben, verbreitet werden, um heutige Menschen zu inspirieren und zu animieren, sich ebenfalls für Menschenrechte einzusetzen und nach christlichen Prinzipien ethisch konsequent zu handeln.[480]

1.1 Ein Musical in mehreren Generationen

Zum Zeitpunkt meiner Anmeldung als Basssänger im Projektchor von *Amazing Grace* in Ludwigsburg, am 14. Juni 2014, waren im Web-Shop der Creativen Kirche außerdem bereits die Welturaufführung auf dem Gospelkirchentag in Kassel, eine Zusatzpremiere am Folgetag daselbst sowie drei weitere Aufführungen in Braunschweig, Minden und Karlsruhe angekündigt. Abgesehen von der Welturaufführung am 20. September 2014, die bereits als ausgebucht gekennzeichnet war, bestand noch für alle diese Termine die Möglichkeit der Mitwirkung als Sänger im jeweiligen Großchor. Über diese angekündigten hinaus war zudem eine Aufführung mit dem eigenen Chor explizit als Option benannt:

---

[479] ohne Autor, Blick ins Stück.
[480] Vgl. ohne Autor, John Newton.

C 1.1 Ein Musical in mehreren Generationen

Amazing Grace

Ein Chormusical von Andreas Malessa und Tore W. Aas

Das Lied "Amazing Grace" ist der bekannteste Gospelsong der Welt. Ein Weltkulturerbe in Musik. Am Sonntag nach dem 11. September 2001 sangen es Christen, Muslime und Juden gemeinsam bei der Trauerfeier für die New Yorker Terroropfer. Martin Luther King machte es neben „We shall overcome" zur Hymne der Bürgerrechtsbewegung.

Die berührende Melodie komponierten unbekannte schwarze Farmarbeiter. Den Text schrieb 1773 ein britischer Sklavenkapitän – John Newton. Dieses Musical erzählt seine dramatische Geschichte. Das verwahrloste Heimkind wird gekidnappt, desertiert von der Marine, um seine geliebte Polly Maria wiederzusehen, entgeht knapp dem Galgen und wird Sklaventransporteur in Westafrika.

Warum die vornehme Polly ihn trotzdem heiratete, wie John Newton zum Pfarrer der anglikanischen Kirche wurde, was ihn zum Gegner der Sklaverei machte und wie er ihre Abschaffung mit seinem Freund William Wilberforce 1807 im Parlament durchsetzte - all das wird in mitreißenden Gospels und unvergesslichen Balladen gesungen, getanzt und gespielt von Topstars der deutschen Musical- und Theaterszene.

Amazing Grace - ein Musical für Chöre mit Gospelklassikern in frischen Arrangements und neuen Hits von Komponist Tore W. Aas (Oslo Gospel Choir). Gospel ist fast immer Chormusik. Daher spielt der Chor eine besondere Rolle: Er ist nicht nur der wichtigste Bestandteil der Musik, sondern auch Teil der Inszenierung. Eine mitreißende Geschichte, voller eingängiger Melodien und starker Charaktere.

Möglichkeiten der Mitwirkung:

1. Welt-Uraufführung am 20.09.2014 in Kassel, Rothenbach-Halle
   im Rahmen des 7. Internationalen Gospelkirchentags 2014 (Ausgebucht!).

2. Zusatzpremiere am 21.09.2014 in Kassel, Rothenbach-Halle
   Anmeldung ab sofort für Sängerinnen und Sänger bzw. Chöre aus dem gesamten Bundesgebiet möglich!

3. Aufüfhrung in Ludwigsburg am 09.11.2014 in der MHPArena

4. Aufführung in Minden am 24.01.2015 in der Kampa-Halle

5. Aufführung in Karlsruhe am 08.02.2015 in der Schwarzwaldhalle.

6. Aufführung in Braunschweig am 28.02.2015 in der Stadthalle.

7. Die Aufführung mit eigenem Chor

Abbildung 13: Screenshot der im Web-Shop der Creativen Kirche am 14.6.2014 angebotenen Aufführungen des Musicals *Amazing Grace*

Daran wird ein Mehrfaches deutlich: Zum einen, dass mit dem Chormusical Menschen emotional angesprochen und aktiviert werden sollen, wie die im Beschreibungstext im Web-Shop der Creativen Kirche gewählten Formulierungen nahelegen. Diese fordern den Leser auf, sich *mitreißen zu lassen* von den Gospelsongs ebenso wie von den spektakulären Wendungen im Leben des John Newton, Anteil zu nehmen an der *dramatischen* (Love) Story des Musicals und sich *berühren zu lassen* von *unvergesslichen Balladen* und der Musik des weltberühmten Tore W. Aas. Er soll seine Gelegenheit nicht verpassen, die Geschichte des musikalischen *Weltkulturerbes* „Amazing Grace" selbst in allen Details kennen zu lernen, aber auch ihr Feuer aktiv als Sänger weiterzutragen. Dass es besonders auf den Chor ankomme, ja die *Topstars der deutschen Musicalszene* sogar auf den Chor und seine Mitglieder angewiesen seien für Klang und Inszenierung, war gewiss geeignet, dem so Eingeladenen zu schmeicheln, ihn womöglich bei der Ehre zu packen, sich nicht zu verweigern, wo er doch offenbar so dringend gebraucht wird. Wie die Motivationsrede eines Sporttrainers, der seine Mannschaft vor dem Spiel auf dasselbe einschwört, las sich diese emotional aufgeladene Werbung.

Zum zweiten illustrierte die bereits stattliche Anzahl angebotener Projekt-Aufführungen zwischen September 2014 und Februar 2015, dass *Amazing Grace* nicht als einzelnes Leuchtfeuer, sondern als eine Art Flächenbrand konzipiert war, der von Stadt zu Stadt wandern soll, sich ausbreiten, eine Bewegung auslösen. Insbesondere der unscheinbare Hinweis, dass die Veranstaltungsliste nicht abgeschlossen, sondern weitere Aufführungen möglich seien, dass sogar potentiell jeder Leser vor Ort mit dem eigenen Chor eine eigene Aufführung gestalten könne, beleuchtete den intendierten weiten Horizont, zeitlich und räumlich. So war es fraglos ganz im Sinne dieser Konzeption, dass Mitte Oktober 2016 bei der online einsehbaren Veranstaltungsübersicht der Creativen Kirche zum Musical *Amazing Grace* auf zwei *Highlights* im Frühjahr 2016 zurückgeblickt, aber auch nach vorne sehend 17 weitere Aufführungen des Chormusicals im In- und Ausland angekündigt wurden, vom 22. Oktober 2016 in Würzburg bis zum 2. März 2018 in Wil.[481] Offenbar war es also gelungen, mit der Welturaufführung einen Stein ins Rollen zu bringen, der seither – zwei Jahre später – tatsächlich noch kräftig weiterrollte, sich gegenüber den Anfängen sogar vervielfältigt und ausdifferenziert habend.

Zum dritten zeugte die im Juni 2014 angekündigte Reihe von *Amazing Grace*-Aufführungen von der Professionalität wie ausgefeilten Marketingstrategie des Veranstalters, indem die Uraufführung durch Einbettung in den Gospelkirchentag in Kassel mit seinen erwarteten mehreren tausend Gospelfans einen furiosen, höchst erfolgreichen Auftakt des Gospel-Musicals zwar vielleicht nicht garantierte, wohl aber doch höchst wahrscheinlich machte.

Die Feldforschung zur ersten Folgeaufführung nach den beiden Kasseler Premieren in Ludwigsburg offenbarte indes, als wie flexibel modifizierbar und für den jeweiligen Kontext passend gestaltbar die konzeptionelle Vorlage des Chormusicals sich faktisch erwies. Während der bei der Welturaufführung am 20. September etwa 150 bis 200 Sänger umfassende Großchor in Ludwigsburg mindestens verdreifacht, eher aber vervierfacht wurde, während beide mit den gleichen Starsolisten und mit Profimusikern zusammenwirkten, waren die parallel zum Ludwigsburger Projekt in intensiver Vorbereitung befindlichen, in der Durchführung dann aber weniger überregional beachteten Adaptionen in Musicalstadt[482] und einem Ort in der Metropolregion Stuttgart lediglich mit den dort jeweils vorhandenen, bescheideneren Möglichkeiten ins Werk gesetzt worden, ohne Prominente von außen. Dies entsprach praktisch eben jenem Format, das die Creative Kirche spätestens mit „Die 10 Gebote" etabliert hatte und welches auf den Internetseiten der Evangelischen Kirche von Kurhessen-Waldeck sich kompakt beschrieben findet:

---

[481] ohne Autor, Veranstaltungskalender.
[482] Der Originalname der Kleinstadt wurde ersetzt. Zu Datenschutz und Anonymisierung in dieser Studie s. Kapitel A 2.3.3.6.

C 1.1 Ein Musical in mehreren Generationen

> „Man hoffe, mit der neuen Produktion an den Erfolg des Pop-Oratoriums ‚Die 10 Gebote' anzuknüpfen, das bisher siebenmal in großen Hallen und an 100 kleineren Veranstaltungsorten zu sehen gewesen sei. Die Inszenierung des Musicals sei von vornherein auf kleinere Aufführungen etwa in Kirchengemeinden zugeschnitten."[483]

Diese mehrstufige Gesamtkonzeption, die von einer zentralen bombastischen Uraufführung in einer Metropole – sowohl Dortmund („Die 10 Gebote") wie auch Kassel (*Amazing Grace*) sind wegen ihrer Größe und geographischen Lage gewiss als solche anzusehen – ausgehend sich immer weiter ins In- und Ausland fortsetzt und ausdifferenzierend verzweigt, aus den Zentren in die Fläche, als Generationenabfolge zu verstehen erscheint daher passend. Dies lässt sich veranschaulichen am Beispiel der Probandin Nikola I., die alle Stufen von *Amazing Grace*, mindestens in dessen erster Phase, miterlebt wie auch aktiv mitgestaltet hat. So war sie zunächst an der Aufnahme jener CD in Witten beteiligt, die den späteren Großchormitgliedern neben anderem Material als Übungshilfe diente und für viele Menschen die Erstbegegnung mit *Amazing Grace* darstellte. Später sang sie zusammen mit einzelnen Sängern des von ihr geleiteten evangelischen Kirchenchores bei der Uraufführung in Kassel mit, außerdem mit ihrem gesamten Kirchenchor in Ludwigsburg, wobei stets die eigene geplante Aufführung in Musicalstadt im Blick und ein wesentlicher Motivator war, insofern der Kirchenchor als von der Ludwigsburger Aufführung her kompetenter Grundstock Zusammenklingen und Erfolg des Musicalstadt-Projektchores begünstigen sollte.

Somit hatte Nikola I. Anteil an der „Geburt" des Gospel-Musicals insgesamt (CD-Produktion), im Rahmen derer aus auf Papier gedrucktem Text mit Noten erstmals etwas Klingendes wurde, später dann an der „1. Generation" (Uraufführung), an der „2. Generation" (Ludwigsburg, mit Stars/Promis) und schließlich an der „3. Generation" (Musicalstadt, ohne Stars/Promis).[484] Sie agierte dabei in einer Vielzahl von Rollen: Als eine von mehreren Sängerinnen (CD-Produktion und Uraufführung), als ihren heimischen Chor begleitende, singende Leiterin ohne hervorgehobene Rolle im Riesenchor (Ludwigsburg) und als Gesamtleiterin einer eigenen Aufführung (Musicalstadt), bei der neben ihrem Kirchenchor auch weitere Familienmitglieder zum Einsatz kamen.[485] Insgesamt lässt sich also eine Fortentwicklung oder Fortpflanzung des Musicals festhalten, das – einmal ins Leben

---

[483] ohne Autor, Neues Musical. Als Quelle wird im offenbar zitierenden Online-Bericht epd/medio angegeben.

[484] Zu betonen ist, dass mit der Generationenfolge analog zu menschlichem Leben keine Abqualifizierung oder Geringschätzung impliziert ist, als wäre die 2. Generation von minderem Wert beziehungsweise vom guten Original abgestuft, die 3. wiederum nochmals herabsetzt oder dergleichen. Stattdessen geht es um Entwicklungsstufen im Sinne zeitlicher und räumlicher – nicht automatisch zugleich qualitativer – Fortentwicklungen: vor dem Hintergrund der bisherigen Aufführungen, aus den vorangehenden Orten sich weiter im In- und Ausland ausbreitend und so fort. Dass keineswegs nur in der Theorie mit der Generationen- keine Rangfolge analog verbunden sein muss, zeigt überdeutlich an mehreren Interviewstellen das Beispiel von Elke H..

[485] Vgl. F, Gospels.

gerufen – seinen Weg fand, sich dabei beständig veränderte, unterschiedlich präsentierte und prinzipiell nie ganz abgeschlossen ist.[486]

Die Metapher der Generationenfolge erscheint überdies auch insofern adäquat, als – analog zu vorfindlichen Unterschieden bei gleichzeitigen Gemeinsamkeiten innerhalb von (Groß-) Familien – bereits anhand der im Zuge der für diese Studie gewonnenen empirischen Daten aufscheint, wie unterschiedlich dasselbe Musical sich je nach Akteuren und Kontext dem Beobachter präsentieren kann: Als fulminantes Feuerwerk mit Musical-Stars und Profimusikern auf hohem künstlerischem Niveau vor einem Publikum von mehreren Tausend in einer großen Arena, darin durchaus vergleichbar mit Musicals auf dem freien Markt (Kassel und Ludwigsburg); als regionales Projekt vieler zusammenwirkender (Laien-) Gruppen und Chöre in einer örtlichen Kirche, ohne einen professionellen Veranstalter wie die Creative Kirche (Musicalstadt); oder als personell noch kleinere Variante mit nur rund 30 beteiligten Sängern (Kirchengemeinde von Jens M. in der Metropolregion Stuttgart).

Hierbei hatte jede Ausformung gewiss ihr eigenes Gepräge und ihre spezifische Dynamik, wie ich selbst sie als teilnehmender Beobachter in Ludwigsburg miterlebt habe. Dort war eine sich deutlich steigernde Entwicklung im Projektverlauf spürbar: Zum anfänglichen Singen im Riesenchor mit Dirigent und Pianist kamen später Einspielungen von Erzählpassagen und des Orchesters zur musikalischen Untermauerung des Gesangs sowie als Vorgeschmack auf den späteren Gesamtklang hinzu. Auch der gegen Ende mitprobende LaKi-Popchor als *Small Choir* veränderte das Gesamtgefüge merklich. Bei der Generalprobe waren der andere Raum der MHP-Arena und die Beteiligung der Solisten – zunächst noch ohne Kostüme, aber selbst in legerer Gewandung teils imposante Erscheinungen – das gegenwärtige Erleben im Massensingen prägende und potentiell zusätzlich begeisternde Faktoren. Dies alles mündete schließlich in das feuerwerksartige Finale der abendlichen Aufführung mit überwältigendem Gesamtklang, einer mit 4.500 Zuschauern annähernd vollen Arena und bis ins Detail professionell anmutenden Star-Solisten als Höhepunkt des Projekts und meines individuellen Erlebens darin.

Vor diesem Erlebenshintergrund hatte ich rund ein halbes Jahr später Gelegenheit, abermals – wie schon nach der Auftaktprobe am 6. Juli 2014 in Ludwigsburg bei der Uraufführung im Rahmen des Gospelkirchentags in Kassel – die Zu-

---

[486] Das Bild der sich fortpflanzenden Generationenfolge ließe sich hinsichtlich der Weiterentwicklung von *Amazing Grace* gar derart auf die Spitze treiben, dass – anders als im Falle etlicher biologischer Familienlinien – das Musical prinzipiell kein Ende haben müsste, selbst wenn es zu längeren Phasen des Brachliegens kommen sollte, weil es auch nach (langen) Unterbrechungen jederzeit wieder eine Fortsetzung finden könnte und sei es auf der Basis weniger Lieder, die – etwa auf Tonträgern oder in Notenform überkommen – erst Jahrhunderte nach der letzten Aufführung wiederentdeckt und auf ihrer Grundlage das Musical neu belebt würde.

schauerperspektive einzunehmen, statt selbst aktiv beteiligt zu sein: bei der Aufführung im April 2015 in Musicalstadt.[487] War ich bei der ersten Generation von *Amazing Grace* in Kassel des Geschehens bereits als Teil des Publikums teilhaftig geworden und hatte ich bei der zweiten Generation in Ludwigsburg im Riesenchor mitgesungen, konnte ich somit in der dritten Generation nun wieder einen Schritt zurücktreten in der Beobachtung. Die mir als Probandin von der Ludwigsburger Feldforschung her bekannte Gesamtleiterin der drei Aufführungen in Musicalstadt, Nikola I., stand nach der letzten der drei Vorstellungen in einer großen Kirche zum Interview zur Verfügung; ein weiteres fand, ebenfalls im Anschluss an die Darbietung, mit Klaus B. statt, den ich von einer Ludwigsburger Probe her bereits flüchtig kannte – wir waren dort im Riesenchor Sitznachbarn gewesen und hatten ein paar Worte gewechselt –, bei der Aufführung in Musicalstadt im kleinen Bühnenchor (*Small Choir*) wiedererkannte und anschließend spontan für ein Interviewgespräch hatte gewinnen können. Zu jener regionalen Ausformung von *Amazing Grace* in dritter Generation, die ich vor Ort als Zuschauer miterlebt habe, bemerkte eine Lokalzeitung treffend:

> „Die Besucher waren von diesem einmaligen über zweistündigen Musical restlos begeistert."[488]

In Musicalstadt wirkte an diesem Wochenende im April eine Vielzahl von (Laien-) Chören und Ensembles bei den drei restlos ausverkauften Vorstellungen ökumenisch in der Kirche zusammen – mit einem imposanten Gesamtklang, erkennbar viel Leidenschaft, selbst in der dritten Darbietung noch und einem Großchor aus etwa 150 Sängern.[489] Wie stark diese Aufführungen dabei von der konstruktiven Zusammenarbeit verschiedener lokaler und regionaler Gruppen lebten, beleuchteten die Interviews mit der Chor- und Gesamtleiterin Nikola I..[490] Im Vergleich dieser eigenen Aufführungen mit jener in Ludwigsburg attestierte sie hinsichtlich der Einstellung der Beteiligten einen gravierenden Unterschied:

> „[...] da hängt so Vieles dran (.) und dann: Du machst es hier (.) und und die Leute, die kennen's schon von vor drei Jahren, da ham wir ‚Die 10 Gebote' aufgeführt und die die (.) die <u>hängen</u> sich dann mit dran und wenn vi:ele (.) äh helfende Hände sind (.) dann dann ist=es halt <u>unser</u> Projekt und dann ist=es nicht so ‚Wir gehen mal hin', so wie in Ludwigsburg oder in Kassel: ‚Wir wir machen (.) wir haben mal Spaß, wir singen mit', sondern des ist was <u>ganz Anderes</u>! [...] die haben des anders empfunden und auch einige Zuschauer haben gesagt ä:hm sie fanden des bei uns viel besser (.) weil wir's einfach ä:hm ja, des war ihr's! Da haben <u>sie</u>=es für ihre Familie singen können ä:h in in in <u>ihren</u> Örtlichkeiten, des des war was ganz Anderes! Hier (.) hier

---

[487] Zu meinem Zuschauererleben vor Ort habe ich ein Beobachtungsprotokoll angefertigt.
[488] F, Gospels.
[489] Vgl. ebd..
[490] In Musicalstadt zeigte sich sehr plastisch, dass Kirchenmusik als wesentlicher Kulturträger „in den Städten als Partnerin der Kulturarbeit wahrgenommen und gefördert" (Evangelische Kirche in Deutschland, Kirche klingt, 25) wird, indem im konkreten Fall aus der Warte des externen Besuchers betrachtet eine ganze Kleinstadt einschließlich Bank und Kommune hinter der Musicalaufführung zu stehen schien.

warn sie ein ein Teil des Ganzen und in Ludwigsburg haben sie's so empfunden, dass wir (.) naja, wir haben schon mit dem (.) als Chor dazu gehört, aber des war nich so eine Gemeinschaft (.) wie hier äh sich aufgebaut hat."[491]

Während in der Wahrnehmung ihrer Chorsänger bezogen auf die Ludwigsburger Aufführung demnach eine Konsumenten-Mentalität vorherrschte, die etwas auf dem Erlebnismarkt Angebotenes mit deutlichen Ansprüchen nachfragte, fand zuhause nach Anlaufschwierigkeiten schließlich eine Identifikation mit dem Projekt statt, die vielerlei Kräfte freisetzen und zugunsten der Aufführungen bündeln half. Am Beispiel von Elke H., (mindestens) temporär[492] Mitglied im Chor von Nikola I., wird dies ausgesprochen anschaulich.

Daneben verdienen auch die Aussagen von Klaus B. Beachtung, der im Interview zu mehreren Aspekten seines Erlebens in Ludwigsburg und Musicalstadt einen direkten Vergleich zog und (auch) damit das Konzept mehrerer Generationen sowie dessen praktische Umsetzung weiter erhellen half (s. Kapitel C 1.9).

1.2 Ein Musical mitsingen – Forschungskonzept

Amazing Grace war insofern für den Forschungsgegenstand dieser Studie von besonderem Interesse, als die Struktur des auf mehrere Monate angelegten Riesenchorprojekts eine Längsschnittstudie ermöglichte, im Rahmen derer sich zusätzlich zum gegenwärtigen Erleben beim Singen auch gruppendynamische Prozesse über mehrere Proben hinweg sowie Entwicklungen beim einzelnen Sänger und Langzeitwirkungen über das offizielle Projektende hinaus untersuchen ließen. Wurden beim Gospelkirchentag fremde Menschen für punktuelle Kurzinterviews gewonnen, ohne dass sie später erneut hätten befragt werden können[493], gelang es bei der Forschung zu *Amazing Grace*, 20 Probanden während des gesamten Projektverlaufs und darüber hinaus forschend zu begleiten. Dabei ließ sich beobachten, welche Einflüsse die Mitwirkung am Riesenchorgeschehen auf das Individuum zeitigte – oder auch nicht –, etwa auf Selbst- und Fremdwahrnehmung, auf Weltsicht und spirituelle Praxis, auf Glaubensüberzeugungen und Kirchenverbundenheit. Im Umfeld der einzelnen Halbtagesproben, der Aufführung und schließlich im Abstand mehrerer Monate zum Projektabschluss konnten je vier bis fünf Interviews geführt werden, woraus sich Transkripte von insgesamt rund 300

---

[491] NI 4, Z.42–53.76–82.
[492] Während Elke in einem Gospelchor fest mitsingt, hat sie (wenigstens) für die beiden Aufführungen von *Amazing Grace* in Ludwigsburg und Musicalstadt sich dem evangelischen Kirchenchor von Nikola I. angeschlossen.
[493] Zwei Ausnahmen sind indes zu nennen: Die sich im Verlauf der Feldforschung ergebende zweifache Befragung eines Teilnehmers mittleren Alters am Gospelkirchentag an verschiedenen Tagen sowie die dortige Befragung der *Amazing Grace*-Sängerin Kathrin S., die an der Uraufführung in Kassel mitwirkte und in Teilen auch am MassChoir auf dem Gospelkirchentag teilnahm.

C 1.2 Forschungskonzept 179

DinA4-Seiten ergaben. Anhand dieser Daten konnte über die teilnehmende Beobachtung des Feldforschers hinaus das Erleben einer großen Zahl anderer am Projekt Beteiligter in die Forschung einbezogen werden, zumal neben dem Vergleich der Gespräche mit verschiedenen Probanden zusätzlich die fallimmanente komparative Analyse möglich war, indem die verschiedenen, in unterschiedlichen Projektphasen mit derselben Person geführten Interviews miteinander verglichen werden konnten, etwa jenes zur Auftaktprobe mit dem zur Aufführung und zur Langzeitwirkung, Monate nach Projektende.

Als weitere Forschungsgrundlage floss neben den Interviews und eigenen Feldtagebüchern Videomaterial in die Analyse ein.[494] Dieses bestand zum einen aus exklusiv von der Creativen Kirche zur Verfügung gestelltem videographischem Rohmaterial von der Aufführung in Ludwigsburg, zum anderen aus der käuflich erwerbbaren Mitwirkenden-DVD sowie schließlich einem in Musicalstadt für Forschungszwecke selbst erstellten Mitschnitt der dortigen letzten Aufführung in der römisch-katholischen Ortskirche im April 2015.

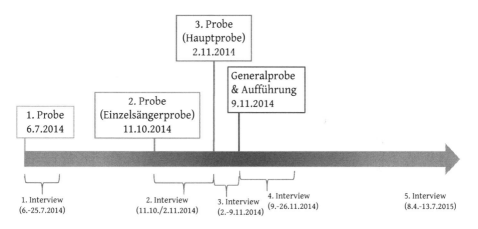

Abbildung 14: Überblick Längsschnittstudie zum Gospel-Musical *Amazing Grace*

Die schematische Darstellung der Grafik soll zum einen die höchste Intensität des Projekts in den Tagen um die Aufführung herum veranschaulichen – durch Farbverlauf angedeutet (dunkelste Stelle) – und zum anderen wenigstens einen groben

---

[494] Der Auswertungsschwerpunkt lag allerdings auf dem äußerst umfangreichen Interviewmaterial, zu dem die Bild- und Tonaufnahmen nur punktuell hinzugezogen wurden, nicht zuletzt – wie auch bei der Feldforschung zum MassChoir auf dem Gospelkirchentag – zur reaktivierenden Erinnerung des Feldforschers an die Stimmung im Saal, die eigenen Gefühle und Empfindungen et cetera.

Überblick darüber geben, dass ab der ersten Probe die Interviewgespräche mit den 20 Probanden blockweise stattfanden.[495]

1.2.1 Gewinnung der Gesprächspartner, Konzeption und praktische Durchführung der Interviews

Für die Interviews zu *Amazing Grace* in Ludwigsburg war zunächst eine Mehrzahl von Faktoren und grundsätzlichen Überlegungen zu berücksichtigen. Während ich potentielle Gesprächspartner auf dem Gospelkirchentag in Kassel – als gänzlich fremder Feldforscher – persönlich anzusprechen Gelegenheit hatte, um, bei vorhandener Bereitschaft, von Angesicht zu Angesicht das Interview sogleich an Ort und Stelle zu führen, war es bei Probanden aus dem Riesenchor von *Amazing Grace* in Ludwigsburg schon allein aus praktischen Gründen nicht möglich, alle Interviews vor Ort in Pausen oder unmittelbar nach den Proben beziehungsweise der Aufführung durchzuführen.[496] Daher erfolgte jeweils nur ein Teil der Interviews unmittelbar in Ludwigsburg, die restlichen in der Folgezeit per Telefon, um möglichst zeitnah[497] zum erlebten Geschehen die Erhebungen vorzunehmen sowie den Aufwand für die freiwillig und unentgeltlich mitwirkenden Befragten möglichst gering zu halten, die somit pro Interview lediglich zwischen 15 und 30 Minuten ihrer Zeit am Telefon investieren mussten.

Dieser äußerliche Rahmen von Telefoninterviews mag den Effekt einer subjektiv empfundenen stärkeren Anonymität der Befragten mit sich gebracht haben,

---

[495] Die genauen Termine finden sich in Tabelle 16 im Kapitel C 1.2.3.

[496] Im direkten Umfeld der halbtägigen Proben waren die Zeitfenster von Pausen et cetera zu gering oder aber angesichts hierfür entstehender Wartezeiten es nicht zumutbar, dass eine Vielzahl – geschweige denn alle – Interviewpartner, sich unmittelbar dem Gespräch stellen, zumal sie, wie sich im Verlauf der praktischen Forschung herausstellte, während des Projekts nur zum Teil direkt in Ludwigsburg lebten.

[497] Insofern es bei der Feldforschung um die Erhebung (auch) des unmittelbar beim Singen Erlebten ging, fanden die Befragungen nach Möglichkeit an Ort und Stelle statt, im direkten Anschluss an die Chorproben beziehungsweise die Aufführung, oder zumindest so zeitnah als praktisch durchführbar im Nachhinein (wobei die telefonische Erreichbarkeit der Probanden in Einzelfällen eine beträchtliche Hürde mit verzögernder Wirkung darstellte und etwa dazu beitrug, dass nach der Aufführung am 9. November das Interview mit Jens M. hierzu erst am 26. des Monats, also 17 Tage später erfolgte). Primärziel war dabei stets, das Erlebte von Probanden möglichst unmittelbar erzählt zu bekommen, nicht erst im zeitlich größeren Abstand unter dem Eindruck vieler Alltagserlebnisse in der Zwischenzeit, was dann das individuelle Erleben bei *Amazing Grace* überlagern beziehungsweise rückwirkend den Blick darauf zunehmend prägen hätte können. Stattdessen sollte möglichst frei von Hürden und Hindernissen das Erlebte im persönlichen Relevanzsystem der Befragten zum Ausdruck kommen. Eine gewollte Ausnahme bildeten freilich die letzten Interviews mit den 20 Beforschten, welche dezidiert die Erhebung etwaiger Langzeitwirkungen des Musicalprojekts zum Ziel hatten und circa sechs Monate nach der Aufführung in Ludwigsburg telefonisch geführt wurden.

C 1.2 Forschungskonzept

was angesichts der verbreiteten Bewertung von Glaubensvorstellungen beziehungsweise allgemeiner des religiösen Feldes als eines höchst privaten, sensiblen, ja geradezu intimen, für die Forschungsabsichten als hilfreich gelten dürfte, insofern die Befragten ohne ein sichtbares Gegenüber sich womöglich leichter öffnen konnten und dies nicht in fremder Umgebung, inmitten überwiegend fremder Menschen, sondern im vertrauten Schutzraum der eigenen Wohnstätte.[498] Die durch das fernmündliche Sprechen womöglich gesteigerte Distanz kam der Untersuchung in dieser Hinsicht potentiell zu Gute, während so freilich – ein eindeutiger Nachteil der Erhebungsmethode – mir als Interviewer beim Gegenüber auf Gestik und Mimik zu achten sowie selbst körpersprachlich zu kommunizieren verwehrt blieb. Da in nahezu allen Fällen die angerufenen Interviewpartner sich zu Hause befanden und teilweise – bei Vorhandensein mehrerer Haushaltsmitglieder – durch Raumwechsel zunächst ihrerseits eine ruhige Atmosphäre schufen, dürfte der Erhebungsort zur Entspannung beigetragen und die Auskunftsfreudigkeit gesteigert haben.[499] Da mit nur einer Ausnahme (Katharina M.) – und hier auch nur das erste Interview betreffend – alle Befragten den Interviewer im Rahmen der ersten Chorprobe in Ludwigsburg persönlich kennengelernt und mit ihm die Modalitäten der Forschung besprochen hatten, konnte auch fernmündlich auf eine gewisse Vertrautheit aus der ersten Begegnung angeknüpft werden, zumal angesichts der großen zeitlichen Nähe hierzu.

Die praktischen Gegebenheiten, etwa die mittlere geographische Distanz zum Raum Ludwigsburg, hätten zwar gewiss Alternativen zu diesem gewählten Erhebungsverfahren zugelassen, sowohl hinsichtlich des Interviewraumes – die auf Grund ihrer Größe und weitläufigen Struktur atmosphärisch spezielle Friedenskirche eignete sich aus meiner Sicht nur bedingt für (potentiell) tief Persönliches berührende Interviews – wie des Rahmens insgesamt, etwa in Gestalt ungezwungener Treffen mit einzelnen Gesprächspartnern an öffentlichen Orten wie Kaffeehäusern oder bei den Befragten zu Hause, was die nötige Schutz- und Ruheatmosphäre begünstigt hätte; dies hätte jedoch – ganz abgesehen vom beträchtlichen logistischen Aufwand bei letztlich 20 Interviewpartnern und jeweils bis zu fünf Gesprächen pro Person – schon aus Termingründen unweigerlich die zeitlichen Intervalle zwischen jeweiliger Chorprobe und Interviewaustausch hierüber vergrößert, was der Datenerhebung, präziser: der angestrebten zeitlichen Unmittelbarkeit, prinzipiell abträglich gewesen wäre, ging es doch insbesondere um das Erleben *während* des Singens im Riesenchor. Je zeitnaher das Gespräch hierüber in geeignetem Rahmen zu Stande kam, desto besser.

Bereits in den Folgetagen nach der Auftaktprobe in Ludwigsburg am 6. Juli 2014 zeigte sich, als wie diffizil die geplante zeitnahe Befragung aller 20 Ge-

---

[498] Zur Intimität des Religiösen vgl. Hermelink/Koll/Hallwaß, Praxis, 111; daneben pro, Redakteurin. Zur Entspannung im eigenen Wohnraum als Faktor für sozialwissenschaftliche Forschung vgl. Przyborski/Wohlrab-Sahr, Sozialforschung, 64.
[499] Vgl. Przyborski/Wohlrab-Sahr, Sozialforschung, 64.66; dass Menschen grundsätzlich gerne über sich selbst reden meint Honer, Ethnographie, 70.

sprächspartner sich selbst per Telefon praktisch darstellen konnte, insofern es insgesamt 19 Tage dauern und ungezählte Versuche kosten sollte, mit allen Beforschten persönlich und in Ruhe zu sprechen. Die gleichen Gespräche vis-a-vis vor Ort, womöglich bei den Befragten zu Hause, im gleichen Zeitraum zu führen, hätte wohl bei dieser Probandenzahl als geradezu aussichtslos gelten müssen, zumal bei der Gewinnung als Interviewpartner mehrere Gegenüber erklärt hatten, aus Zeitmangel nur telefonisch zur Verfügung stehen zu können – und auch dies teils nur an einem bestimmten Abend der Woche. Fernmündlich war es nun aber im Juli nach der ersten Chorprobe immerhin möglich, binnen sechs Tagen mit 16 der 20 Probanden das zur Auftaktprobe gehörige Gespräch zu führen. Somit überwogen auch praktisch die Vorzüge der Telefonbefragung in Ergänzung der wenigen Interviews von Angesicht vor Ort, um möglichst bald mit allen Probanden sprechen zu können. So standen in der Folge neben meinen Feldtagebuchaufzeichnungen und den noch unmittelbar vor Ort geführten Interviews auch die Telefoninterviews mit anderen Mitwirkenden als Grundlage der Rekonstruktion (inter-) subjektiven Erlebens beim Riesenchorsingen bei *Amazing Grace* zur Verfügung. Die methodenplurale Datenerhebung erwies sich dabei letztlich durchaus als Ressource der Feldforschung, keineswegs als allein praktischen Umständen geschuldete, tendenziell suboptimale Vorgehensweise.[500]

Die auf der Basis der – wie beim Gospelkirchentag selbstredend mit expliziter Zustimmung der Gesprächspartner – mittels Diktiergerät erstellten Audiomitschnitte entstandenen und im Materialband zur Dissertation dokumentierten Transkripte der Interviews zum Gospel-Musical enthalten in allen Fällen die Rahmenangaben, insbesondere wann und wo beziehungsweise wie das jeweilige Gespräch geführt wurde, persönlich vor Ort oder telefonisch. Bei den Telefoninterviews konnten im Zuge des Transkribierens natürlich nur die akustisch vernehmlichen Äußerungen in die Schriftform übertragen werden, nicht – wie bei von Angesicht geführten Interviews – auffällige Mimik wie etwa markantes Lächeln einer Gesprächspartnerin.

Ein deutlicher Unterschied zur Feldforschung auf dem Gospelkirchentag bestand bei *Amazing Grace* auch darin, dass ich im Rahmen der teilnehmenden Beobachtung als einfacher Chorsänger den Interviewpartnern merklich in der natürlichen grundsätzlichen Vertrautheit unter Chorkollegen begegnen konnte, während von mir in Kassel Angesprochene überwiegend nicht wissen konnten, ob ich ebenfalls mitgesungen hatte im Riesenchor oder was genau meine Rolle sei. Ganz offensichtlich wurde ich – insbesondere im Verlauf des Projekts und damit auch Befragungszeitraums – nicht primär als Forscher oder Pfarrer wahrgenommen, obgleich alle Probanden um Amt und Aufgabe wussten, sondern als Mitsänger und daneben auch Doktorand, was sich bereits in der Anrede in beide Richtungen widerspiegelte: Selbstverständlich galt das „Du" auch mit Gesprächspartnern hö-

---

[500] Vgl. auch Honer, Ethnographie, 74.

C 1.2 Forschungskonzept 183

heren Alters als völlig adäquat und wurde entweder in größter Selbstverständlichkeit einfach angewendet oder nach gleichsam rhetorischer Frage sogleich verabredet.

Zugleich ließen die Grundvertrautheit unter Chorkollegen sowie eine im Verlauf der mehreren Gespräche natürlicherweise allmählich wachsende persönliche Beziehung – mindestens mit den meisten Probanden – gleichzeitig ein für das wissenschaftliche Anliegen meines Forschungsvorhabens erforderliches Wahren einer gewissen Distanz zu, ohne hierfür extra Grenzen zu den Gesprächspartnern ziehen zu müssen. Somit stellten sich die offenbar bei praktischer Feldforschung nicht ungewöhnlichen Problematiken zu großer Nähe von vornherein – etwa bei Befragungen von Personen, mit denen der Forscher befreundet ist oder zumindest im Alltag regelmäßig zu tun hat – beziehungsweise Erwartungen in Richtung einer im Lauf des Miteinanders wachsenden, über den Forschungskontakt hinausgehenden persönlichen Verbundenheit nicht ein.[501] Die Gründe dafür mögen nicht zuletzt in der Größe des rund 700 Mitglieder umfassenden Riesenchores mitsamt der einhergehenden Anonymität des Individuums innerhalb einer solchen Menschenmenge, in den teilnehmenden Chorverbünden als mehr oder minder in sich geschlossenen Gruppierungen ohne starke Bedürfnisse nach Kontakten darüber hinaus, wie auch in der vergleichsweise großen Gesamtzahl der Befragten zu finden sein, insofern 20 – zumal einzeln befragte – Interviewpartner wohl prinzipiell keine Gruppe bilden, die zu einer starken Cliquenbildung mit entsprechenden gruppendynamischen Erwartungsansprüchen an den Forscher neigt.[502]

Stattdessen schien ich grundsätzlich – trotz der besonderen Rolle des Interviewers – betrachtet und behandelt zu werden als ein ebenbürtiges anderes Chormitglied, welches, gewissermaßen en passant, zugleich auch forschend tätig ist und somit gleichsam das potentiell Angenehme mit dem (der Forschung) Nützlichen verbindet.[503] Diese besondere Rolle scheint im Rückblick dem Forschungsvorhaben speziell bei *Amazing Grace* ausgesprochen zuträglich gewesen zu sein.[504]

---

[501] Vgl. Przyborski/Wohlrab-Sahr, Sozialforschung, 47–49.59.

[502] Hinzu kam als starker Faktor, dass die Probanden durch meine Forschung nicht als Gruppe agieren oder funktionieren mussten, sondern unabhängig voneinander – und ohne dabei miteinander zu tun zu haben – mit mir im Gespräch waren (die einzige Ausnahme bildet der kurze Einwurf von Susanna M. während eines Interviews mit ihrer Tochter Katharina). Unter den 20 Gesprächspartnern war bei nur vieren erkennbar, dass bereits vor Projektbeginn eine Verbindung untereinander bestand: Katharina M. und Susanna M. waren als Mutter und Tochter natürlich bereits zeitlebens miteinander verbunden; bei Elke H. und Nikola I. war es dagegen ein musikalischer Konnex von Chorsängerin (selbst wenn womöglich nur projektweise dem Kirchenchor in Musicalstadt zugehörig) und Chorleiterin.

[503] Insofern ich vermutlich während der Proben und Aufführung gelegentlich im Sicht- oder Hörfeld von Probanden gesungen habe, mag das teilnehmend-beobachtende engagierte Mittun und Eintauchen in die Musicalwelt – und damit der Eindruck von Sängerkollegen, dass dieser Forscher „einer von uns" ist – ebenfalls eine Vertrauen stiftende beziehungsweise Vertrautheit fördernde Rolle gespielt haben.

[504] Zur Reflexion über Forscherrolle und Selbstverortung s. Kapitel A 2.3.4.

Die Gewinnung der 20 Probanden erfolgte bei der Auftaktprobe am 6. Juli 2014 in der Friedenskirche Ludwigsburg, indem mir die Mitarbeiter des Veranstalters Gelegenheit gaben, im Rahmen einer Ansage vor der Pause mein Forschungsvorhaben dem Riesenchor kompakt vorzustellen und zur Mitarbeit einzuladen. Die Ankündigung, dass ich 15 bis 20 Personen suche, beantworteten mehr über 20 Freiwillige mit ihrer Bereitschaft zur Mitwirkung, so dass ich am Ende das Angebot einzelner weiterer Mitsänger dankend ablehnte. Somit kam das Sample der Gesprächspartner meiner Forschung zu *Amazing Grace* in Ludwigsburg wie auch schon beim Gospelkirchentag vergleichsweise zufällig zustande.

1.2.2 Übersicht über die Gesprächspartner

Auf die im Kapitel C 1.2.1 beschriebene Weise ließen sich im Rahmen der Auftaktprobe in der Friedenskirche in Ludwigsburg am 6. Juli 2014 mühelos Probanden für die intensive Feldforschung gewinnen. Das dort zustande gekommene Sample[505] von 20 Personen war ein spontan-zufälliges, darin aber zugleich ein durchaus vielfältig-buntes:

Name, Alter, Geschlecht	Beruf	Chormitgliedschaft(en)	Erfahrung mit Riesenchorprojekten
Anja B. (AB), 33, w	Kulturmanagerin	2	nein
Elske B. (EB), 25, w	Bibliothekarin, Studentin	1	ja
Stefanie B. (SB), 28, w	Haus- und Familienpflegerin	1	nein
Bärbel F. (BF), 55, w	Kinderkrankenschwester	2	ja
Brigitte H. (BH), 51, w	Personalreferentin	2	nein
Elke H. (EH), 47, w	Krankenschwester	1–2[506]	nein
Nikola I. (NI), 38, w	Musiklehrerin	2	ja
Gabi K. (GK), 51, w	Dipl.-Verwaltungswirtin	1	nein
Frauke L. (FL), 43, w	Qualitätsmanagerin	1	nein
Jens M. (JM), 41, m	Lehrer	3	ja
Katharina M. (KM), 18, w	Schülerin	nein	nein
Paul P. (PP), 49, m	Straßenwärter	mehrere	nein
Michael R. (MR), 54, m	Dipl.-Verwaltungswirt	mehrere	ja
Tanja R. (TR), 49, w	Augenoptikerin	1	ja

---

[505] Zur grundsätzlichen Thematik und Problematik des Sampling vgl. Przyborski/Wohlrab-Sahr, Sozialforschung, 177–187.

[506] Elke H. singt fest in einem Gospelchor, (mindestens) während *Amazing Grace* in Ludwigsburg und Musicalstadt aber auch im evangelischen Kirchenchor von Nikola I. mit. Das letzte Interview im Mai 2015 legt nahe, dass sie auch nach der Aufführung in Musicalstadt noch im Kirchenchor mitprobt, in Vorbereitung eines weiteren Konzerts (kein Musical).

Gabi S. (GS), 54, w	Dipl.-Verwaltungswirtin	2	nein
Gerhard S. (SG), 67, m	Rentner	2	nein
Hilderose S. (HS), 56, w	Erzieherin	3	ja
Janina S. (JS), 26, w	Hotelfachfrau	nein	ja
Kathrin S. (KS), 37, w	Bürokauffrau	1	ja
Susanna M. (SM), 51, w	(Religions-) Lehrerin	1	nein

Tabelle 15: Übersicht über die 20 Sänger des Feldforschungs-Samples bei *Amazing Grace* in Ludwigsburg

Zum Verhältnis dieser Teilgruppe zum Gesamtprojektchor im Blick auf Alter, Geschlecht, Beruf und weitere spezifische Merkmale wird im Kapitel C 1.3 näher einzugehen sein. Da die Interviewpartner für ein qualitatives Forschungsvorhaben benötigt wurden, spielten Fragen der Repräsentativität keine entscheidende Rolle, was die Freiheit zu einem derart zufälligen Sampling beließ, statt anhand bestimmter Kriterien solche Freiwillige abzulehnen, die nicht in ein vorgefertigtes Schema passen, unabhängig vom Erreichen der im Vorfeld festgelegten Höchstzahl von 20 Informanten. Wie Tabelle 15 zeigt setzte sich das vor Ort gebildete Sample der 20 Gesprächspartner zusammen aus 16 Frauen sowie vier Männern im Alter von 18 bis 67 Jahren, mit einem Durchschnittsalter von 43,65 Jahren – rund zwölf Jahre über dem des Feldforschers im Zeitraum der Befragung.

Der Verzicht auf eine systematische Auswahl von Probanden nach im Vorfeld definierten Merkmalen und die stattdessen gewählte Stützung der empirischen Untersuchungen des Erlebens Dritter auf spontan am Ort der Veranstaltung gewonnene Gesprächspartner, hatte praktische[507], noch bedeutender allerdings programmatische Gründe. Denn es ging mir jenseits pragmatischer Fragen der Umsetzung gerade nicht um einen möglichst repräsentativen Stichprobenausschnitt aus der Gesamtgruppe der Mitwirkenden – orientiert etwa an Alter, Geschlecht, sozialer Herkunft, formaler Bildung, musikalischen Präferenzen, Milieuzugehörigkeit oder des Grades kirchlicher Verbundenheit, sofern dies für das zu erforschende individuelle und intersubjektive Erleben bei christlichen Riesenchorprojekten überhaupt sinnvoll erschiene –, sondern in erster Linie um Individualerleben, das mithilfe explorativ-dokumentarischer Methoden rekonstruiert und interpretativ analysiert werden sollte.

---

[507] Die Stiftung Creative Kirche hatte als Veranstalter ein Anschreiben der Teilnehmer über ihr E-Mail-System im Vorfeld zugunsten dieser Studie abgelehnt und stattdessen um Gewinnung von Interviewpartnern vor Ort gebeten. Hierfür wurde im Rahmen der Auftaktprobe eine adäquate Möglichkeit gewährt, so dass der Feldzugang als grundsätzlich uneingeschränkt gelten kann.

Die Freiwilligkeit[508] ohne Entgelt[509] – bei Anonymität ist selbst Prestigegewinn durch *Rampenlicht* kein nennenswerter Anreiz – war zwar gewiss kein Garant, wohl aber eine exzellente Voraussetzung für ertragreiche Zusammenarbeit mit den Gesprächspartnern, die sich für einen längeren Zeitraum zur Mitwirkung an meiner Längsschnittstudie bereitgefunden, darin auf (Teile von) Pausen wie insgesamt auf Freizeit verzichtet und bereits mit ihrer bereitwilligen Selbstverpflichtung die Erwartung begründet hatten, offen und mitteilungsfreudig durch das Projekt hindurch über ihr Erleben Auskunft zu geben. Dass alle 20 Personen bis zuletzt ohne Murren bei ihrer spontanen Selbstverpflichtung vom Juli 2014 geblieben sind und auch beim letzten Interview im Abstand mehrerer Monate – teils ein knappes Jahr nach Projektbeginn – engagiert kooperierten, bestätigte diese Aussicht im Vollzug der Feldforschung.

---

[508] Einzig bei der Probandin Katharina M., die von ihrer Mutter Susanna M. in Abwesenheit zur Beteiligung an der Studie angemeldet worden war im Rahmen der Auftaktprobe, war das Maß der Freiwilligkeit zunächst unklar. Beim ersten, telefonisch geführten Gespräch/Interview mit ihr war diese jedoch deutlich erkennbar.

[509] Mehrere Interviewpartner bekundeten zwar explizit ihr Interesse an den Ergebnissen meiner Forschung, dies aber im Sinne interessierten Bittens um Anteilgabe nach Fertigstellung, nicht fordernden Verlangens einer Gegenleistung für ihre Mitwirkung an der Feldforschung.

1.2.3 Übersicht über die geführten Interviews

Proband	1. Probe 6.7.2014	2. Probe 11.10.2014	3. Probe 2.11.2014	4. Probe/ Aufführung 9.11.2014	letztes Interview
AB	6.7.2014	11.10.2014	2.11.2014	11.11.2014	8.4.2015
EB	25.7.2014	keine Teilnahme	8.11.2014	9.11.2014	8.4.2015
SB	8.7.2014	keine Teilnahme	2.11.2014	9.11.2014	29.6.2015
BF	14.7.2014	11.10.2014	2.11.2014	11.11.2014	28.5.2015
BH	7.7.2014	11.10.2014	2.11.2014	9.11.2014	9.4.2015
EH[510]	20.7.2014	keine Teilnahme	8.11.2014	9.11.2014	14.5.2015
NI[511]	8.7.2014	keine Teilnahme	2.11.2014	9.11.2014	26.4. & 15.7.2015
GK	7.7.2014	11.10.2014	8.11.2014	10.11.2014	13.7.2015
FL	8.7.2014	keine Teilnahme	2.11.2014	12.11.2014	11.7.2015
JM[512]	7.7.2014	keine Teilnahme	9.11.2014	26.11.2014	28.5.2015
KM	18.7.2014 (aber: keine Teilnahme)	keine Teilnahme	2.11.2014	14.11.2014	2.7.2015
PP	12.7.2014	11.10.2014	8.11.2014	9.11.2014	19.5.2015
MR	7.7.2014	*2.11.2014*[513]	2.11.2014	9.11.2014	8.4.2015
TR	11.7.2014	11.10.2014	2.11.2014	9.11.2014	13.4.2015
GS	11.7.2014	keine Teilnahme	6.11.2014	11.11.2014	29.6.2015
SG	8.7.2014	keine Teilnahme	8.11.2014	9.11.2014	22.5.2015
HS	8.7.2014	11.10.2014	2.11.2014	9.11.2014	8.4.2015
JS	11.7.2014	*2.11.2014*	2.11.2014	9.11.2014	8.4.2015
KS[514]	11.7.2014	keine Teilnahme	2.11.2014	9.11.2014	22.5.2015
SM	12.7.2014	11.10.2014	2.11.2014	12.11.2014	19.5.2015

Tabelle 16: Übersicht der im Zusammenhang mit *Amazing Grace* in Ludwigsburg geführten Interviews

---

[510] Besonderheit: Elke H. gehörte in Musicalstadt als Chorsängerin zur 3. Generation.
[511] Besonderheit: Nikola I. gehörte in Musicalstadt als Chor- und Gesamtleiterin zur 3. Generation.
[512] Besonderheit: Jens M. gehörte in seiner Kirchengemeinde als Leiter einer Aufführung zur 3. Generation.
[513] Die kursiv gedruckten Daten bezeichnen, dass in der Feldforschungspraxis – anders als theoretisch vorgesehen – ein Interview zu zwei zurückliegenden Proben stattfand, da ich nicht von der Teilnahme des betreffenden Probanden an der ersten der beiden Proben wusste (im Fall von Janina S.) beziehungsweise dessen Teilnahme und den daraus erwachsenen Interviewgrund aus dem Blick verloren hatte und der betreffende Sänger nicht von sich aus auf mich zugekommen war (im Fall von Michael R.).
[514] Besonderheit: Im Umfeld des MassChoir auf dem Gospelkirchentag hatte ich Gelegenheit, zwei Interviews mit Kathrin S. zu führen.

1.3 Ein Musical und sein Riesenchor

Von den rund 700 Mitgliedern des Projektchores – im Einzelnen waren es 529 Frauen und 131 Männer[515], die den Riesenchor bei *Amazing Grace* in Ludwigsburg bildeten – war ich mit 20 Sängern während des Projekts und darüber hinaus in intensivem Interviewkontakt, was sich in der hier vorgestellten Längsschnittstudie entsprechend niedergeschlagen hat. Wiewohl dabei, wie eingangs erläutert (s. Kapitel A 2.3.3.1), keine repräsentativen Erhebungen stattfanden, erschien es sinnvoll, das Verhältnis des zufällig zustande gekommenen Samples der 20 Gesprächspartner zum Gesamtchor bestmöglich zu eruieren. Zu diesem Zweck habe ich in der Hauptprobe am 2. November 2014 in der Friedenskirche, eine Woche vor der Aufführung in der MHP-Arena, einen eine DINA4-Seite umfassenden Fragebogen an alle Teilnehmer – mit spontaner Unterstützung einer Probandin – verteilt und mittels einer Ansage vom Altarraum aus – wie bereits bei der Auftaktprobe zur Gewinnung von Probanden – um Ausfüllen desselben gebeten. Am Ende dieses Probentages habe ich insgesamt 411 (teil-) ausgefüllte Bögen zurückerhalten und damit von den 660 angemeldeten Sängern Angaben von knapp zwei Dritteln für diese Studie verwenden können. Kompakt sollen zunächst wesentliche Ergebnisse dieser Datenerhebung, daraufhin ausführlicher die 20 Probanden vorgestellt werden.

Wie sich bei der Datenanalyse herausstellen sollte, führte der sehr offene Abfragemodus des Fragebogens zu einer beträchtlichen Anzahl mehrdeutiger Angaben. So ließ sich beispielsweise das Geschlecht, das – da für den Forschungsgegenstand als irrelevant eingestuft – nicht dezidiert abgefragt worden war, im Verlauf der Forschungsarbeit aber doch potentiell von Interesse erschien, nicht zuverlässig anhand der Fragebögen rekonstruieren, da etliche Berufsbezeichnungen im grammatischen Singular angegebenen sich auf männliche oder weibliche Sänger beziehen konnten, so dass „Lehrer" oder „Arzt" nicht zwingend das Ausfüllen durch einen Mann bedeuten musste, wiewohl es plausibel erscheint, dass eine Frau stattdessen „Ärztin" oder „Lehrerin" eingetragen hätte, wie dies auch faktisch viele getan haben. Natürlich war es demgegenüber problemlos möglich, etwa die Berufsangabe „Erzieherin" oder „Krankenschwester" hinsichtlich des biologischen Geschlechts zuzuordnen. Für das in dieser Studie Untersuchte spielten spezifische Aspekte wie Geschlecht, Alter et cetera, letztlich aber doch eine nachgeordnete Rolle, so dass diese Mehrdeutigkeiten den Forschungsergebnissen keinen Abbruch tun.

---

[515] Auf Anfrage teilte mir dies der Veranstalter im Oktober 2016 per Email mit. Auch die Angaben zu festen Chormitgliedschaften und Verlauf der Anmeldung stammen aus dieser Quelle.

Schwerer wog, dass – wenn auch in geringer Zahl – Ausfüller durchaus kreativ mit den Ankreuzfeldern umgingen und diese beispielsweise um Zwischenstufen ergänzten, die nicht vorgesehen waren.[516] Trotz solcher unbefriedigenden Präzisionslücken konnte der Fragebogen, zumal bei dieser hohen Rücklaufquote, für die vorgesehenen Zwecke angemessen Verwendung finden, insbesondere hinsichtlich der Kirchen- und Chorzugehörigkeiten der Beforschten.

Entgegen der Erwartung des Veranstalters, der im Vorfeld mit weniger Zulauf gerechnet hatte, war der Projektchor von *Amazing Grace* in Ludwigsburg mit 660 Sängern der bis dato – Stand: Oktober 2016 – größte unter allen Aufführungen des Gospel-Musicals, einschließlich der Uraufführung in Kassel. Bei 529 Frauen und 131 Männern[517] betrug das Geschlechterverhältnis im Gesamtchor 4,04:1; dieses fand sich im zufällig zustande gekommenen Probanden-Sample mit 4:1 (16 Frauen, vier Männern) gleichsam exakt abgebildet. Weiterhin bestand der Ludwigsburger Riesenchor aus 474 Gruppen-Chor- und 186 Einzelteilnehmern.

Die Heterogenität des Projektchores zeigte sich bereits im Sample der 20 Interviewpartner, insofern diese beispielsweise keineswegs alle als kirchennahe Musicalfans gelten können, sondern neben aus der Kirche ausgetretenen auch solche Sänger sich in deren Mitte fanden, die keine Affinität zu Musicals besitzen et cetera.

1.3.1 Erhebungen zum Projektchor bei *Amazing Grace* in Ludwigsburg

Auf der Grundlage der 411 ausgefüllten Fragebögen aus den Reihen der insgesamt 660 angemeldeten Sänger ließ sich eine Fülle aufschlussreicher Beobachtungen machen, die den Wert dieser Auskünfte von rund zwei Dritteln der Projektchormitglieder gezeigt haben, welchen das Nichtvorhandensein solcher Angaben seitens der 249 weiteren Angemeldeten nicht geschmälert hat.[518]

---

[516] Aus dieser Erfahrung lassen sich freilich für die künftige Erstellung von Fragebögen Lektionen lernen, etwa dass explizit Zwischenstufen angeboten oder ausdrücklich darum gebeten werden sollte, etwas Zutreffendes oder gar nichts anzukreuzen, statt neue Optionen selbst zu erfinden.

[517] Zum tatsächlichen Geschlechterverhältnis stand das von Teilnehmern empfundene und im Interview artikulierte mitunter im Widerspruch.

[518] Während keine Vollerhebung durch erfolgreiche Befragung aller 660 angemeldeten Projektchormitglieder stattfand und infrage gestellt werden mag, als wie aussagekräftig die 411 (teil-) ausgefüllten Fragebögen für die Gesamtheit des Großchores gelten können, erscheint es mir angesichts der verschiedenen Informationsquellen (Interviews, Veranstalterauskünfte, 411 Fragebögen und persönliche subjektive Beobachtungen vor Ort) in deren Zusammenschau gleichwohl angemessen, diese – wenn auch nicht für repräsentativ im streng sozialwissenschaftlichen Sinn, so doch wenigstens – für sehr aussagekräftig zu halten. Deshalb wird in diesem Kapitel das auf den 411 Fragebogenangaben basierende Bild als für den Ludwigsburger Gesamtchor – nicht allein für die 411 schriftlich Befragten – zutreffend vorgestellt.

Von den 411 Ausfüllern, die nahezu alle (409) ihr Alter angegeben haben, ließen sich 274 zuverlässig als weiblich rekonstruieren, 17 weitere als männlich; über die übrigen 120 sind in dieser Hinsicht keine fundierten Angaben möglich. Bei der Haushaltsgröße, welche explizit abgefragt und von ebenfalls 409 Sängern auch personell beziffert wurde, bildeten innerhalb einer Bandbreite von ein bis zehn Personen die Zwei-Personen-Haushalte mit 115 Fällen die stärkste Gruppe, gefolgt von den Vier-Personen-Haushalten (96 Fälle) und den Drei-Personen-Haushalten (69 Fälle). Das Altersspektrum reichte von 11 bis 81 Jahren, mit dem Mittelwert 45,28 Jahre. Die 51-Jährigen bildeten mit 24 Personen die größte vertretene Altersklasse. Zur Veranschaulichung der Altersverteilung wurden für die folgende Darstellung Altersgruppen gebildet, die fünf Lebensphasen – die Komplexität und individuelle Entwicklung im Leben jedes Menschen bewusst vergröbernd – unterscheiden: Jugend (1–18 Jahre), Ausbildung (19–30 Jahre), Familie (31–45 Jahre), Beruf (46–65 Jahre) und Ruhestand (66–99 Jahre).

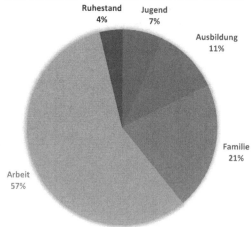

Abbildung 17: Zusammensetzung des Projektchores von *Amazing Grace* in Ludwigsburg nach Altersgruppen

Zur Illustration des Verhältnisses zwischen dem Sample aus 20 Interviewpartnern und dem Massenchor[519] bei *Amazing Grace* insgesamt wurde mithilfe der Statistiksoftware IBM SPSS ein Boxplot erstellt:

---

[519] Auf den 660 angemeldete Sänger umfassenden Hauptchor bei *Amazing Grace* in Ludwigsburg bezogen, dem ich selbst als teilnehmend beobachtender Feldforscher angehörte, wird in dieser Studie teils vom „Projektchor", vom „Massenchor", vom „Riesenchor", vom „Großchor", vom „MassChoir" oder „Gesamtchor" gesprochen, was grundsätzlich ohne damit verbundene Konnotation oder Wertung geschieht, sondern primär durch Variation dem Facettenreichtum beziehungsweise der in Interviews, Veröffentlichungen des Veranstalters und weiteren Quellen begegnenden sprachlichen Vielfalt gerecht werden soll. Die

C 1.3 Ein Musical und sein Riesenchor

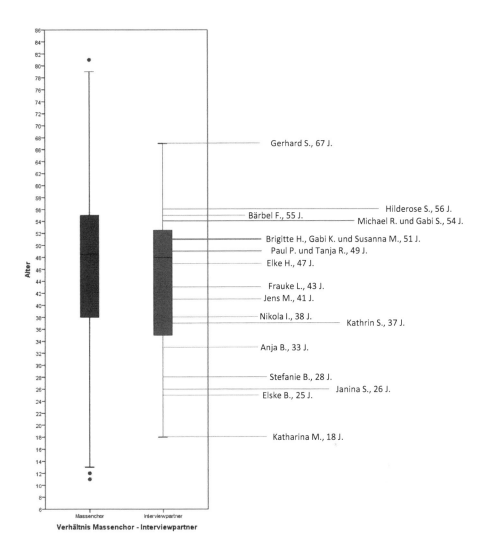

Abbildung 18: Verhältnis der 20 Interviewpartner zum Gesamtchor hinsichtlich der Altersstruktur

Wie im Boxplot mühelos erkennbar, handelt es sich beim zufällig zustande gekommenen Sample aus 20 Probanden auch hinsichtlich der Altersstruktur um eine dem Gesamtchor überaus vergleichbare Zusammensetzung. Zwar sind nach unten und oben gewisse Lücken zu attestieren – der jüngste Sänger in Ludwigsburg war erst elf, der älteste 81 Jahre alt –, gleichwohl bilden die Interviewpartner mit 18

Rede vom „MassChoir" wird dabei möglichst vermieden, um Verwechslungen mit dem anderen in dieser Studie untersuchten Beispiel christlichen Riesenchorsingens auf dem Gospelkirchentag in Kassel vorzubeugen.

bis 67 Jahren[520] im Wesentlichen das gesamte Altersspektrum ab, zumal der Median in beiden Gruppen nahezu gleich ausfällt. Im Schwerpunkt ist das Sample der 20 im Verhältnis zum Gesamtchor etwas jünger und weiter aufgefächert. Somit kann die bei der Feldforschung sich situativ vor Ort ergeben habende Untersuchungsgruppe neben der Geschlechtskonstellation auch hinsichtlich der Altersstruktur gegenüber dem Gesamtchor als sehr passend gelten.

Weitere charakteristische Merkmale des Massenchores, die mittels Fragebogen erhoben wurden, sollen im Weiteren zwar noch überblicksartig dargestellt, allerdings nicht mehr mit den 20 Probanden verglichen werden, da als für die Rekonstruktion des subjektiven Erlebens zu wenig relevant hier verzichtbar.

So ist festzuhalten, dass es sich beim in der zur lutherischen Landeskirche Württembergs gehörenden Friedenskirche probenden Massenchor um einen personell überwiegend landeskirchlich-evangelisch geprägten handelte, insofern mit 258 von 406 Auskunft gebenden Sängern diese konfessionelle Gruppe numerisch am stärksten war, neben 99 römisch-katholischen Kirchenmitgliedern und 28 Angehörigen anderer christlicher Gemeinschaften. 21 Sänger hingegen erklärten sich konfessionslos, wobei manche Ausfüller handschriftlich ausdrücklich notierten, teilweise ergänzt um die Skizze eines lächelnden Gesichts, gleichwohl (stark) gläubig zu sein. So verwundert es nicht, dass von den 21 (formal) Bekenntnislosen, gefragt, wie nahe sie sich der Kirche fühlen, von den 19, die hierzu Angaben gemacht haben, immerhin fünf erklärten, sich (stark) verbunden zu fühlen. Losgelöst von der Mitgliedschaft bei einer (Frei-) Kirche erklärten sich 139 Sänger als der Kirche „stark verbunden", 212 als „verbunden" und 50 als „kaum verbunden". Zu diesem Bild der kirchlichen Verbundenheit passt, dass viele Ausfüller ehrenamtliche Tätigkeiten im Bereich der Kirche explizit benannt haben, etwa ihr Engagement als Kirchengemeinderätin, als Prädikant, als Konfi3-Mitarbeiterin, als in der Jugendarbeit oder im Posaunenchor Aktiver et cetera.

Hinsichtlich der Mitgliedschaft in festen Chören stellte sich (ebenfalls) eine große Bandbreite dar. Nur 71 der 371 hierzu Angaben Machenden gehörte zum Zeitpunkt der Befragung keinem festen Chor außerhalb des Projektchores von *Amazing Grace* an. Von den 300 anderen Sängern waren es bei 35 sogar mehrere Chöre. Die von manchen Befragten unabhängig vom gegenwärtigen Singen in einem festen Chor angegebene längste Chormitgliedschaft betrug bei 95 der 268 Einblick Gewährenden mehr als zehn Jahre, bei 78 zwischen vier und zehn, bei weiteren 76 noch ein bis drei Jahre. Durch die Fragestellung konnte somit erfasst werden, dass aus der Riege der aktuell nicht in einem festen Chor Engagierten Sänger gleichwohl mit reicher Chor-Vorerfahrung ins Musicalprojekt einsteigen konnten, so etwa die 26-jährige Interviewpartnerin Janina S., die bereits vor *Amazing Grace* rund 20 Jahre lang im Chor gesungen hatte. Eine 65-jährige Rentnerin nannte mehrere aktuelle Chöre sowie ihre Mitwirkung im Kirchenchor seit 1970,

---

[520] Zugrunde gelegt wurde das Alter am 2. November, wo der Gesamtchor mittels Fragebogen um Altersangaben gebeten wurde. Manche Probanden hatten seit dem ersten Kontakt Anfang Juli offenbar Geburtstag und gingen somit in die Statistik mit dem höheren November-Alter ein.

C 1.3 Ein Musical und sein Riesenchor 193

also seit 44 Jahren. Übertroffen wurde dies lediglich von einer Gleichaltrigen, ebenfalls Rentnerin, die zum Zeitpunkt der Erhebung bereits seit 50 Jahren im Kirchenchor sang.

Zur Frage nach ihrer Motivation, bei *Amazing Grace* mitzuwirken, ergab sich aus den Auskünften von 408 der 411 Befragten ein aussagekräftiges Gesamtbild:

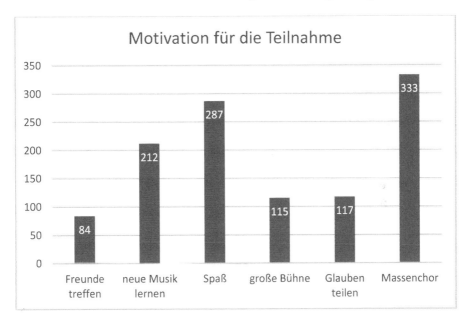

Abbildung 19[521]: Motivation der Mitwirkung bei *Amazing Grace* in Ludwigsburg

Demnach spielte der Motivationsfaktor „um Freunde zu treffen" (in der Grafik „Freunde treffen") überraschenderweise die geringste Rolle. Es wäre sehr plausibel gewesen, wäre diesem Aspekt für viele Mitglieder des Massenchores eine erklärtermaßen größere Bedeutung zugekommen, zumal sich 474 Sänger als Teil einer Gruppe angemeldet hatten und somit im Vorfeld wussten, dass und auf welche Bekannten sie beim Musicalprojekt (mindestens auch) stoßen würden, was die Motivation der Beteiligung mitprägen hätte können, zumal bei der Motivationserhebung Mehrfachnennungen möglich waren und somit letztlich jeder Faktor hätte angekreuzt werden können.[522] Bei den 186 als Einzelsängern Angemeldeten kann freilich nicht ausgeschlossen werden, dass sie von Freunden oder Bekannten wussten, die ebenfalls mitsingen würden; aber dies als herausragender Motivator der Mitwirkung mutet doch weniger wahrscheinlich an als im Fall von Gruppenanmeldungen.

---

[521] Angaben in absoluten Zahlen, n = 408.
[522] Tatsächlich war dies bei einem kleinen Teil der Befragten der Fall: 13 der 411 Ausfüller im Alter von 16 bis 57 Jahren markierten alle sechs angebotenen Motivationsfaktoren als für sie persönlich zutreffend.

Der mit Abstand stärkste Motivationsgrund war es, „Teil einer riesigen Chorgemeinschaft zu sein" (in der Grafik „Massenchor"), womit sich mit 333 von 408 über 80 Prozent der Befragten identifizierten. Das Stehen auf großer Bühne benannten dagegen nur 115 Sänger als (wesentlichen) persönlichen Antrieb, so dass die Beteiligung an einem Riesenchor offenbar nicht dezidert mit der Aufführung als Höhepunkt und Ziel des Projekts kausal verknüpft war, sondern das Mitsingen im Massenchor als Eigenwert galt. Dies passt zu Interviewaussagen aus dem Kreis der 20 Probanden im Projektverlauf, wonach bereits ihr Erleben beim Proben ein extraordinäres, intensives und begeisterndes war, das auch losgelöst von den Starsolisten, dem riesigen Publikum und der großen MHP-Arena etwas ungemein Wertvolles für sie darstellte.

Dass der missionarische Aspekt „um meinen Glauben zu teilen" (in der Grafik „Glauben teilen") eine zahlenmäßig größere Rolle spielte als das Treffen von Freunden und die große Bühne, passt einerseits zum hohen Anteil der sich kirchlich (sehr) verbunden Fühlenden, verwundert aber doch insofern, als er expressis verbis vom engagierten Subjekt weg auf andere Menschen hin zielt und somit als einziger der sechs angebotenen Motivationsgründe eindeutig nicht – oder allenfalls im Sinne reflexiv-affirmativer Selbstvergewisserung – als potentiell selbstzentriert bis egoistisch deutbar ist, was als Ausdruck einer Konsum- und Genussorientierung gerade im Bereich von Großveranstaltungen stärker als anderswo zu erwarten wäre.[523] So wäre es – auch im Sinne der Aussagen von Andreas Malessa zu diesen Aspekten – aus meiner Warte weitaus plausibler, wenn „um Freunde zu treffen" und „um einmal auf einer großen Bühne zu stehen" die Zustimmungswerte zum missionarischen „um meinen Glauben zu teilen" weit überragt hätten; festzustellen ist hiergegen, dass *Glauben teilen* und *große Bühne* nahezu gleichauf liegen und das *Freunde treffen* sogar noch deutlich darunter sich findet.

Damit war überraschenderweise für rund 30 Prozent der Ausfüller *Amazing Grace* offenbar – neben anderem – ein Projekt, durch das sie ihren persönlichen Glauben ausdrücken und an andere weitergeben wollten; dem korrespondierte, wenn einzelne Sänger mit aus ihrem Umfeld gezielt zur Aufführung am 9. November eingeladenen Menschen (auch) ihren Glauben durch *Amazing Grace* zu teilen hofften.

---

[523] Vgl. hierzu auch Schulze, Erlebnisgesellschaft, 13–31. Das von ihm als für die zeitgenössische Erlebniskultur charakteristisch verstandene *Projekt des schönen Lebens* richtet sich zwar ausdrücklich gegen eine ausschließlich konsumorientierte Steigerungslogik, betont aber zugleich die mit höchster Bedeutung versehene individuelle Erlebnisorientierung als unmittelbarste Form des Strebens nach Glück. Vor diesem Hintergrund wäre bezogen auf *Amazing Grace* mit höheren Zustimmungswerten für die Motivationsfaktoren *Spaß* und *große Bühne* zu rechnen gewesen als empirisch nachweisbar. Der hohe Motivationsanteil des Gemeinschaftserlebnisses („um Teil einer riesigen Chorgemeinschaft zu sein") bestätigt Schulzes Beobachtungen indes.

1.3.2 Vorstellung der Interviewpartner bei *Amazing Grace* in Ludwigsburg

Zu den Grundsätzen der gewählten Methodik gehörte, bei der Längsschnittstudie zu *Amazing Grace* persönliche Informationen der Gesprächspartner mit abzufragen, die bei der Rekonstruktion des jeweiligen individuellen Erlebens und des Relevanzsystems von Bedeutung sein könnten. Wie oben (s. Kapitel A 2.3.3.3) dargelegt geschah dies primär durch Stimuli zur Narration, damit die Probanden möglichst frei das ihnen persönlich Wichtige beziehungsweise ihr Erleben Prägende artikulieren könnten. Über die Monate der Forschung hinweg ist dadurch bei mir als Interviewer ein mehr oder minder umfangreiches Bild von jeder Einzelperson entstanden. Damit auch für Dritte über die schlichten Eckdaten in Tabelle 15 (s. Kapitel C 1.2.2) hinaus jeder der 20 Interviewpartner einschließlich seines individuellen Erlebens beim Gospel-Musical ein zumindest schemenhaft konturiertes Gesicht erhält, ehe später in den Typologien Erleben und Erfahrung notwendigerweise nach Gemeinsamkeiten zusammengefasst werden, sollen sie zunächst alle knapp vorgestellt werden. Dabei stellen freilich alle Abschnitte, die unterschiedlich lang und detailliert – was nicht zuletzt mit der Mitteilungsfreudigkeit der einzelnen Interviewpartner zusammenhängt – ausfallen, eine Rekonstruktion dar, letztlich den subjektiv gewonnenen Eindruck des Interviewers ausdrückend, was nicht behaupten soll, dass die jeweilige Person genau so sei. Aber es erscheint doch sinnvoller, diese Impressionen – selbst wenn sie womöglich im Detail an der realen Person vorbeigehen sollten – wiederzugeben, als darauf zu verzichten. Als Grundlage der getroffenen rekonstruierenden Aussagen ist grundsätzlich auf die mit der jeweiligen Person geführten Interviews zu verweisen.

1.3.2.1 Die Amazing Grace-*Sängerin Anja B. (AB)*

Die 33-jährige Kulturmanagerin Anja B. hat als Heranwachsende den christlichen Glauben als ein korsettartiges Gefüge aus starren Positionen kennen gelernt. Hierzu hatte sie keinen Zugang gefunden und war, noch als Teenager, aus der römisch-katholischen Kirche ausgetreten. Rund 14 Jahre später begann für die junge Frau nach harten persönlichen Rückschlägen indes eine aktive spirituelle Suche. Bücher und ein Seminar mit Anselm Grün markierten eine Wende. Sie lernte den christlichen Glauben in einer anderen Form als bisher kennen, als Beziehungsgeschehen, in wohltuender Gemeinschaft sich vollziehende Lebenshilfe ohne rigide Regeln. Ein bisschen wie „Alice in Wonderland" tastete sie sich entdeckungsfreudig in diese ihr neue Welt hinein. Der formale Kircheneintritt, nun in die evangelische Landeskirche, führte ihre spirituelle Reise kurz nach *Amazing Grace* – kurz vor Weihnachten – äußerlich an ein (Zwischen-) Ziel.

Auf dem letzten Stück Weges vom Kirchenaustritt (römisch-katholisch) mit 19 und (Neu-) Eintritt (evangelisch) mit 33 Jahren hat Anjas Erleben bei *Amazing Grace* eine bedeutsame Rolle gespielt. Hier fand sie sich im starken Kontrast zu den Erfahrungen ihrer Kindheit wieder in einer freundlichen Gemeinschaft solcher, die gemeinsam und gleichberechtigt auf dem Weg sind, die frei und individuell mit (an-) gebotenen christlichen Inhalten umgehen können. In dieser Weggemeinschaft fühlte sie sich geborgen.

Im harmonischen (Gleich-) Klang des Riesenchores bildeten sich starke Glücksgefühle aus, entstand eine extraordinäre emotionale Gegenwelt, die Kraft und Motivation für den Alltag vermittelte und Anja wohltat. Der Riesenchor ermöglichte ihr, inmitten der Menschenmasse ganz bei sich zu sein und sich inspirieren zu lassen für ihren Weg durch die Stürme des Lebens. In diesem Umfeld konnte sie emotional aufblühen und fand ihre starken Wünsche nach einer christlichen Gemeinschaft, der sie sich zugehörig fühlt und in der sie sich bedenkenlos fallen lassen kann, erfüllt. Allerdings blieben die Kontakte oberflächlich und aus den Musical-Mitsängern wurden keine Freunde, keine Begleiter im Alltag. So wurde Anjas Sehnsucht nach intensiver, dauerhafter Weggemeinschaft zwar erkennbar, innerhalb des Musicalprojektes aber nicht befriedigt.

Somit kam *Amazing Grace* für Anja die Funktion zu, den bereits über Bücher, Seminare und das Miteinander in der Friedenskirche gefundenen Modus des spirituellen Lebens in Weggemeinschaft mit (anderen) evangelischen Christen als für sie passend zu bestätigen, zugleich aber durch noch unbefriedige Bedürfnisse anzuzeigen, was ihr fehlt und im Rahmen eines solchen Großprojekts nicht gegeben werden kann: die intensive, enge Gemeinschaft einer kleineren, dauerhaften (Chor-) Gruppe. So endete für die 33-Jährige das Projekt mit der Aufführung; was neben wohligen Erinnerungen blieb, war eine gesteigerte Selbsterkenntnis und eine Reihe von Antworten auf persönliche Fragen, derentwegen sie sich auf die Suche gemacht hatte.

Anja B. ist dem Gelegenheits- und Response-Sänger zugeordnet, der Sozialen, Harmonischen und Überwältigenden Wirkung, sowie dem Freundschafts- und Persönlichkeitsentwicklungs-Typ.

1.3.2.2 Die Amazing Grace-*Sängerin Elske B. (EB)*

Elske B. ist mit 25 Jahren die zweitjüngste Gesprächspartnerin und ebenso stark verwurzelt wie engagiert in ihrer landeskirchlichen Gemeinschaft, außerdem beruflich ambitioniert und vielseitig. Für die evangelische Bibliothekarin spielt ihr christlicher Glaube eine zentrale, im täglichen Leben unverzichtbare Rolle: Sie führt Tagebuch über ihr Gebetsleben, widmet sich dem Bibelstudium allein wie in Gruppen und ist pro Woche mehrmals in der Gemeinde, um mit anderen Glauben und Leben zu teilen. Ihr dortiges Engagement ist von großer Vielfalt geprägt, von Küchenarbeit bis zur Mitgestaltung von Gottesdiensten. Mit ihrer Mitwirkung bei *Amazing Grace* will sie zum einen ihren Glauben ausdrücken und andere dazu einladen; zum anderen erhofft sie sich selbst neue (Glaubens-) Impulse.

Dabei liegen ihrem Handeln offenbar tiefe spirituelle Bedürfnisse zu Grunde. Glaube konstituiert für sie Leben und zum Glauben gehört neben allen individuellen Elementen grundlegend der Verbund, das gemeinschaftliche Unterwegssein

C 1.3 Ein Musical und sein Riesenchor

mit anderen Christen. Dieses erleichtert ihr das *Dranbleiben*, das (all-) tägliche Bemühen, Gott und dem aktiven Glauben an ihn einen möglichst adäquaten Platz in ihrem Leben einzuräumen. Neben der Pflege ihres Verhältnisses zu Gott kommt dem offenen, bewusst auch kritischen Austausch mit Vertrauten, primär engen Freunden und Glaubensgeschwistern, eine hohe Bedeutung zu. Von ihnen erwartet Elske weiterführende Hinweise, Ermahnungen, Unterstützung und Zuspruch auf ihrem Lebensweg, auf dem sie immer wieder innehalten und sich besinnen will.

Wiewohl die junge Frau feste Strukturen, bewährte Traditionen und überkommene Werte dankbar pflegt, möchte sie in ihrem Lebens- und Wirkungsumfeld einen Beitrag zu angezeigten Veränderungen leisten. In ihrer Gemeinde manifestiert sich diese jugendlich-rebellische Grundbereitschaft zum Wagen neuer Wege in der erhofften Verstärkung der Musikstile Pop und Gospel, die bislang nahezu ausschließlich außerhalb des Gemeindelebens stattfinden, indem Gemeindeglieder wie Elske bei fremden Projekten sich beteiligen in der Hoffnung, dass solches doch auch mehr Raum innerhalb der eigenen Gemeinde bekommt.

Die engagierte Christin möchte Menschen, die (noch) keine Christen sind, mit geeigneten Mitteln mit dem Evangelium erreichen. Ob durch Evangelisationsveranstaltungen wie ProChrist, christliche Musicals wie *Amazing Grace* oder anderswie: Glauben heißt für Elske auch, das Empfangene zu teilen. Bei der Bewertung solcher Bemühungen zählt für sie indes nicht die Gesinnung, sondern das Ergebnis: So grenzt sie sich unverhohlen von häufig beobachtbarem kirchlichem Dilettantismus ab und verlangt, dass christliche Veranstaltungen mit säkularen Alternativen auch hinsichtlich ihrer künstlerischen Qualität und Professionalität schritthalten können müssen.

So stark Elske diszipliniert und strukturiert ihr (Glaubens-) Leben gestaltet, so sehr genießt sie es, sich beim Singen im Riesenchor fallen und mitreißen zu lassen, zu emotionalen Höhenflügen abzuheben und *auf einem Mega-Hoch zu fliegen*. Dabei erlebt sie die Gospelmusik und das Format des Massensingens als befreiend, als heilsame Ergänzung zum Gospel- und Popmusik-armen Leben ihrer kleinen Gemeinde, als zutiefst berührend und animierend; bereitwillig lässt sich die junge Frau in einen Strudel der Gefühlsregungen ziehen, sich treiben im Strom der Emotionen.

Somit ist *Amazing Grace* für Elske eine willkommene Bereicherung, ein Akt der Selbsterfahrung, dessen Wert und Bedeutung letztlich nicht vom Anteil erreichter Nichtchristen im Publikum oder dem weiteren Einfluss von Pop und Gospel im Leben ihrer Gemeinde abhängt, sondern einen Selbstwert, ja großen Reichtum darstellt: emotionale Erfüllung, Horizontweitung und schlichtweg Freude, situativen Genuss, einen mehrere Stunden andauernden großartigen Moment der Begeisterung. Große Bedeutung kommt dabei zu, dass sie das Musical – wenigstens temporär – mit einer Freundin zusammen erleben und genießen kann. Dass sie eine solche gemeinsame (dann dauerhaft geteilte) Teilnahme als entscheidendes Kriterium für künftige Projektbeteiligungen nennt, unterstreicht im letzten Interview einerseits Elskes Beziehungsorientierung, andererseits ihre Grundhaltung, Glauben und Leben insgesamt prinzipiell mit anderen Menschen teilen zu wollen.

Elske B. ist dem Gewohnheits- und Response-Sänger zugeordnet, der Sozialen und Überwältigenden Wirkung, sowie dem Freundschafts-Typ.

1.3.2.3 Die Amazing Grace-*Sängerin Stefanie B. (SB)*

Stefanie B. ist 28 Jahre alt, Mitglied einer evangelischen Freikirche, Haus- und Familienpflegerin und auf der Suche, insbesondere hinsichtlich ihrer weiteren Lebensgestaltung, aber auch ihrer Identität und ihres Glaubens. Nach früheren *sehr negativen Erfahrungen* in der kirchlichen Jugendarbeit, in der sie sich zehn Jahre lang engagiert hatte, hat sich die Heranwachsende abgewandt und nach einem Auslandsaufenthalt in den Vereinigten Staaten die deutsche Kirchenlandschaft weitgehend gemieden, mit Ausnahme des gemeindlich angebundenen Gospelchores, in dem sie 14-täglich mitsingt. Zu ihrer persönlichen Lebensgestaltung gehören geprägte Formen religiöser Praxis kaum. Zwar glaubt sie an Gott, rechnet mit seiner Führung in ihrem Leben, betet aber nicht, liest nicht in der Bibel und nimmt nur im Zusammenhang mit Chorauftritten an Gottesdiensten teil. Für den entscheidenden Bereich, den Glauben auszudrücken, hält sie die Ethik und ist entsprechend bemüht um einen christlichen Umgang mit ihren Mitmenschen. Denn Glaube muss sich für sie praktisch bewähren, an Maximen wie Nächstenliebe orientieren und kommt ohne Predigt oder Gebet aus; vielmehr kommt es auf den individuellen Lebenswandel an. Entschieden lehnt die freiheitsliebende junge Frau jene Glaubensgestaltungsformen ab, die ihr während des Jugendarbeitsengagements begegneten, ohne dass sie diese expliziert.

Auf das Gospel-Musical hat Stefanie sich als Einzelsängerin eingelassen, ohne jemanden sonst zu kennen, primär aus Affinität zu Musicals und um eine solche Großaufführung speziell in der MHP-Arena mitzuerleben. Sie nahm an den zusätzlichen Dienstagsproben in der Friedenskirche[524] teil und erlebte im Projektverlauf ein Anwachsen persönlicher innerer Gelassenheit: Die mindestens gegenüber bestimmten Formen gemeinschaftlich ausgedrückten christlichen Glaubens Skeptische fühlte sich zunehmend getragen, durch den emotionalen Auftrieb in ihren biographischen wie spirituellen Suchbewegungen unterstützt und gewann an Selbstsicherheit. Zu den belastenden früheren Erfahrungen im kirchlichen Kontext traten dadurch heilsam positive neue hinzu, sorgten für Ausgleich, zeigten Stefanie, dass christliche Gemeinschaft auch ganz anders sein und weitaus besser zu dem passen kann, was sie selbst leben möchte.

---

[524] Hans-Martin Sauter hatte in den Gesamtproben angeboten, dass, wer möchte, sich während der Projektphase von *Amazing Grace* den Proben von „Voices of Peace" (ebenfalls in der Friedenskirche) anschließen könne, ohne über das Musical hinaus dabeibleiben oder dem Chor für die Dienstagsproben formal beitreten zu müssen. Diese Möglichkeit nutzten mehrere Probanden, darunter auch Stefanie B..

Mit ihrer eigenwilligen, subjektivistisch-individualistischen Glaubensform fühlte sie sich vorbehaltlos in der Riesenchor-Gemeinschaft angenommen und genoss die Möglichkeit, ohne persönliches Bekenntnis oder Auseinandersetzungen einfach mittun zu können. Zugleich erfuhr sie Begrenzungen des Massenchorprojekts hinsichtlich ihrer Bedürfnisse. So blieb sie trotz positiver Kontakte mit Sitznachbarn im Menschenmeer letztlich insgesamt doch relativ allein, anonym, fremd. Gespräche mit anderen Sängern waren punktuell zwar angenehm, führten aber zu keinen bleibenden Bekanntschaften, weshalb sie sich im Rückblick explizit wünschte, eventuelle weitere Großprojekte durchgehend mit Bekannten zu erleben, wovon sie sich eine *ganz andere Atmosphäre* und darin einen Mehrwert verspricht.

Insgesamt diente ihr das Musicalprojekt mit seinen Gemeinschaftserfahrungen und Impulsen zur (weiteren) Selbstfindung, zur Identifizierung und (teilweisen) Erfüllung persönlicher Bedürfnisse, sowie zur emotional-praktischen Lebenshilfe in einer herausfordernden Zeit, in der *Amazing Grace* eine stabilisierende Funktion zukam. Die junge Frau erlebte sich während einer beginnenden Schwangerschaft und inmitten großer Zukunftsfragen als eine in ihrem So-Sein Angenommene und Getragene. Der nur situativ-passagere Charakter des Projekts war somit für sie in summa passend, da er in eine außergewöhnliche Lebenssituation fiel und – die sonstige Chorerfahrung ergänzend – in dieselbe heilsam hineinwirkte, nicht zuletzt in emotionaler und spiritueller Hinsicht.

Stefanie B. ist dem Gelegenheitssänger, der Harmonischen und Überwältigenden Wirkung sowie dem Persönlichkeitsentwicklungs-Typ zugeordnet.

1.3.2.4 Die Amazing Grace-*Sängerin Bärbel F. (BF)*

Die 55-jährige evangelische Kinderkrankenschwester Bärbel F. hatte mit Kirche und Glauben früher *nix am Hut*, empfand das ihr in diesem Bereich Geläufige vielmehr als belastend und potentiell *erdrückend*. Etwa vier Jahre vor *Amazing Grace* erlebte sie allerdings einen deutlichen Wandel. Durch eine sehr gläubige neue Freundin lernte sie bis dato Unbekanntes kennen: „Des war wie ein fremdes Land, ne?"[525] Die offene Herzlichkeit und freundliche Wärme faszinierten Bärbel, weckten ihr Interesse, animierten sie, aufgeschlossen das ihr bislang Fremde zusammen mit der Freundin experimentierfreudig zu erkunden. So öffnete sie sich für neue Erfahrungen und folgte in diesem Rahmen der Einladung zu „Die 10 Gebote" im Februar 2012 in der SAP-Arena in Mannheim; ihre Freundin sang selbst mit, Bärbel war als Zuschauerin dabei und erlebte offenbar eine Initialzündung. Dass gelebter Glaube, dass Kirche auch in so mitreißender, klanggewaltiger und starke Emotionen auslösender Gestalt sich ereignen kann, dass Menschen dabei offenbar reichlich Spaß haben, selbst wesentlich mitgestalten und nicht nur *einer* im Gottesdienst *runterkanzelt*, hat die Musical-Affine spontan zutiefst beeindruckt, sie gepackt und auf den Plan gerufen, selbst bei solchem mitzumachen.

---

[525] BF 5, Z.328.

So schloss Bärbel sich der Freundin beim nächsten Großprojekt an, war im Frühjahr 2013 mit ihr Teil des Riesenchores beim Auftritt des Oslo Gospel Choirs in der Stuttgarter Porsche-Arena. Beim Massensingen in der Vorbereitung und beim Projekthöhepunkt wurde sie sodann überwältigt von persönlicher Euphorie, kollektiver Begeisterung und der atmosphärischen Herzlichkeit des Miteinanders. Vor dem Hintergrund dieser extrem positiven Erfahrung wollten die Freundin und sie beim nächsten Projekt, das Hans-Martin Sauter anbieten würde, auf jeden Fall wieder aktiv dabei sein. Der Entschluss stand offenkundig schon (lange) vor der Ankündigung von *Amazing Grace* fest, wobei die großprojektlose Zeit von etwa anderthalb Jahren zwischen Stuttgart und Ludwigsburg ihr *fast zu lang* erschien.

Bezeichnend für Bärbels erfahrungsgesättigte Einstellung zum Riesenchorsingen ist, dass für sie das Zuhören *mindestens genauso schön* ist wie das aktive Mitsingen, weshalb sie, deren Erstkontakt mit dem Format des christlichen Großchorsingens bei „Die 10 Gebote" ein hörender war, während der Ludwigsburger Proben auch einmal nur zuhört, statt mitzusingen. Am liebsten würde sie im *wahnsinnigen Wohlklang* der Aufführung *baden*, nur zuhören, weshalb sie sich noch während der Vorbereitung der Ludwigsburger Aufführung bereits Karten für jene in Karlsruhe im Februar 2015 besorgt, um dort hörend genießen zu können. Außerdem will sie die vielen inhaltlichen Impulse des Stückes in ihrem eigenen Leben beherzigen, sich persönlich herausfordern und inspirieren lassen im persönlichen Glauben und Leben.

Besonders charakteristisch für Bärbel sind überdies eine starke Kontaktfreudigkeit und Beziehungsorientierung. Sie ist eng verbunden mit ihrer Freundin, verehrt den charismatischen Chorleiter Hans-Martin Sauter, wirbt in ihrem Umfeld engagiert für die Aufführung von *Amazing Grace* in der MHP-Arena, woraufhin dann auch mehrere Bekannte tatsächlich dorthin kommen, geht in Projektchorproben beherzt auf ihr Unbekannte zu und freut sich daran, dass allmählich Kontakte entstehen, sich positive Begegnungen verstetigen und Bekanntschaften über den Tag hinaus bleiben. Sie will das, was sie durch die Freundin selbst erst vor wenigen Jahren kennen gelernt hat – ein fröhliches, unverkrampftes Leben und Ausdrücken des christlichen Glaubens – mit anderen Menschen teilen, in ihrer Umgebung zu dieser anderen Form von Kirche einladen. In ihrem früheren Chor störten sie der *alberne Zickenkrieg* und die regelmäßig getrübte Stimmung; beim Gospel-Musical hingegen genießt sie die positiv-freundliche Grundstimmung ebenso wie die gegenseitige Solidarität und die mehrfache Erfahrung, dass Nachbarsängerinnen sich ebenfalls darüber freuen, sie bei der Probe wiederzusehen und mit der Zeit wohltuende Bekanntschaften entstehen. Bärbel strebt nach zwischenmenschlicher Harmonie, möchte Konflikte und Tragisch-Bedrückendes vermeiden;[526] umso mehr genießt sie bei *Amazing Grace* die emotionalen

---

[526] Dies äußert sich etwa darin, dass Bärbel zunächst vor der Mitwirkung am „Pop-Messias" wegen der erwartet tendenziell gemütsbelastenden Gehalte zurückschreckt und beim Ausscheiden aus dem früheren *Zickenkrieg*-Chor zugunsten ihres neuen Friedenskirchen-Chores (!) froh ist, sich auf die zeitliche Überschneidung der Proben berufen zu können, statt

C 1.3 Ein Musical und sein Riesenchor

Höhenflüge, die auch körperlich gespürte Begeisterung und im Kollektiv erlebte Euphorie.

Welch hohe Bedeutung für Bärbels Leben dem Erleben beim Singen im Riesenchor zukommt zeigt sich nicht zuletzt darin, wie stark sie die Lücke, die *Leere* respektive das *Loch* zwischen solchen Feuerwerken wie dem Auftritt des Oslo Gospel Choirs, *Amazing Grace* oder dem „Pop-Messias" als belastend schildert. Aber auch zwischen den Proben innerhalb eines Großprojekts empfindet sie die Wartezeit als bedrückend, so dass sich dankbare Erinnerungen an Erlebtes und *wahnsinnige* Vorfreude auf Bevorstehendes mit einer tendenziell leidenschaftlich-schmerzlichen Sehnsucht danach und einer *unheimlichen* Spannung subjektiv verbinden, was sie zur Haltung führt, hinsichtlich der Großprojekte dürfe es *nicht nicht weitergehen*.

Im Verlauf der Mitwirkung an *Amazing Grace* zeigte sich Bärbels ausgeprägte Begeisterungsfähigkeit. In ihren Beschreibungen häufen sich qualifizierende Steigerungen wie *wahnsinnig*, *unheimlich*, *unendlich*, *unglaublich* et cetera und potenzieren die Adjektive in der Paarung entsprechend, indem sich die Sängerin etwa selbst als *unheimlich beeindruckt* oder ihr Klangerleben beim Massensingen als *unglaublich toll* beschreibt. Dies bildet den Hintergrund dafür, dass Bärbel – beherzt in das Menschenmeer des Riesenchores eintauchend – in den Proben und besonders bei der Aufführung offenbar emotional und körperlich Gigantisches erlebt, ein Feuerwerk der Gefühle, das ihr die *Haare aufstellt*, sie sprachlos macht und über den Abend in der MHP-Arena weit hinaus wirkt, indem etwa der Audio-Impuls zu Beginn des letzten Interviews Ende Mai 2015 ihr spontan die *Gänsehaut* zurückholt und die Begeisterung re-aktiviert.

Im Riesenchorsingen hatte sie sich der Gemeinschaft weit geöffnet, dabei eine ansteckende kollektive Freude und atmosphärische Herzlichkeit gespürt, die sie für speziell christlich hält und fand sich mit (den) anderen Sängern bis hin zur totalen Vergemeinschaftung verbunden:

> „[…] **unglaublich**! Wir haben ja, wo wir ähm des gesungen haben (.) wir haben ja äh im Rausgehen haben wir ja gar net aufgehört zu singen […] des hat ja net aufgehö– wir wollten überhaupt nicht aufhören i- i- und mir war auch völlig egal, wer neben mir läuft, also oft ist man ja, wenn man dann sagt, man geht mit der Freundin hin (.) ‚Komm, wir gehen dann aber miteinander hinaus!' und ‚Wo bist Du in der Pause?' und so, net? Und ich hab' gemerkt, ich bin gelaufen und (.) und habe=des Gefühl gehabt äh vorne, hinten und neben mir, überall is' meine Freundin! Also des war gar net irgendwie wichtig, dass sie jetzt neben mir läuft, gell, mir war's gar so (.) so wir sind so miteinander hinausmarschiert, des war toll! Es war unheimlich schönes Erlebnis!"[527]

Dieses gemeinsame Erleben im singenden Menschenmeer ist für Bärbel derart prägend, dass sie sich auch nach dem Projekt anderen *Amazing Grace*-Sängern, denen sie im Alltag begegnet, besonders nahe fühlt; sie zeichnet jene Menschen,

---

ihr Missfallen an der schlechten Stimmung et cetera explizit beim Namen nennen zu müssen.

[527] BF 5, Z.162–175.

die gemeinschaftlich produzierend Anteil hatten am Musical, als strahlende, von schier unsagbarer Freude gekennzeichnete Angehörige einer Erlebnisgemeinschaft, die sich durchaus als *Amazing Grace*-Gemeinde begreifen lässt. Denn es ist Bärbels elementare Erfahrung, dass beim christlichen Massensingen die Einzelsängerin ihren Beitrag zum Gemeinschaftswerk leistet, dabei von sich selbst weg auf die Gemeinschaft hin sich orientiert und dadurch ein beispielloses, fantastisches Miteinander all jener Akteure entsteht, die das geteilte Projektziel verfolgen, am gleichen Strang ziehen, sich aufeinander freuen, Kontakte knüpfen und im Vereinigen ihrer Stimmen letztlich zu einer harmonischen Gesamteinheit verschmelzen. Aus dieser Einheit kann – mindestens aus Bärbels Warte – der einzelne Zugehörige an sich nicht heraustreten wollen, sondern sich in seiner subjektiven Überwältigung nur wünschen, dieser Moment des individuellen und kollektiven Glücks und der Zufriedenheit bestünde auf Dauer, müsste nicht enden wie der Abend der Aufführung unabwendbar endete.

Dass dies grundsätzlich nicht möglich ist, lässt Bärbel wiederholt in emotionale Löcher fallen, wenn das begeisternde chorische Zusammenwirken aufhört, eine Großprobe oder mit der Aufführung das Gesamtprojekt ans Ende gekommen ist. Deshalb hilft der Mittfünfzigerin der Friedenskirchen-Saisonchor „Voices of Peace" persönlich sehr, da durch den Leiter Hans-Martin Sauter eine personelle Kontinuität auch zwischen von ihm geleiteten Großprojekten besteht, mindestens im Falle von *Amazing Grace* auch der Probenraum gleichbleibt und unter den Sängern viele über einzelne Projekte und Zeitabschnitte hinweg beieinanderbleiben. Damit wird immerhin ein Teil des beim Gospel-Musical euphorisierend Erlebten verstetigt, so dass Bärbel, die erst seit der Probenphase von *Amazing Grace* sich zu „Voices of Peace" hielt und im Lauf der Zeit ihre Beteiligung am ebenfalls dienstags probenden bisherigen (nichtkirchlichen) Chor zugunsten des Saisonchores aufgab, über das Feuerwerk in der MHP-Arena hinaus mit neuen Bekannten beisammen sein und unter Hans-Martin Sauters Anleitung weitersingen konnte. Für sie brach somit die Begeisterung weckende und nährende Mitwirkung am Großchor nicht jäh ab, sondern fand eine kontinuierliche Fortsetzung von *Amazing Grace* zum „Pop-Messias" hin.[528] In der Interimsphase wurden einzelne Stücke, etwa das Gospel Medley, offenbar wiederholt, während sich der Fokus insgesamt in Richtung neuer Stücke verschob. Durch diese und Hans-Martin Sauters Kurzandachten konnte Bärbel neben den ihr wichtigen Gemeinschaftserfahrungen und der Pflege der geschlossenen Bekanntschaften neue Impulse erhalten.

So stellte der feste Chor in der Friedenskirche für sie weit mehr als nur einen Lückenfüller dar, sondern gewährleistete vielmehr wohltuende Kontinuität und eine Mischung aus geistlichen Anregungen und der Möglichkeit, den eigenen Glauben singend und die Sängergemeinschaft mitgestaltend auszudrücken. Dies

---

[528] Insofern der Friedenskirchen-Saisonchor „Voices of Peace" mit circa 100 Sängern auch außerhalb besonderer Projekte keine kleine Gruppe umfasst, ist davon auszugehen, dass daran Beteiligten dort grundsätzlich ein Erleben ermöglicht wird, das jenem beim christlichen Riesenchorsingen – wenigstens in Ansätzen – nahekommt, zumal der Leiter von „Voices of Peace" und des *Amazing Grace*-Projektchors derselbe Hans-Martin Sauter ist.

half Bärbel, für deren Glauben das Singen im Chor eine zentrale Rolle spielt, während ihr Bibellesen und Beten eher schwerfallen. „Voices of Peace" bot ihr – anders als ihr früherer Chor – jenseits einzelner in sich prinzipiell abgeschlossener Projekte eine Heimat(gemeinde), eine auch geistliche Gemeinschaft, in der sie sich aufgehoben und am richtigen Ort fühlte. Diese Heimat und ihren eigenen Platz darin zu finden, damit auch ein gutes Stück mehr innerlich zur Ruhe zu kommen, brachte die Beteiligung am Musicalprojekt mit ihren langfristigen Wirkungen mit sich.

Bärbel F. ist der Singenden Hörerin, dem Gewohnheitssänger, der Harmonischen und Überwältigenden Wirkung ebenso wie dem Persönlichkeitsentwicklungs-Typ und Großprojekte-Abo-Typ zugerechnet.

1.3.2.5 Die Amazing Grace*-Sängerin Brigitte H. (BH)*

Die 51-jährige Personalreferentin Brigitte H. singt fest in einem kirchlich angebundenen Gospelchor, wodurch sie auf *Amazing Grace* aufmerksam wurde und schließlich mit der Mehrheit ihrer Chorkollegen daran teilnahm, obwohl sie selbst kein Fan von Musicals ist, die ihr meist zu kitschig und oberflächlich sind, so dass sie neben spektakulären Kostümen inhaltlichen Tiefgang vermisst. Auf Grund der ansteckenden Begeisterung einer Gruppe innerhalb ihres Chores, die euphorisch vom Gospel-Musical berichtet hatte und der damit verbundenen Dynamik lässt sie sich aber doch auf das Abenteuer ein, ohne bereits Erfahrung im Bereich des Riesenchorsingens mitzubringen.

Dies ist nicht zuletzt deshalb bemerkenswert, weil sie als Jugendliche durchaus negative Erfahrungen mit anderen Christen gemacht hat und schließlich sogar aus der Kirche ausgetreten ist. Nach Taufe und Konfirmation hatte sie zuvor in der evangelischen Kirche mitgearbeitet, sogar in der Leitung der Kinderkirche, fühlte sich nach der Trennung ihrer Eltern dann aber in ihrem kleinen Wohnort stigmatisiert, ausgegrenzt, im Stich gelassen und persönlich stark enttäuscht von Christen in ihrem Umfeld, die sie gut kannten, aber ihr nicht die erhoffte Unterstützung zuteilwerden ließen. So wuchs in ihr die Ablehnung eines starren Dogmatismus, der sich des Einzelnen in seiner Not nicht annimmt, sondern durch normative Maximen sogar dessen Isolation und Einsamkeit befördert. Diese Entfremdung führte letztlich dazu, dass sie als junge Frau die Kirche auch äußerlich verließ und seither über Jahrzehnte Nichtmitglied blieb.

Gleichwohl blieb in ihr eine starke Sehnsucht nach Spiritualität, nach einem befreienden Glaubensleben, das Weite zulässt und individuelle Entfaltung ermöglicht. Dass Brigitte in einer persönlich stark herausfordernden Krankheitsphase, offenbar nicht lange vor dem Gospel-Musical, Halt im christlichen Glauben und Kraft durch Gebete fand, verstärkte ihre Haltung des *Glaubens ohne Kirche*, insofern sie weiterhin formal konfessionslos blieb, sich zugleich aber ohne Berührungsängste einerseits an Chorauftritten in Gottesdiensten beteiligte sowie andererseits an Gottesdiensten, insbesondere an Nachteulen-Gottesdiensten in der

Friedenskirche und somit auch jenseits ihrer Chortätigkeit gelegentlich am Kirchenleben teilnahm. Unabhängig von formaler Zugehörigkeit – wenngleich die Mitgliedschaft in einem kirchlich angebundenen Chor freilich einen Menschen durchaus strukturell mit der Kirche verbindet – sind ihr Glaube und kirchliche Angebote somit erkennbar wichtig, nicht zuletzt wegen der dort möglichen Gemeinschaftserfahrungen.

Bei *Amazing Grace* begeisterte sie neben vielen anderen Aspekten insonderheit der integrativ-hürdenarme, dass sie, obwohl in der Selbstwahrnehmung keine gute Sängerin, mitwirken durfte, Anteil erhielt an einem derart speziellen Geschehen. Dabei war die Menschenmasse des Riesenchores für sie bedrohlich und erhebend zugleich: Mit Unsicherheit und Nervosität wagte sie sich in die Reihen der vielen Sänger, stellte darin aber im Singen begeistert im Kontrast zu anderen an sich selbst *keine Ladehemmung* fest, sondern verspürte vielmehr Stolz, eine der vielen Einzelsänger, Mitglied der riesigen Gemeinschaft zu sein, unumstritten dazuzugehören. Zwei Charakteristika spielten dabei eine besondere Rolle: Im großen Unterschied zur früheren Erfahrung des Alleingelassenwerdens, das in ihrer biographischen Krise der Scheidung ihrer Eltern tiefe Wunden gerissen hatte, erlebte sie sich im Riesenchor zugehörig, mit den anderen Akteuren verbunden, angenommen in ihrem Glauben und So-Sein, ihrer formalen Konfessionslosigkeit, ihren Zweifeln und persönlichen Herausforderungen. Das machte sie frei und froh, ließ sie aufatmen und genießen, nahm der Menschenmasse und dem zu erwartenden Publikum jede Bedrohlichkeit, ihr selbst Sorgen und Unsicherheiten.

Dass Angst und mangelndes Selbstvertrauen für Brigitte persönliche Herausforderungen darstell(t)en fand mehrfach Niederschlag in ihren Interviewäußerungen, indem sie etwa den Angst personifizierenden Solo-Part im Musical hervorhob.[529] Eben diese Angst wird bei *Amazing Grace* als menschliches Leben belastende, lähmende und zerstörende Macht, gar als Dämon beim Namen genannt, anschaulich dargestellt und im Stück mithilfe des Glaubens in die Schranken gewiesen, letztlich sogar völlig überwunden. So betrachtet ging Brigittes Erleben im Massenchorsingen gewiss weit über ein allgemeines gutes Gefühl im Moment hinaus, sondern berührte existenzielle Fragen und Herausforderungen, griff bittere biographische Erfahrungen auf, eröffnete neue Horizonte und beschrieb Freiheiten, die sie sich sehnlich wünscht(e).

Entsprechend verwundert es nicht, dass sie völlig überwältigt war von dem, was beim Singen im Riesenchor – besonders bei der Aufführung mit allen Schauspielern und einem großen Publikum, in dessen Mitte sie ihrer Einladung gefolgte Bekannte ausmachen und beobachten konnte – auf sie einströmte an Atmosphären, Botschaften und Emotionen. Die Tränen flossen in Strömen bis dahin, dass sie – wie sie bereits im Vorfeld als Befürchtung formuliert hatte – die Sicht auf das Notenbuch zu behindern drohten. Auch bei der gesonderten Aufführung des

---

[529] Auffällig ist in diesem Zusammenhang auch die starke Betonung, dass sie die CDs des Musicals *zig Mal rauf und runter gehört* und die *Soloparts besser gekonnt habe* als die Chortexte.

C 1.3 Ein Musical und sein Riesenchor

Gospel-Jugendchores von Jens M., an dem Brigitte offenbar als Zuschauerin teilnahm, war sie ihrer Beschreibung im letzten Interview nach zutiefst angerührt und weinte durchgehend, nahm zentrale Elemente des Stückes und seiner Wirkung auf sie persönlich (nochmals oder nun besonders) intensiv wahr.

Beim Gospel-Musical erlebte sie emotional, was ihr (auch) rational so wichtig ist: Dass sie angenommen wurde, genau so, wie sie ist, dazugehörte, trotz gesanglicher Defizite, trotz fehlender Kirchenmitgliedschaft, trotz ihrer Fehlbarkeit, ihrer biographischen Brüche, ihrer Freigeistigkeit und Ablehnung starrer Glaubensformen. Eben diese Erfahrung des bedingungslosen Angenommenseins wollte sie in der MHP-Arena anderen Menschen zusingen, etwa der befreundeten Ärztin, die sie während der Aufführung im Zuschauerraum beobachtete.

Auch darin kam ihre Beziehungsorientierung zum Ausdruck: Sie, die nicht zuletzt wegen ihrer Chorkollegen an *Amazing Grace* allererst teilgenommen hat, wollte ihre befreienden Erfahrungen – Jahrzehnte nach den verletzenden Jugenderlebnissen – (mit-) teilen, etwas davon an die Zuschauer weitergeben, weshalb ihr positive Reaktionen des Publikums insgesamt und ihrer Bekannten darin insbesondere so wichtig waren. Sie selbst fand durch das Gospel-Musical Bestätigung in ihrer stark ökumenefreundlichen Grundhaltung, die kritisch gegenüber der Institution Kirche bleibt, aber Wert und Bedeutung des Glaubens immer mehr schätzt. Brigitte erfuhr durch das Singen im Riesenchor und das Hören bei der Aufführung circa zwei Wochen nach jener in der MHP-Arena in der Kirchengemeinde von Jens M. eine Stärkung ihres Selbstwertgefühls, ihres Selbstvertrauens und ihrer Glaubenseinstellung sowie der Möglichkeiten, diese auszudrücken. Vom Projekt blieben ihr somit insgesamt vor allem Lebensfreude, Elan, sowie konfirmierende Ermutigung auf dem individuellen (Glaubens-) Weg. Dass sie sich an weiteren Aufführungen von *Amazing Grace* sehr interessiert zeigte, gegenüber anderen Großprojekten wie dem „Pop-Messias" aber zurückhaltend wirkte, legt nahe, dass die Erfahrungen beim Gospel-Musical in einer biographisch bedeutsamen Phase für sie sehr wichtig waren, damit aber nicht zugleich ein Dauerengagement im Bereich christlicher Großchorprojekte verbunden ist.

Vielmehr brachte das Musical bei ihr vieles in Gang, sie persönlich vorwärts und animierte sie, weiter an sich zu arbeiten. Praktisch äußerte sich dies bereits durch eine verstärkte Wahrnehmung der vielen Probleme in der Welt, während sie – nach ihrer selbstkritischen Darstellung – früher viel stärker auf sich selbst fixiert gewesen war. Oder darin, dass sie mehrfach zum Thema Ostern Vorträge hielt, was sie in der Vergangenheit nicht gekonnt hätte, nun aber durch die positiven Erfahrungen in der Chorarbeit allgemein und bei *Amazing Grace* vor tausenden Zuhörern speziell problemlos zu tun vermochte. Rundum hatte die Beteiligung am Gospel-Musical für Brigitte also eine befreiende, stärkende und Orientierung gebende (glaubens-) biographische Schlüsselfunktion.

Brigitte H. ist dem Response- und Gelegenheitssänger, der Sozialen und Überwältigenden Wirkung, dem Inhaltlichen und Persönlichkeitsentwicklungs-Typ zugeordnet.

1.3.2.6 Die Amazing Grace-*Sängerin Elke H. (EH)*

Die 47-Jährige Elke H. ist Krankenschwester und singt in einem Gospelchor mit. Als absehbar wurde, dass dieser sich wider Erwarten wohl doch nicht an den geplanten lokalen Aufführungen von *Amazing Grace* in Musicalstadt im Frühjahr 2015 beteiligen würde, schloss sie sich dem Kirchenchor von Nikola I. an und nahm mit demselben zunächst in Ludwigsburg als Teil der Vorbereitung auf die eigenen Musicaldarbietungen teil. Auf Grund ihrer explizit artikulierten Neugier auf eine solche Großveranstaltung – sie wirkte selbst zum ersten Mal mit, nicht zuletzt inspiriert von begeisterten Berichten ihr vertrauter Sänger, die bei „Die 10 Gebote" mitgesungen hatten und signalisierte starkes Interesse an den Ergebnissen meiner Feldforschung – war mit einer hohen persönlichen Motivation zu rechnen.

Im Verlauf des Projekts ließen ihre in den Interviews aufscheinende Haltung und das darin beschriebene Verhalten im Riesenchor erkennen, dass sich diese Motivation letztlich allerdings (zunehmend) auf die heimischen Aufführungen, nicht jene in Ludwigsburg, richtete. An einzelnen Stellen verweigerte sich die Sängerin offenbar konkreten Singanforderungen und grenzte sich insgesamt deutlich von der Gesamtgruppe ab. Mit dem Hinweis darauf, dass ihre Berufsgruppe sich für andere Menschen verausgabe und prädestiniert sei, *sich zum Affen zu machen*, wollte Elke bei *Amazing Grace* dezidiert bei sich selbst bleiben, nicht in der großen Menschenmenge auf- beziehungsweise untergehen und identifizierte sich kaum mit der Projektchorgemeinschaft respektive dem Gemeinschaftswerk einschließlich der damit verbundenen Verantwortung für das Gelingen des Musicalprojekts in der MHP-Arena.

Eine schlüssige Erklärung für den Kontrast zwischen anscheinend grundsätzlicher – allen Aufführungen geltender – hoher Motivation der Teilnahme zu Beginn des Riesenchorprojekts einerseits und dem praktischen Abgrenzungsverhalten in kritischer Distanz zum Geschehen in Ludwigsburg andererseits dürfte eine doppelte Beobachtung anbieten: Das Abgrenzungsverhalten im Riesenchor könnte zum einen mit einem Gefühl der Überforderung verbunden sein – mit der Menschenmasse, dem hohen Tempo der Proben oder dem straffen Zeitplan insgesamt. Die (innere) Isolation wäre dann schlicht ein Reflex des Selbstschutzes. Zum zweiten wurde nachvollziehbar, dass Elkes persönlicher Zielpunkt nicht die Ludwigsburger Aufführung war, sondern jene heimischen in Musicalstadt. Dies galt wohl für Nikolas Chor insgesamt, insofern dessen Mitglieder in Vorbereitung der eigenen Aufführungen zuhause das Musical in Ludwigsburg gründlich kennenlernen und schon einmal mitwirkend auf der Bühne erleben sollten, um für daheim Sicherheit zu gewinnen. Somit war die Beteiligung beim Musical nahe Stuttgart Instrument, aber nicht notwendig auch persönliches Ziel, auf das die Sänger primär als Höhepunkt und Abschluss der Probenmonate hinstrebten, wie es dies gewiss für viele andere war, die keine nachgelagerten weiteren Aufführungen als (weiteres und womöglich eigentliches) Ziel im Blick hatten. Womög-

C 1.3 Ein Musical und sein Riesenchor

lich war bei Elke diese Ausrichtung auf die Aufführungen zuhause stärker ausgeprägt beziehungsweise offenkundiger als bei anderen Sängern aus dem Kirchenchor, die Motivation für Ludwigsburg daher noch geringer, weil es mehr ein *Wegschritt* war, das absolute Primärziel für sie hingegen Musicalstadt.[530] Dafür spricht nicht zuletzt, dass sie zu Beginn des Gesprächs im Foyer der MHP-Arena unmittelbar nach der Aufführung von ihrer Vorfreude auf jene zuhause sprach, statt rückblickend vom soeben Erlebten.[531]

Insgesamt zieht sich durch alle Interviews mit ihr eine auffällige Ambivalenz: mehr oder minder deutliche Kritik an Projektverantwortlichen in Ludwigsburg, besonders am musikalischen Leiter Hans-Martin Sauter, während Nikola I. (sehr) positiv dargestellt wird; artikulierte Unzufriedenheit mit dem Ludwigsburger Geschehen – vom Kostenbeitrag über die fehlende Probenverpflegung bis zum Verdacht des heimlichen Arbeitens mit Playback-Choraufnahmen – während in Musicalstadt tendenziell alles positiv(er) zu stehen kommt. So liegt es sehr nahe, dass Elke in erster Linie an den Aufführungen in Musicalstadt mitwirken wollte – dies sodann auch freudig und mit persönlichem Gewinn tat –, dass dies ihr Antrieb und Motivationsquell war, während die Ludwigsburger Aufführung ihr weit weniger entsprach. Dass sie dennoch daran mitwirkte dürfte – neben ihrem persönlichen Interesse an einem solchen Großprojekt – an der Verbindung liegen, dass Nikolas Kirchenchor als notwendige Vorstufe zunächst daran teilnahm, was für Elke somit (ebenfalls) zum Gesamtpaket gehörte. Das findet sich nicht zuletzt darin bestätigt, dass die 47-Jährige mit hörbarer Begeisterung im letzten Gespräch von ihrem Erleben in Musicalstadt berichtete, wo das Musical – oder mindestens doch einzelne Lieder wie „John, John" – *viel schöner*, *seelenvoller* und *authentischer* gewesen sei. Außerdem wird Nikolas *Höchstleistung* als Leiterin ausdrücklich gewürdigt, die Beziehung und deren Stärkung durch das gemeinsame Erleben zwischen Sängern und Chorleiterin sowie unter den Sängern selbst als für Elke höchst bedeutsame Faktoren anschaulich.

Damit ragt Elke unter den 20 Probanden deutlich heraus, insofern das Musical in Ludwigsburg für sie offenkundig letztlich (vor allem) Mittel zum Zweck war, mit vergleichsweise wenig persönlicher Motivation, geschweige denn Euphorie verbunden, woneben aber ihr eigentliches Ziel, die heimischen Aufführungen in Musicalstadt, umso stärker aufstrahlen. Für sie scheint die große Masse Fremder in Ludwigsburg nicht allein nicht attraktiv gewesen zu sein, sondern im Gegenteil

---

[530] Freilich lassen sich hinsichtlich der Mitglieder des Kirchenchores in Musicalstadt nur für Elke selbst und Nikola zuverlässige, materialbasierte Aussagen treffen. Gleichwohl lässt der Gesamteindruck, den Nikola in Interviews von der Einstellung und Begeisterung ihres Chores – auch auf die Aufführung in Ludwigsburg bezogen – vermittelte, den Schluss zu, dass Elkes kritische (Abgrenzungs-) Haltung zum Projekt in Ludwigsburg nicht allgemein geteilt wurde.

[531] Für die Einordnung eben dieses Interviews besonders erhellend ist der direkte Vergleich mit jenem – ebenfalls direkt nach der Aufführung – mit Nikola I. geführten, die, obwohl Gesamtleiterin der Aufführungen in Musicalstadt, begeistert vom in Ludwigsburg Erlebten berichtet und den Fokus ihrer Darstellung keineswegs auf das zuhause Geplante gelegt hat (stärker sogar noch auf die zurückliegende Uraufführung in Kassel).

Abgrenzungs- und Isolationsverhalten provoziert zu haben, während sie sich offenbar im kleineren, heimischen Rahmen – der circa 130 Sänger umfassende dortige Projektchor war zwar numerisch ebenfalls nicht klein, doch dürfte Elke einen Großteil der Mitsänger persönlich gekannt haben – gerne öffnete und begeistert ins Erleben eintauchte, ohne vergleichbare Vorbehalte oder Hemmnisse. Die jeweilige Beziehung zu den verantwortlichen Chorleitern spielte für Elkes Erleben beim Musical in all dem offenbar eine entscheidende Rolle.[532]

Für die Forschungsinteressen dieser Studie ist ihr Beispiel insofern von größtem Wert, als die Sängerin in allem Distanziert-Bleiben[533] in Ludwigsburg – wie immer es im Detail motiviert gewesen sein mag – zeigt, wie stark es auch von der persönlichen Bereitschaft hierzu abhing, ob und wie sehr jemand in diesem Menschenmeer mitgerissen wurde von Stimmung und Begeisterung, Atmosphäre und Gruppendynamik. Ob aus Angst vor Vereinnahmung oder Abwehr befürchteter Fremdbestimmung, ob aus Gründen der Selbsterfahrung oder anderen Motivlagen: Elke hatte offenbar die Wahl, konnte sich innerhalb des Riesenchorgeschehens gegen das Mitgerissenwerden in der Masse entscheiden und zeigte damit, dass inmitten hunderter begeisterter Sänger, inmitten einer emotional aufgeladenen Atmosphäre und eines verbreiteten Wir-Gefühls, eine Einzelne sich entziehen, ganz bei sich sein konnte, eben nicht durch Suggestion oder gar Manipulation der Masse unwillkürlich und unweigerlich von Gefühlswellen gepackt, davon nicht gegen ihren Willen weggespült wurde, keinen sie bestimmenden Fremdmächten schutzlos ausgeliefert war.

Im Gegenteil stellte sie als einzige Probandin praktisch und anschaulich unter Beweis, wie selbstbestimmt eine einzelne Beteiligte inmitten von rund 700 Sängern in gewissem Sinn und Umfang „aus der Reihe tanzen" konnte, zeigte, dass intensive Gemeinschaftserfahrungen und mitreißende Begeisterungsströme weder selbstverständlich mit solchem Riesenchorsingen einhergehen müssen noch als Selbstläufer gelten können, sondern vielmehr (auch) eine Sache persönlicher Entscheidung und Bereitschaft sind. Weil sie nicht wollte, wurde sie in Ludwigsburg nicht mitgerissen von kollektiver Euphorie, ging nicht völlig in der Sängergemeinschaft auf (oder gar unter), sondern blieb im Menschenmeer bei sich. In Musicalstadt entschied sie sich hingegen zur engagierten Beteiligung, ließ sich bereitwillig ein auf die Vorgaben der Chorleiterin, öffnete sich der Gemeinschaft – und erlebte dementsprechend intensiv und ganz anders.

Elke H. ist der Distanzierten Sängerin, dem Gelegenheitssänger, der Distanzierten Beobachterin und dem Keine-Nachhaltigkeit-Typ zugerechnet.[534]

---

[532] Dies wird im Kapitel C 1.7 näher betrachtet.
[533] Die typologischen Einordnungen unterstreichen bereits terminologisch die Elkes Grundhaltung, Verhalten und Erleben prägende Distanz.
[534] Die Typologie-Zuordnungen beziehen sich für alle 20 Probanden auf die Mitwirkung und das Erleben bei *Amazing Grace* in Ludwigsburg, weshalb bei Elke H. und Nikola I. die Aufführungen in Musicalstadt zwar ebenfalls analytisch wahrgenommen, aber nicht bei der Typologie-Einordnung berücksichtigt wurden.

1.3.2.7 Die Amazing Grace-*Sängerin Nikola I. (NI)*

Die 38-jährige Diplom-Musikerin Nikola I. ragt dadurch aus der Gruppe der 20 Probanden heraus, dass sie – wie sich im Verlauf der Interviewgespräche herausstellte – bei der CD-Produktion in Witten, bei der Uraufführung in Kassel und bei der Aufführung in Ludwigsburg als Sängerin beteiligt war, ehe sie als Gesamtleiterin in ihrem Heimatort Musicalstadt drei Aufführungen an einem Wochenende verantwortete.

Die mehrfache Mutter legt großen Wert auf Traditionen. Tischgebete sollen ebenso wie Gottesdienste zu besonderen Anlässen ihrer Familie als feste Elemente in der Lebensgestaltung dabei helfen, das dankbar wertzuschätzen, was nicht selbstverständlich ist, insbesondere materiellen Wohlstand und Rückhalt des Familienverbundes. Der christliche Glaube hat für sie eine strukturgebende Funktion und schützt vor Hochmut. Sie sieht einen Erziehungsauftrag gegenüber ihren Kindern, aber auch gegenüber ihrem Kirchenchor, darin, zu einem am Gemeinwohl ausgerichteten Leben anzuleiten, wofür der Glaube entscheidende Impulse geben kann. Während sie sich als römische Katholikin gerne und selbstverständlich in der evangelischen Kirche engagiert, stößt sie zuweilen auf noch vorhandene konfessionelle Grenz(wahrung)en, die sie überwinden helfen und damit zur ökumenischen Einheit beitragen möchte.

Christsein bedeutet für Nikola primär, einen caritativ-diakonischen Lebensstil zu pflegen: Wo *Not am Mann* ist und sie helfen kann, will sie dies ohne Zögern auch tun. Die Erfahrungen bei der Mitwirkung an *Amazing Grace* auf verschiedenen Ebenen haben diese Einstellung verstärkt. Der Zusammenhalt in der Familie ebenso wie im Chor ist ihr sehr wichtig. *Gelebte Gemeinschaft* sieht sie dort, wo Menschen einander wertschätzen, miteinander teilen, das Zusammensein genießen und zur individuellen Entfaltung beitragen.

Beim Riesenchorsingen in Ludwigsburg erlebte sie emotionale Höhenflüge. Den gemeinsam erzeugten Klang nahm sie als stetig sich verbessernd wahr, analog dazu auch das Zusammenwachsen der anfangs Fremden, die im Projektverlauf immer harmonischer und intensiver zusammenwirkten. Nikola spürte eine warme Atmosphäre, wie in einer Familie, die zusammensteht und gemeinsam Ziele erreicht. Dabei spielte eine zentrale Rolle, dass die Mitglieder ihres Kirchenchores sich zunehmend begeistert zeigten, wodurch ihre Zuversicht im Blick auf die eigenen Aufführungen anwuchs und ihr Ziel, den Chorsängern im Vorfeld eine solche Erfahrung außerhalb ihres heimischen Umfelds zu ermöglichen, erreicht wurde. Ebenfalls trug zu ihrer persönlichen Euphorie bei, dass bei der Aufführung auch die Zuschauer sichtbar der Musik- und Begeisterungsgemeinschaft sich anschlossen, was Nikolas Hoffnung nährte, dass sie – wie die Sänger selbst – von der Botschaft des Musicals tatsächlich erreicht wurden und ihr alltägliches Leben von dessen Impulsen beeinflusst werden würde.

Gegenüber ihrem Kirchenchor nahm die 38-Jährige eine Mutterrolle ein, die nicht zuletzt in einer klaren Vorstellung davon bestand, was ihre Schützlinge lernen sollten im Projekt – durch ähnlich begeisternde Erlebnisse, wie sie diese selbst bei der Uraufführung gesammelt hatte – und welchem Ziel der betriebene Aufwand dienen sollte, auch für das Leben der beteiligten Sänger und ihr heimisches Chorengagement.

Im Gemeinschaftssingen erlebte Nikola durchgehend ein (maximal-) starkes Gemeinschaftsgefühl, was sie durch den höchsten verfügbaren Skalenwert ausdrückte; zugleich wurden die jeweils vorangegangenen Erlebnisse beständig überboten, so dass zunächst der Eindruck entstand: Je länger die junge Frau mit *Amazing Grace* befasst ist, von der CD-Produktion in Witten über Kassel und Ludwigsburg bis zu den eigenen Aufführungen in Musicalstadt, desto größer ist ihre emotionale Ergriffenheit, ihr Empfinden intensiver Gemeinschaft. Diese Steigerungslogik erfuhr im Abstand allerdings eine Umdeutung, insofern die Aufführung in Ludwigsburg rückblickend als die emotional am wenigsten berührende zu stehen kam. Oberflächlich betrachtet könnte dies auf die Größe des – entsprechend anonymen – Projektchores zurückgeführt werden, der in Ludwigsburg mit rund 700 Personen circa viermal so personenstark wie in Kassel und dem ähnlich großen in Musicalstadt war. Bedenkt man, dass Nikola „Die 10 Gebote" in Mannheim rückblickend als viel zu groß für sie und ihren Chor schilderte – sie wären dort nur *Kulisse* gewesen – scheint dies plausibel. Wie in der Interviewanalyse indes deutlich wurde, liegt das Abfallen in der subjektiven Bedeutung gegenüber den anderen beiden Aufführungen allerdings wohl schlicht daran, dass in Kassel die Besonderheiten der Uraufführung samt Live-Mitschnitt für die DVD das Erleben und dessen retrospektive Interpretation wesentlich mitprägten, in Musicalstadt die Spezifika der eigenen Aufführungen unter Einbeziehung der örtlichen Kirchengemeinden wie eines Gutteils der Vereine und Verbände sowie der örtlichen Kommune.

Offenbar waren es also Nähe und Distanz zum Erleben, die in Nikolas Bewertung eine entscheidende Rolle spielten: In der Situation des Massensingens, im euphorischen Erleben des Moments kannten Begeisterung und Gemeinschaftsgefühl mit dem maximalen Skalenwert zunächst kaum Grenzen, in der distanzierten Rückschau wurde das Erlebte hingegen merklich relativiert, reihte es sich ein in eine (Rang-) Folge von Aufführungen und Proben, die den persönlichen (weiten) Vergleichshorizont absteckten. Hinzu kam, dass die Chorleiterin für die Aufführungen in Musicalstadt – wie auch schon nach der dortigen Version von „Die 10 Gebote" – eine Vielzahl (äußerst) positiver Rückmeldungen erhielt und die Beteiligung ihres Kirchenchores an der Ludwigsburger Aufführung von vornherein (auch) als ein Mittel zum Zweck verstanden wurde, neben Elke H. mindestens von ihr selbst. Die Kirchenchormitglieder sollten in Ludwigsburg die Musicalstücke erlernen und ein Gesamtbild vor Augen und Ohren bekommen, wie *Amazing Grace* klingen und sich anfühlen kann.

Nikola empfindet einen klaren Sendungsauftrag, will auf passende Weise zentrale Botschaften vermitteln, etwa jene, dass es *kein Abo* auf ethisch einwandfreies Verhalten gebe, sondern beständig Besinnung, Veränderung, Vergebung und Neuanfänge nötig seien. Ihr Chor und das Publikum sollten musikalisch stark angesprochen und dabei mit der christlichen Botschaft der Nächstenliebe – nicht zuletzt emotional – erreicht werden.

Nikola ist bei aller Offenheit für die Vorzüge des Massensingens gegen ein Verschmelzen (zu) vieler Projektbeteiligter zu einer anonymen Masse, die nur noch als *Kulisse* fungiert, eingestellt. So wichtig ihr die einmütig-innige Gemeinschaft grundsätzlich ist, so begeistert sie auch selbst vom intensiven, euphorisierenden Gemeinschaftsgefühl sein kann, so wichtig ist ihr die Wertschätzung des Einzelnen und der an Großprojekten beteiligten Chöre, die inmitten der Gesamtgruppe erkennbar bleiben müssen und sich wertgeschätzt fühlen sollen, nicht nur als *Bühne* für ein Geschehen, mit dem sie selbst nichts oder nur wenig zu tun haben. Wie im Familienverbund, der intensive Gemeinschaft darstellt, innerhalb dessen aber einzelne Familienmitglieder in ihrer Individualität auszumachen bleiben, soll auch bei musikalischen Großprojekten der einzelne Sänger nicht im Menschenmeer untergehen oder ausgenutzt werden.

Insgesamt ist die Familienmutter und Chorleiterin als souverän, zielstrebig und abgeklärt zu beschreiben, die genau weiß, was sie für sich und ihren Chor (nicht) will, die Angebote wie *Amazing Grace* dafür geschickt zu nutzen versteht und im Zweifel eigene Interessen zugunsten der angestrebten Ziele zurückzustellen bereit ist, indem sie etwa trotz persönlicher Präferenz für klassische Musik sich mit ihrem Kirchenchor bereitwillig auf Pop, Gospel und Musical einlässt.

Nikola I. ist dem Gewohnheitssänger, der Sozialen Wirkung, dem Werbe-Typ und dem Inhaltlichen Typ zugeordnet.

1.3.2.8 Die Amazing Grace-*Sängerin Gabi K. (GK)*

Die 51-jährige evangelische Verwaltungswirtin Gabi K. ist in einer Behörde tätig, singt dort im Betriebschor mit und wurde durch eine Zeitungsanzeige auf *Amazing Grace* aufmerksam. Schon länger auf der Suche nach einer Möglichkeit, Gospel oder Spiritual zu singen, ohne sich dauerhaft an einen entsprechenden Chor binden zu müssen, sprach sie neben der *poppigen* Musik und dem Genre des Musicals der begrenzte Projektcharakter stark an. Das Singen mit so vielen anderen Menschen und vor einem absehbar riesigen Publikum bildeten weitere besondere Anreize, wodurch das Gospel-Musical eine wie für Gabi speziell konzipierte Gelegenheit darstellte, nachdem sie in der Jugendzeit in kleinen Besetzungen – teils allein oder nur zu zweit in der Stimme – bereits gesungen hatte. Hierdurch konnte sie schnupperweise ins verstärkte Singen (wieder-) einsteigen, ohne dauerhafte Festlegungen, da als eine Art Experiment mit offenem Ausgang und auf Zeit überschaubar.

Bereits während der Auftaktprobe war sie von der herzlichen, locker-freundlichen Stimmung im Riesenchor begeistert, die sie als großen wohltuenden Kontrast zum atmosphärisch eher steifen Behördenchor empfand. Sie kam mühelos mit anderen Sängern in Kontakt, fühlte sich inmitten der mehreren hundert Fremden wohl und bezifferte ihr Gemeinschaftserleben im ersten Interview sogar mit dem maximalen Skalenwert. Neben der Kontaktfreudigkeit zeigten sich die Verbindlichkeit ihres Engagements wie auch ihre Begeisterungsfähigkeit darin, dass Gabi offenbar bereits vor der ersten Probe in ihrem Umfeld für die Aufführung geworben und *ganz viele Karten verkauft* hatte. Auch ihren Ortspfarrer wollte sie auf *Amazing Grace* hinweisen mit der Motivation, dass vielleicht in der eigenen Gemeinde eine passende Variante des Musicals zur Aufführung komme. Die durch die Zeitung auf das Musical aufmerksam Gewordene wurde also alsbald zur Multiplikatorin, zur Botschafterin des Projekts, das sie zu ihrem eigenen gemacht hatte.

Das Erleben beim Musical und die von den Interviewgesprächen beförderte Reflexion gaben Gabi in puncto Glauben Denkanstöße, Impulse zu persönlicher Befassung, zumal dies zeitlich zusammenfiel mit der Vorbereitung ihres jüngeren Sohnes auf die Konfirmation, wodurch auch sie als Mutter mit entsprechenden Themen konfrontiert wurde. Dabei spielte auch die existenzielle Erfahrung vier Jahre zuvor eine Rolle, dass Gebete und die Begleitung durch eine Pfarrerin im Sterbeprozess ihrer eigenen Mutter sich ausgesprochen positiv ausgewirkt hatten. Nicht zuletzt vor diesem Hintergrund ist Gabi der Glaube wichtig, wobei sie den Fokus auf ethische Maximen im menschlichen Miteinander zu legen, am Kirchenleben aber nicht regelmäßig teilzunehmen scheint.

Das Riesenchorsingen bei *Amazing Grace* ist für sie ein gigantisches, stark emotional geprägtes Erleben, sowohl durch das gemeinsame Singen mit so vielen Menschen als auch im Gegenüber zu einer derart extraordinären Menschenmenge im Auditorium. Es steht dabei für Gabi in keinem direkten Zusammenhang zur Kirche oder ihrer Ortsgemeinde, sondern stellt eine eigene Sphäre dar, an der teilzuhaben sie genießt, aber *vom Singen her*. Das Gospel-Musical ist ihr Einstieg in die für sie wunderbare Welt des christlichen Großchorsingens, ohne dass es erkennbar Auswirkungen auf ihren Glauben, ihre spirituelle Praxis oder ihr Verhältnis zum Kirchenleben hätte. Auffälliger Weise spricht sie, im Unterschied zu zahlreichen anderen Probanden, in den Interviews kaum vom Inhalt des Stückes oder ihr wichtigen Impulsen daraus, sondern wirkt vielmehr vom Format des Massensingens fasziniert, während das Musical und dessen Inhalt selbst austauschbar erscheinen. Das zeigt sich nicht zuletzt darin, dass sie zwar zunächst, begeistert von Proben und Aufführung von *Amazing Grace* und der Person Hans-Martin Sauter, über das musikalische Feuerwerk in der MHP-Arena hinaus beim Friedenskirchen-Saisonchor „Voices of Peace" bleibt, sich aber alsbald wieder davon abkehrt, weil es mit *nur 100 Mitwirkenden* eben nicht das gleiche Erleben ist wie mit rund 700 zuvor. Freilich mag außerdem die Regelmäßigkeit der 14-täglichen Proben während der Saison von Herbst bis Frühjahr für ihre Bedürfnisse eine zu starke (Dauer-) Bindung darstellen.

So bleibt sie am Ende hinsichtlich ihres zu Projektbeginn bereits artikulierten Grundsatzes konsequent, angebotene Großprojekte betreffend *von Mal zu Mal* zu *entscheiden*, „ob des grad dann reinpasst"⁵³⁵. Dabei spielen offenbar zeitliche Aspekte und die jeweilige persönliche Situation eine größere Rolle als etwa geographische Fragen, insofern ein Gospelchor an ihrem Wohnort für sie offenbar nicht von Interesse ist, das prinzipiell wie *Amazing Grace* aus mehreren Einzelproben und Aufführung(en) bestehende Projekt des „Pop-Messias" hingegen schon.

Gabi K. ist dem Gelegenheits- und Response-Sänger, der Harmonischen und Sozialen Wirkung, sowie dem Großprojekte-Abo-Typ zugerechnet.

1.3.2.9 Die Amazing Grace-*Sängerin Frauke L. (FL)*

Die 43-jährige Qualitätsmanagerin Frauke L. ist in der evangelischen Kirche aufgewachsen, hat sich aber später, da enttäuscht vom Mangel an *lebendigem Glauben* in vielen Gemeinden, einer kleinen, namenlosen Freikirche angeschlossen. Zugleich singt sie in einem landeskirchlich angebundenen Chor mit, der allerdings nur saisonal aktiv ist und somit regelmäßig unbefriedigende Lücken lässt, insofern für Frauke neben dem Gebet, der Stillen Zeit sowie der Abendmahlspraxis das Singen einen elementaren Teil des persönlichen Glaubenslebens darstellt.

So sucht die Familienmutter ihren Saisonchor ergänzende Möglichkeiten, sie subjektiv musikalisch ansprechende christliche Lieder im Chor zu singen und dies mit niedrigen Hürden, anders als etwa im Falle des Gospel-Auswahlchores in ihrer Nähe, bei dem Interessierte zunächst vorsingen müssen, um dann erst nach bestandener Prüfung aufgenommen zu werden. *Amazing Grace* erfüllte im Unterschied hierzu in seiner integrativen, prinzipiell für alle offenen Ausrichtung, in der projekthaften Begrenzung und klaren christlichen Botschaft entscheidende Kriterien für die Mittvierzigerin, die im Nachhinein sehr bedauert hatte, „Die 10 Gebote" verpasst zu haben und umso entschlossener war, die nächste Großveranstaltung dieser Art nicht mehr zu versäumen. Hoch motiviert tauchte Frauke entsprechend in die Arbeit am Gospel-Musical ein und wurde begeistert vom herzlichen Miteinander.

Im starken Kontrast zu ihrer kleinen Freikirche erlebte sie sich als Teil einer Masse, fühlte sich gut aufgehoben und beflügelt vom Gemeinschaftshandeln und dem dadurch beförderten gemeinsamen Werk: dass die vielen Sänger einmütig-harmonisch zusammenwirkten, um das große Projektziel gemeinschaftlich zu erreichen. Der geteilte Wille und das kollektive Arbeiten am Stück verbanden dabei alle Beteiligten wohltuend über die Grenzen von Konfessionen oder musikalischem Vermögen hinweg. Zudem handelte es sich in Fraukes Augen (und Ohren!) um eine Zeugnisgemeinschaft, welche die für die Aufführung erwarteten zahlreichen Zuschauer mit vom Genre Musical attraktiv transportierten *guten Themen* erreichen wollte, damit Gott Menschen berührt – zum ersten Mal oder wiederholt,

---

⁵³⁵ GK 1, Z.45–46.

damit sie auf ihrem Glaubensweg einen Schritt weiterkommen. Das Stück war für Frauke damit Instrument und Vehikel, ja (missionarisches) Transportmittel.[536]

Dass dies nicht allein für die Zuschauer gilt, erlebte Frauke an sich selbst im Projektverlauf: Durch *Amazing Grace* empfing sie mehrerlei geistliche Impulse, setzte sich mit der Geschichte von John Newton intensiv auseinander und erhielt zunehmend – mit dem feuerwerksartigen Höhepunkt der Aufführung und ihren Nachwirkungen – vermittels der Gefühlsdimensionen einen persönlichen Zugang dazu. Die Themen und Botschaften des Stückes wurden existenziell greifbar, ihr persönlich zu Zuspruch und Anspruch. So zog die Qualitätsmanagerin den selbstkritischen Schluss, Gottes Veränderungskraft im eigenen Leben und Umfeld hinfort mehr zutrauen zu wollen, weniger kleingläubig zu sein im Alltagsleben und -handeln. Was sie im Projekt selbst erlebt hat – dass die Geschichte des Musicals sie berührte und sie im eigenen (Glaubens-) Leben Inspiration dadurch erhielt – erwartete und erhoffte sie zugleich auch für andere.

Durch ihre zutiefst positiven Erfahrungen bei *Amazing Grace* ist Frauke L. auf den Geschmack des projekthaften christlichen Riesenchorsingens gekommen und setzte ihr Engagement zeitnah fort, indem sie bei mehreren Aufführungen des „Pop-Messias" mitwirkte.

Fraukes Beispiel illustriert in all dem, wie stark mindestens einzelne Mitglieder des Riesenchores das projekthafte Angebot *Amazing Grace* in mündiger Gestaltungsfreiheit eingebettet haben in ihre individuell-subjektiven und sonstigen gemeinschaftlichen Arten, ihren christlichen Glauben zu leben und auszudrücken. Als passionierte Freikirchlerin, die den Amtskirchen skeptisch gegenübersteht, zugleich aber in Ergänzung ihrer Gemeindeaktivitäten selbstbewusst sich zum landeskirchlich angebundenen Chor hält, nahm sie die Möglichkeit gerne wahr, im zeitlich überschaubaren Rahmen des Gospel-Musicals ihre Leidenschaft für das Singen sich entfalten zu lassen, Erfahrungen im ihr neuen Feld des Massensingens zu sammeln und – ohne Dauerverpflichtungen – sich die Tür offen zu halten, dieses Engagement bei Gefallen längerfristig beizubehalten oder durch etwas anderes zu ersetzen. Damit kombinierte die 43-Jährige in großer Freiheit aus unterschiedlichen Bereichen verschiedene christliche, spirituelle und chormusikalische Angebote, stellte sich für sie Passendes zusammen, wie sie auch im Bereich des Musikhörens und -singens unerschrocken Funk, Soul, Pop, (New) Gospel, Klassik und Musical kombiniert.

Frauke L. ist dem Gelegenheits- und Response-Sänger, der Harmonischen und Überwältigenden Wirkung, dem Persönlichkeitsentwicklungs-Typ sowie dem Großprojekte-Abo-Typ zugeordnet.

---

[536] In dieser Deutung schlug sich deutlich Fraukes Grundhaltung nieder, welche die persönliche Leidenschaft für das Singen als Praxis und Ausdruck des eigenen Glaubens verbindet mit einem starken missionarischen Impetus, der christliche Botschaften anderen Menschen zusingen, ihre Gefühle und Herzen damit erreichen möchte.

1.3.2.10 Der Amazing Grace-*Sänger Jens M. (JM)*

Der 41-jährige römisch-katholische Lehrer Jens M. ist Co-Leiter eines vor fünf Jahren gegründeten evangelischen Jugendgospelchores[537], singt im Kirchenchor sowie einem Vokalensemble mit und hat reichlich Vorerfahrung mit christlichem Riesenchorsingen. Zwar war er bei der für seinen Jugendchor prägenden Aufführung von „Die 10 Gebote" nicht persönlich beteiligt[538], dafür aber beim Auftritt des Oslo Gospel Choirs in Stuttgart und bei mehreren Chortagen mit Hans-Martin Sauter. Trotz persönlicher Musical-Aversion brachte er sich mit seinen Jugendlichen motiviert bei *Amazing Grace* ein, um Inspiration und Impulse für die lokale (musikalische) Gemeindearbeit – wo eine eigene auszugsartige Aufführung des Gospel-Musicals kurz nach dem Feuerwerk in der MHP-Arena bereits mit langem Vorlauf geplant war – sowie für das Miteinander als Gruppe zu erhalten.

Jens ist in einem *nicht sehr frommen Haus aufgewachsen*, fand aber später durch die Musik zur Kirche, die für den Erwachsenen inzwischen eine große Rolle spielt. Eine zentrale kirchliche Aufgabe sieht er darin, intensive Gemeinschaft zu ermöglichen. Früher hat er einen Jugendkreis geleitet und engagiert sich trotz aller beruflichen Verpflichtungen und des Wegzugs aus seiner Heimatgemeinde weiterhin daselbst als Chorleiter mit wöchentlichen Proben und regelmäßigen Auftritten. Da man Glauben nicht alleine leben könne, sondern dies notwendig im (dauerhaften) Miteinander mit anderen Christen stattfinde, legt der 41-Jährige großen Wert auf das beständige Gemeindeleben vor Ort, während er gegenüber punktuellen Großveranstaltungen – neben musikalischen Großprojekten auch etwa Evangelisationen – zurückhaltend bis skeptisch ist.

Jens wirkte offenbar in erster Linie um seines Jugendchores, des gruppendynamisch bedeutsamen gemeinsamen Erlebnisses und der Vorbereitung der modifizierten Wiederholung von *Amazing Grace* in der eigenen Gemeinde zwei Wochen nach dem Feuerwerk in der MHP-Arena willen in Ludwigsburg mit, während er als Einzelsänger – nicht zuletzt wegen seiner tendenziellen Aversion gegenüber Massenveranstaltungen und seiner persönlichen musikalischen Präferenzen, die primär im Bereich Progressive Rock, Folk und Klassik angesiedelt sind – dies gewiss nicht getan hätte. Dabei reiht sich das Gospel-Musical ein in bereits mehrere vorausgehende Projekte dieser Art; wohl vertraut mit der Arbeit(sweise) von Hans-Martin Sauter nimmt Jens mit seinem Chor die Möglichkeiten zur unkomplizierten Teilhabe an mitreißenden Formaten gerne in Anspruch, um den Jugendlichen hin und wieder *etwas* Besonderes *zu bieten*. *Amazing Grace* war vor

---

[537] Dass Jens M. wie Nikola I. als römischer Katholik einen (landeskirchlich-) evangelischen Chor (mit-) leitet ergibt unter den drei Chorleitern aus dem Sample der 20 Probanden (Nikola I., Jens M. und Michael R.) einen auffällig hohen Anteil an konfessionsübergreifendem Leitungsengagement. Da Jens in der betreffenden evangelischen Kirchengemeinde unabhängig von formaler Kirchenmitgliedschaft verwurzelt zu sein scheint, wird darauf bezogen hier als von seiner Gemeinde gesprochen.

[538] Allerdings hat Jens die starken Nachwirkungen in seinem Chor in den Folgemonaten miterlebt, wo insbesondere das Lied „Ziporahs Zuspruch" starke Wirkung entfaltete.

diesem Hintergrund die gleichsam natürliche *Folge* früherer Projektbeteiligungen, so dass sich Jens erst nach der Anmeldung mit Details des Stückes auseinandergesetzt und hierbei manche persönliche Überraschung erlebt hat.[539] Wie bereits „Die 10 Gebote" zuvor sollte das Musical seinem Chor ein Highlight ermöglichen, sie als Gruppe durch ein geteiltes Erlebnis noch weiter zusammenwachsen lassen, sowie durch neue Stücke und neue Motivation die musikalische Arbeit in der eigenen Kirchengemeinde – worauf eindeutig Jens' Fokus liegt – befördern, indem sie gewissermaßen als Kundschafter etwas von außen Mitgebrachtes hineintragen ins kirchliche Leben vor Ort.

Die im Interview angestellten Vergleiche mit „Die 10 Gebote" oder dem Auftritt mit dem Oslo Gospel Choir unterstreichen die tendenziell abgeklärt-routinierte Grundhaltung des Chorleiters, der erfahrungsgesättigte präzise Erwartungen an das angebotene Projektformat herantrug, dessen Abläufe und Anforderungen er bereits beherrschte – weshalb er erst unmittelbar vor der Aufführung den letzten Feinschliff an seiner persönlichen Vorbereitung vornahm – und klare Ziele verfolgte, etwa das pädagogische, dass seinen jugendlichen Sängern und ihm selbst die Geschichte hinter „Amazing Grace" ansprechend nahegebracht werden sollte. Während er auch selbst berührt wurde von Musik und Inhalt des Musicals – besonders davon, dass Polly zu ihrem Mann John steht durch alle Widrigkeiten hindurch – blieb sein Blick während des Großprojekts ein zielorientierter, die Aufführung in Ludwigsburg nur Zwischenstation, denn Jens' Augenmerk lag auf der heimischen Aufführung. So beklagte er, dass mangels besserer Planung durch die lange Pause vor der Aufführung am 9. November letztlich der ganze Tag *gefressen* wurde und befand sich vor dem großen Abend in der MHP-Arena bereits erkennbar in intensiven Vorbereitungen auf die eigene Aufführung einschließlich vieler praktischer Details, um die er sich offenkundig selbst kümmerte. Im Gegensatz zu vielen – gewiss den meisten – am Ludwigsburger Riesenchor beteiligten Sängern war für Jens und seinen Chor der Abend in Ludwigsburg keineswegs der Ziel- und dadurch natürliche Höhepunkt des Musicalprojekts, sondern vielmehr eine markante Wegmarke auf einer längeren Strecke hin zur eigenen Aufführung im zwar kleineren Rahmen und ohne Stars, dafür aber mit mehr Bekannten unter den Mitwirkenden und Zuschauern, vermutlich außerdem mit einer stärkeren Identifikation mit dem Geschehen durch Solisten aus den eigenen Reihen et cetera.[540]

Beim Massensingen erlebte der 41-Jährige eine doppelte Gemeinschaftsdimension respektive -wirkung: Dass er einerseits Bekannte, etwa aus Studientagen,

---

[539] So war ihm offenbar im Vorfeld der Entscheidung für die Mitwirkung am Gospel-Musical gar nicht bewusst, dass der ihm aus Jugendzeiten bekannte Andreas Malessa das Libretto dazu beigetragen hatte. Hierzu passt auch, dass Jens im Verlauf des Projekts anscheinend persönlich tiefer berührt wurde als im Voraus erwartet.

[540] Hatte der Chor aus Jens' Perspektive im Vorjahr lediglich eine Art Background-Chor für den Oslo Gospel Choir gebildet, so war seine Rolle bereits in Ludwigsburg aus seiner Warte eine bedeutendere; umso mehr gewiss bei der eigenen Aufführung in der Ortsgemeinde.

im Riesenchor unverhofft wiedertraf und auch mit Fremden unverkrampft ins Gespräch kam; andererseits aber auch, dass die erhoffte Dynamik in seiner eigenen *Mannschaft* sich tatsächlich spürbar einstellte und die Jugendlichen zunehmend vom Musical begeistert wurden, sogar inspiriert durch das gemeinsame Erleben zu verstärktem Engagement für ihren Chor und zur Entfaltung eigener Kreativität in ihrer Kirchengemeinde in der Folgezeit. Bei der Aufführung in der MHP-Arena zeigte sich eine bemerkenswerte Facette der Beziehungsorientierung des Chorleiters, der alleinlebend etwa mangels der hierfür aus seiner Perspektive erforderlichen Gemeinschaft mit anderen zuhause auf das Tischgebet verzichtet: Er bedauerte, kaum Blickkontakt mit dem Publikum gehabt zu haben, wodurch Interaktion behindert wurde, vielmehr *Abstand* und *anonyme Distanz* vorherrschten. Dies unterstrich, wie wichtig Jens - neben allen pädagogischen und zweckmäßigen Aspekten, die eigene Aufführung im Blick behaltend – prinzipiell und speziell bei *Amazing Grace* das geteilte Erlebnis war: Er wollte das Musical als Teil einer Gruppe Vertrauter erleben, nicht als Einzelner umgeben von Fremden und beim Projekthöhepunkt mit den Zuschauern direkt kommunizieren.

Diese Einstellung ist gewiss als Teil seiner Routine-Haltung zu bewerten, insofern er bei „Die 10 Gebote", wiewohl selbst nicht Teil der Großaufführung und beim Auftritt des Oslo Gospel Choirs bereits zuvor miterlebt hatte – und für *Amazing Grace* vor diesem Erlebnishintergrund nun (ebenfalls) damit rechnen konnte –, dass und wie stark ein solches gemeinsames Erlebnis seines Chores positiv nachwirken, die interne Gemeinschaft nachhaltig stärken und das Leben der eigenen Kirchengemeinde insgesamt bereichern kann: Nachdem es gemeinsam erlebt wurde, kann es gemeinsam in die eigene Gemeinde getragen und kann gemeinsam die Erinnerung daran singend gepflegt werden. Dieser Grundhaltung entsprach, dass Jens trotz hinreichender zeitlicher Kapazitäten und persönlicher Bereitschaft hierzu am „Pop-Messias" auf dem Kirchentag sich letzten Endes doch nicht beteiligte, weil er aus den Reihen seiner Bekannten nicht genügend Mitstreiter gefunden hatte, mit denen er das Projekt gemeinsam hätte erleben können. Deshalb verzichtete er lieber darauf, statt es allein zu wagen und sich womöglich im Riesenchor erst neue Bekannte zu suchen. Offenbar haben für ihn dauerhafte Bindungen Priorität, weshalb er mit Vertrauten ein Großprojekt gemeinsam erleben will – von der Anmeldung über die Probenphase bis zur Aufführung – oder gar nicht.

Diese Haltung mag während der mehreren Großprojekte, an denen er mit seinem Chor Anteil hatte, allmählich gewachsen sein, gehört aber in jedem Fall zu seiner erfahrungsgesättigten Einstellung zu solchen Riesenchorveranstaltungen, wie sie im Zusammenhang von *Amazing Grace* sich zeigte: Jens M. weiß recht genau, was er von solchen Projekten hält, was er sich davon für sich persönlich und seinen Chor erhofft, was er diesbezüglich will und was nicht. Während für andere, die zum ersten Mal bei einem solchen zielorientierten Massensingen mitwirken, sich ein gänzlich neues „Wonderland" auftun mag, das sie staunend erkunden, ist für Jens diese Welt grundsätzlich vertraut und spielt sich vor dem Erfahrungshintergrund früherer Projekte ab, die als ständige Bezugsgrößen und Vergleichshorizonte zur Verfügung stehen. Dabei kann er immer noch Überraschungen und Veränderungen erleben, ist aber prinzipiell bereits ein Routinier, ein Ortskundiger im Land des christlichen Riesenchorsingens.

Jens M. ist dem Gewohnheits- und Response-Sänger, der Sozialen, Harmonischen und Verändernden Wirkung, sowie dem Freundschafts- und Werbe-Typ zugerechnet.

1.3.2.11 *Die* Amazing Grace-*Sängerin Katharina M. (KM)*

Die Schülerin beziehungsweise Abiturientin – das Musicalprojekt fiel in die Herbstmonate vor den Prüfungen – Katharina M., Tochter von Susanna M., ragt in mehrerlei Hinsicht aus den Reihen der 20 Interviewpartner heraus: Mit 18 Jahren ist sie die mit Abstand Jüngste, beinahe 50 Jahre jünger als der Älteste (Gerhard S.), nahm zudem bei der Hauptprobe am 2. November zum ersten Mal an einer Probe von *Amazing Grace* teil – während es für viele Probanden bereits die dritte Probe war – und drückt ihren Glauben alltäglich in kaum einer rekonstruierbaren, greifbaren Weise praktisch aus. Sie betet nicht, allenfalls in der Familie bei Tisch, liest nicht in der Bibel und nimmt nur zu den Hochfesten am Gottesdienst teil, zuletzt an Ostern. Zwar versteht sie sich selbst als gläubig und vertritt die Ansicht, dass *Gott schon eine Rolle spielt im Leben*, stellt aber regelmäßigen Kirchgang, missionarische Betätigung und Vorgaben, was der Einzelne zu glauben habe, dezidiert infrage.

Somit bekennt sie trotz evangelischer Kirchenmitgliedschaft abstrakt einen Glauben ohne Kirche beziehungsweise ohne gezielt mit anderen Christen außerhalb der Familie gepflegte Gemeinschaft, der allerdings in ihren Interviewdarstellungen kaum konkret fassbar wird. In gewissen Teilen mag ihre durchaus positive Rekapitulation, während eines Auslandsjahres in Amerika *viel in der Kirche* gewesen zu sein, weil ihr dort das *Moderne ganz gut gefallen* habe, eine Erklärung für die beobachtete Diskrepanz zwischen verbaler Bekundung des Glaubens respektive seiner Bedeutung für sie und praktischen Leerstellen bei dessen Alltagsausdruck anbieten, insofern sie hierzulande nichts Vergleichbares gefunden hätte; in jedem Fall aber bilden die Auslandserfahrungen, die mehrfach positiv konnotiert begegnen, für Katharina eine bemerkenswerte Ressource und neben der grundsätzlichen Musical- und Gospel-Begeisterung wohl einen Gutteil der Motivation, bei *Amazing Grace* mitzuwirken, um damit an das in Übersee erlebte sie Begeisternde anzuknüpfen.

Während ihrer sich dem Ende zuneigenden Schulzeit hatte sie in einem (Schul-) Chor gesungen und auch durch (innerschulische) Kooperationen mit anderen Gruppen musikalische Erfahrungen gesammelt, wobei im Unterschied zum Massenchor des Gospel-Musicals die Schülergruppen in der Altersverteilung relativ homogen gewesen waren. Neben dem Altersaspekt beobachtete sie eine deutlich größere Vielfalt als ihr aus früheren Kontexten vertraut innerhalb des Projektchores bei *Amazing Grace* zudem hinsichtlich äußerer Merkmale der Sänger, insofern die optischen wie habituellen Eindrücke auf eine markante soziale

C 1.3 Ein Musical und sein Riesenchor

und kulturelle Bandbreite – in integrativer Überwindung von Milieugrenzen et cetera – schließen ließen, was Katharina überrascht, gefreut und einen bemerkenswerten Unterschied zu ihren früheren Chorerfahrungen dargestellt hat.

Beim Massensingen erlebte Katharina vieles, was sie beeindruckte und ihr behagte, etwa, dass andere Sänger durch ihre Sicherheit sie während der für sie allerersten Probe klanglich stützten, ihr – buchstäblich hinter ihr stehend – Halt gaben, statt sie *drauszubringen*. Zugleich wird in ihren Schilderungen – zumal im Vergleich mit anderen Probanden – kein intensives Erlebnis erkennbar, keine Identifikation mit der Gesamtgruppe, kein begeistertes (völliges) Eintauchen in das Gemeinschaftsgefühl, wie exemplarisch bei Janina S. es sich beobachten ließ. Für sie schienen die anderen Sänger kaum Gesicht bekommen zu haben, schienen keine Einzelpersonen auf, etwa eine konkrete Sitznachbarin, wurde kein besonderes Ereignis greifbar, auch nicht ersichtlich, dass die Schülerin zu anderen Sängern eine Beziehung aufgebaut hätte, die über funktionales Zusammensingen im Moment hinausgegangen wäre. Stattdessen sind die Beschreibungen sehr abstrakt, wirken oberflächlich beziehungsweise allgemein-grundsätzlicher Natur. Katharina spricht viel von dem, was beim Chorsingen prinzipiell erlebbar sei, von den Stars und deren Make-Up, von der Größe des Projektchores, von der Anstrengung des langen Stehens bei der Aufführung; auch davon, dass sie nach anderen Aufführungen viel stärker *aufgedreht* gewesen sei, auch emotionale Löcher respektive schwere Übergänge in den Alltag erlebt habe. Bei ihren Ausführungen zum Gospel-Musical scheinen Einstellungen und frühere Erfahrungen im ähnlichen Segment somit eine weitaus größere Rolle zu spielen als das subjektive Erleben im Augenblick bei *Amazing Grace* und dessen (Nach-) Wirkungen. Bei diesem ging es für sie – anders als sie von früher berichtet – offenbar (nahezu) bruchlos vom Bühnenfeuerwerk weiter zum Alltagsgeschehen. Sie spricht nicht davon, dass noch über mehrere Tage die Lieder in ihr nachgeklungen hätten, sie diese hier und da gesummt oder gar angestimmt hätte.[541] Auch der Inhalt des Musicals findet kaum Erwähnung, am stärksten noch dort, wo ein gegenwärtig beschäftigendes, relevantes Lebensthema – *den eigenen Weg* zu *finden* – im Stück ausgemacht wird.

Nicht zuletzt damit fällt Katharinas Beispiel stark aus dem Rahmen des bei den anderen 19 Sängern überwiegend Beobachteten. Angesichts ihres extrem späten Einstiegs ins Musical, die Spezialkonstellation der gemeinsamen Teilnahme mit der Mutter und die biographische Umbruchphase der Abiturientin mag all dies zwar nicht sonderlich verwundern. Es lässt aber zugleich doch manche Schlüsse zu: Dass die junge Frau sich nicht erkennbar durch häusliche Präparation – mit CDs, Notenmaterial, gemeinsames Üben mit ihrer Mutter oder dergleichen – bestmöglich auf die für sie erste Probe eine Woche vor der Aufführung vorbereitet hat und ihr gegenüber den anderen Sängern mindestens eine, in vielen Fällen aber sogar zwei Proben fehlten, erschwerte offenbar das – insbesondere emotionale –

---

[541] Ganz anders verhielt es sich etwa bei Gabi S..

Hineinfinden in Stück und Gruppe. Gewiss waren die Menschen freundlich-kollegial, unterstützten sie gesanglich durch ihre bereits gewonnene Sicherheit, so dass Katharina sich inmitten der Menschenmasse wohlfühlen konnte. Dennoch schaffte sie nicht den Sprung in die subjektive Identifizierung mit Gospel-Musical und Gemeinschaftswerk, sondern blieb in gewissem Sinn eine Beobachterin, die über Stars, Massenklang und weitere Besonderheiten staunte, aber doch in weiten Teilen außen vor blieb.

Nur konsequent empfand sie kein gar so starkes Gemeinschaftsgefühl wie andere Sänger, wirkte das Bühnenfeuerwerk nicht vergleichbar intensiv nach bei respektive in ihr, löste der Audio-Impuls zu Beginn des letzten Interviews keine erkennbaren starken Emotionen aus.[542] Waren andere Sänger – zumal, wenn sie wiederholt neben den gleichen Nachbarn gesessen waren und sich Bekanntschaften entwickelt hatten – bereits über mehrere Proben eine Wegstrecke gemeinsam gegangen, von der Unsicherheit und Ungewissheit (vor) der Auftaktprobe über die Erfahrung, dass das Musical immer mehr Gestalt gewann, während der gespannt erwartete Projekthöhepunkt der Arena-Aufführung immer näher rückte, so fand sich die spät Dazustoßende inmitten einer bereits konstituierten Gruppe, zu der sie faktisch noch nicht gehörte und in die sie während der Haupt- und Generalprobe sowie der Aufführung nicht mehr derart hineinfinden konnte, dass ihr Erleben von ähnlicher Intensität und Nachhaltigkeit geprägt gewesen wäre, wie diese in zahlreichen Schilderungen anderer Probanden, die über den gesamten Projektzeitraum mit anderen Sängern zusammen gemeinsam erlebt hatten, greifbar wurden.

Gerade durch den Kontrast des Vergleichshorizonts anderer Interviewpartner wird somit deutlich, welch bedeutsame Rolle der von der Projektchorgruppe gemeinsam verbrachten Zeitdauer sowie – und noch gravierender – der zurückgelegten Wegstrecke auf das individuelle Erleben inmitten des Riesenchores, insbesondere auf das Empfinden von Zugehörigkeit und einer geteilten Gemeinschaftsidentität, zukam.

Katharina M. ist dem Gelegenheitssänger, der Harmonischen Wirkung und dem Keine-Nachhaltigkeit-Typ zugeordnet.

1.3.2.12   *Der* Amazing Grace-*Sänger Paul P. (PP)*

Der 49-jährige Familienvater Paul P. ist in den Vereinigten Staaten von Amerika aufgewachsen und als junger Mann nach Deutschland übergesiedelt. Er arbeitet als Straßenwärter, ist römisch-katholisch und singt in mehreren Chören mit, teils fest, teils vorübergehend, etwa zur kurzfristigen Aushilfe. Beim Singen geht es ihm primär um Freude und Spaß daran; anerkennende Bestätigung durch Dritte, die seine *tolle Stimme* loben, genießt er. Glaube und Kirche sind ihm wichtig, prägen auch sein Alltagsleben, ereignen sich allerdings nicht in Gestalt erkennbarer individueller Praxis wie Gebet oder Bibellesen, sondern stets in Gemeinschaft

---

[542] Wie dies ganz anders sich darstellen konnte zeigte sich etwa bei Brigitte H..

C 1.3 Ein Musical und sein Riesenchor

mit anderen Menschen. Mit seiner Familie und Freunden nimmt Paul gemeinsam an Gottesdiensten teil, legt großen Wert auf ein umfangreiches Gemeindeleben aus gleichberechtigter Mitgestaltung vieler vor Ort und trägt durch sein Mitwirken in konfessionell unterschiedlich geprägten beziehungsweise angebundenen kirchlichen Chören aktiv bei zur ihm wichtigen gepflegten Ökumene.

Neben dieser ausgeprägten Gemeinschaftsorientierung im praktischen Ausdrücken und Leben des Glaubens ist eine intensive persönliche Auseinandersetzung mit tiefgreifenden Fragen für den Endvierziger charakteristisch. So beschäftigen Paul der Verlust seines nicht lange vor dem Projektbeginn verstorbenen Vaters ebenso wie eine erfolglose Reanimation am Arbeitsplatz, wo er sich um die Wiederbelebung eines 34-jährigen Familienvaters bemüht und dabei – losgelöst vom Ausgang der Bemühungen – stark von Gott unterstützt gefühlt hat. Diese tiefgreifenden Erfahrungen *machten* ihm *irgendwie die Augen auf*, führten zu einer intensiven Auseinandersetzung mit Fragen nach Schicksal und Theodizee, ließen Paul aber nicht grundsätzlich an seinem Glauben zweifeln; vielmehr blieb er durch die besondere Konfrontation mit der Vergänglichkeit hindurch davon überzeugt, dass es *immer einen Grund gibt* und er nicht alles verstehen oder über Unverständliches *klagen muss*, sondern Schicksalserfahrungen schlichtweg akzeptieren sollte.

Wo ihm persönlich möglich, möchte er anderen Menschen Gutes tun, auch in Form seiner Mitwirkung an Chören respektive Chorauftritten, indem er unentgeltlich personelle Lücken schließen hilft und durch das Singen – durch Weitergabe des eigenen Spaßes am Singen – auch den Zuhörern Freude vermittelt oder bei Benefiz-Veranstaltungen einen guten Zweck praktisch unterstützt.

Amazing Grace, das in seiner Konzeption ein *super Erlebnis* zu werden versprach, reizte ihn, der im Bereich des Riesenchorsingens bis dato keine Erfahrungen besaß, derart stark, dass Paul sich trotz deutlicher Hemmungen und Sorgen – er sprach im ersten Interview von *Skepsis* und *Angst* angesichts der vielen Fremden, der Ungewissheiten et cetera – fest entschlossen auf das Musicalprojekt einließ. Beim Massensingen lösten sich die Bedenken dann in Wohlgefallen auf und er erlebte, dass alles anfängliche Unbehagen in der lockeren Atmosphäre des Riesenchormusizierens einem starken Empfinden des Ankommens, der Vertrautheit, sogar des Daheimseins wich. Trotz der Fremdheit und vieler individueller Unterschiede entstand im gemeinsamen Singen und Zusammenwirken der vielen *ein* Chor, geprägt von Kooperation, Wohlwollen und entspannter Herzlichkeit, dessen Mitglied zu sein Paul zutiefst genoss.

Alle Eigenheiten und Differenzen, von musikalischem (Un-) Vermögen der Einzelsänger bis zu konfessionellen Unterschieden, strömten im praktischen Zusammenwirken, in der geteilten Freude am Singen, im familiär-unkomplizierten Umgang miteinander und in der Vereinigung der Einzelstimmen zum vollen Gesamtklang zu einer Einheit zusammen; dies begründete ein erhebendes Gemeinschaftsgefühl, das dem zunächst verunsicherten Individuum Geborgenheit vermittelte, starke Empfindungen von Zugehörigkeit und Heimat. Paul fühlte sich im Projektverlauf im Menschenmeer daher zunehmend wohl, bis dahin, dass er das

Miteinander als eine Art Ideal zu empfinden schien, als ein „Wonderland" extraordinärer Gemeinschafts- und Harmonieerfahrung, in dem er am liebsten immer bleiben wollte. So schien in seinen Beschreibungen des Erlebens anzuklingen, dass Paul in Teilen – eine Art inneres Kind, ein enthusiastischer kleiner Junge im 49-Jährigen – das Begeisternde in der Großgruppe am liebsten auf Dauer genießen würde, während er in anderen Teilen – als der lebenserfahrene Erwachsene – rational wusste, dass dies schlicht nicht möglich ist.

Auffällig an seinem Beispiel ist, dass Paul die Mitwirkung bei *Amazing Grace* bereits im Vorfeld als extrem seltene, geradezu einmalige Chance[543] be- wie ergriff, trotz aller nachhaltigen Begeisterung im Anschluss daran aber wenig Interesse an weiteren Großprojekten zeigte. Zwar blieb er betont offen dafür, in der Zukunft wieder einmal sich zu beteiligen an solchen Projekten; dies blieb, im Unterschied zu anderen Probanden, die – mehr oder minder – unmittelbar nach dem Gospel-Musical konkret beim „Pop-Messias" oder bei „Luther" sich engagierten beziehungsweise dies zu tun fest planten, allerdings ebenso theoretisch wie abstrakt. So liegt es nahe, dass für den 49-Jährigen einerseits die mit dem Gospel-Musical verbundene spezielle Gelegenheit lediglich punktuell von Interesse war, um solches einmal im Leben mitzuerleben, nicht aber als Einstieg in dauerhaftes Engagement im Bereich des Riesenchorsingens; zum anderen könnten die tiefen individuellen (Glaubens-) Fragen, ausgelöst durch die einschneidende Konfrontation mit Vergänglichkeit und Tod, Paul – bewusst oder unbewusst – speziell an dieser Stelle seiner Biographie für ein christliches Musical geöffnet haben, um auf seinem persönlichen Lebens- und Glaubensweg Impulse zu erhalten. Dann wäre *Amazing Grace* in doppelter Hinsicht eine günstige Gelegenheit gewesen: ein grandioses Musical, an dem teilzunehmen eine einmalige Besonderheit darstellt und ein Fundus christlicher Impulse inmitten einer Lebensphase tiefen persönlichen Fragens und Suchens. Beides würde plausibilisieren, dass Paul jovial ins Musical startete, im Verlauf davon begeistert war und dennoch ohne Bedauern es – mindestens vorläufig – bei dem einmaligen Mitwirken bewenden lassen konnte und wollte.

Paul P. ist dem Gelegenheitssänger, der Harmonischen und Sozialen Wirkung, sowie dem Persönlichkeitsentwicklungs-Typ zugerechnet.

---

[543] Erkennbar wird dies auch daran, dass Paul Forderungen fester Mitgliedschaft oder finanzieller Eigenbeiträge beim Chorsingen grundsätzlich skeptisch bis ablehnend gegenübersteht, im Fall von *Amazing Grace* aber bereitwillig die mit der Teilnahme verbundene Gebühr bezahlte, da es sich bei diesem Projekt um eine in seinen Augen derart besondere Gelegenheit handelte.

1.3.2.13 Der Amazing Grace-*Sänger Michael R. (MR)*

Für den 54-jährigen evangelischen Verwaltungsangestellten Michael R. spielen der christliche Glaube und sein musikalisches Engagement zentrale Rollen im Leben. Sein Alltag ist geprägt von Gebet und Musik, intensivem Bibelstudium, der Lektüre christlicher Zeitschriften sowie Verkündigungsdiensten vor Ort und in der Region, indem er als Prädikant, Organist, Chorleiter wie -sänger tätig und grundsätzlich an allem, was in seiner Gemeinde musikalisch vonstattengeht, beteiligt ist. Während der Familienvater früher in außerkirchlichen Chören gesungen, sogar einen Sängerkreis geleitet hatte, will er sich nun nur noch in christlichen Chören mit seinen Talenten einbringen, um dort herzliche Gemeinschaft unter Gleichgesinnten zu erfahren und Andere so zum Glauben einzuladen, statt wie einst, *vom deutschen Wald, Wein, Weib und Gesang* zu singen. So leitet er den Popchor seiner Kirchengemeinde und singt mit bei einem Chor eines überregionalen christlichen Verbands. Für die Dauer des Musicalprojekts fuhr der Mittfünfziger außerdem trotz der Entfernung von rund 80 Kilometern von seinem Heimatort zu den freiwilligen Zusatzproben am Dienstagabend in der Friedenskirche, was den Grad seiner persönlichen Hingabe illustriert.

Gelegentliche musikalische Großprojekte wie die württembergischen Chortage, „Die 10 Gebote", zwei Gospelkirchentage (Karlsruhe und Dortmund), die Mitwirkung bei einem Auftritt des Oslo Gospel Choirs und nun *Amazing Grace* sind für ihn Ergänzung, nicht Alternative oder gar Konkurrenz zum sonstigen dauerhaften Engagement. Bereits seit 2009 wirkt er mit großer Freude bei solchen punktuell-situativen überregionalen Chorangeboten mit, bewundert die Arbeit von Hans-Martin Sauter und Tore W. Aas und ist merklich geprägt von intensiven Erfahrungen beim Riesenchorsingen, speziell bei der Aufführung von „Die 10 Gebote" im Februar 2012 in Mannheim, welche für ihn eine explosive Initialzündung gewesen zu sein scheint. Tief bewegt von grandiosen Gefühlen, der harmonischen Gesamtstimmung und extraordinären Atmosphäre, bombastischer Klanggewalt und dem spektakulären Technikfeuerwerk, kam Michael auf den Geschmack solcher Projekte, was seine Anmeldung zum Gospel-Musical nahelegte als Ausdruck seines großen Grundinteresses an der Kombination dieses Formats aus tollen Gefühlen im Menschenmeer, christlicher Botschaft und mitreißender Musik. In den außeralltäglichen Großchorprojekten sucht (und findet) er emotionale Dichte sowie Ausdruck und Vergewisserung seines Glaubens, darüber hinaus auch anregende Impulse, die zum Nachsinnen über das eigene Leben herausfordern und auf dem Weg, mit immer größerer Konsequenz das Christsein zu leben, voranbringen.

Zunächst enttäuscht, dass die Musik von *Amazing Grace* nicht seinen Erwartungen im Vorfeld entsprach, blieb Michael dennoch konsequent wie engagiert bei der Sache und erlebte im Projektverlauf eine grundlegende Veränderung, indem er zunehmend vom Stück und dem Singen im Projektchor gepackt wurde bis hin zu großer Begeisterung. Dabei wirkten emotionales Erleben und dessen kognitive Deutung erkennbar ineinander, insofern Michael abermals tief berührt wurde von der Wucht des Sounds sowie der überwältigenden Stimmung in der Menschenmasse und seine feste Überzeugung bestätigt fand, dass Gemeinschaft unter Christen eine ganz besondere ist. Im Großchor fühlte er sich unter Gleichgesinnten, im herzlichen Miteinander als Einzelner gut aufgehoben und nicht zuletzt dadurch mit den anderen Sängern verbunden, dass sie zusammen ihren Glauben singend bezeugten. Hierbei war es für ihn entspannend, dass es in der großen Menschenmenge nicht so sehr auf das Individuum ankommt; von der in kleineren Chören weitaus größeren Verantwortung für den harmonischen Gemeinschaftsklang entlastet konnte er das Mitsingen umso mehr genießen.

Ein sich bei der Beteiligung an *Amazing Grace* niederschlagendes Charakteristikum liegt darin, vorankommen und intensiv erleben zu wollen, musikalisch ebenso wie geistlich. So war es dem 54-Jährigen wichtig, auf dem Weg zur Aufführung möglichst viel tonale und textliche Sicherheit zu gewinnen, wofür er lange Fahrwege auf sich nahm, mit dem Ziel, beim gelingenden Singen emotional tief angerührt zu werden und Überwältigendes zu erleben. Doch auch im Glauben will er weiterkommen, weshalb er regelmäßig thematische Tiefenbohrungen vornimmt, sich neben Zeitschriftenartikeln auch von den Glaubensgeschichten Anderer – wie jener John Newtons – inspirieren und herausfordern lässt. Er ist beständig auf der Suche nach Botschaften und Impulsen, die ihn unterstützen beim Bemühen, seinen Glauben verbindlicher zu leben, sich weniger zu sorgen um Alltagsdinge, mehr zu vertrauen auf Gottes Führung et cetera.

So ist ihm die Figur John Newtons durch das Gospel-Musical zum (Glaubens-) Vorbild geworden, wobei die persönliche Beschäftigung deutlich über die Aufführung hinausreichte, zunächst durch Lektüre einer Newton-Biographie bis hin schließlich zu einem Vortrag bei einer lokalen christlichen Männergruppe. Somit hatte *Amazing Grace* wesentlichen Einfluss auf Michaels Denken und Handeln, insbesondere bezogen auf seinen christlichen Glauben, aber auch seine Persönlichkeit, indem es sein Selbstbild beeinflusste, nach anfänglicher Enttäuschung positive Überraschungen bereithielt, ihn seiner theologischen Überzeugungen vergewisserte und emotional spüren ließ, in der großen christlichen Gemeinschaft aufgehoben und angenommen zu sein.

So erlebte Michael bei *Amazing Grace* eine starke Wandlung, indem er als Genießer von *gefühlsmäßigen, harmonischen* Chorstücken, speziell im Stil des Oslo Gospel Choirs, anfangs zwar stark darüber enttäuscht war, dass das Gospel-Musical im Kontrast hierzu seinen persönlichen Präferenzen weit weniger als erwartet entsprach, wurde aber im Projektverlauf immer stärker gepackt, nicht zuletzt emotional und blieb schließlich weit über die Aufführung hinaus von Stück, Botschaft und Hauptperson begeistert mit der Folge, bei künftigen Projekten grundsätzlich wiederum mitmachen zu wollen.

Michael R. ist dem Gewohnheitssänger, der Überwältigenden und Verändernden Wirkung, sowie dem Persönlichkeitsentwicklungs-Typ und Großprojekte-Abo-Typ zugeordnet.

1.3.2.14 Die Amazing Grace-*Sängerin Tanja R. (TR)*

Die vierfache Mutter Tanja R. ist 49 Jahre alt, Augenoptikerin und befindet sich in einer Trennungs- beziehungsweise Scheidungsphase. Circa zwei Jahre vor *Amazing Grace* hat sie mit dem Chorsingen begonnen und ist, obwohl nicht in Ludwigsburg wohnhaft, fest beim Friedenskirchen-Saisonchor „Voices of Peace" dabei. In ihrem Heimatort hat sie vor allem durch ihre Kinder Kontakt zur Landeskirche, etwa aus Anlass der Konfirmationen, beteiligt sich aber ansonsten kaum am Gemeindeleben, sondern ist persönlich zur Friedenskirche hin orientiert, neben der Chorarbeit insbesondere im Rahmen der Nachteulen-Gottesdienste. In ihrem Alltag scheint der Glaube praktisch eine nachgeordnete Rolle zu spielen und dort, wo er fassbar wird, mit ihrer Perspektive als Mutter sich eng zu verbinden, am greifbarsten in Gestalt fürbittenartiger, auf ihre Kinder bezogener Gedanken oder Impulse.

Dass Glaube und Kirche nach positiven Erfahrungen in der eigenen Konfirmandenzeit im Lebenslauf an Bedeutung verloren haben, deutet die Endvierzigerin als Folge mangelnder Unterstützung durch ihre Eltern beziehungsweise später ihren Ehemann, der sie vielmehr *ausgebremst* habe. Im Zuge eines grundsätzlichen Bemühens, stärker auf sich selbst zu achten, knüpft Tanja Jahrzehnte später aber wieder an die positiven Erfahrungen in der Jugendzeit an, neben dem Stellenwert von Glaube und Kirche auch hinsichtlich der (Gospel-) Musik. Dies habe sie auch zu *Amazing Grace* gebracht als einer passenden Gelegenheit, ihre Liebe zu dieser Musik inmitten des Alltagsstresses projekthaft begrenzt auszuleben.

Beim Singen im Riesenchor erlebt die Familienmutter bereits während der Proben eine erhebend-überwältigende Klanggewalt, die bei ihr Gänsehaut weckt. Auch emotional berührt sie das Stück mit seinem Inhalt stark und lässt *sagenhafte Gefühle* aufkommen. So kann die Sängerin beim Massensingen in einer Art Gegenwelt zur Alltagshektik mit allen Pflichten, Aufgaben und Herausforderungen Luft holen, zur Ruhe kommen, Kraft tanken. Die Kontraste zum gewohnten Stress genießt Tanja als Auszeit und geht nach Projektchorproben *mit einem ganz tollen Gefühl nach Hause.*

Während diese Proben als Ruheinseln im Alltagsstress – wobei dem vertrauten Raum der Friedenskirche als Probenort keine geringe Bedeutung zukommen dürfte – bereits einen enorm positiven Eigenwert besitzen, erwartet Tanja mit gespanntem *Kribbeln* die Aufführung. Diese erlebt sie als absoluten Höhepunkt des Musicalprojekts, als Feuerwerk der Gefühle und des Bewegtwerdens, was sie auch anschließend noch *schweben* lässt. So verwundert es nicht, dass in ihrer Interviewdarstellung unmittelbar nach der Aufführung einerseits dem Publikum keine nennenswerte Rolle zukommt – sie habe die mehreren tausend Menschen *nicht so registriert*[544] –, was starkes Erleben im Moment mit Konzentration allenfalls auf Mitsänger und Solisten nahelegt, sowie andererseits das in der MHP-Arena Erlebte erkennbar nachwirkt, weit über den Abend hinaus.[545]

Auffällig ist, dass für Tanjas intensives – nicht zuletzt emotionales – Erleben beim Massensingen die Chorgröße sekundär zu sein scheint, so dass sie bei der Einzelsängerprobe im Oktober nicht weniger stark als bei der Auftaktprobe berührt wurde, sogar im Gegenteil: Das anhand des zweiten Interviews rekonstruierbare Erleben wirkt sogar noch bewegter und begeisterter als jenes im größeren Menschenmeer bei der Auftaktprobe. Während die gewachsene Vertrautheit mit den einzelnen Musikstücken und der verbesserte Gesamtklang eine plausible Erklärung hierfür bieten mögen, deutet zugleich vieles darauf hin, dass die Familienmutter primär die wachsende atmosphärische Verbundenheit mit ihrer unmittelbaren Umwelt beim Singen genoss und es dabei tendenziell ohne Bedeutung war, mit wie vielen weiteren Menschen darüber hinaus sie zusammen sang, ebenso wie bei der Aufführung später das riesige Publikum weitestgehend unerheblich war für die Intensität ihres subjektiven Erlebens. Oder zugespitzt: Das wohltuende Miteinander mit der eigenen Umgebung war für die Einzelsängerin weit bedeutsamer als die Zahl oder das Verhalten derer, die jenseits dieser unmittelbaren Umwelt sich befanden, als weitere Sänger oder Publikum.

In der Summe war Tanjas Erleben bei *Amazing Grace* derart positiv, dass sie für weitere Projekte ähnlicher Art – auch über das Genre Gospel, welches bei der Musicalbeteiligung keine unbedeutende Rolle für die Gospel-Affine gespielt hatte, hinaus – sehr offen blieb und gleich im Anschluss beim „Pop-Messias" mitwirkte.

Tanja R. ist dem Gelegenheitssänger, der Harmonischen und Überwältigenden Wirkung, dem Persönlichkeitsentwicklungs-Typ und Großprojekte-Abo-Typ zugerechnet.

---

[544] Es kann freilich als durchaus kurios und entsprechend beachtenswert – potentiell abermals die Vielfalt innerhalb des Probanden-Samples illustrierend – gelten, dass Tanja bei der Aufführung betont für sich selbst gesungen und kaum Notiz vom Publikum genommen habe, während andere Gesprächspartner, etwa Brigitte H., offenbar sehr genau auf Reaktionen von Zuschauern, insbesondere bei eigenen Bekannten, geachtet haben.

[545] Für den hohen Stellenwert beziehungsweise die Nachwirkungen des Stückes (mindestens) im Denken und Fühlen von Tanja jenseits der Aufführung in der MHP-Arena waren es gewiss bedeutende Faktoren, dass sie bei der späteren Aufführung in Karlsruhe als Zuschauerin dabei war und im Friedenskirchen-Saisonchor in den Folgemonaten noch einzelne Stücke aus dem Gospel-Musical sang.

1.3.2.15 Die Amazing Grace-Sängerin Gabi S.[546] (GS)

Gabi S. ist 54 Jahre alt, römisch-katholisch, verheiratet, Mutter mehrerer Kinder und in einer Behörde tätig – wie Gabi K., allerdings in einer anderen. Obwohl selbst römisch-katholisch singt sie in einem evangelischen Gospelchor mit, was sie nach langen Jahren der Distanz zu Kirche und Frömmigkeitspraxis bereits im Vorfeld von *Amazing Grace* auch in Fragen des Glaubens und ihrer persönlichen Spiritualität geprägt hat. Als Einzelsängerin hat sie sich zum Musical angemeldet, um auf keinen Fall diese besondere Gelegenheit, bei etwas derart Großem projekthaft mitzuwirken, zu verpassen, auch wenn dieses Mal (noch) niemand sonst aus ihrem (Chor-) Umfeld sich ebenfalls beteiligte, was das Unterfangen für sie zunächst zu einem mit Unsicherheit und Sorgen belasteten machte. Musikalisch hat sie kaum exklusive Präferenzen, sondern hört je nach Stimmung und Situation eine bunte Palette von Oper bis AC/DC, wobei Musicals eine hervorgehobene Rolle spielen, was für ihr Einlassen auf das Abenteuer gewiss nicht ohne Bedeutung war.

Singen im Riesenchor löst für Gabi großartige Gefühle aus und ist eine spektakuläre Gemeinschaftserfahrung, in der sich die Einzelne in ihrem Nicht-Perfekt-Sein angenommen und als Teil einer gigantischen Einheit getragen fühlt. Die Erinnerung an die unverkrampft gemeinsam produzierte Musik und die fantastischen Gefühle erweisen sich im Alltag als Kraftquell.

Gabi S. ist dem Gelegenheitssänger, der Sozialen und Überwältigenden Wirkung, sowie dem Werbe-Typ zugeordnet.

1.3.2.16 Der Amazing Grace-Sänger Gerhard S. (SG[547])

Der 67-jährige evangelische Rentner Gerhard S. ist der älteste Gesprächspartner der Längsschnittstudie. In einer pietistischen Familie im Schwarzwald aufgewachsen ist für den später in der Diakonie tätigen Heilerziehungspfleger der gelebte christliche Glaube seit Kindheitstagen von zentraler Bedeutung. So liest er auch im Ruhestand noch rege in der Bibel, lässt die Losungen in seinen Alltag einfließen, betet und engagiert sich in seiner örtlichen Kirchengemeinde als Kirchengemeinderat und im kleinen Kirchenchor. Dabei reibt er sich an Missständen

---

[546] Da am Beispiel von Gabi S. das prinzipielle Vorgehen bei der Datenauswertung illustriert wird, findet sich in Kapitel C 1.3.4 zusätzlich zum hier gezielt knapp gehaltenen Abriss eine deutlich umfangreichere Vorstellung einschließlich ausgewählter Interviewzitate.

[547] Wie anhand des Vorkapitels C 1.3.2.15 erkennbar, erforderten die Namen der Probanden Gabi S. und Gerhard S. eine Abweichung von der sonstigen Initialverwendung dieser Studie, da beide entsprechend mit GS abzukürzen gewesen wären. Daher wird Gabi S. mit GS, Gerhard S. hingegen mit SG abgekürzt. Auch Verwechslungen von Gabi S. und Gabi K. galt es vorzubeugen, weshalb nur in personenspezifischen Kapiteln auf das Nachnamenskürzel verzichtet, ansonsten aber grundsätzlich von „Gabi K." oder „Gabi S." gesprochen wird.

der Amtskirche: am Hang zur Trägheit durch das *Berufsbeamtentum*, am Festhalten an *gestrigen Formen* und an inhaltlicher *Beliebigkeit*, statt die Sache des Glaubens mit Begeisterung offensiv zu bewerben und *heutige Menschen* in geeigneter Weise darauf und damit anzusprechen. Die Arbeit der Friedenskirche und speziell Hans-Martin Sauters Saisonchor „Voices of Peace" hält Gerhard indes für eine rühmliche Ausnahme und beteiligt sich gerne – während des Gospel-Musicals bereits in der zweiten Saison – daran. Außerdem singt er 14-täglich mit Bewohnern und Gitarre alte Lieder im Altenheim.

Amazing Grace empfand der 67-Jährige als großartige Chance, an etwas Besonderem Anteil zu erhalten; dabei zu sein, unter Hans-Martin Sauters Führung als Ruheständler mit großen Stars auf großer Bühne zu singen, erfüllte ihn mit Stolz. Entsprechend stark investierte er sich ins Projekt, übte über die Proben im Riesen- wie im Friedenskirchenchor hinaus auch emsig zuhause mithilfe der Übungs-CDs. Das half, die anfänglichen Unsicherheiten im Lauf der Aufführungsvorbereitungen abzulegen, mit dem Stück zunehmend vertraut zu werden und sich damit zu identifizieren. Am Vorabend der Darbietung war er entsprechend nervös, erwartete gespannt den Höhepunkt des Projekts. Sein starkes Engagement für das Gospel-Musical zog in seinem Umfeld Kreise: 22 Karten hatte er für andere besorgt. In Teilen begründete gewiss auch seine Hoffnung, dass dem Glauben wie der Kirche Ferne mit dem großangelegten Bühnenstück erreicht, in ihrem tiefen Inneren angesprochen würden, die persönliche Anspannung und hohe Motivation des Basssängers. Bei der Aufführung erfasste ihn dann totale Begeisterung, riss ihn mit, animierte ihn zur völligen körperlichen Verausgabung, so dass ihm beim Singen stellenweise buchstäblich die Puste ausging.

Amazing Grace fiel für Gerhard (glaubens-) biographisch in eine Zeit des Umbruchs, wirkte hinein in einen persönlichen Entwicklungsprozess. Waren ihm lange Jahr(zehnt)e Fragen der Lehre wichtig gewesen, anspruchsvolle ethische Maximen ebenso wie ein ausgeprägtes Leistungsdenken wohlvertraut, so wurde ihm im höheren Alter zunehmend die *Herzensseite* des Glaubens bedeutsam, emotionales und spirituelles Empfinden, das Fühlen mehr als das Wissen oder Rechthaben. Diesem Prioritätenwechsel im Lebenslauf von kognitiven Gewissheiten zu erlebter Emotion entsprach, dass ihn beim Musicalprojekt englische Texte wie im Gospel Medley als zentralem Stück bereits durch die sprachliche Verfremdung heilsam irritierten, in der gründlichen Beschäftigung mit ihnen intensives inneres Erleben beförderten. Den ehemaligen Volksschüler, der erst mit etwa 50 Jahren durch Volkshochschulkurse Englisch gelernt hatte, faszinierten die *starken Liedtexte*, welche Verkrustungen der ihm vertrauten *Sprache Kanaans* aufbrechen halfen, beitrugen zur im Riesenchorsingen erlebten *Harmonie* und *Gemeinschaft mit sich selber*, mit seiner *Umwelt* und *mit Gott*.

Im Massensingen überkamen und erfüllten Gerhard auch körperlich spürbare starke Glücksgefühle, die ihn zunächst im Brustbereich erfassten und sich weiter ausbreiteten; er wurde mitgerissen von der Dynamik und Energie des Riesenchores, ist bereits bei der Auftaktprobe *etwas geschwebt* und hat sich der Gemeinschaft der zusammenwirkenden Sänger extrem zugehörig gefühlt, wie von der

Angabe des maximalen Skalenwerts, zum Erleben innerhalb der Gruppe befragt, unterstrichen wurde. Im harmonisch zusammenklingenden Menschenmeer konnte der 67-Jährige aufatmen, es praktisch als höchst befreiend erfahren, nur ein kleines Rädchen des ganzen großen Getriebes zu sein, im massiven Kontrast zu seinem nur etwa ein Dutzend Sänger umfassenden heimischen Kirchenchor, wo es auf jeden ankomme, er zu fehlen sich *nicht leisten* könne und der Druck, den Gesamtklang nicht zu gefährden, auf dem Einzelnen spürbar laste. Inmitten der rund 700 Sänger bei *Amazing Grace* war dies freilich grundlegend anders, was Gerhard enorm entlastete und seinen Genuss steigerte. Voll Freude *ging* er *in der Masse auf*, erlebte, wie er von seinen Mitsängern mitgezogen wurde, bis hinauf in tonale Höhen, die er für gewöhnlich nicht erreicht. So konnte der Rentner in den Reihen des Riesenchores befreit von Leistungsdruck und hohen Erwartungen aufblühen; dadurch erlebte er ganz praktisch, was in der Beschäftigung mit der Figur und Geschichte John Newtons im Projektverlauf ihm auch theoretisch wichtig wurde: die zentrale Rolle der (erfahrbaren) Gnade im Leben eines Christen.

Gerhard, der über Jahrzehnte offenbar mehr mit dem Verstand und nach geprägten, tradierten Handlungsmustern seinen Glauben gelebt hatte, wurde in all dem im Inneren tief bewegt, im Herzen berührt und gestärkt in seiner Gottesbeziehung. So waren die Erlebnisse und Erfahrungen durch seine Beteiligung an *Amazing Grace* eine wichtige Orientierungshilfe, das euphorische Aufgehen im Kollektiv des Riesenchores Inspiration und Nahrung auf seinem individuellen Lebens- und Glaubensweg. Angesichts dieser gewiss hohen biographischen Bedeutung verwundert es nicht, dass das Musical zwar lange in Gerhard nachklang, im Anschluss daran aber sein Interesse, (zeitnah) an weiteren Großprojekten mitzuwirken, gering ausgeprägt zu sein schien; stattdessen plante er, zunächst *mal mit der Ehefrau etwas zu unternehmen*.

Gerhard S. ist dem Gelegenheits- und Response-Sänger, der Harmonischen wie Überwältigenden Wirkung und dem Persönlichkeitsentwicklungs-Typ zugerechnet.

1.3.2.17 Die Amazing Grace-*Sängerin Hilderose S. (HS)*

Die 56-jährige evangelische Erzieherin Hilderose S. ist in einer landeskirchlichen Gemeinde, welche sie als *lebendig* beschreibt, zum Glauben und in eine aktive Gottesbeziehung hineingekommen. Dort hat sie es (schätzen) gelernt, Glauben in Gemeinschaft zu erleben, indem sie mit anderen Christen zusammen sang, betete und alltägliches Leben teilte. Bis heute ist ihr ein solches christliches Miteinander zentral wichtig; seit rund einem Jahr[548] ist sie Kirchengemeinderätin und gestaltet primär in dieser Rolle das Leben ihrer Ortsgemeinde mit. Regelmäßig nimmt sie am Gottesdienst teil und singt in mehreren Chören, darunter zwei Kirchenchöre und eine Kantorei. Doch auch individuell, ganz persönlich für sich, lebt Hilderose

---

[548] Wie auch hinsichtlich der Altersangaben der Probanden ist für diese und ähnliche Zeitangaben der Zeitpunkt der Hauptprobe Anfang November 2014 ausschlaggebend.

ihren christlichen Glauben praktisch: Sie liest in der Bibel, betet, singt[549] und bezieht die Losungen in ihren Alltag ein.

Zu ihren musikalischen Präferenzen zählen neben klassischer Kirchenmusik auch sakraler Pop und Gospelmusik. Neben ihrem Engagement in mehreren Chören brachte die Mittfünfzigerin auch Erfahrungen aus Großchorprojekten mit; so hat sie bereits zweimal Händels „Messiah" auf Englisch mit verschiedenen Kantoreien gesungen, außerdem war sie an Chortagen von Hans-Martin Sauter beteiligt, was aber schon mehrere Jahre zurücklag. An *Amazing Grace*, woran sie sich als Einzelsängerin beteiligte, reizten sie primär ein persönlicher positiver Bezug zum Lied und der Wissensdurst, mehr über dessen Hintergründe zu erfahren; außerdem *lockte* sie die zentrale Prägung durch Andreas Malessa und Tore W. Aas. Dabei war ihr der christliche Charakter des Musicals *natürlich wichtig* und sie hoffte auf *Begegnung mit Gott* durch das Projekt, für sich selbst, aber auch für andere Mitwirkende sowie Zuschauer.

Dieser Einstellung korrespondiert die grundsätzliche Motivation ihres ganzen Chorsingens: dass die *gesungene Botschaft* ihr Herz beziehungsweise ihre Seele *erreicht* und wesentlich zum *Seelenwohl* beiträgt. Dies erlebte sie auch bei *Amazing Grace*, indem sie – zumal mindestens bei Proben in der ersten Reihe stehend und somit die Klanggewalt des Riesenchores im Rücken habend – überwältigt war vom bombastischen Gesamtklang des Massenchores, innerhalb dessen *eine Stimme* zu sein Hilderose ein erhebendes Gefühl der Zugehörigkeit vermittelte. Wiewohl von Fremden umgeben fühlte sich die Einzelsängerin inmitten der rund 700 Sänger geborgen und knüpfte im Lauf des Musicalprojekts einzelne Kontakte – weil *Singen verbindet*, selbst Wildfremde; dabei half ihr das Singen (im Riesenchor) dabei, mit Alltagsproblemen gelassen(er) umzugehen. So warf es sie nicht aus der Bahn, als ihr während des Musicalprojekts nach einem Unfall die Wohnung gekündigt wurde oder das Auto kaputtging. Vielmehr war sie trotz solcher kurz zuvor geschehenen Ereignisse beim Singen im Massenchor erkennbar in ihrem Element, fieberte der Aufführung in der MHP-Arena entgegen, genoss es, Teil der großen Sängergemeinschaft zu sein, sogar so sehr, dass sie in der Hauptprobe in der Woche vor der Aufführung bereits einen vorgezogenen Abschiedsschmerz empfand, weil das Projekt ja nun unaufhaltsam bald vorbei sein würde.[550]

Hilderose erlebte während der Mitarbeit an *Amazing Grace*, dass die Story des Musicals in ihre Lebenswelt mitsamt deren (Alltags-) Sorgen tröstend hineinsprach, die *Stürme*, die *Irrungen* und *Wirrungen* zur Ruhe brachte. Nicht zuletzt deshalb konnte sie rückblickend über das Projekt sagen, dass daran Beteiligte wie auch Zuhörer *etwas von der Gnade Gottes erfahren* hätten. Interessanterweise zeigte sich gleichwohl, dass diese durchweg positive Erfahrung im Rahmen des

---

[549] Anhand der Interviews lässt sich nicht sicher rekonstruieren, ob sie auch außerhalb der Choraktivitäten regelmäßig für sich allein singt beziehungsweise ob sie dies auch außerhalb der Probenphase von *Amazing Grace* tut, wo dies mithilfe der Übe-CDs erklärtermaßen der Fall war.

[550] Eine weitere Rolle spielte gewiss die wachsende Nervosität angesichts der zu erwartenden Menschenmasse, die sie offenbar beschäftigte.

C 1.3 Ein Musical und sein Riesenchor 231

Gospel-Musicals keineswegs zur Folge gehabt hätte, dass Hilderose, die schließlich auch fest und regelmäßig in mehreren Chören singt, hinfort, auf den Geschmack gekommen, an jedem Großprojekt der Art von *Amazing Grace* sich beteiligen wollte; vielmehr verzichtete sie ohne zu zögern auf die Mitwirkung am „Pop-Messias", um, statt sich dadurch binden zu lassen, lieber *möglichst viel* vom Kirchentag *mitzunehmen*. So lässt sich festhalten, dass das Gospel-Musical sie – insbesondere in seiner Kombination aus für sie relevantem Inhalt, ansprechender Musik beziehungsweise einem ihr Interesse weckenden Librettisten – punktuell *angelockt* hat, dass trotz eindrücklichen Erlebens dabei aber keine Dauerbindung der erfahrenen Sängerin an solche Großchorprojekte entstanden ist. Vielmehr würden sich auch in Zukunft Stücke jeweils neu der Erzieherin imponieren und sie zur Mitgestaltung reizen müssen.

Hilderose S. ist dem Gewohnheitssänger, der Harmonischen und Überwältigenden Wirkung, sowie dem Persönlichkeitsentwicklungs-Typ zugeordnet.

1.3.2.18   Die Amazing Grace-*Sängerin Janina S. (JS)*

Die 26-jährige evangelische Hotelfachfrau Janina S. war in ihrer damaligen Heimatgemeinde als Jugendliche nach der Konfirmation über mehrere Jahre aktive Mitarbeiterin, insbesondere im Bereich der Kinderarbeit. Sie leitete Kinderkirche und Kinderbibeltage mit, half aber auch etwa beim Gemeindefest. Nach dem Abitur ging sie für ein Jahr im Rahmen eines Au pair-Programms nach Frankreich, womit sie rückblickend einen gewissen *Bruch* verbindet hinsichtlich ihrer Kirchennähe. Wieder heimgekehrt blieb sie ihrer Ortsgemeinde grundsätzlich verbunden, durch Ausbildung, Beruf und Wegzug aber aus der Distanz. Am neuen Wohnort gehört sie zwar weiterhin der Landeskirche an, hält sich aber kaum zur dortigen Parochialgemeinde.

Janina beschreibt sich als gläubig, lebt aber einen *freien Glauben* in Abgrenzung zu *diesem Strengen*, wobei sie offenbar Konkretes im Blick hat und bewusst ablehnt, ohne es näher zu explizieren. Der Glaube gibt ihr grundsätzlich Orientierung, wo nötig auch Trost und Halt, ohne dass sie ihn jedoch – in geprägten Formen – regelmäßig alleine oder in Gemeinschaft mit anderen Glaubenden erkennbar praktizierte; am Gottesdienst etwa nimmt sie nur sehr selten teil. Vielmehr liegt ihr Fokus auf ethischen Maximen im Alltag, insbesondere der Nächstenliebe im zwischenmenschlichen Umgang. Wie frei und individuell ihr Glaubensverständnis faktisch ist, äußerte sich nicht zuletzt darin, dass der christliche Faktor bei *Amazing Grace* für ihre Mitwirkung zwar zunächst keine besondere Rolle spielte, im Projektverlauf Janina aber völlig selbstverständlich erklärte, die Lieder im Riesenchor *für Gott zu singen*.

Rund 20 Jahre lang hatte sie im Vorfeld bereits in einem Chor der Musikschule ihres Heimatortes gesungen, war im Zuge dessen auch mehrfach an größeren Aufführungen – etwa von „Carmina Burana" oder einzelnen Musicals – beteiligt gewesen, die in Stil und Umfang allerdings nicht mit dem Gospel-Musical in Ludwigsburg vergleichbar waren, das für sie als etwas *absolut Einmaliges* aus allem bisher im Chor Erlebten herausragte. Bedingt durch ihren Beruf und die Arbeitszeiten im Hotelfach hat Janina dieses Engagement allerdings beendet und seither – in der Phase zwischen Chorzugehörigkeit und Mitwirkung an *Amazing Grace* – das Chorsingen schmerzlich vermisst. Schon länger hatte sie sich daher auf der Suche nach einem für sie attraktiven Chor respektive einer projektchorartigen Singmöglichkeit befunden mit dem Wunsch, trotz ihres Berufes wieder ins Chorsingen einsteigen zu können. Das auch ihr durch die Zeitung zur Kenntnis kommende Projekt mit seinen klaren Begrenzungen von Dauer und Verbindlichkeit sowie dem Genre Musical sprach somit just ihre individuellen Bedürfnisse an und ließ die junge Frau ohne zu zögern sich als Einzelsängerin anmelden, obgleich bis dato ohne besondere Erfahrung im oder Affinität zum Bereich der (chorischen) Gospelmusik.[551] Dabei hoffte sie, neue Kontakte zu knüpfen und womöglich in eine dauerhafte Chorgemeinschaft hineinzufinden; mit großer Offenheit wagte sie sich in weitgehendes Neuland vor, zumal als Einzelteilnehmerin auf eine Zeitungsanzeige hin.

Beim Singen im Riesenchor zeigte sich sodann bereits in der ersten Probe ihre immense Begeisterungsfähigkeit: Umgeben von Fremden fühlte sich Janina geborgen, erlebte das Massensingen und die gemeinsam produzierte Musik als *total mitreißend* und *begeisternd*, wurde überwältigt vom *Wahnsinnsgefühl, Teil von etwas ganz Großem zu sein*. Sie spürte *Gänsehaut* und formulierte im anschließenden Interview – bereits im Abstand von fünf Tagen zur Auftaktprobe in der Friedenskirche – ein starkes grundsätzliches persönliches Ja zum ihr neuen Projektformat und zu etwaigen Fortsetzungs- oder Folgeprojekten.

Besondere Beachtung verdient indes, dass die die junge Frau im Riesenchorsingen überkommende Überwältigung keine einseitig-euphorische war; vielmehr riss die Musik, die sie packte, die Sängerin mit zu einer wilden Achterbahnfahrt der Gefühle, der sie sich nicht entzog. So erlebte Janina nicht nur überbordende *Freude*, sondern auch *Melancholie*, bis hin zur *Trauer*, somit insgesamt ein *Potpourri an Emotionen*. Entscheidend dabei war die Intensität des Erlebens, nicht die „positive" Prägung des Gefühlten in Gestalt von Freude oder Hochstimmung. Dies scheint ein ausgesprochen individuelles Erleben gewesen zu sein, welches sich zwar gewiss nicht lösen lässt von den vielen Mitsängern, die es leiblich kopräsent umrahmten, das aber zugleich hiervon nicht primär abhing. Deshalb konnte die Einzelsängerin, die in keinem Interview explizit auf einzelne Mitsänger einging, sondern sich stets auf die Gesamtheit der mit ihr Singenden bezog,

---

[551] Bemerkenswert ist, dass Janina nach ihren Interviewausführungen in den Jahren zwischen Abitur und *Amazing Grace*, die von – mehr oder minder großer – Distanz sowohl zur Kirche als auch zum Chorsingen geprägt waren, offenbar nur das Singen im Chor vermisst hat, nicht die Glaubensgemeinschaft. So suchte sie erkennbar keinen kirchlichen Anschluss am neuen Wohnort, legte keinen dezidierten Wert auf ein *christliches* Musical (vielmehr war dieser Aspekt ein *positiver Zusatz*), vermisste aber das Singen stark. Beim Gospel-Musical erlebte sie dann allerdings beides: intensives Gemeinschaftssingen und christliche Impulse.

C 1.3 Ein Musical und sein Riesenchor 233

steil behaupten, dass sie bei nur 30 Sängern wohl Ähnliches erlebt hätte beziehungsweise erleben würde:

> „[…] selbst, wenn's jetzt nur 300 Leute sind, ähm find' ich ist=es immer noch, reißt es immer (.) immer noch einen mit irgendwie und und nimmt einen (.) mit und und trägt einen und also ich denk', selbst wenn's 30 Leute wären, würd's wahrscheinlich (.) hätte=es den gleichen Effekt, weil's einfach die Musik is', einfach s:o ja, dass die einen so mitnimmt und mit:reißt und ich glaub', dann macht's keinen Unterschied, ob's jetzt klar, vom Klang her schon (.) natürlich, ob's jetz 30 oder 300 oder 600 Leute sind, abe:r ich glaub' von der, vom Effekt her (.) von der Wirkung oder auch von der Aussage, glaub' ich, macht's keinen Unterschied."[552]

Im Verlauf von *Amazing Grace* erlebte Janina, dass durch die Proben die beteiligten Sänger zu einer *eingeschworenen Gemeinschaft* zusammenwuchsen. Sie, die als Einzelne sich auf das Projekt eingelassen hatte, empfand den Chor zunehmend *so wie eine große Familie*, als *komplette Einheit* oder *fast wie eine Person*. Diesen markanten Beschreibungen korrespondiert die bereits angeklungene Beobachtung, dass in den Interviewdarstellungen der jungen Frau keine einzelnen Mitsänger aufscheinen, sondern stets die Gesamtheit der vielen im Gegenüber zu ihr begegnet.

Janina war begeistert von dieser erlebten Verbundenheit, der Stärke und Geborgenheit des Miteinanders im Riesenchor. Entsprechend groß war ihr Bedauern, arbeitsbedingt beim zeitnah sich anschließenden Folgeprojekt, dem „Pop-Messias", nicht mitwirken zu können, denn sie „hätte unglaublich gern wieder mitgesungen"[553]. Im Anschluss an das Musicalfeuerwerk in der MHP-Arena kämpfte sie aktiv dagegen an, emotional in ein *Loch* zu fallen: durch Anhören der Musical-CD, Gespräche mit begeisterten Zuschauern aus ihrem Umfeld und Pflege der eigenen Erinnerungen. Wie positiv diese besetzt sind, zeigte sich nicht zuletzt im letzten Interview auf den Audio-Impuls hin.

Zu ihrer persönlichen Bilanz zählt, dass *Amazing Grace* auch vertiefende Folgen für ihren Glauben hatte, insofern ihre Gottesbeziehung *inniger* geworden sei. Außerdem habe sie festgestellt, dass die Gospelmusik, so *mitreißend* und *toll* sie auch sei, ihr langfristig doch tendenziell zu einseitig wäre, weshalb dauerhafte Mitwirkung bei einem festen Gospelchor offenkundig keine Option darstellt. Außerdem wolle sie bei aller großen Offenheit bei Projekten dieser Art (weiterhin) darauf achten, dass diese nicht nur mit einer riesigen Zahl von Mitsängern und großem Spaß verbunden sind, sondern auch mit einer Botschaft, mit der sich die Sängerin persönlich identifizieren kann und die Zuschauern als Denkanstoß weiterzugeben lohnt.

Janina S. ist dem Gelegenheits- und Response-Sänger, der Harmonischen wie Überwältigenden Wirkung, dem Inhaltlichen und dem Großprojekte-Abo-Typ zugerechnet.

---

[552] JS 2, Z.22–30. Bemerkenswert ist dabei, dass Janina diese Aussage am Rande der Hauptprobe, also bereits rund vier Monate nach Projektbeginn und mehrere Wochen nach der Einzelsängerprobe, von der sie in der zitierten Passage spricht, traf.
[553] JS 4, Z.72–73.

1.3.2.19 Die Amazing Grace-*Sängerin Kathrin S. (KS)*

Die 37-jährige Bürokauffrau Kathrin S. war an den Aufführungen von *Amazing Grace* in Kassel, Ludwigsburg und Karlsruhe beteiligt. Während bei den Zuordnungen in die dreifache Typologie dies eine gewisse Herausforderung mit sich brachte – bei der Beantwortung der Frage, welche aus ihren Schilderungen rekonstruierten Aspekte der Produktion, Wirkung und Nachhaltigkeit (primär) auf die Mitwirkung in Ludwigsburg zu beziehen sind – ist es für die Vorstellung der Person gänzlich unproblematisch, sogar förderlich, weil hierin wesentliche Persönlichkeitsmerkmale zum Ausdruck kommen.

Hatte Kathrin früher aktiv in der Kinderkirche mitgearbeitet, verlor die Kirche für sie im Lebenslauf zunächst an Bedeutung, bis sie vor etwa sieben Jahren mit dem Chorsingen begonnen hat. Dadurch hat sie seither wöchentlich mit anderen Christen zu tun, ist durch Auftritte regelmäßig in Gottesdienste eingebunden und konfrontiert mit Impulsen für ihren Glauben, nicht zuletzt durch die Texte und Botschaften der ihr so lieb gewordenen Gospelmusik. Von dieser ist sie dermaßen begeistert, dass sie kaum eine realisierbare Gelegenheit auslässt, Gospel zu singen, gerne auch in riesigen Projektchören als Ergänzung ihres festen lokalen Chorengagements. So war sie vor dem Gospelkirchentag 2014 in Kassel, an dem sie partiell teilnahm, bereits 2008 in Hannover und 2010 in Karlsruhe dabei gewesen. Außerdem fährt sie regelmäßig zu (Mehr-) Tagesworkshops, etwa mit Tore W. Aas in Zürich, zu Worship-Konzerten et cetera. Während der Interviewphase von Juli 2014 bis Mai 2015 nahm die 37-Jährige mindestens an zwei großen Workshops außerhalb des Gospelkirchentages teil, sang an drei verschiedenen Orten im Projektchor bei *Amazing Grace* mit und fuhr zu einem Konzert des Oslo Gospel Choirs extra nach Kassel. Dass sie die damit verbundenen Kosten – primär wohl zeitliche und finanzielle – weder scheute noch diesen Faktor an irgendeiner Stelle kritisch benannte, unterstreicht den erkennbar hohen persönlichen Stellenwert der aktiven Pflege ihrer Gospelleidenschaft; dieser schlägt sich auch darin nieder, dass Kathrin, teils weit im Voraus, sehr genau informiert wirkt über (geplante) Projekte in diesem Feld und Kontakt zu Verantwortlichen hält, einschließlich Tore W. Aas und wenigstens einem Star-Solisten von *Amazing Grace*. Offenbar ist ihr kaum ein Weg zu weit oder Aufwand zu groß, um teilzuhaben an der für sie wunderbaren Welt der Gospelmusik.

Dabei kommt dem Gospelsingen wie -hören für Kathrin zentrale Relevanz für die praktische Lebensführung zu und ist kein austauschbares Hobby. Vielmehr ist es ihr Weg, den christlichen Glauben zu leben: beim Chorsingen in Gemeinschaft mit anderen. Jeder Chorabend, auch im kleinen Kreis, ist für sie, die selten in der Bibel liest, nur bei Chorauftritten am Gottesdienst teilnimmt und ansonsten offenbar nicht betet, *Gespräch mit Gott*, der Ort, an dem sie Trost und Kraft erhält für die Herausforderungen des Alltags, für Schweres und Belastendes.

C 1.3 Ein Musical und sein Riesenchor

KS	Was jetzt Deine eigene Haltung zum Glauben, zur Kirche betrifft, hat sich da in den letzten Wochen is' ja oder Monaten, seit Du am Projekt mitmachst, was geändert?
KS	Nee, eigentlich <u>nich'</u>, also weil für mich is' äh Gospel eigentlich immer noch, dadurch, dass ich's jede Woche sing' (.) is' es für mich eigentlich jede Woche 'n Glaubensbekenntnis s:o zum ich leb' eigentlich mit dem Gospel, ich leb' <u>für</u> den Gospel (.) ich geh' auch gern in Gospel-Workshops, einfach um so 'n Tag (.) f- Gott zu preisen, Gott zu loben. Also ich bin net nur jemand, der jetzt jeden Sonntag in die Kirche geht (.) aber dieses Gospel an
JK	└ ja
KS	sich is' ja immer 'n <u>Gebet</u> auch zu Gott (.) wir <u>reden</u> mit Gott, es is' ne (.) u:nd für mich is' des eigentlich auch 'n gelebtes, 'n <u>gelebter</u> Glauben, der äh Gospelsingen. Grad, wenn
JK	└ ja
KS	man so 'n Tag wirklich von morgens bis abends Gospel singt und Gemeinschaft erlebt (.) es is' trotzdem, da is' man Gott sehr nahe eigentlich, also hab' <u>ich</u> des Gefühl äh wenn
JK	└ ja
KS	ich dann (.) grad so 'n Tag verbringe mit irgend=einem berühmten Gospelchorleiter oder Kassel, da diese drei Tage, geb' ich gibt mir viel Kraft auch für den Alltag immer.

554

Das Gospelsingen und -hören hat für Kathrin offenbar eine salutogenetische Funktion, hilft ihr bei der Bewältigung alltäglicher und außeralltäglicher Lebenserfahrungen, lässt sie *abschalten* bis dahin, dass sie *dann wirklich weg* ist. Gerade beim Massensingen ist ihr Erleben derart intensiv, dass sie hernach Schwierigkeiten hat, aus den emotionalen Höhen wieder *runterzukommen*, aus der Gegenwelt des Gospelsingens wieder zurück in den Alltag überzusetzen. Seit mehreren Jahren bereits genießt sie unbeschadet dieser Transitionsprobleme das Singen in Riesenchören, diesem ihr wohlvertrauten Modus, während sie außer dem Auftritt mit dem Oslo Gospel Choir in der Porsche-Arena in Stuttgart offenbar bis dato noch an keinem *Amazing Grace* direkt vergleichbaren Ereignis – insbesondere was die große Bühnenaufführung als abschließenden Projekthöhepunkt, wie etwa bei „Die 10 Gebote" der Fall, anlangt – mitgewirkt, sondern sich außerhalb des eigenen lokalen Gospelchores vor allem auf Workshops und Gospelkirchentage konzentriert hatte.

Beim Massensingen fühlt sie sich *immer sehr gut aufgehoben* sowie *sehr zuhause*, außerdem *trifft* sie *immer die gleichen Leute*. Der Zahl der Mitsänger kommt dabei insofern eine gewichtige Rolle zu, als es weder zu viele noch zu wenige sein sollten; die circa 800 beim Oslo Gospel Choir in Stuttgart waren Kathrin ebenso wie die rund 700 beim Projektchor in Ludwigsburg *fast zu viel*. Sie präferiert mittlere Größen von etwa 400 wie in Karlsruhe.[555] Inmitten der Gospel singenden Riesenchöre macht Kathrin zum einen intensive Gemeinschaftserfahrungen, zum anderen ist sie auch losgelöst – soweit sich das ganzheitliche Erleben

---

[554] KS 3, Z.54–69.
[555] Dass wiederum längst nicht alles für ihr Erleben Ausschlaggebende an der Personenstärke des Gesamtchores hängt, zeigt sich nicht zuletzt darin, wie positiv sie vom Massensingen auf dem Gospelkirchentag in Kassel sprach, wo mit mehreren tausend Sängern (!) auch die 800 in Stuttgart zahlenmäßig weit überboten wurden.

sinnvoll unterscheiden lässt – von ihren jeweiligen Mitsängern zuweilen persönlich tief berührt, etwa bei *Amazing Grace* von dessen Inhalt und der ihn transportierenden Musik.

Innerhalb der großen Gruppen genießt sie es, anderen Mitwirkenden Hilfestellung geben zu können, weil sie etwa die geprobten Stücke bereits beherrscht oder um bevorstehende, etwa choreographische, Änderungen vorab wusste. Gerade der Umstand, dass sie während der Vorbereitung der Ludwigsburger Aufführung schon beide (Ur-) Aufführungen des Gospel-Musicals in Kassel als Mitglied des Bühnenchores mitgestaltet hat und in Karlsruhe bei der ersten Probe dabei war, brachte ihr gegenüber ihren unmittelbaren Singnachbarn im Ludwigsburger Projektchor offenbar einen mit Prestigegewinn verbundenen Kompetenzvorsprung, was ihr eine wohltuende Tutorenrolle möglich machte, indem sie praktische Hilfe gewähren konnte und andere diese dankbar annahmen. So trat zum gewohnten Genießen des Gospelsingens, im konkreten Fall gepaart mit dem Kathrin ebenfalls zusagenden Genre Musical, das Erfolgserlebnis, das Stück selbst immer besser zu beherrschen und anderen an den erlangten Fertigkeiten Anteil geben zu können. Außerdem gab ihr die Beteiligung an vier Aufführungen des Gospel-Musicals in drei Städten mehrfach Gelegenheit, mit prominenten Solisten auf Tuchfühlung zu gehen, direkt mit den Stars zu sprechen, sich Autogramme geben zu lassen und gemeinsame Fotos aufzunehmen. Des Weiteren traf die Sängerin in Karlsruhe schließlich doch auf Tore W. Aas, den sie persönlich kennt, sehr schätzt und dessen prägende Mitwirkung als Komponist bei *Amazing Grace* ihre Beteiligung daran – neben den begründenden Faktoren Gospelsingen, Musical-Affinität sowie die große Bühne – wesentlich motiviert hatte.

Aus den Reihen der 20 Probanden ragt Kathrin S. neben dem Faktum, dass die Gospelmusik in ihrem Leben unter allen Gesprächspartnern die mit Abstand größte Rolle zu spielen scheint, auch dadurch heraus, dass sie durch die Beteiligung an vier Aufführungen – ähnlich verhält es sich wohl nur bei Nikola I. mit CD-Produktion, zwei Großaufführungen und drei eigenen kleineren zuhause in Musicalstadt – eine Vergleichsperspektive als Mitgestalterin im Massenchor hat. So übte sie seit April 2014 in Riesenchören an *Amazing Grace*, konnte in den Folgemonaten mehrere Proben wie Projektchöre zueinander ins Verhältnis setzen, während erst im Februar 2015 mit der für sie letzten Aufführung in Karlsruhe das Projekt zu einem Abschluss kam, wie am letzten mit ihr geführten Interview am 22. Mai 2015 gut nachvollziehbar. Währenddessen war sie schon wieder an den Proben für den „Pop-Messias" beteiligt, sprach bereits vom Gospelkirchentag 2018 in Karlsruhe und vermittelte somit insgesamt den Eindruck, dass für sie nach den fraglos außerordentlich intensiven Monaten, die zurücklagen, ihr Gospel- und Massensing-Engagement keineswegs zurückgehen dürfte, sondern weiterhin eine zentrale Rolle in ihrem Leben spielen würde.

Kathrin S. ist der Promi-Sängerin, dem Gewohnheitssänger, der Sozialen, Harmonischen und Überwältigenden Wirkung, sowie dem Großprojekte-Abo-Typ zugeordnet.

1.3.2.20 Die Amazing Grace-*Sängerin Susanna M. (SM)*

Die 51-jährige evangelische Religionslehrerin Susanna M., Mutter von Katharina M., singt schon seit langem in kirchlich angebundenen Chören, aktuell im Friedenskirchen-Saisonchor „Voices of Peace". War sie früher auch als Kirchengemeinderätin aktiv am kirchlichen Leben beteiligt, beschränkt sie sich heute auf das Chorsingen und die gelegentliche Teilnahme an Gottesdiensten, etwa drei Mal im Jahr. Sie betet zwar mit ihrer Familie bei Tisch und unterweist überdies Schüler im Beten, doch liegt der Schwerpunkt ihrer persönlichen Glaubenspraxis – zumal jenseits der vermittelnden Rolle im schulischen Kontext – stärker im Bereich individueller Gestaltung als im (kirchlichen) Gemeinschaftsleben. Sie meditiert, zelebriert Schweigezeiten beim Yoga und setzt sich auf der Grundlage eigener Überzeugungen kritisch mit gesellschaftlichen wie religiösen Phänomenen auseinander. Glauben heißt für sie, *Kraft für Nächstenliebe* zu haben und Gegenakzente zu allem Negativen in der Gesellschaft oder Welt allgemein, in der *viele Dinge nicht richtig laufen*, zu setzen beziehungsweise hochzuhalten, den Blick nach vorne zu richten, sowie Hoffnung zu bewahren. Deshalb fasziniert sie die Story von *Amazing Grace*, mit der sie sich im Projektverlauf zunehmend befasst, die zwar einerseits *fast zu positiv*, geradezu *märchenhaft* sei, zugleich aber andererseits gerade deshalb als positiver Gegenakzent zum Negativen der Gegenwart sich eigne als Impuls zur *Hoffnung nach vorne*.

Zur Mitwirkung am Musical motivierte sie der in ihren Augen enorm charismatische Chorleiter Hans-Martin Sauter, dessen Ausstrahlung und gelebte Frömmigkeit sie bewundert. Seine Werbung für das Unterfangen gab den entscheidenden Ausschlag, dass sich Susanna darauf einließ im Sinne eines offenen Experiments, *einfach mitmachte aus Neugierde*. War sie, die von ihrem früheren *sehr guten Kirchenchor* ein musikalisch hohes Niveau gewöhnt ist, anfangs noch in Sorge ob des beim Gospel-Musical Anzutreffenden gewesen, stellte sie beim Riesenchorsingen fest, dass dieses trotz des geringeren musikalischen Anspruchs *trotzdem genauso Spaß* machte, indem das starke Gemeinschaftserleben in anderer Hinsicht zu wünschen Übriglassendes ausglich. Während der 51-Jährigen von ihrem Chor „Voices of Peace" her ein Teil des Projektchores bereits bekannt war, von dem sie – mindestens bei einer der Proben – in ihrer Chorstimme auch umgeben war, stellte sie inmitten der rund 700 Sänger insgesamt fest, dass und wie stark die *Menge trägt*.

Im Massensingen war Susanna überwältigt wie fasziniert von der *Gewalt* und *Macht der Stimmen*, vom vollen Klang durch die vielen beteiligten Sänger, speziell die starken Männerstimmen. Insbesondere während der Aufführung in der MHP-Arena erlebte sie ein wahres Feuerwerk, das sie tief *berührte*, *mitriss* und *einfach nur genießen* ließ. Erst im Nachhinein, im reflektierenden Abstand, wurden in ihr Skepsis und Bedenken laut. Denn eine solche enorme Gruppendynamik der Masse, wie sie selbst sie begeistert erlebt hatte, könnte doch auch zum Schlechten missbraucht werden, könnte den Einzelnen in der Masse oder sogar die ganze Menschenmenge verführen. Während sie auch rückblickend Hans-Martin Sauter sich gerne und sorglos anvertraute, sich im von ihm Geleiteten bedenkenlos mitreißen ließ, sei ein so verantwortungsvoller Umgang mit Macht, selbst in christlichen Kontexten, schließlich keineswegs immer vorauszusetzen. Deshalb müsse sich jeder Einzelne genau überlegen, von wem und was er sich rückhaltlos mitreißen lassen will, mit wessen Werten er sich identifiziert und wo er Grenzen zieht.[556]

Diese erst im Abstand zum präsentativen Erleben des Moments aufgekommenen und artikulierten Bedenken zu Massenphänomenen, speziell zur Gefahr der Manipulation im Rausch der Gefühle und Gruppendynamiken, scheinen von einer Grundhaltung starker Reflexion wie Hinterfragung zu zeugen. Hierzu passt, dass die Religionslehrerin sich offenkundig im Projektverlauf intensiv mit den Liedtexten des Musicals ebenso wie mit seinen Figuren auseinandergesetzt hat, was sie zum Urteil führte, John Newton sei *bis zu einem gewissen Grad* ein *religiöser Fanatiker* gewesen. Entsprechend verwundert auch ihre Ablehnung des im Veranstaltungsformat von ProChrist zum Ausdruck kommenden ‚Frömmigkeitstypus' nicht. Was hingegen überrascht ist die starke Personenorientierung ihrer individuellen Auflösung jenes *Zwiespalts*, dass Massenveranstaltungen wie *Amazing Grace* jeweils ein *unheimlich schönes Erlebnis* ermöglichten, indem sie einerseits *wunderschön* seien, zum anderen aber auch buchstäblich *unheimliches* Potential zum Negativen, zu Verführung und Manipulation in sich trügen. Konsequenterweise müsste Susanna auf Grund des umrissenen Gefahrenpotentials Großveranstaltungen wohl generell in Frage stellen, was sie in gewissem Sinne auch tat, indem sie alle Veranstaltungen, in denen viele Menschen einer Person oder bestimmten Richtung *nachfolgen* als prinzipiell (potentiell) problematisch zeichnete und ihre Nichtmitwirkung beim „Pop-Messias" unter anderem damit begründete, beim Gospel-Musical und anschließenden Chorauftritten festgestellt zu haben, dass kleinere Veranstaltungen *mehr ihr Ding* und für sie *intensiver* seien. Gleichwohl stellte sie das Großformat nicht grundsätzlich in Frage, sondern machte dessen Güte von der konkreten Führungsperson beziehungsweise prägenden Kräften vor Ort abhängig, die ein Massenereignis entweder zur unbedenklichen Sache qualifizierten, wie im Falle von *Amazing Grace* Hans-Martin Sauter, oder aber zu einer fragwürdigen, wie beim Basketball negative Gruppendynamiken oder bei ProChrist einflussreiche Redner. Dadurch konnte sie gleichzeitig ihre eigene Mitwirkung beim Gospel-Musical sowie bei etwaigen zukünftigen von Hans-Martin Sauter geleiteten Riesenchorprojekten als bedenkenlos einstufen

---

[556] Zur Abgrenzung nennt Susanna zwei aus ihrer Sicht problematische Beispiele: Die negative Stimmung beim Basketball in der MHP-Arena, wo die gesamte Zuschauermenge sich mitunter gegen einen Schiedsrichter wende; und die Evangelisationsveranstaltung ProChrist, wo ein Einzelner allen erklären wolle, was Christsein wirklich heiße. Mit ihrer Betonung auf die beiderseitige Verantwortung – seitens Führender und Sich-Führen-Lassender – gerade in (musikalischen) Kontexten großer Menschenmengen unterstreicht sie, wohl ohne es zu ahnen, die entsprechenden Forderungen Pirners (s. Kapitel B 2.5).

C 1.3 Ein Musical und sein Riesenchor

und vor Verführung bei anderen Veranstaltungen solch großen Formats, die durch falsche Einflussnehmer zu fragwürdigen würden, warnen.[557]

An ihrem Beispiel ist besonders anschaulich ersichtlich, wie Abstand zu etwas Erlebtem gepaart mit ausgiebiger, auch selbstkritischer Reflexion darüber ein Erlebnis qua subjektiver Deutung zur Erfahrung werden lässt. Im Moment erlebte Susanna bedenkenlos Faszination, Überwältigung, begeisternde Reizüberflutung; aus nachsinnender Distanz wurde ihr indes manches fraglich, frag- und kritikwürdig. In all dem profitierte die 51-Jährige zugleich erkennbar von ihrer Teilnahme am Gospel-Musical: In einer biographischen Schlüsselphase des Umbruchs, da ihre Kinder allmählich selbstständig wurden und sie spürte, mit manchen Kräften haushalten zu müssen, konnte sie praktisch eruieren, ob ihr solche Chor-Großprojekte taugen, erhielt zudem Denkanstöße und Impulse für ihr (Glaubens-) Leben – etwa indem sie über gegenwärtige Formen von Sklaverei sowie eigene Möglichkeiten des Vorgehens dagegen nachzudenken angeregt wurde – und den Umgang mit Herausforderungen im Alltag, etwa größere Gelassenheit gegenüber Schülern und Eltern.

Susanna M. ist der Promi-Sängerin, dem Gelegenheitssänger, der Harmonischen und Überwältigenden Wirkung, zudem dem Inhaltlichen und Persönlichkeitsentwicklungs-Typ zugerechnet.

1.3.2.21 Zusammenfassung:
Wer bei Amazing Grace *singend mitwirkt(e)*

Während im Rahmen der Längsschnittstudie zu *Amazing Grace* auch von den intensiv begleiteten Mitgliedern des Projektchores in Ludwigsburg lediglich in einem gewissen Umfang soziale Daten dezidiert erhoben wurden, soll in diesem Abschnitt, in Ergänzung des bereits im Kapitel C 1.3.1 zum Verhältnis der 20 beforschten Sänger des Samples zum gesamten Projektchor Skizzierten, auf der Grundlage der in den Interviewgesprächen getroffenen Aussagen kompakt beleuchtet werden, wie heterogen die zufällig zustande gekommene Kleingruppe mitsamt aller jeweiligen Individualität in vieler Hinsicht war und weshalb die hohe Probandenzahl letztlich einen besonderen Reichtum darstellt, statt dass sich – bei mancher Gemeinsamkeit und Überschneidung – allzu ähnliche Profile häufen würden.

---

[557] Zur besseren Einordnung der hier notwendigerweise knappen Darstellungen verdient Beachtung, dass Susannas explizit angeführtes Primärbeispiel für fragwürdige Massenphänomene und -dynamiken nicht ProChrist ist, sondern Erfahrungen beim Basketball in der MHP-Arena, insbesondere wenn eine ganze Halle sich gegen Schiedsrichter wendet und der Einzelne von der aggressiven Stimmung respektive der *Macht der Masse* mitgerissen und *reingezogen* zu werden droht, blindlings verantwortungslosen Kräften folgend. Die Evangelisationsveranstaltung ProChrist scheint sie zwar – inhaltlich begründet – persönlich entschieden abzulehnen, beschreibt sie aber nicht in gleicher Weise (deutlich) als verführend oder dergleichen.

Das durchaus bunte Spektrum reichte dabei von den nach Kirchenaustritt formal Bekenntnislosen Anja B. und Brigitte H. über Mitglieder der römisch-katholischen und evangelischen Amtskirchen, die zur landeskirchlichen Gemeinschaft gehörende Elske B. bis hin zu Frauke L., Mitglied einer freikirchlichen (ursprünglichen) Hauskreisgemeinde, mit einer Vielzahl von konfessionellen Schattierungen und Frömmigkeitsstilen in all dem.[558] Während die einen – unabhängig von der Mitgliedschaft – nicht aktiv und regelmäßig am Kirchenleben partizipieren, singen die anderen jede Woche im kirchlich angebundenen Chor, gehören dem Kirchengemeinderat an oder tun Dienst als Prädikant; während manche nie bis selten an einem Gottesdienst teilnehmen, gehört eben dies für andere in steter Regelmäßigkeit fest zum Sonntag hinzu. Die eine singt in keinem Chor (Janina S.), die andere (Hilderose S.) gleich in drei verschiedenen, der Dritte leitet einen mit und singt in zwei weiteren (Jens M.); eine (Elke H.) kritisiert, dass die Mitwirkung bei *Amazing Grace* mit Gebühren verbunden ist, die andere (Nikola I.) kann eine solche Haltung überhaupt nicht nachvollziehen. Den einen (Michael R., Frauke L., Brigitte H.) ist das christliche Gepräge des Musicals grundlegend wichtig, den anderen (Katharina M., Stefanie B., Gabi K.) letztlich egal beziehungsweise ein *positiver Zusatz* (Janina S.). Während für Gabi S. das christliche Riesenchorsingen abenteuerliches Neuland darstellt, in das sie sich als Einzelsängerin entschlossen hineinwagt, ist eben dies für Kathrin S. und Jens M. prinzipiell bereits Routine.

Auch hinsichtlich des individuell-subjektiven Verständnisses und der Bedeutung von Glauben, der Frömmigkeitsstile und theologischen Prägungen, ist innerhalb des Interviewpartner-Samples eine beträchtliche Diversität festzustellen, indem etwa die aktiv an ProChrist mitwirkende Elske B. neben der die gleiche Evangelisationsveranstaltung entschieden kritisierenden Susanna M. steht, der pietistisch geprägte Gerhard S. neben den ihren Glaubensbegriff recht individuell füllenden Anja B. und Stefanie B.. Die eine (Elske B.) führt Gebetstagebuch, andere beten überhaupt nicht oder in Gestalt fürbittenartiger Gedanken (Tanja R.); eine Dritte (Kathrin S.) erlebt das Gospelsingen als *Gespräch mit Gott* et cetera.

Die eine (Katharina M.) lebt als Abiturientin noch, die andere (Stefanie B.) nach einem Auslandsaufenthalt wieder bei ihren Eltern; mancher Proband wohnt alleine (Jens M., Hilderose S.), andere mit ihrem (Ehe-) Partner (Michael R., Janina S., Gerhard S.), wieder andere als Familienmutter oder -vater (Susanna M., Paul P., Nikola I.). Auch geographisch – was Wohnort, Arbeitsplatz und Lebensmittelpunkt anlangt – herrscht Vielfalt vor: von dörflichen Strukturen bis zur pulsierenden Metropolregion Stuttgart, ebenso wie beruflich, von der Schülerin bis zum Heilerziehungspfleger (in Rente), von der Augenoptikerin bis zum Straßenwärter, von der Qualitätsmanagerin bis zum Lehrer.

---

[558] Um besserer Lesbarkeit willen wird auch im Folgenden nicht jeder Probandenname explizit benannt, während freilich hinter jeder geschilderten Beobachtung mindestens ein konkretes Beispiel steht.

Kurzum: Die 20 Interviewpartner, deren in dieser Längsschnittstudie rekonstruiertes Erleben die Phänomene christlichen Riesenchorsingens durchaus erhellen kann, sind in ihrer individuellen Charakteristik faszinierende Persönlichkeiten und repräsentieren eine beachtliche Vielfalt.

1.3.3 Teilnehmende Beobachtung bei *Amazing Grace* in Ludwigsburg

Da meine Beteiligung als Feldforscher bei *Amazing Grace* in Ludwigsburg durchgehend bestimmt wie geprägt war von der eigenen singenden Teilnahme sowie, zeitlich und räumlich hiervon nicht abgetrennt[559], zugleich der wissenschaftlichen Beobachtung einschließlich der zahlreichen geführten Interviews, wird im Folgenden beides in die darstellenden Analysen und Abhandlungen einfließen können: das selbst Erlebte ebenso wie das auf Grundlage der Interviews rekonstruierte Erleben der 20 Probanden während des Projektverlaufs und dessen Langzeitwirkungen.

Dabei werden an geeigneten Stellen neben den jeweiligen Betrachtungsgegenstand erhellenden Interviewpassagen auch Teile des eigenen Feldtagebuchs herangezogen werden. Da diese im Forschungsprozess jedoch primär eine Erinnerungshilfe hinsichtlich des selbst im Feld Erlebten sowie einen Teil des Vergleichshorizonts zum rekonstruierten Erleben Dritter bildeten, werden sie nicht in gleichem Maße wie die aus Gesprächen mit den 20 Probanden gewonnenen Beobachtungen zur Darstellung kommen. In jedem Fall lassen diese in zeitlicher Nähe zum Geschehen vor Ort erstellten Aufzeichnungen aber nachvollziehen, wie ich selbst als Einzelsänger unter zunächst völlig Fremden das Musicalprojekt in Ludwigsburg erlebt habe, wie sich Eindrücke, Gefühle und Einstellungen in dessen Verlauf entwickelt haben und wo besonders große Schnittmengen zwischen dem individuellen Erleben einzelner oder mehrerer Probanden und mir selbst als Feldforscher festzustellen sein mögen – freilich nicht zuletzt abhängig von der subjektiven Interpretation der Felddaten.

---

[559] Besonders greifbar wurde dies jeweils dann, wenn ich die Reihen des Riesenchores verließ, um vom Altarraum aus – im Gegenüber zum Chor, als Mitglied dessen ich soeben noch im Bass gesungen hatte – eine Ansage zu machen, die meine Forschung betraf (6.7.2014: Einladung zur Mitwirkung an der Forschung; 2.11.2014: Erklärung zu den Fragebögen).

1.3.4 Rekonstruktion des Erlebens Dritter am Beispiel von Gabi S.

Das erhobene Datenmaterial zum Erleben anderer Menschen konnte vor dem Hintergrund des persönlich bei *Amazing Grace* in Ludwigsburg Erlebten, welches sich in den in zeitlichem und räumlichem Abstand stattfindenden Analysephasen durch Feldtagebuchaufzeichnungen sowie durch Video- und Audioaufnahmen[560] vergegenwärtigen ließ, ausgewertet werden.

Wie schon bei der Feldforschung zum Gospelkirchentag ging es hierbei primär um die Rekonstruktion des beim Massensingen im Augenblick Erlebten; zwar standen personenbezogene Daten der Beforschten einschließlich biographischer Details – weitaus umfangreicher als für das Geschehen in Kassel – zur Verfügung, wodurch für eine soziogenetische Typenbildung eine solide Materialbasis bestanden haben mag. Eine solche zu entwickeln wurde gleichwohl nicht versucht, da ein derart diffiziles sozialwissenschaftliches Unterfangen meine Kompetenzen als eines Fachfremden übersteigen dürfte; noch stärker aber deshalb nicht, weil mit einem solchen Vorgehen ein anderes Forschungsinteresse als jenes dieser Studie sich verbände, insofern es bei soziogenetischen Rekonstruktionen in erster Linie darum geht, das systematische Abweichen von einer vorfindlichen Basistypik zu eruieren, etwa durch Abgrenzung einer Migrations- von einer Geschlechtstypik.[561] Bezogen auf den Forschungsgegenstand hätte dies bedeuten können, anhand der Gruppe von 20 Interviewpartnern in einem zweiten Schritt die Basistypiken der drei entwickelten Typologien – Produktion, Wirkung und Nachhaltigkeit – zu untersuchen auf Spezifika des Erlebens von Frauen oder Männern, von jungen oder alten Menschen, von Kirchennahen oder Kirchenfernen, von als Einzelsängern oder zusammen mit Chorkollegen oder Freunden Mitwirkenden et cetera, um womöglich systematische Abweichungen vom Grundmuster für bestimmte Probanden(gruppen) ermitteln zu können. Darauf wurde, nicht allein aus forschungspragmatischen, sondern auch aus programmatischen Gründen verzichtet, da das Vorgelegte als Grundlagenforschung intendiert ist, die erste Schneisen schlägt, aber nicht schon alles zu klären versucht, was sich zum ebenso weiten wie komplexen Feld christlicher Riesenchorveranstaltungen an Fragen stellen mag.

Hier soll nun abermals andeutungsweise ein Einblick gegeben werden in das praktische Verfahren, mittels dessen – auf der Grundlage der Konzepte von Ralf Bohnsack und anderer Experten (s. Kapitel A 2.4.2) – das im Forschungsfeld gewonnene Datenmaterial ausgewertet wurde, was schließlich zur Entwicklung der später noch vorzustellenden Typologien (s. Kapitel C 2) geführt hat. Am Beispiel der Sängerin Gabi S., die bereits im Kapitel C 1.3.2.15 knapp vorgestellt wurde,

---

[560] Neben den in Kapitel C 1.2 bereits erwähnten Videoaufnahmen standen auch mehrere im Handel beziehungsweise im Web-Shop der Creativen Kirche erworbene Audio-CDs für Forschungszwecke zur Verfügung (s. Quellenverzeichnis D 5).
[561] Vgl. Przyborski/Wohlrab-Sahr, Sozialforschung, 305.

C 1.3 Ein Musical und sein Riesenchor

soll dies anschaulich werden. Nicht zuletzt um der Übersichtlichkeit willen kann dabei nicht jeder Einzelaspekt der aus den insgesamt 586 Zeilen Interviewtranskriptionen, welche die vier Gespräche mit der Sängerin dokumentieren, gewonnenen Rekonstruktion des Erlebens anhand des von der Probandin Geäußerten nachgezeichnet werden; gleichwohl sollen mehrere Passagen nachvollziehen helfen, wie im Lauf der Analyse das hier vorgestellte Gesamtbild der Sängerin, insbesondere hinsichtlich ihres situativen Erlebens beim Massensingen wie auch ihres Relevanzsystems, entstanden ist.[562]

Die 54-jährige Gabi S. lebt mit ihrer Familie in einer Kleinstadt und singt regelmäßig vor Ort in einem kirchlich angebundenen Gospelchor sowie einem nichtkirchlichen Singkreis mit. Zwar ist sie Mitglied der römisch-katholischen Kirche, im praktischen Alltag spielt der christliche Glaube wie das verfasste kirchliche Leben für sie aber allenfalls eine nachgeordnete Rolle. Sie glaubt abstrakt an eine höhere Macht, zu der man auch sprechen kann, allerdings betet sie nicht und pflegt auch sonst keine Praxis, die sie selbst als religiös ansieht. Zum Gottesdienst geht sie prinzipiell nur, wenn Chorauftritte dies erfordern, nicht *einfach sonntags*. Im evangelischen Gospelchor singt sie aus Liebe zu dieser Musik mit, der kirchliche Bezug inklusive der Gottesdienstmitgestaltung ist ihr indes lediglich zugehörige Notwendigkeit, nicht Herzensanliegen. Auch ihre Mitwirkung bei *Amazing Grace* ist nicht inhaltlich motiviert: Dass es ein christliches Musical ist, besitzt für sie persönlich keine Relevanz.

JK	Ja, jawoll. Ist=es Dir denn dabei wichtig, dass es ein christliches Musical ist?
GS	(3) Eigentlich nicht, aber ich singe gerne Gospels (.) und da kommt man an diesem christlichen Aspekt einfach nicht vorbei. „10 Gebote" (.) im Nachhinein hab ich gedacht: „Ach

[563]

Mit der Terminologie der jüngsten Kirchenmitgliedschaftsuntersuchung[564] lässt sich ihre Haltung zu Glauben und Kirche somit als Indifferenz bezeichnen. Beides spielt für sie keine relevante Rolle; weder sucht noch vermisst sie in dieser Hinsicht etwas. Konsequenterweise schätzt sie am Gospel-Musical die belassenen Freiräume respektive Alternativoptionen, dass im breiten Themenangebot des Inhalts von *Amazing Grace* neben betont christlichen und missionarisch ausgerichteten Elementen auch für jene Sänger oder Zuhörer, die den christlichen Glauben respektive die Kirche indifferent oder kritisch sehen, womöglich sogar ablehnen, *etwas dabei* ist.

Zugleich zeigt sich Gabi offen für christliche Einflüsse. Bei Pflichtterminen ihres kirchlichen Gospelchores prüft sie Predigtaussagen auf die mögliche Bedeutung für ihr persönliches Leben und lässt sich auch beim Gospel-Musical bereitwillig auf die erzählten Inhalte ein, mit denen sie sich aktiv auseinandersetzt.

---

[562] Es bleibt freilich dabei, dass anhand desselben Materials andere Forscher zu anderen Ergebnissen kommen mögen. Umso wichtiger ist die möglichst nachvollziehbare Vorstellung des analytischen Vorgehens.
[563] GS 1, Z.98–100.
[564] Vgl. Evangelische Kirche in Deutschland, Engagement.

Während die Kirche für sie lange unbedeutend war, ist somit ein lebenspraktischer Wandel festzustellen, dessen Beginn sich mit der aktiven heimischen Gospelchormitgliedschaft identifizieren lässt. Zwar ist sie weiterhin nicht dezidiert auf der Suche nach tieferem Glauben oder Antworten auf Sinnfragen, aber ihr musikalisches Engagement und die offene Grundhaltung bewirkten nichtsdestotrotz eine persönliche (Weiter-) Entwicklung, auch geistlich, indem sie ihre musikalisch bedingten Kirchenkontakte mit der Bereitschaft wahrnimmt, sich ansprechen zu lassen, sowie das Gehörte und Erlebte wohlwollend zu prüfen auf Relevanz für ihr eigenes Leben.[565]

Eben diese Offenheit prägte auch Gabis Erleben beim Musicalprojekt, das für sie – erstmalig und als Einzelsängerin teilnehmend – ein herausforderndes Experiment, einen wagemutigen Selbstversuch darstellte. Die hohe Motivation, einmal bei einem solchen Chor-Großereignis wie „Die 10 Gebote" – wovon sie erst im Nachhinein erfahren hatte, bedauernd, es verpasst zu haben – dabei zu sein, half die Sorgen und Unsicherheiten angesichts der vielen fremden Menschen sowie der Unwägbarkeiten des unbekannten Projektformats zu überwinden und sich alleine ins Abenteuer zu stürzen.

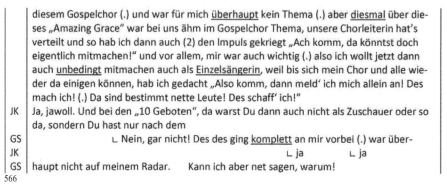

	diesem Gospelchor (.) und war für mich <u>überhaupt</u> kein Thema (.) aber <u>diesmal</u> über dieses „Amazing Grace" war bei uns ähm im Gospelchor Thema, unsere Chorleiterin hat's verteilt und so hab ich dann auch (2) den Impuls gekriegt „Ach komm, da könntst doch eigentlich mitmachen!" und vor allem, mir war auch wichtig (.) also ich wollt jetzt dann auch <u>unbedingt</u> mitmachen auch als <u>Einzelsängerin</u>, weil bis sich mein Chor und alle wieder da einigen können, hab ich gedacht „Also komm, dann meld' ich mich allein an! Des mach ich! (.) Da sind bestimmt nette Leute! Des schaff' ich!"
JK	Ja, jawoll. Und bei den „10 Geboten", da warst Du dann auch nicht als Zuschauer oder so da, sondern Du hast nur nach dem
GS	⌞ Nein, gar nicht! Des des ging <u>komplett</u> an mir vorbei (.) war über-
JK	⌞ ja ⌞ ja
GS	haupt nicht auf meinem Radar. Kann ich aber net sagen, warum!

[566]

Im Miteinander mit anderen Sängern lösten sich anfängliche Bedenken in Wohlgefallen auf:

---

[565] Dass sie im Interview expressis verbis auf den Wandel im Leben von John Newton eingeht mag vor diesem Hintergrund eine Identifikation mit dieser Figur, speziell mit der Facette von Kursänderungen in der persönlichen Lebensgestaltung, Neuanfängen und unerschrockenen Wagnissen andeuten.

[566] GS 1, Z.105–116.

C 1.3 Ein Musical und sein Riesenchor

JK	zwar in=einem <u>Gospelchor</u>, aber ich war als Einzelsängerin dort (.) und das war (.) wa- (.)
GS	∟ ja
JK	dann weiß man ja nie, was einen erwartet (.) aber (.) sag mer mal das war eine relative
GS	∟ ja
JK	Offenheit (.) ich hab dann auch gleich Platz genommen neben irgend<u>jemand</u> und die hat
	dann=auch gleich mit mir gesprochen rechts und links und (.) überall war so ein Stim-
	men:gezwitscher und=alles war (.) relativ <u>entspannt</u> (.) und vor allem auch war gleich
GS	∟ ja
JK	„<u>Du</u>" (.) dieser d- dieses einfach <u>nette</u> (.) kameradschaftliche, aber (.) ganz starkes Ge-
GS	∟ @ja!@
JK	meinschaftsgefühl. Obwohl man sich noch **nie** gesehen hat, man wusste net, was auf
GS	∟ ja
JK	einen zukommt (.) aber trotzdem dieses verbindende Element „Wir machen etwas zu-
	sammen!"

567

Offenkundig ist Gabi mit Abenteuerlust und Entschlossenheit ins Projekt gestartet, hat unerschrocken Kontakte geknüpft und aktiv dazu beigetragen, dass sie inmitten der rund 700 ihr fremden Sänger als Einzelne – auch im übertragenen Sinn – rasch ihren Platz fand. Dass diese positive Erfahrung der Mittfünfzigerin ihr weiteres Erleben mitbestimmte, zeigte sich bereits im Folgeinterview:

JK	J:a, dann bitt' ich Dich äh wie auch beim letzten Mal schon: Erzähl' mir doch einfach, wie's Dir a:m Sonntag bei der Probe gegangen is, wie Deine Stimmung war, Deine Eindrücke (.)
GS	Also, ich bin sehr gespannt nochmal zur Probe gegangen (.) und gleich am Eingang hab'
JK	∟ ja
GS	ich die getroffen von letztes Mal, die neben mir saß (2) und dann hab ich gedacht:
JK	∟ jawoll
GS	„**Wo:ah** super! Des ist doch jetzt wirklich (.) gutes Schicksal! Des wird 'n guter Tag!" Und ja, ich saß dann ungefähr dort, wo ich des letzte Mal auch saß (.) und hab dann gemerkt: Ach ja, äh man wird irgendwie so ä:hm (2) ach, ich weiß gar net, wie m- wie ich's sagen soll, man kriegt richtig Lust, da mitzumachen! Weil's wieder so <u>viele</u> warn und ja, es war einfach so=eine gute Stimmung!

568

Der kurze Abschnitt vom Beginn des zweiten Interviews – das Anfang November, vier Tage nach der Hauptprobe und drei vor der Aufführung stattfand – unterstreicht, dass die insgesamt mutig und abenteuerfreudig wirkende Gabi als Einzelsängerin durchaus angespannt ins Geschehen von *Amazing Grace* eingetreten und ihre Unsicherheiten trotz des sehr positiv dargestellten Erlebens bei der Auftaktprobe im Juli nicht einfach gewichen waren. Zum anderen wird erkennbar, dass die wiederholt positive Erfahrung angenehmer Einzelkontakte mit anderen Sängern, zumal in Kontinuität stattfindende, wesentlich dazu beitrug, dass Gabi sich im Menschenmeer wohlfühlte, Spannungen ablegte und das gemeinsame Singen überwältigende Wirkung auf sie entfaltete. Gefühle können wohl als eine Art hermeneutischer Schlüssel zum Erleben von Gabi gelten: Die betonte Anspannung vor den ersten beiden Proben war ebenso eine emotional – womöglich auch

---

567 GS 1, Z.52–65.
568 GS 2, Z.1–11.

körperlich – spürbare wie die Erleichterung angesichts des bewährten, vertrauten Umfelds, welche die Sängerin zum enthusiastischen inneren Ausruf „**Wo:ah** super!" (Z.7) veranlasste.

Ausgeprägte Kontaktfreudigkeit sowie die Bereitschaft, auf fremde Menschen zuzugehen, erleichterten ihr das Hineinfinden ins und das Genießen beim Musicalprojekt. Erkennbar verließ sie sich auf ihr Bauchgefühl und wirkte in betonter Gelassenheit (zu) hohen Ansprüchen entgegen, eigenen oder fremden, mit dem festen Vorsatz, nicht perfekt sein zu müssen. Ebenso wie ihr emotionale Regungen als Kernkriterium der Bewertung von Liedern gelten, ungeachtet des Genres oder Künstlers, so traute sie auch bei *Amazing Grace* ihrem Instinkt. Nachdem sie sich mit dem Willen, sich nicht durch Misslichkeiten abhalten zu lassen, einmal zur Teilnahme durchgerungen hatte, fühlte sich das Miteinander mit anderen Sängern bereits in der ersten Probe gut und passend an. Für sie, die sich trotz Bedenken vertrauensvoll und offen alleine in die riesige Menschenmenge hineingewagt hatte, wich das tendenzielle Schreckensbild der anonymen Masse Fremder je länger je mehr den sympathischen Gesichtern vertrauter, freundlicher einzelner Menschen, die sie als ihresgleichen erkannte. Aus vielen womöglich bedrohlichen Unbekannten wurden so einzelne nette Bekannte, die Gabi als ihr wohlgesonnen empfand, fest überzeugt, dass alle das gemeinsame Ziel und die feste Absicht, sich dafür zu investieren, verbanden.

So nimmt es nicht wunder, dass die Einzelsängerin, fünf Tage nach der Auftaktprobe zur selben befragt, bereits in ihren ersten Sätzen von einem überwältigenden Gefühl inmitten des Menschenmeeres sowie von *unheimlicher Freude* bei diesem Riesenchorsingen sprach:

| oder die Masse muss man dann eigentlich schon sagen (.) man hat so richtig äh was gespürt so (.) ä:hm ä::h net Nervosität, sondern (.) Spannung, Erwartung (.) und dann auch eine unheimliche Freude, mitzuwirken! |
[569]

Ähnlich nahmen sich die Beschreibungen im letzten Interview, beinahe ein Jahr später, aus.[570] Während der christliche Musicalinhalt für sie keine motivierende Funktion hatte, kam dem Anliegen der Selbsterfahrung, eigene Möglichkeiten und Grenzen zu testen, entscheidende Bedeutung zu. Im Projektverlauf wuchs mit der Vertrautheit die Begeisterung. Durch geknüpfte nette Kontakte mit anderen Sängern wurde aus dem Heer Fremder zusehends ein freundlich-vertrautes Umfeld; dies steigerte das Erfolgserlebnis der Einzelsängerin, die sich trotz Nichtübens außerhalb der Großproben in denselben gut zurechtfand, sich als von der Riesenchorgemeinschaft Getragene erlebte und statt von Unsicherheit zunehmend von Wohlgefühlen und Stolz darüber, Anteil an diesem spektakulären Großereignis zu haben, erfüllt wurde, wie noch rund acht Monate nach der Aufführung erkennbar zum Ausdruck kam:

---

[569] GS 1, Z.42–44.
[570] Vgl. GS 4, Z.23–31 (zitiert in C 2.3.5).

C 1.3 Ein Musical und sein Riesenchor

GS	Ach, dass dass es dass es a brutal schöne Veranstaltung war und dass ich auch im Nachhinein noch sehr stolz bin, dass ich da mitgemacht hab'!
JK	Aha (.) jawoll. (2) Und kommt des auch wieder `n bisschen (.) auf, wenn Du das so hörst,
GS	⌞ Doch!
JK	d- was Du damals empfunden hast?
GS	(2) Ach ja, des war so prickelnd, weil wenn man da inner- innerhalb von so=einem Riesenchor steht (.) des war natürlich schon was! Und ich war ja Einzelsängerin (.) ganz allein auf weiter Flur (.) j:a des war, des war schon toll!

[571]

Und später:

	Aha. U- und hörst Du dann manchmal auch noch so Aufnahmen an oder schaust Dir <u>Bilder</u> an oder w- (.)
GS	⌞ Also manchmal auf Youtube kuck' ich mir dann, wenn ich (.) oder ich <u>suche</u> dann ganz gezielt die Lieder nochmal, die wir da gesungen haben (.) und j:a (.) so von der Erinnerung her (.) ähm (.) kürzlich hat doch der (.) Bund- äh der der Präsident de- der Oba- ä:hm der Barack Obama hat doch „Amazing Grace" gesungen und dann hab' ich gedacht:
JK	⌞ ja
GS	„Ye:s! Der singt des auch!" @(.)@

[572]

Die Lieder des Musicals prägten und erfüllten Gabis Alltag, schon im Projektverlauf und erst recht nach der fulminanten Aufführung. Ihre Mitwirkung diente der Selbsterfahrung, setzte geistliche Impulse und vermittelte ihr Lebensfreude. Alle anfänglichen Befürchtungen waren Erfolgserlebnissen gewichen, den Ängsten folgte der Triumph, sich als Einzelsängerin im vormals unbekannten Abenteuerland erfolgreich bewährt zu haben, von einer mutigen Späherin zur begeisterten Botschafterin geworden zu sein, die nun beim nächsten Projekt die Werbetrommel rühren würde, damit auch Chorkollegen und Freundinnen mitmachten, das nächste Riesenchorereignis mit ihr gemeinsam erlebten. Die 54-Jährige hatte etwas völlig Neues, sie Herausforderndes gewagt, war Risiken – indem sie freimütig in ihrem Umfeld, einschließlich des Arbeitsplatzes, von ihrer Mitwirkung am Großprojekt berichtet hatte, auch für ihr soziales Ansehen – eingegangen, hatte in der Lebensmitte Schritte jenseits ihr vertrauter Pfade gewagt. Dadurch wurden grandiose emotionale Erfahrungen möglich und selbstwertsteigernde Erfüllung durch Hineinwirken der Lieder von *Amazing Grace* in ihren Alltag.[573] Ende Juni 2015 erklärte sie:

---

[571] GS 4, Z.14–21.
[572] GS 4, Z.68–75.
[573] Vgl. GS 3, Z.68–79 (zitiert in C 2.2.4).

	Ä:hm es hat mir gebracht, dass ich (.) so mutig war, dort <u>allein</u> hinzugehen und dann unter den (.) 600 <u>Mit</u>sängern da praktisch auch <u>ein</u> Teil vom großen Ganzen zu sein. Und mir hat des selber ganz viel (.) gebracht. Ja doch (.) es hat mich bissle (.) <u>stark</u> gemacht (.) und äh (.) ja (.) es hat, also i- (.) ich war noch eine Woche danach wie betäubt, ich weiß net (.) ich war <u>so</u> wie auf Wolke 7, also des war (.) irgendwie ein=ganz tolles Gefü:hl (.) und auch, wenn man jetzt so wieder dran=denkt, denkt man: „A:h, des war doch einfach toll!" Des
JK	∟ aha
GS	motiviert auch einfach!
574	

Im Riesenchor erlebte Gabi enorm wohlige Gefühle, spürte atmosphärisch ein Angenommensein unabhängig von Leistung, persönlicher Glaubensausprägung oder der Erfüllung von Ansprüchen. Die positiven Erfahrungen am Projektbeginn und das offene Einlassen auf ihre Mitsänger bildeten den Treibstoff für den raketenhaften Abenteuerflug Richtung „Wolke 7". So war es eine Entwicklung von noch skeptischer Offenheit mit Vertrauensvorschuss zu begründetem Vertrauen, vom Mutterseelenallein-Empfinden zum ausgeprägten Gemeinschafts-Gefühl in Picknick-Stimmung, von reservierter (innerer) Distanz zum sorglosen Bad in der Menge. Aus tendenziell bedrohlichen Fremden wurden für Gabi – wiewohl zahlenmäßig nur wenige aus der großen Sängerschar – sie annehmende nette Bekannte ohne überhöhte Ansprüche an ihre musikalische Kompetenz, ihren Glauben oder die Verbindlichkeit ihres Engagements. So erlebte die Sängerin bei der Gelegenheit ihres ersten Großchorprojekts aufatmend, in der Masse geborgen und unter Gleichgesinnten zu sein und beschrieb bereits am 6. November, drei Tage vor der Aufführung:

GS	(4) Also, ich hab schon gedacht: „Wenn's das nächste Mal sowas gibt, ich mache wieder mit!" (2) Also, ich find's <u>spannend</u> (.) ich find's auch irgendwie so für <u>mich</u> privat, ich bin
JK	∟ jawoll
GS	ja wirklich als Einzelsängerin dorthin gegangen, ich kannte wirklich <u>keinen Menschen</u> (.)
JK	∟ ja
GS	und des war gar net schlimm. Also, es war irgendwie so `n=gemeinsames Ziel da und
JK	∟ jawoll
GS	jeder hat=Dir irgendwie zugelächelt, keiner war muffig (.) jeder war irgendwie <u>gut</u> drauf
JK	∟ ja
GS	und also des fand ich jetzt wirklich sehr bereichernd!
575	

Für Gabis Relevanzsystem fundamentale Kriterien wurden bei *Amazing Grace* erfüllt. Wie in ihrem festen Gospelchor, in der Familie, am Arbeitsplatz und in ihrer Lebenssituation als Mittfünfzigerin spielte auch beim Musicalprojekt das Gefühl der Zugehörigkeit eine entscheidende Rolle. Sich am rechten Fleck zu fühlen, sich angenommen zu wissen, dem eigenen Umfeld vertrauen zu können und gemeinsam am gleichen Strang zu ziehen, das ist ihr ebenso wichtig wie das Meiden von Extremen, einschließlich des Aufdrängens von Meinungen oder Bot-

---

[574] GS 4, Z.106–113.
[575] GS 2, Z.87–96.

C 1.3 Ein Musical und sein Riesenchor

schaften. Gabi will geborgen und aufgehoben sein in einem herzlich-harmonischen Miteinander, in ihrem Nicht-Perfekt-Sein akzeptiert werden, mit ihren individuell notwendig begrenzten Möglichkeiten an etwas Größerem Anteil haben können. All dies war beim Gospel-Musical projekthaft möglich, zeitlich begrenzt und ohne Dauerverpflichtung. So könnte diese Passage aus dem ersten Interview ebenso gut als eine Art Summe oder Bilanz ihres Erlebens beim Gesamtprojekt am Ende stehen:

	Ö::hm ich wollt' mal ausprobieren, wie so=eine große Veranstaltung funktioniert, ich wollt' a) mal sehen: Wie machen die des organisatorisch? Und b) ich singe sehr gern (.) ich geh' einmal in der Woche in=die Singstunde (.) und mich hat einfach dieses Musical gereizt und auch diese Art von Projektchor, weil ö:hm es ist schon spannend, bei sowas Großes mitzumachen (.) aber ich könnt' jetzt net mich zwei Jahre oder auf Lebenszeit
JK	∟ @(.)@
GS	binden an einen Chor (.) so diese <u>Projekt</u>sachen, die machen mir <u>viel Spaß</u>, weil man
JK	∟ ja
GS	dann weiß: Okay, über 'n Zeitraum vo:n 'nem Vierteljahr (.) investier' ich da Kraft und Engagement (.) und dann ist's wieder vorbei, aber man hat trotzdem a große Sache (.)
JK	∟ mhm
GS	ä:hm irgendwie hat mitgewirkt.
[576]

Das risikobereite Experiment der einzelnen, erstmaligen Teilnahme an einem Riesenchorprojekt wie *Amazing Grace* erwies sich für Gabi somit als eine rundum positive Erfahrung. Das Nutzen der besonderen Gelegenheit sowie ihre Offenheit für das Wagnis und für andere Menschen wurden mit einem überwältigenden Gefühlsfeuerwerk, einer tief bewegenden Gemeinschaftserfahrung und mit dem Anteil an etwas ganz Großem, auf das sie auch noch lange später stolz sein konnte, belohnt. So erfuhr ihr Selbstwertgefühl eine massive Steigerung, ihre Freude am Singen kam in entspannter, unverkrampfter Atmosphäre zur Entfaltung und die intensiven Erfahrungen bei den spektakulären Proben wie auch bei der Aufführung wirkten sich nachhaltig erfüllend im Alltag aus.

---

[576] GS 1, Z.86–97.

1.4 Ein Musical nimmt Gestalt an: Beobachtungen zur Probenphase

Im Gegensatz zur Feldforschung auf dem Gospelkirchentag in Kassel, die bereits durch das Veranstaltungsformat bedingt eine zeitlich und organisatorisch begrenzte, punktuell-situative sein musste, war es bei *Amazing Grace* möglich, über einen längeren Zeitraum den Verlauf eines Großchorprojekts mitsamt den verschiedenen Phasen der Entstehung eines Musicals empirisch zu untersuchen, als Teilnehmer am eigenen Leibe mitzuerleben und als Beobachter zusätzlich am rekonstruierten Erleben beforschter Dritter Anteil zu erhalten. Diese besonderen Optionen der Längsschnittstudie beförderten umfassende Einsichten, die kompakt in der aus dem erhobenen Material entwickelten dreifachen Typologie (s. Kapitel C 2) zusammengefasst sind, jedoch auch in diesem Kapitel Niederschlag finden sollen, jeweils fokussiert auf besonders zentrale Beobachtungen.

Bereits bei der Auftaktprobe Anfang Juli 2014 in Ludwigsburg wurde meine besondere Rolle offenkundig: Als Einzelteilnehmer war ich von weit her angereist und kannte vor Ort in der Gruppe der in Aussicht stehenden mehreren hundert Mitsänger keinen einzigen anderen – diese Erwartung bestätigte sich vor Ort tatsächlich, obwohl ich durch mein Studium und währenddessen stattfindendes kirchliches Engagement in Württemberg durchaus auf Bekannte hätte treffen können. Bei einer Abfrage zum Beginn der Probe, wer über 250 Kilometer zurückgelegt hatte in die Friedenskirche, meldete ich mich als einziger. Überdies markierte meine explizit per Ansage angekündigte Feldforschung einen Unterschied zu allen anderen Sängern, die ohne ein solches explizitiertes Interesse mitmachten.

Diese Sonderrolle scheint indes – auch und gerade rückblickend – die teilnehmende Beobachtung nicht alleine nicht behindert, sondern in weiten Teilen tendenziell sogar begünstigt zu haben, indem etwa der (orts-) fremde Blick manche Charakteristika des Geschehens womöglich leichter erfassen ließ, als hätte ich aus der eigenen Lebenswelt weitgehend Vertrautes erforschen wollen, zumal insbesondere zu Einzelsängern unter den Probanden eine große perspektivische Nähe bestand, nahm ich doch selbst *ganz allein auf weiter Flur* – wie Gabi S. formulierte – teil. Freilich war meine Motivation eine andere als etwa jene der Einzelsängerinnen Gabi S. und Janina S., deren feste Entschlossenheit zur Teilnahme – um diese besonders Gelegenheit nicht ungenutzt zu lassen – offenbar die Hürden, sich allein ins Abenteuer zu wagen und dabei zunächst ein *Sich-Komisch-Vorkommen* zu riskieren, überwinden half; gleichwohl war – wiewohl anders akzentuiert – auch meine Haltung von aufgeschlossenem Wohlwollen geprägt, mit welchem ich das weitgehend fremde Forschungsfeld betrat. Dies trug gewiss dazu bei, dass ich mich darin rasch wohlfühlte, freundliche Gesten anderer Sänger sowie Orientierungshilfen durch die Veranstalter aufmerksam wahrnehmend. So notierte ich zum Ankommen in Ludwigsburg ins Feldtagebuch:

„Um die Kirche herum saßen verstreut kleine Grüppchen in der Sonne, ich wurde als Neuankömmling freundlich angelächelt und hier und da begrüßt. So fühlte ich mich schon vor Betreten der imposant großen und mich durchaus ansprechenden Friedenskirche gut aufgehoben, gewann den Eindruck, dass sich mit solchen mir durchweg fremden Menschen der Tag bestimmt gut würde verbringen lassen.
Beim Betreten der Kirche beeindruckte mich die professionelle Organisation durch das Team der ‚Creativen Kirche'. [...] Ich erhielt sogleich mein Namensschild, die Chorpartitur und war versöhnt hinsichtlich der Planungsdefizite im Vorfeld. Auch ließen sich die noch offenen praktischen Fragen zu meiner Feldforschung unproblematisch spontan klären."[577]

So ließen sich während der Probenphase durch die teilnehmende Beobachtung und die mit den 20 Probanden kontinuierlich geführten Interviewgespräche vielerlei Impressionen und Daten gewinnen, aus deren Analysen für das Musicalprojekt und seine Dynamiken besonders bedeutsame Aspekte im Folgenden gezielt aufgenommen werden.

1.4.1 Vielfältige Ausgangslagen

Wie sich im Rahmen der Feldforschung alsbald zeigen sollte, waren die Anfang Juli 2014 für das Musicalprojekt in der Friedenskirche zusammengekommenen rund 700 Sänger in ihrer Zusammensetzung ausgesprochen heterogen. Hinsichtlich der konfessionellen Zugehörigkeiten, der Altersstruktur, Geschlechterverteilung und weiterer Charakteristika ist im Kapitel C 1.3 bereits allerlei dargelegt worden, was hier nicht wiederholt werden soll, sondern vielmehr gezielt ergänzt. So ergab die Rekonstruktion des subjektiven Erlebens der 20 Probanden, wie unterschiedlich die individuellen Einstellungen zu *Amazing Grace* in Ludwigsburg – für das jeweilige Erleben beim Riesenchorsingen gewiss nicht ohne Bedeutung – ausfielen: Während etwa Bärbel F. von „Die 10 Gebote" (Zuschauerin) und dem Auftritt des Oslo Gospel Choirs (Mitwirkende) herkommend offenbar höchst motiviert ins Projekt startete und dem Auftritt entgegen fieberte, schien für Elke H. alles mit dem Ludwigsburger Auftritt Verbundene grundsätzlich einen zweckorientierten Pflichtcharakter zu haben, in allererster Linie den für sie weitaus wichtigeren Aufführungen in Musicalstadt als Vorbereitung zu dienen, ohne dass sie dafür eigens motiviert gewesen wäre, sondern vielmehr ihrer Chorleiterin Nikola I. zuliebe dieses Unternehmen mitsamt des zeitlichen und finanziellen Aufwands, der weiten Fahrtstrecken, der sie belastenden musikalischen und choreographischen Modifikationen im Projektverlauf et cetera auf sich nahm.

Wieder anders verhielt es sich bei Jens M., der trotz einer gewissen Aversion gegen Musicals und ausgeprägter Skepsis gegenüber Großveranstaltungen seinen Jugendgospelchor motiviert begleitete, ebenfalls mit dem alles überragenden Ziel einer eigenen Aufführung in der heimischen Kirchengemeinde, das ihn antrieb. Nochmals anders waren Motivation und Grundhaltung von Michael R. gelagert,

---

[577] Feldtagebuch zur Auftaktprobe, Z.15–24.

der nach mehreren großen Chor- und Gospelkirchentagen, nach Oslo Gospel Choir und „Die 10 Gebote" – also vor einem vielfältig von *Gewalt der Musik* geprägten persönlichen Erlebnishintergrund – mit überaus hohen Erwartungen in das von Tore W. Aas komponierte Musical startete, darin aber zunächst enttäuscht wurde und hoffen musste, dass *der Appetit* doch noch *mit dem Essen kommen* möge. Wiederum unterschieden sich – und ihre beiden sollen hier als letzte Beispiele dienen – Gabi K. und Gabi S. darin von Routiniers wie Michael R., dass sie noch bei keinem *Amazing Grace* vergleichbaren Riesenchorprojekt mitgewirkt hatten und nun als Einzelsängerinnen dabei waren. Bei Gabi K. kam hinzu, dass sie aus der Chorerfahrung ihrer Jugendzeit vor allem einen sehr kleinen Chor, mit nur ein bis zwei Personen pro Stimme, gewöhnt war und nun Lust hatte, vor diesem Erfahrungshorizont einmal etwas ganz Großes mitzuerleben. Gabi S. hatte zunächst noch hoffen können, dass auch andere aus ihrem Chor mitmachen würden, war aber – als absehbar wurde, dass dies nicht der Fall ist – derart entschlossen, sich die Gelegenheit des erwartet großartigen Unternehmens nicht entgehen zu lassen, dass sie sich *getraut hat*, auch ohne Chorkollegen allein daran teilzunehmen.

Wie eine knappe Interviewsequenz[578] illustriert, war bei Gabi S. eine ausgesprochen positive Voreinstellung zum Gospel-Musical zu beobachten. Nicht allein, dass sie sich vom Ausbleiben von Mitstreitern aus dem persönlichen (Chor-) Umfeld nicht von der Teilnahme abhalten ließ, sie ermahnte sich offenbar selbst zur positiven Einstellung gegenüber den hunderten ihr völlig fremden Menschen, auf die sie beim Musical treffen würde. Diese positive, bejahende Haltung, die sich zu engagieren und bereitwillig den persönlichen Beitrag zum Gesamtgelingen zu erbringen bereit war, noch ehe das Projekt überhaupt offiziell begonnen hatte, war nicht auf die Einzelsängerin begrenzt und trug ohne Zweifel entscheidend dazu bei, dass viele fremde Menschen im Massenchor rasch zueinander fanden. Hinzu kam die besondere Motivation der vielen, die mit ihrem Chor, mit Freunden oder Bekannten etwas Besonderes erleben wollten und gemeinsam angereist waren, aus den Reihen der Probanden etwa Bärbel F., Jens M., Elske B. – wenn auch nicht schon ab der Auftaktprobe – und Nikola I..

Hinzu traten strukturelle und organisatorisch-praktische Pluralität: So waren zahlreiche Projektchormitglieder offenbar durch den Friedenskirchen-Saisonchor „Voices of Peace" und seine Aktivitäten mehr oder minder ins Musicalprojekt „hineingerutscht", wie Gerhard S., Tanja R. oder Anja B., was wohl nicht zuletzt durch die Personalunion der beiden Chorleiter befördert wurde, indem Hans-Martin Sauter als Schlüsselfigur den Übergang ebenso erleichterte wie der bereits vertraute Probenort der Friedenskirche; bei gleichem Dirigenten und gleicher Kirche – während der Proben – war es somit für diese Sänger primär eine Veränderung der Musik, der Gesamtchorgröße und des Termins, ansonsten aber relativ weitreichende Kontinuität zum Vertrauten. Etwa größer war die Hürde beziehungsweise

---

[578] Vgl. GS 1, Z.106–111 (zitiert in C 1.3.4).

C 1.4 Beobachtungen zur Probenphase 253

die erforderliche Veränderung für jene, deren fester Chor sich in Teilen oder komplett dem Musical anschloss. Wer, wie Gabi K. und Janina S., durch eine Zeitungsanzeige, oder wie Gabi S. durch die Werbung ihrer Chorleiterin, hingegen auf anderem Wege einzeln von *Amazing Grace* erfuhr, stand mitunter vor Fragen oder Unwägbarkeiten, die sich einem Sänger bei „Voices of Peace" nicht stellten, etwa „Wer ist dieser Herr Sauter?" oder „Wie wird das ablaufen?". Vermutlich waren nicht alle aus der Ferne vom geplanten Musical Erfahrenden wie Janina S. euphorisch davon ausgegangen, dass es ein *tolles Projekt mit tollen Leuten* werden würde, sondern haben vielmehr mit Gabi S. trotz guter Gründe zur Skepsis sich dennoch *getraut* und tastend auf das Abenteuer eingelassen.

Bereits auf der Grundlage dieser schlaglichtartig skizzierten Einzelfälle lässt sich erahnen, welche Vielfalt sich mit den angemeldeten[579] 529 Frauen und 131 Männern, den 474 Gruppen- und 186 Einzelteilnehmern für die Vorbereitung der Musicalaufführung in Ludwigsburg zusammenfand – und dies keineswegs nur im Blick auf Alter, kirchliche Zugehörigkeit, persönlichen Glauben, Chorerfahrung, gesangliche Fähigkeiten et cetera.

1.4.2 Wachsende Einheit: Von vielen Individuen zu einer Gruppe

Was diese 660 Sänger inmitten aller differenten Pluralität einte war der Wille, mitzumachen. Ungeachtet ihrer persönlichen Einstellung und Motivation hatten sich mit der Anmeldung schließlich alle dem gemeinsamen Ziel einer erfolgreichen Inszenierung verschrieben.[580] Was im Zuge ihrer Entstehung während der Probenphase gruppendynamisch sich ereignete, soll in diesem Kapitel wenigstens grob umrissen werden.

Hierbei ist zunächst festzuhalten, gewissermaßen als hermeneutischer Schlüssel, dass prinzipielles Begegnen auf Augenhöhe, ohne Misstrauen, dafür mit Hilfsbereitschaft und Wohlwollen, ab der Auftaktprobe merklich die Grundatmosphäre bei *Amazing Grace* bildete. Einzelne Ausnahmen, die durchaus vorkamen, bestätigten diese Regel, wie etwa im zweiten mit Gabi K. in der Pause der Einzelsängerprobe geführten Interview dokumentiert:

„[...] auf der anderen Seite sitzt ne Dame (.) ähm die is (.) äh, wie soll ich sagen? e- eher zurückhaltend ä:hm (.) j:a. E- also bisher hatt' ich einfach äh lauter fröhlichere,

---

[579] Wie allein schon die Beispiele von Katharina M. und der Freundin von Elske B. zeigen, ist nicht davon auszugehen, dass bei allen Proben alle 660 angemeldeten Riesenchorsänger tatsächlich zugegen waren. Dennoch erscheint es mir angemessen, diese offiziellen Zahlen des Veranstalters auch hinsichtlich der Proben zu verwenden, da es für das einzelne Riesenchormitglied – wie mich selbst – fraglos völlig unerheblich war, ob es nun präzise 660 versammelte Sänger waren (wie angemeldet) oder beispielsweise „nur" 625 wegen Fernbleibens von 35 oder dergleichen.
[580] Vgl. Kühn, Wir, 50–51.

nettere @Menschen@ erlebt, die is etwa:s (.) zurückhaltender äh etwas, ja (.) hat gleich ihre Tasche verteidigt @zum Beispiel (.)@ und so also es war (.) paar Mal, wo ich dann schon bissl geschluckt habe, sag' ich mal so, m:hm also (.) ja. [...] War ich hier, von hier nicht gewohnt, ja. Mhm (.) warn bisher eigentlich alle offen, die ich jetzt so erlebt habe, einfach <u>offen</u> und man hat sich gleich <u>geduzt</u>, des war einfach gleich ne gewisse <u>Nähe</u> (.) und des war jetzt schon so (.) ‚So, des ist <u>meine</u> @Tasche!@ Mein Platz! Da sitze ich!' @(2)@ [...] Des war jetzt etwas anders, ja. @(.)@"[581]

Im für Gabi K. offenbar frappierenden Kontrast zum bis dato *von hier Gewohnten* bricht ihre Sitznachbarin die sonstige herzliche Atmosphäre, das wohlwollend-vertrauensvolle Miteinander auf, was die 51-jährige Probandin irritiert und befremdet, darin aber umso mehr über das als normal gelten könnende sonstige Klima im Projektchor aussagt. Denn dort ist man grundsätzlich *offen*, trifft auf *fröhlichere* und *nettere* Leute, *duzt* sich, erlebt und übt eine gewisse *Nähe* im Umgang miteinander, trotz (zunächst noch vorhandener) Fremdheit.

Dieser freundlich-vertraute Umgang mit anderen Sängern auf Augenhöhe ist wohl kaum einfach auf den kirchlichen Rahmen des Projekts – sowohl was die Räume als auch die mit dem Musical verbundenen Institutionen und Organisationen anlangt – zurückzuführen, etwa weil sich im Sakralraum der Friedenskirche alle beteiligten Sänger gleichsam automatisch von der besten Seite hätten zeigen wollen, also – anders, als klischeehaft im Straßenverkehr oder, den von Bärbel F. zur Illustration ihres Erlebens bei der Aufführung verwendeten Vergleich aufnehmend, ansonsten im Stadion – ausgesucht hilfsbereit und zuvorkommend, weil sich anderes in einem solchen Umfeld schlicht nicht geziemte.[582] Vielmehr scheint eine Reihe von Faktoren elementar dazu beigetragen zu haben, dass mit der Konstitution des Projektchores auch eine derart positive Grundatmosphäre entstehen konnte. Zum einen hatten sich eben 474 von 660 Sängern als Teil einer Gruppe angemeldet, so dass viele kleinere Abteilungen innerhalb der großen Gesamtgruppe untereinander und ihre Mitglieder dadurch mit mindestens einem Teil der anderen Sänger bereits vertraut waren. Dies war bei der Auftaktprobe schon augenscheinlich feststellbar:

> „In Ludwigsburg kam ich planmäßig an und erreichte die Kirche bereits rund 90 Minuten vor Veranstaltungsbeginn. Dabei staunte ich, wie viele andere Menschen ebenfalls bereits vor Ort waren. Alle, die ich wahrnahm, schienen in kleinen oder größeren Gruppen zu kommen, mindestens zu dritt, hatten Brotzeitdosen oder ganze Kuchenbehälter bei sich. Die Gesprächsfetzen, die ich hier und da aufschnappte, unterstrichen den Eindruck der lockeren Vertrautheit, zudem der ganze Habitus: Viele trafen offenbar auf ‚bekannte Gesichter', umarmten sich zur Begrüßung, scherzten und schäkerten. Um die Kirche herum saßen verstreut kleine Grüppchen in der Sonne, ich wurde als Neuankömmling freundlich angelächelt und hier und da begrüßt. So fühlte ich

---

[581] GK 2, Z.22–41.
[582] Bemerkenswert in diesem Zusammenhang sind die Interviewäußerungen einer Probandin zur Frage, ob man im Kirchenraum kurze Hosen tragen dürfe.

C 1.4 Beobachtungen zur Probenphase 255

mich schon vor Betreten der imposant großen und mich durchaus ansprechenden Friedenskirche gut aufgehoben, gewann den Eindruck, dass sich mit solchen mir durchweg fremden Menschen der Tag bestimmt gut würde verbringen lassen."[583]

Wie meine Aufzeichnungen zum Erleben im Forschungsfeld dokumentieren, war einerseits das Miteinander in wesentlichen Teilen beobachtbar und spürbar von bereits vorhandener vertrauter Herzlichkeit unter Bekannten oder Freunden geprägt, was nicht zuletzt durch die gewählten Kommunikationsformen zum Ausdruck kam: Umarmungen passen in einen freundschaftlich-intimen Rahmen, zu Familien- und Verwandtschaftsverhältnissen, zu christlich-geschwisterlich agierenden Gruppen, nicht aber in geschäftsmäßige, distanzierte oder gar feindselige zwischenmenschliche Kontexte.[584] Auch – zumal aus Eigeninitiative, nicht vom Veranstalter angeregt – mitgebrachtes Gebackenes und dergleichen waren ein starkes Symbol beziehungsweise Signal für von Wohlwollen, entspannter Freizeit und zugewandter Vertrautheit bestimmte Sozialformen: gemeinsames Essen, zumal im unkonventionellen Picknick-Stil[585] – und sei es auf dem Boden im Schatten der Friedenskirche –, prägte das Geschehen mit in Richtung eines familiär-jugendfreizeitmäßigen oder eben zum Chorkontext passenden, wo Zweckbündnis (gemeinsames Singen) und soziale Kontaktpflege einander sympathischer Menschen (Bekanntschaften/Freundschaften) im Sinne Webers bereits konzeptionell und erst recht praktisch zu verschwimmen tendieren.[586]

Die Außenwirkung der beschriebenen kleinen Grüppchen war indes keine abweisende im Sinne einer geschlossenen Gesellschaft; vielmehr trat vielfach eine für Vergemeinschaftung offene Grundhaltung praktisch zutage, die – neben eigenen Beobachtungen vor Ort – auch bei den Analysen im Nachhinein dadurch unterstrichen wurde, dass gemeinsam mit einer Freundin oder ihrem heimischen Chor teilnehmende Probanden von (ergänzenden) positiven Kontakten mit ihnen zuvor fremden Sängern berichteten, sich also offenkundig nicht nur auf die ihnen bereits im Vorfeld vertrauten um sie herum fixiert und gegenüber fremden abgegrenzt haben. Diese Offenheit dürfte als Einzelsänger Gekommene ermutigt haben, auf andere zuzugehen und sich womöglich aufnehmen zu lassen in eine bereits bestehende Gruppe;[587] hierbei war die jeweilige persönliche Veranlagung freilich nicht ohne Bedeutung:

---

[583] Feldtagebuch zur Auftaktprobe, Z.9–19.
[584] Dass, gerade bei jüngeren Menschen, hierbei derzeit einige Konfusion vorherrscht, zeigt anschaulich Hackober, Handschlag.
[585] Gabi S. spricht später, im Zusammenhang der Aufführung gleich zu Beginn des dazu geführten Interviews, sogar expressis verbis von einer *guten Picknick-Stimmung* unter den Sängern.
[586] Zu Webers Unterscheidung von *Vergesellschaftung* und *Vergemeinschaftung* vgl. Kapitel A 1.2.2.1.
[587] Dass dies mindestens einzelnen Sängern dennoch schwerfallen konnte, legen die Beispiele von Stefanie B. und Jens M. nahe.

79	JK	Ja. W:es jetzt so gerade die Gemeinschaft mit den anderen Sängern betrifft, einfach mal
80		auf 'ner Skala von eins bis zehn, wo eins heißt „Ich fühl' mich ganz alleine" und zehn „Ich
81		geh' ganz in dem Chor auf, bin ganz Teil des Chores" – auf gestern bezogen: Wo würdest
82		Du Dich denn da verorten?
83	GK	Eigentlich (.) eindeutig bei zehn, also (.) ma- ha-is also ich bin also ich bin auch so'n Typ,
84		ich komm' sofort in <u>Kontakt</u> mit anderen Menschen, man wird sofort angesprochen (.) ich
85		hab' gestern zum Beispiel auch zufällig ne ehemalige Klassenkameradin, obwohl ich jetzt
86		<u>nicht</u> hier aus Ludwigsburg bin, sondern in ▇ (.) hab' ich getroffen, äh (.) man
87		kommt sofort in Kontakt mit den Anderen, ist <u>zusammen</u>, Musik verbindet einfach, also
88		(2) meine Nebensitzerin äh hieß zufällig ja auch Gabi @(.)@ ähm (.) <u>ja</u>, sofort mit-
89	JK	└ jawoll └ @(.)@
90	GK	einander gesprochen, mit mit <u>jedem</u> hat man eigentlich <u>ja</u> (.) w:ar für mich eigentlich gar
91		kein Problem. Also ja (.) hab' mich wohlgefühlt.

[588]

Diese Interviewpassage unterstreicht, wie leicht es offenbar für eine Einzelsängerin sein konnte, bereits im Rahmen der Auftaktprobe auch emotional anzukommen und sich inmitten der vielen Fremden wohlzufühlen. Mag die Klassenkameradin, die sie unverhofft inmitten des Riesenchores traf, Gabi K. die Akklimatisierung zusätzlich erleichtert haben, so deckt sich das in ihrer Darstellung in jedem Fall durchschimmernde Leicht-Anschluss-Finden und Sich-Wohlfühlen nicht zuletzt mit meinen eigenen Erfahrungen vor Ort. Wer aufgeschlossen sich auf Neues – einschließlich ihm persönlich unbekannte Menschen – einließ, der konnte bei *Amazing Grace* rasch und mühelos sich einfinden, sich die fremde Umgebung erschließen und mit ihr vertraut werden. Dabei war entweder passive Erwiderung der Initiative anderer Sänger vonnöten – wurde man mitunter schließlich *sofort angesprochen* und musste sich hierzu verhalten – oder man ergriff gleich selbst die Initiative, wie Gabi K. dies offenbar tat.

Hinzu kamen weitere wesentliche Faktoren, die ebenfalls aus den 660 – in dieser Konstellation einander trotz aller Kleingruppen innerhalb des Riesenchores – fremden Sängern allmählich eine Gruppe werden ließen, für viele offenbar schon innerhalb der ersten Probe deutlich spürbar. Das war zum einen die praktisch erfahrbare gegenseitige Hilfeleistung, die schon dadurch erforderlich war, dass zwei verschiedene Versionen der Chor-Partitur existierten und sich gegenüber der älteren einiges geändert hatte; dies bereitete manchen Teilnehmern deutliche Schwierigkeiten:

> „Als beim ersten Lied mein jugendlicher Nebensitzer orientierungslos in seinen Noten herumblättert werde ich gewahr, dass es offenbar verschiedene Notenausgaben gibt. Das wird alsbald auch noch angesagt. Die allermeisten Sänger haben die ‚alte' Ausgabe, in der noch allerlei Verbesserungen vorzunehmen seien, deren Nummerierung von der neuen abweiche usw. Handzeichen-Meldungen zeigen, dass neben mir selbst nur sehr wenige die ‚neuen' Noten verwenden, weshalb künftig immer für beide Ausgaben die nötigen Informationen angegeben werden sollen. Selbstverständlich helfe ich dem Suchenden, der sich noch immer schwertut; dann hilft auch noch der andere Nebensitzer, der ebenfalls die ‚alte Ausgabe' verwendet. Mein Eindruck: Wenige Minuten nach Beginn helfen sich bereits völlig Fremde und ziehen die Schwachen mit – dies umso deutlicher, als der zunächst Orientierungslose später deutlich falsch singt,

---

[588] GK 1, Z.79–91.

C 1.4 Beobachtungen zur Probenphase

dafür aber keine bösen Blicke oder Kommentare erntet. Er wird weiterhin ‚mitgezogen'."[589]

Bereits am Beginn der Probenphase wurde somit praktisch erfahrbar, dass sich die Mitglieder des Massenchores grundsätzlich gegenseitig unterstützten, miteinander arbeiteten, nicht neben- oder sogar gegeneinander. Wo der einzelne überfordert war, half sein Umfeld aus, bemühte sich geduldig und trug essentiell dazu bei, dass keiner den Anschluss verlor. So zum Ausdruck kommende Solidarität – auch für nicht unmittelbar Betroffene in ihrer Umwelt beobachtbar – beförderte gewiss das Gefühl, im Riesenchor grundsätzlich allen vertrauen, sich aufeinander verlassen zu können, was einem subjektiven Empfinden geradezu familiär-solidarischen Zusammenhalts potentiell höchst zuträglich war.

Weiterhin spielten im Rahmen der Auftaktprobe Hans-Martin Sauter und der als Überraschungsgast auftretende Librettist Andreas Malessa in ihrer jeweiligen Rolle eine entscheidende solche für die klare Ausrichtung des Projektchores auf die Musicalaufführung als Zielpunkt der Probenphase. Durch ihr Reden und Handeln – besonders an Hans-Martin Sauter sichtbar, der ebenso diszipliniert wie zielorientiert bereits die Auftaktprobe gestaltete – motivierten sie die große Sängermenge, stimmten ein auf viel bevorstehende Arbeit, aber auch ein für alle Mühen vergütendes Feuerwerk zum Abschluss. Und dies zeigte Wirkung:

JK	Mhm, jawoll. Äh is' es Dir denn wichtig, dass es ein <u>christliches</u> Musical is'?
HS	Ja, natürlich! Ä:hm (.) also w:as was äh:m der Andreas Malessa da auch ähm (.) nochmal so gesagt hat, eben :ja dass das ä:hm „Warum ä:h führen wir das auf? Warum ähm" also was er sich ähm so vorstellt, dass eben Begegnung mit Gott passiert, weil (.) ähm also nich' nur mit denen, die die kommen und zuhören, sondern auch eben mit uns Beteiligten, ne? Ä:hm und ich denk', <u>das</u> is' auch eigentlich der Hauptgrund, warum ich in in
JK	∟ mhm
HS	den Chören singe, weil (.) ich eben durch die gesong- gesungene Botschaft ähm ja, des erreicht halt mein Herz oder oder meine Seele und tut was mit mir, macht (.) macht an der Seele was, ja, Seelenhygiene, Seelen:wohl @(.)@ wohltuend! @(.)@

[590]

oder auch:

„Als ‚Überraschungsgast' tritt Andreas Malessa auf und erzählt uns von seiner Motivation für das Musical. Er sei überwältigt vom bisherigen Erfolg, der großen Nachfrage und gerade dem Umfang unseres Projektchores in Ludwigsburg, dem bislang größten unter den angemeldeten. Sein Ziel und seine Hoffnung seien, dass es am Tag der Aufführung zu einem ‚Begegnungs-Dreieck' komme, zwischen allen Akteuren, dem Publikum und Gott. Dabei werde hoffentlich das Wunder geschenkt, dass Gottes Gnade als ‚nachsichtige Barmherzigkeit' aufscheine und die Herzen erreiche. Das aus nur wenigen Worten bestehende Statement des Journalisten beeindruckt mich."[591]

Mag die einen mehr die theologische Akzentuierung oder das rhetorische Geschick seines knappen Redebeitrags angesprochen haben, andere die – ihnen teils

---

[589] Feldtagebuch zur Auftaktprobe, Z.52–62.
[590] HS 1, Z.124–133.
[591] Feldtagebuch zur Auftaktprobe, Z.80–86.

bereits aus der Jugend längst bekannte – prominente Person insgesamt, so hatte, wie auch an den Interviewnennungen erkennbar, der Auftritt des Librettisten fraglos eine insgesamt motivierende Wirkung, die zu einem erhebenden Verantwortungsgefühl beigetragen haben dürfte unter den Anwesenden, das Bewusstsein fördernd, dass ein jeder von ihnen an diesem Besonderen Anteil haben, alle dabei und mitverantwortlich sein würden für das Gelingen des Projekts mit dem bis dato – und seither numerisch unübertroffen – größten Projektchor bei einer Aufführung von *Amazing Grace*.

Zu solcher Bewusstseinsbildung schon in der Auftaktprobe trug freilich auch der musikalische Leiter des Ludwigsburger Musicalvorhabens entscheidend bei, wie an den Ausführungen von Gabi K. erkennbar.[592] Die beiden charismatischen Persönlichkeiten hatten gewiss elementaren Anteil daran, wenn – mit welcher Einstellung auch immer im Einzelnen in die Arbeit am Gospel-Musical gestartete – Sänger am Abend des 6. Juli die Friedenskirche mit *Lust auf dieses Projekt* verließen.

Von hoher Bedeutung war das von Malessa und Sauter – in Wort und Tat – in den Blick des einzelnen Sängers gerückte gemeinsame Ziel der Aufführung gewiss auch als Katalysator für das Gemeinschaftserleben in der Vorbereitung darauf. So beschrieb Frauke L.:

> „Also was ich unheimlich toll find' und warum ich das so gerne mach' ä:hm (.) und auch zu dem Sonntag: Es ist, find' ich, sehr erhebend äh zu sehen (.) wie viele Menschen (.) ä:hm das gleiche (.) Anliegen haben (.) nämlich über die Musik äh Menschen zu erreichen! Und ähm deswegen ist das ah fand ich, 'n unheimliches Gemeinschaftsgefühl (.) zum einen, das mir viel gibt (.) kann natürlich auch damit zusammenhängen, dass wir ne sehr @kleine Gemeinde sind@, vielleicht auch, aber ich find des unheimlich toll, dass da so viele Menschen mit dabei sind und das Gleiche einfach wollen (.) und ähm mit Begeisterung da dahinterstehen! Das gibt mir viel und ä:hm (.) dann find ich's überwältigend ähm von der musikalischen Seite einfach auch, wenn so viele Menschen (.) äh zusammen äh singen, des is' 'n Klangerlebnis, find' ich super!"[593]

Nun mag diese Sequenz aus dem ersten Interview mit der 43-jährigen Qualitätsmanagerin, in der das geteilte *Anliegen, Menschen zu erreichen*, als alle Beteiligten verbindende Gesinnung beschrieben wird, den Eindruck erwecken, hier habe eine tief gläubige Frau im Nachhinein ihr *unheimlich tolles* emotionales Erleben schlichtweg rationalisierend reflektiert und ihre eigene Haltung auf die Mitsänger projiziert – und es lässt sich nicht ausschließen, dass dies ein (wesentlicher) Faktor sein mag. Nicht ferner liegt aber freilich die Interpretationsvariante, dass Frauke inmitten des Riesenchores gespürt hat, wie wichtig auch anderen die Vorbereitung auf jene Aufführung ist, um derentwillen alle Anwesenden ihren Sonntag in der Kirche verbringen, was für sie gleichbedeutend ist mit dem Ziel, *Menschen zu erreichen* – mag die Motivation für andere bei gleichem Engagement und gleicher Hoffnung auf eine gigantische Aufführung tatsächlich vielleicht

---

[592] Vgl. GK 1, Z.62–68 (zitiert in C 2.6.6).
[593] FL 1, Z.68–81.

C 1.4 Beobachtungen zur Probenphase

ganz anders ausfallen. Was Frauke somit auf ihre Weise interpretiert ist die phänomenologisch bei der Probe unzweifelhaft zutage getretene Disziplin und Entschlossenheit der beteiligten Chorsänger, ihren Beitrag zum Gelingen des Projekts zu leisten, dafür zu arbeiten und gründlich zu proben. Diese geteilte Ernsthaftigkeit, dieses gemeinsame Bemühen verband die einzelnen Sänger zu einer Arbeits-, Solidar- und Schicksalsgemeinschaft.

Weiterhin lässt sich – beinahe zu trivial, um es eigens zu erwähnen – ganz nüchtern festhalten, dass spätestens mit der zweiten Probe grundlegende praktische Fragen nicht mehr unklar waren: Auch ortsfremde Sänger wie ich selbst wussten dann, wie es sich mit den örtlichen Gegebenheiten einschließlich Raumklima, kulinarischen Versorgungsmöglichkeiten, Pausenzeiten, Toiletten et cetera verhält und konnten sich entsprechend in einem auch in dieser Hinsicht vertrauten Probenmodus bewegen, der es erleichterte, sich auf das Stück, die Aufführung und eben auf andere Sänger zu konzentrieren.

Mit der kollektiven Probenarbeit an *Amazing Grace* – womöglich ergänzt durch heimisches Üben mit CD oder im eigenen kleine(re)n Chor – wuchs die Sicherheit der Sänger, was ebenfalls nicht ohne Auswirkungen auf das Miteinander blieb, wie sich für einen Gutteil der interviewten Sänger – insgesamt 15 der 20 Probanden – rekonstruieren ließ. So berichtete beispielsweise Bärbel F. in der Pause der Einzelsängerprobe im Oktober:

> „Also für mich war's heut' schöner, weil ich den Text schon besser kann und auch die Melodie, also ich konnt' jetzt auch mich mal 'n bisschen umgucken und (.) konnt' mich viel mehr auf den Hans-Martin konzentrieren, weil beim ersten Mal hab' ich halt, wie gesagt, versucht, in die Noten hinein zu starren, muss zugeben, ich war net so gut @vorbereitet (.)@ und jetzt hab ich's aber so oft gehört, dass ich also inzwischen (.) das meiste auswendig kann und dann ist's dann immer ganz anders, gell? Also man kann wirklich (.) sich auf ihn (.) konzentrieren und auch bissle rumgucken mal: Was machen die Anderen so? Des is (.) is schön! Richtig schön, gefällt mir umheimlich!"[594]

Die gesteigerte Vertrautheit mit dem Musical beförderte offenbar Bärbels Interaktion mit anderen Sängern, etwa durch Blickkontakt, was ihrer an mehreren Stellen aufscheinenden Kontaktfreudigkeit entgegenkam. Die anscheinend mit einer Freundin gemeinsam am Gospel-Musical mitwirkende Kinderkrankenschwester hatte, befreit von manchem Leistungs- beziehungsweise Orientierungsdruck, entsprechend mehr Kapazitäten zur Verfügung, sich entwickelnde Bekanntschaften wahrzunehmen, was ihr Erleben im Riesenchor positiv prägte. Gefragt, wie es ihr mit den anderen Sängern gegangen sei, führte sie aus:

> „Gut, ich hab' dieses=Mal großes Glück, ich hab' hinter mir welche sitzen, die (.) richtig und gut singen und auch re- also sch- auch nett sind, haben Spaß, haben also nach hinten 'n paar Mal haben=wir 'n paar Mal lachen müssen (.) also des ist so bissle auch so'n Miteinander: Jedes Mal, wenn man kommt: ‚Ach, Du warst das letzte Mal auch da!' und so, man fängt an, Leut' kennen zu lernen und (.) also, des muss jetzt=ja net gleich eine Riesenfreundschaft sein, aber einfach man trifft sich wieder neu, sagt:

---

[594] BF 2, Z.57–65.

> ‚Du bist nächstes Mal auch wieder da!' Des des find' ich sehr angenehm, die (.) Tanja, zum Beispiel, des war mein erster Eindruck (.) sie hat 'n Schaal für mich mitgenommen, weil ich wohl hinter ihr gesessen bin (.) und seither <u>kenn</u>' ich sie, gell? Also wenn man reinkommt (.) also es ist ja auch so so bissle herzlich, es ist net so (.) [förmlich-distanziert] ‚Grüß Gott!', weil's halt 'n Nachbar ist oder 'n entfernter Nachbar, sondern (.) man <u>freut</u> sich richtig, wenn man die Leut' hier sieht! Irgendwie strahlen die alle bissle (.) ja (.) <u>Freude</u> aus, hab' ich so das Gefühl!"[595]

An Bärbels Beispiel ist nachvollziehbar, wie sich die Vertrautheit mit einzelnen Personen und dem Stück auf das subjektive Erleben auswirken konnte, indem Entspannung und Genuss anwuchsen, in aller Begrenzung – dass womöglich keine *Riesenfreundschaft* entstehen würde – sich Kontakte verstetigten und anfängliche Erfahrungen von Überforderung oder mangelnder Kompetenz gewichen sind. Weiterhin blieb der einzelne Sänger für das Gelingen des Projekts mitverantwortlich, aber seine Umgebung war ihm nun weniger fremd, manche aus der Masse kannte er womöglich mit Namen und der Chorklang verbesserte sich merklich. So trat für Bärbel F. zum freundlichen Kontakt mit anderen Sängern ein eindrückliches Klangerlebnis hinzu.[596] Kurzzeitig sich selbst der Produktion des Klangs entzogen habend, war die einzelne Sängerin – die dem Produktionstyp Singende Hörerin zugeordnet ist – offenbar schier überwältigt vom imposanten Sound um sie herum, was wiederum ihr Erleben als – ansonsten zumeist mitsingendem – Teil des Chores wesentlich mitgeprägt haben dürfte.

Auch das Beispiel von Anja B. kann beleuchten, wie das von Probanden in steter Regelmäßigkeit artikulierte Gemeinschaftsgefühl zustande kam, respektive massiv befördert wurde.[597] Wie die 33-Jährige unmittelbar nach der Auftaktprobe erläuterte, hat sie die Tragfähigkeit des chorischen Miteinanders ganz praktisch getestet und dabei als Befreiung erfahren, wie sie gehalten wurde von der Chorgemeinschaft, auch ohne besondere persönliche Vorbereitung auf die Probe und daher vorerst mit gewissen musikalischen Defiziten versehen. Offenbar konnte sie sich fallen lassen im Kontext dieses singenden Menschenmeeres – ohne zu Fall zu kommen, enttäuscht oder für ihr passiv-reaktives Beitragen zum Gesamtklang kritisiert zu werden. Sie tauchte an der Gesamtheit klanglich sich orientierend ins Massensingen ein wie eine Badende, die von der Tragfähigkeit des Wassers im Toten Meer schon viel gehört hat, aber diese selbst erleben will und daher den praktischen Test unternimmt, um dadurch eigenleiblich zu erfahren: Das Wasser trägt wirklich! So erwies sich für Anja der Riesenchor als Freiheit stiftend, die Vielzahl der Menschen als Gemeinschaft, auf die sie sich verlassen konnte. Im weiteren Projektverlauf konnte sie weiterhin erfreut feststellen, dass und wie sehr die Gruppe spürbar zusammenwuchs, nicht zuletzt im Angesicht der nahen-

---

[595] BF 2, Z.37–52.
[596] Vgl. BF 2, Z.15–18.30–31 (zitiert in C 2.1.5).
[597] Vgl. AB 1, Z.68–73 (zitiert in C 2.2.2).

C 1.4 Beobachtungen zur Probenphase

den Aufführung. So nimmt es nicht wunder, dass Anja rückblickend die Probenphase als für sie tendenziell wichtiger als das darin ent- und an deren Ende bestehende Produkt zeichnete.[598]

Dass es inmitten aller Disziplin und Zielorientierung dabei durchgehend locker und gewitzt zugehen konnte, scheint in der Darstellung von Paul P. auf:

> „[…] alles (.) lacht miteinander, haben uns nicht einmal gekannt, aber aber da haben=wir's bloß so, die eine hat so irgendwas falsch gemacht und dann lacht sie drüber, oder (.) ich=hab' sie gestupst, dass die halt net weitermacht @(2)@ aber des is' schon alles so richtig locker drauf wieder. Also die neben mir halt."[599]

Hier deutet sich abermals eine kameradschaftlich-ungezwungene Atmosphäre an, die im Zweifel Spaß und Entspannung über Perfektion und Verbissenheit stellte, die es problemlos zuließ, dass – über Geschlechtergrenzen hinweg – ein Sänger eine wildfremde andere *stupst*, wie er es vielleicht im familiären Rahmen mit einem Kind oder im romantischen mit einer Partnerin täte. Offenbar war die Einstellung, gemeinsam Spaß haben und die Dinge nicht allzu ernst nehmen zu wollen, in diesem freizeitlichen Kontext weit verbreitet.[600]

All diese Beispiele – von weiteren soll hier abgesehen werden – illustrieren, wie es in kürzester Zeit und trotz der Beteiligung hunderter Sänger an diesem Projekt, die sich nur im Abstand mehrerer Wochen bei den Proben trafen und vom 6. Juli bis 11. Oktober beziehungsweise gar 2. November sich gar nicht alle sahen, bereits während der Probenphase zu offenbar enorm intensiven Gemeinschaftserfahrungen innerhalb der großen Gruppe kommen und mit der Zeit das entstehen konnte, was Janina S. als *zusammengeschweißte* Gemeinschaft[601] umschrieb.[602]

Was durch die klare Fokuslenkung durch die Verantwortlichen – die Mitarbeiter der Creativen Kirche, aber auch Andreas Malessa und insonderheit Hans-Martin Sauter – auf die Aufführung als Zielpunkt des Projekts bereits im Rahmen der Auftaktprobe als Einheitsband potentiell angelegt wurde, kam spätestens in der Aufführung dann tatsächlich zur vollen Entfaltung: Eine Ziel- und Handlungsgemeinschaft hatte gemeinschaftlich eben jenes große Projektziel, dem sich durch ihre Anmeldung und Mitwirkung alle Beteiligten verschrieben hatten, endlich erreicht.

---

[598] Vgl. AB 4, Z.141–154 (zitiert in C 2.6.4).
[599] PP 2, Z.20–23.
[600] Wie dies auch seitens der Veranstalter provoziert und befördert wurde dokumentiert Feldtagebuch zur Auftaktprobe, Z.31–40.73–75.
[601] Beachtung verdient dabei – näher in Kapitel C 1.3.2.11 erläutert – das Beispiel von Katharina M., die erst zur Hauptprobe faktisch ins Projekt eingestiegen war und in deren Interviewschilderungen nichts dem, was andere Probanden zu ihrem Gemeinschaftserleben ausgeführt haben, (gänzlich) Vergleichbares begegnet. Ex negativo unterstreicht sie damit, was sich für andere Sänger offenbar im Positiven über die Monate des Projekts hinsichtlich der Gruppenerfahrung und -identität entwickelt hatte und über die feuerwerksartige Aufführung hinaus in den Alltag hineinwirkte.
[602] Vgl. JS 3, Z.35–44 (zitiert in C 2.2.2).

1.4.3 In der Masse erblüht individuelle Freiheit

Ganz grundsätzlich ermöglichte der Massenchor der rund 700 Sänger in Ludwigsburg bereits mit seinem Zustandekommen seinen Mitgliedern ein Großmaß an Freiheit: jene (Mitgestaltungs-) Freiheit nämlich, überhaupt in einem solchen Riesenchor zu singen, die nur dort beziehungsweise allenfalls an wenigen anderen Orten zu finden ist. Hinzu kamen das spezielle (christliche) Stück auf großer Bühne mit großen Stars, die für viele Teilnehmer gewiss bequem überwindbare Entfernung zwischen Wohn- und Proben- respektive Aufführungsort et cetera.

Die beim gemeinsamen – in aller Lockerheit hoch disziplinierten – Arbeiten am Gospel-Musical entstandene Riesenchorgemeinschaft versetzte den einzelnen Sänger weiterhin in die Lage, sich, wie bereits dargelegt (s. Kapitel C 1.4.2), von der Gruppe bei Bedarf tragen und mitziehen zu lassen, von jenem Netz Gebrauch zu machen, das Stolpernde auffing, Hilfestellung gab und Missklänge kompensierte. Zugleich verhalf es dazu, sich im Schutz der Großgruppe auszuprobieren und im Rahmen der Mitwirkung über manchen womöglich vorhandenen Schatten zu springen. Dies erlebte ich auch persönlich:

> „Welche Gruppendynamik das Miteinander erfasst hat wurde bei choreographischen Vorgaben erkennbar: Wie mir bereits aus Kassel und durch Malessas Andeutungen beim Interview bekannt gehört es zu den Aufgaben des Mass Choir, an einer Stelle kollektiv militärisch zu salutieren, an einer anderen, mit einem Stofftaschentusch zu winken, bei einer dritten, durch hin und her Wiegen die Sturmstärke des Orkans zu versinnbildlichen. In einem anderen Kontext hätte ich dies gewiss als albern empfunden, mich vermutlich strikt verweigert. Hier reflektiere ich dies zwar, mache aber ohne Zögern sogleich mit und tue, wie mir geheißen. Auch um mich herum, ja im ganzen Massenchor, scheint niemand Hemmungen zu haben. Gelöst lachen viele, der Dirigent lacht kräftig mit, bleibt aber natürlich bei seiner Forderung. Mir scheint, die Gemeinschaft der choreographisch so Handelnden überwindet ihre Hemmnisse auf Grund des großen Vertrauens in die Gruppe; sicherlich tun sich neben mir eigentlich auch Andere schwer, womöglich noch mehr als ich, mit solch ‚albernem Getue'. Nun sehe ich aber weit und breit niemanden, der nicht mittäte.
> In der Pause schildern mir die Gesprächspartnerinnen in Kurzinterviews ganz ähnliche Erfahrungen und ich spüre, wie stark sich manche Empfindungen und Erlebnisse ähneln, so stark sich die Einzelnen in etlichen Punkten auch von mir zu unterscheiden scheinen (Alter, Geschlecht, Bildungsgrad, Frömmigkeitsstil, Berufsfeld u.v.m.)."[603]

Das Beispiel illustriert nicht zuletzt abermals das große Vertrauensverhältnis im Kontext des Massenchores, worin sich der Einzelne – sei er Lehrer, Ärztin oder ordinierter Pfarrer – ohne Weiteres manche Blöße geben kann, sich dabei womöglich der Lächerlichkeit preisgeben, darin jedoch das geteilte Erleben genießt. Zum einen tun dies alle, zum anderen dient es der gemeinsamen Sache. Mag manch Außenstehender wähnen, hier hätten bestimmt auch Gruppendruck, vielleicht gar Ansätze von Manipulation einer großen Menschenmenge hineingespielt, so lässt

---

[603] Feldtagebuch zur Einzelsängerprobe, Z.149–164.

C 1.4 Beobachtungen zur Probenphase

sich dies zwar gewiss nicht kategorisch ausschließen; die feldforschende persönliche Erfahrung war indes – auch rückblickend – eine gänzlich andere. Ohne Scheu und Not hätte ich mich dem Geforderten im Augenblick verweigern können, habe jedoch um der geteilten Verantwortung für das Gelingen der Aufführung willen sowie aus vertrauender Sympathie zum Dirigenten jenseits persönlicher Zurückhaltung gegenüber solchem *albernen Getue* stattdessen in aller Freiheit freudig und beherzt mitgemacht. Insbesondere im Rückblick erscheint die dadurch zum Ausdruck gekommene Einstellung zu den anderen Sängern, zum Dirigenten und zum Projekt insgesamt von zwei Merkmalen vor allen anderen geprägt gewesen zu sein: Dem unerschrockenen Zutrauen, inmitten des Riesenchores bedenkenlos solches *Getue* wagen zu können ohne Sorge etwa vor fremden Blicken der Irritation, sowie andererseits der Bereitschaft, zugunsten des Musicals und solidarisch mit Dirigent und Gesamtgruppe *ohne Zögern* persönliche Hemmungen abzulegen.

Auch die Freiheit, über lähmende Selbstbegrenzungen hinausgeführt zu werden, konnte mit dem Riesenchorsingen einhergehen, wie sich am Beispiel eines meiner direkten Singnachbarn während der Einzelsängerprobe zeigte. Mit mehreren Stiften ausgestattet war er sichtlich bemüht, alle Hinweise des Dirigenten et cetera gewissenhaft zu notieren, schimpfte aber zugleich permanent vor sich hin über die Änderungen. Eine vor ihm Singende veranlasste dies, ihn zur Gelassenheit zu ermahnen. Dies zeigte Wirkung: Während der restlichen Probe wurde sein Schimpfen seltener und leiser, er wirkte insgesamt engagierter und motivierter als zuvor. Während dieser Sänger für sein Nörgeln verstärkendes Verhalten anderer Chormitglieder wohl mindestens gleichermaßen empfänglich gewesen wäre wie für die freundlich-mahnende Kritik der Mitsängerin, scheint sich deren Intervention somit positiv auf sein Erleben ausgewirkt zu haben.[604]

Wie sehr persönliche Vorlieben sowie subjektiver Genuss von der Menschenmenge als einem bergenden Vehikel abhängig und wie bedeutsam sie als solches angestrebte Erleben überhaupt erst ermöglichende Grundlage im Einzelnen sein konnte, zeigt das Beispiel von Gerhard S., der sein Wohlgefühl im Sängermeer – das er auch außerhalb von *Amazing Grace* im Riesenchorsingen schon erlebt hatte und zusammenfassend beschrieb – anschaulich erläuterte:

---

[604] Gewiss würde es zu weit führen, die Szene im Sinne eines erfolgreichen Zum-eigenen-Glück-Gezwungenwerdens zu deuten; aber dass im beherzten Ermahnen der Mitsängerin Potential zur Befreiung des so Kritisierten von seiner offensichtlichen negativen Attitüde, die sein Erleben (sowie jenes Umstehender!) trübte, lag und wohl auch zur Entfaltung kam, wenigstens in Ansätzen, ist gleichwohl nicht von der Hand zu weisen.

SG	kennt man eigentlich nur die Gesichter (.) j:a die ( ) die Großgruppenerfahrung is' eben die, sag'=ich mal, dass es (.) also ich kann mir's eigentlich net leisten äh äh jetz wir singen in Pfingsten jetz mit=dem kleinen Chor, da in der Gemeinde, da kann ich mir's gar net leisten, zu fehlen (.) weil des si- des sind einfach zu wenig und (.) der Vorteil von der
JK	└ ja
SG	von der Großgruppe is', wie jetzt äh am Sonntag, wo ich nich' dabei war, mit=dem 85. Geburtstag, dass ich auch mal (.) dass der Druck net so da is', dass ich mal äh dass ich
JK	└ ja
SG	ersetzbar bin, ich bin da (.) eigentlich 'n ä:h kleines Rädchen, das net so wichtig is' (.) was
JK	└ ja
SG	mir jetz eigentlich aber ei- eigentlich ä:h (.) wieder wichtig is', dass ich (si-), hört sich komisch an, wichtig is', dass ich nicht so wichtig bin (.) weil sonst fühl' ich mich deut- ä:h
JK	└ ja
SG	im kleinen Chor, da is' äh so stark die Verpflichtung (.) also da is' im im im in dem
JK	└ ja, mhm
SG	großen Chor is' einfach mehr der Spaß und die Freude und (.) ja, mit=dem Hans-Martin is'
JK	└ ja
SG	äh eh ganz toll eigentlich.
JK	└ ja @(.)@ also vielleicht so 'n biss- ein kleiner Teil praktische Gnade, dass man da weniger Leistung und äh wenig
SG	└ **Genau!** Genau @is' genau so! (.)@ ja=ja

[605]

Für den 67-jährigen Rentner hatte das Singen im Massenchor beim Gospel-Musical offenbar eine ausgesprochen wohltuende, entlastende Funktion: Befreit vom Druck, dass der harmonische Gesamtklang stark auch von ihm abhängt, wie er es offenbar vom Singen in seinem weitaus kleineren heimischen Gemeindechor gewöhnt ist, konnte er bei *Amazing Grace* aufatmen, voll Freude genießen, sich mitreißen und tragen lassen von der Gruppe. Was er bereits regelmäßig im Rahmen des Friedenskirchen-Saisonchores „Voices of Peace" mit rund 100 Sängern erleben kann, fand Gerhard beim Musicalprojekt entsprechend potenziert. Dabei konnte er Gemeinschaft genießen, ohne hierbei und hierfür besondere Leistung erbringen zu müssen; so war es ein Stück spürbarer Gnade, inmitten der vielen Sänger selbst nur ein *kleines, ersetzbares Rädchen* zu sein, ohne besonderen *Druck* einer *Verpflichtung*. So hatte Gerhard bereits in der Auftaktprobe von *Amazing Grace* Intensives erlebt:

---

[605] SG 4, Z.181–201.

C 1.4 Beobachtungen zur Probenphase

	also vor der Pause äh bin ich bei welchen gesessen, die ich vom Gospelchor von der Friedenskirche her kenn' (.) nach der Pause bin ich dann neben einem gesessen, mit dem
JK	∟ mhm
SG	ich da im Stadtteil- oder Kirchenchor, in dem kleinen Chor, sing' (.) ja, ich hab' mich (.) äh ich fand's schön so so in in der großen Menge (.) äh man wird irgendwo da <u>mitgenommen</u>!
JK	Mhm. W:ü- wenn Du auf einer Skala von eins bis zehn Dich verorten würdest, also was so dieses Gemeinschaftsempfinden betrifft und eins wär' so „Ich fühl' mich ganz allein, bin ganz bei mir" und zehn „Ich bin ganz Teil des Chores, geh' da völlig auf", wo würdest Du Dich da am Sonntag im Rückblick jetzt einschätzen?
SG	∟ Ja, des war schon ganz stark, war schon zehn, ja=ja! Und dann noch mit=dem Hans-Martin so und also=des war schon (.) <u>ganz stark</u>, ja=ja, ganz starkes Empfinden! Schon etwas geschwebt @(2)@
JK	∟ mhm ∟ @ (.) jawoll@ und was war denn so die Hauptempfindung oder das das stärkste Gefühl bei dem Ganzen (.) wenn man's benennen kann?
SG	Na=ja, des war schon so so s:o, wie soll man sagen? (Da sch-) sind schon so Glückshormone sind da irgendwo (.) wach geworden, ja? Des war zuerst nur in der Brust so, war schon <u>ganz</u> stark, irgendwo, ja! So 'n <u>Glücksgefühl</u> (war's äh war) schon da!

[606]

Beachtung verdient an dieser Passage des ersten Interviews zum einen gewiss der Faktor personeller Vertrautheit: dass Gerhard inmitten der mehreren hundert Mitsänger (neben vielen anderen) offenbar stets ihm bereits länger bekannte und wohl auch sympathische Menschen unmittelbar um sich hatte und er den musikalischen Leiter Hans-Martin Sauter bereits von „Voices of Peace" her kannte. Zum anderen, dass der gelernte Heilerziehungspfleger seine Begeisterung im Riesenchorsingen auch körperlich spürte, so intensiv, dass er auch später noch einzelne Körperregionen benennen konnte, in denen beim Singen wohlige Empfindungen merklich auftraten, zudem auch andeutungsweise Wanderbewegungen derselben. Was Gerhard inmitten der hunderten Sänger erlebte war etwas in Summe enorm Beglückendes, Befreiendes, das ihn *schweben* ließ, Potentiale freisetzte, von Druck entlastete und ihm *ganz starkes Empfinden* ermöglichte, das diskursiv zu artikulieren nicht vollumfänglich möglich war.

Ein weiterer besonderer Aspekt seines Erlebens ist, dass neben dem enormen *Glücksgefühl* und körperlich lokalisierbaren Wirkungen des Riesenchorsingens sein stimmliches Potential inmitten der mehreren hundert Mitsänger – teils trotz gesundheitlicher Einschränkungen – zur vollen Entfaltung kam, so dass der Basssänger Tonhöhen erreichte, die ihm für gewöhnlich verwehrt bleiben:

„[...] dort ist's einfach so, dass man so sehr in der Masse aufgeht und man kann in der Masse auch besser <u>singen</u>, also jetz, merk' jetz grad, wo ich ein=bissle (.) noch bissle angeschlagen bin (.) äh mit der Stimme, dass es dann in der Masse eigentlich gar net s:o (.) da kommst=Du auch plötzlich hoch, wo=ich wo=ich wo=ich normalerweise <u>net</u> hochkommst (.) (so) die Masse zieht einen irgendwie so so in gewisser Weise mit."[607]

---

[606] SG 1, Z.104–122.
[607] SG 2, Z.31–37.

So lässt sich an Gerhards rekonstruiertem Erleben exemplarisch nachvollziehen, wie stark gerade in der Masse hunderter Sänger individuelle Freiheit erblühen konnte: emotional, körperlich, stimmlich et cetera.

1.5 Ein Musical als Feuerwerk: Die Aufführung

> „Ä::hm (.) es war einf- un- unbeschreiblich! Und am Schluss einfach nur genial, wie dann alle zusammen gesungen haben (.) bei der Zugabe (3) (Des war toll!)"[608]

Wie diese erste Äußerung von Stefanie B. im direkten Anschluss an die große Aufführung im Foyer der MHP-Arena illustriert, fiel den Probanden die diskursive Beschreibung ihres präsentativen Erlebens im Zusammenhang des Projekthöhepunkts offenkundig besonders schwer: Passende Worte zu finden für die eigene Teilhabe an solch einem extraordinären Geschehen mit riesigem Chor, großen Stars, Live-Orchester und tausenden Zuschauern in einer imposanten Arena führte an Grenzen des Artikulierbaren. Und doch fanden die einzelnen Sänger letzten Endes Formulierungen, deren Analyse ihr subjektives Erleben rekonstruieren half.

Im markanten Unterschied zum eines vergleichbaren Zweckes ledigen MassChoir-Singen beim Gospelkirchentag hatte das Musicalprojekt *Amazing Grace* in Ludwigsburg – analog freilich auch die nächste Generation, etwa in Musicalstadt – einen im Vorfeld ebenso klar definierten wie kommunizierten Zielpunkt, auf den alle Beteiligten sich, gänzlich unabhängig von ihrer persönlichen Einstellung hierzu, faktisch-praktisch vorbereiteten, wodurch das Musical allererst zu Stand und Wesen kam. Auf die Aufführung am Abend des 9. November in der MHP-Arena lief alles zu, während der einzelnen Proben im Projektverlauf arbeiteten alle Mitglieder des Riesenchores auf diesen abschließenden Höhepunkt hin, ob bei den beiden großen Proben in der Friedenskirche, der Einzelsängerprobe im Oktober dazwischen, oder außerhalb dieses Rahmens – etwa bei Proben im eigenen heimischen Chor.[609] Nicht zuletzt deshalb, weil für einen erklecklichen Teil der Projektchorsänger die große Bühne mit den Starsolisten, die eigene Beteiligung an einem spektakulären Musical – aus den Reihen der Interviewpartner sei nur Paul P. exemplarisch genannt – mindestens einen wesentlichen, mitunter sogar den entscheidenden Faktor ihrer persönlichen Motivation zur

---

[608] SB 3, Z.3–4.
[609] Das Beispiel von „Voices of Peace" legt nahe, dass *Amazing Grace* nicht nur in solchen Chören geprobt wurde, aus denen alle Mitglieder beim Projektchor mitmachten, sondern dass auch nicht geschlossen am Gospel-Musical teilnehmende Chöre das Musical (in Teilen) in ihren regulären Proben geübt haben.

C 1.5 Die Aufführung 267

Mitwirkung ausmachte, wurde die Aufführung mit hohen Erwartungen belegt sowie ihr mit entsprechender Spannung entgegengefiebert.[610]

Das schloss freilich nicht aus, dass bereits die Probenphase intensiv genossen und etwa darin beim Massensingen starke Gemeinschaftserfahrungen gemacht wurden, bis dahin, dass die Aufführung in der Interviewdarstellung als im Grunde gar nicht (mehr) nötig erscheinen konnte, um derart Begeisterndes zu erleben; doch selbst eine solche Haltung – wie selten oder häufig sie auch außerhalb des Kreises der 20 ausgiebig Beforschten aufgetreten sein mag – unterstreicht in der (vordergründigen) Negation letztlich noch, dass dieses vermeintlich (annähernd) überflüssige feuerwerksartige Bühnenereignis als finaler Zielpunkt aller individuellen wie kollektiven Projektbemühungen zu gelten hat wie auch im Blick war, zumal sich das in den Riesenchorproben Erlebbare, das etwa Bärbel F. darin und dazwischen so begeistert hat, nicht trennen lässt von der Aufführung, auf die alles zulief und die das Unterfangen bereits kategorisch vom MassChoir in Kassel unterschied.

Mag es Spekulation bleiben müssen, inwieweit die mitunter fraglos enormen Erwartungen der Riesenchorsänger – erkennbar etwa an der von Gesprächspartnern im Umfeld der Hauptprobe bekannten zunehmenden Nervosität im Blick auf die nahende Aufführung – ihr Erleben nach der Logik einer self-fulfilling prophecy, hier eben als self-fulfilling exaltation, generell beeinflusst und speziell gesteigert hat, so ist doch plausibel, dass selbst für jene Projektbeteiligten, die zunächst noch ohne besonderen Fokus auf das Bühnenfeuerwerk in die Arbeit am Musical gestartet sein mochten, atmosphärisch eine steigende Spannung wahrnehmbar gewesen und womöglich auch auf sie übergegangen sein dürfte. Dies wird anschaulich an den Beispielen von Janina S. und Katharina M.: Während Janina, für die neben dem projekthaften Wiedereinstieg ins Chorsingen auch die Mitwirkung an einem großen Musical ein wesentlicher Motivationsfaktor war, in der Pause der Hauptprobe die zuvor um sie herum wahrnehmbare ebenso wie ihre eigene anwachsende Aufregung bezüglich des Auftritts in der Folgewoche beschrieb, tauchte Katharina bei dieser für sie ersten Probe von *Amazing Grace* offenbar mühelos ins Gemeinschaftsgeschehen ein, wurde erfasst von der allgemeinen Begeisterung und blickte dem nahenden Projektabschluss keineswegs mit Sorge ob etwaiger Überforderung entgegen, sondern mit ausgeprägter Vorfreude und Zuversicht.

Wie die Aufführung als Projekthöhepunkt auf mich selbst als Basssänger wirkte ist anhand des Feldtagebuchs nachvollziehbar:

„Nach knapp zwei Stunden Pause gehe ich aus dem Hotelzimmer zurück in die Arena. Es ist Abend geworden, dunkel und kühl. Viele Menschen warten auf dem Vorplatz, einzelne bewerben abzugebende Eintrittskarten. Garderobe und sichtbare Erwartungs-

---

[610] Zur Verteilung der Motivationslagen im Projektchor s. Kapitel C 1.3.1. Zum Stellenwert der Aufführung in der MHP-Arena und damit verbundenen Erwartungen ist das Beispiel von Elke H. erhellend, die von einem *einmaligen Erlebnis, das man sich* im Vorfeld *gar nicht vorstellen kann*, ausging, ja es geradezu einforderte.

haltung der Umstehenden geben mir das Gefühl, dass etwas Außergewöhnliches bevorsteht, wie sonst bei einer Opern- oder Theaterpremiere. Ich fühle mich daher schon deutlich wichtiger und bedeutsamer denn im Rahmen der Generalprobe noch, als ich den Backstagebereich betrete und meinen Platz auf der Tribüne einnehme. In den verbleibenden Minuten bis Beginn beobachte ich interessiert die hereinströmenden Massen. Viele Zuschauer sitzen bereits auf ihren Plätzen, immer mehr kommen aber zusätzlich herein.
[…] spüre, wie auch ich bereits vor Beginn der Aufführung emotional beteiligt und froh bin, Teil des Projektchores zu sein. Diese Freude, diesen Stolz scheinen viele Chorkollegen um mich zu teilen, da unaufhörlich gewunken wird: Offenbar winken sie Angehörigen, Freunden oder Familienmitgliedern auf den Zuschauerrängen, hörbar erfreut. Offenbar besteht das Publikum tatsächlich zu einem Großteil aus persönlich Geworbenen mit Bezug zu den Akteuren.
Als das Musical beginnt singe ich konzentriert mit, bemüht, des Dirigenten Anweisungen genau zu folgen. Ich bin beeindruckt von der Leistung des Chores – soweit ich diese aus meiner Warte wahrnehmen kann. Mir scheint, wir bringen Hoch- bis Höchstleistung und ich bin ab der Ouvertüre mit Begeisterung bei der Sache, fühle mich nicht mehr als Steigbügelhalter für die joggingbehosten Solisten wie bei der Generalprobe früher am Tag. Auch stört es mich nicht mehr, dass der Mass Choir bei mehreren Stücken überhaupt nicht oder nur mit einzelnen ‚Mm', ‚oo' oder ‚ah' vorkommt. Vielmehr erlebe ich es als höchst positiv, Teil dieser Aufführungsgemeinschaft zu sein. Mit Freude bemühe ich mich, Hans-Martins Anweisungen hinsichtlich Ausdruck, Präsenz u.a. möglichst exakt zu beherzigen, meinen Teil beizutragen zum Gelingen des Projekts. Einer der Akteure zu sein – wenn auch nur einer von rund 800 – empfinde ich als überaus erhebend und wohltuend, erlebe mich als positiv angespannt und begeistert. Es ist ein großartiges Gefühl, bei AG mitzuwirken, mit meiner kleinen Stimme zum Gesamtklang beizutragen! Der Gesamtklang ist gewaltig, für mich stark geprägt vom Chorklang hinter mir. Ich stehe ganz vorne und damit mitten im Klanggeschehen. Technisch Verstärktes, schier erschlagend gewaltig, von vorne, rund 700 Stimmen mächtig von hinten. Ich bin hoch konzentriert, ganz bei der Sache, mitgerissen von Musik und Klang, von Geschichte und Schauspielkunst vor mir. Besonders beeindruckt mich die Sturm-Szene: Der durch das Publikum eilende, aggressiv auf einzelne Zuschauer zustürzende ‚Hass', der die bedrohliche Raserei des Sturms spürbar macht! Was für ein Spektakel!"[611]

Anhand dieser Passagen aus meinem Feldtagebuch wird bereits einiges deutlich, insbesondere hinsichtlich der Sogwirkung, die das Gospel-Musical entfaltete. Hatte ich mich primär zu Forschungszwecken überhaupt auf *Amazing Grace* eingelassen – ohne ein solches Vorhaben hätte ich gewiss nicht mitgewirkt und war insofern kein aus persönlicher Neigung oder gar Gewohnheit Teilnehmender –, hatte während des Projektverlaufs durch die Interviews mit Probanden inmitten aller singenden Selbstbeteiligung die spezielle Perspektive des (teil-distanzierten) Feldforschers stets (bewusst) aufrecht erhalten und war in und nach der Generalprobe zunächst alles andere als euphorisch dem Abend in der MHP-Arena entgegengegangen, so riss mich das Geschehen in der Halle gleichwohl mit, berührte mich emotional in der Tiefe, weckte Begeisterung und evozierte das *großartige Gefühl*, zum *gewaltigen Gesamtklang* beizutragen.

---

[611] Feldtagebuch zur Generalprobe und Aufführung, Z.444–451.461–484.

C 1.5 Die Aufführung

Mag sich von diesem eigenen Erleben des teilnehmenden Beobachters im Moment des Bühnensingens im Riesenchor nicht einfach auf das Erleben Dritter schließen lassen, so erscheint es doch angemessen, sich dieses als prinzipiell mindestens vergleichbar, wenn nicht gar potenziert vorzustellen, insofern andere Teilnehmer aus leidenschaftlicher Liebe zur Gospelmusik oder zum Genre Musical, aus persönlicher Verbundenheit mit dem Song „Amazing Grace", aus Bewunderung für Hans-Martin Sauter, aus dem Drang heraus, einmal Teil einer solchen Bühnenshow zu sein, um etwas mit einer guten Freundin zusammen zu erleben oder aus ähnlich gewichtigen Motivlagen mitgewirkt haben, weshalb sie tendenziell gewiss weitaus gespannter, erwartungsschwangerer, hoffnungsfroher oder positiver gestimmt in den Massenklang eingetaucht sein dürften an diesem Abend des 9. November als ich, der zwar ebenfalls am (Gemeinschafts-) Erleben Anteil haben wollte (und hatte), zugleich aber als Interviewer und Beobachter permanent in gewisser (Teil-) Distanz verblieb.

1.5.1 Überwältigung und Gänsehaut

Am Beispiel von Janina S. wird anschaulich, wie Faszination für das Genre Musical, Euphorie beim Singen im Riesenchor und Begeisterung bei der Musicalaufführung als Projekthöhepunkt bei *Amazing Grace* konkret zusammenkommen konnten. Auch die Abfolge gespannter hoher Erwartung im Vorfeld – besonders greifbar im Interview nach der Hauptprobe – und großartigen Erlebens am lange erwarteten Abend in der MHP-Arena ist bei ihr gut nachvollziehbar. So erklärte die 26-Jährige am 2. November:

> „[…] ich bin jetz einfach nur gespannt, wie's jetzt wird auch mit dem (.) LaKi-Popchor, der jetzt da noch dazugekommen is' ähm ja und freu' mich einfach=schon riesig auf die Aufführung nächste Woche"[612].

Unmittelbar nach der Aufführung erläuterte sie zu Beginn des Interviews:

> „Ä:hm also im Moment bin ich eigentlich nur noch ‚Huh!' @(.)@ ich kann's gar nich' so richtig in Worte fassen, also total überwältigt, begeistert ähm ja von von allem, von der Stimmung, von den Schauspielern, vom Publikum, die haben supertoll mitgemacht und und waren ja einfach (.) klasse, 'n tolles Publikum und ähm (.) ja, bin grad noch ganz erfüllt von dieser ganzen Euphorie und ja Freude und (.) genau. Wird sich jetz wahrscheinlich den Abend über so 'n bisschen setzen"[613];

und am Gesprächsende:

---

[612] JS 2, Z.107–110.
[613] JS 3, Z.3–9.

JK	Jawoll. Fällt Dir noch was ein, was Du loswerden willst?
JS	(2) Nee @(.)@ ich bin grad so erfüllt irgendwie noch von diesem ganzen ja
JK	└ so geflashed!
JS	└ J:a, genau! @Geflashed! (.)@ j:a, von dem ganzen ja (.) der Musik und ja, also ich war heut' sehr
JK	└ @(.)@
JS	sehr (.) <u>drin</u> irgendwie in dem Stück und ähm ja, mir ging's 'n paar Mal so richtig den Tränen nah, dann wieder Gänsehaut und so quasi von einem (.) Gefühls:chaos in=des nächste gestürzt irgendwie, also war so ganz intensiv heut' Abend und ja, des war einfach klasse, doch.

[614]

Während in anderen Passagen der Gespräche aufscheint, wie sich die im Vorfeld bereits erwartete großartige Erfahrung bei und mit *Amazing Grace* in ein ihr vertrautes Schema – *immer* sei es nach langer Vorbereitung und Vorfreude *zack!* vorbei und dem *umwerfenden Tollen* folge die *Wehmut* auf dem Fuß – einfügt, dass Janina nämlich bereits vorab mit einem emotionalen Absturz in ein *Loch* im Anschluss an den mit gespannter Euphorie sehnlich erwarteten Projekthöhepunkt als Kehrseite des besonderen Erlebens rechnete, das dann auch tatsächlich sich auftat[615], wird hier deutlich, wie stark die hohen Erwartungen respektive Hoffnungen und das subjektive Erleben von *Überwältigung*, Mitgerissenwerden, *Euphorie, Freude* und *Gänsehaut* – mindestens, aber gewiss nicht exklusiv – bei ihr ineinandergriffen, womöglich aufeinander aufbauten, in jedem Fall aber zusammenhingen und nicht unverbunden nebeneinander standen.

Entsprechend plausibel ist – wie im Kapitel C 1.6 noch näher zu erläutern sein wird – das starke Nachklingen des extraordinären Erlebens beim Massensingen im Rahmen des Gospel-Musicals bei einzelnen Beteiligten, in den unmittelbaren Folgetagen, aber auch noch Monate nach dem Ereignis. Wer, wie Janina S., nach monatelanger Vorbereitung in der MHP-Arena an Überwältigendem Anteil hatte, *Gänsehaut* und im Rahmen eines *supertollen, superschönen Abends* sich selbst *erfüllt von Freude und Euphorie* erlebte, der ging natürlicher Weise nicht einfach zur Alltagsroutine am Montagmorgen über, sondern in dem wirkte die Aufführung als krönender Abschluss des mehrmonatigen Projekts in aller Regel nach, wie die Ausführungen von Bärbel F. – zwei Tage nach dem Projekthöhepunkt noch immer hörbar begeistert – illustrieren.[616]

---

[614] JS 3, Z.83–92.

[615] Ähnlich wie die Frage sich stellt, inwieweit – bei Janina S. und anderen Mitgliedern des Projektchores – im Sinne einer self-fulfilling exaltation die vorausgehende Erwartung von einmaligem Erleben, Euphorie, Gänsehaut et cetera mit eben diesem dann eintretenden subjektiven Erleben kausal zusammenhängen mögen, so lässt sich freilich hier fragen, ob und inwiefern – gewissermaßen umgekehrt – die Erwartung eines emotionalen Absturzes in ein *Loch* in der Folge als Kehrseite des Höhenfluges der Aufführung eben diesen Absturz herbeiführt. Die Frage wird sich aber kaum adäquat beantworten lassen, zumindest nicht mit dieser Studie.

[616] Vgl. BF 4, Z.94–102 (zitiert in C 2.2.4). Wie hier nicht ausführlich wiederholt werden soll, bildet das Beispiel von Katharina M. einen deutlichen Kontrast hierzu, indem die Abiturientin tatsächlich mehr oder minder direkt zur Tagesordnung übergegangen zu sein schien

C 1.5 Die Aufführung 271

So individuell subjektives Erleben im Einzelfall ausgestaltet sein mochte, vieles verband die Probanden doch miteinander und wurde im Interview ähnlich artikuliert: Gabi S. spürte am Abend der Aufführung *pure Gänsehaut*, Gabi K. einen *Rauschzustand* auf *Wolke Sieben*, Gerhard S. gingen die *Spielszenen unter die Haut* und Bärbel F. war dermaßen überwältigt, dass sie *heulen musste* und *gar nicht immer singen* konnte; Elske B. erlebte ein *Mega-Hoch*, ein *Fliegen*, Tanja R. eine Steigerung alles Bisherigen im Musicalprojekt, was sie *irgendwie schweben* ließ.

Bei all diesen und den weiteren im Interviewmaterial auffindbaren Verbalisierungen ausgesprochen intensiven – überwiegend emotional akzentuierten – subjektiven Erlebens wäre es eine massive Verkürzung, dies allein auf die extraordinäre Gesamtsituation tausender Menschen und harmonischer Klänge mit Stars und Orchester zurückzuführen. Denn bereits anhand einzelner Beispiele wird rasch deutlich, wie stark im Individualfall das Singen im Riesenchor inmitten und in Ergänzung aller emotionalen wie körperlichen Dimensionen inhaltlich und thematisch angereichert sein konnte; so führte Anja B. aus:

„[…] also rein rein textlich ähm des is was, was ich dann schön finde und ähm (.) mit meinen Schwangerschaftshormonen bin ich ja eh nich repräsentativ, aber ä:h j:a so Inhalte, die mich dann einfach bewegen, also des fängt an mit natürlich (.) der kleine John und äh die Mutter stirbt äh des is natürlich jetzt (.) also ich hatte immer ein Taschentuch zum Wedeln und ein Taschentuch, wo ich dann zwischendurch selber abgetupft hab, weil mir halt während des Stückes die ganze Zeit die Tränen gelaufen sind (.) da weiß ich nicht, was den Schwangerschaftshormonen zu verschulden is und (.) also des Stück hat mich schon sehr berührt und dann einerseits dann immer wieder die Inhalte, die dann (.) wo ich wo ich dann ä:hm also auf mich reflektiert hab und ähm (.) dann aber auch Momente, wo ich wusste, so: ,Hey, jetz (.) jetz erzähl' ich d- den Leuten das oder meiner Familie das oder also wem auch immer!' und ähm wie ähm ,Let us break ähm bread together' zum zum Beispiel, also die Traditional Gospels (.) das is (.) das is a- arg berührend dann, das ähm (.) ja (.) zusammen zu singen"[617].

Die schwangere Sängerin war offenkundig existenziell berührt vom gesungenen Musicalinhalt, bezog diesen auf ihre eigene Lebenssituation, erlebte sich inmitten der mehreren hundert Mitsänger als Hörerin und Verkünderin einer Botschaft – wovon in Kapitel C 1.5.4 und C 1.5.5 noch näher zu handeln sein wird. Ähnlich erging es Frauke L., die sich rückblickend als bei der Aufführung *über die Gefühlswelt angesprochen* mit Inhalten erreicht beschrieb, da ihr die *Geschichte greifbarer* geworden war. Gerhard S. wiederum nahm euphorisch ein *richtiges Bad in der Menge*, währenddessen er sich – trotz Husten – vor Begeisterung gesanglich derart intensiv betätigte, dass er mit Luft und Stimme an seine Grenzen kam.

---

nach der Aufführung, nachdem sie allerdings erst eine Woche zuvor ins Projekt eingestiegen war, s. Kapitel C 1.3.2.11.
[617] AB 4, Z.121–136.

1.5.2 Totale Gemeinschaft

Eine gewichtige Komponente des rekonstruierten Erlebens von beforschten Projektchormitgliedern bildete ihr – durchaus unterschiedlich akzentuiertes – Empfinden der Sängergemeinschaft. So strahlte in den Schilderungen von Gabi S. das Bild einer herzlichen Picknickgruppe auf, die neben mitgebrachtem Essen auch die fröhliche Stimmung und wohligen Gefühle freundschaftlicher Vertrautheit untereinander teilte; in deren Reihen fühlte sich die Einzelsängerin wohl, sich selbst als *Teil eines großen Ganzen*, innerhalb dessen jeder Beteiligte jederzeit bedenkenlos auf andere Sänger zugehen, locker ins Gespräch kommen und miteinander Positives erleben konnte. Dies gar noch steigernd begegnete dem Feldforscher in Bärbel F.s Darstellung ein schier *unglaubliches Miteinander*, eine innig verbundene Gemeinschaft, an der Teilhabende einen jeden anderen *in den Arm nehmen* könnten und am liebsten auch würden.[618]

Ist es bei Gabi S. das Picknickbild, welches ihr familiär-freundschaftliches Zugehörigkeits- und Verbundenheitsgefühl zum Ausdruck bringt, bei Bärbel der abgrenzende, negativ konnotierte Vergleichshorizont *fremde Menschen im Stadion* als Maximalkontrast zur strahlenden Umarmungsgemeinschaft, so findet sich bei Elske B. eine weitere Facette der Projektchorgemeinschaft: dass diese bei der lange vorbereiteten und herbeigesehnten Aufführung eine Erfolgsgemeinschaft bildete, die mit der Präsentation des gemeinsam erarbeiteten Musicals die Früchte aller Mühen ernten konnte, die nicht zuletzt in der Bestätigung durch begeisterte Zuschauer als Gegenüber der Bühnenakteure bestanden:

> „Ä:h Stimmung is grade auf einem Mega-Hoch! @(.)@ Einfach ein Fliegen, weil (.) genial! @(.)@ Es=ist einfach ä:hm richtig gut gelaufen (.) war ne Wahnsinnsstimmung ä:h (.) die Freundin, von der ich erzählt hab, war mega-begeistert @(.)@ und ähm (.) alles in allem wirklich ganz toll! Jetzt bin ich heiser, aber das macht nichts! @(.)@ Des is okay @(.)@ [...] Chorgemeinschaft, find ich, war <u>richtig</u> toll, also eben dieses (.) grad auch in der Pause ein (.) <u>gemeinsames</u> so ein ‚Yeah, erste Hälfte geschafft! Ist gut gelaufen!' Davor vielleicht noch 'n bisschen so ‚Oah, ja okay, hoffentlich klappt das alles!', wenn man sich vorher nich so hört und dann in der Pause doch ein (.) ‚Yes!' ä:h bei der Aufführung selber hört man viel besser, man is viel mehr drin und (.) dieses (.) ja (.) sich so reinfinden."[619]

Die Reaktion ihrer *mega-begeisterten Freundin* auf die Aktionen des Riesenchores (sowie aller weiteren Akteure) affirmierte die Zufriedenheit der 25-Jährigen mit der gemeinsamen Leistung des Chores offensichtlich und trug wesentlich bei zu ihrer eigenen Begeisterung. Hatte Elske im Vorfeld gehofft, das Urteil der Musical-affinen, aber *Amazing Grace* bislang kritisch gegenüberstehenden Freundin wolle positiv ausfallen, wirkte deren Begeisterung nun umso entlastender und ihre eigene Euphorie steigernder, weil diese sich – wie erhofft – tatsächlich *überzeugen* hatte lassen.

---

[618] Vgl. BF 4, Z.144–154 (zitiert in C 2.2.2).
[619] EB 3, Z.3–15.

C 1.5 Die Aufführung 273

Erhellend ist zudem das Beispiel von Janina S., in welchem die Sängergemeinschaft als eine von einem gemeinsamen Anliegen, einem geteilten Willen und entsprechendem kollektiven Handeln gekennzeichnete zu stehen kommt.[620] Die als Einzelne ins Projekt gestartete junge Frau empfand sich in der Aufführung offensichtlich als Teil einer *kompletten Einheit*, was hinsichtlich ihres Gemeinschaftserlebens einen Maximalkontrast darstellt: von allein unter rund 700 Fremden im Verlauf von *Amazing Grace* hin zur totalen Identifikation mit der Gruppe, zu der gehörig sich zu fühlen sich *gar nicht beschreiben* lässt.

1.5.3 Die Feedback-Schleife in der MHP-Arena

Das von Erika Fischer-Lichte bereits im Kapitel B 2.1 für den MassChoir auf dem Gospelkirchentag rezipierte Konzept der *Feedback-Schleife* – dort als performatives Geschehen zwischen Bühnenkünstlern beziehungsweise -anleitern und dem Riesenchor – soll auch hier fruchtbar gemacht werden, da es das in den Interviewanalysen rekonstruierte Wechselspiel zwischen Sängern und Publikum erhellen hilft, insbesondere hinsichtlich einzelner Sänger und ihnen bekannten Zuschauern, die (auch) ihretwegen zur Aufführung gekommen waren.

So war für das Erleben von Brigitte H. die Resonanz ihrer Freunde von großer Bedeutung und stand offenkundig in einem direkten (Kausal-) Zusammenhang:

> „Und die Reaktionen von anderen, die ham mich dann halt ergriffen schon in der Pause, dass sie so begeistert waren, auch wie sie so darunter=hinein geklatscht haben (.) und dann halt auch von meinen Freunden (.) j:a, die Reaktionen. Mein Freund ist ja gestern noch in [Stadt in Asien] gewesen (.) j:a und extra hergekommen und solche Sachen, die berühren einen dann schon, wenn's den Leuten gefällt (.) des ist schon super, ja, doch! M:hm, vor allem, dass sie=gesagt haben, es sei so spannend, so spannend von der ersten Minute an (.) ja."[621]

Weil ihr bekannte Zuschauer ergriffen waren, war Brigitte es ebenfalls (verstärkt). Auch der Blickkontakt mit Solisten sowie das Einbezogensein ins Bühnengeschehen durch *Schielen auf die* seitliche *Leinwand*, statt nur teilnahmsloser *Statist* im Hintergrund zu sein, spielten für die 51-Jährige eine gewichtige Rolle. Das Kommen einzelner Zuschauer – teils von weit her – auf ihre Einladung hin, etwa jenes am Vortag noch in Asien gewesenen Freundes, erhöhte gewiss die eigene Anspannung und Erwartungshaltung; umso schlüssiger erscheint die starke Verwobenheit des offenbar reziprok sich aufeinander beziehenden Erlebens der Sängerin und ihrer Bekannten. Gespannt hoffte sie im Vorfeld, dass alles gut gehen, ihren Freunden das Musical gefallen würde und war umso erleichterter, als dies erkennbar der Fall war, ihre Erwartungen gar überboten wurden:

---

[620] Vgl. JS 3, Z.38–50 (zitiert in C 2.2.2).
[621] BH 4, Z.7–16.

BH	└ J:a (.) a:ch al- also so zum <u>Ende</u> der ersten (.) Halbzeit zu und dann halt ab der zweiten d:a (.) war=das alles so aufrührend! Zumindest dann ä:hm als wir (.) na=ja, schon mal (.) als wir des Medley gesungen hatten, aber dann so im vorletzten Stück, da sind mir schon leicht die Tränen gekommen, weil die <u>Leute</u>=einfach so begeistert waren, (man konnt' ja <u>die</u> sehen und <u>die</u> sehen und <u>die</u> sehen) und (.) dass sie dann auch so langsam
JK	└ mhm
BH	<u>aufgestanden</u> sind und so (.) ja, des war schon Wahnsinn, ja! Weil mit <u>solchen Reaktionen</u> hab' ich überhaupt net gerechnet, ich weiß auch net, ja.
JK	Welche Erwartungen, die Du an des Projekt hattest, haben sich denn erfüllt und welche vielleicht auch nicht?
BH	(2) Vielleicht hatte ich gar keine so großen Erwartungen, aber (.) des hat sich alles <u>mehr</u> als übererfüllt! Also (.) der ganze Aufwand hat sich mehr als gelohnt! Also 'n grad 'n Freund von mir hat auch gesagt gehabt: Wenn er jetzt <u>net</u> hergekommen <u>wäre</u>, weil er auch erst gedacht hat „Na ja, Gospel!", dann ä:hm hätt' er was <u>verpasst</u> in seinem Leben! Und genau so geht's mir auch, ja (.) etwas verpasst!

[622]

Wie stark und nachhaltig die *Feedback-Schleife* mit einzelnen Zuschauern bei und auf Brigitte wirkte, scheint im letzten Interview – fünf Monate nach der Musicalaufführung – auf:

„[…] da hat man schon richtig gemerkt, wie des Publikum mitgeht. Was mir am meisten halt persönlich Freude gemacht hat, war (.) dass 'n Bekannter mit (.) seiner Verlobten extra aus [Ortsname] angereist ist, obwohl er ja vorher noch in (.) hab's glaub' schon mal erzählt, in [Stadt in Asien] war (.) und andere Bekannte von mir <u>auch</u> gekommen sind und (.) ähm (.) die eine hatte halt 'n Platz, wo ich direkt drauf hab' hinkucken können (.) und dann hab' ich auch gesehen, wie die so hat lock- also <u>loslassen</u> können, mal von ihrem ganzen Stress und von ihrem Alltag, die is Ärztin und is immer so eingespannt im Krankenhaus (.) des hat mir sehr gut getan und dass der ihr Partner dann hinterher zu mir gesagt hat (.) wie hat er sich ausgedrückt? (2) ä:hm (2) ‚Auch wenn man <u>kein</u> Freund von Gospel is' […] ‚war des mit des Wertvollste' in seinem Leben, was er bis jetzt erlebt hatte und des hat mich so beeindruckt, da beitragen zu dürfen, dass es Andere auch einfach gut getan hat. Des fand ich schon toll"[623].

Offenkundig war die Musicalaufführung für Brigitte in allem auch ein direktes Kommunikationsgeschehen zwischen ihr selbst und Bekannten, mit denen sie von der Bühne aus Blickkontakt hielt, deren Resonanz und Reaktion sie genau beobachtete, was sich wiederum auf ihr eigenes Erleben auswirkte.

Anders akzentuiert mutet ein Wechselspiel von Chor beziehungsweise Einzelsängerin auf der einen und dem gesamten Publikum als Gegenüber auf der anderen Seite im Bericht von Frauke L. an.[624] Dort liegt der individuelle Fokus auf der im Vorfeld erhofften und nun – an den Reaktionen erkennbar – auch eingetretenen Wirkung: dass die Zuschauer *begeistert dabei* waren, *erreicht* wurden mit dem Musicalinhalt, den musikalisch und schauspielerisch transportierten Botschaften.

---

[622] BH 4, Z.30–44.
[623] BH 5, Z.168–180.186–189.
[624] Vgl. FL 3, Z.31–42 (zitiert in C 2.6.2).

Für das Erleben von Gabi K. spielte die sichtbare Reaktion des Publikums ebenfalls eine bedeutende Rolle. Neben *supertollen Rückmeldungen*, die sie *von allen* direkt *bekommen* hat, hat sie auch beobachtet, dass der *Funke* auf die Zuschauer *übergesprungen* ist bei der Aufführung, dass die *Halle getobt* hat, wodurch es insgesamt *einfach nur toll* war an diesem Abend in der MHP-Arena.

1.5.4 Eine Botschaft senden

Unabhängig von allem Spaß, den sich Teilnehmer vom Musicalprojekt erhofften, von der gespannten Erwartung, wie es sein würde, einmal mit Star-Solisten bei einem solchen besonderen Ereignis auf der großen Bühne aktiv dabei zu sein und dem, was an Motivationsfaktoren oder Erlebenskomponenten noch begegnet im Interviewmaterial, kam für mehrere Probanden dem Transport einer Botschaft eine elementare Bedeutung zu; zum einen hinsichtlich ihrer persönlichen Einstellung zu *Amazing Grace*, so dass sie losgelöst von – mitunter womöglich gar trotz – ihrer eigenen (fehlenden) Affinität zum Genre Musical oder dem Format der Massenveranstaltung mitwirkten, zum anderen aber auch hinsichtlich ihres subjektiven Erlebens bei der Aufführung sowie anschließender Deutungen und Bilanzziehungen.

So beschrieb Anja B., nachdem sie bereits im ersten Interview ihrem Wunsch Ausdruck verliehen hatte, dass ihre Familie vielleicht auch durch das Musical einen Zugang zum Glauben oder doch zumindest ein anderes Bild von ihr, die diesen Glauben gefunden hat, erhalten könnte, nach der Aufführung den Massenchor als dabei musizierend eine Botschaft *raustragend*. Ähnliches findet sich bei Janina S., die den Riesenchor als eine *zusammengeschweißte Gemeinschaft* charakterisierte, die gleichsam verkündigend agierte.[625] In ihren Ausführungen deutet sich das Bild eines Predigers an, der im Gegenüber zur ihm lauschenden Menschenmenge seine Botschaft kundtut, den Hörern anempfiehlt und nahezubringen versucht. Mag es die spezielle Perspektive des feldforschenden Theologen sein, die danach fragen will, ob dieses implizit oder explizit in solchen Interviewpassagen verbalisierte (Selbst-) Verständnis am Musical Beteiligter im Sinne ihres entschlossenen Willens zur Mission, zur singenden Kommunikation des durch *Amazing Grace* musikalisch transportierten Evangeliums gedeutet werden könnte, ohne dadurch den beforschten Chorsängern etwas in Herz oder Mund zu legen, so bleibt doch jedenfalls die schlichte Feststellung, dass für mehrere Probanden ausweislich ihrer Interviewausführungen die einladende Mitteilung einer christlichen – oder zumindest doch positiven, christlich geprägten – Botschaft offenkundig ein persönliches Anliegen war und diese Einstellung ihr Erleben mitprägte. Das zeigt auch das Beispiel von Nikola I., die unmittelbar nach der Aufführung erläuterte:

---

[625] Vgl. JS 3, Z.41–46 (zitiert in C 2.2.2).

	eigenen Aufführung und ich fand des am Anfang auch ziemlich gut, dass der Moderator gleich auf ä:h den eigentlichen Sinn eingegangen is und dass er für für des Publikum nochmal verdeutlicht hat: Worum geht es hier? Des fand ich sehr schön! Und auch (.) die Entwicklung, wie der (.) eigentlich distanzierte Publikum, das war ein=ganz anderes Publikum wie in Kassel (.) wie sie dann immer mehr (.) sich begeistern ließen durch die Musik
JK	⌊ mhm
NI	und auch vom Gesang! Des fand ich ein schönes Erlebnis!
JK	⌊ ja
	Welche Rolle haben denn die anderen Menschen für Dich gespielt, sowohl im Chor als auch des Publikum? Wie hast Du Dich da gefühlt in dieser großen Menge?
NI	J:a, eine große Gemeinschaft wieder! Dass was immer immer mehr zusammenwächst, erstmal waren wir, die Mitwirkenden, so so eine Familie und dann hat man immer mehr ge- äh (.) äh wahrnehmen können, dass dass sich des Publikum auch uns anschließt (.) und dass es eine Message ist, was wir alle (.) weitergeben wollen. So hab ich das zumindest empfunden.
JK	Was war denn diese Message, die Du empfunden hast, die bei Dir ankam?
NI	J:a! Näher zu Gott zu kommen @(.)@ einfach mehr füreinander da zu sein (.) mehr Mitmenschlichkeit auch im Alltag vielleicht zu leben, wenn=nachdem man so ein (.) Erlebnis hinter sich gebracht hat (.) auch als Zuschauer dabei, des wahrzunehmen und (.) entsprechend vielleicht im Alltag zu handeln.

[626]

Ob es nun im Einzelnen eine ethische, eine dogmatische, eine missionarisch-evangelistische, pädagogische oder wie immer sonst akzentuierte Botschaft war, welche an *Amazing Grace* Mitwirkende durch das Musical übermitteln zu wollen im Vorfeld bereits bekundeten respektive während der Aufführung zum Ausdruck kommen meinten, in jedem Fall spielte das Senden einer klaren, positiven Botschaft, die (erfolgreiche) Kommunikation einer inhaltlichen Aussage, statt allein bei intensiven Gefühlen – selbst erlebten oder beim Publikum durch die Bühnenshow angeregten – stehen zu bleiben, eine gewichtige Rolle für eine Reihe von Gesprächspartnern.

Dabei blieb die grundsätzliche Unverfügbarkeit eines solchen (erfolgreichen) Kommunikationsgeschehens zwischen hunderten Akteuren und tausenden Zuschauern im Blick, wie das Beispiel von Frauke L. zeigt:

> „Ä:hm meine Erwartung, die sich erfüllt hat auf jeden Fall, dass ich Spaß hatte ä:hm bei der ganzen Geschichte auch, dass es unheimlich schön war, die Songs einzustudieren und ähm da mit dabei zu sein (.) ä:hm (.) die Erwartungen, wovon ich jetzt nich' weiß, ob sie sich erfüllt haben, is', dass ich hoffe, dass wir ganz viele Menschen erreicht haben. Also ä:hm es hat sich schon mal insoweit erfüllt, dass die Halle voll war und ausverkauft, dass also das Interesse so groß war ä:hm (.) aber inwieweit jetzt da Menschen tatsächlich bewegt wurden, das weiß ich jetzt natürlich nich'. [...] also ich wünsch' mir einfach, dass ähm viele Menschen einen Schritt weitergekommen sind auf ihrem Glaubensweg dadurch (.) wenn's nur 'n kleiner Rucker war, aber ähm (.) vielleicht 'n entscheidender Rucker, wer weiß das?"[627]

---

[626] NI 3, Z.19–38.
[627] FL 3, Z.59–66.70–74.

C 1.5 Die Aufführung 277

Hiernach wurde mit *Amazing Grace* von den Beteiligten – durch das, was *aus ihren Mündern herauskam* – eine Botschaft abgesendet, dem Auditorium angeboten, ohne dass bis ins Letzte nachvollziehbar wäre, was davon in welchem Maß bei wem auch tatsächlich angekommen ist.

1.5.5 Eine Botschaft empfangen

Indessen empfanden und erlebten sich mindestens einzelne Sänger keineswegs nur als ausrichtende Boten einer Botschaft an andere Menschen, die im Publikum der großen Bühnenshow folgten, sondern mitunter auch selbst als Empfänger einer solchen. Im Fall von Michael R. etwa war dies eine, die zur Selbstprüfung animierte:

> „Ä:hm es ging in diesem Stück, also des hab ich übrigens jetzt des=erste Mal äh so richtig empfunden, weil mir zunächst immer die die Musik wichtig ist (.) ä:hm (2) Wenn ich Lieder sing, dann reagier' ich zuerst auf die Musik – Spricht die mich an? – und erst im zweiten Teil dann äh der Text, weil <u>dann</u> erst nehm ich mir die Zeit (.) und die Muße, auf den <u>Text</u> zu achten. Dieses Stück heut war eines, des hab ich <u>auch</u> erst <u>selber</u> dann hier bei der Aufführung miterlebt, wie <u>unwahrscheinlich</u> stark die Gefühle angesprochen werden! Drei Personen sterben, ne? Die Mutter stirbt, der Freund stirbt und die Polly sterben, ä:hm des entsprechend untermalt mit der mit der Musik ist des schon was, was ganz tief geht und was man eigentlich (.) wohl am <u>ehesten</u> dann erspüren kann (.) n– auch nach längerer Zeit nachempfinden kann. Ähm des Schöne an der Geschichte war, dass er sich durch alle (.) also jetzt der der <u>John</u> durch alle ähm <u>Widrigkeiten</u> und auch (.) <u>Abgründe</u>, die er selber miterlebt hat, ähm (.) dann doch zu nem (.) wunderbaren Menschen entwickelt hat, der sogar geholfen hat, die Sklaverei abzuschaffen. (4) Man sollte vielleicht a bissl stärker drauf achten, was Gott mit seinem eigenen Leben macht. Des möchte=ich jetzt so nach- so nachprüfen (.) wie des bei mir war, vielleicht ist da auch so 'n kleiner John in mir drin. […] da möcht ich einfach noch so bissle drüber nachdenken und für mich selber des nachfühlen, was jetzt war."[628]

Die durch Musik und starke Gefühle den 54-Jährigen erreichende Botschaft bestand offenbar in einem (angenommenen) Reflexionsangebot. Die Michael durch die Musicalteilnahme im Projektverlauf immer stärker vertraute Geschichte von John Newton beeindruckte ihn, forderte ihn heraus zur persönlichen Auseinandersetzung; so bezog er die Abgründe dieser Hauptfigur des Musicals – die er im letzten Interview als *totalen Atheisten* und *richtig miesen Menschen* bezeichnete – aber auch deren Entwicklung durch göttliche Gnade hin zu einem *wunderbaren Menschen*, der die *Sklaverei abzuschaffen* hilft, auf sich selbst, nahm sie als mahnenden Appell an, den *kleinen John* in sich zu suchen und zu konfrontieren. Nachdem die *Gefühle unwahrscheinlich stark angesprochen* wurden beim Projekthöhepunkt wollte Michael dem Erlebten *nachfühlen*, setzte er seine intensive Beschäftigung mit dem Musicalstoff fort, die ihn über die Lektüre einer Newton-

---

[628] MR 3, Z.36–51.53–54.

Biographie schließlich zu einem Vortrag beim Männervesper einer lokalen christlichen Gruppe im Frühjahr 2015 führte.

Mag dies wie ein Bemühen um Selbstoptimierung anmuten, das unausgeschöpftem persönlichem Potential geistlicher Reifung zur Entfaltung verhelfen und der Gnade Gottes im eigenen Leben nichts in den Weg legen möchte, so begegnet im Erleben von Hilderose S. zwar ähnlich Persönliches, aber deutlich anders akzentuiert. Sie, die sich im Vorfeld der Musicalaufführung privat allerlei Beschwernissen und Herausforderungen ausgesetzt sah, wovon sie in großer Offenheit in den Interviews berichtet hatte, erfuhr offensichtlich Trost durch *Amazing Grace*:

JK	Hilderose, wie is' Deine Stimmung? Was hast Du erlebt? Erzähl' einfach!
HS	⌊ Hi! ⌊ ja ⌊ [juchzend] J:a, gut war's! @(.)@ Schad' is', dass rum is'! @(.)@ Doch!
JK	⌊ 'n bisschen ausführlicher gerne, einfach <u>erzähl</u>' frei, frei drauf los!
HS	⌊ Ä:hm (.) ah es es <u>bewegt</u> mich ähm es bewegt mich einfach, weil's auch ä:hm mit meiner @Situation was zu tun@ hat und ä:hm (.) <u>ja</u> (.) und wie gesagt, ich würd's gern nochmal singen! @(.)@
JK	Irgendwas speziell? Äh
HS	(7) Ja ähm äh es is' einfach klasse zu wissen: Gott hat 'n Weg, ne? so @(.)@ was ja bei diesem ä:h letzten „Amazing Grace" einfach auch gut nochmal rauskommt, ne? so dieses (.) dass Er durchführt durch Stürme, durch Nächte, durch (.) Wirrungen, Irrungen (2)

[629]

Wovon sie im Gospel-Musical im Riesenchor sang, dass *Gott durch Nächte* und *Stürme*, in *Irrungen* und *Wirrungen* sowie durch sie *hindurchführt*, in all dem noch *einen Weg hat*, das sprach heilsam in Hilderoses eigene Lebenssituation hinein, richtete sie auf, vermittelte ihr in allen Nöten eine emotional und inhaltlich begründete Freude, die sie im direkt anschließenden Interview juchzen ließ – und bedauern, *dass* es *rum ist*. Die auffällig lange Pause vor ihrer Aussage in Z. 10 legt nahe, dass die folgende Beschreibung des sie speziell Bewegenden einem kurzen reflektierenden Innehalten entsprang und das zuvor präsentativ – vor allem emotional – Erlebte nun bestmöglich diskursiv in Worte fassen sollte.

---

[629] HS 4, Z. 1–12.

1.5.6 Zwischen den Welten: Vom Eintauchen in das und Auftauchen aus dem Wunderland

So vielgestaltig und individuell das subjektive Erleben bei der Musicalaufführung als Projekthöhepunkt in der MHP-Arena sich darstellt, lässt sich doch – eventuell als relativierende Ausnahmen deutbare Beispiele wie jenes von Elke H. tun dem keinen Abbruch – für alle beforschten Sänger sagen, dass sie diese als ein ganz besonderes, außergewöhnliches, mitunter gar einzigartiges Ereignis erlebt haben. Hierzu passt, dass in den Darstellungen einzelner Gesprächspartner, konkret: Tanja R. und Janina S., das Konzept verschiedener Sphären mindestens in Ansätzen deutlich aufschien: Alltag und Fest, sonstiges Leben und Wunderland, Ordinäres und Extraordinäres et cetera sind demnach voneinander geschieden beziehungsweise klar unterscheidbar. Dabei kommt *Amazing Grace* – nicht ausschließlich auf die Aufführung bezogen, sondern auch in den Erhebungen während der Probenphase auffindbar – als eine Art Gegenwelt zu stehen, das Erleben der einzelnen Sängerin darin als erfüllendes zeitweiliges Eintauchen in dieses Wunderland.

So beschrieb Tanja, die bei der Hauptprobe das Massensingen als *Auszeit vom* stressigen *Alltag* empfunden hatte, durch das sie *zur Ruhe kam*, ihren Zustand nach der Aufführung als einen *schwebenden*. Sprachbildlich legt dies zwei Sphären oder Welten nahe, zwischen denen die Sängerin schwebte, aus der Gegenwelt *Amazing Grace* wieder hinüber respektive zurück in die Alltagswelt sich bewegend. Ähnliches lässt sich für Janina S. festhalten, die offenbar freudig in die für sie wunderbare Welt der Beteiligung am Gospel-Musical eingetaucht war, allerdings – vor dem Erlebnishintergrund des früheren Mitwirkens an großen Aufführungen ihrer Musikschule – von Anbeginn an um den (für sie) mit solchem Genuss verbundenen Preis wusste: dass das Wieder-Auftauchen aus dem Wunderland unweigerlich mit *Melancholie*, *Wehmut*, *Traurigkeit* und Abschiedsschmerz verbunden sein würde. Ihre Ausführungen zu einem offenbar innerlich klar umrissenen Schema muten dabei – etwas überspitzt – wie aus der Raumfahrt Bekanntes an: Nach einem Raketenflug in atmosphärische Höhen und Weiten des Weltalls steht dem heimkehrenden Erdenbewohner unweigerlich der mehr oder minder unsanfte Wiedereintritt in die Erdatmosphäre bevor. So positiv sein Raumflug gewesen sein, so gerne er sich später daran erinnern mag, der Übergang aus dem Weltraum in seine eigene (Alltags-) Welt ist eine zunächst zwingend zu nehmende Schwelle. Denn wer in große Höhen begeisternden, extraordinären Erlebens aufsteigt, der kommt in der Konsequenz um einen Abstieg zurück in die Niederungen des Ordinären nicht herum.

1.6 Ein Musical klingt nach

Das Überschreiten der Schwelle aus der Gegenwelt des Gospel-Musicals zurück in den Alltag, wie hoch oder niedrig diese im Einzelfall auch gewesen sein mag, nahm sich nicht zuletzt in Gestalt und Dauer unterschiedlich aus.[630] So waren für mehrere Probanden die überwältigenden Eindrücke von *Amazing Grace* – des Projektes insgesamt, speziell aber der Aufführung als dessen formal abschließenden Höhepunktes – offenkundig derart intensiv, dass sie weit über den Abend hinaus in den Alltag hinein strahlten. Neben dem höchst eindrücklichen Beispiel von Bärbel F. (s. Kapitel C 2.2.4) zeigt sich dies etwa auch bei Frauke L.:

> „[…] unheimlich beeindruckend! Also ich war voll dabei und äh fand das richtig toll, `n Teil davon zu sein! (2) Das war äh so beeindruckend, dass mir jetzt noch alle Lieder im Kopf rumgehen! @(2)@ Das war also wirklich schön, ja!"[631]

Drei Tage nach dem großen Projekthöhepunkt war Frauke offenbar noch ganz erfüllt von den Eindrücken des Abends: emotional, aber auch musikalisch. Die gesungenen und gehörten *Lieder gingen* ihr *alle* noch *im Kopf herum*, prägten ihren Alltag, ließen die Sängerin nicht los. Offensichtlich war sie im Abstand mehrerer Tage zum Ereignis immer noch in einer Art Zwischenwelt unterwegs, nicht mehr ganz in der Sphäre von *Amazing Grace*, aber auch noch nicht wieder ganz zurück in ihrem Leben außerhalb des Projekts. Vielmehr überlappten sich beide Bereiche, indem das Erlebte in der 43-Jährigen nachklang.

Rückblickend unterstrichen diese aus organisatorischen Gründen im Abstand weniger Tage zum Großereignis zustande gekommenen Erhebungen die hohe Bedeutung speziell des letzten Teils der vorgelegten Längsschnittstudie, die neben dem subjektiven Erleben im Moment auch untersuchen sollte, wie das beim christlichen Riesenchorsingen im Kontext des Gospel-Musicals Erlebte mittel- bis langfristig nachwirkte – oder nicht nachwirkte: Was war Mitgliedern des Ludwigsburger Riesenchores über den emotional aufgeladenen Moment des Großereignisses hinaus geblieben? Wie sprachen Sänger im Abstand mehrerer Monate über Erlebtes und wie deuteten sie dieses zurückblickend? Welche Auswirkungen

---

[630] In diesem Zusammenhang ist beachtenswert, dass der – mit zwölf von 20 Gesprächen – größere Teil der auf die Aufführung am 9. November 2014 bezogenen Interviews persönlich vor Ort in der MHP-Arena durchgeführt wurde, in der Pause zwischen den beiden Aufführungsteilen oder im direkten Anschluss an den zweiten. Somit war es nur eine begrenzte Anzahl von Befragungen, die in den Folgetagen per Telefon erfolgten und entsprechend Aufschluss darüber geben können, wie sich speziell das bei der Aufführung in Ludwigsburg Erlebte in den Folgetagen individuell ausgewirkt hat. Bei den meisten Probanden lagen indes mehrere Monate zwischen dem Interview am 9. November und dem letzten im Frühjahr/Sommer 2015. Während es dieser Studie primär um die Rekonstruktion des Erlebens im Moment zu tun ist, erbrachten die organisatorisch bedingten Gespräche erst in den Tagen nach der Aufführung manche Erkenntnisgewinne, welche jene aus den Interviews in der MHP-Arena bereichernd ergänzten.

[631] FL 3, Z.5–10.

C 1.6 Ein Musical klingt nach

in und Einflüsse auf ihr praktisches Leben ließen sich identifizieren? Wovon berichteten die Beteiligten aus eigener Initiative? Hatten sich individuelle Einstellungen, die religiöse Praxis oder die Haltung zu solchen Großprojekten nachhaltig verändert? Waren Kontakte oder gar Freundschaften zu anderen Sängern durch *Amazing Grace* entstanden, die auch nach dem Projekt im Alltag gehalten haben und aktiv gepflegt wurden? Um diesen und anderen Aspekten des Forschungsfragenhorizonts möglichst umfassend auf die Spur zu kommen, wurde eine abschließende Interviewerhebung im Abstand von circa sechs Monaten zum Musicalereignis am 9. November 2014 durchgeführt, von Anfang April bis Mitte Juli 2015.

Dabei fand zu Beginn jeweils ein musikalischer Impuls Verwendung: Aus dem von der Creativen Kirche zur Verfügung gestellten Video- und Tonmaterial von der Aufführung in Ludwigsburg wurde ein rund einminütiger Ausschnitt aus dem Titelsong ausgewählt und den Probanden über Telefon vorgespielt. Durch den Einsatz einer Stereoanlage bei relativ hoher Lautstärke und die gezielte Auswahl der ersten Worte des Riesenchorgesangs im Musical nach kurzem melodischem Vorspiel – zuvor sind vom Projektchor lediglich Summen und einzelne Vokale zu vernehmen – beim ersten Erklingen von „Amazing Grace" als einer Art Leitmotiv des gesamten Stückes in der Ouvertüre, sollten bei den Beforschten jeweils vermutete, aus dem bei der Aufführung Erlebten herrührende Eindrücke und Emotionen wachgerufen und das damalige Erleben insgesamt vergegenwärtigt werden, um anschließend über eben dieses zu sprechen und es mit der präsentischen Alltagswelt der Interviewten konfrontiert zu sehen.

Diese theoretischen Vorüberlegungen bewährten sich im Forschungsvollzug. So hat das Hören jenes seinerzeit von ihr mitgestalteten Gesamtklangs am Telefon beispielsweise Brigitte offenbar so stark wieder zurückversetzt ins gegenwärtige Erleben im Augenblick der Musicalaufführung wie ins Projekt insgesamt – beziehungsweise dieses in ihre Gegenwart transportiert –, dass sie – nach dem Audio-Impuls gefragt, wie sie sich nun fühle – spontan erklärte:

> „Ja, schon bissle @Emotionen, ich hab' fast geheult! (2)@ zwischendurch, m:hm (.) ja, dass ich auch so des Gefühl hatte, manchmal verloren gewesen zu sein und dass ich wieder gefunden <u>wurde</u> oder g- oder selber Gott wieder gefunden habe"[632].

Damit bestätigte ihre Reaktion – exemplarisch für zahlreiche Probanden – die Potentiale von Musik zur Gefühlsaktivierung und -expression, wo individuell Erinnerungen und Gefühle mit musikalischen Ereignissen verkettet sind.[633] Eine nicht zu unterschätzende Rolle spielte im konkreten Fall gewiss, dass Brigitte in ihren zwei festen Chören seit der Musicalaufführung in der MHP-Arena das Titellied „Amazing Grace" mehrfach und in verschiedenen Versionen gesungen hatte, was die Erinnerungen auch singend wachgehalten beziehungsweise die Sängerin zur vertiefenden Reflexion über die Musik und den textlichen Inhalt animiert haben dürfte.

---

[632] BH 5, Z.15–18.
[633] Vgl. Evangelische Kirche in Deutschland, Kirche klingt, 10.

Ihr Beispiel illustriert zwei Grundbeobachtungen der in dieser Studie vorgestellten empirischen (Feld-) Forschung zum subjektiven Erleben: Zum einen sind Gefühle und (existenzielle) Erfahrungen, die hinter einer Aussage stehen – wie dieser von Brigitte, sie habe sich *auch so gefühlt*, sie sei auch eine, die *verloren gewesen* und *dann wieder gefunden worden* ist – prinzipiell wohl nur bedingt diskursiv-reflexiv fassbar, wie eine Reihe von Aussagen persönlicher Sprachlosigkeit seitens Befragter unterstrichen hat; hinzu kommt, dass trotz der vereinbarten Anonymisierung Gesprächspartner – inmitten aller zutage getretenen beeindruckenden Offenheit über Persönliches – gewisse Grenzen der Intimität gewahrt haben und dem Interviewer natürlicher Weise nicht bis ins letzte Detail alles subjektiv Erlebte, einschließlich wachgerufener Erinnerungen an früher Erlebtes oder Erlittenes, detailliert berichtet haben mögen. Zum anderen ist erkennbar geworden, dass starke emotionale Erlebnisse beim (christlichen) Riesenchorsingen wie die Teilnahme am Musicalprojektchor in Ludwigsburg noch mindestens über mehrere Monate nachwirken und an beziehungsweise in den Beteiligten arbeiten können.

Dies ist relevant im Blick auf die Nachhaltigkeit solcher zeitlich befristeten Großprojekte sowie die Frage, was für eine von eben solchen angezogene Klientel nach einem feuerwerksartigen Ereignis wie der Aufführung von *Amazing Grace* angeboten wird: an Folgeprojekten, an Wegweisung zu auf Dauer gestellter Chorarbeit, an (christlich-) spirituellen Erfahrungsräumen et cetera. Zugespitzt: Werden Teilnehmer nach dem das Projekt beschließenden Bühnenauftritt mit den emotionalen Anstößen, spirituellen Impulsen und außeralltäglichen (Gemeinschafts-) Erlebnissen sich selbst überlassen, oder wird ihnen nach dem offiziellen Projektende etwas Weiterführendes angeboten? Sind Projekte wie *Amazing Grace* etwas Punktuelles, in sich Geschlossenes, oder am Ende gar etwas in steter Regelmäßigkeit Stattfindendes im immer gleichen Segment der Riesenchorveranstaltungen, bei dem sich bei kontinuierlich unverändertem Veranstaltungsformat lediglich Musikstücke und konkrete Inhalte ändern, so dass Interessierten ein mehr oder minder nahtloser Übergang zum nächsten Projekt und eine Art dauerhafte Zugehörigkeit zum ohnehin weitgehend aus Fremden bestehenden Massenchor ermöglicht wird? Diese Fragen werden im Kapitel D 3.2 näher zu betrachten sein.

Anhand der Beschreibungen von Gabi K. ließ sich in diesem Zusammenhang ein ausgesprochen praktischer Aspekt beobachten:

> „Also des äh ich nehm's heut' erst so richtig wahr, ja? Also äh (.) des des des is' einfach normal, also ich kenn' des von anderen Auftritten, da is' man irgendwie so'n bissle im (.) ja Rausch @(.)@ is' so'n Art @Rauschzustand@, wo man da einfach man schwebt da irgendwo auf Wolke Sieben und is' da total ja (.) im Rauschzustand von dem Auftritt, das schon, ja und also ich hatte gestern auch grad (.) bei dem allerletzten bei der Zugabe ä:hm auch alle drumrum richtiges Gänsehautfeeling! Und das hab' ich, des wird mir heute jetzt erst so richtig bewusst, also (.) und ich summ' auch heut' immer noch so Lieder vor mich hin und bin dann noch irgendwie mittendrin und

C 1.6 Ein Musical klingt nach

find's eigentlich schade, dass man's nur au- einmal aufgeführt hat. Als:o wär' ganz schön, wenn man jetzt nochmal ne zweite oder dritte Aufführung auch hätte (.) so."[634]

Offenbar setzte sich (auch) bei ihr, wie diese Passage des Interviews am Folgetag nahelegt, ein beträchtlicher Teil der subjektiven Erlebnis- und Erfahrungsdimensionen nach der eigentlichen Aufführung fort, setzte womöglich im Zuge der Reflexionen beziehungsweise des Sich-Setzens des Bühnenfeuerwerks – ähnlich dem Beispiel von Michael R. – überhaupt erst ein. Deutlich artikulierte die Sängerin den Wunsch, das gleiche Stück erneut aufzuführen, wie er in mehreren Interviews nach der Aufführung von *Amazing Grace* begegnete. Ob sie damit ihre Sehnsucht nach erneutem Erleben bestimmter Gefühle, körperlicher oder atmosphärischer Phänomene ausgedrückt hat, ob sich damit die Hoffnung, möglichst viele Zuschauer mit dem Gospel-Musical zu erreichen, verband, oder ob der Wunsch anderswie begründet gewesen sein mag: in allen Fällen wäre offenbar eine erneute Aufführung desselben Stückes nicht mit mangelnder Variation oder Redundanz konnotiert, sondern (enorm) positiv besetzt gewesen für Gabi K.. Daher liegt es nahe, bei einem Großprojekt wie *Amazing Grace* die Mitwirkung an mehreren zeitversetzten Aufführungen desselben Stückes betont anzubieten, so dass Interessierte eben jene Chance mehrfacher singender Partizipation wahrnehmen können, deren Fehlen etwa Gabi K. beklagte. In der Tat war dies beim „Pop-Messias" (leichter) gegeben, während es im Umfeld von *Amazing Grace* in Ludwigsburg stärker auf die Eigeninitiative der einzelnen Sängerin ankam, obgleich es – anders als die Interviewpassage nahelegt – auch dort keineswegs unmöglich war. Denn wenigstens Kathrin S. hat durch die Mitwirkung beim Gospel-Musical auch in Kassel und Karlsruhe die Möglichkeit, dieses mehrfach (aktiv) mitzuerleben, genutzt, was organisatorisch wie logistisch gewiss aufwändiger war als im Fall von Bärbel F. beim „Pop-Messias" später. Für Nikola I. ist ähnliches festzustellen, freilich mit dem Spezifikum, dass sie als Chorleiterin mit eigenen Aufführungen in Musicalstadt und Mitwirkende an der CD-Aufnahme im Vorfeld der Uraufführung unvermeidlich *Amazing Grace* aus einer anderen Perspektive wahrnahm als die engagierte Chorsängerin Kathrin S., deren mehrfache Teilnahme nicht von solchen Besonderheiten geprägt war.

Gewiss wäre es über die im Rahmen der vorgestellten Längsschnittstudie zu *Amazing Grace* erfolgte Untersuchung der Nachhaltigkeit des subjektiven Erlebens beim Riesenchorsingen hinaus von Interesse gewesen zu eruieren, wie der je individuelle Weg der Probanden im Blick auf solche Großveranstaltungen sich fortsetzte: Haben sich die, welche im letzten Interview im Abstand grob eines halben Jahres zur Aufführung in der MHP-Arena in Ludwigsburg von ihrer Teilnahme beim „Pop-Messias" berichtet oder zumindest den festen Entschluss geäußert hatten, bei künftigen Projekten wieder einmal mitwirken zu wollen, tatsächlich an Folgeprojekten beteiligt? Haben dem Großprojekte-Abo-Typ zugeordnete Sänger auch (weiterhin) praktisch sich dauerhaft solchen Formaten verschrieben oder wichen mit der Zeit Entschlossenheit und Euphorie? Während diesen Fragen

---

[634] GK 4, Z.71–83.

in der hier vorgestellten Feldforschung nicht systematisch nachgegangen wurde, hat sich gleichwohl in einem Fall ein empirischer Befund überraschend dadurch ergeben, dass ich am Rande einer Klausurtagung im Herbst 2016 eine Gesprächspartnerin aus dem Sample der 20 Sänger des Ludwigsburger Projekts (Hilderose S.) unerwartet wiedersah, die im selben Tagungshaus an einer anderen Veranstaltung teilnahm und mir auf dem Flur euphorisch von ihrer aktuellen Mitwirkung bei „Luther" berichtete. Diese zeitlich sehr begrenzte persönliche Begegnung legte nahe, dass mindestens in diesem Einzelfall *Amazing Grace* sich einreihte in eine Fülle anderer Großchorprojekte und damit verbundener positiver Riesenchorerfahrungen.

Während sich hier auf der Grundlage des erhobenen Materials in Ergänzung der bereits vorgestellten Beispiele noch Vieles über die Langzeitwirkungen des Gospel-Musicals in Ludwigsburg sagen ließe, soll stattdessen ganz grundsätzlich auf die die entscheidenden Forschungsergebnisse bündelnde Nachhaltigkeitstypologie in Kapitel C 2.3 verwiesen werden. Zugleich ist festzuhalten, dass bei der Analyse der letzten mit allen Gesprächspartnern geführten Interviews abermals eine große Vielfalt aufschien, hinsichtlich der (mitunter fehlenden) Langzeitwirkungen im individuellen Fall, aber auch bezogen auf den Umgang mit den jeweiligen Erinnerungen und Eindrücken. So hat – um die große Bandbreite an zwei Beispielen zu illustrieren – Janina S. in der Folgezeit *jeden Zeitungsartikel gesammelt*, sich intensiv mit ihr bekannten Zuschauern über das Stück und dessen Aufführung ausgetauscht, *ganz oft die CD angehört* und das Musical derart *nachklingen lassen*. Zusammenfassend lässt sich dies wohl als eine Art aktiven Schwelgens in wohltuenden Erinnerungen an großartiges Erleben anhand von Bild- und Tonmaterial sowie verbindenden Diskurses mit Dritten klassifizieren, was entsprechend plausibel macht, dass der Audio-Impuls zu Beginn des letzten Interviews im April 2015 und der folgende Austausch mit dem Feldforscher über ihre Erlebnisse und Erfahrungen beim Projekt entsprechend positive Emotionen reaktivierten, ja Janina S. geradezu schwärmen ließen. Ganz anders verhielt es sich hingegen bei Katharina M., die nach dem Bühnenfeuerwerk offenbar mehr oder minder nahtlos zum Alltag überging und auch in den Folgemonaten weder aktiv Erinnerungen an das Erlebte zu pflegen schien noch in den Darstellungen im Rahmen des letzten Gesprächs nennenswerte Langzeitwirkungen ihrer (mindestens) zeitlich überaus begrenzten Musicalprojektteilnahme erkennen ließ.

1.7 Ein Musical und sein Menschenmeer: Auftrieb oder Untergang des Einzelnen? Zu Chancen und Kehrseiten der Entindividualisierung in der Masse

„Das Einsingen erlebte ich als aktivierend und spürte, dass in meiner Umgebung ebenfalls die ‚Lebensgeister' erwachten. Kleine Scherze, durchaus auch selbstironisch (erneut über das unausrottbare ‚Schwäbische' z.B.), steigerten die allgemeine Heiterkeit und machten mir Lust auf die bevorstehende Arbeit mit dieser Gruppe. Die Ansagen des Creativen [Vorname des Teamleiters der Creativen Kirche vor Ort] nahm ich hingegen wieder primär als Forscher wahr, kritisch distanziert: Dass die MHP-Arena ausverkauft sei und damit offenbar Großes von uns erwartet würde schien mir ein leicht durchschaubarer Motivationskniff zu sein. Die so präzisen wie bestimmten Anweisungen zu Kleidung und Verhalten bei der Aufführung fand ich im Anschluss befremdlich: Wir sollten ganz in Schwarz erscheinen, selbst die Noten – oder bei Auswendigsingen irgendetwas Vergleichbares in Umfang und Form – schwarz einbinden, um unbedingt ein ‚einheitliches Bild' abzugeben. Auf alles Hervorhebende wie Halsketten o.ä. sei zu verzichten: ‚Entindividualisierung!' dröhnten die Alarmsignale sogleich in mir. So verständlich aus Veranstaltersicht der Wunsch nach einem solchen Einheitsbild fraglos sein dürfte, mich ärgerte doch etwas, wie ich als Teil des Projektchores hier in großer Selbstverständlichkeit funktionalisiert werden soll und keinen Entscheidungsspielraum bekomme, wie ich mich kleiden möchte, ob ich ggf. gar keine Noten mitbringe o.ä. Meine positive Grundstimmung wurde durch diese reflektierte Irritation indes nicht nachhaltig getrübt. Die anderen Chorsänger in meinem Blickfeld scheinen sich hingegen nicht zu stören an den klaren Vorgaben."[635]

Im Rückblick lässt sich in diesem Abschnitt meines Feldtagebuches recht deutlich die kritische Grundhaltung des Theologen ausmachen, der – womöglich nicht zuletzt angeregt von mancher skeptischer Anfrage Dritter bei der Vorstellung des Forschungsprojektes auf Fachtagungen, inwieweit das uniformierte Massensingen von Manipulation geprägt sein könnte – bei Einheitskleidungsvorgaben und dem erkennbaren Bemühen der Veranstalter insgesamt, 700 Mitwirkende homogen erscheinen zu lassen, dies für tendenziell fragwürdig hält, insofern jedes Individuum dabei zwangsläufig nicht in seinen Besonderheiten aufscheinen kann, sondern aus den vielen Ebenbildern Gottes unvermeidlich eine gesichts- wie namenslose Menschenmasse zu werden droht, ja sogar werden soll. Dass dies eine theologenspezifische Bedenken-Perspektive sein mag, unterstrichen die Interviewäußerungen der Religionslehrerin Susanna M. drei Tage nach der Aufführung, welche vorangegangene vertiefte Reflexionen erkennen ließen.

Womöglich sind diese beiden Voten von Theologen – deren beide trotz der artikulierten grundsätzlichen Vorbehalte gegenüber Massenveranstaltungen hinsichtlich des bei *Amazing Grace* konkret Erlebten nichts Problematisches attes-

---

[635] Feldtagebuch zur Hauptprobe, Z.233–249.

tiert haben – am angemessensten als etwas (Professions-) Spezifisches zu betrachten, das die auf Seiten der 20 Probanden insgesamt rekonstruierbaren Erfahrungen nicht in den Hintergrund treten lassen sollte. Denn insgesamt stellt sich ein ausgesprochen positives Gesamtbild in diesem Zusammenhang dar. Zwar treten, besonders pointiert in den Äußerungen von Elke H., vereinzelt kritische Anfragen an die Stiftung Creative Kirche beziehungsweise den musikalischen Gesamtleiter Hans-Martin Sauter auf, die, wenn nicht mit dem Stichwort Manipulation, so doch mit dem Verdacht oder Vorwurf von praktischer Geringschätzung des einzelnen Sängers respektive des Projektchores insgesamt, mit Täuschung oder inadäquater Kommerzorientierung, zusammengefasst werden können. Doch zugleich ist das Gesamtbild des Erlebten – im deutlichen Kontrast hierzu – davon geprägt, dass sich einzelne Sänger, auch im Rückblick, keineswegs ausgenutzt, getäuscht oder gar manipuliert vorkamen, ihr Erleben nicht etwa als in einer Art Massenhysterie beförderten Gefühlsrausch oder dergleichen bewertet und sich hiervon im zeitlichen wie emotionalen Abstand mehrerer Monate distanziert hätten.

Vielmehr überwogen die nachhaltig positiven bis euphorisch-begeisterten Berichte alle vereinzelt auftretenden kritischen Aspekte und begegnen regelmäßig überaus günstige Beschreibungen des individuellen Erlebens inmitten des Massenchores, dessen Sängerzahl und Stimmgewalt demnach motivationssteigernd, Potential freisetzend und mitreißend sich auswirkten. So empfand Anja B. das Singen im Riesenchor offenbar als entlastend, als wohltuenden Kontrast zu sonstigen solistischen musikalischen Erfahrungen, der anstelle solcher Vereinzelung die beteiligten Sänger vielmehr miteinander verband; Ähnliches ging aus Gerhard S.' Beschreibungen hervor, der im Menschenmeer offenbar gesanglich aufblühte.

Zugleich finden sich allerlei Dimensionen des subjektiven Erlebens, die zwar eindeutig mit der Vielzahl von Menschen im Riesenchor zusammenhingen, aber offenkundig stark beeinflusst waren von der unmittelbaren Umgebung der Einzelnen beziehungsweise ihres Umgangs mit derselben. So blieb etwa für Stefanie B. und Anja B. das sie umgebende Menschenmeer insgesamt anonym, die Kontakte in der Fluktuation wechselnder Sitznachbarn und der durch nur wenige Proben begrenzten Tiefe wie geringen Verbindlichkeit tendenziell unbefriedigend; anders verhielt es sich beispielshalber bei Bärbel F., die mit der ihr positiv aufgefallenen Mitsängerin Tanja bereits im zweiten Interview dem Menschenmeer Gesicht und Namen gab, nachdem sie sich das weitgehend fremde Terrain offenbar aktiv zu erschließen begonnen hatte und der Massenchor für sie daher nicht unterschiedslos fremd und anonym blieb.[636]

Diese Beispiele beleuchten, wie stark es auch an der einzelnen Sängerin lag, ob die unmittelbare Umgebung beziehungsweise die rund 700 Mitsänger insgesamt eine Ansammlung fremder Menschen blieb, oder inmitten des Riesenchores über womöglich bereits vor *Amazing Grace* bestehende Kontakte hinaus Verbindungen zu anderen Teilnehmern entstanden sind, was wiederum starken Einfluss

---

[636] Vgl. BF 2, Z.40–47 (zitiert in C 1.4.2).

C 1.7 Auftrieb oder Untergang?

darauf hatte, ob die Einzelne tendenziell in der Masse unterging oder aufblühte, wie es offenbar bei Bärbel F. der Fall war.

In den Interviewdarstellungen begegnete indessen durchaus ein markantes Beispiel für von der Gesprächspartnerin sowie, wie sie referiert, ihrem Chor insgesamt abgelehnte Entindividualisierung, Instrumentalisierung oder Vermassung: Nikola I.s Bericht zum Erleben bei „Die 10 Gebote" in Mannheim im Februar 2012. Während sie diese Negativerfahrung zum Anlass nahm, sich prinzipiell gegen weitere Teilnahmen an Großprojekten dieser Art auszusprechen, da die tausenden beteiligten Sänger dabei bloße *Kulisse* oder *Bühne* seien, attestierte sie *Amazing Grace*, gerade nicht so zu sein, sondern ihrem Kirchenchor wie generell jedem mitwirkenden Sänger eine angemessene Rolle beizumessen und von vornherein *fair* mit ihnen umzugehen.

Umso auffälliger erschien es daher zunächst, dass die Nikolas Chor zugehörige Elke H. im Zusammenhang der Musicalaufführung in der MHP-Arena Kritik artikulierte, welche – in teils sehr ähnlichen Formulierungen – an Nikolas auf „Die 10 Gebote" in der SAP-Arena bezogene erinnerte: Sie habe *kein Vertrauen* zu den Veranstaltern in Ludwigsburg, vielmehr den Verdacht akustischer Beimischungen aus einer Profiaufnahme – auf *Nummer Sicher* gehend – zum eigentlichen Chorklang; dass *der Herr Sauter* sich nicht mehr verabschiedet habe von den Sängern erschien ihr als eine Art Beleg dafür. Offenbar sei er nicht auf den musikalischen Beitrag des Projektchors angewiesen gewesen für das Gelingen der Aufführung; dieser habe entsprechend wohl nur als *Kulisse* gedient, weil *Optik hilft*.[637] Die weitere Analyse des Datenmaterials ergab allerdings, dass offenbar der hermeneutische Schlüssel für diese kritisch-misstrauische bis dezidiert vorwurfsvolle Haltung jenseits von Sachfragen auf der Beziehungsebene zu finden ist.[638] Denn während Elke an anderer Stelle Bewunderung für ihre heimische Chorleiterin äußert, deren Engagement und Kompetenz rühmt, scheint der Ludwigsburger Chorleiter im Sinne eines „Good Cop versus Bad Cop"-Kontrasts eine Art Negativfolie für die vorbildliche eigene Chorleiterin darzustellen. Damit dürfte es sich bei ihrer Kritik an Hans-Martin Sauter im Kern um die nicht-vorhandene (gute) Beziehung zu ihm handeln, dass er für sie als einzelne Sängerin im Menschenmeer weit weg wirkte, unnahbar, sie keine Ebene mit ihm fand wie andere Probanden, die ihn bereits aus „Voices of Peace" kannten und – bereits vor Projektbeginn – ähnlich vertraut mit ihm schienen wie Elke mit Nikola. So ist ihre skeptisch-distanzierte Einstellung wohl – inhaltlich nicht unähnlich der Kritik von Nikola am Pop-Oratorium – primär abhängig vom fehlenden direkten Miteinander zwischen Chorleiter und einzelner Sängerin und die Kritik Ausdruck eines unerfüllten Wunsches nach direkter *Verbindung* beziehungsweise Orientierung und Wertschätzung vermittelnden An-die-Hand-Genommen-Werdens:

---

[637] EB 4, Z.189–204.
[638] Wie im Interview deutlich wurde, ging Nikola von solcher Profichor-Beimischung, wie Elke sie vermutet und ablehnt, aus beziehungsweise wusste sogar darum, hielt dies aber – im Unterschied zu ihrer pointierten Kritik an „Die 10 Gebote" – für unproblematisch und den Umgang mit dem Massenchor bei *Amazing Grace* für fair.

> „Also, ich hatte keine persönliche Bindung zu de- zu dem Herrn <u>Sauter</u>, der (2) äh zum Schluss auch <u>rausgegangen</u> is ohne (.) ohne ein persönliches <u>Wort</u>, ohne (.) sich zu verabschieden, ohne <u>Kultur</u> (.) j:a, also für mich war (.) Ludwigsburg (2) <u>n:icht</u> beeindruckend! [...] die <u>Verbindung</u> zur N:ikola is ne ganz andere (.) sie is ne <u>Person</u> (2) und sie hat Interesse und sie wei- sie <u>kennt</u> einen, also sie kennt (.) ä:h (.) die einzelnen Sänger (.) und ihre Besonderheiten (.) und=<u>interessiert</u> sich dafür (.) und hat sich auch ä:hm (2) glaub' ich die ganze Zeit (.) <u>ausgerichtet</u> darauf. Also es war ja (.) äh ne <u>Höchstleistung</u>, die <u>sie</u> gebracht hat, also (.) ich würd' sagen, die hat nich' (.) gearbeitet, die hat ä:h (4) ja, wie würd' ich des nennen? Hm (.) die hat mit jedem einzelnen in Verbindung gestanden, egal ob's die Reg- Regisseurin is oder der (.) der einzelne, der (.) Getränke verkauft hat vor an dem einen Tag. Ich hatte des Gefühl, sie hat mit jedem Verbindung."[639]

Somit handelt es sich bei ihrem Verdacht akustischer Beimischung von Profiaufnahmen und dem damit verbundenen Vorwurf der Instrumentalisierung des Riesenchores zur bloßen *Kulisse* im Kern offenbar um eine zwischen Sauter und ihr selbst vermisste persönliche *Verbindung*, wie sie diese in Musicalstadt hingegen genießen konnte, was wiederum ihr Erleben daselbst massiv geprägt hat. In beiden Fällen, Nikolas Kritik an „Die 10 Gebote" und Elkes an *Amazing Grace* in Ludwigsburg, ging es also um die empfundene oder befürchtete Geringschätzung oder Instrumentalisierung des Projektchores insgesamt (*Kulisse*) beziehungsweise der einzelnen Sängerin darin (*keine Verbindung*), nicht aber um die Erfahrung von Manipulation.

Im Gegenteil ist gerade Elkes Beispiel erfolgreicher (gradueller) Selbst-Distanzierung durch das gesamte Ludwigsburger Projekt hindurch ein Ausweis individueller Freiheit im Massenchor. Als einzige der beforschten Sänger den Einzeltypen Distanzierte Sängerin und Distanzierte Beobachterin (s. Kapitel C 2.1.6 und C 2.2.5) zugeordnet, war es ihr ohne weiteres möglich, sich der von anderen Gesprächspartnern bildreich – darin indes in aller Regel nicht skeptisch oder gar ablehnend – beschriebenen Gruppendynamiken kollektiver Begeisterung wie eines vergemeinschaftenden Mitgerissenwerdens im Moment des Massensingens zu entziehen. Ihre Bilanz des in Ludwigsburg Erlebten ist hierzu passend keine der ungewollten Entindividualisierung, der Vermassung oder Manipulation der beteiligten Sänger, sondern die fehlender *Verbindung* zwischen Sängern und Chorleiter beziehungsweise den Verantwortlichen insgesamt, was sie bereits bezüglich der Auftaktprobe beklagt hatte:

> „Also ich (.) fand des ja toll, wenn man an seinem Geburtstag des macht und dann (.) fand ich des eben auch äh (.) also (2) sie hat sich da nie <u>beschwert</u>, aber (.) fand des schon bedeutend, ob man da (.) einfach ähm (.) <u>zusammen</u> auch (.) sich wohlfühlen kann. Also mir hat die (.) Seele gefehlt dieser Veranstalter (.) also 'n Mensch, 'n Mensch, der so die (.) Seele darstellt."[640]

Dass Elke die kulinarischen Versorgungsdefizite – jenseits der Frage nach Basiserwartungen et cetera (s. Kapitel C 1.8.1) – kritisch hervorhebt mag als eine

---

[639] EH 4, Z.19–21.33–43.
[640] EH 1, Z.69–76.

C 1.7 Auftrieb oder Untergang? 289

Art stellvertretende Beschwerde gefasst werden, die etwas über ihre Beziehung zu Nikola aussagt, der sie einen noch schöneren Geburtstag inmitten des Menschenmeeres in der Friedenskirche gewünscht hätte. Zum anderen kontrastiert sie bereits hier am Projektbeginn die sich am Geburtstag aufopfernde Chorleiterin auf der einen Seite und die *Veranstalter ohne Seele* auf der anderen. Dies unterstreicht, dass das ihrerseits verschiedentlich und vielfach an Ludwigsburg Kritisierte – von *fehlender Seele* wie *Kultur* über die Instrumentalisierung des Chores als *Kulisse* bis hin zum Verdacht akustischer Beimischung – letztlich Ausfluss einer persönlichen Enttäuschung über die mangelnde *Verbindung* zum Chorleiter in Ludwigsburg gewesen sein dürfte, dass sie statt der aus Musicalstadt vertrauten guten Beziehungen dort anonyme Masse erlebte, sie heraus- bis überforderndes Tempo und von daher sich das Gospel-Musical im großen Format für sie zunehmend zum bloßen Mittel zum Zweck entwickelte, das *zum Lernen* und als *Inspiration* für Nikola gut war, sich für Elke selbst aber aller Genuss, alle Begeisterung und tiefe Gemeinschaftserfahrung mit den heimischen Aufführungen in Musicalstadt verbanden.

Wie mehrere Interviewpassagen erkennen lassen, waren sich bei *Amazing Grace* Mitwirkende bereits im Vorfeld der Aufführung durchaus des Umstandes bewusst, dass unbenommen der Vielzahl von Sängern auch sie persönlich im Fokus der Zuschauer sein könnten, wie etwa das Beispiel von Brigitte H. zeigt, die während des Projekthöhepunktes dann sogar mit Bekannten im Zuschauerraum Blickkontakt hielt beziehungsweise deren Reaktionen auf die Bühnendarbietungen aufmerksam beobachtete. Das Rollenverständnis einzelner Sänger konnte dabei sogar so weit reichen, dass – angesichts der rund 700 Projektchormitglieder für mich als Interviewer durchaus überraschend – sie mindestens in einem Fall den Gesamtklang des Musicals als von sich persönlich abhängig ansahen. Hinzu kam die Ankündigung während der Probenphase, dass am Abend der Aufführung immer wieder einzelne Sänger im Fokus einer Saalkamera stehen und auf der Leinwand für das Publikum hervorgehoben sichtbar sein würden.

Hinsichtlich etwaiger kritikwürdiger Formen oder Aspekte von Entindividualisierung – ein Riesenchorprojekt wie *Amazing Grace* geht unweigerlich programmatisch mit einer grundsätzlichen einher – dürfte das im dieses Kapitel einleitenden Feldtagebuchauszug bereits angeklungene uniformierende Gesamtbild des Massenchores am greifbarsten sein: alle Sänger sollten sich schwarz[641] kleiden, ihre Noten schwarz einbinden sowie auf Schmuck et cetera verzichten. So sollte aus rund 700 Individuen mit ihren jeweiligen persönlichen Präferenzen für bestimmte Kleidung oder Noteneinbände sowie etwaige sonstige Spezifika ein uniformes Gesamtgefüge gebildet werden, was seitens der Veranstalter transparent als Ziel benannt wurde.[642] Bezeichnenderweise wurde die Entindividualisierung beziehungsweise Kollektivierung durch einheitliche Kleidung indessen nur

---

[641] Bei „Die 10 Gebote" war es weiß gewesen, wozu *Amazing Grace* farblich einen Maximalkontrast darstellte.
[642] Wie sehr dies faktisch gelungen ist illustrieren nicht zuletzt die Interviewaussagen von Janina S..

von einem der 20 Gesprächspartner explizit benannt – durchaus positiv konnotiert, wenngleich mit starker Betonung des Bezugs der persönlichen (Unbedenklichkeits-) Bewertung auf *diesen Fall*. So erklärte Gerhard S. am Vorabend der Aufführung:

„Ja, es geht mir a- also ich mein' äh, wenn ich in so=einem Chor mitsing', so=einem großen Chor und so=einer großen Sache, dann is' ja klar da- dann dann is' des ein Kollektiv, wurde ja auch gesagt äh Kleiderordnung (.) keine bei den Frauen zum Beispiel @langärmlig, keine Ketten und so@, des wurde ja ziemlich direktiv so gemacht, aber des geht ja net anders irgendwo (.) also jetz in in dem Fall find' ich's einfach ä:h ich empfind des toll die (.) in dem Fall, sagen wir mal, im Kollektiv aufzugehen, net so als einzelner so wichtig zu sein, sondern so (.) im Kollektiv, ja so in der Masse, des empfind' ich eigentlich (.) ja, f- find' ich jetz in dem Fall positiv, ja."[643]

Auch direkt nach dem Bühnenfeuerwerk sprach der Basssänger nur positiv von seinem Erleben in der uniformen Masse, einschließlich der Kleiderordnung et cetera:

„[...] also war so 'n richtiges Bad in der Menge, ja? es war (.) war 'n gutes Gefühl so (.) alle in schwarz @(.) einer@ unter vielen zu sein, ha=ja, haben=wir ja gestern am (.) Telefon (geredet), ja=ja, des hab' ich (.) positiv erlebt, ja ja, doch."[644]

An seinen Statements am Vorabend der Aufführung sowie unmittelbar nach derselben zeigt sich somit zweierlei: Dass mit solcher Kollektivierung, wie mindestens äußerlich bei *Amazing Grace* systematisch befördert, durchaus Problematisches verbunden sein kann, dies *jetzt in dem Fall* aber in seinem Empfinden keineswegs so war.[645] Andere, beispielsweise Michael R., gingen zwar nicht explizit auf die uniforme Kleidung des Riesenchores ein, betonten aber die diesen Aspekt einschließende Einheitlichkeit der Sängergruppe beim Auftritt in der MHP-Arena als zum Gesamterfolg und ihrem persönlichen positiven Erleben wesentlich beitragend.

Somit ist, die einzelnen Rekonstruktionen zusammenfassend, festzuhalten, dass in summa die 20 Gesprächspartner *Amazing Grace* weder als manipulierend erlebt noch sich selbst ausgenutzt gefühlt haben, weder hinsichtlich ihres um des gemeinsamen Aufführungserfolges willen systematisch beförderten Verschmelzens zu einem ebenso optisch imposant uniformen wie klanggewaltigen Kollektiv, noch hinsichtlich der damit verbundenen, ja dieses allererst ermöglichenden Entindividualisierung zugunsten des geteilten Gemeinsamen.[646] Im Gegenteil

---

[643] SG 2, Z.42–49.
[644] SG 3, Z.17–21.
[645] Dass auch andere Interviewpartner im Zusammenhang von Massenphänomenen und Gruppendynamiken darin potentiell Problematisches ausmachten, wurde am Beispiel von Michael R. deutlich.
[646] Das Beispiel von Elke H. mag diskussionswürdig sein. Insofern sie jedoch die Aufführung in Ludwigsburg auch rückblickend als *zum Lernen der Musik* sinnvoll und für ihre Chorleiterin Nikola I. als *Inspiration* notwendig einstufte, kann aus meiner Warte nicht begründet behauptet werden, dass sie ihre Teilnahme gänzlich bereut oder sich von den Veranstaltern insgesamt getäuscht gefühlt hätte, trotz ihres Verdachts akustischer Beimischung

wurde diese offenkundig vielmehr mit der gleichen Selbstverständlichkeit als zum Projekt gehörig akzeptiert wie die choreographischen und musikalischen Vorgaben durch Hans-Martin Sauter – mit allenfalls wenigen die Regel bestätigenden Ausnahmen.

1.8 Ein Musical und seine singenden Erlebnisnachfrager: Was stimmen muss, wesentlich ist und begeistern kann – Impulse des Kano-Modells der Kundenzufriedenheit

Das Kano-Modell der Kundenzufriedenheit[647] hält für die vorgelegte Studie hilfreiche Anregungen bereit, die in diesem Kapitel wenigstens andeutungsweise fruchtbar gemacht werden sollen.

1.8.1 Das Kano-Modell der Kundenzufriedenheit in Grundzügen

Das Konzept geht von der Kundenzufriedenheit als entscheidender Determinante nachhaltigen unternehmerischen Erfolges aus, deren Steigerung einem Anbieter Markterfolg sowie Wettbewerbsvorteile verschaffe. Von zentraler Bedeutung seien hierbei allerdings nicht notwendig explizite Kundenaussagen, wie etwa Äußerungen in Befragungen, sondern vielmehr latente, oft unausgesprochene Bedürfnisse. Um mit dem, was am Markt platziert werden soll, eben diesen Bedürfnissen bestmöglich begegnen zu können, gelte es, die (Problem-) Welt der Kunden zu kennen und sich hieran zu orientieren. Unterschieden werden beim Kano-Modell Basisattribute (*must bes*), Leistungsattribute (*satisfiers*), Begeisterungsattribute (*exciters*), indifferente und reverse Attribute.[648] Daran orientiert kann eine Unternehmensstrategie etwa lauten:

---

   von Profiaufnahmen sowie des Vorwurfs der Instrumentalisierung des Projektchores als *Kulisse*.
[647] Vgl. für das Folgende Fendler, Qualität, 11–16; Marx, Kano-Modell, 9–16; Sauerwein, Kano-Modell, 25–30. Eine Original-Quelle von Noriaki Kano ließ sich trotz intensiver Bemühungen nicht beschaffen, weder auf Japanisch noch in englischer Übersetzung, weshalb in dieser Studie bedauerlicherweise lediglich auf diese Sekundärquellen und deren Rezeption des auf Kano zurückgeführten Modells verwiesen werden kann, was allerdings in der zum Kano-Modell vorgefundenen Literatur durchaus üblich zu sein scheint.
[648] Für eine besonders anschauliche Übersicht vgl. Sauerwein, Kano-Modell, 26–27.

„Erfülle alle Basisanforderungen, sei wettbewerbsfähig in Bezug auf Leistungsanforderungen und hebe dich durch Begeisterungsanforderungen von der Konkurrenz ab"[649].

In seiner Einleitung zum Sammelband „Qualität im Gottesdienst" bietet Folkert Fendler[650] eine überzeugende kreative Adaption des Kano-Modells für den theologischen beziehungsweise gottesdienstlich-kirchlichen Kontext an. Demnach kann adäquat differenziert werden zwischen 1. unbewusst vorausgesetzten Anforderungen (*was stimmen muss*), etwa Funktionieren von Technik oder angenehme Raumverhältnisse, 2. mit dem Wesen des Gottesdienstes zusammenhängenden Erwartungen seitens der Teilnehmer (*was wesentlich ist*), etwa Partizipationsmöglichkeiten und Phasen der Stille, sowie schließlich 3. das Aufkommen von Begeisterung begünstigenden Faktoren (*was begeistern kann*), stets im Bewusstsein, dass letztendlich nur das Heilige Geist wirklich begeistern könne.[651]

Bezogen auf den Forschungsgegenstand lässt sich festhalten, dass gewisse Erwartungen seitens der Teilnehmer an Riesenchorprojekten als Basisattribute oder Grunderwartungen gelten und individuell unterschiedlich ausfallen können, aber in jedem Fall unbewusst sind und nur dann in den Vordergrund treten, wenn sie nicht erfüllt werden. In diesem Fall fehlt der betroffenen Person etwas, was sie – in der Regel unbewusst und unreflektiert – erwartet hatte, dessen eintretendes Fehlen ihr entsprechend aufstößt, Unzufriedenheit provoziert und zu einer Beschwerde animieren mag, während das Vorhandensein keine (bewusste) Zufriedenheit generiert hätte. So haben etwa nach der Auftaktprobe in der Friedenskirche Elke H., Gabi S., Jens M. und Nikola I. explizit das Nichtvorhandensein von Kaffee und Kuchen beziehungsweise allgemein von komfortablen Versorgungsmöglichkeiten als Organisationsdefizit der Veranstalter moniert. Wäre entsprechendes vorhanden gewesen, hätten sie es im Interview wohl kaum positiv benannt, sondern vielmehr als selbstverständlich angesehen beziehungsweise gar nicht bewusst wahrgenommen; dass andere Interviewpartner nicht in gleicher Weise Beschwerde führten legt nahe, dass deren (unbewusste) Erwartung in dieser Hinsicht anders ausgeprägt war und sie entsprechend nichts (in gleicher Weise) vermisst haben wie ihre die Versorgungslage rückblickend beklagenden vier Mitsänger.

Als wesentliche oder Leistungsmerkmale können hingegen bewusste Erwartungen oder Wunschvorstellungen gelten, deren Befriedigung den Grad der individuellen Zufriedenheit beeinflusst. Das Ausbleiben des (vollständigen) Eintretens des Erwarteten mag enttäuschen, aber nicht in gleicher Weise wie bei Grundmerkmalen empören oder zur Beschwerde Anlass geben. Aus der Forschung zu *Amazing Grace* lässt sich dies am Beispiel von Michael R. veranschaulichen: Auf der Grundlage positiver Vorerfahrungen – nicht zuletzt wegen der *gewaltigen Musik* und intensiven Gemeinschaft – bei Großchorveranstaltungen, etwa auf

---

[649] Marx, Kano-Modell, 11.
[650] Vgl. Fendler, Qualität, 11–18.
[651] Vgl. a.a.O., 15–16.

C 1.8 Impulse des Kano-Modells

Gospelkirchentagen oder bei „Die 10 Gebote", sowie seiner Vertrautheit mit dem musikalischen Stil von Tore W. Aas, hat sich der 54-Jährige mit klaren Erwartungen auf das Musicalprojekt eingelassen, welche aber zunächst erkennbar enttäuscht wurden; statt sich explizit hierüber zu beschweren artikulierte der Sänger im Interview indes – statt Kritik – die Hoffnung darauf, dass – wenngleich die Stücke nicht seinem *Wahlmusikstil* entsprächen – der *Appetit* doch noch *mit dem Essen kommen* werde.

Begeisterungsfaktoren schließlich sind (besonders) dort zu finden, wo das Nachgefragte, hier also das konkrete Riesenchorprojekt, die persönlichen – bewussten oder unbewussten – Erwartungen faktisch positiv übertrifft, wo etwas überrascht oder überwältigt.[652] Zwei Beispiele aus der Forschung zu *Amazing Grace* sollen dies knapp veranschaulichen:

> „Vielleicht hatte ich gar keine so großen Erwartungen, aber (.) des hat sich alles mehr als übererfüllt! Also (.) der ganze Aufwand hat sich mehr als gelohnt!"[653]

Gewiss ließe sich begründet spekulieren, ob die dezidierte Negation an das Musicalprojekt herangetragener *großer Erwartungen* impliziert, dass Brigitte H., mangels früherer Beteiligung an solchen Riesenchorprojekten ohne erfahrungsgesättigte Erwartungshaltung – wie etwa bei Michael R. oder Bärbel F. als Hintergrund oder Maßstab des beim Musicalsingen Erlebten zu beobachten –, womöglich leichter als andere Sänger begeistert werden konnte, während das sie Begeisternde für routinierte(re) Mitwirkende als Leistungs- oder gar Basisattribut gelten könnte. Neben den methodischen Fragen eines solchen Vergleichs scheint mir dies allerdings auch sachlich für den Forschungsgegenstand insofern wenig relevant zu sein, als alle im Kano-Modell vorkommenden Faktoren per se individuell und subjektiv verschieden sind, was ein solcher Vergleich faktisch wohl kaum adäquat berücksichtigen könnte. Das empirisch Beobachtete verstärkte diese prinzipiellen Überlegungen; so bestätigte etwa Bärbels Beispiel[654], dass Vorerfahrung keineswegs – schon gar nicht automatisch – eine weniger leichte Begeisterungsfähigkeit der einzelnen Sängerin mit sich bringt. Ihr Schwärmen zwei Tage nach

---

[652] Bei Sängern, die wiederholt an Riesenchorprojekten teilnehmen, zuvor erlebte Überwältigung dort erneut im (mindestens) gleichen Umfang wieder zu erleben erwarten und dies auch tatsächlich kontinuierlich tun, wäre wohl zu fragen, inwiefern Überwältigung und Überraschung korrelieren, respektive gar in einem Kausalzusammenhang stehen – ob also eine erwartete Überwältigung von einer spontanen, nicht erwarteten qualitativ oder quantitativ unterschieden werden kann oder gar muss. Zugleich spielen, wie wiederum das Beispiel von Michael R. zeigt, im konkreten Individualfall gewiss sehr vielfältige Faktoren (potentiell) eine Rolle: So konnte dieser die Aufführung jenes Musicals, dessen Musik ihn zunächst enttäuscht und inmitten seiner Desillusionierung lediglich hatte hoffen lassen, der *Appetit* wolle im Projektverlauf noch *mit dem Essen kommen*, letzten Endes doch als *bombastisch* erleben, weil ihn in ihr die *Einheitlichkeit* der Riesenchorgemeinschaft, die emotionale Tiefe der transportierten Handlung et cetera zutiefst angesprochen haben und er vom Inhalt des Stücks wie auch von dessen Musik (überraschend wie wohl auch selbst überrascht) überwältigt und nachhaltig begeistert sich fand.

[653] BH 4, Z.40–41.

[654] Vgl. BF 4, Z.94–103 (zitiert in C 2.2.4).

der Aufführung, das schiere Ringen nach Worten für ihre Überwältigung im und durch das bei *Amazing Grace* Erlebte, sowie ähnliche Äußerungen zum „Pop-Messias" im Mai 2015 zeigen, wie die 55-Jährige auch nach wiederholten Begeisterungserfahrungen weiterhin überwältigt werden und begeistert sein kann, als erlebte sie solches zum allerersten Mal und stünde staunend in einer gänzlich neuen Welt wie „Alice in Wonderland".

Mit Fendler ist bei all dem zugleich damit zu rechnen, dass der Erfahrungshintergrund beteiligter Sänger eine gewichtige Rolle spielen kann; was einen Neuling, der erstmalig an einem solchen Großprojekt aktiv Anteil hat, als Begeisterungsfaktor überraschen mag, kann dem neben ihm stehenden Routinier, der bereits zum wiederholten Mal mitwirkt, (inzwischen) ein reguläres Leistungsmerkmal sein:

> „Was als Grund-, Leistungs- und Begeisterungsfaktor gilt, bleibt nicht immer gleich, denn es treten Gewöhnungseffekte auf, die die Begeisterungs- in Leistungsmerkmale verwandeln (und die Erwartungen der Menschen gleich mit) bzw. auch Leistungsmerkmale zu Grundmerkmalen werden lassen."[655]

Aus meiner Feldforschung mag das Beispiel von Kathrin S. ein hierzu passendes sein, indem sie – seit mehreren Jahren im Bereich des christlichen Riesenchorsingens offenbar hoch aktiv – womöglich derart gewöhnt ist an Modus und Format des projekthaften Riesenchorsingens, dass sie zur Aufrechterhaltung erfüllender Begeisterung besondere Reize sucht und benötigt, die bisher Erlebtes in Qualität und Intensität übersteigen, konkret: die Tuchfühlung mit prominenten Solisten, den Vergleich mehrerer Projektchöre in der aktiven Mitgestaltung des gleichen Stücks an verschiedenen Orten et cetera. Allerdings ist, mag es im Fall von Kathrin S. auch so sein oder dieser Faktor zumindest eine partielle Rolle spielen, auf der Grundlage des empirischen Befundes dieser Studie insgesamt – allein das Beispiel von Bärbel F. zeigt dies – einer simplen Steigerungslogik entschieden zu widersprechen: Um Begeisterung intensiv, nachhaltig und wiederholt erleben zu können müssen Teilnehmer nicht zwingend zunehmend bombastische Projekte miterleben – immer größere Chöre, immer mehr Technik und Effektfeuerwerk et cetera –, sondern können bestimmte Formate und Rahmen individuell ganz unterschiedlich wahrnehmen und bewerten, bei wiederholten Teilnahmen an Großprojekten auch ohne erkennbare Steigerungsfaktoren wieder begeistert sein, oder das Singen in (vergleichsweise) kleinen Chören ebenso genießen wie das im Riesenchor.

Dies wird etwa deutlich am Beispiel von Gerhard S., in dessen anschaulichen Beschreibungen zwar markante Erlebensunterschiede zwischen dem Singen im beschaulichen heimischen Stadtteilchor einerseits und im – mit circa 100 Personen deutlich größeren – Saisonchor der Friedenskirche „Voices of Peace" sowie dem Riesenchor von *Amazing Grace* mit circa 700 Sängern andererseits aufscheinen, ohne dass jedoch eine starke qualitative Differenz zwischen den 100 Mitsängern hier und den 700 dort oder gar eine grundsätzliche Korrelation von Quantität

---

[655] Fendler, Qualität, 14.

und (Erlebnis-) Qualität markiert würde. Offenbar ist für den 67-Jährigen die kritische Masse (spätestens) bereits bei 100 überschritten und keine massive Intensitäts- oder Genusssteigerung durch 700 gegeben; somit erscheint für sein Erleben im Großchor keine personelle Steigerung über 100 Personen hinaus vonnöten. Ebenso wenig legen seine diskursiven Erläuterungen nahe, dass er – so sehr er einzelne Aspekte wie die persönliche Entlastung durch viele andere Sänger, die das Gemeinschaftsgelingen (mit-) gewährleisteten – das Singen bei *Amazing Grace* am allermeisten genossen hätte und am liebsten nur noch in solchen Riesenchören sänge, während ihn, der ohne Vorerfahrung mit Riesenchorprojekten dieser Art sich auf das Musicalprojekt eingelassen hatte, sein Stadtteilchor beziehungsweise „Voices of Peace" nicht mehr reizten, da gegenüber dem Massensingen unattraktiv geworden.

Zudem ist angesichts der enormen Verschiedenheit und Entwicklung von Menschen mit ihrer jeweiligen Lebenswelt damit zu rechnen, dass auch die subjektiven Erwartungen und Bedürfnisse stark differieren können. Somit existieren mindestens zwei Variationsfaktoren hinsichtlich der jeweiligen Anforderungen: die generellen charakteristischen Unterschiede zwischen den Erwartungen beteiligter Menschen sowie zum anderen deren Veränderung im Verlauf mehrerer ähnlicher Erfahrungskontexte wie den hier untersuchten Chorprojekten, ausgelöst oder beeinflusst durch die Projekterfahrungen oder andere Faktoren im Lebensverlauf, etwa veränderte körperliche Gegebenheiten oder Grundeinstellungen.

1.8.2 Impulse des Kano-Modells für die Forschung zu *Amazing Grace*

Wie im Kapitel C 1.8.1 bereits angeklungen, gehört zu den Erkenntnissen aus der Feldforschung zu *Amazing Grace* die Feststellung, dass sich auf der Grundlage der erhobenen und analysierten Daten keine einfache Steigerungslogik konstatieren lässt: Weder steigert die Zahl zusammen singender Riesenchorbeteiligter automatisch den Genuss oder die Erlebensintensität des einzelnen Sängers in deren Mitte, noch muss der Einsatz von Technik, die Popularität des Dirigenten, die Leistung der Vokalsolisten oder sonstige miteinander vergleichbare Faktoren des jeweiligen Projektes das vom Individuum zuvor Erlebte überbieten, um die gleiche oder gar eine höhere Begeisterung hervorzubringen. Vielmehr lässt sich – mindestens für einzelne Gesprächspartner – auf empirischer Basis zeigen, dass es mitunter ganz andere Aspekte sind, die Begeisterung auslösen.

So war es etwa bei Michael R., dessen Schwärmen von Klanggewalt und musikalischem Genuss bei „Die 10 Gebote" gepaart mit seiner überdeutlich erkennbaren Enttäuschung zu Beginn von *Amazing Grace* über dessen Musik keineswegs erwarten ließ, dass er vom Musicalprojekt und dessen Abschluss in der MHP-Arena ansatzweise ähnlich angetan sein würde wie zuvor vom Pop-Oratorium in der SAP-Arena. Obgleich es in Ludwigsburg „nur" rund ein Drittel so viele Sänger waren wie zuvor in Mannheim und obwohl das Stück nicht seinem

Wahlmusikstilempfinden entsprach, war der 54-Jährige, dem *immer* erst *die Musik wichtig* ist, die ihn *ansprechen* soll, von *Amazing Grace* am Ende dennoch nachhaltig begeistert, schwärmte geradezu von der *bombastischen* Aufführung und hielt Monate später einen Vortrag über John Newton, dessen im Gospel-Musical erzählte Geschichte ihn tief berührt und inspiriert hatte.

Auch das ebenfalls bereits angeklungene Beispiel von Bärbel F. zeigt deutlich, dass sich selbst bei regelmäßiger Teilnahme das Format christlicher Riesenchorprojekte keineswegs abnutzen muss, auch keiner Steigerungen bedarf, um die Einzelne wiederholt zu begeistern, sondern eine Aneinanderreihung enorm positiver Erfahrungen stattfinden kann, ohne Langeweile oder Ermüdungserscheinungen, vom Oslo Gospel Choir über *Amazing Grace* bis zum „Pop-Messias". Bei Kathrin S. und Jens M. ließ sich Ähnliches beobachten, wenngleich unterschiedlich akzentuiert.[656]

Hilfreich für die Analyse der Felddaten und den Umgang mit den gewonnenen Erkenntnissen ist das Kano-Modell deshalb gleich in mehrfacher Hinsicht. Zum einen bietet es – jenseits der grundsätzlich anzunehmenden subjektiven Unterschiede zwischen Menschen und ihren Einstellungen, Präferenzen, Vorerfahrungen et cetera – eine plausible Erklärung für die phänomenologisch feststellbare Vielfalt, etwa dass keineswegs alle 20 Probanden – ihre Möglichkeit hierzu im Interview entsprechend nutzend – die defizitäre Versorgungslage in der beziehungsweise unmittelbar um die Friedenskirche im Zusammenhang der Auftaktprobe beklagt haben. Für jene Gesprächspartner, die dies taten, waren die Verpflegungsmöglichkeiten offenkundig im Sinne des Kano-Modells Basisattribute, die Nichterfüllung dieser individuellen Anforderungen entsprechender Anlass zur expliziten Beschwerde, wenn auch mitunter erst auf die Frage seitens des Interviewers nach etwas Störendem oder Negativem hin tatsächlich artikuliert. Für die eine wie die andere Gruppe konnte die mitgebrachte Vorerfahrung mit Chorsingen, womöglich bei eben solchen Riesenchorprojekten wie *Amazing Grace*, für ihre jeweilige (Nicht-) Erwartungshaltung eine Rolle spielen, lässt sich aber nicht als kausal hiervon abhängig deuten. Konkret: Im Fall von Jens M. wäre es stimmig, wenn er auf Grund positiver Vorerfahrung im Zusammenhang der früheren Beteiligung(en) seines Chores an solchen Großprojekten nun auch beim Gospel-Musical mit guten (Selbst-) Versorgungsmöglichkeiten gerechnet hätte, diese erfahrungsgesättigte Erwartung aber zu seiner Verärgerung enttäuscht worden wäre; dann wäre allerdings – zumal angesichts der grundsätzlich großen Auskunftsfreudigkeit, welche die Gespräche mit ihm prägte – mit einem expliziten Vergleich zu rechnen gewesen, dass er also das Fehlen dessen beklagt hätte, was

---

[656] Dies hier extensiv differenziert darzustellen würde zu weit führen; vielmehr sollen Stichworte genügen: Bei Jens M. prägte die besondere Chorleiterperspektive – Inspiration für die eigene Gemeindearbeit und Gemeinschaftserfahrung für seinen Chor – das wiederholte positive Erleben (mit), bei Kathrin S. die grundsätzliche Begeisterung für christliches Riesenchorsingen, vom punktuellen Gospelworkshop bis zum mehrmonatigen Musicalprojekt an verschiedenen Orten parallel, was letzteres einreihte in die vielen sie faszinierenden und rege nachgefragten Varianten des (christlichen) Riesenchorsingens.

er beim Singen mit dem Oslo Gospel Choir beziehungsweise bei Chortagen mit Hans-Martin Sauter früher positiv erlebt hatte. Solcherlei konkreter Vergleichshorizont fand allerdings keine Erwähnung, so dass vielmehr von einer Grundeinstellung auszugehen ist, für welche die reale Vorerfahrung keine messbare Rolle spielt: Für Jens ist das Vorhandensein von Verpflegungsmöglichkeiten erkennbar ein Basisattribut, für dessen Gewährleistung er einen Projektanbieter wie die Stiftung Creative Kirche verantwortlich sieht. Wo diese Pflicht nicht erfüllt wird stört ihn dies und gibt Anlass zur Beschwerde – und sei es nur im Interview mit dem Feldforscher. Für andere Sänger könnte die gleiche Sache – komfortable Versorgungsoptionen am Probenort – hingegen ein Leistungs- oder gar Begeisterungsattribut sein, ebenfalls potentiell unabhängig von ihrer (fehlenden) Vorerfahrung mit Riesenchorprojekten wie *Amazing Grace*.

Das bereits mehrfach angeführte Beispiel von Michael R. wiederum konkretisiert ein Leistungsmerkmal: Dass die Musik des Gospel-Musicals ihn nicht in gleicher Weise ansprach wie die sonstige vom Komponisten Tore W. Aas ihm bekannte beziehungsweise die in „Die 10 Gebote" enthaltene, widerstrebte zwar seinen Erwartungen im Vorfeld und enttäuschte den Sänger merklich, ohne dass er sich darüber indes expressis verbis beschwere. Für Katharina M. kann es hingegen als wesentliche Wunschvorstellung und somit als Leistungsattribut gelten, dessen tatsächliches Eintreten sie positiv hervorhob, dass sie eine Woche vor der Aufführung bei ihrer allerersten Probe problemlos mitkam und sich als Neuling im Projekt auch musikalisch zurechtfand. Denn durch ihre im gleichen Haushalt lebende Mutter, die bereits an zwei Proben mit dem Riesenchor beteiligt gewesen war, bevor Katharina überhaupt (in vollem Umfang) ins Projekt eingestiegen ist, war die Schülerin mit ihrer notwendigerweise fehlenden persönlichen Vorbereitung – selbst wenn sie mithilfe von Übungsmaterial zuhause allein oder mit ihrer Mutter geübt haben sollte – konfrontiert, so dass die Frage, ob sie selbst lediglich eine Woche vor der Aufführung ohne Weiteres ins Projektchorsingen hineinfinden würde, gewiss nicht unbewusstes Basisattribut, sondern im Bereich bewusster Erwartungen und Hoffnungen zu verorten war.

Neben den bereits im Kapitel C 1.8.1 benannten Beispielen für Begeisterungsattribute zeigt sich auch an jenem von Gerhard S. die Relevanz des Kano-Modells für diese Studie: Zum einen hilft es in den mit dem Rentner geführten Interviews eine Reihe von Basisattributen ebenso wie von Leistungsmerkmalen zu identifizieren, dass er etwa die besondere Gelegenheit des Musicalprojektes nutzen und solches einmal miterleben wollte; zum anderen aber auch hinsichtlich der Begeisterungsattribute, insofern für Gerhard insonderheit die ihn begeisternden emotionalen und spirituellen Komponenten des Erlebens im Projektverlauf die Dimensionen des als selbstverständlich Vorausgesetzten oder klar Erwarteten gewiss weit überstiegen haben. Dass er, im Pietismus aufgewachsen und tief verwurzelt, von der Geschichte John Newtons so stark berührt werden, von emotional erfahrbarer Gnade derart überwältigt sein würde, hatte er im Vorfeld gewiss weder im Blick gehabt noch für erwartbar oder nur wahrscheinlich gehalten. Stattdessen hat ihn dies inmitten des Musicalprojekts wohl ebenso überrascht wie begeistert.

So illustriert die hier vorgestellte Forschung zu *Amazing Grace* insgesamt, dass die (mehr oder minder) gleichen Aspekte oder Komponenten eines projekthaften Riesenchorsingens für den einen Beteiligten ein Basisattribut, für einen anderen ein Leistungsattribut, für den Dritten ein Begeisterungsattribut sein können.[657] Mag für Anbieter solcher Formate das Kano-Modell der Kundenzufriedenheit eine strategische Relevanz besitzen, etwa in Gestalt der Identifikation von Basis- und Leistungsattributen, durch deren Erfüllung Hürden auf dem individuellen Weg zur nachhaltigen Begeisterung – die wiederum den Einzelnen zur wiederholten Beteiligung und werbenden Multiplikation animieren mag – abgebaut werden können, mag diese im Letzten auch unverfügbar bleiben, so liegt sein Wert für diese Studie nicht zuletzt in ihrem an ausgewählten Beispielen demonstrierten hermeneutischen Potential, indem das Konzept erhellen und deuten half, welche Aspekte als Basis-, Leistungs- oder Begeisterungsattribute welchen Einfluss auf das subjektive Erleben eines Riesenchorsängers ausübten.

1.9 Ein besonderer Fall: Der mehrfache „Amazing Grace"-Sänger Klaus B.

Im Zuge der praktischen Feldforschung zum Gospel-Musical ergab sich am Rande der dritten Aufführung von *Amazing Grace* in Musicalstadt ein Interview mit Klaus B., den ich vom Sehen aus Ludwigsburg bereits kannte und spontan um ein Interview bat. Dies eröffnete eine lohnende Vergleichsmöglichkeit der beiden Projekte, allerdings insofern mit klaren Begrenzungen verbunden, als der Sänger nicht zu den 20 Probanden gehörte, die ich im Zusammenhang der Ludwigsburger Aufführung begleitet hatte; somit stand kein Felddatenmaterial zu seinem dortigen Erleben zur Verfügung, was direkte In-Beziehung-Setzungen ermöglicht hätte. Gleichwohl erscheint mir seine vergleichende Darstellung zum Erleben in Ludwigsburg und zuhause in Musicalstadt im vorliegenden Interview für den Forschungsgegenstand dieser Studie von Bedeutung, insbesondere hinsichtlich der verschiedenen „Generationen" des Musicals, weshalb hier wesentliche Aspekte aufgegriffen werden.

Anders als Kathrin S. und Nikola I. war Klaus B. nicht in der gleichen Rolle eines Riesenchorsängers an mehreren Aufführungen, sondern in Musicalstadt als Mitglied des Small Choirs beteiligt, was auf Grund der höheren musikalischen Anforderungen an die kleine hervorgehobene Gruppe mit Mikrofonen und ihrer leitenden Funktion gewiss einerseits als „Aufstieg" gewertet werden kann sowie

---

[657] Vgl. Fendler, Qualität, 16.

C 1.9 Ein besonderer Fall

andererseits seine Perspektive stark beeinflusst haben dürfte. Charakteristisch für seinen direkten Vergleich des subjektiven Erlebens hier und dort sind deutlich differierende Intensitäten, insbesondere hinsichtlich des Probenaufwands, der persönlichen Beschäftigung mit dem Gospel-Musical und der Gemeinschaftserfahrung. So kommt in Klaus' Beschreibungen die Mitwirkung bei *Amazing Grace* im Riesenchor als insgesamt relativ anonym und routiniert zu stehen:

> „Also bei dem Riesenchor in äh Ludwigsburg gab's (.) quasi keine Gemeinschaft. Man ging da hin zum Proben und eben mit den Leuten aus seinem eigenen Chor, damals waren wir, glaub' ich, von unserem Chor fünf, sechs Leute, die da aktiv mitgemacht haben (.) und man trifft normalerweise niemand groß Neues, weil ma:n geht hin, pünktlich und haut auch wieder ab, es gibt ja auch keine After-Veranstaltungen oder irgendwas. Ich persönlich habe=einen Bekannten dort jetzt quasi ä:hm gemacht @sozusagen@ ich=saß zufällig negen neben=einem Unternehmer aus ä:hm Süddeutschland und wir haben jetzt ä:hm immer noch Kontakt, wir haben uns auch ma:l besucht, aber=dann eher auf anderer Ebene (.) äh eher privat dann und nich' musikalisch. Das find' ich hier schon, schon deutlich besser und äh ich bin mir sicher, dass da auch wieder `n anderes Projekt draus entstehen wird. Es=ist natürlich auch immer hier äh regional dann aktive=Eigenwerbung, also äh natürlich werb' ich auch mit dem Dabeisein für unseren Chor in der Gemeinde (.) die Musikschule wirbt für ihre Arbeit, auch klar (.) ähm aber des=ist ja okay!"[658]

In deutlichem Kontrast hierzu steht das beschriebene Erleben in Musicalstadt, das für die Beteiligten offenbar stark gemeinschaftsfördernd war und verschiedene örtliche wie regionale Gruppen, Chöre und Organisationen zusammenbrachte:

> „[...] und es is' einfach mehr (.) mehr Zusammenarbeit noch. Also ich find', die Größe hier (.) ä:hm schöner (.) für auch für=den Chor (.) wir=haben auch am ersten Abend dann, also nach der ersten Aufführung abends so ne Premiere-Party gemacht, wo wir noch ewig in der Halle hier saßen (.) und des Schöne is' halt, dass man regional hi:er Gemeinden zusammen- äh –binden kann und zusammenführen kann und dass dann einfach wieder die des Interesse an Musik äh (.) und auch an geistlicher Musik ähm eher entstehen kann, wie wenn's ein Großevent in der Stadt is'! Also des find' ich scho:n definitiv äh mehr bereichernd!"[659]

Für Klaus' Erleben in Musicalstadt spielte neben der persönlichen Verbundenheit mit den musikalisch Verantwortlichen – Nikola I. und ihrem Ehemann – und gewiss vielen Bekannten aus dem Ort und der Umgebung, die intensive(re) Beschäftigung mit dem Musicalinhalt und den Liedtexten eine prägende Rolle. So konnte er auf der Basis der Vertrautheit mit dem Gospel-Musical aus Ludwigsburg als Mitglied des Small Choirs in Musicalstadt während der herausfordernden Probenphase sich weiter damit auseinandersetzen, das Bisherige vertiefen – musikalisch und inhaltlich – und dabei einzelne Stücke wie „Precious Lord", das ihm in der Sterbephase seiner Schwiegermutter zum Trostspender wurde, für sich entdecken.

---

[658] Interview mit Klaus B., Z.25–41.
[659] Interview mit Klaus B., Z.6–16.

Somit wird an Klaus B.s Beispiel anschaulich, wieviel eindrücklicher oder nachhaltiger es offenbar für einen zunächst im Riesenchor am Großprojekt Mitwirkenden sein kann, auf eine solche Erfahrung aufbauend sich nochmals – und nun im Small Choir – bei einer kleineren, familiäreren, lokalen Aufführung im Rahmen der örtlichen Möglichkeiten mit demselben Stück auseinanderzusetzen, hierbei starke, ins eigene Leben hineinreichende (Glaubens-) Impulse zu erhalten sowie intensivere Gemeinschaftserfahrungen zu machen – etwa bei der Premiere-Party *ewig in der Halle sitzend*. Während er die Ludwigsburger Erfahrung als *anonymes Heruntersingen* in der Masse kennzeichnete, die lediglich durch den einen *gemachten Bekannten* etwas Gestalt gewinnt, war die Teilhabe und Mitgestaltung der nächsten Generation zuhause anscheinend die weitaus intensivere und nachhaltigere Erfahrung.

Hierbei war für Klaus die Verzahnung von Alltag und Musicalprojektarbeit bedeutsam. Während er das Singen in Ludwigsburg als punktuell empfand, etwas, wo man die Stücke *runtersingt* und *wieder abhaut*, erlebte er es in Musicalstadt offenbar anders:

„[…] hat sich nich' so intensiv mit beschäftigt, man hat seinen (.) ä:hm (man=hat) seine Sa-chen mehr runtergesungen (.) ähm h:ier fand' ich, dass ich mich dass ich einfach die Zeit hatte ja durch das viele Üben und durch den Small Choir, wo wir sehr oft mit den Solisten auch geprobt haben (.) eher nur da waren, um um denen zu helfen (.) ä:h ihre Rolle zu finden im Stück (.) dann auch im kleinen Kreis ä:hm (.) da übersetzt man doch viel mehr die Texte, auch die englischen, für sich selbst und lässt die Handlung auch näher an sich ran […]

JK	Das heißt äh in der Zukunft, wenn ich's so richtig raushör', Du bist wieder dabei? Wenn wieder sowas is', dann (.)
KB	⌊ Wenn's die Zeit erlaubt und äh ähm dann dann j:a. Man hat die Leute hier auch (.) ja man is' gerne mit den Menschen auch zusammen (.) ja, die Men-
JK	⌊ ja
KB	schen, die man auch mal beim Einkaufen trifft.

[660]

Daher lässt sich das von Nikola I. bereits wiederholt praktizierte Modell der Beteiligung lokaler Chöre an einem zentralen Großprojekt – einem *Großevent in der Stadt* – und der anschließenden Wiederholung in modifizierter Form unter Einbindung aller hierfür sich gewinnen lassenden örtlichen Kirchengemeinden, Chöre, der Kommune et cetera zuhause als für Beteiligte überaus sinnvoll und gewinnbringend bezeichnen; denn eine solche Generationenfolge kann – bereits ausweislich des Beispiels von Klaus B. – nicht allein im Sinne von *Eigenwerbung* der beteiligten Gruppierungen, nicht allein zugunsten der Stärkung ihrer Zusammenarbeit und des ökumenischen Miteinanders, des kulturellen Lebens in der Region und so fort, eine enorme Bereicherung sein, sondern auch hinsichtlich der nachhaltigen persönlichen Wirkung auf Leben und Glauben von Mitwirkenden.

---

[660] Interview mit Klaus B., Z.48–53.118–123.

2. Ein Musical proben, erleben und erfahren – drei Typologien und 20 Sänger

Vor der Vorstellung der drei Typologien mit ihren jeweiligen Ausdifferenzierungen, die im Zuge der empirischen Forschung zu *Amazing Grace* entstanden sind, soll die Systematik dieser Typenbildungen knapp erläutert werden. Die am Ende stehenden Typologien des Erlebens – welche, da vom situativen Erleben nach meinem Dafürhalten im konkreten Zusammenhang nicht sinnvoll trennbar, auch die Erfahrung und deren nachhaltigen Auswirkungen umfassen – sind auf der Grundlage der geführten Interviews, also induktiv aus dem vorliegenden Feldforschungsmaterial heraus, entwickelt worden und stellen das Ergebnis jener Datenauswertung dar, die sich im Kern an den vor allem von Ralf Bohnsack geprägten Konzepten (s. Kapitel A 2.4.2) orientiert hat. Eine zentrale Rolle hierbei spielte das Instrument der komparativen Analyse, insofern jeweils innerhalb der verschiedenen Interviews derselben Probanden fallimmanente Vergleichshorizonte Berücksichtigung fanden, aber auch Vergleiche zwischen den einzelnen erlebenden Subjekten, um intersubjektive Modi und differierende Akzentuierungen zu identifizieren. Da es sich um bestimmte das je individuelle, subjektive und gegenwärtige Erleben übersteigende und verschiedene Probanden miteinander verbindende Ausformungen wie Prägungen des Erlebens handelte, die sich nicht gegenseitig ausschließen müssen, kam es – ähnlich wie auch bei der Feldforschung zum Gospelkirchentag – zu Mehrfachzuordnungen einzelner Sänger innerhalb einer Typologie.

Eingangs festzuhalten ist außerdem, dass es sich zwar um aus dem Forschungsmaterial heraus entwickelte und entsprechend sich hieraus speisende Typen des Erlebens handelt, darin aber zugleich abermals um Idealtypen[661], in welche die zugeordneten Subjekte in ihrer spezifischen Individualität einerseits klar eingehen, allerdings nicht völlig darin aufgehen. Somit ist jeder Typ prinzipiell mehr als die Summe oder der Durchschnitt des Erlebens der zugeordneten Sänger.

Proband	Typologie Produktion	Typologie Wirkung (W.)	Typologie Nachhaltigkeit
AB	Gelegenheitssänger Response-Sänger	Harmonische W. Soziale W. Überwältigende W.	Freundschafts-Typ Persönlichkeitsentwicklungs-Typ
EB	Gewohnheitssänger Response-Sänger	Soziale W. Überwältigende W.	Freudschafts-Typ
SB	Gelegenheitssänger	Harmonische W. Überwältigende W.	Persönlichkeitsentwicklungs-Typ

---

[661] Vgl. Przyborski/Wohlrab-Sahr, Sozialforschung, 32.

BF	Gewohnheitssänger Singende Hörerin	Harmonische W. Überwältigende W.	Persönlichkeitsentwicklungs-Typ Großprojekte-Abo-Typ
BH	Response-Sänger Gelegenheitssänger	Soziale W. Überwältigende W.	Persönlichkeitsentwicklungs-Typ Inhaltlicher Typ
EH	Gelegenheitssänger Distanzierte Sängerin	Distanzierte Beobachterin	Keine Nachhaltigkeit-Typ
NI	Gewohnheitssänger	Soziale W.	Werbe-Typ Inhaltlicher Typ
GK	Gelegenheitssänger Response-Sänger	Harmonische W. Soziale W.	Großprojekte-Abo-Typ
FL	Gelegenheitssänger Response-Sänger	Überwältigende W. Harmonische W.	Großprojekte-Abo-Typ Persönlichkeitsentwicklungs-Typ
JM	Gewohnheitssänger Response-Sänger	Soziale W. Harmonische W. Verändernde W.	Freundschafts-Typ Werbe-Typ
KM	Gelegenheitssänger	Harmonische W.	Keine Nachhaltigkeit-Typ
PP	Gelegenheitssänger	Harmonische W. Soziale W.	Persönlichkeitsentwicklungs-Typ
MR	Gewohnheitssänger	Verändernde W. Überwältigende W.	Großprojekte-Abo-Typ Persönlichkeitsentwicklungs-Typ
TR	Gelegenheitssänger	Harmonische W. Überwältigende W.	Persönlichkeitsentwicklungs-Typ Großprojekte-Abo-Typ
GS	Gelegenheitssänger	Soziale W. Überwältigende W.	Werbe-Typ
SG	Gelegenheitssänger Response-Sänger	Überwältigende W. Harmonische W.	Persönlichkeitsentwicklung-Typ
HS	Gewohnheitssänger	Harmonische W. Überwältigende W.	Persönlichkeitsentwicklungs-Typ
JS	Response-Sänger Gelegenheitssänger	Überwältigende W. Harmonische W.	Inhaltlicher Typ Großprojekte-Abo-Typ
KS	Gewohnheitssänger Promi-Sängerin	Soziale W. Harmonische W. Überwältigende W.	Großprojekte-Abo-Typ
SM	Promi-Sängerin Gelegenheitssänger	Harmonische W. Überwältigende W.	Persönlichkeitsentwicklungs-Typ Inhaltlicher Typ

Tabelle 20: Übersicht Einordnung der 20 *Amazing Grace*-Probanden in die drei Typologien

C 2. Drei Typologien und 20 Sänger

Die in den Typologien gebündelten Ergebnisse der Datenanalyse können anhand eines Baumes zu verschiedenen Jahreszeiten und den damit verbundenen Entwicklungsstufen illustriert werden, was hier zunächst in einer ersten Übersicht, jeweils am Beginn jedes Typologie-Kapitels dann aber detaillierter dargelegt werden soll.

Abbildung 21: Baum zu verschiedenen Jahreszeiten; Bildreche: iStockphoto, Mike_Kiev

2.1 Ein Musical entsteht: Produktionstypologie

Im Rahmen der Produktionstypologie wird erfasst, in welcher Weise die bei *Amazing Grace* mitwirkenden Sänger sich am Musical beteiligt haben. Dabei geht es nicht ausschließlich um Modi des aktiven Mitgestaltens durch Laut- oder Leise-Singen, die Intensität des Übens auch außerhalb der gemeinsamen Proben, oder den Grad der Identifikation mit dem Stück als eines auch persönlichen Projekts, für das die Einzelne – wie bei der Produktion eines Kinofilmes – sich in der Rolle der Produzentin verantwortlich fühlt. Vielmehr hat die feingliedrige Typologie zum Gegenstand, auf welche Art der individuelle Sänger partizipiert, wodurch insgesamt dann das Gospel-Musical als Gemeinschaftswerk entsteht. Eher betriebswirtschaftlich akzentuiert ließe sich somit auch vom „Input" sprechen: Was gibt der einzelne Sänger inmitten der rund 700 Projektchormitglieder hinein ins Gesamtkunstwerk? Wie sieht seine Beteiligung genau aus? Was prägt seine Rolle inmitten des Riesenchorverbundes?

Zur Illustration wurde deshalb der Baum im Frühjahr gewählt: Der Winter ist vorbei, die frühlingshafte Natur ist geprägt von Aufbruch und sich entfaltendem Leben. Der Winterbaum hat indes ebenfalls Bedeutung und steht dem die Produktion von *Amazing Grace* veranschaulichenden frühlingshaften Blätterbaum als Vorstufe voran:

Abbildung 22: kahler Winterbaum; Bildrechte: iStockphoto, Mike_Kiev

Dieser zunächst noch kahle Baum soll – im Bewusstsein der Begrenzungen solcher Bilder und Vergleiche – das Gerüst, die Grundlage des im Zuge der Produktion hunderter Zusammenwirkender entstehenden Gospel-Musicals verdeutlichen. Denn damit durch das Singen des Projektchores und das Handeln anderer Akteure mit ihren jeweiligen Rollen jenes Bühnenfeuerwerk entstehen konnte, welches am 9. November 2014 in Ludwigsburg zur Aufführung kam, bedurfte es eines geeigneten Stückes, passender Hilfsmittel zu dessen Aneignung, eines Dirigenten, eines begleitenden Pianisten, eines Probenraumes und etlicher Komponenten mehr. Somit wäre es stark verkürzend, die Produktion von *Amazing Grace* allein mit dem Zusammenspiel der Riesenchorsänger verbunden zu sehen. Vielmehr waren – zusammen mit dem musikalischen Leiter et cetera – sie es, durch deren Engagement der kahle Baum im Projektverlauf mit Blättern versehen wurde. Somit ist zwar nicht durch ihr Singen das Musical allererst entstanden, aber es kam zur Entfaltung, gewann durch die aktive Aneignung wie Ausgestaltung zusehends Gestalt und entwickelte sich allmählich hin zur Bühnenreife. So wurde aus einem kahlen Baum – hier: alles als Basis für das Musical Nötige – im Verlauf des Projekts ein Frühlingsbaum „im vollen Saft":

Abbildung 23: Frühlingsbaum mit Produktionstypen; Bildrechte: iStockphoto, Mike_Kiev

Die Einzeltypen werden in den folgenden Kapiteln detailliert vorgestellt, wobei ausgewählte Interviewpassagen zur Illustration dienen. Abermals kann dabei gemäß dem zur Anwendung gekommenen Grundprinzip der felddatenbasierten Rekonstruktion des Erlebens nicht der Anspruch bestehen, jeden Aspekt wörtlich im zu Grunde liegenden Forschungsmaterial nachzuweisen. Davon ungeschmälert ist das Vorgestellte als aus diesem heraus entwickelt und von diesem getragen zu begreifen.

2.1.1 Der Gelegenheitssänger

Der als Gelegenheitssänger[662] bezeichnete Produktionstypus bringt mitunter chorische Erfahrung mit, hat in der Vergangenheit vielleicht sogar bereits intensiv sich musikalisch engagiert, dieses Hobby aber zwischenzeitlich nicht gepflegt, etwa, weil stark beanspruchende berufliche Anforderungen entgegenstanden. So kann ihm ein begrenztes, auf wenige Termine transparent angelegtes Einzelprojekt die Chance bieten, an frühere positive Singerfahrungen anzuschließen, ohne sich dauerhaft verpflichten zu müssen. Dabei mag er sich im Sinne eines Wiedereinstiegs etwa mit der grundsätzlichen Bereitschaft, sich nach Projektende einem festen Chor anzuschließen, auf *Amazing Grace* einlassen, oder mit der Einstellung, es beim Projekt selbst zu belassen. Typischer ist allerdings die ausgangsoffene Haltung: „Mal schauen, wohin das führt!". Denn eine dem Typus Gelegenheitssänger zugeordnete Sängerin macht freudig von der sich bietenden – zunächst prinzipiell einmaligen – Gelegenheit Gebrauch, ohne länger währende Verpflichtung zu musikalischem oder kirchlichem Engagement an lediglich einem abgegrenzten Einzelprojekt teilzunehmen. Es ist eben dieses, hier *Amazing Grace*, das sie zum Mitmachen reizt – aus grundsätzlichem Interesse am Singen im (Riesen-) Chor, aus Musical-Affinität, aus Abenteuerlust oder schlicht, weil es sich so ergeben hat:

> „[…] und irgendwie hat sich des alles so gefügt, dass ich dann hierher gekommen bin an den Ort, dann halt (.) Nachteulengottesdienst in den Gottesdienst gekommen bin und dann warn ganz viele Leute, die ich irgendwie auch schon kannte, die dann gesagt haben: ‚Hier, des is'n Chor – geh da hin!' Und die erste Probe, wo ich da war, war dieses Projekt wurde vorgestellt und dann hab ich gesagt: ‚Okay, des @des is jetzt

---

[662] Nicht zuletzt angesichts des beträchtlichen numerischen Frauenanteils – unter den Riesenchormitgliedern insgesamt, aber auch unter den 20 Sängern des Samples – lag es nahe, einzelne Typen im Singular auch grammatisch mit der femininen Form zu bezeichnen, statt in klassischer Unterscheidung von grammatischem und biologischem Geschlecht durchgehend die maskuline Form zu wählen, womöglich mit dem Hinweis, dass einzelne Interviewpartner ohnehin nicht Gelegenheitssänger, Gewohnheitssänger et cetera *sind*, sondern diesen (in aller Regel mehrere) Individuen übersteigenden Einzeltypen zugeordnet wurden. Dies geschah nicht zuletzt um sprachlicher Variation willen, welche die vorgefundene Vielfalt wenigstens andeutungsweise abbilden soll. Insbesondere bei solchen Einzeltypen, denen nur weibliche Sänger zugeordnet worden sind, wurde daher die feminine Form gewählt, so dass etwa von der Promi-Sängerin oder Singenden Hörerin gesprochen wird, während diesem Typus selbstredend auch männliche Sänger zugeordnet sein könn(t)en. Zugleich gehören etwa Anja B. und Paul P. beide zum Einzeltyp Gelegenheitssänger.

C 2.1 Produktionstypologie

mein Projekt!'@ Des is (.) irgendwie hat sich des alles so gefügt. Jo:ah (.) sehr schön und da hab ich mich dann einfach mal drauf eingelassen. Des hat sich gut angefühlt, dann=hab ich des gemacht."[663]

oder:

JK	Jawoll. Jetzt gibt's ja viele solche Projekte, warum machst Du denn ausgerechnet bei „Amazing Grace" mit?
SB	(2) Weil ähm (.) ich in der MHP-Arena in Ludwigsburg schon gearbeitet habe (.) und sie kenne und mich des eigentlich ge- gereizt hat, dann dort jetzt einfach mal zu singen.
JK	Jawoll. Ist es Dir dabei wichtig, oder spielt's ne Rolle, dass es ein christliches Musical is?
SB	(6) Ähm es spielt für mich 'ne Rolle, dass es christlich is (5) ähm ich find aber die anderen Musicals jetzt so stage-mäßig auch nicht so ganz schlecht.

[664]

Wie an dieser Aussage von Stefanie B. anschaulich wird, konnten Faktoren wie Aufführungsort und musikalische Gattung mindestens ebenso Anreiz zur persönlichen Mitwirkung sein wie die christliche Prägung oder kirchliche Anbindung des Musicals. Eine starke Motivation kann zudem davon ausgegangen sein, dass Bekannte, Freunde oder der eigene feste Chor – ganz oder in Teilen – ebenfalls sich beteiligten. Auch der charismatische Chorleiter Hans-Martin Sauter, in der (kirchlichen) Chor- und Gospel-Szene Württembergs offenkundig ebenso bekannt wie populär – wie ungezählte Interviewpassagen nahelegen – zog Sänger an:

„Also mir gefällt des unheimlich gut, vor allem der Hans-Martin hat ja unheimlich nette Arten an sich und auch mit viel Humor, ich bewunder' den ja unglaublich, gell? Un- (.) des ist eigentlich auch 'n Hauptpunkt, warum ich hergeh', weil ich einfach seine=Art sehr mag (.) und's richtig Spaß vermittelt, mit ihm zu singen!"[665]

Amazing Grace bot in seinem niedrigschwelligen Zugang prinzipiell jedermann die Möglichkeit, einmal bei einem solch besonderen Projekt dabei zu sein: auf der ganz großen Bühne zu stehen, mit Stars der deutschen Musical-Szene auf Tuchfühlung, vor tausenden Zuschauern in der großen Arena. Diese außeralltägliche Gelegenheit nicht vorüberziehen lassen zu wollen, sondern sie beim Schopfe zu packen, vielleicht als Erfüllung eines gehegten persönlichen Traums, charakterisiert den Gelegenheitssänger.

Paul P. führte zu seiner persönlichen Motivation aus:

„[...] und ich hab' auch gedacht: ‚Des is' auch schon (.) eine super äh äh Erlebnis!', obwohl jeder zahlen muss da dafür, aber die Chance äh äh in so 'n Ding reinzukommen is' so selten (.) ä:h so 'n großes Ding mitzumachen und und auch anderen Menschen helfen im im Endeffekt (.) ä:h (.) dass es dass es doch (.) äh (.) sup- also es gibt 'n super Gefühl [...] es=is'=selten, dass die die Chor (.) von mir verlangt, dass is' eigentlich schon Beitritt oder was zahlen, ich hab' gesagt, wenn ich beitreten muss äh und jeden Monat oder oder jedes Jahr äh 'n Haufen Geld oder a bissle Geld zahl', ich

---

[663] AB 1, Z.125–132.
[664] SB 1, Z.63–69.
[665] BF 2, Z.3–6.

will da sein wegen die Spaß, des macht mir Spaß (.) und ä:hm (.) die ‚Amazing Grace' macht in dem Sinn diese (.) äh äh die <u>Chance</u> quasi (.) in so 'n großes Ding mitzumachen (.) deswegen hab' ich auch gesagt: ‚Da- dann zahl' ich für des. Des is' halt endlich einmal so 'n Chance!'"[666]

Ob im Zuge eines Anknüpfens an frühere Chorerfahrung – punktuell oder als Wiedereinstieg in die eigene Singpraxis –, ob als allererstes Hineinschnuppern in das Chorsingen generell, ob aus Liebe zur Gospelmusik, aus Affinität für das Genre Musical, oder um der Horizonterweiterung durch Ergänzung der bisherigen Erfahrung in kleineren Chören durch die Dimension Riesenchor: Das Veranstaltungsformat von *Amazing Grace* mit seiner personellen Größe, projekthaften Begrenzung, kirchlichen Anbindung, Bescheidung mit wenigen Proben und christlich-missionarischen Ausrichtung ist dem Gelegenheitssänger grundsätzlich ein Novum. Diesem Typus zugeordnete Sänger beteiligten sich offenbar nicht zum bereits wiederholten, sondern zum allerersten Mal an diesem Format christlichen Singens im Riesenchor, ließen sich erstmalig darauf ein, was ihre experimentierend-abwartende Grundhaltung mitprägte.[667] Wie individuell die Motivation bei allen Gemeinsamkeiten der diesem Typus zugerechneten Sänger gestaltet sein konnte, unterstreicht das Beispiel von Tanja R.:

„Ä:hm weil ich äh dieses Lied, weil mir dieses=Lied gefällt, des is' (.) jetzt ähm da kann ich (noch=ein) bisschen zurückgehen, also ich hab' in meiner Schulzeit (.) haben wir ähm im Musikunterricht, wobei ich überhaupt keine Ahnung und keine wirklich überhaupt keinen Plan von Musik hatte, äh haben wir viele ähm äh oder 'n zumindest 'n Thema, des bei mir total hängen geblieben is', waren diese Gospels, grad ‚Amazing Grace' oder (.) äh ‚Nobody knows' und ‚Swing Low' und so, also diese diese (.) die die hängen mi- also die hab' ich äh immer irgendwo mit mir mitgetragen und (.) immer gedacht: ‚Ach, des wär' schön, die mal wieder zu singen! Aber wie? Aber wo?' ähm ne lange Zeit irgendwie gar nich' (.) und ä:hm (.) hab' dann (.) ä:hm wieder also vor, ich sag' mal, vor zwei Jahren hab' ich wieder angefangen, so 'n bisschen an mich zu denken und ä:h dann mit dem mit dem Chorsingen angefangen und eben halt äh in der Richtung äh Gospel und Pop, also das, wa- dass=ich ja grad des, was (.) mir so besonders gefällt, dann auch wirklich singen kann, nich' im (.) ich sag' jetzt mal normalen Kirchenchor oder normalen Chören, sondern (.) wirklich schon diese Musikrichtung. Und dann kam ja dieses ä:hm äh dann kam ja diese diese Nachricht, da gibt's jetzt 'n Musical ‚Amazing Grace' und da (.) war des eigentlich für mich klar: ‚Wenn ich des jetzt irgendwie zeitlich hinkrieg' (.) da bin ich dabei.'"[668]

Dem Einzeltypus Gelegenheitssänger sind insgesamt 13 der 20 Gesprächspartner zugeordnet, darunter elf Frauen und zwei Männer: Anja B., Stefanie B., Brigitte H., Elke H., Gabi K., Frauke L., Katharina M., Paul P., Tanja R., Gabi S., Gerhard S., Janina S. und Susanna M..

---

[666] PP 1, Z.188–191.200–206.
[667] Die expliziten Interviewaussagen und Rekonstruktionen des Erlebnishintergrunds erbrachten, dass keiner der 13 zugeordneten Probanden zuvor etwas *Amazing Grace* Vergleichbares bereits miterlebt hatte.
[668] TR 1, Z.134–152.

2.1.2 Der Gewohnheitssänger

In deutlicher Absetzung zum Gelegenheitssänger ist der Gewohnheitssänger in potentiell vielerlei Hinsicht mit dem Format des christlichen Riesenchorsingens vertraut. Diesem Typus zugerechnete Sänger haben mitunter bereits mehrfach an derartigen Projekten mitgewirkt, etwa bei „Die 10 Gebote", einem Auftritt des Oslo Gospel Choirs oder im großen Bühnenchor der Evangelisationsveranstaltung ProChrist. Die Vielfalt innerhalb des Spektrums der 20 Gesprächspartner zeigt sich somit auch im reichen Erfahrungsschatz, den die einzelnen Sänger zu *Amazing Grace* mitbrachten. Diese Erfahrungen prägten ihr Erleben beim Gospel-Musical mit, indem sie einen Erlebnishintergrund beziehungsweise Vergleichshorizont bereitstellten, der als Maßstab an das Gospel-Musical angelegt werden konnte oder konkrete Erwartungen zur Folge hatte, während der Gelegenheitssänger sich experimentell auf etwas Nichtvertrautes einließ, ohne solches Vorwissen aus praktischer eigener Erfahrung.

Ein dem Gewohnheitssänger zugerechnetes Individuum ist hingegen das Singen in Massen bereits mehr oder minder gewöhnt, ist eine Art Routinier, was sich auch in einem professionell-abgeklärten Umgang mit den Anforderungen und Modalitäten ausdrücken kann. Dies wurde etwa am Beispiel von Jens M. deutlich, der erst wenige Tage vor der Aufführung sich intensiv auf diese vorbereitet hat, nachdem er in den ersten Wochen des Projekts offenbar zunächst nachlässig(er) gewesen war. Faktisch war seine praktische Modifikation der offiziellen, mindestens implizit so gefassten, Rolle eines Projektchormitglieds, durchgehend zu üben und dadurch kontinuierlich zum gemeinsamen Gelingen beizutragen, augenscheinlich beeinflusst von früheren Projekterfahrungen, die es ihm erleichtert haben, inmitten einer Vielzahl sonstiger Verpflichtungen souverän eigene Prioritäten zu setzen und erst unmittelbar vor dem Auftritt in der MHP-Arena verstärkt sich auf die Feinheiten desselben zu konzentrieren, was wiederum eine disziplinierte Fokussierung in der Hauptprobe am 2. November erforderte, bei der ihm entsprechend Kapazitäten für anderes, etwa locker-entspannte Gespräche mit Mitsängern, fehlten:

> „[...] ich bin ja schon oft dabei gewesen bei so Projekten, deswegen war's für mich eigentlich ne relativ (.) in dem Fall jetzt ziemlich sachliche Sache, so nach dem Motto ‚Du musst jetzt kucken, dass Du des musikalisch auf die Reihe kriegst!', also ich hatte gar nicht=so viel (.) Zeit und Nerven, jetzt ä:h nach anderen Sachen zu kucken oder auch m:it mit ä:h (.) den Bekannten oder so zu quatschen oder so, also @für mich war's wichtig, jetzt wirklich zu kucken@ ‚Ah, jetzt musst Du des alles nochmal auf die Reihe kriegen!', des war jetzt schon so die Priorität, des heißt (.) stand im Vordergrund, ja."[669]

Wie sich an den Beispielen von Jens M. oder Kathrin S. anschaulich nachvollziehen lässt, beteiligt sich ein dem Typus Gewohnheitssänger zugeordnetes Individuum – nicht zuletzt wegen seiner bereits gesammelten Erfahrungen im Bereich

---

[669] JM 2, Z.31–37.

des Riesenchorsingens – mit einer dergestalt ausgeprägten Erwartungshaltung am Projekt, dass er – bei aller etwaigen Offenheit für (weitere) Horizontweitung – mit allenfalls wenigen (großen) Neuerungen oder Überraschungen rechnet.

JK	Ja, jawoll. Gibt's denn spezielle Erwartungen, die Du hast, an also von diesem Projekt ausgehend, für Dich persönlich, für Deinen Chor, für vielleicht auch die Region?
KS	(2) Eigentlich nich', weil ich hab' ja, wie gesagt, schon mehrere so Großprojekte mitgemacht (.) und (.) also was ich so äh bisher als Erfahrung mitgenommen habe, also wirklich, zwar immer die gleichen Leute dort (.) aber es wird wohl nich' so sein, dass da draußen vielleicht ( ) Sänger sind und=einen Chor ergeben, dadurch is' die (.) Reichweite oder der Umkreis zu die Sänger, wo sie herkommen, einfach zu groß (.) aber ähm es is' immer interessant, wenn man hinkommt zu so=einem Projekt, dass man dann wieder die gleichen Leute trifft (.) u:nd ja.

670

Während Kathrin in dieser Passage des ersten Interviews, fünf Tage nach der Auftaktprobe in Ludwigsburg, zwar expressis verbis zunächst erklärt, keine speziellen Erwartungen mit ihrer Teilnahme an *Amazing Grace* zu verbinden, wird bereits in diesen wenigen Zeilen deutlich, wie stark die Vorprägung durch andere Projekterfahrungen in ihr Erleben des Gospel-Musicals hineinwirkte und ihre Einstellung beeinflusste. Ihre Rede von den *immer gleichen Leuten*, die sie bei solchen Projekten antreffe, mag auf ihr mittlerweile bekannte Einzelpersonen zielen oder pauschal die sich womöglich regelmäßig bei solchen Veranstaltungen einfindende Klientel bezeichnen. In jedem Fall brachte die junge Frau erfahrungsgesättigte Vor(ein)stellungen und Erwartungen mit ins Ludwigsburger Chorprojekt, das sich bei ihr in eine lange Reihe von in diesem weiten Feld bereits Erlebtem einfügte.[671]

Im Blick auf die emotionale Dimension des subjektiven Erlebens zeigte sich, dass und wie stark Vorausgegangenes im gleichen oder ähnlichen Segment sowie spezielle Rollen bei dem Typus Gewohnheitssänger zugeordneten Probanden sich auswirken konnten. So zeichnete die Perspektiven und Erlebnishorizonte von Nikola I. und Jens M., die beide als Chorleiter mit Sängern ihres jeweiligen Chores in Ludwigsburg sich engagierten, neben der eigenen abgeklärten Routine markant aus, dass primär ihre Chormitglieder begeistert werden sollten, um schließlich den mit der Euphorie verbundenen Elan aus Ludwigsburg in die eigenen Aufführungen in der nächsten Generation, bei Jens M. in seiner Kirchengemeinde in der Metropolregion Stuttgart, bei Nikola I. in Musicalstadt, mitzunehmen. Dahinter

---

[670] KS 1, Z.106–114.
[671] Ihre Andeutung in KS 1, Z.110–112, dass sich wohl kaum aus dem Projektchor heraus ein neuer Chor ergeben werde, der nicht mit dem Gospel-Musical endet, mag auf etwaige Enttäuschung persönlicher Erwartungen in der Vergangenheit hindeuten: dass Kathrin eben solches früher erhofft, aber dann erfahren hat, dass es sich nicht realisier(en läss)t. Angesichts des Projektcharakters, der beteiligten Sängern offenbar insbesondere hinsichtlich der zeitlichen Begrenzung sehr wichtig war (wie etwa am Beispiel von Gabi S. anschaulich wurde), verwunderte dies freilich insofern nicht, als bei „Die 10 Gebote" und anderen vorangegangenen Projekten unter den jeweils beteiligten Sängern ähnliche Einstellungen prägend gewesen sein mögen, wie diese Studie sie für *Amazing Grace* zutage fördern konnte.

C 2.1 Produktionstypologie

trat ihr eigenes (emotionales) Erleben mindestens in der kognitiven Rangordnung entschieden zurück beziehungsweise hing praktisch damit zusammen, dass die Mitgebrachten „Feuer fingen".[672]

> „[...] um meinem Chor dieses Erlebnis äh (.) hm ermöglichen zu können (.) und ich empfand des natürlich toll, weil weil die, weil ich dann hinterher auch die Kommentare gehört hab. Wir waren eine schöne <u>Gemeinschaft</u>, wir sind gemeinsam mit dem Zug hingefahren, äh sie wussten nicht, worauf sie sich einlassen, aber haben mir vertraut (.) und äh haben mir die Chance gegeben, ihnen was Neues zu zeigen und dann (.) ähm waren sie hinterher auch richtig begeistert und und mit mit äh neuer Energie geladen"[673].

Nicht minder klar schlug sich die Prägung der Einstellung zum und des Erlebens beim Gospel-Musical durch Vorerfahrungen bei Bärbel F. nieder:

> „[...] bin ja da jetzt schon des <u>dritte Mal</u> dabei ich find' des ja <u>unglaublich</u> toll, also des ist so=ein großes <u>Miteinander</u> (.) ich würd' am gernsten immer vorne stehen und (.) und <u>zuhören</u>, also des ist für mich sogar (.) ganz schwierig, gell, weil weil man so l- <u>steht</u> in der Menge und dann hört man ja seinen <u>Nachbarn</u> (.) und denkt: ‚Mensch, die kommen alle von überall her und und haben=das <u>gleiche</u> (.) vor!' und also ich find' des ich find' des a ganz, ganz tolle Sache, was die da (.) die Creative Kirche da macht! Also des find' ich unheimlich schön! Also wirklich so'n <u>riesiges Miteinander</u>, net? Also ich <u>freu</u>' mich da unheimlich auf den Auftritt (.) wobei, wie gesagt, ich würd' am gernsten (.) drin <u>baden</u> in dem Auftritt, ne, indem ich <u>zuhör</u>', ne? @(.) Des ist=ganz schwierig!@ [...] einmal waren's ‚Die 10 Gebote' (2) des des war ja (.) [ehrfürchtig] <u>unglaublich</u>, also unglaublich schön! Und (.) und dann=haben wir ja noch mit dem (.) Hans-Martin diesen äh Oslo Gospel Choir gemacht (.) des war auch so'n großes Projekt (.) und da war's auch <u>ganz arg</u> beeindruckend, weil wir auch <u>im Rausgehen</u> der Chor ham einfach die=Leut' nochmal angefangen zu singen, also wo wir schon raus sind (.) und ham einfach <u>weiter</u>gesungen, weil wir uns gar nicht lösen konnten, des war (.) war ganz arg beeindruckend!"[674]

Dem Einzeltypus Gewohnheitssänger sind insgesamt sieben der 20 Interviewpartner zugerechnet, darunter fünf Frauen und zwei Männer: Elske B., Bärbel F., Nikola I., Jens M., Michael R., Hilderose S. und Kathrin S..

---

[672] Dass gleichwohl Jens M. auch persönlich emotional stark berührt wurde von *Amazing Grace* wird im Zusammenhang der Verändernden Wirkung in Kapitel C 2.2.3 noch ausführlich zu behandeln sein.

[673] NI 1, Z.85–91. Das Beispiel von Nikola I. mag insofern ein spezielles sein, als sie auch bei der CD-Aufnahme sowie der Uraufführung in Kassel und somit beim Projekt in Ludwigsburg zum bereits dritten Mal – und dies in nicht geringem Maße – an *Amazing Grace* beteiligt war – das zitierte Interview fand allerdings am 8. Juli, also noch über zwei Monate vor der Aufführung in Kassel statt; zugleich ist ihre Gesamthaltung neben anderen Aspekten besonders auffällig von Routine und Vorerfahrungen geprägt, die deutlichen Einfluss auf ihr emotionales Erleben hatten.

[674] BF 1, Z.60–72.74–82.

2.1.3 Die Promi-Sängerin

Die Promi-Sängerin sucht die Nähe hervorgehobener Einzelpersonen, was ihren Modus der Mitwirkung an *Amazing Grace* essentiell (mit-) prägt. Konkret können diese die Stars der deutschen Musical-Szene sein, ebenso – beziehungsweise ergänzend – aber auch der charismatische musikalische Gesamtleiter Hans-Martin Sauter oder der Dirigent des Oslo Gospel Choirs Tore W. Aas. Der möglichst enge Kontakt mit diesen Persönlichkeiten, welcher einen markanten Motivationsfaktor darstellt, spielt für das individuelle Erleben Zugeordneter eine zentrale Rolle und hat, mindestens im Zweifel, Vorrang vor dem Kontakt mit anderen Sängern. Die vertikale Ebene zwischen Einzelsängerin und Promi(s) ist somit prinzipiell wichtiger als die horizontale der Sänger untereinander; der persönliche Fokus liegt auf Superlativen und der Berühmtheit derer, deren Nähe man genießt. Mitunter wird stolz von Begegnungen berichtet, einschließlich charakteristischer Indikatoren für die subjektive Verehrung des prominenten Gegenübers, etwa gemeinsame Selfies, Autogramme oder gar Geschenke, geradezu pilgerndes Zurücklegen weiter Wege zu Chor-Workshops et cetera.

Angesprochen auf ihr (Grund-) Gefühl in Ludwigsburg – im Verhältnis zu jenem in Kassel – erklärte Kathrin S.:

> „Also ich find's unpersönlicher 'n bisschen (.) weil in Kassel haben wir mal hier hatten wir auch die Möglichkeit, noch 'n bisschen mit den Solisten zu reden (.) ich hab' alle Solisten eigentlich getroffen in Kassel, ich hab' auch einige Selfies und andere Fotos mit den Solisten, auch mit Arne Stefan und mit der Polly samstags abends (.) noch ganz am Ende, also da waren fast keine mehr in der Halle (.) sind die immer noch (vorkommen) und (.) des is' natürlich schon toll und wir standen in Kassel so (.) im Bereich, wo die immer durch mussten, wenn sie von der (.) von ihrem Backstage, also von da, wo=das Essen und so weiter, in den Umkleidebereich und in in den Ehrenbackstageraum mussten, sind sie immer an uns vorbei gelaufen und haben mit uns sich unterhalten so 'n bisschen und (.) waren motiviert (.) des <u>fehlt</u> mir hier so 'n bisschen! Aber des is' natürlich bei 700 Sängern (.) schwierig und auch nich' machbar eigentlich."[675]

Aus diesem Interviewabschnitt aus der Pause am 9. November in der MHP-Arena sticht besonders ins Auge, welche Rolle der unmittelbare Zugang zu den Musical-Stars für das Erleben von Kathrin S., die dem Typus Promi-Sängerin zugeordnet ist, spielte. Während sie zuvor in Kassel mitgesungen und dort offenkundig bereits allerhand Möglichkeiten zum direkten Kontakt mit Solisten genutzt hatte, nicht zuletzt verbunden mit Autogrammgaben[676], konzentrierte sie sich in Ludwigsburg erkennbar weiterhin auf die gleichen Stars, statt nun etwa den Hauptfokus auf ihre Mitsänger zu legen, weg von den prominenten Einzelfiguren.

---

[675] KS 4, Z.66–80.
[676] Kathrin ist auffälliger Weise unter den 20 Probanden die einzige, die von ihrem Interesse an beziehungsweise (erfolgreichen) Bemühen um Autogramme et cetera sprach.

C 2.1 Produktionstypologie 313

Ein solch starkes Augenmerk auf prominente und/oder charismatische Einzelpersonen muss dabei kein unreflektierter Starkult sein oder mit Oberflächlichkeit einhergehen, sondern kann sehr wohl mit Inhaltsvermittlung sich verbinden – wobei die Grenzen der Produktions- und Wirkungstypologie gewiss als (im konkreten Zusammenhang besonders) fließend zu betrachten sind;[677] etwa indem ein beeindruckender Chorleiter auch geistlich als Vorbild fungiert, Glaubensinhalte gewinnend vermittelt, der Einzelsängerin nahebringt und ihr die persönliche Aneignung ermöglicht. Wie ein Medium wirkt die Leitfigur mitunter, deren Reden und Handeln – etwa bei Liederläuterungen, Andachten oder Gebeten – auf die Sängerin einwirkt, wie auf andere Menschen Predigten et cetera:

	Jetzt möcht' ich nochmal einhaken bei dem Stichwort Verführung, das Du genannt hast, äh das klang für mich so, als war Dir des währenddessen auch schon <u>bewusst</u>; ich möcht' nochmal nachfragen, war des so o-
SM	└ Nee, des is' mir einfach auch so <u>danach</u> gekommen, also es steht und fällt natürlich auch mit=dem Martin Sauter, weil der Martin Sauter is' jemand, der eine=<u>unheimlich</u> schöne Ausstrahlung hat (.) und ne sehr <u>mitreißende</u> Sch- Ausstrahlung, aber auch eine Religiöse- -iosität für mich vertritt, wo ich überhaupt kein Problem damit hab'. Also er is' sicher sehr christlich und sehr tief christlich, des <u>spürt</u> man einfach auch in dem (.) im Chor <u>sonst</u> und er is' aber net irgendw:ie (.) so aufdoktrinierend (.)
JK	└ jawoll
SM	also wo wo da von daher hab' ich mit <u>ihm</u> in in dieser Rolle auch gar kein Problem, oder ich find's einfach auch faszinierend, wie er solch- äh sei- seinen Weg oder seine Sachen da verfolgt und des is' auch schön, sich da mitziehen zu lassen.
JK	Jawoll. Und (.) ja

[678]

Während die Frage nach Verführbarkeit oder Manipulation von Massen durch charismatische Einzelpersonen, die Susanna in dieser Passage ansprach, an anderer Stelle (s. Kapitel C 1.7) ausführlich zu diskutieren sein wird, ist anhand dieser Zeilen nachvollziehbar, inwieweit für die Einzelsängerin der Chorleiter Hans-Martin Sauter, dessen saisonal probendem und auftretendem Chor „Voices of Peace" sie ebenfalls angehört, auch bezogen auf den (vor-) gelebten Glauben ein Vorbild ist. Was die Religionslehrerin an ihm wahrnimmt und bewundert, im Rahmen von *Amazing Grace*, aber – hiervon kaum trennbar – auch in anderen Chorzusammenhängen in der Friedenskirche, lässt sich wohl zutreffend als ein praktisches Lebenszeugnis bezeichnen. Der Vorbildcharakter des Redens und Handelns dieser Führungsfigur legte im Verlauf der Analysen entsprechend den Terminus der Vorbild-Sängerin für den Einzeltyp – im Blick auf Susannas Beispiel – näher denn jenen der Promi-Sängerin; wie bei den anderen Einzeltypen wurde letztlich dennoch ein weniger trennscharfer Oberbegriff gewählt, welcher zum einen

---

[677] Und dies nicht allein hier: Die in der Längsschnittstudie zu *Amazing Grace* vorgestellte dreiteilige Typologie soll zwar ausdifferenzieren, zugleich aber nicht verunklaren, dass letzten Endes alle Einzelaspekte mit dem Gesamten und somit auch untereinander zusammenhängen.

[678] SM 4, Z.46–58.

die entscheidenden Merkmale umschließt und zum anderen die relevanten Beobachtungen zum Erleben aller zugeordneten Einzelsänger zu subsumieren vermag, mögen deren Charakteristika darin auch nicht (in gleichem Maße) aufgehen.

Dem Produktionstyp Promi-Sängerin sind die beiden Sängerinnen Kathrin S. und Susanna M. zugeordnet.

2.1.4 Der Response-Sänger

Kennzeichnend für den Response-Sänger ist die Orientierung (auch) an anderen Menschen, deren Verhalten wie Reaktionen er genau wahrnimmt und die sein eigenes Erleben wesentlich mitprägen. Er ist beim Singen nicht allein bei sich selbst, sondern steht über den Chorleiter hinaus in direkter Interaktion mit Dritten. Diese kann sich ebenso auf Zuschauer während der feuerwerksartigen Aufführung beziehen wie auf andere Sänger im Projektchor, bei der Aufführung oder in Proben; oder auf beide Gruppen.

Von entscheidender Bedeutung sind die Zusammenhänge zwischen wahrnehmbarem Erleben anderer Menschen – die etwa Freude oder Betroffenheit mimisch, gestisch oder anderswie körperlich erkennbar ausdrücken – und dem eigenen, die kausal voneinander abhängig sein können, in jedem Fall aber in Beziehung zueinander stehen: Der Response-Sänger ist emotional ergriffen, während oder (sogar) weil Zuschauer beziehungsweise Mitsänger dies sichtbar oder hörbar ebenfalls sind. Brigitte H.s Beispiel erhellt das Phänomen; angesprochen auf ihre Stimmung und Gefühle erklärte sie unmittelbar nach der Aufführung:

> „@(2)@ Super! @(.)@ Ergreifend! J:a! Kann gar net so viel dazu sagen, aber erst, als die Halle sich so langsam gefüllt hat, ist mir bewusst geworden, um was eigentlich geht und warum wir heut' da sind (.) und dass man jetzt nicht=mehr, wie heut' Nachmittag da, vorm vor=einem dunklen Raum (.) steht, sondern dass uns da welche ankucken, ne? Und die Reaktionen von anderen, die ham mich dann halt ergriffen schon in der Pause, dass sie so begeistert waren, auch wie sie so darunter=hinein geklatscht haben (.) und dann halt auch von meinen Freunden (.) j:a, die Reaktionen. Mein Freund ist ja gestern noch in [Stadt in Asien] gewesen (.) j:a und extra hergekommen und solche Sachen, die berühren einen dann schon, wenn's den Leuten gefällt (.) des ist schon super, ja, doch! [...] so zum Ende der ersten (.) Halbzeit zu und dann halt ab der zweiten d:a (.) war=das alles so aufrührend! Zumindest dann ä:hm als wir (.) na=ja, schon mal (.) als wir des Medley gesungen hatten, aber dann so im vorletzten Stück, da sind mir schon leicht die Tränen gekommen, weil die Leute=einfach so begeistert waren, (man konnt' ja die sehen und die sehen und die sehen) und (.) dass sie dann auch so langsam aufgestanden sind und so (.) ja, des war schon Wahnsinn, ja! Weil mit solchen Reaktionen hab' ich überhaupt net gerechnet, ich weiß auch net, ja."[679]

---

[679] BH 4, Z.4–14.30–37.

C 2.1 Produktionstypologie

Wie Brigitte in diesen Sequenzen unmittelbar nach der Aufführung im Foyer der MHP-Arena erkennen ließ, standen ihr persönliches emotionales Erleben und dessen körperlichen Begleiterscheinungen offenbar in einem direkten Zusammenhang mit für sie erkennbaren Reaktionen im Publikum, welche sie durch Blickkontakt während des Musicals intensiv wahrnahm und als Begeisterung deutete.[680] Die Konzentration auf ihre Aufgaben als Sängerin im Projektchor mit Fokus auf den Dirigenten brachte sie hiermit wohl entweder in Einklang oder priorisierte womöglich gar die optische Verbindung mit Menschen im Publikum. Wie sie im weiteren Gesprächsverlauf erklärte, habe sie schon lange nichts mehr so stark berührt wie das Geschehen bei *Amazing Grace* an diesem Abend beziehungsweise habe sich das Musicalerlebnis für sie auf einem Intensitätsniveau bewegt, das bis dato nur weniges andere in ihrem Leben erreicht hatte. Die von der Begeisterung anderer Menschen angestachelte, dadurch wohl geradezu potenzierte Ergriffenheit der Einzelsängerin kann somit nicht angemessen losgelöst von der Interaktion mit Dritten, hier: (Teilen) des Auditoriums, verstanden werden.

Auch Gerhard S. erlebte *Amazing Grace* in erkennbarem Zusammenhang mit seiner Umwelt:

„[…] einfach mit den Darstellern, mit den Schauspielern in dieser Arena (.) diese ganze Stimmung da, also des war scho:n (.) schon sehr schön, ja ja, also es war so, dass man auch beim Singen teilweis' so laut gesungen hat, dass man (.) luftmäßig an an an die Grenzen kam, einfach weil weil ich s:o oder auch die drum rum (waren so) begeistert (.) ja und des (.) war schon toll"[681].

Wie diese ersten Sätze unmittelbar nach der Aufführung nahelegen, hat der 67-Jährige das Musical in intensiver Interaktion mit anderen Sängern erlebt und genossen. Trotz seines Hustens hat er sich inmitten des Menschenmeeres – er spricht im gleichen Interview noch vom *Bad in der Menge* – auch stimmlich offenbar maximal eingebracht und, angeregt vom euphorischen Miteinander der Projektchormitglieder, dabei auf persönliche körperliche Grenzen allenfalls geringfügig Rücksicht genommen.

Der Response-Sänger will ein solches interagierendes Gegenüber sein, das in direktem Kontakt steht. Daher ist es für ihn nicht irrelevant, sondern im Gegenteil von größter Bedeutung, dass er Blickkontakt zum Publikum hat und/oder von den Chorsängern um sich herum möglichst viel wahrnehmen kann. Weder will er nur ganz bei sich sein, noch ist die Präsenz des Publikums für ihn unerheblich. So begegnet es auch im Negativen, indem zugeordnete Sänger die mangelnden Möglichkeiten zur Interaktion entweder mit anderen Chorsängern und/oder mit den Zuschauern beklagen, wobei deutlich wird, dass der individuelle Standpunkt in der großen Projektchorschar von 660 Sängern eine gewichtige Rolle spielte:

„[…] also ich fand's gar nich' so äh riesenmassig, wie gesagt, hatte des ich hatt's @ja mal@ in 'ner größeren Version mitgemacht (.) ä:hm (.) jetzt=in dem ich (.) ich war

---

[680] Ergänzend und verstärkend traten später konfirmierende Äußerungen ihrer Bekannten hinzu.
[681] SG 3, Z.4–10.

im Chor relativ weit vorne und die Männerstimmen sind ja sowieso immer relativ ja ä:hm weniger als jetzt die die gr- die die Frauen und deswegen fand' ich's jetzt nicht=so (.) ä:hm (.) nicht=so (.) riesig, ja, der Abstand zum Publikum des fand' ich 'n bissle schade, man hat ja vom Publikum gar nix so mitgekriegt, also (.) des ä:hm da war der Abstand dann doch größer (.) ä:hm (.) also des fand' ich 'n bissle j:a des war bisschen (.) wie soll ich sagen (.) mhm ja bisschen distanziert, einfach auch vom Bühnenaufbau, man hat ja auch gar keine Möglichkeit irgendwie gehabt, da in Kontakt zu treten (.) da (.) genau (2) d- man hat ab und zu 'n bisschen mitgekriegt, wie da die Leute schon sehr z- sehr gut mitgegangen sind und ä:hm und wie sie auch applatuit applaudiert haben (.) äh und am Schluss auch, wenn=sie aufgestanden sind (.) ä:hm da hat man schon gemerkt, dass die Leute d- ä:h sich da sehr begeistert haben (.) und und und wir fanden aber, wie gesagt, ansonsten fand' ich's sogar bissle anonym."[682]

Die Wahrnehmung anderer Projektchormitglieder kann indes auch mit dem Kriterium, inwieweit die Umwelt die Selbstentfaltung innerhalb des Menschenmeeres begünstigt, stehen, wie am Beispiel von Tanja R. deutlich wird:

„[…] heute bin ich eher so in die Richtung, dass ich eher bei mir bin, weil ich im- immer, nach wie vor noch (halt=noch) Stress familiär hab' und das mir heut' jetzt 'n bisschen so die Ruhe gegeben hat, mal 'n bisschen Auszeit zu nehmen, so für mich (.) ä:h ja für mich zu sein (.) hier, also ich scha- schon in der Gemeinschaft mit den Anderen zusammen, aber ähm einfach so mit der Musik (.) [seufzend] ja, so (.) Luft holen und (.) mal ruhig werden. […] ich ha- hab' mich zwar immer wieder umgeschaut und auch so die Anderen 'n bisschen beobachtet, wie des so (.) vom Gesichtsausdruck, wie so die Stimmung is', aber ähm die haben=mich jetzt nicht äh, ich sag' mal gestört in der in der Beziehung, dass ich jetzt so für mich mal sein w- also (.) i- i- jetzt nicht direkt für mich, es is' schwer zu zu beschreiben, aber schon (.) ja i:ch war einfach mal von zuhause weg, 'n bisschen von dem Stress weg und des war eigentlich ganz gut (.) und da hätten auch nochmal mehr da sein können, des wär' jetzt (.) einfach von der äh vielleicht liegt's auch hier an der an an der Kirche, an der Stimmung und an den (.) ä:h an der F- an dem Fakt, dass es halt jetzt um dieses Musical geht, dass es äh schöne Musik is', dass man da mitsingen kann und (.) und einfach sich damit so beschäftigen kann"[683].

In der Hauptprobe war ihr Erleben offensichtlich stark von der Sehnsucht nach Ruhe und Entspannung vom turbulenten Alltag geprägt, welche sie aktiv suchte. Die Sänger um sie herum hat sie dabei bewusst beobachtet, aber anscheinend stärker zur Absicherung ihres Selbstfokus', der nicht gestört werden sollte, statt dezidiert interagieren zu wollen. Zugespitzt lässt sich wohl konstatieren, dass Tanja primär in Ruhe gelassen werden wollte in ihrem individuellen Entspannungsprogramm im Rahmen des Riesenchorsingens, was dadurch ermöglicht oder mindestens doch begünstigt wurde, dass sie etwaige Störungen durch Umstehende ausschließen konnte. Deshalb hätten es auch mehr oder weniger Menschen sein können, Hauptsache niemand, der durch sein Agieren ihr Zur-Ruhe-Kommen inmitten des Menschenmeeres trübt.

---

[682] JM 3, Z.36–52.
[683] TR 3, Z.20–25.28–39.

Dem Einzeltypus Response-Sänger sind insgesamt acht Probanden zugerechnet, darunter sechs Frauen und zwei Männer: Anja B., Elske B., Brigitte H., Gabi K., Frauke L., Jens M., Gerhard S. und Janina S..

2.1.5 Die Singende Hörerin

Dieser Einzeltypus steht jenem des Response-Sängers recht nahe, insofern eine starke Orientierung an der singenden Umwelt konstitutiv ist. Allerdings spielen hierbei weder die Zuschauer noch auch die körperlichen Ausdrucksformen von Emotionen seitens anderer Sänger eine bedeutende Rolle, sondern vielmehr der Klang der Gesamtheit.

Die Singende Hörerin ist inmitten des Kollektivs aus hunderten Sängern durchaus bei sich selbst, im markanten Kontrast zur Distanzierten Sängerin aber nicht in Abkehr von oder gar dezidierter Abgrenzung zur Großgruppe, sondern im Gegenteil: Sie zerfließt geradezu im Menschenmeer, will den gewaltigen Sound in sich aufsaugen, will zuhören und hörend genießen. Das eigene Mitsingen ist primär Notwendigkeit und Mittel zum Zweck, um in dieser singenden Masse überhaupt stehen und an ihrem Klangvolumen partizipieren zu können. So besteht ein charakteristischer Teil ihrer Motivation darin, zuzuhören, hörend zu genießen, was ihre individuelle Produktionsweise stark prägt.

BF	Was mir (.) also ich hab' einmal (.) äh da hat er doch (.) ich weiß net, wie des Stück geheißen hat, wo er selber gesagt hat äh „Ich steh' vorne, hör' Euch!" (.) und dann=hab' i- dann hat er's wiederholt und da hab' ich selber mal net mitgesungen, des ist [begeistert] <u>unglaublich</u>, da kriegt man (.) also da stellen sich einem die Haare, gell? Mir ham auch mir ham auch Karten gekauft f- Ka- ä:h für für den 4. Februar zum selber nochmal Zuhören (.) j:a (.) Weil ich gesagt habe, dass es <u>mindestens</u> genauso schön ist, an so'n
JK	└ ach so? jawoll
BF	so=einem Riesenchor zuzuhören (.) wie wie dann mitzusingen und ja im Grunde (ja mal)
JK	└ ja
BF	bloß die eigene Stimme so um sich herum zu hören, ne? <u>Es=ist</u> unglaublich schön!
JK	Und da hast Du dann durch quasi durch diesen Perspektivwechsel als Zuhörerin hast Du's ganz anders erlebt, als wenn Du selber mitsingst?
BF	└ absolut! Absolut! Man man (.) man ist fixiert auf ihn (.) natürlich, net? Den Einsatz nicht verpassen, Text: Hast Du ihn drauf? Sing' ja keinen falschen Ton, was denkt der Nachbar, gell? Des ist ja=am Anfang immer so bissle Unsicherheit, gell? Und wo ich net mitgesungen hab', also <u>unglaublich</u>, wie der Sopran zu uns rübergekommen ist, das war unglaublich toll! Also ich war <u>ganz</u> begeistert!

[684]

Am Beispiel von Bärbel F. wird zudem deutlich, wie sehr eine solche individuelle Produktionsweise bei einem Projekt wie *Amazing Grace* erfahrungsgesättigt und wie stark das Erleben darin von Vorausgegangenem geprägt sein kann.[685]

---

[684] BF 2, Z.15–31.
[685] Vgl. BF 1, Z.60–72 (zitiert in C 2.1.2).

Bärbel war überwältigt von der Klanggewalt des großen Ganzen und davon begeistert, selbst ein Teil dieses gigantischen Akustikgeschehens zu sein; das extraordinäre emotionale wie körperliche Erleben in der singenden Masse war ihr konfirmierende Verifikation der Überzeugung, dass alle Sänger das gleiche Ziel verbindet, *alle* Versammelten *das gleiche vorhaben* et cetera. Offenkundig spielte das bewusste hörende Anteilnehmen am Sound des Riesenchores hierbei eine entscheidende Rolle. Ihr eigenes singendes Mitwirken war indes gewiss mehr als nur Vehikel zum Erlangen dieser Erlebnisdimensionen, aber im Zweifel doch nachgeordnet. Der Interaktion mit anderen Chormitgliedern – ob gestisch, singend oder hörend – kam hingegen große Bedeutung zu:

JK	J:a, Bärbel, dann auch wieder die Bitte, einfach äh mir zu erzählen: Wie ist die Stimmung? Wie hast Du Dich gefühlt? Was hast Du erlebt heute bisher?
BF	Also, mir geht's nach wie vor wieder wie immer: Ich bin <u>unheimlich</u> angetan! Also das muss ich wirklich sagen! Ich f:reu' mich <u>wahnsinnig</u>, also ich kann des gar net beschreiben, wie wie wie ich mich da drauf gefreut hab' (auch heut'), also net nur auf die Aufführung, sondern auf heut'! Des ist unheimlich schön, ich <u>kenn</u>' jetzt auch immer mehr, also man kommt rein und=da und=da winken sie schon, gell? „Komm, setz' Dich zu uns!", also des ist (.) unglaublich schön!
JK	Und dann <u>während</u> der Probe hat sich da irgendwie emotional was getan? Hast Du da was gemerkt? (.) War so ne Hauptempfindung da (.) bei nem speziellen Lied vielleicht?
BF	∟ Also für mich hat sich (.) insofern was geändert, weil ich jetzt auch den <u>Film</u> nochmal also angeguckt hab', den „Amazing Grace"-Film und der ist ja (.) <u>sehr</u> sehr beeindruckend, gell? Also der hat unheimlich (.) berührt, ne? Und dann hört man hört man die Lieder auch nochmal anders, also den <u>Text</u> vor allem auch, ne? Wenn man des (.) weil man genau <u>begreift</u>, um was es da gegangen ist, gell? Also es war (.) ganz toll! Also ich bin ganz <u>ganz arg</u> angetan (.) es=ist
JK	∟ ja
BF	was ganz Tolles! (2) Also was der John Newton da geleistet hat äh und also auch die Anderen, des ist also unglaublich, unglaublich toll!
JK	Also beim Singen jetzt hier bei der Probe, welche Rolle spielen die Anderen da für Dich?
BF	Eine <u>riesengroße</u>! Ganz klar. Also ich würd' n- <u>nie im Leben</u> des alleine singen wollen, also des ist (.) grad dieses Miteinander, auch wenn, hab' ich ja letztes Mal schon gesagt, wenn der Sopran (.) so zu uns rüberkommt (.) und man weiß, die gehören auch zu uns, des ist=eine so (.) so eine <u>Menge</u>, gell? Also es=ist unglaublich schön! Kuck mich auch manchmal bissle um un- und <u>jeder</u> (.) jeder singt des, was ich <u>auch</u> sing'! Ich find' des unheimlich beeindruckend! Des=ist (relativ) <u>ganz</u> ganz toll!

[686]

An diesem umfangreichen Ausschnitt aus dem Pauseninterview in der Hauptprobe am 2. November wird deutlich, wie stark die Einzelsängerin auf ihre Mitsänger ausgerichtet war. Sie brauchte die große Zahl der mit ihr Singenden, um in den verschiedenen Dimensionen mit ihnen zusammenwirken zu können, freute sich offenbar unbändig auf die Proben und empfand kein nennenswertes Gefälle der Erlebnisintensität zwischen dem zu erwartenden Feuerwerk der Aufführung in der MHP-Arena und den vorausgehenden Proben in der Friedenskirche, sondern genoss bereits die Vorstufen des Projekthöhepunkts *wahnsinnig*, die ihr zum

---

[686] BF 3, Z.1–26.

C 2.1 Produktionstypologie				319

singend-hörenden Genießen völlig ausreichten. Im Gegensatz zu anderen Projektbeteiligten – insbesondere dem Einzeltypus Promi-Sängerin zugeordneten – legte Bärbel eher begrenzten Wert auf die großen Stars und das riesige Publikum, denn was sie brauchte war in erster Linie der Rest des Chores. Inmitten seiner Hundertschaften konnte sie gigantische Klänge und herzliches Miteinander erleben, wofür sie weder eine Arena, noch Musical-Stars oder ein Publikum benötigte.

Die Singende Hörerin ist dabei keine Egoistin, die nur konsumieren wollte und sich nicht für den Gesamterfolg mitverantwortlich fühlte; aber sie ist zugleich nicht allein Klangproduzentin, sondern ausgesprochen bewusste Hörerin. Dass bei diesem Typus Produktion und Wirkung, „Input" und „Output", (abermals besonders) nahe beieinander liegen und sich allenfalls begrenzt voneinander trennen lassen, liegt auf der Hand. Zugleich ließ sich die Weise der Beteiligung im Sinne eines eigenständigen Produktionstyps deutlich rekonstruieren und von der Wirkung desselben unterscheiden.

Dem Einzeltypus Singende Hörerin ist die Probandin Bärbel F. zugeordnet.

2.1.6 Die Distanzierte Sängerin

Die Distanzierte Sängerin scheint, vordergründig betrachtet und salopp formuliert, wenn auch nicht im falschen Film, so doch grundsätzlich im falschen Format unterwegs zu sein. Denn sie will inmitten der mehreren hundert Mitsänger prinzipiell ganz bei sich sein, sperrt sich daher gegen das Gemeinschaftserleben und grenzt sich – mindestens innerlich – entschieden ab von ihrer Umwelt. Während mit Elke H. – wie bereits im Fall der Singenden Hörerin mit Bärbel F. (s. Kapitel C 2.1.5) – lediglich eine Sängerin diesem (Ideal-) Typus zugeordnet ist, begründet ihr Beispiel gleichwohl abermals einen solchen, ohne dass sie – wie auch sonst die Probanden in der dreiteiligen Typologie nicht – darin restlos aufginge oder sich der Typus in an ihrem Beispiel Beobachtetem erschöpfte.

Charakteristisch für die Distanzierte Sängerin ist eine skeptische Grundeinstellung gegenüber dem Chorleiter beziehungsweise der Großgruppe, eine Zurück- bis sogar Verweigerungshaltung im Blick auf die das Miteinander insgesamt prägende Stimmung im Riesenchor, die zahlreiche dem Typus nicht zugerechnete Sänger begeistert als *Gemeinschaftsgefühl* beschrieben haben, teilweise mit der persönlichen Zielformulierung verbunden, nicht (allzu sehr) bei sich selbst zu sein, sondern sich möglichst umfänglich in die Gemeinschaft hineinzugeben. Die dem Produktionstypus Distanzierte Sängerin zugeordnete Elke H. schien geradezu gegenteilig eingestellt zu sein und inmitten des (mehr oder minder) euphorischen Menschenmeeres nüchtern, reserviert und konzentriert gegen den Strom schwimmen zu wollen.[687]

---

[687] Vgl. EH 2, Z.115–126 (zitiert in C 2.6.5).

Während andere Sänger, wie Gerhard S., lustvoll ihr *Bad in der Menge* beschrieben, scheint sich Elke in ihrer Attitüde maximal von einer solchen Gemeinschaftsorientierung abgegrenzt, als eine Art Gegen-Typus zum Response-Sänger den Fokus dezidiert auf die eigene Person und deren Erleben gerichtet zu haben, statt mit ihrer Umgebung im Menschenmeer – *bis zum fünfzehnten* Nachbarsänger – praktische Gemeinschaft haben zu wollen in Überwindung trennender Grenzen zwischen den Individuen. Inwieweit diese eigentümliche Produktionstypik im konkreten Fall der zugeordneten Sängerin von der Sorge, sich selbst *zum Affen zu machen*, vom Ansinnen, das Sich-Abgrenzen (für den Beruf) einzuüben, oder anderen Faktoren maßgeblich geprägt gewesen sein mag, kann allenfalls vermutet werden. In jedem Fall wirkt die Distanzierte Sängerin dem Geschehen im Massenchor mit seinen die einzelne Mitwirkende mitreißenden (Gruppen-) Dynamiken, seiner gemeinhin geteilten Vergemeinschaftungsbereitschaft und Euphorie, aber (innerlich) ausgesprochen fern, was mehrfach in den gebrauchten Formulierungen der zugeordneten Interviewpartnerin zum Ausdruck kommt:

> „Was ich von dieser Geschichte halte? Ich halte von der Geschichte (p:h) ä:hm (3) diese Sklaverei:gedanke, der eben auch im Alltag (.) ähm ne Rolle spielt, dass man sich gar nicht irgendwie bewusst ist (3) des kann man schon (2) äh beeindruckend finden, aber gleichzeitig ä:hm ist=es auch 'n bissle sehr versteckt (.) nich' so offensichtlich, dass man (.) mit seinem Alltag beim Arbeiten sich an sein Leben erinnert (.) fühlt. Also die Verbindung (.) fällt mir 'n bisschen schwer, wobei, vielleicht kommt des ja noch (.) als Erlebenswelt."[688]

Während die anderen Probanden sich überwiegend klar mit dem Ludwigsburger Musicalprojekt persönlich identifizierten und vielerlei Ich-Aussagen trafen, begegnete das von Elke Ausgesagte (auch) hier als Reden im Duktus einer Kritisch-Distanzierten aus dem Zuschauerraum, die ein ihr präsentiertes Geschehen kommentiert, ohne dass dies erkennbar etwas mit ihr selbst zu tun haben müsste. Sogar die erfolgten Positionierungen klingen vage: *Man* könne den Inhalt beziehungsweise die Botschaft des Gospel-Musicals *schon beeindruckend finden* – statt einer direkten Aussage, die etwa mit „Ich finde..." begönne. Diese Distanz ist auch bei der Beschreibung des Klangraums im gleichen, auf die Auftaktprobe bezogenen Gespräch greifbar:

JK	Jawoll (.) dann im Blick auf die Probe vor zwei Wochen hm bitt' ich Dich, erzähl' mir doch mal, wie Du Dich in der Menge der anderen Chorsänger gefühlt hast!
EH	Beim Singen?
JK	Mhm, genau, während dieser (.) Probe.
EH	(14) Überraschend ä:hm (.) fü:r (.) also was für ein Klang- <u>Klangkörper</u> da rauskommt, (welcher) (2) dass man da 'n (3) ja 'n <u>Teil</u> von dem Ganzen is, aber trotzdem klingt des
JK	└ mhm
EH	nicht nach einem selber oder nach dem bekannten Chor, den man kennt.

[689]

---

[688] EH 1, Z.93–98.
[689] EH 1, Z.37–44.

C 2.1 Produktionstypologie

Der Produktionstypus Distanzierte Sängerin gibt in seiner kritischen Perspektive auf das Projektgeschehen Anlass zu fragen, warum zugerechnete Sänger überhaupt bei einem solchen Unternehmen mitwirken. Freiwillig, geschweige denn frohen Herzens oder gar enthusiastisch, wirkt seine Beteiligung beziehungsweise Einstellung kaum. Anders als beim Gelegenheitssänger scheint es auch kein Experiment mit offenem Ausgang zu sein, da es an der Aufgeschlossenheit für neue, positive Erfahrungen faktisch offenbar fehlt. Was immer somit im Einzelnen die Motivation oder auch nur Begründung der Teilnahme ausmachen mag, die Distanzierte Sängerin wirkt widerwillig, scheint fast zur Mitwirkung genötigt worden zu sein, was ihre permanent auf Distanz bleibende (mitunter gar Verweigerungs-) Haltung als eine Art Trotzreaktion plausibel macht.

Bezogen auf die konkrete, dem Einzeltypus zugeordnete Sängerin Elke H. scheint es, dass ihre Haltung für das mögliche Erleben und Genießen deutliche Begrenzungen mit sich brachte:

> „[...] niederschwellig heißt für alle erreichbar! Und das ist=es nich'! Und ich würde auch sagen, wenn man merkt, es sind eigentlich noch Interessen da, würd' ich sowohl den Auftrittsort wie auch, wenn der Probenraum, aber der war ja eigentlich noch (.) mit (.) die Friedenskirche, die hatte ja noch (.) Plätze, ne? J:a, da hätt' man noch weiter aber (.) den Auftrittsort hätt' ich gewechselt, sofort! Wenn ich mitkrieg', des is (.) da und da schon ausverkauft und es gibt noch so und so viel' Anfragen und noch und noch, dann hätt' ich mir überlegt: Gibt's was Größeres? Kann ich net woanders oder gar im Freien mit ner guten (.) Technik krieg' ich des vielleicht sogar im Freien gut hin (3) ja! Auch wieder niederschwellig, ne? Warum müssen da welche draußen bleiben, wenn sie doch dabei sein wollen?!"[690]

Die zugerechnete Sängerin vermittelte den Eindruck, als könne es ihr kaum jemand recht machen. Statt – mit so vielen anderen Sängern bezogen auf Ludwigsburg und wie selbst später hinsichtlich der Aufführungen in Musicalstadt – Positives zu würdigen, richtete sich ihr Blick stark auf ihr defizitär Erscheinendes. Eine hierzu konsistente, ausgeprägte Erwartungshaltung dokumentierte sich bereits zu Projektbeginn:[691]

> „[...] also=wenn ich des wirtschaftlich mir vorstell', jeder hat zwanzig Euro bezahlt (.) plus d:ie Noten (.) plus die Einzelstimmen eventuell plus die (.) CD, um des auch

---

[690] EH 2, Z.225–239.
[691] In der Sache ist festzuhalten, dass die von Elke geäußerte Kritik insofern ins Leere lief, als bereits vor Projektbeginn im Rahmen der Anmeldung – persönlich sah ich den Hinweis darauf bei meiner Anmeldung Mitte Juni 2014 – auf die Möglichkeit einer vorgeschalteten zweiten Aufführung am Nachmittag hingewiesen wurde, sollte entsprechend große Nachfrage bestehen. Damit wäre die MHP-Arena offenbar zweimal mit je rund 5.000 Plätzen zur Verfügung gestanden. Die Mitglieder des Massenchores waren jedoch lange schon vor dem Vorabend der Aufführung, als das zweite Interview mit Elke zustandekam, darüber informiert worden, dass die Nachfrage die Kapazitäten einer einzelnen Aufführung nicht überstieg und deshalb die zweite am Nachmittag entfiel. Ihre Darstellung erweckt hiergegen den Anschein, als stünden noch viele Interessierte vor verschlossenen Toren und würden ausgegrenzt, was faktisch offenkundig nicht der Fall war.

wirklich ganz anzuhörn, des is schon (.) mit der mal 650 also da (2) j:a, da erwart' ich einen roten einen goldeneren Teppich, wenn ich die Zahl mir vorstell'!"[692]

So eigentümlich der Einzeltyp der Distanzierten Sängerin prinzipiell anmuten mag, im konkreten Fall ist er doch ausgesprochen plausibel, insofern die zugeordnete Sängerin zusammen mit ihrem heimischen (für sie zunächst noch Projekt-) Kirchenchor bei den späteren lokalen Aufführungen von *Amazing Grace* in Musicalstadt sich beteiligen sollte und der Chor samt seiner Leiterin Nikola I. zur Vorbereitung darauf zunächst geschlossen am Ludwigsburger Projekt – quasi als Pflichtprogramm oder festem Teil des Gesamtpakets – mitwirkte. Die Aufführungen zuhause standen für Elke erkennbar im Vordergrund und erklären ihre anscheinend weitaus weniger motivierte Teilnahme am vorausgehenden Ludwigsburger Projekt als eine Art Notwendigkeit mit nur begrenztem persönlichem Antrieb.[693]

Dass dies hier nicht als kuriose Ausnahme eingestuft, sondern auf der Basis des konkreten Einzelfalls ein Idealtypus entwickelt wurde, liegt nicht zuletzt daran, dass auch andere denkbare Gemengelagen plausibel erscheinen, in denen einzelne Sänger ähnlich zurückhaltend – oder sogar widerwillig – an der Produktion eines solchen Großprojekts wie *Amazing Grace* Anteil haben, sich dabei im Menschenmeer gegen mitreißende Stimmungsströme schwimmend allgemeinen Dynamiken oder (Dirigenten-) Vorgaben gezielt entziehen und verweigern, sich abgrenzen zum euphorischen Miteinander, das ihre Umwelt merklich erfasst; etwa nachdem eine gute Freundin – alle Einwände charmant ignorierend – sie zum Mitsingen überredet hat, später die angemeldete Sängerin ihr Einlenken aber bedauert und sich innerlich (dezidiert) gegen das Projekt stellt, zur Vermeidung von Reputationsverlust, Beziehungsbelastung oder anderen Unannehmlichkeiten aber äußerlich dennoch dabei bleibt; oder wenn Eltern ihre (nicht motivierten) Kinder nötigen, mitzusingen; oder wenn in einer Clique, einem Gemeindechor oder einem anderen (Klein-) Gruppenkontext die allgemeine Dynamik Druck ausübt und sich ein Einzelner trotz eigener Unlust dadurch dennoch anmeldet; oder wenn im Projektverlauf ein Beteiligter sich an bestimmten (christlichen) Inhalten der Songs stört und deshalb (teilweise) nicht oder nur mit Widerwillen mitsingt et

---

[692] EH 1, Z.125–129.
[693] Freilich kann dies – trotz gewichtiger Anhaltspunkte im Rekonstruierten – letztlich nur vermutet werden; es könnten auch andere Faktoren gewesen sein, die Elkes Modus der Teilnahme sowie ihr Erleben beim Musicalprojekt in Ludwigsburg wesentlich geprägt haben, etwa das Einübenwollen erfolgreicher Abgrenzung vor dem (Erlebnis-) Hintergrund ihres Berufsalltags oder anderes. In jedem Fall ist es weder Ziel noch Aufgabe dieser Studie, Elkes Verhalten oder das anderer Teilnehmer am Riesenchorsingen zu bewerten; vielmehr sollen anhand des Feldforschungsmaterials gewonnene Beobachtungen deskriptiv dargestellt und mögliche Zusammenhänge, etwa zwischen Motivation, Verhalten und Erleben, umrissen werden.

cetera.[694] Die denkbaren Ursachen mögen diverse sein; dass aber jemand sehr zurückhaltend und in Abgrenzung zum mitreißenden kollektiven Gemeinschaftsgeschehen, dabei womöglich persönlich wenig motiviert bis im Extremfall sogar widerwillig und im Kern das Veranstaltungsformat beziehungsweise das konkrete (Gemeinschafts-) Projekt ablehnend sich dennoch an dessen Produktion beteiligt, ist gewiss nicht auszuschließen, ja vielleicht noch nicht einmal auf extrem seltene Einzelfälle begrenzt, insbesondere im Kontext singender Massen nicht.[695]

Wie die Zurückhaltung der Distanzierten Sängerin, die bis zur völligen Selbstverweigerung reichen mag, praktisch sich auswirken kann, ist am Beispiel von Elke H. mindestens in Ansätzen zu sehen:

„[…] mir ging's (.) unaufgeregt, j:a (.) ä:hm mir hat's gefallen, wobei ich die Änderungen sehr störend bis (.) ä:h ignorierend finde, als ich werde 'n paar von den Änderungen einfach ignorieren, da mach' ich meinen Mund zu und singe nicht mehr mit (.) weil ich denke, eine (.) Großveranstaltung muss dran denken, wenn man vorne ne Richtung verändert, dass die hinten auch nachkommen müssen und ich hab' schon Schwierigkeiten, überhaupt die Zahl die (.) im Buch die richtigen Lieder zu finden, weil es ne andere Nummer hat und andere Seitenzahlen, also häng' ich immer da und muss vor den anderen wissen, wo was ist, damit ich überhaupt mitmachen kann bei der Probe. Dann hab' ich diese Schwierigkeit überwunden, dann krieg' ich noch gesagt, ich soll den Takt nicht singen und dafür den Takt singen und die Takte muss ich ja finden mit der anderen (.) Seitenzahl, da werd' ich ä:hm (.) neurotisch bis ä:hm verrückt"[696].

Während die zurückhaltend-skeptische Grundeinstellung nicht ausschließt, dass die Distanzierte Sängerin dem Projektverlauf wie auch dem Massensingen – mindestens hier und da doch – persönlich etwas abgewinnen kann, bleibt die Produk-

---

[694] Wie mehrere Beispiele unter den 20 Befragten des Samples gezeigt haben, hatten keineswegs alle Teilnehmer sich im Vorfeld des Projekts intensiv mit dessen Inhalt, musikalischem Gepräge et cetera auseinandergesetzt und haben (auch) deshalb in dessen Verlauf manche Überraschung erlebt, etwa Jens M., Michael R. und Susanna M. (s. Kapitel C 1.3.2.10, C 1.3.2.13 und C 1.3.2.20).

[695] Bei diesen theoretischen Überlegungen bleibt indes zu berücksichtigen, dass eine starke Zurückhaltung, wie im Beispiel von Elke H. in Gestalt des dezidierten Bei-Sich-Bleiben-Wollens und Sich-Abgrenzens, nicht automatisch eine geringe Motivation bedeuten muss. Denn gewiss kann eine Einzelsängerin sehr motiviert teilnehmen *und* sich – aus welchen Motiven heraus auch immer – dabei den mitreißenden Dynamiken in der Menschenmasse entziehen. Im Fall von Elke H. ist die Motivation für die Mitwirkung am Projekt in Ludwigsburg – das für sie eine Art Notwendigkeit und Mittel zum Zweck zu sein schien – zwar erkennbar (stark) geringer ausgeprägt als für die Folgeaufführungen in Musicalstadt, woraus aber nicht abgeleitet werden kann, dass Elke für das Ludwigsburger Unternehmen keinerlei Motivation aufgebracht hätte. Vielmehr ist festzuhalten, dass – wenn auch anders akzentuiert und ausgeprägter – bei ihr wie bei Jens M. und Nikola I. ein betonter Fokus auf die Aufführungen am eigenen Ort zu beobachten war, was – zumal vor dem Vergleichshorizont anderer Gesprächspartner, deren großes persönliches Ziel die Aufführung in der MHP-Arena vor vollem Saal mit Bekannten und großen Stars war – ihre Einstellung zu und das Verhalten im Ludwigsburger Projekt markant beeinflusste.

[696] EH 2, Z.5–16.

tionstypik eine von innerem Abstand, Zurückhaltung und sogar (partieller) Selbstverweigerung geprägte, die andere – etwa die Projektverantwortlichen – in der Pflicht sieht, effektiv dafür Sorge zu tragen, dass sie selbst problemlos mitkommt und ein ungetrübtes Feuerwerk samt – mit den Worten der zugeordneten Sängerin – *goldenem Teppich* erlebt.

Damit ist der Einzeltypus Distanzierte Sängerin, dem allein Elke H. zugeordnet ist, ein das sonstige Spektrum der Produktionstypologie übersteigender, aufbrechender, in massivem Kontrast zu den anderen Arten, zum Entstehen von *Amazing Grace* beizutragen, stehender. Doch er gehört in seiner irritierenden Sperrigkeit zum induktiv aus dem Material entwickelten Gesamtbefund und soll daher ebenso zu seinem Recht kommen wie alle anderen Ausprägungen der Produktionsmodi. Seine Rekonstruktion erscheint dabei aus zwei Gründen mit besonderem Erkenntnisgewinn einherzugehen: Zum einen zeigt der Einzeltypus, dass grundlegende Hemmnisse – im Fall der zugeordneten Elke H. die fehlende *Verbindung* zum Chorleiter in Ludwigsburg (s. Kapitel C 1.7) – individuelles Erleben prägen und mitunter stark belasten können. Zum anderen – für den Forschungsgegenstand von nicht zu unterschätzender Bedeutung – wird deutlich, wie groß inmitten aller euphorischen Gruppendynamik, emotionalen Aufladung und mitreißenden Atmosphäre die bleibende Freiheit der Einzelsängerin sein kann, all dem vorsätzlich und gezielt sich zu entziehen, sich abzugrenzen, der kollektiven Vergemeinschaftung et cetera entsagend. Ein am Riesenchorsingen Beteiligter kann offenkundig distanziert bleiben, ganz bei sich sein, ohne ihn (übermäßig) bedrängenden Gruppendruck, ohne Nötigung zur jovialen Mitgestaltung des Gemeinschaftswerks et cetera. Dies beleuchtet, dass die ermittelten vielfältigen Produktionsmodi zwar viel von Hingabe und Gemeinschaftsorientierung Geprägtes – etwa am Typus Response-Sänger zu beobachten – umfassen, zugleich aber auch, dass Individuen, warum im Einzelfall auch immer, gewollt auf Distanz bleiben (können).

2.2 *Ein Musical wirkt: Wirkungstypologie*

Während das Augenmerk bei der Produktionstypologie darauf lag, auf welche Weise sich Sänger am Projekt *Amazing Grace* beteiligten und musizierend (wesentlich) zu dessen weiterer Entfaltung wie Ausgestaltung beitrugen, hat die nun folgende Typologie die Ausformungen der Wirkungsweisen auf singend Mitwirkende zum Gegenstand. Ließ sich bei der Produktion terminologisch betriebswirtschaftlich orientiert von „Input" sprechen, so handelt es sich bei der Wirkung nun also um den „Output", mithin um das, was Mitglieder des Massenchores erhalten haben für ihre Investitionen. Freilich geht es hierbei um keine simple Kosten-Nutzen-Rechnung, um den schlichten Vergleich, ob Einzelsänger etwa für ihren Einsatz auch angemessen entlohnt wurden in Form großartiger Gefühle, erfüllter

Erwartungen oder einer passenden Zahl von *Gänsehaut*-Momenten. Ebenso wenig geht es um die Logik einer Kundenzufriedenheitsorientierung[697]. Vielmehr soll – im Bewusstsein, dass letztlich alles miteinander zusammenhängt und jede Unterscheidung künstlich wirken mag – in dieser Abteilung der dreiteiligen Typologie nachgezeichnet werden, wie vielfältig das Mitsingen im Riesenchor beim gleichen Musical sich ausgewirkt hat auf die Beteiligten und dass trotz der Homogenität insinuierenden Häufung bestimmter Stichworte wie etwa *überwältigend*, *Gemeinschaftsgefühl*, *unheimlich* und *toll* ein überaus buntes Gesamtbild gezeitigter Wirkweisen sich rekonstruieren ließ.

Es entspricht dem Grundsatz, dass die drei unterschiedlichen Typologien keine scharfen Trennungen innerhalb dessen, was zusammengehört und phänomenologisch ineinander verwoben begegnete, vornehmen sollen, wenn – anstelle von „Input" und „Output" – im Blick auf Produktion und Wirkung nicht kategorisch als von Aktiv und Passiv gesprochen wird, als ob die Produktion ausschließlich aktiv sich vollzöge, bei der Wirkung aber den Sängern etwas rein passiv widerführe, ohne ihr aktives Zutun. Denn solches wäre eine die komplexe Wirklichkeit verkennende Verzeichnung. Zugleich lässt sich aber konstatieren, dass bei der Produktionstypologie mit ihrem Fokus auf den Modus der Partizipation ein stärkeres Gewicht auf aktivem Tun, bei der Wirkungstypologie hingegen ein größerer Schwerpunkt auf dem passiven beziehungsweise rezeptiven Widerfahren liegt. Dies ändert jedoch nichts daran, dass die Grenzen fließen und insbesondere die ersten beiden Typologien etwas zu analytischen Erkenntniszwecken unterscheidend voneinander sondern, was im Grunde seines Wesens verbunden ist und reziprok zusammenwirkt.

Die nachfolgenden Einzeltypen unterscheiden verschiedene Weisen, auf welche sich das Mitsingen im Riesenchor von *Amazing Grace* auf (mit-) produzierende Sänger ausgewirkt hat. Sprachlich mögen die Charakterisierungen mitunter etwas weniger elegant ausfallen als bei Einzeltypen der Produktionstypologie, bei denen grundsätzlich im Aktiv von einem spezifischen Sänger, etwa dem Gewohnheitssänger, gehandelt werden konnte, prinzipiell nahezu synonym für damit verknüpfte Einzelsänger gebräuchlich. Aber es wird gleichwohl auch hier deutlich werden, was die einzelne Wirkweise jeweils auszeichnet und welche typischen Merkmale die Unterscheidung von anderen begründen. Abermals gehen dabei zugeordnete Sänger nicht in der beschriebenen Wirkweise auf, sondern weisen in ihrer Individualität prinzipiell darüber hinaus. Das nimmt den ausdifferenzierten einzelnen Arten der Wirkung indes nicht ihre Berechtigung, im Gegenteil unterstreicht es vielmehr ihren idealtypischen Anspruch.

Hinsichtlich der Baumentwicklung im Jahreszeitenverlauf zur symbolischen Illustration dessen, was bei *Amazing Grace* sich entwickelt hat, sind wir in der Blütezeit angekommen; durch intensive Probenarbeit hat das Stück zunehmend

---

[697] Einige Aspekte des Kano-Modells der Kundenzufriedenheit sind an passender Stelle bereits erläutert worden (s. Kapitel C 1.8) und sollen hier nicht wiederholt werden.

Gestalt gewonnen und ist zur vollen Blüte gelangt – insgesamt, aber auch beim und für den einzelnen Sänger:[698]

Abbildung 24: Blütezeitbaum mit Wirkungstypen; Bildrechte: iStockphoto, Mike_Kiev

2.2.1 Die Soziale Wirkung

Ein markantes Charakteristikum der Sozialen Wirkung besteht in einer ganz schlicht zum Ausdruck kommenden Verbundenheit einzelner Sänger untereinander. Wiewohl überwiegend von fremden Massen umgeben – was das Individuum durchaus verängstigen und zu auf sich selbst bedachtem Argwohn Anlass geben könnte, der sich neben einer inneren Grundhaltung auch handlungspraktisch niederschlagen könnte – zeigten sich dieser Wirkungsweise zugeordnete Sänger im Projektverlauf prinzipiell ausgesprochen aufgeschlossen für ihre Umwelt. Sie teilten freigebig mitgebrachte Nahrungsmittel mit anderen Sängern, unterstützten

---

[698] Wenngleich es so anmuten könnte, ist die Verknüpfung der drei Typologien mit den Stadien der symbolischen Baumentwicklung nicht per se mit der chronologischen Abfolge innerhalb des Musicalprojekts identisch (im Sinne von Produktion = Probenphase, Wirkung = Aufführung, Nachhaltigkeit = Langzeitwirkung nach der Aufführung). Es gibt aber durchaus Verquickungen, während zugleich manche Wirkweisen bereits in der Auftaktprobe auszumachen sind, manche Produktionsspezifika erst in der Hauptprobe oder Aufführung et cetera.

C 2.2 Wirkungstypologie

sich gegenseitig mit Informationen und drückten damit im Kontext der Gemeinschaft ihre Bereitschaft zum beziehungsweise ihr subjektives Empfinden des bereits vorhandenen Verbundenseins aus, das in aller Regel nicht auf persönlicher Vertrautheit basierte.[699] An sich Wildfremde interagierten somit auf einer Handlungsebene wie enge Vertraute oder gar miteinander familiär Verbundene.

JK	Ja, jawoll. Wie würdest Du denn, gerade des Stichwort Gemeinschaft klang ja schon an, so auf einer Skala von 1 bis 10 Dich einordnen, was dieses Gemeinschaftsgefühl am Sonntag betrifft und 1 w:ürde so bedeuten „Ich fühl' mich ganz alleine, bin ganz bei mir" oder 10 ähm auf der anderen Seite „Ich bin ganz Teil des Chores, geh' da voll drin auf". Wie war's für Dich?
NI	⌊ 10! 10! (.) Auf jeden Fall 10! Wir warn (.) d- des is dann so: Des des eine (.) er-
JK	⌊ Jawoll
NI	gibt des andere! Die eine hatte dann nix zu essen dabei, nix zu trinken, dann hat, dann dann hat die eine ihr was zu trinken angeboten, die andere hatte Äpfel dabei, ich hab dann ne Brezel bekommen, weil ich wiederum nur was Süßes dabei hatte und (.) des is so (.) Des is ne <u>gelebte Gemeinschaft</u>, was was da im Chor passiert (.) und des is alles selbstverständlich und des is alles unter der Obhut vom <u>Singen</u>, vom gemeinsamen (.) bewussten <u>Singen</u> (.) und des find ich ganz toll!

[700]

Gewiss muss der Betrachter kein Theologe sein, um das Teilen von Essen als – mindestens potentiell – überaus intimes Geschehen zu deuten, das von großem Vertrauen der Beteiligten Zeugnis gibt, zumal, wenn es sich um vom (unbekannten) Anbietenden selbst zubereitete Speisen und nichts Gekauftes handelt. Dass also einander Fremde bei *Amazing Grace* in größter Selbstverständlichkeit – wenn auch stehend beziehungsweise sitzend und ohne haptisch fassbaren Tisch vor sich – in dieser Weise Tischgemeinschaft[701] pflegen, ist gewiss weniger Ausdruck einer zum Musical bereits mitgebrachten, übereinstimmenden persönlichen Voreinstellung der einzelnen Sänger, sondern vielmehr als Wirkung des Fremde miteinander verbindenden Riesenchorsingens im Kontext des Musicalprojekts zu werten.[702]

---

[699] Gewiss ist nicht auszuschließen, dass – wie im Fall von Nikola I. mit ihrem Chor anzunehmen – Sänger, die der Sozialen Wirkung zugerechnet wurden, mit mindestens einem Teil jener Mitsänger, mit denen sie solchen praktischen (Waren-) Austausch pflegten, bereits vor Projektbeginn vertraut waren, etwa weil sie als Kirchenchor gemeinsam teilnahmen und im Kirchenraum nebeneinander saßen. Zugleich wurden Grenzen bereits vorhandener Vertrautheit im Verlauf des Musicalprojekts überschritten, so dass solcher Austausch ausweislich mehrerer Interviewbeschreibungen nicht allein innerhalb bereits bestehender Kleingruppen stattfand, sondern auch mit bis dato völlig Fremden.

[700] NI 1, Z.100–112.

[701] Zur Bedeutung der Mahlgemeinschaft im Gemeinschaftsleben der ersten Christen vgl. Kapitel A 1.2.1.1 und A 1.2.1.1.a.

[702] Wie sehr sich der noch vorzustellende Typus Distanzierte Beobachterin (s. Kapitel C 2.2.5), eng verzahnt und bei den Zuordnungen dieser Studie in Personalunion mit der Distanzierten Sängerin begegnend, von der Sozialen Wirkung unterscheidet, illustrieren bereits die differenten Darstellungen im Zusammenhang der Essen-Teilen-Praxis. Elke H.,

Für jene Sänger, auf die ihre Partizipation an *Amazing Grace* besonders stark in sozialer Hinsicht wirkte, war der greifbare Ausdruck wechselseitiger Solidarität, der auch praktisch messbare und erfahrbare Zusammenhalt der Sängerschar, von großer Relevanz. Dafür sind das Teilen von Essen oder Informationen, insbesondere die Hilfestellung bei individueller Überforderung angesichts des hohen Probentempos, bereits deutliche Indikatoren; das Phänomen ist allerdings vielgestaltig(er) und mit diesen Einzelaspekten nur ansatzweise zu fassen, wie am Beispiel von Anja B.[703] anschaulich wird:

> „[...] ich verlass mich einfach auf die Gruppe! Ich hör einfach die verschiedenen Harmonien und wenn dann die neben mir dasselbe singen und das so=schön klingt, dann (.) kann ich mich da einfach fallen lassen und ich glaub, dass viele noch (.) ähm schon auch an an dem Text oder an den Noten arbeiten, dass sich das aber (3) ähm noch mehr zusammenschweißen äh schweißen wird, so wie beim Gospel-Medley jetzt, wenn die Leute des können, da geht's dann ab! Und dann (.) kann man auch die Gruppe genießen. (.) Nichtsdestotrotz ähm is die Stimmung hier so unglaublich, dass (.) weiß nich, hab ich letztes Mal ne Acht gegeben? Ich würd's gleichbleibend zum letzten Mal sagen, weil ich ja schon so hoch eingestiegen bin: Die Leute haben alle des gleiche Ziel, sie wollen dieses Stück zusammen machen, es gibt keine schlechten (.) Stimmungen, es sind alle einfach gut drauf und freuen sich dran und das macht (2) vielleicht auch des Gruppengefühl aus (.) obwohl man nich mit jedem im Kontakt, im Gespräch is (.) so (.) aber meine Nachbarin hat mir gleich, die ich heute kennen gelernt hab, da (mir) 'n Stück Schoki gegeben, so des is einfach (.) gleich ne andere Ebene, die man hat"[704].

Ähnlich im dritten Interview unmittelbar nach der Hauptprobe:

> „Und da war bei uns auch so ne familiäre Stimmung äh hinten, vorne, rundherum. Des war sehr schön, ja! [...] familiär in dem Sinne, dass man (.) ähm (.) na ja gut, u- in unserm Eck war das dann auch noch generationsübergreifend familiär, weil halt äh Kiddies dabei waren und dann Ältere, also vom Alter ganz unterschiedlich und das hat aber jeder dann (.) kurz mal nach hinten auch: ‚Kannst Du mir mal die Seite sagen? Wo sind wir gerade?' und ‚Ach, war das nicht so und so?' Ä:hm dieses z- z- gegenseitige Unterstützen (.) also (.) des war schön, ja! Des ist für mich familiär. Ja.

---

die während *Amazing Grace* zum Chor von Nikola I. gehörte und womöglich etwas abbekam vom Mitgebrachten anderer Sänger, beklagte im Interview die *fehlende Versorgung* in der Probe, welche sie dem Veranstalter anlastete. Ganz anders ihre Chorleiterin, die das Teilen der Projektchorgemeinschaft euphorisch beschrieb und hierauf den Fokus ihrer Erzählung legte, nicht auf organisatorische Defizite, wenngleich sie diese ebenfalls monierte.

[703] Diese Sängerin ist auch dem Typus Harmonische Wirkung zugeordnet. Die in den beiden folgenden Interviewsequenzen aufstrahlenden Ausprägungen dieser Wirkung des Singens bei *Amazing Grace* auf sie – neben jenen der Sozialen Wirkung – sind derart deutlich ausgeprägt, dass eine zusätzliche Einordnung bei der Sozialen Wirkung fragwürdig erscheinen mag. Nach reiflicher Abwägung wurde sie dennoch vorgenommen, weil der Aspekt familiär-solidarischer Verbundenheit im Beispiel von Anja markant über die Harmonische Wirkung hinaus und in die Soziale hineinreicht. Damit wird abermals anschaulich, dass auch innerhalb der Typologien beziehungsweise im Blick auf zugeordnete Einzelsänger Unterscheidungen oder Grenzen nur als fließend sinnvoll zu betrachten sind, nicht als strikte Scheidungen.

[704] AB 2, Z.76–90.

C 2.2 Wirkungstypologie 329

> [...] das is ja generell das, was ich hier so sehr <u>mag</u>, dass es ä:hm trotz dessen, dass man immer nur nen <u>Bruch</u>teil von der gesamten Gemeinschaft <u>direkt</u> um sich herum hat, <u>spürt</u> man so die gesamte (.) Gemeinschaft einfach, das das (.) tut gut! Ja? Und ähm auch drum herum (.) trotz dessen, dass es eigentlich <u>Fremde</u> sind, ja? Aber man sitzt auch jedes Mal neben jemandem=Anderen, es is aber trotzdem ganz klar äh (.) ich kann den jetzt kurz mal was fragen und äh und und ich (.) bin mir ganz sicher, hab volles Vertrauen, dass der mich jetzt unterstützen wird ä:h ja. Des is schön! Jo:ah!"[705]

Das solidarisch, gar familiär geprägte Miteinander, das bei und durch *Amazing Grace* zustande kam und mit der Sozialen Wirkung bezeichnet wird, konnte sich mit speziellen Familienrollen Einzelner verbinden und begegnete keineswegs nur als völlig unterschiedslose Gleichheitserfahrung. Dies war etwa der Fall bei Nikola I., die mit ihrem Kirchenchor am Ludwigsburger Projekt sich beteiligend erkennbar eine Mutterrolle diesem gegenüber einnahm, was im sprachlichen Duktus ihrer Beschreibungen Niederschlag fand, insbesondere beim Vergleich der einschlägigen Passagen, in denen sie über ihre Kinder einerseits, ihren Chor andererseits sprach.

> „[...] haben mir die Chance gegeben, ihnen was Neues zu zeigen und dann (.) ähm waren sie hinterher auch richtig begeistert und und mit mit äh neuer Energie geladen und äh sie wollen (.) und d- des gibt ihnen halt <u>wahnsinnigen</u> Schub, auch wenn man mit so vielen Leuten zusammen singt, das ist natürlich was ganz Anderes. Wenn man 30, 40 Mann im Chor hat ist es viel <u>schwieriger</u>, vorwärts zu kommen und plötzlich mit 600 oder 500 Leuten, da ist es ganz anders, da kann man viel schneller vorwärts kommen, <u>dann</u> ist es ein eine <u>Klangfülle,</u> was was die Sänger, die einzelnen Sänger natürlich auch <u>umhaut</u> (.) und (.) also des war eine <u>tolle</u> Erfahrung, <u>immer wieder</u> und des des mach' ich eben deswegen, weil, die müssen, sie müssen auch solche Erfahrungen sammeln."[706]

Freilich kann dieses mütterliche Element als Hintergrund der souveränen Skizzierung nötiger Lernschritte der Kirchenchormitglieder vor einem persönlich weiteren Horizont, als er denselben zugeschrieben wird, Nikolas generelle Haltung als Chorleiterin prägen und muss keine spezielle Wirkung von *Amazing Grace* gewesen sein. Es liegt aber aus mehrerlei Hinsicht nahe, die besondere Rolle als mit dem Gospel-Musical zusammenhängend anzusehen, insofern die 38-Jährige bereits bei der CD-Produktion beteiligt war und mit wenigen anderen Mitgliedern ihres Kirchenchores überdies in Kassel bei der Uraufführung mitwirkte, was sie mindestens gegenüber den meisten, vermutlich aber sogar allen anderen Chormitgliedern aus Musicalstadt, als Expertin auszeichnete. Hinzu kam, dass sie in Ludwigsburg nicht als Chorleiterin beziehungsweise gar, wie später in Musicalstadt, als Gesamtleiterin der Aufführung fungierte, sondern schlicht eine unter 660 Sängern war, somit gegenüber den Mitgliedern ihres Kirchenchores keine herausgehobene Funktion qua Struktur hatte oder hätte haben müssen. Dass sie bei *Amazing Grace* eine mütterliche Rolle wahrnahm dürfte daher durchaus als Teil der

---

[705] AB 3, Z.7–9.13–20.24–32.
[706] NI 1, Z.90–99.

Sozialen Wirkung des Musicals mit seinen (Riesenchor-) Dynamiken gelten können.

Doch auch bei als Einzelsängern partizipierenden Teilnehmern konnte sich im Vollzug des gemeinsamen Singens eine solche Rolle entwickeln, wie das Beispiel von Anja B. zeigt:

> „[...] ich komm mit ner anderen <u>Erfahrung</u> hier rein oder die Leute haben alle 'n unterschiedliche Erfahrung von von wo sie aus starten (.) ä:hm und ich komm mit ner relativ äh hohen Chor-/Gesangserfahrung rein und äh des hab ich so festgestellt und des fand ich auch schön, dass es zwar eine komplette Gemeinschaft ist, aber jeder halt auch ne ne Rolle einnimmt, aber ne <u>schöne</u> Rolle, also so hab ich jetzt reflektiert bekommen eben ‚Oah, Du singst voll schön! Ich möchte in Deiner Nähe sein!' Ähm ‚Des des <u>hilft</u> mir, wenn ich mich 'n bisschen an Dir festhalten kann.' Und des is halt auch für mich 'n schönes Gefühl dann, ähm nich irgendwie ne Solo-Nummer daraus zu machen, sondern zu wissen: ‚Oah, ich (.) ich kann auch 'n paar ä:hm unterstützen, die vielleicht 'n bisschen unsicherer sind.' Genau, des fand ich heute sehr schön. Des des wurde mir reflektiert."[707]

Zu diesem Wechselspiel mehrerer in der Regel einander zuvor fremder Sänger wie im Fall von Anja B. und ihrer Umgebung, das sich im Lauf des Projekts ergeben hat, passt das zur Sozialen Wirkung wesentlich gehörende individuelle Bedürfnis danach, das extraordinäre Riesenchorsingen bewusst mit anderen Menschen zusammen zu genießen, als (Klein-) Gruppe innerhalb des singenden Menschenmeeres. Dies mag zunächst tautologisch anmuten, da ein Massensingen per definitionem nicht ohne (viele) andere Sänger möglich ist und – wie nicht zuletzt das Beispiel von Elke H. im Sinne gezielter Abgrenzungsbemühungen, die aber letztlich faktisch doch an ihre Grenzen stoßen müssen, illustriert – die Einzelne gar nicht umhinkommt, zusammen mit ihrer Umwelt dieses zu erleben. Das entscheidende Merkmal liegt demgegenüber indes darin, dass für mit der Sozialen Wirkung verknüpfte Sänger das gemeinsame Erleben mit (besonderen) einzelnen Mitmenschen, nicht einer anonymen – kleinen oder großen – Ansammlung, bedeutsam ist. Das mag eine gute Freundin sein, der heimische Chor, mit dem zusammen ein Sänger *Amazing Grace* erlebte, eine sich innerhalb des Riesenchores vor Ort im Prozess der Aufführungsvorbereitungen herausbildende Kleingruppe, etwa mit einem oder mehreren Sitz- und Singnachbarn, oder die für die Zukunft erhoffte gemeinsame Teilnahme mit nahestehenden Menschen an einem solchen Projekt.

Jens M. etwa betonte (mehrfach) die Bedeutung solcher gemeinsam erlebten Großprojekte für seinen Jugendgospelchor: Rund sieben Monate nach der Aufführung verdeutlichte er, welch besondere Rolle es für ihn und seinen Chor gespielt hat, *Amazing Grace* gemeinsam zu erleben, als überschaubare Gruppe innerhalb des großen Sängermeeres.[708] Dabei wäre es gewiss eine Verkürzung, die Bedeutung der Gruppe Vertrauter lediglich als eine Art sichere Bank im Meer

---

[707] AB 3, Z.121–131.
[708] Vgl. JM 4, Z.58–74 (ab Z.61 zitiert in C 2.3.4).

C 2.2 Wirkungstypologie

fremder Menschen zu deuten, die es Jens weitestgehend erspart hat, von ihm völlig Unbekannten umgeben zu sein und, etwaige persönliche Schüchternheit oder Trägheit überwindend, allererst Kontakte knüpfen zu müssen, um nicht inmitten der vielen Menschen sich einsam zu fühlen. Zu deutlich scheinen gruppenbildnerische und identitätsstiftende Aspekte in den Interviews mit ihm auf, die dem Erleben als Gruppe Bedeutung weit über persönliche Bequemlichkeit oder dergleichen hinaus verleihen, zumal Jens in der Vergangenheit bereits mit seinem Chor an mindestens einem Großprojekt mitgewirkt hatte und seine Aussagen auch in dieser Dimension erfahrungsgesättigt sind. Ähnliches lässt sich für Nikola I. und ihren Kirchenchor festhalten, dessen Mitglieder das Gospel-Musical ebenfalls – über alles Individuelle hinaus – erkennbar auch als Gruppe erlebt haben.

Für die der Sozialen Wirkung zugerechnete Sängerin Elske B. kam der Beteiligung einer Freundin eine elementare Bedeutung zu:

„[...] diesmal war's insgesamt netter für mich, einfach dadurch, dass ne Freundin mit dabei war, die bei der ersten Probe leider keine Zeit hatte."[709]

Dieser expliziten Höherbewertung des Probengenusses durch das ursächliche Dabeisein ihrer Freundin korrespondierte es, dass Elske B. im letzten Interview – fünf Monate nach der Aufführung in Ludwigsburg – nach überaus positiven ersten Ausführungen zu ihrem Erleben bei *Amazing Grace* im Blick auf mögliche künftige Projektteilnahmen als offenbar für sie wichtigstes Kriterium das gemeinsame Erleben mit einer Freundin nannte:

JK	└ @aha (.)@ jawoll. Du bist dann, also so positiv, wie das Ganze doch immer noch klingt, auch so eingestellt, dass Du bei nächster Gelegenheit wieder mitmachst, oder (.) wie steht's da?
EB	Würde bisschen drauf ankommen, also ähm (2) es war (.) bei allem Schönen trotzdem relativ anstrengend (.) ähm (2) und ich äh (.) habe <u>schon</u> gemerkt, dass es ich doch sehr (.)
JK	└ ja
EB	<u>gut</u> fand, dass (.) punktuell war ne Freundin mit dabei, die konnte nicht bei allen (.) Terminen und äh (.) ich glaub, davon würd' ich's schon abhängig machen, ob noch mal jemand (.) mitkommt, mit dem ich mich auch persönlich sehr gut versteh (.) also (.) es is
JK	└ ja
EB	schon (.) <u>schöner</u>, wenn man's mit jemand teilen kann!

[710]

Der erste knappe Interviewausschnitt mag noch fragen lassen, ob ihr subjektiver Genuss bei der Hauptprobe eine Woche vor der Aufführung in der MHP-Arena tatsächlich derart kausal von der Präsenz der Freundin abhing, die nach Absenz bei den ersten beiden Proben nun mit Elske zusammen im Riesenchor sang, oder ob nicht – mindestens auch – der gesteigerte Gesamtklang, die allgemeine gespannte Vorfreude auf das nahende Bühnenfeuerwerk und damit den Projekthöhepunkt eine entscheidende Rolle dabei spielten, dass die Einzelsängerin diese dritte Probe als *netter* empfand denn die vorausgegangenen. Anhand des letzten

---

[709] EB 2, Z.3–4.
[710] EB 4, Z.28–38.

Interviews wird dann aber klar erkennbar: Für Elske ist das gemeinsame Erleben mit einer guten Freundin zusammen ein hoher Eigenwert, der sich nicht durch anderes substituieren oder kompensieren lässt. Nicht Sorge vor Einsamkeit in einer fremden, anonymen Menschenmasse, beschäftigte sie – schließlich hatte auch ihr Gemeindechor bei *Amazing Grace* teilgenommen, so dass ihr durchaus andere Sänger ebenfalls vertraut waren. Auch hatte sie offenbar keine Schwierigkeiten, sich ohne die Freundin zurecht zu finden und die Chorproben zu genießen. Aber für ihr persönliches Erleben hatte das Singen mit Freundin einen Mehrwert, so stark, dass dieser zum entscheidenden Faktor für künftige Beteiligungen bei solchen Projekten wurde.[711] Zugespitzt formuliert reifte im Verlauf des Musicalprojekts bei Elske die Haltung „Nicht ohne (m)eine Freundin!". Entscheidend hierbei ist offenbar, wie bei Jens M. und Nikola I., das Teilen eines bedeutsamen Erlebnisses, das dadurch subjektiv noch höherwertiger, emotional noch aufgeladener, eben *netter* wird und über das Projekt hinaus positiven Einfluss auf die Freundschaft ausübt.

Der Sozialen Wirkung sind insgesamt neun Probanden zugeordnet, darunter sieben Frauen und zwei Männer: Anja B., Elske B., Brigitte H., Nikola I., Gabi K., Jens M., Paul P., Gabi S. und Kathrin S..

2.2.2 Die Harmonische Wirkung

Die Harmonische Wirkung hat, ähnlich der Sozialen, insbesondere handlungspraktische und emotionale Komponenten. Zugeordnete Sänger erleben im Riesenchor etwa, dem häufig von Stress und Widrigkeiten (mit-) geprägten Alltag entnommen, von dem vielen, was an und in ihnen zerrt, befreit zu sein. Stattdessen verspüren sie eine innere Ruhe und Gelassenheit, die sie abschalten lässt: einfach los- und sich fallen lassen im singenden Menschenmeer. Dieses von subjektiv empfundener Harmonie und tiefer Entspannung animierte Fallenlassen im Riesenchor ermöglicht die Erfahrung, von der umgebenden Gruppe getragen zu werden. Darin fühlt sich die einzelne Sängerin angenommen und geborgen, wertgeschätzt und sicher. Als entlastend erlebt sie, dass unabhängig von ihr und ihrem Zutun – gewiss häufig im Gegensatz zu Alltagserfahrungen – das Gesamtprojekt gelingt und funktioniert, selbst wenn sie selbst beim Musizieren aussetzt oder auf eigene Unzulänglichkeiten stößt, weil sie dann mitgezogen wird von Mitsängern und das große Ganze dennoch gelingt:

> „[…] also ich bin auch selber Schauspielerin, steh dann teilweise selber auf der Bühne und hab Erfahrung mit mit dieser Umsetzung ä:hm da ist man aber oft allein, also

---

[711] Während Elske in Z.31–32 kryptisch erklärt, dass *Amazing Grace relativ anstrengend* gewesen sei, was auch körperlich verstanden werden könnte, impliziert der Abschnitt insgesamt, dass beim gemeinsamen Singen mit einer Freundin alle Anstrengung kein Hindernis für erneute Teilnahme wäre, sondern vom Mehrwert und Genuss des geteilten Erlebnisses überlagert würde.

C 2.2 Wirkungstypologie 333

> Einzelkämpfer (.) ich hab auch chorische Sachen dabei, aber es is <u>schon</u> ähm (.) ja, man hat eine Aufgabe, lernt des und und und ähm macht des alleine. Und <u>hier</u> war es jetzt so, dass es sehr schnell alles gegangen ist durch den Text durch, ich hab mich noch nicht professionell vorbereitet, dass ich schon alles <u>kann</u>, sondern ich hab mich einfach hier mal reinbewegt und mich drauf eingelassen und ähm hab dann festgestellt, dass die Gruppe einen dann doch sehr stark hält! Also, zwischendurch hab ich einfach meinen Text weggelassen, hab dann gehört: Was machen die Anderen? Ich geh einfach mit! Und des war, des is sehr befreiend!"[712]

So war für Anja B. bereits in der Auftaktprobe Anfang Juli ganz praktisch erlebbar, dass auf den sie umgebenden Riesenchor Verlass ist, sie sich mitziehen lassen kann. Wie nachhaltig dieses Erleben war, zeigte sich im letzten Interview mit der 33-Jährigen, fünf Monate nach der Aufführung in Ludwigsburg und nach der Geburt ihres Kindes:

> „[…] war wede- weniger ne ne Gemeinschaft von jetzt tausenden von Freunden, die jetzt danach alle nochmal Kaffee trinken gehen, sondern ähm eher einfach ä:hm äh des <u>gemeinsame</u> (.) Ziel, gemeinsames Musizieren äh und und das dann halt auch ä:h zu spüren, während man des (.) also während man singt, äh zu spüren: Da sind noch 700 Andere und die singen jetzt mit und gemeinsam is da irgendwie was ganz Großes, also was dann (.) schön klingt und harmonisch is."[713]

Tanja R. erlebte das Singen im Riesenchor (ebenfalls) als entlastend, als Ruhepol im Kontrast zum Alltag. Inmitten des harmonischen Großchorsingens konnte sie sich sammeln. Ähnlich ging es auch Gerhard S., allerdings mit markanter Betonung der spirituell-geistlichen Dimension seines individuellen Erlebens inmitten des Projektchores:

> „Ja, Spiritualität is' ja was was Inneres (.) ä:h hm ja, des is' für mich schon s:o (.) wie soll ich des sagen? Also zum Beispiel jetz am Sonntag dieses Singen (.) des hat mich ganz stark im Inneren berührt, so, vor allem die Medleys (.) Gospel-Medleys, also die gehen mir immer noch durch den Kopf! Und oder durch die Seele, also so so dieses (.) dieses äh so auf Englisch, auf des Deutsch würd' man's wahrscheinlich gar net singen, so so so starke Texte, gell? So stark religiöse Texte (.) ja Spiritualität is' schon 'n star- s:o (.) wie soll ich sagen? so (.) innere <u>Harmonie</u>, Gemeinschaft mit mir selber, mit meiner Umwelt, mit Gott, so so (.) ja (.) Also schon 'n <u>inneres</u> Erlebnis, ja=ja, ja=ja. Und und natürlich auch, sagen wir mal, ja natürlich auch Gemeinschaft, deswegen geht man ja in den Gottesdienst, sonst könnte man ja (.) sagen, man liest zu Hause die Bibel und äh kuckt's im Fernsehen an."[714]

Im gelingenden, den Einzelnen tragenden musikalischen Zusammenwirken der Ko-Präsenten konnten der Harmonischen Wirkung zugeordnete Sänger – ergänzend oder alternativ zum innenorientierten subjektiven Erleben von Ruhe und Geborgenheit – sich emotional stark mit ihrer Umgebung verbunden fühlen, bis hin zu geradezu ekstatischen Entgrenzungsphänomenen, wie das Beispiel von Bärbel F. erkennen lässt:

---

[712] AB 1, Z.64–73.
[713] AB 5, Z.18–23.
[714] SG 1, Z.69–83.

„[…] klar, wenn so'n riesen Chor jetzt (.) i- ich muss des immer 'n bissle trennen, net, also (.) klar, wenn 800 Leut' singen ist des natürlich von Haus aus schon viel beeindruckender als wenn bloß 20 singen, net? Des ist ja außer Frage. Aber äh aber diese Stimmung, diese (.) j:a des des (.) hab' ich net erwartet, dass des so toll wird! Also (.) sag' ich hab' mich umgedreht und jeder strahlt einen an, da ist keiner, der [feindselig] ,H:e, was kuckt denn die so?' oder so, net, was man ja manchmal mal erlebt, wenn man (.) weiß ich net, im Stadion sitzt oder so, net, also fremde Menschen ankuckt und die anlächelt, dann kommt ja oft nichts zurück, ne? Und da egal wo man egal auf'm (.) auf'm Gang, auf der Toilette, jeder hat nur gestrahlt, gell? Also des des des hat mich unheimlich begeistert! (   ) Ja, da hättest ich hätt' jeden in den Arm nehmen @können (.)@ (   ) die meisten ja gar nicht gekannt, ne?"[715]

Offenbar fühlte sich die Interviewpartnerin ihren Mitsängern dermaßen nahe, sich in der erlebten Harmonie so stark mit ihnen verbunden, dass sie zum äußeren Ausdruck des inneren Empfindens selbst Alltagsgrenzziehungen zu überwinden bereit gewesen wäre, wenigstens verbal, bis hin zum euphorischen Umarmen Wildfremder, während solches Sozialverhalten gewiss nicht als verbreitet gelten kann im hiesigen Kulturkreis. Aber offensichtlich war die durch das Singen im Massenchor von *Amazing Grace* geknüpfte Bande für die 55-Jährige derart stark, dass solche Konventionen keine Rolle (mehr) spielten.

Als von hoher Bedeutung erwies sich außerdem körperlich fassbares Empfinden von Einheit und Klanggewalt. Die Einzelne sah sich nicht allein selbst als Teil eines gewaltigen Menschenmeeres, sondern spürte und hörte, welche Sangesmacht, welches Klangvolumen und welch dynamische Wucht hinter beziehungsweise auch vor und neben ihr wirkten, mit ihr zusammenwirkten.[716] So erlebte sie sich – losgelöst von kognitiven und rationalen Bewusstseinsprozessen – auch körperlich und emotional als Mitglied einer überwältigend starken Gemeinschaft, die an einem Strang zieht und gemeinsam Erfolg hat:

„Also im Cho:r äh ja ich's (.) ich=glaub', des hatten wir ja schon mal, am Anfang war's eher so (.) bisschen so Fremde und man kennt so niemanden und weiß nich' so richtig und ich, grad als Einzelsängeri:n (.) komm' nich' mit nem Chor dahin, also ich kannte ja gar niemand vorher und des dann ja kommt man sich erst mal schon so 'n bisschen komisch vor, aber mit der Zeit ja, des is' so richtig zusammengeschweißt, einfach dieses Projekt und des Singen und (.) ja, heut' waren einfach äh war der komplette Chor war einfach so wie (.) eine große Familie oder wie fast wie eine Person (.) die einfach alle des gleiche rüberbringen wollten und alle (.) ja den den gleichen (.) die gleiche Motivation hatten oder die die gleiche den gleichen Willen einfach ähm dem dem Publikum des näher zu bringen, oder auch diese ja diese Gnade einfach zu verdeutlichen und des einfach klar zu machen den Leuten, ne? was was wir eigentlich (.) erlebt haben oder was=wir jeden Tag erleben und ähm ja es=war wirklich so komplett (.) ein (.) ich kann's gar nich' beschreiben, weil=des is'=so ein so 'n Gefühl von so=einer kompletten (.) Einheit, von so=einem großen Ganzen und genau, also des war mal der Chor"[717].

---

[715] BF 4, Z.139–154.
[716] Ein Ausdruck solchen Erlebens kann das Bild einer gewaltigen Klangwelle sein, wie sie im Gespräch mit Bärbel F. anklingt, ja anrollt.
[717] JS 3, Z.35–50.

C 2.2 Wirkungstypologie

Unmittelbar nach der feuerwerksartigen Aufführung in der MHP-Arena beschrieb Janina S. ihr graduell im Projektverlauf sich entwickelt habendes Erleben von Zusammengehörigkeit durch Zusammenwirken, insofern im gemeinschaftlichen Arbeiten am gleichen Ziel die Gruppe immer weiter zueinander fand, bis schließlich aus den vormals Fremden und Einzelnen etwas *wie eine große Familie* oder *fast wie eine Person* geworden war. Rational begründete sie die offenbar gespürte Homogenität – dass rund 700 Personen wie eine einzige auftreten (!) – interessanterweise mit dem aus ihrer Sicht alle Beteiligten verbindenden Kommunikationsziel, den Inhalt von *Amazing Grace* beziehungsweise die persönlich *erfahrene Gnade* zu vermitteln und *rüberzubringen*. Der alle verbindende Wille, eine solide Singleistung zu erbringen und damit vor rund 5.000 Zuschauern gemeinsam Erfolg zu haben in der großen Arena, läge zwar gewiss nicht ferner; gleichwohl lässt die jeweilige Mitwirkung an Proben und Aufführung gewiss im Sinne von Janinas Interpretation durchaus den Schluss zu, dass ein jeder den Inhalt des Gospel-Musicals packend darstellen wollte und eben dies tatsächlich (als ein Faktor) alle miteinander *zusammengeschweißt* hat.[718] Auffälliger Weise nahm Janina allerdings in dieser Passage nicht explizit Bezug auf geteilte Einstellungen oder Haltungen, etwa den christlichen Glauben als (vermeintlich) allen Sängern gemeine und sie entsprechend untereinander zur (Kommunikations-) Einheit verbindende Basis, sondern schien lediglich von der offenkundig engagierten Musical-Mitwirkung der Projektchormitglieder auf deren geteiltes Anliegen zu schließen, dessen Inhalt zu vermitteln, was wiederum die von ihr massiv empfundene Einheit im Riesenchor befördert habe. Besonders bemerkenswert an der zitierten Passage ist, wie (anscheinend) unvermittelt die junge Frau ihr von subjektiver Harmonie geprägtes Erleben beim Massensingen mit einem elementaren christlichen Terminus in Beziehung setzte, indem sie das *unbeschreibliche Gefühl* einer im Riesenchor erfahrbaren *kompletten Einheit* als mit *Gnade* – wohl als Quintessenz des in *Amazing Grace* Erzählten gemeint – auf den Begriff gebracht zu präsentieren schien. Es wirkt, als habe für Janina im Erleben harmonischer Einheit des *Zusammengeschweißtseins* die zentrale, (primär) emotional zu empfangende (Gnaden-) Botschaft des Gospel-Musicals bestanden. Konsistent hierzu hat die 26-Jährige bereits im ersten Interview erläutert, wie stark das Erleben von Harmonie, Stärke und Verbundenheit im Massensingen für sie (auch) emotional geprägt war.

Stark von harmonischer Verbundenheit durch die tonale Wucht des singenden Großchores beeindrucktes Erleben beschrieb Hilderose S. im Rückblick auf eine Probe:

---

[718] Ob und inwieweit diese subjektive Deutung der Sängerin (primär) eine reflexive Rationalisierung des emotional und körperlich Erlebten im Nachhinein darstellt, mag in Frage stehen, wird sich aber kaum klären lassen und erscheint überdies sekundär.

> „Ich kenn' niemand @(.) von denen, die da@ um mich rum sind ä:hm ich sitz' in der ersten Reihe und des is' überwältigend, was da manchmal für 'n Klang dann ankommt, ne? so (.) so ‚Wow!' und dann denkst Du ‚Ah, Du bist ein Teil von diese:m Mass Choir!' @(.)@ ‚Du bist eine eine Stimme da drin!' (und) das tut gut."[719]

Beachtung verdient dabei, dass die Altsängerin dies bei der Einzelsängerprobe so empfand, im Rahmen derer numerisch deutlich weniger Personen vor Ort waren, keineswegs die ganze Gruppe der 660 Sänger, sondern nur etwa die Hälfte.[720] Für sie, die in der ersten Reihe stand, spielte dies aber offenkundig keine schmälernde Rolle, was darauf schließen lässt, dass mit der Gesamtheit der an diesem optionalen Probentermin Partizipierenden die kritische Masse für das subjektive Großchor-Erleben, mindestens für Hilderose in der ersten Reihe, überschritten war.

Die Harmonische Wirkung des Singens im Riesenchor von *Amazing Grace* ist somit eine vielgestaltige, die sich subjektiv-innenorientiert, intersubjektiv-vergemeinschaftend, entspannend-beruhigend, geistlich-spirituell und auf andere Weise konkretisieren konnte. Von den 20 Probanden sind ihr 14 Sänger zugerechnet, darunter elf Frauen und drei Männer: Anja B., Stefanie B., Bärbel F., Gabi K., Frauke L., Jens M., Katharina M., Paul P., Tanja R., Gerhard S., Hilderose S., Janina S., Kathrin S. und Susanna M..

2.2.3 Die Verändernde Wirkung

Die Verändernde Wirkung war konkret und ist idealtypisch grundsätzlich dort zu beobachten, wo sich bei Sängern im Verlauf eines Riesenchorprojekts markante Veränderungen ereignen, die ihnen widerfahren beziehungsweise in einem Wechselspiel ihres Verhaltens und des Gesamtgeschehens oder der sie umgebenden Dynamiken zustande kommen. Diese beziehen sich auf ihr individuelles Erleben, ihren Habitus oder ihre Einstellung, etwa zu anderen Teilnehmern oder zum Gospel-Musical selbst. So kann mitunter ein zunächst in isolierter Vereinzelung sich bewegender Sänger im Projektverlauf sich total in die Gruppe respektive eine Sektion innerhalb des Großchores integrieren, wodurch sich eine veränderte Perspektive und Rolle ergeben; oder bei einer Sängerin, die zunächst außerhalb der gemeinschaftlichen Proben kein übendes Engagement zeigte – was durch vom Veranstalter angebotene CDs prinzipiell jedem Teilnehmer auch ohne sonstige Choranbindung möglich war – ändert sich dies mit der Zeit und vom Nichtüben kommt es dahin, dass sie einschließlich der freiwilligen Dienstagsproben in der Friedenskirche jede sich ihr bietende Gelegenheit nutzt, mit dem Musical vertrauter zu werden und ihre Chorstimme besser zu beherrschen. Oder aus einer eher pflichtschuldigen Teilnahme ohne allzu ausgeprägte persönliche Motivation wird im Zuge der Arbeit an einem Stück eine begeisterte Mitwirkung, von persönlicher

---

[719] HS 2, Z.75–81.
[720] Eine genaue Sängerzahl lässt sich allerdings nicht beziffern für diese zweite Probe in der Friedenskirche.

C 2.2 Wirkungstypologie 337

Aneignung und starker Identifikation mit demselben geprägt; im Fall von *Amazing Grace* war dies bei Michael R. – wenigstens in Ansätzen – zu beobachten:

> „[…] es ist äh (mehr) eine Musik, die die <u>doch</u> mehr in Richtung Musical und und (.) bissle von dem, wie ich Tore W. Aas bisher kennen gelernt hab', äh weggeht, also (.) am Anfang, ich hatte die die CD mir auch mal angehört, die's dazu gibt mit den 15 Liedern, war ich net unbedingt so gleich total begeistert davon, weil ich ähm (.) Oslo Gospel Choir in der Stilrichtung bissle anders kennen gelernt hab', aber ähm je mehr ich mich mit dieser Geschichte von John Newton ähm beschäftigt gehabt habe und dann a bissle mehr drüber drüber gelesen hab' im Booklet und ähm dann hinten drin in den Noten, dann denk' ich: ‚Ach, is eigentlich a mal a ganz (.) interessante Geschichte! Jetzt lass ich des mal auf mich wirken!' Und so <u>langsam</u>, bin noch=net <u>ganz</u> so richtig durch äh fängt mir an, die Musik auch zu gefallen, obwohl sie so net in allen äh Stücken meinem Wahlmusikstilempfinden entspricht. […] ja, wie kam ich zu ‚Amazing Grace'? Ah ich hab's ähm gehört, dass ähm Tore W. Aas hm eine (.) `n Musical geschrieben hat und weil ich den Tore über Oslo Gospel Choir kannte, dacht' ich: ‚Na, der wird in in die Stilrichtung gehen von äh seinen Chorwerken!' und deswegen hab' ich dann gesagt, mach' ich mal mit! Jetzt ist's a bissl was anderes (.) aber ähm @(.)@ es ist halt äh mal manchmal muss der Appetit mi'm Essen kommen! Und so ist's jetzt grad im Moment bei bei dem Stück so."[721]

Wie sich in diesen Abschnitten des ersten Interviews andeutet, war es für Michael als großen Fan der Gospelsongs und Chorarrangements von Tore W. Aas zunächst eine herbe Enttäuschung, dass der Komponist und Dirigent bei *Amazing Grace* im musikalischen Stil von seiner sonstigen Arbeit, die ihn aus grundsätzlicher Bewunderung heraus ohne nähere Recherchen zur Anmeldung am Musical veranlasste, abgewichen war. So kostete es den Mittfünfziger zunächst Überwindung, sich auf das Stück einzulassen, obgleich dessen Gepräge keineswegs seiner persönlichen Präferenz entsprach. Den Ausschlag hierfür gab laut Selbstauskunft – eine nicht unwichtige Rolle spielte sicherlich auch die Hochschätzung von Hans-Martin Sauter – der Inhalt des Musicals, was insofern verwundert, als Michael grundsätzlich stark *auf Musik reagiert* und sich erst in einem zweiten Schritt mit den zugehörigen Texten oder Inhalten auseinandersetzt. Die Begründung unterstrich indes, wie stark seine Projektbeteiligung anfangs von Ernüchterung und Rationalität bestimmt war, dass er sich dazu durchringen musste, *ohne Appetit mit dem Essen* zu beginnen, in der Hoffnung, dass dieser noch *kommen* werde. Während des Riesenchorsingens und Arbeitens am Musical stellte sich dann tatsächlich zunehmend emotionale Ergriffenheit ein, bis hin zu jener Begeisterung, die Michaels Erzählen von der Aufführung in der MHP-Arena prägte:

> „Also sie war insofern (.) bombastisch, weil's eigentlich schon ziemlich ähm voluminös gewesen ist (.) ähm (.) es muss aber vorne noch besser gewesen sein: Meine Tochter und ihr Mann saßen vorne und die ham mir in der Pause 'n SMS gschickt, die sagen, des war 'n Wahnsinnssound, der vorn in dem (.) beim Auditorium gewesen ist. Des kam jetzt bei uns hinten net so ganz (.) rüber aber (.) äh man hat sich schon als Teil einer (.) großen (.) Menge gfühlt. Des war klasse!"[722]

---

[721] MR 1, Z.73–83.117–124.
[722] MR 3, Z.3–8.

Die Enttäuschung zu Beginn war offenkundig im Projektverlauf anwachsender Freude gewichen, die sich aus emotionalem Bewegtsein, aus kognitiver Beschäftigung mit dem Inhalt des Stücks und praktischen Erfolgserlebnissen beim Singen im Riesenchor speiste. Aus dem eher skeptisch sich auf das Geschehen einlassenden wurde dergestalt ein begeisterter Musicalsänger.[723] Wie stark das Musical in Michael über das Projektende hinaus nachklang, nachhaltige Impulse für seinen Lebensalltag und Glaubensweg setzend, zeigte sich im Abschlussinterview im April. An seinem Beispiel ist anschaulich nachvollziehbar, wie sich durch ein Projekt wie *Amazing Grace* auch – und vielleicht gerade – bei bereits kirchlich stark eingebundenen Menschen eine neue Perspektive auf den Glauben oder das eigene Leben insgesamt, auf bestimmte Formen der (Kirchen-) Musik, auf die möglichen Rollen und Bedeutungen von Emotionalität in individueller und gemeinschaftlicher Glaubenspraxis, auf die Kirchenlandschaft jenseits der eigenen Ortsgemeinde oder anderes entwickeln kann.

Ähnliches lässt sich auch für Jens M. feststellen, der als Routinier – entsprechend findet er sich dem Produktionstypus Gewohnheitssänger zugerechnet – und Chorleiter mit seinem Jugendgospelchor ins Musical startete, obwohl die wohlvertrauten Massenveranstaltungen ihm persönlich nicht sonderlich behagen beziehungsweise entsprechen und sein Fokus von vornherein merklich auf der in der eigenen Kirchengemeinde geplanten kleineren Aufführung von *Amazing Grace* lag, nicht dem Großereignis in der MHP-Arena in Ludwigsburg, welches vielmehr Mittel zum Zweck war: damit sein Chor das Stück kennenlernt, Motivation für zuhause erhält und etwas Besonderes gemeinsam erlebt. War seine Haltung zum Stück und sein praktisches Verhalten, das die grundsätzlichen (impliziten) Anforderungen an den einzelnen Sänger – das Musical frühzeitig auch zuhause zu üben – als nicht übermäßig verbindlich anzusehen schien, zunächst vom Habitus abgeklärter Routine geprägt, zeigte er sich später persönlich überraschend tief berührt – und dies schon vor der eigenen Aufführung in seiner Kirchengemeinde:

„[…] also ich hab' mit so Großveranstaltungen ä:h persönlich immer 'n bisschen Probleme, des die mag ich eigentlich nicht s:o (.) ä:hm auch so Evangelisationstage oder so, da bin ich @immer 'n bisschen skeptisch@ ich mag es eigentlich immer schon sehr gern, wenn man was in in der eigenen Gemeinde macht, also da (.) profitier' ich immer am meisten davon und denk' so „A:ch, wenn man zusammen hier was macht, dann wächst auch die Gemeinschaft!" und ähm genau (.) und deswegen hab' ich mir äh in die in der Richtung jetzt (.) dieses Mal auch nicht viel versprochen, muss aber sagen (.) wie gesagt grade dieser dieser tiefgehende äh Gedanke dieser Gnade, die einfach jetzt auch (.) äh von verschiedenen Seiten und auch an verschiedenen Stellen, in verschiedenen Facetten kommt, des hat mich (.) sehr sehr stark angesprochen und da bin ich auch nochmal (.) ä:hm (.) hab' (.) an dem Abend dann daheim gewesen, nachdem wir die Jugendlichen heimgefahren hatten und dachte dann echt so ‚Hm (.) s:o (.) so weit äh hat hat hab' ich des selber gar nich' (.) gedacht oder gewusst die Geschichte!' und da hab' ich mir auch doch schon nochmal (.) sag' ich mal ä:h (.) schon Gedanken gemacht und und des verinnerlicht, na also des war schon nochmal 'n Punkt (.) der mich da ähm (.) berührt hat, ja, muss ich einfach sagen und der mich

---

[723] Vgl. MR 3, Z.40–51 (zitiert in C 1.5.5).

C 2.2 Wirkungstypologie

auch ä:h <u>ganz offen</u> durchgetragen hat durch die ä:hm durch des (.) ä:hm (.) durch d-durch die stressige Zeit einfach da jetzt mit dem Alles vorbereiten und die Hauptproben machen und die Jugendlichen zusammenhalten und so weiter"[724].

Jens war explizit mit kleinen Erwartungen und markanter Zielorientierung ins Projekt gestartet, wider Erwarten aber als tief Berührter wieder herausgekommen, der in persönlich stark herausfordernden Zeiten vom in Ludwigsburg Erfahrenen profitiert hat.

Der Verändernden Wirkung sind die beiden Probanden Jens M. und Michael R. zugeordnet.

2.2.4 Die Überwältigende Wirkung

Die Überwältigende Wirkung des Singens im Massenchor von *Amazing Grace* ist dadurch qualifiziert, dass zugeordnete Sänger überbordende Begeisterung erleben, emotionale Ausnahmezustände geprägt von Reizüberflutung und tiefster Ergriffenheit, einem Gefühl des glückseligen Schwebens im Moment, der totalen Euphorie, der grenzenlosen Rührung et cetera. Wiewohl sich nicht – zumal nicht seitens eines Beobachters – fundiert sagen wird lassen, welche Faktoren diesen besonderen Zustand im individuellen Fall zu welchen Anteilen exakt ausgelöst oder befördert haben, so spielten gewiss bei den allermeisten zugerechneten Interviewpartnern einige benennbare Komponenten für diese Wirkweise eine entscheidende Rolle. Etwa die enorme Zahl der gemeinsam Singenden, die bei der Aufführung hinzukommende weitaus größere Zahl der Zuhörer und in der Kombination die beträchtliche Menschenmasse, von der der Einzelne umgeben war. Dass die Überwältigende Wirkung indes nicht exklusiv am Projekthöhepunkt der Aufführung – als jenem Ereignis, auf das über Monate hinweg sich hunderte Projektbeteiligte vorbereitet hatten – verortet werden kann, sondern bereits bei Proben mindestens vereinzelt aufgetreten ist, lassen exemplarisch die Beschreibungen von Tanja R. im Interview direkt nach der Hauptprobe am 2. November erkennen.

In der MHP-Arena entstand am Abend der Aufführung durch die rund 700 Sänger, die Solisten, das Orchester, die elektrische Verstärkung und teilweise mitsingenden Zuschauer eine wuchtige Klanggewalt, welche die Einzelsängerin inmitten des Riesenchors potentiell schier erschlug oder, positiver formuliert, durch ihre Kraft in Wallung versetzte, ihren Körper durchdrang und darin wesentlich beitrug zu einer extraordinären Atmosphäre, die ihresgleichen sucht und – unabhängig von der jeweiligen Lebenswelt – einen Kontrapunkt zum Alltag bedeutete. Welchen Faktoren dabei welcher Einfluss zukam konnten Betroffene selbst kaum ausmachen, wie das Beispiel von Anja B. veranschaulicht.[725]

---

[724] JM 3, Z.151–170.
[725] Vgl. AB 4, Z.123–136 (zitiert in C 1.5.1).

So beschrieb Anja zwei Tage nach dem Projekthöhepunkt ihren emotionalen Ausnahmezustand während desselben, ohne dass sich offenbar genau abgrenzen ließ, was dabei woher rührte: Ob die hohe Sensibilität für die Themenfelder Mutter und Kind sowie Tod und Trauer besonders stark von ihrem Hormonhaushalt bestimmt war, ob die mitreißende Musik, das erhebende gemeinsame Singen, das Zusingen bestimmter Lieder in Richtung ihr vertrauter Menschen im Publikum, ob die Schönheit einzelner Songs oder andere Elemente im bunten Mix des Abends primär für den erlebten Ausnahmezustand als ursächlich oder prägend zu verstehen waren, konnte die Sängerin nicht ausmachen. Für sie selbst dürfte dies allerdings ohnehin keine Rolle gespielt haben, das Bemühen um Identifikation von Einflussfaktoren vor allem aus der Interviewsituation erwachsen sein. Die 33-Jährige selbst konzentrierte sich vielmehr auf den Genuss, tauchte begeistert ein in die für sie ausschlaggebende intersubjektive Harmonie von *Amazing Grace*, ohne im Moment oder im Nachhinein die Auslöser ihres von Superlativen (mit-)geprägten Erlebens kognitiv zu suchen.[726]

An Anjas Beispiel wird besonders greifbar: Umgeben von bombastischem Klang, Einheit stiftender tonaler wie emotionaler Harmonie und einem Gefühl der Stärke inmitten mehrerer Hundertschaften wohlwollend-herzlich Zusammenwirkender konnte – wenigstens potentiell – jede Sängerin Mitglied einer phantastischen, begrifflich kaum fassbaren Sonderwelt sein, vielleicht ein bisschen wie „Alice in Wonderland", allerdings nicht allein im selben, sondern als Teil einer riesigen Gemeinschaft. Hierzu gehörte auch die Nähe zu den Solisten, ihrerseits Stars der deutschen Musicallandschaft – und mit ihnen standen Anja, Michael und alle anderen Projektchormitglieder auf einer Bühne, erzeugten gemeinsam jenen Sound, der Tausende euphorisch von den Stühlen aufspringen und teils auch mitsingen ließ.[727] Das individuell erlebte Erfüllt- und Ergriffensein konnte dabei körperliche Dimensionen, emotionale und kognitive miteinander verbinden, mit je subjektiv unterschiedlichen Schwerpunkten wie Kombinationen. Grundsätzlich zeigte sich diese Wirkung als derart überwältigend, dass sie nicht mit der Aufführung endete, sondern darüber hinaus in den Alltag hineinreichte. Dies äußerte sich etwa darin, dass Probanden noch im Abstand mehrerer Tage erkennbar von den Liedern und Hochgefühlen der Aufführung durchdrungen waren, wie etwa Bärbel F., die am Gesprächsbeginn geradezu sang:

---

[726] Vgl. AB 4, Z.141–150 (zitiert in C 2.6.4).
[727] Vgl. SB 3, Z.3–4 (zitiert in B 2).

C 2.2 Wirkungstypologie

BF	Hallo, Jonathan!
JK	Bärbel, sei gegrüßt! Schön, dass es
BF	└ [euphorisch] Was willst=Du hören? Was willst Du hören? @(2)@ Ich bin hin-
JK	└ @(.)@
BF	weg! @(.)@
JK	J:a, erzähl' mir doch einfach: Was (.) was hast Du erlebt? Wie war die Stimmung? Wie
BF	└ @(.)@
JK	war's?
BF	O::h, was soll ich da sagen? Ehrlich, ich bin (.) ah das ist unglaublich, ich hab' (.) <u>weißt was</u>, ich hab's seither nicht mehr laufen lassen, weil ich i:mmer noch des im Ohr hab' wie vom Sonntag! Ich hab's <u>nicht</u> mehr laufen lassen seither @(.)@ muss ich noch bissle
JK	└ aha
BF	sacken lassen. @(.)@ Des war s:o wahnsinnig schön, ehrlich, a:h des=ist schön! Weil ich ich=ich weiß gar net, was ich sagen soll, ich bin ich bin einfach hin und weg! Ich hab' (.) weißt was, da da muss man <u>heulen</u>, weißt was, dass man gar net (.) immer <u>singen</u> kann!
JK	└ aha
BF	@Ich war auf einmal so@ (.) so <u>sprachlos</u>, i- (.) ich hab' ich hab' einfach heulen @müssen! (.)@ Dann hab' ich (.) natürlich schnell aufgehört, aber (.) wobei man's wahrscheinlich auch net gemerkt hat (2) ach ich war, also ich bin hin und weg, ehrlich! Des is unglaublich,
JK	└ @(.)@ └ mhm
BF	wie (viele) Menschen da (.) weißt so (.) vor allem diese (.) a:ch hm ha? I- ich sag' ja, mir fehlen grad, ehrlich gesagt, die=Worte! Dieses <u>Miteinander</u>, weißt, dieses (.) <u>unglaubliche</u> Miteinander! I- ich weiß net, ob man des (.) sonst so erlebt! Ich glaub' net!

[728]

Zwei Tage nach dem Projekthöhepunkt in der MHP-Arena sprudelte Bärbel geradezu über vor Begeisterung, schwärmte hörbar bewegt vom zuvor Erlebten. Dabei fiel es ihr merklich schwer, die vielen Reize, Gefühle und Eindrücke diskursiv zu beschreiben, wie auch eine spätere Passage des gleichen Gesprächs unterstrichen hat:

BF	ich=bin ich=bin ich=bin hin und weg! Ich sag' ja, ich hab' die erste Nacht praktisch @gar net geschlafen, ich war@ vor lauter (2) also auch net <u>störend</u>, ich bin je gestern Morgen ganz norma- also aufgestanden und hab' mein Tagwerk gemacht, aber i- ich bin noch so (.) so <u>erfüllt</u> noch, gell? Des is (.) des=is unglaublich! Unglaublich schön.
JK	└ j:a └ Aha. Also man kann sagen, es hat sich für Dich <u>gelohnt</u>, da mitzumachen!
BF	<u>Gelo:hnt</u>?! Des is @des is@ <u>net</u> der richtige Ausdruck! Ich sag' ja, ich (2) hä @ich finde
JK	└ @(.)@
BF	gar@ nicht die=Worte, ich bin einfach nur (.) ja <u>überwältigt</u>, weil, ich sag' ja, ich weiß da gar kein Wort ä:h so richtig (.) ich freu' mich schon=wieder <u>ganz arg</u>, des ist also außer
JK	└ aha
BF	Diskussion, dass ich auch bei dem (.) Pop-Messias mitmachen werd' (.) ich bin ja auch

[729]

Ähnliches berichtete Gabi S., ebenfalls am 11. November:

---

[728] BF 4, Z.1–23.
[729] BF 4, Z.94–105.

„[...] also ich glaub', man hat da irgendwie so=einen Adrenalin:schock, positiv, ja ich war (.) wirklich w:ie (.) ich konnt' gar nicht gleich ins Bett. Ich musste mich einfach noch hinsetzen (.) und so die Lieder klingen mir seither (.) immer noch nach. Ich sitz' da so am Schreibtisch (.) und dann komm- kommt wieder ein Lied oder wenn ich morgens mit meinem Rad auf den Bahnhof fahr' sing ich ganz laut, weil es ist ja Nacht (.) und einfach (.) (okay) und ich kann die Lieder plötzlich, obwohl ich sie so oft gar nicht geübt hab'! Die er<u>schein</u>en jetzt plötzlich so in meinem Kopf! Sehr schön auch, also (.) und auch dann immer wieder die Bilder (.) <u>j:a</u>, es=ist eine wunderbare Erfahrung!"[730]

Während das rekonstruierte Erleben im Moment der Aufführung bei der Überwältigenden Wirkung zugeordneten Sängern mitunter als Ekstase oder Rauschzustand adäquat beschrieben werden kann, insofern der Einzelsängerin darin explosionsartige Gefühlswellen und größte Begeisterungsschübe widerfuhren, dauerten die Nachwirkungen mindestens bei mehreren Probanden erkennbar noch über Tage an, rissen sie unwillkürlich aus ihrem Alltag heraus, erfüllten sie fortdauernd derart stark, dass sie innerlich oder äußerlich singend – wie Gabi S. beim Radfahren *auf den Bahnhof* – ihrer bleibenden Ergriffenheit Ausdruck verliehen. Wie nach einem großen Feuerwerk noch einzelne Raketen hier und da aufsteigen, das spektakuläre Großereignis noch ein wenig verlängern, während die Hauptsache vorbei ist, setzte sich das Musical somit individuell fort, was dem Beobachter die Terminologie aus Mt 12,34 ins Gedächtnis rufen mag: Offenbar ging der Mund der begeisterten Sängerin noch lange nach Verklingen des letzten Tones in der MHP-Arena zurück im Alltag hier und da über, so erfüllt war das Herz.

Mag eine solche Ereignisverlängerung, eine Art Dauerrausch beziehungsweise – begrifflich weniger negativ konnotiert – bleibende Euphorie, in den Tagen unmittelbar nach dem Projekthöhepunkt in der MHP-Arena noch als plausible Konsequenz des extraordinären Geschehens nach monatelanger Vorbereitung gelten, was keine Langzeitwirkung implizieren musste, so ist spätestens anhand der letzten Interviews, grob im Abstand eines halben Jahres zum Projektende telefonisch geführt, nachvollziehbar, wie tief sich die im Augenblick des Massensingens erlebte Überwältigung bei einzelnen Sängern eingeprägt hatte. Dies zeigte sich oft bereits durch die unmittelbare Reaktion auf den Audio-Impuls zum Gesprächsbeginn. Noch einmal ist das Beispiel von Bärbel F. erhellend:

JK	Ja, Bärbel, was fühlst Du? Was wird wachgerufen? Wie geht's Dir?
BF	⌊ Du, da krieg' ich <u>Gänsehaut</u>, des is' des war mit auch=des (.) tollste Lied für mich da [begeistert] a::h, des is' einfach ähm (.) mi- ich bereue=es ganz arg, dass wir=es nicht noch <u>öfters</u> gesungen haben, weißt, dass des so so a- des hab' ich Dir ja, ich=glaub', schon mal gesagt, dieser Abbruch dann danach, gell? diese Leere, des war echt (.) des=is' <u>immer</u> noch, also ich find's <u>wahnsinnig</u>
JK	⌊ ja
BF	schön, „Amazing Grace"! Find' ich <u>ganz</u> toll! Also des ich bin immer noch begeistert, auch

[731]

---

[730] GS 3, Z.68–79.
[731] BF 5, Z.21–28.

C 2.2 Wirkungstypologie

Und später im gleichen Interview:

```
         also is' trotz dieses L:ochs, so dieses Unangenehmen, Dir trotzdem was Positives geblie-
         ben, wo Du sagst da ( )
    BF           └ [impulsiv] A:h, nein, Loch insofern, dass des aufgehört hat! Ich hätt' grad so
    JK                                                                                    └ ja
    BF   weitermachen können! Des war so wunderschön! Es verblasst jetzt natürlich a bissl so
         langsam leider, ne, des w- war unheim- grad dies- wo Du jetzt grad des „Amazing
         Grace" äh angestimmt has- äh laufen hast lassen (.) da krieg' ich Gänsehaut sofort und
    JK                                                                          └ aha
    BF   ich=denk': [begeistert] „Woah, Mensch, war des schön! Wir singen des gar nicht mehr!",
         gell? Des hat mir (.) schon wieder so viel=gegeben, dass ich gedacht hab': „Och, wenn ich
         noch mittendrin stehen könnt'!", gell? Aber, wie gesagt, durch des, dass ich jetzt, also ich
732
```

Wie sich im Gespräch rund sieben Monate nach der Aufführung von *Amazing Grace* erwies, setzte sich für Bärbel die überwältigte Begeisterung des Riesenchorsingens, die sie im Musicalprojekt erlebt und genossen hatte, fort, indem sie weiterhin – über die Projektphase hinaus – im personenstarken Friedenskirchenchor „Voices of Peace" mitwirkte, der einzelne Stücke aus dem Musical, insbesondere das Gospel Medley, im Programm behielt; aber auch durch ihre Partizipation an mehreren Aufführungen des „Pop-Messias", wobei sie im Riesenchor und am beziehungsweise mit dem Publikum ähnliches wie zuvor bei *Amazing Grace* erlebte.

Am Beispiel von Michael R. wird überdies erkennbar, wie überwältigendes Erleben beim Massensingen sich über mehrere Stücke hinweg als eine Art Modus einprägen und (erlebnis-) biographisch verfestigen kann, wobei das Einzelprojekt in den Hintergrund zu treten scheint:

„Es ist eigentlich a Sache, die die die zusammenspielt! Also mir geht net nur die Masse (.) ich würd jetzt net bei nem bei nem sag'mer weltlichen Musical mitmachen, auch wenn die genauso groß sind und genauso tolle Musik, aber mir geht's schon auch drum, dass a bissle (.) äh noch ne Nachricht rüberkommt un- und dass ich dass ich dort als als als Christ mit mit dabei bin und die Inhalte mit meinem Denken und Fühlen übereinstimmen! Des is aber schon wichtig! Also so nur einfach nur wegerm Singen – des wär' mir zu wenig! Des mach ich net! Und des Tolle is an denen großen Geschichten is halt einfach die (.) die dieses Gemeinschaftsgefühl in der Masse, der Klang, der is halt einfach (.) wuchtig, da da kommt richtig (.) ähm was rüber, da stellt's so die Nackenhaare hoch @(.)@ man hat `n klasse Gefühl (.) ähm die Musik die die is eigentlich immer gut, ob des jetz von Tore ist oder ob des ähm Falk schreibt"[733].

---

[732] BF 5, Z.187–197.
[733] MR 4, Z.94–106.

Michael konnte bei *Amazing Grace* somit ähnlich wie bei früheren Großprojekten körperlich, emotional sowie kognitiv intensiv erleben und fand seine erfahrungsgesättigte, äußerst positive Grundhaltung gegenüber solchem christlichen Großchorsingen letzten Endes darin abermals bestätigt.[734]

Der Überwältigenden Wirkung sind insgesamt 14 Probanden zugeordnet, darunter zwölf Frauen und zwei Männer: Anja B., Elske B., Stefanie B., Bärbel F., Brigitte H., Frauke L., Michael R., Tanja R., Gabi S., Gerhard S., Hilderose S., Janina S., Kathrin S. und Susanna M..

2.2.5 Die Distanzierte Beobachterin

Wie bereits an der Namensgebung der Distanzierten Beobachterin kenntlich, sprengt dieser Einzeltyp – darin vergleichbar der Distanzierten Sängerin innerhalb der Produktionstypologie – den bisher vorgestellten Rahmen der wirkungsbezogenen Phänomene auf. Zwar ist er aus guten Gründen der Wirkungstypologie zugeordnet, da es auch hier – in gewissem Sinne ex negativo – um die (mitunter ausbleibende) Wirkung des Singens im Riesenchor auf die Einzelsängerin geht; allerdings hängt diese besonders eng mit Einstellung, Habitus und (Produktions-) Handeln zusammen, welche maßgeblich von Distanz und (innerlich) sich abgrenzender Beobachtung geprägt sind, statt hingebungsvoll einzutauchen ins gemeinschaftliche Tun und individuelle Erleben innerhalb der Großgruppe. Hierbei spielt die Gemeinschaftsdimension eine gewichtige Rolle, wie das Individuum zur Gesamtheit der Sänger steht: kognitiv, emotional und handlungspraktisch.

So ist die Haltung der Distanzierten Sängerin – auf Grund des in der Längsschnittstudie Rekonstruierten gehe ich von einer grundsätzlichen Verwobenheit der Einzeltypen Distanzierte Sängerin und Distanzierte Beobachterin aus, mindestens für *Amazing Grace*, womöglich aber auch darüber hinausreichend – als eine der Zurückhaltung bis hin zur Verweigerung gekennzeichnet, indem sich zugeordnete Sänger bewusst und entschlossen der sich um sie herum vollziehenden mitreißenden Dynamiken, insonderheit der begeisterten Vergemeinschaftung, entziehen. Statt frohgemut ins Menschenmeer einzutauchen und mit dem Strom zu schwimmen, betrachten sie das Geschehen vielmehr aus kritischem Abstand, fast wie ein Sportreporter von der Seitenlinie oder sogar fernen Tribüne aus Spielfeldvorgänge kommentiert, ohne davon persönlich betroffen zu sein oder gar die Abläufe selbst aktiv mitzugestalten. Dies geschieht prinzipiell in einer abgeklärten Pose.

---

[734] Dies ist nicht zuletzt insofern bemerkenswert, als Michael sich zu Projektbeginn von „Die 10 Gebote" zutiefst und nachhaltig begeistert, von *Amazing Grace* hingegen zunächst (musikalisch) merklich enttäuscht zeigte. Umso erstaunlicher war daher, dass rückblickend keine – oder allenfalls andeutungsweise – Abstufungen in seiner Darstellung des subjektiv bei verschiedenen Riesenchorprojekten Erlebten aufschienen, sondern diese allesamt als ausgesprochen (gleich) positiv nebeneinander zu stehen kamen.

C 2.2 Wirkungstypologie 345

Gewiss lässt es sich kaum losgelöst von dieser in der Tendenz kritisch-distanzierten Einstellung und (euphorisch-entgrenzende) Vergemeinschaftung prinzipiell ablehnenden Produktions-Verhaltensweise ansehen, dass die Distanzierte Beobachterin keine herausgehobenen Erlebnisse und (Gemeinschafts-) Erfahrungen beim Singen im Riesenchor als dessen Wirkung auf sie selbst zu sammeln scheint, nichts besonders Tiefgehendes hervorhebt in anschließenden Interviewdarstellungen, sondern sich darin – konsistent zum rekonstruierten Habitus – überwiegend kritisch sowie in klarer Distinktion von allgemeiner Projektchorgruppe auf der einen und sich selbst als reservierter Einzelner auf der anderen Seite vernehmen lässt. Dass bei der Distanzierten Beobachterin der sprichwörtliche Funke, der von nicht diesem Typus zugeordneten Beforschten im Zusammenhang ihres subjektiven (Gemeinschafts-) Erlebens beim kollektiven Musizieren jovial benannt wurde[735], offenbar nicht übersprungt, die kritisch an der Seitenlinie Bleibende nicht mitgerissen wird vom extraordinären bis ekstatischen Geschehen um sie herum – was sie erkennbar auch gar nicht will – kann vor diesem Hintergrund nicht verwundern.

Wie stark die primär zu analytischen Zwecken unterschiedenen Bereiche Produktion und Wirkung bei der Distanzierten Sängerin und Beobachterin ineinandergreifen und Charakteristika aus beiden Einzeltypen korrelieren, zeigt sich nicht zuletzt an der (exklusiven) Zuordnung der gleichen Probandin, Elke H., zu beiden. Gewiss wäre es als unstatthafte Simplifizierung komplexer Wirklichkeiten anzusehen, die beiden Idealtypen in einen direkten kausalen Zusammenhang zu rücken, so dass also eine Distanzierte Sängerin unumgänglich nur Distanzierte Beobachterin werden beziehungsweise bleiben könnte, das Nichterfasstwerden von mitreißenden Dynamiken, das Nichtüberspringen des kollektiven (Euphorie-) Funkens, das Nichterleben von überbordender Begeisterung wie auch Grenzen überwindender Vergemeinschaftung schlichtweg ein unvermeidbarer – geradezu schicksalhafter – Ausfluss der (praktischen) Zurück- und Verweigerungshaltung wäre. So plausibel dies erscheinen mag – und dass es in Teilen sich tatsächlich so verhalten kann, ist gewiss nicht auszuschließen –, es wäre doch eine Verkennung der Komplexität des real Vorfindlichen beziehungsweise auf der Basis der Feldforschungsbefunde zu Erwartenden, zumal, wie die Verändernde Wirkung aufgezeigt hat, sich ausweislich der dieser Wirkweise zugeordneten Beispiele anderer Probanden das Erleben und die Einstellung von Sängern im Projektverlauf durchaus gravierend ändern konnte. Gleichwohl ist phänomenologisch festzustellen, dass im Fall von Elke H. beide Einzeltypen, denen sie zugerechnet wurde, eng zusammenhingen und gepaart respektive aufeinander bezogen auftraten. Dabei zog sich das Charakteristikum der (innerlichen) Distanz zum Musicalprojekt in Ludwigsburg (nicht Musicalstadt!) gleich einem roten Faden durch alle Interviews hindurch. Bereits im ersten beschrieb die Sängerin ihr Erleben während der

---

[735] Kurios ist, dass Nikola I. diese Positiv-Aussage für ihren Chor trifft, zu dem auch Elke H. – die einzige dem Typus Distanzierte Beobachterin zugeordnete Probandin – (mindestens temporär) gehört, was durch deren bleibende (mindestens innerliche) Distanz anscheinend konterkariert wird, insofern der Funke bei ihr gerade nicht (erkennbar) übersprang.

Auftaktprobe rückblickend – nicht zuletzt in sprachlicher Hinsicht – aus bemerkenswertem Abstand heraus.[736]

Statt dass in ihrer Darstellung die mehreren hundert Sänger (erkennbar) aktiv den Klang bilden, ihre Stimmen hingebungsvoll für das musikalische Gemeinschaftswerk einsetzen, *kommt* vielmehr ein *Klangkörper* (vermeintlich) passiv zustande, wird – durch nicht expressis verbis benannte Akteure – gebildet. Kein Ich begegnet als Teil der großen Menschenmenge, sondern ein abstraktes, kaum greifbares *Man*, während angesichts des Aussagegegenstands eine aktive Ich-Botschaft naheliegender erschiene. Der gewählte Sprachmodus hingegen impliziert subjektiven Abstand zum Beschriebenen. Hierzu überaus konsistent ist, dass die Sängerin offenbar viel vom Musicalprojekt in Ludwigsburg erwartet – dass die Aufführung als gemeinschaftlich erlebter Höhepunkt am Ende steht, das Geschehen sie persönlich verändert et cetera –, zugleich aber anscheinend nur wenig hierfür selbst zu investieren bereit ist, sowohl materiell wie auch singend-mitgestaltend; zugespitzt: es soll Phantastisches entstehen, ohne dass sie mit eigenen Kapazitäten in größerem Umfang hieran mitzuwirken erkennbar bereit wäre.

In welcher Größenordnung und Gestalt die Zurückhaltung – mit ihrer ausgeprägten Tendenz zu Abgrenzung und Verweigerung – gegenüber der Projektchorgemeinschaft und dem Gemeinschaftswerk sich mitunter praktisch auswirkte, illustriert der Beginn des zweiten Interviews, das zur Hauptprobe am Vorabend der Aufführung geführt wurde.[737] Mehrerlei ist anhand dieser Sequenz fassbar: Zum einen eine Grundhaltung, welche die Verantwortung für das Gesamtgelingen und die Erlebnisqualität einzelner Mitwirkender offenkundig bei den Projektleitern verortet, statt im Sinne individueller Eigenverantwortung sich als Sängerin dafür primär selbst (mit) in der Pflicht zu sehen. Statt ihre angedeuteten Schwierigkeiten aktiv und offensiv anzugehen, etwa im Zusammenschluss mit anderen Sängern daran zu arbeiten beziehungsweise auf einen Feinschliff im heimischen Chor zu drängen, schien sich die Gesprächspartnerin weitgehend zu distanzieren, den aus ihrer Warte offenbar überzogenen Anforderungen sich schlichtweg zu verweigern, sich in eine kritische Beobachterposition zu begeben. Statt bereitwillig und hingebungsvoll mit allen persönlichen Möglichkeiten beizutragen zum gemeinschaftlichen Erfolg und Höhepunkterlebnis, das sie explizit erwartete und einforderte, wirkt es, als habe sie sich im Moment der Überforderung einfach zurückgezogen. Des Weiteren spielen ihre Mitsänger tendenziell keine Rolle in den Interviewausführungen. Während andere Probanden positiv hervorgehoben haben, dass gegenseitige Hilfestellung innerhalb des Riesenchores Schwierigkeiten überwinden half, fehlt diese positive Dimension bei Elke, wenigstens vordergründig; stattdessen begegnen Vorwürfe in Richtung des Chorleiters und lediglich als Randbemerkung der Hinweis, dass andere Sänger ihr praktisch weitergeholfen haben. Somit herrscht erkennbar Distanz zum Dirigenten, dessen Anweisungen

---

[736] Vgl. EH 1, Z.41–44 (zitiert in C 2.1.6).
[737] Vgl. EH 2, Z.5–16 (zitiert in C 2.1.6).

C 2.2 Wirkungstypologie 347

einfach ignoriert werden können, zugleich aber auch zu den Mitsängern, mit denen kooperativ zusammenzuarbeiten keine attraktive Option darzustellen scheint, sondern allenfalls eine unbefriedigende Notlösung.[738] Die Sängerin selbst bleibt in all dem die Distanzierte, sich Zurückhaltende, Skeptisch-Kritische. Zum dritten zeigt sich ein Hang zum Extremen: Überforderung wird mit (partieller) Selbstverweigerung beantwortet (*Mund zu*), bei filigranen Änderungen sieht die Einzelne sich gar *neurotisch bis verrückt* werden. Daraus ergibt sich eine Zeichnung von *Amazing Grace*, einer Kino- oder Theatervorstellung nicht unähnlich, welches die Kritikerin aus einer Zuschauerpose betrachtete, dabei aber weder Anlass noch Notwendigkeit zu eigener Mitgestaltung in vollem Umfang des Möglichen[739] sah, sondern, des Geschehens persönlich weitgehend enthoben, sich für das Gelingen offenbar nicht (übermäßig) verantwortlich fühlte.[740]

Dazu passt, dass Elke in den Interviews auffällig selten vom Ludwigsburger Projektchor im identifizierenden Plural sprach („Wir"), sondern – vor allem vor dem Hintergrund der Aussagen der anderen 19 Probanden zu ihrem Wir-Gefühl, dem in der Masse erlebten Miteinander et cetera aussagekräftig – tendenziell in monolithischer Scheidung von sich selbst (*man*, *einer*) oder den anderen Sängern:

---

[738] Zum gespannten Verhältnis zu Hans-Martin Sauter und den Auswirkungen auf ihr Erleben s. auch Kapitel C 1.7.

[739] Freilich kann nicht fundiert beurteilt werden, was der Sängerin Elke H. beim Musicalprojekt in Ludwigsburg im Letzten tatsächlich persönlich an Beiträgen zum musikalischen Gelingen möglich gewesen wäre – was auch gar nicht versucht werden soll; ihre Einbindung in den Kirchenchor von Nikola I. und die Berichte zu ihrem musizierenden Mitgestalten von Aufführungen des Gospel-Musicals in Musicalstadt legen aber nahe, dass sich diese auch bei persönlich herausfordernden Stellen nicht im Mundschließen hätten erschöpfen müssen, was wiederum den Umkehrschluss zulässt, dass sich die Sängerin an den in der zitierten Interviewpassage erwähnten Stellen in Ludwigsburg nicht im vollen Umfang ihrer individuellen Möglichkeiten am Gemeinschaftswerk beteiligt, sondern sich diesem vielmehr bewusst und gezielt (stellenweise) entzogen hat, wie sie sich auch gegenüber den wahrgenommenen starken Vergemeinschaftungsdynamiken im Riesenchor abgegrenzt hat (s. Kapitel C 1.3.2.6).

[740] Ganz anders stellte sich die Perspektive etwa von Frauke L. dar.

	Jawoll. Wie ging's Dir denn jetzt am Sonntag mit den Anderen, die da in diesem Projekt-
	chor mitmachen, unmittelbar um Dich herum und auch insgesamt die ganze Gruppe? Wie
	hast Du das erlebt?
EH	Wie hab' ich das erlebt? (2) Ob ich da gestritten hab' oder ob ich da Freude empfunden
JK	∟ @(.)@
EH	hab', ob ich da (.) mit denen dann noch ausgegangen bin @was soll ich denn da erlebt
JK	∟ genau (.) also wie des für Dich war.
EH	haben?@
JK	Also wie Du des letztlich empfunden hast vor allem, also währenddessen
EH	∟ Also die äh (.) die <u>Gefühlsebe-</u>
	<u>ne</u>?
JK	J:a, vor allem.
EH	Meine=Gefühlsebene war ausgeglichen und (.) konzentriert (.) also ich will singen! Ich
JK	∟ mhm ∟ jawoll
EH	würde des auch <u>alleine</u> machen und (.) dann wär' des auch okay (.) aber dass die Anderen
JK	∟ ja
EH	auch da sind ist auch okay, also (.) ich hab' nur des Problem, wenn ich selber singe, ich
	<u>höre</u> gar nich', in welcher (.) Dynamik des dieses also ich glaube, mir fehlt die Fähigkeit,
	des insgesamt zu hören, weil ich ähm (.) bin ja (.) also ich ha-, glaub' ich, kann die <u>Wucht</u>
	gar net <u>erfahren</u> dadurch, dass ich mittendrin bin. Kann des sein?

[741]

Dieser überaus distanzierten Darstellung der Rolle und Bedeutung ihrer Mitsänger für Elke am Vorabend der Aufführung korrespondierte, dass sie direkt nach derselben in der MHP-Arena bezüglich der anderen Sänger lediglich festhielt, dass diese ohne eine bestimmte *Wertigkeit* einfach *da gewesen* seien. Für den deutlichen, sich massiv vom Gros der 19 anderen Gesprächspartner unterscheidenden (innerlichen) Abstand zum Geschehen und der Riesenchorgemeinschaft empfehlen sich auf der Grundlage des Interviewmaterials zwei Begründungsfaktoren. Zum einen der dezidierte Vorsatz von Elke, sich nicht vereinnahmen lassen zu wollen von der Großgruppe. Die Grundhaltung, die zur Zuordnung zum Produktionstypus Distanzierte Sängerin geführt und offenkundig auch im Kontext der wirkungstypologischen Verortung Relevanz hat, ist entsprechend eine stark von diesem Bei-sich-selbst-bleiben-Wollen geprägte:

---

[741] EH 2, Z.82–101.

C 2.2 Wirkungstypologie 349

EH	erwart' ich, dass es 'n einmaliges Erlebnis is, des muss ich schon s- das man sich noch gar nicht vorstellen kann! Also ich kann es mir nicht vorstellen (2) und (.) <u>j:a</u>, ich weiß
JK	∟ ja, jawoll
EH	(2) n- diese Großgruppen:erlebnisse sind ja sehr euphorisierend und eben (.) auch ähm persönlichkeitsverändernd und eben auch sehr eindrücklich und (.) äh ham (.) ham eben auch ihre Wirkung (.) aber da, glaub' ich, will ich des<u>selbe</u> machen wie eben gestern: ich will bei <u>mir</u> bleiben und ich will <u>meiner</u> (.) Person treu sein! Und da will ich auf- (.) auf:merksam sein, ob ich eben (.) es schaffe, <u>nicht</u> mitgerissen zu werden und zu denken „Ich bin jetzt ein großer Körper", sondern <u>ich</u> will bei mir sein.
JK	Mhm (.) und gibt's auch Erwartungen oder Ziele im Blick auf das Publikum, auf die, die kommen?
EH	Nö. Warum denn? Was was soll ich auf die erwarten? Dass die laut <u>schreien</u>, oder dass
JK	∟ @(.)@
EH	die <u>mitgehn</u> (.) oder dass das ä:h (.)

[742]

Zum anderen mag der massive Fokus auf die späteren Aufführungen zuhause in Musicalstadt als Elkes offenkundig eigentlichem Ziel ein gewichtiger Faktor gewesen sein, der zumindest partiell zu erklären imstande ist, dass sie nach der bombastischen, alle anderen Gesprächspartner mehr oder minder – angesichts der vielen rekonstruierten Beispiele großer Begeisterung bis völliger Überwältigung allerdings tendenziell entschieden mehr „mehr" als „minder" – stark bewegenden Bühnenshow in der MHP-Arena trotz der Gesprächsimpulse durch den Interviewer kaum von ihrem Erleben unmittelbar zuvor, sondern vornehmlich von den erst für rund ein halbes Jahr später geplanten heimischen in Musicalstadt sprach, teils sogar in (vorwegnehmend-fiktivem) qualitativem Vergleich mit Ludwigsburg, als hätte sich beides bereits ereignet und könnte entsprechend direkt miteinander verglichen werden – wie Klaus B. im April einen Vergleich anstellen konnte (s. Kapitel C 1.9).

Am Beispiel von Elke H., der einzigen dem Einzeltypus Distanzierte Beobachterin zugeordneten Sängerin, wird anschaulich, wie stark (von Zurückhaltung geprägte) Produktion und (ausbleibende) Wirkung zusammenhängen können und dass ein sich dem auf Gemeinschaftsagieren angelegten Projekt entziehendes individuelles Verhalten nicht ohne Folgen bleibt, mindestens für die Mitwirkende selbst. Zugleich geht auch hier weder die Einzelsängerin ganz im Idealtypus auf noch beschränkt sich dieser auf ihr einzelnes Beispiel. Vielmehr bildet Elke H. eine Ausformung des Einzeltyps, der ohne Zweifel auch in anderen Varianten vorkommen könnte.

Denn dass inmitten hunderter oder tausender Sänger einzelne – gezielt oder unwillkürlich, bewusst oder unbewusst – distanziert zum Geschehen bleiben, als Beobachter sich vorherrschenden Dynamiken, Atmosphären oder (Vergemeinschaftungs-) Prozessen (weitgehend) entziehen, vom kollektiven Sturm der Euphorie und Begeisterung nicht erfasst und mitgerissen werden (wollen), vielmehr unbewegt sowie tendenziell außen vor bleiben, kritisch bis ablehnend eingestellt gegenüber Veranstaltern, Mitsängern, Zuschauern oder einer Kombination aus

---

[742] EH 2, Z.161–174.

verschiedenen Gruppen, ist nicht allein möglich, sondern sogar zu erwarten angesichts der komplexen Vielfalt von Menschen mit ihren unterschiedlichen Charakteristika, Gewohnheiten, Dispositionen und Handlungen, die sich auf ein Riesenchorprojekt mit allerlei Unwägbarkeiten und Risikofaktoren einlassen – mit welcher Einstellung und Motivation im Einzelfall auch immer –, zumal ein solches gewiss nicht allen Beteiligten mit ihren jeweiligen Erwartungen und Vorstellungen gerecht werden kann. Die Distanzierte Beobachterin ist somit ein prinzipiell überaus plausibler Wirkungstypus, wiewohl aus dem Sample der 20 Beforschten ihm konkret lediglich eine Sängerin für *Amazing Grace* zugeordnet ist.

2.3 Ein Musical mit Langzeitwirkung: Nachhaltigkeitstypologie

Für die vorgestellte Längsschnittstudie war es von zentraler Bedeutung, neben dem Erleben im Moment des Riesenchorsingens mit seiner Wirkung auf den einzelnen Sänger auch die Langzeitperspektive in die Untersuchungen einzubeziehen. So wurde mit allen 20 Probanden ein die gemeinsamen Forschungsgespräche im Projektverlauf ergänzendes wie auch abschließendes Interview geführt, im Abstand von circa sechs Monaten zum Ereignis der Aufführung in der MHP-Arena. Das Kerninteresse dieser letzten Erhebung lag darin, zu rekonstruieren, welche Auswirkungen die Beteiligung am Gospel-Musical im jeweiligen Alltag, im Denken, Fühlen und Handeln zeitigte – oder nicht. Dabei wurde – im Unterschied zu allen vorausgegangenen Interviews – eingangs ein Audio-Impuls aus der gemeinsamen Aufführung in Ludwigsburg eingesetzt, eine Sequenz aus der Ouvertüre, die das Titellied „Amazing Grace" einschließt. Nicht zuletzt die individuellen Spontan-Reaktionen auf diesen Stimulus halfen dabei, zu eruieren, welche Langzeitwirkungen die Mitwirkung an *Amazing Grace* hatte, weshalb wortspielend von Nach*hall*tigkeit zu sprechen durchaus adäquat erschiene.

Im Rahmen der hier vorgestellten dritten Typologie, welche die Langzeitwirkung und ergo Nachhaltigkeit zum Gegenstand hat, finden sich wiederum idealtypische Varianten. Hierbei gilt abermals, dass die Einzeltypen, denen Gesprächspartner teils mehrfach zugeordnet sich finden, nicht allein die Summe aller rekonstruierten Nachwirkungen darstellen, ebenso wenig, wie die beforschten Subjekte darin aufgehen – vielmehr bleibt ein „Überschuss".

Innerhalb der Jahreszeitenabfolge des Symbolbaumes ist es Herbst geworden: Die Blüte ist vorbei, der Winter noch nicht da. Im Falle der an *Amazing Grace* Mitwirkenden kann dies, im Bild vom kahlen Baum als Sinnbild für das nötige Grundgerüst eines solchen musikalischen Riesenchorprojektes bleibend, durchaus in Richtung einer möglichen Fortsetzung verstanden beziehungsweise weitergedacht werden: dass also ein neuer kahler Baum auf den herbstlichen von *Amazing Grace* folgt, etwa für Bärbel F., die nach dem Gospel-Musical alsbald am

C 2.3 Nachhaltigkeitstypologie 351

„Pop-Messias" partizipierte und in diesem Projekt (potentiell) abermals verschiedene „Jahreszeiten" durchlief. Dabei käme das Baumsymbol abermals an seine Grenzen, da ein neues Großchorprojekt wiederum grundsätzlich als neuer Baum zu denken wäre. Aber am vorigen „Baum" Beteiligte bringen ihre gemachten Erfahrungen als Vergleichshorizont mit und der neue Baum steht für sie in Kontinuität zu(m) früheren, wie bei Bärbel sich *Amazing Grace* letztendlich einfügte in eine (Baum-) Reihe der von ihr aktiv mitgestalteten Riesenchorprojekte: 1. Oslo Gospel Choir, 2. *Amazing Grace*, 3. „Pop-Messias".

Bezogen auf das Ludwigsburger Projekt symbolisiert der Herbstbaum bündelnd die Antworten darauf, was nach Produktion und (unmittelbarer) Wirkung im Projektverlauf im längeren Abstand geblieben ist bei den Beteiligten:[743]

Abbildung 25: Herbstbaum mit Nachhaltigkeitstypen; Bildrechte: iStockphoto, Mike_Kiev

---

[743] Hierbei ließe sich symbolträchtig von den Früchten der Projektbeteiligung handeln, die gewiss sehr anschaulich in das Baumbild eingefügt hätten werden können. Da allerdings das sich in der Feldforschung bietende Spektrum der langfristigen Wirkungen als ausgesprochen pluralistisch sich gezeigt hat, wurde darauf verzichtet, um das Symbol nicht überzustrapazieren, etwa in Gestalt eines Herbstbaumes, der Äpfel, Bananen, Kirschen und Kiwis zugleich trägt.

2.3.1 Der Persönlichkeitsentwicklungs-Typ

Bei dieser Ausprägung der langfristigen Wirkung auf zugeordnete Sänger handelt es sich prinzipiell um einen starken Fokus derselben auf das jeweilige Individuum selbst, auf seine Vita und alltäglichen Verhaltensweisen, seine persönlichen Herausforderungen und Sorgen, seine Einstellung zum Glauben, seine spirituelle Identität, seine Nähe zur Kirche, seine Zukunftsperspektive et cetera. Dabei ist der beobachtete Wirkungsschwerpunkt auf das eigene Selbst keineswegs synonym mit Egoismus oder Egozentrik zu verstehen, sondern vom Gegenstand der Betrachtung her. Denn allen Fällen ist in ihrer Verschiedenartigkeit gemein, dass die Erlebnisse, Erfahrungen und Impulse aus *Amazing Grace* nachhaltig sich niedergeschlagen haben im Selbstbild, einschließlich des Blicks auf die persönliche Vergangenheit und Zukunft, sowie deren Deutungen. Hierbei kann, spätestens wenn etwa ethische Handlungsmaximen berührt sind, die Grenze zum Inhaltlichen Typus verschwimmen und sich der eine vom anderen kaum trennscharf unterscheiden lassen; dem korrespondiert, dass mit Susanna M. und Brigitte H. zwei Sängerinnen beiden Nachhaltigkeitstypen zugeordnet sind. Den Blick auf den jeweiligen Fokus – auf das eigene Selbst hier, auf Anderes oder Andere dort – als Alleinstellungsmerkmal zu richten sollte gleichwohl die Unterscheidung beider Typen nachvollziehen helfen.

Häufig förderte die Rekonstruktion der Wirkungen der Beteiligung am Gospel-Musical zutage, wie stark bei zugeordneten Probanden gesammelte Erfahrungen oder konkrete Inhalte des Stückes als Inspiration oder Orientierungshilfe für persönliches Handeln oder die Einstellung zur eigenen Biographie, zu anderen Menschen oder zur Umwelt allgemein, nachwirkten. So wurden etwa die in *Amazing Grace* beschriebenen Lebens- wie Glaubensgeschichten von John Newton oder seiner Frau Polly zu Vorbildern, zu Leitbildern der eigenen Gestaltung von Leben und Glauben, mitsamt dem Vertrauen auf göttliche Hilfe, wie die beiden sie erfahren hatten. So erläuterte Gerhard S., befragt, was ihm vom Musical geblieben sei:

> „Ha=ja einmal, überhaupt äh äh bei so=einer großartigen Sache (.) als @Normalbürger meines Alters@, mit 67, da mitwirken zu dürfen, is' ja schon was (.) Gewaltiges, mit solchen Stars (in dem Sinn so) vor so viel Publikum (.) des is' ja auch schon mal ein ganz, ganz (.) gewaltiges Gefühl und auch, sagen=wir mal so, übe:r (.) Wochen und Monate dieser Prozess und ich hab' ja (.) ich hab' dann auch mir die Biographie von dem John Newton besorgt, da gibt's ja verschiedene (.) und hab' des auch gelesen, also ich hab' mich da schon `n bissle näher mit beschäftigt, einfach so bissle (.) in die Sache richtig reinzukommen (.) und des is' schon (.) so al:so (.) äh was bei mir etwas, sagen=wir mal von meinem persönlichen Glauben etwas weg war, des war so so so=was wie Gnade (.) des is' ja (wie=heißt des?) Du bist ja Theologe, des d- eher calvinistisch, gell? [...] des is' uns ja net so vertraut eigentlich, immer so so die Gnade, ja? Ja=ja, oder so in der so wie ich äh Jahrzehnte lang in der Diakonie warst, hast Du auch so bissle so `n Leistungsgedanken, weißt? Ja=ja und (.) des war bei mir eigentlich schon stärker vorhanden und eigentlich durch des (.) Beschäftigung mit der Sache d:a, mit der Person John Newton und des Ganze (.) is' schon auch wie:r (.) der Gedanke

der Gnade, unverdienten Gnade (2) des des des der Aspekt, der kam schon oder (.) der John Newton hat's ja auch net gleich begriffen, der hat ja Jahre gebraucht (.) diesen Prozess zu machen (2) ja doch, des also irgendwo, sagen wir mal so, von (.) von der emotionalen Seite (.) seelischen Seite, Herzensseite des Glaubens hat's mir recht viel gebracht, ja! ja=ja"[744].

Anhand dieses Abschnitts lässt sich nachvollziehen, wie sich bei Gerhard, der im Schwarzwald in einer pietistisch geprägten Familie aufgewachsen und zeitlebens mit Glauben und Kirche eng verbunden war, durch die Mitwirkung bei *Amazing Grace* mit aller emotionalen Intensität, durch die Beschäftigung mit den Inhalten des Stücks, weit über die Aufführung hinaus und unter Hinzuziehung weiteren Materials in Eigeninitiative, nachhaltig etwas im Blick auf seine Glaubenseinstellung und die Schwerpunkte seiner Glaubenspraxis verändert hat. Selbstkritisch hinterfragte der Rentner den die zurückliegenden Jahrzehnte mindestens mitprägenden *Leistungsgedanken*, bezog die besungene und ihm durch das Gospel-Musical selbst zugesprochene *Gnade* auf sein eigenes Leben jenseits etwaiger Leistungen oder Erfahrungen des Versagens und Scheiterns, identifizierte sich – wenigstens in Teilen – mit der Figur des Sklavenschiffkapitäns, der durch Gnade auf den rechten Weg gebracht wurde, sagte einem Leistungsdenken im Zusammenhang des christlichen Glaubens dezidiert ab und bekannte sich zur *Gnade* als christlichem Leitmotiv. So wirkten sich die Musicalinhalte und -erfahrungen, die von ihnen motivierten Recherchen und die durch alles drei angestoßenen Reflexionsprozesse langfristig erkennbar stark auf das Denken, Fühlen und (geplante) Handeln des Sängers aus.

Ähnliches war bei Michael R. zu beobachten, der sich – nach Kauf der bei der Musicalaufführung im Foyer zum Erwerb angebotenen Biographie – ebenfalls im Nachgang des Musicalprojekts intensiv mit der Geschichte von John Newton auseinandergesetzt, sogar bei einem Männervesper-Treffen einen Vortrag als Teil einer Themenreihe zu Lebens- und Glaubensvorbildern gehalten und überdies seine eigenen Lebens- wie Glaubensfragen mit der Figur Newtons in Beziehung gesetzt hat:

„[…] also als Vorbild von dem John Newton, weil des hat mich interessiert: Wie kann eigentlich ein Mensch, der der so weit von Gott äh weg war, der eigentlich außer seiner (.) seiner Mutter ähm im Alter von von sechs Jahren nix mitgekriegt hat, der hat sie ja ziemlich bald verloren (.) wie kann denn der dann wieder so'n so'n festen Glauben kriegen und und so und das hat mi dann scho bissle m- mehr interessiert ä:h weil (.) man immer auf der Suche ist, also jedenfalls ich immer auf der Suche bin, wie kann ich denn eigentlich meinen Glauben noch verstärken? Was könnte denn (.) was könnte mir helfen ähm noch (.) ähm noch noch fester Vertrauen zu fassen (.) ö:hm (.) noch mehr äh einfach sage ,Egal, was passiert, ähm Gott und Jesus ham Dich in der Hand und die wissen, was ähm für Dich gut ist, auch wenn Du's im Moment gar net so siehst!' Und des sind mir Erlebnisse, die John Newton auch ghabt hat (.) äh und von daher da hat des dann schon auch Auswirkungen ghabt ähm einfach zur Suche:

---

[744] SG 4, Z.90–102.105–119.

Kann (.) kammer aus seiner Lebensgeschichte, aus seinen Erfahrungen, irgendwas für sich selbst mitnehmen?"[745]

In dem ihm eigenen Bemühen um mehr Glaubensfestigkeit, größeres Gottvertrauen, sorgenfreiere Zuversicht war somit das Vorbild John Newtons, waren die vom Musical ausgehenden Impulse Wegweisung, gaben bei der Persönlichkeitsentwicklung in ihrer Glaubensdimension erkennbar Orientierung.

Auch bei Tanja R. stellte sich durch die Musicalbeteiligung offenbar eine nachhaltige Wirkung auf ihre Glaubens- und Lebenseinstellung ein:

	und ä:hm ja, nich' nicht äh nich' so so ne Musik is', die man so schnell aus dem Ohr wieder verliert, sondern die die bleibt sehr ähm (.) ja sehr stark haften, natürlich auch in Verbindung mit der Geschichte, die man doch jetzt sehr viel näher kennt (.) und ähm d:a dann, wenn man sich des äh, (sagen wir) mal so, so (.) ins Gedächtnis ruft, was ä:h dem alles so widerfahren is', was er gemacht hat oder was (.) mit ihm so passiert is' ä:h und dann praktisch diese musikalische Begleitung ä:hm (.) is' ä:hm ja ähm (.) einfach immer immer irgendwie wieder da, also es is' schwer zu @beschreiben@, aber (.) ä:hm ja, immer immer wieder denk' ich so an dran, was was dem so passiert is', was äh er so durchgemacht hat (.) und wie des dann am Schluss ähm (.) ja, so in diesem (.) ähm @(.)@ großen äh Ganzen noch so mal nochmal aufgenommen wurde, also s- ja, des i- is' wirklich schwer zu erklären, ja! @(.)@
JK	∟ ja @(.)@
	Jawoll. Wenn Du jetzt auf Dich selber schaust, w- seit dem Projekt ähm bis heute über diese Monate hinweg, gibt's da irgendwas, wo Du sagst, da hat sich bei Dir auch was verändert von Deinem Glauben, von Deiner Haltung zum Glauben, von Deiner eigenen Lebenseinstellung?
TR	Ä:hm j::a äh 'n bisschen wahrscheinlich doch noch mehr so so den den den Glauben nich' verlieren, also es is' ä:hm (.) ähm ja am Glauben festhalten, oder oder einfach Vertrauen, das Vertrauen, dass da doch ähm (.) jemand ä:hm (.) @ja, wie@ wie kann man des weltlich ausdrücken? im Hintergrund arbeitet @(2)@ j:a @(.)@ schwer, schwer
JK	∟ ja
TR	irgendwo, aber so würd' ich des sagen, dass man (.) doch 'n bisschen ä:h ja (.) einfach da 'n bisschen mehr Gedanken dazu äh aufnimmt und ähm (.) sagt: „Okay, da is' da is' doch noch was da, ja!"

[...] was ich ja auch von unserem Pfarrer hier so gehört hab', der auch gesagt hat, ja man muss nich' jeden Sonntag äh gehen, um um irgendwie seinen Glauben zu bekunden oder ä:hm zu bew- sich selber zu beweisen (.) ähm aber ähm (.) also verpuffen, nee, also gar nich', es ähm es beschäftigt mich (.) äh ja, ich könnt' fast sagen, doch 'n bisschen mehr inzwischen noch ä:h durch diese Geschichte, weil ähm (.) des einfach, weil man des so so doch so so nah erlebt hat, natürlich nicht den John Newton in natura, aber (.) aber einfach seine Geschichte und ähm (.) die ja, die ja so war und ähm m- macht einen schon ä:h macht einem schon (.) ja (.) möglich ä:h n:ochmal 'n bisschen mehr drüber nachzudenken und zu sagen: ‚Okay, ja, is' da is' was dran!'"[746]

In Tanja, vierfache Mutter in der Trennungs- beziehungsweise Scheidungsphase, im Alltag vielfach herausgefordert und dabei gewiss regelmäßig (nahe) an der Belastungsgrenze, wirkten der Inhalt des Musicals und ihre Erfahrungen beim

---

[745] MR 4, Z.142–158.
[746] TR 5, Z.47–70.78–87.

Singen im Menschenmeer mit starkem Lebensweltbezug nach, waren ihr Trost und Zuspruch, prägten ihre Einstellung zum Leben und Glauben.

Wie deutlich sich eine vom Erleben bei *Amazing Grace* beförderte Persönlichkeitsentwicklung neben allen Reflexions- und generell kognitiven Vorgängen auch auf der Handlungsebene niederschlagen konnte, unterstreicht das Beispiel von Brigitte H., die früher, von Selbstzweifeln geplagt, nicht vor anderen Menschen zu sprechen gewagt hätte, nach den ermutigenden und sie stärkenden Erfahrungen beim Chorsingen, nicht zuletzt beim Gospel-Musical in Ludwigsburg, im Frühjahr 2015 aber unerschrocken sogar zwei Vorträge über Ostern gehalten hat.

Dem Persönlichkeitsentwicklungs-Typ sind insgesamt elf Probanden zugerechnet, darunter acht Frauen und drei Männer: Anja B., Stefanie B., Bärbel F., Brigitte H., Frauke L., Paul P., Michael R., Tanja R., Gerhard S., Hilderose S. und Susanna M..

2.3.2 Der Inhaltliche Typ

Liegt – vergröbernd zusammengefasst – das entscheidende Kriterium für die Zuordnung zum Persönlichkeitsentwicklungs-Typus im Fokus auf das eigene Selbst, so ist es beim Inhaltlichen Typus der Fokus auf Anderes oder Andere, welcher alle zugerechneten Sänger hinsichtlich der Langzeitwirkungen des Erlebens bei *Amazing Grace* miteinander verbindet. Was sich bei ihnen merklich verändert hat, ist der durch den Inhalt des Musicals respektive die im Zusammenhang der Mitwirkung gesammelten Erfahrungen modifizierte Blick etwa auf andere Menschen mit ihren Nöten, auf bestehendes Unrecht samt den Möglichkeiten, etwas dagegen zu unternehmen, et cetera. So zeigte sich, dass Probanden – inspiriert und motiviert von *Amazing Grace* – ihre persönlichen Herausforderungen, Sorgen und Nöte durch das im Musical berichtete historische ebenso wie durch das seitens der Veranstalter bildreich benannte gegenwärtige Problemfeld der Sklaverei, des Menschenhandels und der Ausbeutung nachhaltig relativiert sahen. Statt auf sich selbst wollten sie nunmehr (verstärkt) auf andere Menschen achten, wo ihnen möglich geschehendem Unrecht aktiv entgegentreten und der Unbarmherzigkeit unter Menschen zu wehren helfen.

Die ethischen Implikationen und perspektivenverändernden Nachwirkungen ihrer Erfahrung wurden bei einigen dem Inhaltlichen Typus zugeordneten Sängern besonders anschaulich, so etwa bei Brigitte H.:

> „[…] ich hab' mich schon mehr mit der (.) Geschichte auseinandergesetzt, weil's halt auch, denk' ich, politisch aktuell ist, diese ganzen Vertreibungen, diese Versklavungen, dass des (.) entweder man hört jetzt mehr drüber, oder es sind so enorme Zahlen da im Raum (.) beschäftig' mich einfach auch mehr mit der ganzen Flüchtlingsgeschichte (.) u:nd da merkt man dann erst, wie gut's einem selber geht und (.) die Deutschen, da muss ich mich mit einschließen, die jammern schon a- auf arg hohem Niveau (.) j:a und dass ich mich vielleicht auch zu lange mit mir selber beschäftigt hab', ohne nochmal hinzukucken, wie's eigentlich in der Welt draußen abgeht (.) und dass

es=auch ganz (.) elementar ganz andere ä:hm (.) na, wie soll ich sagen? <u>Dinge</u> dann eigentlich auch wichtig werden (.) und nicht=mehr so der Fokus auf sich <u>selber</u>, sondern auch um die Umwelt drum rum. Also, da denk' ich, hab' ich mich auf jeden Fall mehr mit auseinandergesetzt wie die Zeit oder die Jahre vorher (3) und des ist schon erschreckend!"[747]

Offenbar haben die Impulse aus der Mitwirkung beim Gospel-Musical ihre Lebens- und Weltsicht, ihre Perspektive auf eigene Probleme und das Schicksal anderer Menschen, nachhaltig beeinflusst, paradigmatische Verschiebungen im Bereich (rationaler) individueller Prioritäten angestoßen beziehungsweise weiter befördert.[748]

Bei Nikola I. – der als Chorleiterin und Teilnehmerin an mehreren Generationen von *Amazing Grace* gewiss auch hinsichtlich der rekonstruierten Langzeitwirkung ihres Erlebens eine besondere Rolle zukommt – ist insbesondere wegen zwei Beobachtungen dem Inhaltlichen Typus zugeordnet. Zum einen beeinflusste die multiple Beteiligung am Gospel-Musical offenkundig ihr ganz lebenspraktisches Bewusstsein für die ethische Relevanz alltäglicher Entscheidungen nachhaltig, zumal als Familienmutter in der (Mit-) Verantwortung für mehrere Haushaltsangehörige stehend:

„[…] nachgedacht hab ich (.) ähm natürlich sehr wohl über die ganze Thematik, die (.) bei dem Stück (.) angesprochen ä:h wird und versuche bewusster darauf zu achten ähm (.) ja, des kann=man ja schon beim Einkaufen (.) auch äh <u>anwenden</u> (.) und äh (.) ich denke, dass es auch der richtige Weg ist, äh was jetzt speziell die Creative Kirche macht mit (.) mit äh solchen Themen äh ein breite eine breite Öffentlichkeit zu erreichen (.) äh auf diese Art und Weise, ich find des schon, dass es auch zukunftsweisend ist, weil die Leute (.) die stehn auf solche Musik, die die möchten (.) ä:hm (.) und denen kann man das sozusagen (.) in dem Moment auch ein bisschen präsentieren, so unangenehme Themen (.) ä:h und das <u>soll</u> ja auch der Fall sein, dass man (.) dass man eine große Öffentlichkeit damit erreicht. Und mir wi- also mir persönlich hat des (.) oder mich persönlich hat des auch zum zum Nachdenken gebracht und (.) dass man manche Dinge doch vielleicht (.) anders handhab oder (2) über manche Dinge doch (.) nachdenkt und eventuell versucht, da (.) irgendwie was anders zu machen."[749]

Zum anderen hat die Musicalerfahrung in der 38-Jährigen die Überzeugung genährt, dass der Mensch einerseits auf Gottes vergebende Gnade, zugleich aber angesichts seines ständigen Scheiterns, unter dem Menschen im persönlichen Umfeld in besonderem Maße zu leiden haben, auf das Verzeihen eben dieses Umfeldes andererseits angewiesen sei. Da niemand *ein Abo dafür* habe, *immer alles richtig zu machen*, ist demnach jedermann auf die barmherzige Nachsicht anderer Menschen angewiesen. Somit haben die Geschichte von John Newton und die mit dem sie erzählenden Musical verbundenen Erfahrungen Nikolas Haltung gegenüber ihren Mitmenschen, besonders im persönlichen (Familien-) Umfeld, verändert, das eigene entschiedene Zutun zu einem verzeihenden Miteinander und ein

---

[747] BH 5, Z.34–47.
[748] Ähnliches war auch bei Janina S. zu beobachten.
[749] NI 5, Z.149–164.

verantwortungsvolles Alltagshandeln, nicht zuletzt im Konsumverhalten et cetera, angeregt.

Ein erhellendes Beispiel für inhaltliche Langzeitwirkungen der Projektbeteiligung ist auch jenes von Susanna M.:

> „[…] es hat mich eigentlich eher wieder zurückgeführt zu dem, was für mich eigentlich Christsein immer noch heißt, dass ich sag' ä:hm ob des jetzt in der Schule is', wir haben furchtbar viel Trouble ph mit den Eltern und überhaupt (.) und und <u>verquerte</u> Eltern und sonst was, wo du dann einfach wo ich immer wieder merk': ‚Nee, äh kuck's einfach von einer anderen Seite an! Öffne Dich wieder! Nimm mal Abstand von dem, was schief läuft, kuck' mal' (.) einfach die Öffnung und diese Liebe zum Anderen (.) also ich denk', des is' so was, w:o (.) durch dieses Singen schon auch immer wieder angeregt wird (.) dass man sagt: ‚Was is' denn jetz' <u>wirklich</u> für mich ä:hm (.) der <u>Weg</u>?' und ähm ich <u>wär</u>' net Lehrerin, wenn ich des nich' ä:hm (.) einfach als als Aufgabe an den Kindern sehen würd' und wenn mir des nicht mit den Kindern (.) und ihren Eltern und allen Problemen, die da so wären, wenn des nicht getragen wär' durch diese Nächstenliebe. Ich könnt's ich könnt' den Beruf dann gar nich' machen! Weil dazu ist=er zu anstrengend und sind die Eltern mitunter zu nervig und zu vielseitig und wenn du da die <u>Liebe</u> nich' hast, dann gehst dabei unter!"[750]

Wie diese Sequenz des letzten Interviews nahelegt, hat die Religionslehrerin durch ihr Erleben bei *Amazing Grace* mitsamt den folgenden Reflexionsprozessen eine nachhaltig veränderte Haltung – in Theorie und Praxis – gegenüber ihren Schülern sowie deren Eltern adaptiert. Damit haben die mit dem Gospel-Musical beziehungsweise ihren Erfahrungen innerhalb des Projekts in ihr Leben neu gekommenen oder Bestehendes verstärkenden Impulse und Inhalte den Blick auf einen zentralen Teil ihrer Lebenswelt langfristig (um-) geprägt.

Dem Inhaltlichen Typ sind vier Probandinnen zugeordnet: Brigitte H., Nikola I., Janina S. und Susanna M..

2.3.3 Der Großprojekte-Abo-Typ

Der Großprojekte-Abo-Typ ist auch und womöglich gerade rückblickend auf den Geschmack solchen projekthaften christlichen Riesenchorsingens gekommen, indem zugeordneten Sängern *Amazing Grace* eben dieses weite Feld entweder erstmalig erschlossen oder, wo bereits positive Vorerfahrungen vorhanden waren – wie etwa durch die frühere Beteiligung an „Die 10 Gebote" und einem Auftritt des Oslo Gospel Choirs im Fall von Michael R. –, diese bekräftigt und ergänzt hat.

Gabi K. etwa, seinerzeit von *Amazing Grace* begeistert, hat sich kurz vor dem letzten Interview am 13. Juli 2015 für den „Pop-Messias" angemeldet:

> „[…] ja, mit ner Unterbrechung mach' ich jetzt weiter, also ich hatte mich ja zwischen zw- weil's mir einfach viel Spaß gemacht hat, dacht' ich, ich mach' jetzt <u>weiter</u> in die Richtung (.) ä:hm weil mir gefällt einfach <u>Musik</u>, also Singen ä:hm einfach so 'n bissl

---

[750] SM 5, Z.74–89.

auch poppi- in die Richtung poppig-rockig, also nicht so Richtung Klassik, sondern einfach ä:h etwas fetzigere Musik ähm dann hatt' ich mich ja für den Gospelchor in der Friedenskirche hier in Ludwigsburg dann angemeldet (.) ä:hm des hat mir aber dann <u>nicht</u> so sehr viel Spaß gemacht, muss ich zugeben (.) hm ja äh und da bin ich dann einfach wieder ausgestiegen. Also des war jetzt auch nich' des Erlebnis, wie ich's da hatte, des war schon was ganz Besonderes!"[751]

Offenbar hat Gabi K., die bei *Amazing Grace* nicht zuletzt dessen projekthafte Begrenzung zur Mitwirkung animiert hatte, in der euphorischen Begeisterung ihres Erlebens beim Musicalmitgestalten anschließend dem Friedenskirchen-Saisonchor „Voices of Peace" sich angeschlossen, ist dann aber alsbald wieder ausgestiegen, weil sie erklärtermaßen in diesem kleineren Chor – nun mit circa 100 anstatt der rund 700 Mitsänger beim Gospel-Musical – nicht Vergleichbares erlebt hat. Vermutlich spielte dabei neben der kritischen Masse des Riesenchorsingens, die mit rund 100 Sängern für sie noch nicht erreicht wurde, auch eine Rolle, dass der Friedenskirchenchor im Herbst und Frühjahr 14-täglich probt, was einerseits anstelle der starken projekthaften Begrenzung das Chorsingen auf eine gewisse Dauer stellte und ihm andererseits den Reiz des Außergewöhnlichen nahm, zumal Gabi K. ansonsten in einem Behördenchor singt, was (Arbeits-) Alltag und Singen bereits eng verknüpft. Somit nimmt es nicht wunder, dass für die vom Gospel-Musical völlig begeistert herkommende Projektchorsängerin die Mitwirkung bei „Voices of Peace" in Relation zum zuvor bei den Proben am gleichen Ort (Friedenskirche) und hernach in der MHP-Arena Erlebten eine Enttäuschung bereithielt, ihr nichts direkt Vergleichbares ermöglichte, insbesondere in emotionaler und körperlicher Hinsicht, schon gar nicht sofort im Anschluss an *Amazing Grace*, ohne eine vorausgehende Phase der (inneren) Vorbereitung oder Umstellung auf das neue Setting der „nur" mehr 100 Sänger, während die Erinnerungen an das imposante Singen mit 700 allmählich verblassten. So präferiert Gabi K. offenbar prinzipiell die projektartig begrenzten Großereignisse, meldete sich nach *Amazing Grace* deshalb als nächstes für den „Pop-Messias" an und nahm damit gezielt das nächste Angebot aus der gleichen Sparte („Riesenchorsingen") wahr.

Während für Gabi K. diese Großchorprojekte – unter Absehung von der an ihre berufliche Tätigkeit gekoppelten Mitwirkung am Behördenchor – offenbar eine Alternative zum dauerhaften Engagement in einem festen Chor darstellen, können Sänger ebenso gut in Ergänzung zu einem solchen daran partizipieren, wie etwa das Beispiel von Michael R. illustriert, der als Chorleiter und -sänger Projekte wie *Amazing Grace* gerne zusätzlich wahrnimmt, nicht zuletzt um des *schönen Gefühls* durch *gewaltige Musik* mit einem *richtig großen Chor* in einer *Wahnsinns-Arena* willen. Fünf Monate nach der Aufführung führte er, gefragt nach dem, was er aus der Aufführung mitgenommen habe, aus:

„Also, aus dem Konzert heraus einfach so diese diese <u>Wuchtigkeit</u> der der Musik. Also die die (.) Größe, die Masse (.) ähm des is halt einfach anderst wie wenn Du in kleinen Chören ähm so normalerweise singst, weil einfach diese diese <u>Klanggewalt</u> äh net kommen kann (.) ähm dann ham mer ja die Möglichkeit ja auch ghabt, so'n

---

[751] GK 5, Z.32–42.

bissle ähm des die die Schauspielerei dazu zus- zu schauen von denen, des war also (.) ich fand unseren Platz ganz gut! Also ich war relativ äh (.) kurz oberhalb von vom LaKi-Popchor, konnt also eigentlich so die Bühne und Seite vom Chor ziemlich gut sehn (.) und äh hatte einen guten Blick (.) ähm des war ganz okay, man war ziemlich nah dran (.) und halt diese (sag mal) diese (.) Gewaltigkeit der Musik, die war schon (.) toll!"[752]

Beiden Handlungsmodi, der exklusiven Wahrnehmung von Großprojekten und der Ergänzung des stetigen persönlichen Engagements in festen Chören durch sie, ist die (erfolgreiche) Suche nach dem Außeralltäglichen, dem (Gefühls-) „Kick" und Überwältigenden in der Masse gemein.

Zugeordnete Sänger haben sich auf der Grundlage ihres Erlebens bei *Amazing Grace* sowie – etwa im Fall von Michael R. – womöglich weiterer positiver Erfahrungen in diesem Segment, grundsätzlich diesem Format des projekthaften christlichen Riesenchorsingens verschrieben, was indes nicht bedeutet, dass sie unbesehen an allem, was auf dem spezifischen Erlebnismarkt angeboten wird, mitzuwirken bereit wären – hier stößt die Rede vom „Abo" entsprechend an gewisse Grenzen;[753] vielmehr besteht eine grundsätzliche Aufgeschlossenheit, ein wohlwollendes Interesse gegenüber weiteren Projekten dieser Art, an denen teilzuhaben der Einzelne bejaht, vorausgesetzt, dass es jeweils *passt* – also etwa die nötigen zeitlichen Kapazitäten zur Verfügung stehen, aber auch keine subjektive Übersättigung durch zu kurze Intervalle zwischen Projekten entsteht.

Dem Großprojekte-Abo-Typ sind insgesamt sieben Probanden zugerechnet, darunter sechs Frauen und ein Mann: Bärbel F., Gabi K., Frauke L., Michael R., Tanja R., Janina S. und Kathrin S..

2.3.4 Der Freundschafts-Typ

Dieser Einzeltypus ist stark geprägt vom sehnsüchtigen Wunsch nach intensiver, verbindlicher, auf Dauer angelegter Gemeinschaftserfahrung. Zwar muss dies nicht mit einem erfahrungsbezogenen Defizitempfinden verbunden sein, dass also bei *Amazing Grace* just dies nicht erlebt wurde, was der zugeordnete Sänger entsprechend vermisst hat und sich darüber enttäuscht nun anderswo suchen will; jedoch kann es eben so auftreten. In jedem Fall haben für den einzelnen Sänger – ob er das Miteinander im Riesenchor tatsächlich als zu oberflächlich angesehen hat oder nicht – grundsätzlich eine über das hinsichtlich Dauer, Intensität und

---

[752] MR 4, Z.33–43.
[753] Spitzfindig lässt sich freilich darauf hinweisen, dass – mindestens in alltäglichen und umgangssprachlichen Kontexten – wohl jedes Abo grundsätzlich auch Ausnahmen zulässt, sei es ein Zeitungs-, Theater- oder Sportereignis-Abo. Womöglich dennoch verbleibende Begrenzungen der Metapher tun ihrer Funktion für das hier Auszusagende indes keinen Abbruch.

Vertrautheit begrenzte Einzelprojekt hinausgehende Form christlicher (Sing-) Gemeinschaft sowie (Gruppen-) Identität stiftender Zusammenhalt Priorität und werden entsprechend angestrebt.

Eine solche Sehnsucht nach Halt, Geborgenheit und wechselseitig Orientierung vermittelnden (langfristigen) Freundschaften mit anderen Christen wird am Beispiel von Anja B. besonders anschaulich:

> „[…] wenn ich dann Zeit hätte, würde ich auf jeden Fall äh da nochmal an so nem Projekt teilnehmen (.) obwohl jetz äh für für <u>mich</u> ä:hm dann was ein ein einen Chor, der dann längerfristig besteht, auf jeden Fall <u>mehr</u> [AB redet kurz mit/zum Säugling] ähm genau, also langfristig gesehen f- is is des für <u>mich</u> jetzt sinnvoller, dann halt ne ne richtige Gemeinschaft dann zu haben, mit der man dann singt und musiziert und über 'n <u>längeren Zeitraum</u> (.) äh und dieses Großprojekt is halt so'n Leuchtturmprojekt, was dann (.) zwischendurch einfach mal'n <u>Highlight</u> is und ähm was sehr viel Spaß macht, da mitzuwirken, auch dann mit dieser Masse an Menschen (.) ähm aber auf auf <u>lange Sicht</u>, denk ich, is dann äh zum Glück was <u>Kleineres</u> äh dann <u>schöner</u>. […] also in der <u>Masse</u>, was in der Masse des Problem is, also des des Schöne is eben eben, dass man spürt, dass is was was Großes, ganz viele Leute dabei sind, dass es ne riesen Gemeinschaft <u>is</u> und das is zwischendurch also <u>schön</u>, aber eben diese (.) diese wirklichen äh engen eng- engen Kontakte und ähm (2) äh des kommt dann, glaub ich, nur in in <u>kleineren Gruppen</u> dann zustande, außer wenn jetz natürlich die Leute, die jetzt beim letzten Mal mitgemacht haben, wieder mitmachen, dann wird sich dann dieser <u>Freund</u>-, also wirkliche Freundschaftskreis da natürlich vielleicht dann erweitern und ähm (.) dazu is aber jetzt in dr- in sechs Proben oder so dann natürlich nich die Zeit (.) und ich denk, dass es dann langfristig schön is halt, ne Gemeinschaft zu haben, mit der man dann wirklich (.) ähm zusammen is und zusammen musiziert (.) joa."[754]

Wie die 33-Jährige in dieser Passage aus dem letzten Interview im April 2015 eingängig beschrieb, hat sie zum einen ihre Beteiligung am Gospel-Musical als einem *schönen Highlight* und *Leuchtturmprojekt* zwar durchaus genossen, zugleich aber darin Klarheit darüber gewonnen, was ihr inmitten all des Positiven dieser Erfahrung letztlich doch fehlte. So steht in ihrer Darstellung der *riesigen Gemeinschaft* im Massensingen die angestrebte, ja *zum Glück* herbeigesehnte und notwendige *richtige Gemeinschaft* gegenüber, mit deutlicher Präferenz des *längerfristigen Kleineren*. Ganz ähnlich wie bei Jens M. ist bei Anja somit ein starker Fokus auf die Kräftigung zwischenmenschlicher Beziehungen festzuhalten; besondere Projekte als außergewöhnliche Ausnahmeerfahrungen sind hoch willkommen, ersetzen aber das gewünschte (alltagsnähere) Dauerhafte nicht, sondern ergänzen und befruchten es lediglich *zwischendurch*, ohne eine Alternative oder Konkurrenz zu bilden. Die junge Mutter wünscht sich – losgelöst vom intensiven emotionalen und körperlichen Erleben beim Riesenchorsingen, von allen Highlights und „Kicks" darin – statt loser Bekanntschaften und oberflächlicher Kurzkontakte belastbare Freundschaften, die über den Probentag hinaus reichen; dass so verbundene Menschen auch selbstverständlich gemeinsam *Kaffee trinken gehen* – wohl zu verstehen als doppeltes Synonym beziehungsweise Symbol oder

---

[754] AB 5, Z.36–45.48–60.

C 2.3 Nachhaltigkeitstypologie

Metapher für den Grad der Vertrautheit einerseits und die dauerhafte reziproke Verbundenheit, des Miteinander-Teilens lebensweltlichen Alltags andererseits. Großprojekte wie *Amazing Grace* stellt sie zwar keineswegs in Frage, im Gegenteil ist sie hiervon – auch im zeitlichen Abstand – so begeistert wie inspiriert, betrachtet sie aber als außergewöhnliche *Leuchttürme*, von denen aus die Grundbewegung – sofern Sänger nicht bereits darin verankert sind – in dauerhaftere, kleinere, verbindlichere christliche (Chor-) Gemeinschaften gehen sollte, in denen die so miteinander Verbundenen ihr (Alltags-) Leben teilen, nicht allein die extraordinären Festzeiten eines gemeinsamen Highlights, wie das Gospel-Musical ein prägendes war.[755]

Eine besondere Ausformung des Freundschafts-Typs, die – mindestens in Teilen – durchaus in Korrelation zur Sozialen Wirkung gesehen werden kann, findet sich bei Jens M.:

> „Eigentlich sind solche großen @Veranstaltungen nicht so ganz mein Ding@ ä:hm also (.) ja, bei uns ist jetzt auch der Kirchentag in Stuttgart (.) und äh d:a bin ich hab' ich mich jetzt so'n bisschen ausgeklinkt (.) sag' ich mal, also ich wär' hätte eigentlich Zeit äh um mitzumachen, aber ä:hm da wollt' ich jetzt eigentlich nich' s:o (.) mitmachen, genau, ja des äh (.) ja! Des hängt immer 'n bisschen davon ab, ob äh ob man, sag' ich mal, ä:h (.) also w- was ich wichtig find' bei solchen Veranstaltungen ist, dass man mit der mit ner (.) Gruppe zusammen hingeht (.) ja, also des ä:h (.) d- und da hat sich jetzt dieses Mal für 'n Kirchentag jetzt ä:h, sag' ich mal, niemand gefunden oder oder nicht=viele, die da hätten mitmachen wolln (.) ä:hm einfach, weil auch Ferienzeit ist (.) und ähm (.) deswegen (.) äh wollt ich da jetzt zum Beispiel gar nicht alleine (.) hingehen oder mitmachen [...] Also d- einfach, dass ich dass ich wusste oder dass mir klar war: ‚Ah, des machen wir jetzt äh zusammen, gemeinsam als Gruppe, des ist=ein Erlebnis für uns (.) äh wo man dann da auch schöne Erfahrungen mit- (.) ähm (.) mitnimmt, genau.' (2) Ja (.) also des is mir einfach bei so- bei solchen großen Veranstaltungen immer wichtig, dass man da einfach (.) mit Anderen äh gemeinsam was macht und (.) da dann auch (2) ein Erlebnis zusammen hat, genau und wenn des einfach fremd ist nicht ich denke, also (.) wenn, dann müsste=man des äh über ne längere Zeit machen (.) ähm genau, dass man andere Leute auch besser kennenlernen kann, des is genau (.) ich hab' da (.) jetzt sag' ich mal nicht s:o die ä:h (.) @Ambition, immer auf auf Fremde@ jetzt irgendwie zuzugehen (.) ähm genau."[756]

Mag es vordergründig zunächst so wirken, als mangele es dem Lehrer und Chorleiter womöglich an Mut oder Elan, sich – wie etwa Gabi S. als relativ unerschrockene und umso entschlossenere Einzelsängerin – in ein weiteres Projekt allein hinein zu wagen, so scheint bei näherer Betrachtung vielmehr der für Jens absolute Priorität besitzende Aspekt der auf Dauer angelegten, verbindlichen Verbundenheit innerhalb der Kleingruppe aus Jugendlichen und mehreren Erwachsenen, die in seiner Heimatgemeinde fest zusammengehört und gemeinsam sporadisch

---

[755] Hierzu konsistent erläuterte Anja im Interview (zwei Tage) nach der Aufführung, dass für sie – bei allem Genuss während der Aufführung in der großen Arena und der Bedeutung dieses alle verbindenden Zieles – die Probenphase als *Weg* zum *Produkt eher* wichtig war, insofern sie sich dabei im harmonisch-einmütigen Massensingen in der Gemeinschaft fallen lassen, *einfach genießen* und *den Moment teilen* konnte.

[756] JM 4, Z.40–53.61–74.

an Großprojekten teilnimmt, um – wie der Chor um Nikola I. – Inspiration und Hilfestellung für eigene Aufführungen zu erhalten und gemeinsam als Gruppe etwas zu erleben, ausschlaggebend zu sein. Der 41-Jährige hat zugleich offenkundig keine Ambitionen, ausschließlich für sich selbst an solchem projekthaften Riesenchorsingen sich zu beteiligen, weshalb er die Gelegenheit, im Rahmen des Kirchentags beim „Pop-Messias" mitzuwirken, ohne Bedauern verstreichen lässt, da sich aus den Reihen Vertrauter niemand fand, der ein geteiltes Erleben als Kleingruppe, die vorher und nachher zuhause in Kontakt steht, ermöglichen würde. Somit ist es erkennbar weder fehlender Mut noch zu geringe Motivation für das in Frage stehende Stück, auch nicht prinzipielle Aversion gegen Großprojekte, die er nur ausnahmsweise mit Bekannten zusammen um derentwillen auf sich nähme, die seiner einzelnen Teilnahme im konkreten Fall entgegen stehen, sondern der grundsätzliche Fokus auf Aktivitäten im Kontext der eigenen Ortsgemeinde, insbesondere auf das Erleben im und mit dem eigenen, auf Dauer angelegten und in verbindlicher Weise Leben miteinander teilenden Chor – in Form von Alltag und Fest, regelmäßigen kleinen Proben wie auch Auftritten und großen Highlights der Mitwirkung an Riesenchorprojekten.

Dem Freundschafts-Typ sind insgesamt drei Probanden zugeordnet, zwei Frauen und ein Mann: Anja B., Elske B. und Jens M..

2.3.5 Der Werbe-Typ

Der Werbe-Typ ist vom Format des christlichen Riesenchorsingens, wie er es bei *Amazing Grace* erlebt hat – zum ersten Mal oder bereits wiederholt –, nicht allein persönlich angetan, sondern hiervon in einem solchen Maße überzeugt, dass er als Multiplikator andere Menschen für weitere ähnliche Projekte gewinnen will.

Dieser Nachhaltigkeits-Typus kann im Einzelnen bei zugeordneten Sängern in überaus verschiedenen Ausformungsvarianten begegnen, etwa in jener, die sich auch als Missions-Typ bezeichnen ließe. Dabei ist allerdings Mission nicht notwendig im Sinne der (engagierten) Weitergabe der (Kern-) Inhalte des christlichen Glaubens zu begreifen, sondern meint vielmehr ein Anteilgebenwollen am beim Massensingen selbst Erfahrenen, das ebenfalls am eigenen Leib zu erleben anderen Menschen empfohlen beziehungsweise ermöglicht werden soll.[757] Deshalb werden, etwa im persönlichen Bekannten- und Freundeskreis, für das nächste Großprojekt aktiv Riesenchorsänger geworben, wie das Beispiel von Gabi S. zeigt:

---

[757] Im konkreten Fall kann dies freilich mit Beständen des christlichen Glaubens in Zusammenhang stehen, muss es aber nicht automatisch, insofern im Format des christlichen Riesenchorsingens gewiss auch losgelöst von Inhaltsfragen Sänger – etwa rein emotional oder körperlich – Positives erleben konnten, woran bei Folgeprojekten ebenfalls Anteil zu erhalten sie anderen Menschen wünschen.

C 2.3 Nachhaltigkeitstypologie 363

	Mhm. U- wie ging's Dir dann denn, gerade wenn Du als Einzelsängerin kamst, also ohne Deinen Chor, hat sich da im Lauf dieser vier, fünf Proben was verändert von Deinem Gefühl in dieser Gruppe oder war des immer gleich?
GS	Nee, also es war (2) es=war (.) irgendwie man ist in die Gruppe reingewachsen (.) es=warn a lauter <u>sehr</u> offene, sehr <u>fröhliche</u>, sehr freundliche Leute. So und man hat so=ein
JK	⌞ ja
GS	<u>gemeinsames</u> Ziel (.) (man=hatte) also man arbeitete ja gemeinsam an diesem Projekt und (.) des war dann scho' (.) ja es=war (.) war ä:hm (.) irgendwie hat ein=<u>Gemeinschafts</u>gefühl gegeben.
JK	J:a (.) und das ist dann mit der Zeit mehr geworden oder hat sich irgendwie (.) entwickelt?
GS	J:a (.) also und dann der Auftritt war natürlich phänomenal! Und auch diese <u>Spannung</u> dann gemeinsam jetzt kurz vor dem Auftritt und so (.) und auch die Hauptprobe war scho' (.) genial!
JK	Aha! J:a äh also hör' ich auch jetzt die Monate später noch die Begeisterung heraus; bist Du dann das nächste Mal gleich wieder dabei, wenn's ne Gelegenheit gibt?
GS	⌞ mhm
	Ja, wenn's a Gelegenheit gibt, also (.) ich denk' mal demnächst „Luther" (.) nächstes Jahr,
JK	⌞ aha
GS	glaub' ich, wird des=sein und ich hab' jetzt auch schon 'n paar <u>Freundinnen</u> erzählt und (.) mal sehen (.) dann werd' ich vielleicht <u>keine</u> Einzelsängerin mehr sein!

[758]

Mag es vordergründig zunächst so wirken, als sollten der 54-Jährigen, die beim Gospel-Musical (noch) als Einzelsängerin mitgewirkt hatte, beim nächsten Projekt die erhofft ebenfalls teilnehmenden Freundinnen die Unbequemlichkeit, allein unter womöglich zunächst wiederum völlig Fremden zu singen, ersparen, so schien es Gabi bei näherer Betrachtung vielmehr doch stärker darum zu gehen, das für sie enorm positive Erleben innerhalb des Großchorprojekts bei nächster Gelegenheit mit anderen, ihr wichtigen Menschen zu teilen, statt eben dies für sich zu behalten, stolz darüber, sich als Einzelne in der Masse Fremder schon einmal behauptet zu haben und beim nächsten Mal abermals *sich* allein *zu trauen*. Damit wurde im Gespräch rund acht Monate nach der Aufführung in der MHP-Arena die Nachhaltigkeit dessen unterstrichen, was Gabi bereits zwei Tage nach dem Projekthöhepunkt und -abschluss ähnlich formuliert hatte:

> „Also ich würd's gern nochmal erleben, ich hab' mir ‚Luther' jetzt wirklich schon auf Termin gelegt! <u>Und</u> vor allem: Ich hab' meiner Freundin erzählt, wie toll des war (.) und vielleicht kann ich die überreden, mit mir mitzugehen <u>und</u> meinem Chor (.) werd' ich's heut' Abend <u>auch</u> erzählen"[759].

Nicht allein, dass Gabi S. offenbar im Abstand mehrerer Monate zum Bühnenfeuerwerk daran festgehalten hat, in ihrem Freundeskreis aktiv zu werben für eine gemeinsame Mitwirkung an einem Folgeprojekt; vielmehr wurde die eine *Freundin* gar zu mehreren *Freundinnen* gesteigert.

Eine weitere, anders akzentuierte Ausprägung des Werbe-Typs, die sich auch als Vermarktungs- oder Franchise-Typ bezeichnen ließe, besteht, in gewisser

---

[758] GS 4, Z.23–42.
[759] GS 3, Z.117–120.

Analogie zu den Wesensmerkmalen des Gewohnheitssängers innerhalb der Produktions-Typologie, in einer abgeklärt-routinierten Haltung zum erlebten Format des projekthaften christlichen Riesenchorsingens. Zugeordnete Sänger sind ebenfalls als Multiplikatoren zu verstehen, die – wie Gabi S. – anderen Menschen Anteil geben wollen an etwas wie *Amazing Grace*, allerdings mit einem gewissen abgeklärt-strategischen Kalkül. Konkret können dies insbesondere Chorleiter wie die zugeordneten beiden Gesprächspartner Jens M. und Nikola I. sein, die ihrem Chor regelmäßig etwas Besonderes *bieten* wollen und – womöglich nicht ausschließlich, noch nicht einmal primär, aber zumindest doch auch – zu diesem Zweck gerne Angebote wie das Gospel-Musical in Anspruch nehmen, um mit überschaubarem Aufwand vergleichsweise hohen Nutzen zu erzielen. Neben dem Beispiel von Jens M. illustriert besonders jenes von Nikola I. diese Ausformung des Werbe-Typs:

> „Also ich finde des wichtig ä:h, dass Chöre die Möglichkeit haben, über den Tellerrand schauen zu können und das können Sie nur, wenn Sie auswärts mal irgend so'n Projekt mitmachen und äh (.) da ist halt mhm ja immer noch'n bisschen die Schwierigkeit, dass Chöre sich, oder zumindest bei uns in der Gegend, äh sich schwer zusammentun, also ich hab schon auch <u>oft</u> Initiative ergreifen wollen, aber (.) irgendwie funktioniert des nicht und dann <u>hab</u> ich ja nicht mehr viel Möglichkeiten wie so Mitmachprojekte (.) um mit dem Chor einfach mal was Anderes einzustudieren, auch vielleicht Stücke, die wir sonst alleine nicht stemmen könnten (.) und ähm deswegen denk ich schon, dass es auch die Zukunftsperspektive sein <u>wird</u>, dass wir (.) mitmachen (.) oder auch mal solche Projekte als Zuhörer besuchen ä:hm was die eigene Aufführung betrifft, da ä:h (.) des braucht natürlich (.) also des <u>zehrt</u> an den Kräften und braucht wahnsinnig viel Energie von von der ja also von unserer Seite als Leiter (.) ä:hm (.) des tu ich mir (.) @wahrscheinlich seltener an aber@ weil jetzt haben wir drei Jahre Pause dazwischen gehabt (.) ähm (.) also der war jetzt heu- dieses Jahr schon grenzwertig, zumal wir ja jetzt auch Jubiläumsjahr von der Musikschule haben und jeden Monat eine größere Veranstaltung hatten (.) des war wahrscheinlich so'n Zusammenwirken aber (.) mhm des ist noch mal ne ganz andere Nummer, wenn Du wenn Du des vor Ort selber aufführst: Du brauchst (.) da wesentlich mehr Energie und ich glaube, dass (.) da hatt' ich zwar viele Helfer ähm aber (.) <u>da</u> werd ich wahrscheinlich doch ä:hm genauer überlegen beim nächsten Mal, ob ich des wirklich (.) erstens Mal ne in drei Jahren wieder was mache (.) und ob überhaupt, weil (.) weil es doch mit sehr viel Stress verbunden ist und <u>ich</u> meine: Was dann im Endeffekt rauskommt, das ist <u>Wahnsinn</u> und Du Du wirst immer noch <u>heute</u> noch angesprochen, ich konnte danach nicht nicht einmal mehr einkaufen gehen, weil weil Du wirklich zwei Schritte machst und dann sofort angesprochen wirst: ‚Mensch, des war so <u>toll</u>!' und und ‚Danke, dass Ihr da seid in unserer Gegend und sowas stemmt!' und ähm (.) des ist <u>schon</u> beeindruckend, aber (.) aber es=ist <u>sehr</u> viel Energie!"[760]

In dieser Interviewsequenz manifestierte sich abermals Nikolas prägende Perspektive der Chorleiterin, die – wohl nicht unähnlich der Managerin eines Unternehmens – eigene Ansprüche oder Ziele klar umreißt, etwa ihrem Chor die Möglichkeit zu geben, *über den Tellerrand zu schauen*, je und dann etwas Besonderes zu erleben und Großprojekte wie *Amazing Grace* als geeignetes Mittel zu deren

---

[760] NI 5, Z.98–133.

Erreichen benennt. Dabei hat sie neben dem potentiellen Nutzen auch die aufzuwendenden Kosten im Blick, nicht zuletzt, dass Solches von ihr als Verantwortlicher *sehr viel Energie* erfordert und insgesamt durch viele *gestemmt* werden muss.

Zugleich grenzte sich die 38-Jährige im gleichen Interview von Projekten wie „Die 10 Gebote" ab, bei dem die Mitglieder ihres Chores sowie sie selbst in Mannheim sich weiland als bloße *Bühne* oder *Kulisse* für das von ihnen abgesonderte Oratoriumsgeschehen und deshalb ausgenutzt gefühlt hätten, während der Einzelne in der Masse *völlig untergegangen* sei. Nicht zuletzt diese Ablehnungshaltung erhellt Nikolas profilierte, erfahrungsgesättigte Einstellung zur Beteiligung ihres Chores an Großprojekten, die das eine – Projekte wie *Amazing Grace* – entschieden bejaht, Anderes wie „Die 10 Gebote" oder „Luther" aber ebenso entschlossen ausschließt. So wirkt Nikola als Chorleiterin inmitten des Wechselspiels aus Angebot und Nachfrage auf dem sich Chören darstellenden Erlebnismarkt christlicher Mitmachprojekte klar orientiert: Sie weiß, was sie für ihren Chor (nicht) will, was dies – insbesondere an Energie und Mühe – kosten darf und wo sie es findet, wozu sie mit ihrem Chor bereit ist und wozu nicht (mehr).

Dem Werbe-Typ sind ein männlicher und zwei weibliche Probanden zugerechnet: Nikola I., Jens M. und Gabi S..

2.3.6 Der Keine Nachhaltigkeit-Typ

Diesen Einzeltypus charakterisiert – im deutlichen Kontrast zu den anderen fünf Typen innerhalb der dritten Typologie – das Fehlen einer langfristig erkennbaren Wirkung, die sich von *Amazing Grace* herkommend und im Alltag als prägende Größe bleibend verstehen ließe. Zugeordneten Sängern waren die beim Gospel-Musical gemachten Erfahrungen, die grundsätzlich positiv, negativ oder neutral konnotiert sein konnten, zwar auch im zeitlichen Abstand durchaus noch erinnerlich als etwas Außeralltägliches; gleichwohl spielten sie im persönlichen (Alltags-) Leben offenbar keine nennenswerte Rolle (mehr). Es war in Korrespondenz hierzu kein Bedauern darüber auszumachen, dass dieses potentiell großartige Erleben bereits Monate zurücklag, nur mehr Geschichte war, verblassende Erinnerung; ebenso wenig zeichnete sich ein vom Musical-Mitgestalten ausgehender markanter Einfluss auf das Denken, Fühlen oder Handeln der beforschten Einzelperson ab.

Ansatzweise greifbar wurde dies – neben allen expliziten Äußerungen – bei den beiden zugeordneten Sängerinnen Elke H. und Katharina M. bereits dadurch, dass – im Unterschied zu so vielen, im Grunde allen anderen Probanden, exemplarisch etwa Janina S. oder Bärbel F. – die zu Beginn des letzten Interviews vorgespielte Audio-Sequenz mitsamt den hierdurch im Moment des Hörens womöglich individuell wachgerufenen inneren Bildern, Klängen et cetera, kein distinktes emotionales oder andersartiges Bewegtsein zu (re-) aktivieren schien und (auch) in dieser Hinsicht keine nachhaltige Wirkung der Musicalprojektbeteiligung zu erkennen war:[761]

JK	S:o, Elke, das war der Ausschnitt. Was fühlst Du im Moment?
EH	(2) Mhm (2) ich bin müde (2) also ähm (.) die Verbindung (zur Musik:spur) <u>krieg</u>' ich nicht.
JK	Okay. Also mir geht's letztlich einfach darum: Ruft's was was <u>wach</u>, was is sind für Emotionen da? Wenn Du das hörst, ist=es für Dich (.) was Besonderes oder überhaupt nich'? Also einfach (.) was löst des bei
EH	⌞ Also <u>Ludwigsburg</u> war für mich nich' ähm (.) aufrührend (2) eher (2)
JK	⌞ okay
EH	<u>anstrengend</u> im Nachhinein.
JK	Aha! (2) Beschreib' des ruhig noch=ein bisschen! Wie kann ich mir des vorstellen? Also anstrengend?
EH	Also, ich hatte keine persönliche Bindung zu de- zu dem Herrn <u>Sauter</u>, der (2) äh zum Schluss auch <u>rausgegangen</u> is ohne (.) ohne ein persönliches <u>Wort</u>, ohne (.) sich zu verabschieden, ohne <u>Kultur</u> (.) j:a, also für mich war (.) Ludwigsburg (2) <u>n:icht</u> beeindruckend!
JK	⌞ aha
EH	Da hab' ich's gelernt, des war (.) Lernen (2) Lernen der (.) Musik, ja. Und eigentlich äh
JK	⌞ okay
EH	berührt (.) hat mich dann schon eher [Musicalstadt].

[762]

Elke H. betonte in diesem ersten Abschnitt des letzten Interviews bereits expressis verbis, dass die Mitwirkung am Gospel-Musical in Ludwigsburg – zumal in direkter Relation zur lokalen kleineren Aufführungsvariante in Musicalstadt – für sie *nicht beeindruckend* war und lieferte sogleich, wenigstens implizit und an anderen Stellen der Gespräche ausführlicher Benanntes andeutend, eine plausible Erklärung hierfür:[763] dass die Motivation ihres Mitwirkens am Projekt, dass das eigentliche Ziel ihrer persönlichen Partizipation mit den heimischen Aufführungen verbunden war, der dortigen musikalischen Leiterin Nikola I. subjektiv eine gänzlich andere Bedeutung zukam als Hans-Martin Sauter, während sie sich in

---

[761] Elkes und Katharinas Interviewaussagen waren vielmehr sehr allgemein gehalten – offenbar mehr von einer grundsätzlichen Einstellung denn konkretem Erleben bei *Amazing Grace* geprägt. Der Vergleichshorizont der 18 anderen Gesprächspartner erwies sich in diesem Zusammenhang als besonders erhellend, insofern etwa im Gespräch mit Bärbel *Gänsehaut* als Spontanreaktion auf die Audio-Sequenz sich dokumentiert findet.

[762] EH 4, Z.9–25.

[763] Da die hier vorgestellte Längsschnittstudie einschließlich der ihre Ergebnisse bündelnden drei Typologien das subjektive Erleben beim Riesenchorsingen in Ludwigsburg zum Gegenstand hat, die Folgeaufführungen in Musicalstadt hingegen nur am Rande miteinbezogen wurden, war auch das auf der Grundlage der geführten Interviews rekonstruierbare Erleben von Elke bei der Beteiligung am Musical in Musicalstadt nur insoweit von Belang, wie es ihre Einstellung zu, ihr Verhalten bei und die (Langzeit-) Wirkung von *Amazing Grace* in Ludwigsburg beleuchten kann. Nicht zuletzt aus diesen programmatischen Überlegungen wurde auf ein Interview mit Elke H. unmittelbar nach der von mir besuchten Aufführung des Gospel-Musicals in Musicalstadt verzichtet, während das mit Klaus B. spontan zustande kam und für jenes mit Nikola I. deren besondere Rolle beziehungsweise Perspektive der lokalen Chor- und musikalischen Gesamtleiterin den Ausschlag gegeben hatte.

Ludwigsburg an den erhobenen Gebühren stieß, den Veranstaltern hinsichtlich der Übertragung des tatsächlichen Gesangs misstraute et cetera. Diese Haltung und das sie zum Ausdruck bringende tatsächliche Verhalten – bis hin zur partiellen Totalverweigerung des Mitsingens – beim Singen in Ludwigsburg kann für Elke und ihr Erleben wohl als eine Art hermeneutischer Schüssel gelten, der aufschließt, warum für sie das Musicalprojekt in Ludwigsburg eine weitgehend neutral bis tendenziell sogar negativ konnotierte Erfahrung wurde und warum es – losgelöst von aller Kritik und ihrem Missfallen an dort Erlebtem – keine langfristig-nachhaltige Wirkung zeitigte, während dies beim gleichen Musical in Musicalstadt offenbar grundlegend anders sich verhielt. Die Beteiligung am Ludwigsburger Projekt war für sie offenbar Mittel zum Zweck des Erlernens, der technischen Aneignung, der Inspiration für die Chorleiterin Nikola I., während das *kleinräumigere*, beziehungsstärkende Lokale in Musicalstadt das eigentliche Erlebnis ermöglichte, verglichen mit dem Ludwigsburg lediglich als eine Art anstrengendes Trainingslager oder sogar Negativfolie zu stehen kommt.

Auch bei Katharina M. ist gänzlich plausibel nachvollziehbar, auf Grund (insbesondere) welcher Faktoren das Ludwigsburger Musicalprojekt mitsamt der Aufführung in der MHP-Arena als abschließendem Höhepunkt offenkundig keine nachhaltige Wirkung bei der Schülerin entfaltet hat, wiewohl – anders als bei Elke – weder eine zweite Aufführung(sreihe) als eigentliches persönliches Ziel dieses überlagert noch eine kritisch-distanzierte persönliche Grundhaltung das Potential positiven und langfristigen Erlebens beschnitten hätte. Vielmehr scheint es am extrem späten Einstieg in das Projekt gelegen zu haben, dass Katharina erst am 2. November, nur eine Woche vor dem Musicalfeuerwerk, sich praktisch dem Projektchor anschloss, somit weder den vergleichsweise langen zeitlichen Vorlauf der allermeisten anderen Sänger ab Juli hatte, noch eine ausgeprägte Gelegenheit sich steigernder – oder auch nur irgendwie verändernder – Erlebnisintensität im Projektverlauf bezogen auf die Gemeinschaft, das Stück, oder den eigenen – von Impulsen des Musicals respektive der Proben daran beeinflussten – Alltag. Während etwa Anja B. über die Monate hinweg erlebte, dass und wie ihre geistlich-spirituell-konfessionelle Suche konstruktiv von aus dem Mitsingen beim Gospel-Musical ausgehenden Impulsen begleitet und befördert wurde, Janina S. eine sich intensivierende Gemeinschaft – bis schließlich bei der Aufführung sie den Projektchor *fast wie eine Person* empfand – und Gerhard S. ein Anwachsen seiner musikalischen Sicherheit genoss, folgten für Katharina auf ihre erste Probe – bei der für ihr subjektives Erleben im Menschenmeer gewiss eine Rolle spielte, dass die anderen Projektchormitglieder schon mehrfach zusammen gesungen hatten, daher miteinander, mit dem Stück, dem Probenmodus, den choreographischen Besonderheiten et cetera, längst vertraut waren – sieben Tage später bereits Generalprobe und Aufführung. Waren es für alle 19 anderen Probanden – unabhängig vom jeweiligen Erleben – vier Monate der (auch) in Gemeinschaft stattfindenden Vorbereitung, die in der MHP-Arena im Höhepunkt und Ziel des Projekts gipfelten, spielte sich für Katharina alles binnen acht Tagen ab.[764]

Entsprechend ist es nicht verwunderlich, dass Katharinas Beschreibungen ihres Erlebens in summa ausgesprochen abstrakt ausfielen, mehr von generellen Einstellungen und früheren Erfahrungen beim Chorsingen zu zeugen schienen als vom konkreten Ergehen bei *Amazing Grace*; auch nicht, dass die Abiturientin hernach offenkundig sehr rasch wieder zur Tagesordnung überging und dies rückblickend rationalisierend damit begründete, gar keine Zeit für Nachwirkungen des Musicals gehabt zu haben:

	Dann würde mich noch interessieren: Wie ging's denn Dir nach der Aufführung jetzt in den Folgetagen? Jetzt=ist=ja schon Freitag, also fast ne Woche ist=es her (.) ähm war da irgendwie ne Veränderung spürbar oder=ähm war des einfach abgehakt und jetzt geht die Woche wieder los?
KM	Eher abgehakt und die Woche geht los, weil ich ne ziemlich stressige Woche hatte @(.)@
JK	Jawoll (2) also da warst Du nicht im „Flow" bis bis jetzt und schwebst noch irgendwo?
KM	Nee, des @ging leider nich' (.)@
JK	Jawoll. War das an dem Abend selber so, also das da jetzt irgendwie (.) Du ganz emotional aufgewühlt rausgegangen bist und (.) dann die Woche schlagartig kam oder (.) w:ar das einfach ein Programmpunkt, wie Andere ins Kino gehen?
KM	M:hm so halb-halb, zum einen schon, dass es irgendwie bisschen was ausgelöst hat (.) zum anderen muss ich sagen, ging's mir irgendwie nach anderen Aufführungen schon so, dass ich irgendwie mehr aufgedreht war.

[765]

Diese Beschreibung bildete einen Maximalkontrast zu solchen jener anderen Interviewpartner, die in den Tagen nach dem Projekthöhepunkt massive Nachwirkungen bis hin zu einem veränderten Schlafrhythmus spürten und auch noch im Abstand mehrerer Monate merklich weit über den Tag hinaus beeindruckt wie geprägt waren vom Erlebten, wie besonders anschaulich am Beispiel von Bärbel F. zu beobachten. Für diese Sänger war es offensichtlich keine Option, (nur) bei ausreichenden persönlichen Kapazitäten und terminlichen Freiheiten das beim Gospel-Musical Erlebte als Folge einer bewussten Entscheidung über den Abend der Aufführung hinaus im persönlichen Alltag zur Entfaltung kommen zu lassen, oder dies mangels gegenwärtiger Ressourcen zu unterlassen, wie diese Alternative Katharina zur abwägenden Wahl gestanden zu haben in ihren Ausführungen anmutet. Vielmehr brach insbesondere die feuerwerksartige Aufführung als Höhepunkt des mehrmonatigen Musicalprojekts gewaltig ein ins Leben der nachhaltig Begeisterten, erfüllte sie – buchstäblich Tag und Nacht – mindestens noch für Tage (und Nächte).

---

[764] Freilich mag sie im Vorfeld allein oder zusammen mit ihrer Mutter sich mit *Amazing Grace* übend vertraut gemacht haben; die – für sie erstmalige – praktische Erfahrung, Teil eines solchen Riesenchores zu sein und das Stück in demselben zu singen, machte Katharina aber erst am respektive ab dem 2. November.

[765] KM 3, Z.58–70.

C 2.4 Die Rolle des musikalischen Leiters   369

Für den Keine Nachhaltigkeit-Typ als Idealtypus ist in all dem die Unterscheidung von Erfahrung, Erinnerung und Langzeitwirkung von Bedeutung, ohne dass hier allzu spitzfindig auf einer rein semantischen Ebene differenziert werden soll. Denn auch die ihm zugeordneten beiden Sängerinnen haben – mindestens potentiell – durchaus intensiv erlebt beim Ludwigsburger Gospel-Musical, das nicht einfach spurlos an ihnen vorübergezogen wäre. Auch haben sie offenkundig darüber reflektiert, so dass Erfahrung, Erinnerung und Erlebnishintergrund aus dem wurden, was sie subjektiv im Augenblick präsentativ erlebt haben. Aus der Distanz mehrerer Monate war *Amazing Grace* ebenfalls nicht einfach völlig irrelevant für sie, als hätte es nie stattgefunden beziehungsweise als wären sie selbst nicht (mitgestaltend) dabei gewesen. Aber – und dies ist der entscheidende Unterschied zu anderen Probanden – langfristige Auswirkungen auf Denken, Fühlen und Handeln, also insonderheit auf Lebensführung, Einstellungen und Emotionen, waren bei ihnen relativ blass ausgebildet, verglichen mit den anderen 18 Gesprächspartnern allenfalls in Ansätzen erkennbar; deshalb ist mit der Zuordnung der beiden Sängerinnen zum Keine Nachhaltigkeit-Typ keineswegs impliziert, dass *Amazing Grace* in Ludwigsburg für sie völlig ohne Langzeitfolgen geblieben wäre, sondern lediglich ausgesagt, dass diese in Intensität und Prägekraft nicht vergleichbar waren mit den anderen Erscheinungsweisen langfristiger Auswirkungen, wie diese in der Nachhaltigkeits-Typologie erfasst sind. Dadurch ist der Keine Nachhaltigkeit-Typ zur adäquaten Einordnung besonders stark vor dem Vergleichshorizont anderer Nachhaltigkeitstypen und in Relation hierzu zu begreifen.

Dem Keine Nachhaltigkeit-Typ sind die beiden Sängerinnen Elke H. und Katharina M. zugeordnet.

2.4 Ein Musical und seine Schlüsselfigur: Die Rolle des musikalischen Leiters Hans-Martin Sauter

Wie in den Interviewgesprächen regelmäßig expliziert worden und bei der Vorstellung der Promi-Sängerin (s. Kapitel C 2.1.3) bereits angeklungen ist, hat der musikalische Leiter der Aufführung von *Amazing Grace* in Ludwigsburg mindestens für einen Gutteil der beforschten Sänger eine nicht zu unterschätzende, als wesentlicher Faktor für ihr subjektives Erleben gar eine Schlüsselrolle gespielt. So war der charismatische Dirigent Hans-Martin Sauter bereits vor Projektbeginn mitunter wesentlicher Motivationsquell für Einzelne, überhaupt mitzuwirken; aber auch im Verlauf der Vorbereitungen auf das Bühnenfeuerwerk kam seinem Engagement, seinem Enthusiasmus und seiner Leitung(skompetenz) elementare Bedeutung zu. Anhand einer Übersicht zum rekonstruierten Verhältnis der einzelnen Sample-Sänger zu ihrem Projektchorleiter soll seine Rolle deshalb zunächst grafisch veranschaulicht, sodann näher untersucht werden:

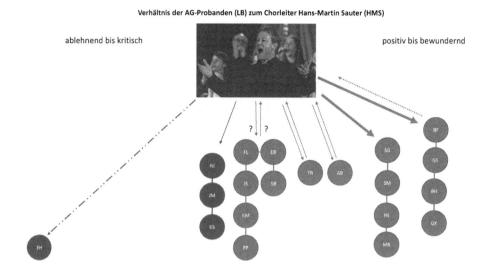

Abbildung 26: Verhältnis der 20 Interviewpartner zum Ludwigsburger Projektchorleiter; Bildrechte enthaltene Fotografie: Hans-Martin Sauter[766]

In aller unvermeidlichen Vergröberung einer solchen Darstellung soll die Übersicht illustrieren, in welchem Verhältnis die einzelnen beforschten Projektchormitglieder zum musikalischen Leiter standen. Im Falle des mit Fragezeichen gekennzeichneten Mittelfeldes war trotz intensiver Bemühungen anhand des vorhandenen Forschungsmaterials keine klare Zuordnung möglich, weder kritisch noch positiv, weshalb die Mitte als neutraler Zwischenraum gewählt wurde.[767] Die Pfeilstärke und -richtung beschreibt das Kommunikationsgeschehen: wieviel des vom Chorleiter in Richtung der Sänger Kommunizierten dort erkennbar (nicht) ankam und wie stark Gesprächspartner umgekehrt um aktive Kommunikation mit ihrem Projektchorleiter bemüht zu sein schienen.

---

[766] Das in der Grafik verwendete Foto wurde von Hans-Martin Sauter zum Gebrauch und zur Veröffentlichung in dieser Studie zur Verfügung gestellt.

[767] Zwar mag es ebenso plausibel wie angemessen erscheinen, alternativ zu dieser Mittelfeld-Variante das Ausbleiben expliziter Kritik am Chorleiter – insbesondere vor dem Vergleichshorizont der überwiegend ausgesprochen positiven, teils geradezu euphorischen Äußerungen anderer Interviewpartner zu Sauter – im Rahmen der mehreren geführten Interviews als positive Tendenz zu interpretieren und die sechs im Mittelfeld verorteten Probanden entsprechend der „grünen Seite" zuzurechnen. Dies verließe allerdings den Boden des durch empirische Befunde Begründeten und soll deshalb als spekulativ unterbleiben.

C 2.4 Die Rolle des musikalischen Leiters

Ohne dass dezidiert danach gefragt worden wäre, haben Probanden an zahlreichen Stellen ihre Haltung zu Hans-Martin Sauter beschrieben, überwiegend im Sinne großer bis größter Wertschätzung; so etwa Bärbel F.:[768]

> „[…] dieses Miteinander dieser d- also auch der Hans-Martin, wie der einen (.) mitreißt, wie der einen (.) den könnst' den könnst' runter rennen und in den Arm nehmen, gell? Des ist so unglaublich, was der uns gibt (.) was der ich weiß (.) doch äh (.) also es hat sich v- (.) es ist viel mehr=geworden als ich erwartet hab', sagen=wir mal so."[769]

Neben solchen expliziten Sympathie- wie Hochachtungsbekundungen zeigte sich das starke Charisma des Chorleiters nicht zuletzt darin ganz praktisch, dass etwa Bärbel F. und Brigitte H. sich während *Amazing Grace* dem Friedenskirchen-Saisonchor „Voices of Peace" angeschlossen und im Anschluss an die Projektwochen mindestens in Erwägung gezogen haben, die Beteiligung an ihrem anderen festen Chor, dem sie bereits vor dem Gospel-Musical angehört hatten, zugunsten von „Voices of Peace" zu beenden. Bärbel F. hatte diesen Schritt beim letzten Interview offenbar bereits vollzogen, während Brigitte noch mit sich zu ringen schien.

In meinem Feldtagebuch finden sich die starke Ausstrahlung und das gewinnende Wesen des Dirigenten ebenfalls dokumentiert; die dort im Kontext der Einzelsängerprobe beschriebene Disziplin, die gepaart mit *Lockerheit* und Humor Sauters Leitungsstil prägte, begegnete auch in ungezählten Interviewpassagen, die seine *unheimlich schöne, mitreißende Ausstrahlung* rühmen, das *zielgerichtete* und *humorvolle* Arbeiten, dass er *es* insgesamt *klasse macht* und *alle einbindet*. Solche Begeisterung von Eigenschaften und Arbeitsweise des Chorleiters bildete unter den Probanden den Normalfall; vereinzelt konnte sie sich sogar noch zuspitzen, so dass etwa Bärbel F. in der Pause der Einzelsängerprobe erklärte:[770]

JK	Jawoll! Sonst noch irgendwas, was Dir einfällt, was Du noch (.) loswerden willst?
BF	∟ mhm ∟ Also ich werd' ich werd' sicher (.) ganz viel in in seiner Nähe (.) mich aufhalten, also chor:mäßig und auch projektmäßig
JK	∟ beim Hans-Martin?
BF	ja, absolut! Wir werden auch in dem Projektchor hier bleiben (.) weil=er einfach so=eine
JK	∟ ah=ja
BF	unwahrscheinlich nette Art hat und auch am Schluss noch was erzählt und und=was betet, des find' ich auch so (.) unheimlich schön, also des erlebt man sonst auch net, gell? Dass des auch noch so 'n bisschen mit reinspielt find' ich toll, weil's praktisch auch 'n
JK	∟ jawoll
BF	schönen Heimweg (.) beschert dadurch noch, gell? Des ist (.) find' ich herrlich.

---

[768] Während mehrere Probanden sich gar nicht, wenig, oder hinsichtlich ihrer Einstellung zum Chorleiter wenig aussagekräftig geäußert haben, übte die deutlichste Kritik Elke H.. Daneben finden sich im Interviewmaterial etliche positive bis geradezu joviale Ausführungen zu Hans-Martin Sauter, seinen Qualitäten und Verdiensten, insbesondere in den Gesprächen mit Anja B., Gabi S., Bärbel F., Brigitte H., Gabi K., Michael R., Gerhard S., Hilderose S. und Susanna M..

[769] BF 4, Z.134–137.

[770] BF 2, Z.91–101.

Die 55-Jährige, die mit dem Musicalprojekt sich auch dem von Sauter geleiteten Friedenskirchensaisonchor – in Zeile 95 als *Projektchor* bezeichnet – anschloss, zeigte sich also derart von der Art des Chorleiters angetan, dass die Beziehung zu ihm offenbar Priorität vor den gesungenen Stücken oder musikalischen Zukunftsplänen hatte. Sich *in seiner Nähe aufhalten* zu wollen knüpfte Bärbel nicht erkennbar an Bedingungen, sondern verschrieb sich gewissermaßen pauschal den künftigen Projektchören ebenso wie dem (relativ) kontinuierlichen Saisonchor, begeistert von der charismatischen Leitungsfigur beider Bereiche. Dieser Grundhaltung korrespondierte nicht allein, dass die Sängerin nach Abschluss von *Amazing Grace* tatsächlich beim Saisonchor „Voices of Peace" blieb und ihr Engagement in einem anderen Chor, der ebenfalls dienstags probt, dafür beendete, sondern auch ihre offenbar geradezu selbstverständliche Mitwirkung am ebenfalls von Sauter geleiteten Projekt „Pop-Messias" bei sogar mehreren Aufführungen, womit Bärbel aus den Reihen der Probanden herausragte.[771]

Während an Bärbels Beispiel gut sichtbar ist, wie die Begeisterung für Stil, Arbeitsweise und charismatische Persönlichkeit des Chorleiters sich genusssteigernd und beflügelnd auf subjektives Erleben im Riesenchorsingen auswirken konnte, zeigt auf der anderen Seite des Spektrums jenes von Elke H., wie eine fehlende *Verbindung* hierfür ebenfalls nicht ohne Folgen blieb. Somit unterstreichen die Rekonstruktionen für beide Probandinnen, stellvertretend für die Bandbreite der oben grafisch dargestellten Ausformungen des individuellen Verhältnisses zwischen einzelnem Sänger und Chorleiter, dass Hans-Martin Sauter eine Schlüsselrolle für das individuelle Erleben beim Massensingen im Kontext von *Amazing Grace* zukam.

2.5 Ein Musical verändert: Individuelle Entwicklungen während und im Nachgang des Projekts

Zur großen Vielfalt der Beobachtungen im Rahmen der Längsschnittstudie zu *Amazing Grace* gehört, dass sich bei einzelnen Gesprächspartnern besonders augenfällige Entwicklungen beziehungsweise Veränderungen zeigten, die exemplarisch zu beleuchten für den Forschungsgegenstand erhellend sein dürfte. Freilich kann auf der Grundlage des erhobenen und analysierten Forschungsmaterials zunächst ganz grundsätzlich konstatiert werden, dass die Mitwirkung am mehrmonatigen Musicalprojekt mit seinem extraordinären Höhepunkt in der MHP-Arena gewiss keinen Beteiligten unberührt und ergo unverändert gelassen hat, wie selbst besonders gelagerte Beispiele wie jenes von Katharina M. mit ihrem überaus späten Projekteinstieg – nur eine Woche vor der Aufführung – bestätigten; mag dort

---

[771] Außer ihr beteiligten sich noch Gabi K., Frauke L., Tanja R. und Kathrin S. an einer oder mehreren Aufführungen des „Pop-Messias".

C 2.5 Individuelle Entwicklungen

auch – zumal im Vergleich mit anderen Probanden – eine nachhaltige Wirkung ausgeblieben sein, so lässt sich doch mit Bestimmtheit sagen, dass die Erfahrungen beim Riesenchorsingen Einfluss genommen haben auf Denken, Fühlen und Handeln der jungen Frau, wenn auch nicht weit über die Projektdauer hinaus messbar.[772]

Entsprechend ließen sich gewiss für jeden der 20 Interviewpartner Aspekte anführen, welche eine Entwicklung, Veränderung oder Beeinflussung der Projektmitwirkung auf sein Leben andeuten oder gar belegen: indem sich die Einstellung zum christlichen Glauben oder zum Alltag verändert hat (etwa bei Tanja R. oder Brigitte H.), indem das Singen im Riesenchor als wohltuendes Refugium für gegenwärtige und zu erwartende persönliche Herausforderungen Kraft spendend zurüstete (etwa bei Hilderose S.), indem nach anfänglicher großer Enttäuschung über den Musikstil der *Appetit* doch noch *mit dem Essen kam* und die gleiche Musik dem Sänger zu gefallen begann (etwa bei Michael R., s. Kapitel C 2.2.3) et cetera. In diesem Kapitel soll indes nur eine Auswahl von vier besonders markanten Beispielen vorgestellt werden.

2.5.1 Anja B.: Das Musical als Wegbegleiter auf geistlich-spiritueller Reise

Bei Anja B. schien an etlichen Stellen der geführten Interviews auf, dass und wie stark ihr Erleben beim Gospel-Musical – in der Probenphase, beim Aufführungshöhepunkt, aber auch in der Nachwirkung – Einfluss nahm auf ihren Lebensweg, insbesondere in theologischer und spiritueller Hinsicht. Nicht, dass allein *Amazing Grace* bei der jungen Frau erkennbar zu grundstürzenden Veränderungen geführt hätte; aber ihre Projektpartizipation hatte, wie im Kapitel C 1.3.2.1 bereits angesprochen, gleichwohl doch nicht zu unterschätzende orientierende, bestärkende und bestätigende Funktionen für die Kulturmanagerin, indem sich die mit der Projektbeteiligung verbundenen Erfahrungen einfügten in die spirituelle Wegfindung und ihr Prioritäten identifizieren halfen für – nach Umzug aus der Region Stuttgart in eine ostdeutsche Großstadt – das Leben am neuen Wohnort, für die Erziehung ihres Neugeborenen et cetera. So kann die Mitwirkung am Musical als eine Art Selbsterfahrung gewertet werden, die Anja mehr über sich selbst erkennen ließ, mit Auswirkungen auf das Alltagsleben, die Kindererziehung und die

---

[772] Hierbei spielte freilich das Prinzip der komparativen Analyse eine gewichtige Rolle. Denn selbst die Zuordnung der Sängerin Katharina M. in den Keine Nachhaltigkeit-Typ stellt nicht in Abrede, dass auch für die Schülerin die Musicalbeteiligung eine Wirkung über den Tag hinaus hatte, als (positive) Erfahrung mitsamt entsprechenden Erinnerungen Teil ihrer (Chor-) Biographie bleibt und es keineswegs so ist, als hätte sie dies nicht erlebt. Aber – und dies gab den Ausschlag – angesichts des Vergleichshorizonts der 20 Sample-Sänger insgesamt war die langfristige Wirkung der Projektbeteiligung bei ihr keine auffällige, keine wie jene der allermeisten anderen Gesprächspartner klar identifizierbare (s. Kapitel C 2.3.6).

grundsätzliche Lebensgestaltung wie -planung. Als keineswegs einziger, aber gewiss doch gewichtiger Faktor, spielte *Amazing Grace* somit mindestens auf ihrem Glaubensweg hin zum Wiedereintritt beziehungsweise zur Neuaufnahme in die evangelische Kirche, für die Bewältigung der nicht zuletzt emotionalen Herausforderungen in der Schwangerschaft und für die Selbstfindung in der neuen Lebensphase für Anja eine prägende, Veränderungen anstoßende und biografiebegleitende Rolle.

Zu den in Interviews artikulierten Erträgen der Projektbeteiligung gehörte für die junge Frau insbesondere die Erkenntnis, sich langfristig intensivere Weggemeinschaft, auch hinsichtlich der mit anderen Christen geteilten Glaubenspraxis, zu wünschen, als im überwiegend anonymen Riesenchor – und hierin allenfalls vereinzelt und zeitlich begrenzt – erlebbar; danach am neuen Wohnort zu suchen hat sie, die dem Freundschafts-Typ zugeordnet ist, sich im Nachgang des Musicalprojekts als praktische Konsequenz vorgenommen.

2.5.2 Gabi S.: Von der Pionierin zur Multiplikatorin

Eine substantiell anders akzentuierte Entwicklung ließ sich bei Gabi S. beobachten, die sich ohne Vorerfahrung im Bereich des Riesenchorsingens als Einzelsängerin – „ganz allein auf weiter Flur"[773], wie sie in jedem Interview betonte – trotz aller Unwägbarkeiten entschlossen auf dieses Abenteuer eingelassen hatte; in der Folge hat sie sich nicht allein behauptet, sondern im Projektverlauf geradezu ein Erfolgserlebnis gehabt und konnte schließlich triumphierend im Rückblick festhalten: „Ich hab' mich getraut!"[774] Somit veränderte sich die Situation für sie grundlegend, von anfänglicher Unsicherheit und tastendem Sich-Vorwagen ins Unbekannte über wachsende Vertrautheit mit Personen und Modus bis dahin, dass Gabi nach *Amazing Grace* plante, bei „Luther" ebenfalls selbst mitzuwirken und zum Zeitpunkt des letzten Interviews außerdem als Multiplikatorin bereits Freundinnen zur Mitwirkung zu gewinnen versucht hatte. Somit war das Gospel-Musical auch für sie Gelegenheit zur Selbsterfahrung mit positiver verändernder Wirkung:

> „[…] ich wollt' des einfach mal erleben, wie des ist, wenn man Teil eines großen Ganzen ist. Ich (.) hab' mich auch bissle überwinden müssen (.) alleine hinzugehen, aber ich wollt' mich mal austesten (.) und hab' mich dann gut gefühlt (.) da- darin sind meine Erwartungen auf alle Fälle bestätigt worden: sehr nette Leute, offene Leute (.) ä:hm herzlich auch (.) also ich hab' mich nicht unwohl gefühlt (.) und auch diese Professionalität von der Aufführung (2) hätt' ich nicht erwartet. Da war ich sehr (.) sehr positiv überrascht"[775].

---

[773] GS 4, Z.20–21.
[774] GS 4, Z.89.
[775] GS 3, Z.43–51.

2.5.3 Jens M.: Von Rollen-Routine zu persönlicher Inspiration

Wiederum anders gestaltete sich die Veränderung bei Jens M., der als Gewohnheitssänger und Chorleiter offenbar mit einer abgeklärt-routinierten Grundhaltung ins Musical startete, wohl ohne mit einer besonderen Wirkung der Musik und des Musicalinhalts auf sich persönlich zu rechnen; vielmehr bezogen sich seine (bewussten) Erwartungen auf die Stärkung der Gemeinschaft innerhalb seines Jugendgospelchores sowie die Aufführung in der eigenen Kirchengemeinde. Umso auffälliger war entsprechend, wie intensiv einzelne Aspekte des Stückes – dass John Newton in seinem Leben von mehreren Dimensionen erfahrener Gnade getragen wurde et cetera – und im Projektverlauf wie auch -nachgang mit der Partizipation in Zusammenhang stehendes Erlebtes den 41-Jährigen persönlich berührt und insbesondere seine Einstellung zu den Jugendlichen und zur Chorarbeit beeinflusst haben.

2.5.4 Michael R.: Wenn geistliche Impulse Langzeitwirkung zeigen

Anhand des Beispiels von Michael R. lässt sich abschließend die – auch bei anderen Interviewpartnern beobachtbare – Verzahnung von Projektmitwirkung und Alltagsleben einschließlich des geistlichen Lebens und Nachdenkens veranschaulichen. Bereits vor der Auftaktprobe hatte sich der 54-Jährige offenbar mit dem Inhalt des Gospel-Musicals auseinandergesetzt, was sich während der Projektwochen – Michael fuhr rund 80 Kilometer zur freiwilligen Dienstagsprobe in Ergänzung der Großproben – parallel zur gewissenhaften Arbeit an *Amazing Grace* fortsetzte und über die Aufführung hinaus andauerte. Die Mischung aus kognitiver Beschäftigung mit dem Inhalt des Gospel-Musicals, die erlebte Überwältigung beim Massensingen – am stärksten in der MHP-Arena beim Projekthöhepunkt – und die anschließende vertiefende Befassung mit der Biographie Newtons, der Michael zum Vorbild wurde, blieb offenbar nicht ohne Folgen für Denken, Fühlen und (Glaubens-) Handeln des Sängers. Somit zeitigte die Projektbeteiligung letztlich (auch) im Leben von Michael eine nicht zu unterschätzende verändernde Wirkung.

Diese vier Beispiele sollen genügen, um die erkennbaren substantiellen individuellen Entwicklungen bei Einzelnen im Verlauf und Nachgang des Musicalprojektes exemplarisch zu illustrieren.

2.6 Ein Musical lässt zusammenwachsen: Der Projektchor als Gemeinschaft

Während der Forschungsgegenstand dieser Studie zum (inter-) subjektiven Erleben beim Singen in christlichen Riesenchorprojekten per definitionem durchgehend mit der Dimension zwischenmenschlicher Gemeinschaft verknüpft ist und jeweils mehr oder minder erkennbar zum Tragen kommt, soll in diesem Kapitel – ohne bereits Gesagtes oder noch zu Sagendes lediglich ein weiteres Mal zu präsentieren – der Blick gezielt darauf gerichtet werden, was im Zuge der empirischen Forschung zu *Amazing Grace* an diesbezüglich relevanten Faktoren und Aspekten beobachtet werden konnte.

Die Entwicklung des Miteinanders, dass anfänglich Fremde mit der Zeit zu einer Gemeinschaft wurden, hat Janina S. nach der Aufführung anschaulich beschrieben.[776] In ihren Ausführungen findet sich ein Maximalkontrast, die beiden Pole eines Spektrums, anhand dessen die 26-Jährige ihr individuelles Erleben nachzeichnete. Allein, als Einzelsängerin, hatte sie sich trotz Verunsicherung unter die rund 700 Fremden gewagt, wuchs im Verlauf des *zusammenschweißenden* Musicalprojekts daraufhin mit den anderen Sängern zusammen – mögen diese ihr auch überwiegend fremd geblieben sein – und erlebte zuletzt schließlich eine Gemeinschaft, die einer *großen Familie* glich und eine *komplette Einheit* formte. In ihrer Beschreibung steht damit die verunsicherte Einzelsängerin zu Projektbeginn der völligen Gemeinschaft der *fast wie eine Person* harmonisch agierenden Gruppe bei der Aufführung am Projektende gegenüber.

Die Ansammlung der Einzelnen verband demnach zunächst nur der *gleiche Wille*, über die Monate wich dieser kognitiv-rationale Verbindungsfaktor zunehmend den emotionalen und (handlungs-) praktischen. Selbst als Einzelsänger am Projekt beteiligt – wiewohl durch die Sonderrolle des Feldforschers deutlich von Janinas Part unterschieden – ging es mir bezogen auf das Miteinander in weiten Teilen ähnlich;[777] das in ihrer Beschreibung aufscheinende emotionale Erleben

---

[776] Vgl. JS 3, Z.35–50 (zitiert in C 2.2.2).
[777] Einzelsänger hatten wohl zwar grundsätzlich eine andere Ausgangsposition als etwa mit einer Freundin oder ihrem (gesamten) Chor am Projekt Teilnehmende, von weiter her Angereiste eine andere als zur Friedenskirche beziehungsweise deren Saisonchor „Voices of Peace" Gehörende und so weiter, doch zeigte die Analyse der Interviews, wie individuell das Erleben einzelner Beteiligter letztlich gleichwohl war, so dass eine kategorische Unterscheidung nach „Einzelsänger" – „mit Freundin teilnehmend" – „mit Chor teilnehmend" – et cetera der erhobenen Komplexität nicht gerecht würde. Entsprechend wurde darauf verzichtet. Hier seien zur Illustration nur schlaglichtartig die Beispiele von Bärbel F., Elke H., Elske B., Frauke L., Nikola I. und Gerhard S. genannt, anhand derer rasch deutlich wird, dass etwa die Teilnahme mit Bekannten oder dem eigenen Chor das subjektive Erleben hinsichtlich der Gemeinschaftsdimension zwar gewiss beeinflusst, aber keineswegs automatisch grundlegend von jenem von Einzelsängern beschriebenen unterschieden hat.

C 2.6 Der Projektchor als Gemeinschaft

der Verbundenheit mit den anderen Sängern bei der Aufführung findet sich auch in meinem Beobachtungsprotokoll zum Großereignis in der MHP-Arena.

Wie stark in ihrem, meinem oder dem Berichten Dritter über solches Gemeinschaftserleben benannte Faktoren – hier *gleicher Wille, großartige Gefühle* der Mitwirkung am *gewaltigen Gesamtklang* et cetera – Rationalisierungen darstellen, die – zurecht oder zu Unrecht – einen (Kausal-) Zusammenhang für das emotional Erlebte zu identifizieren oder das diskursiv kaum Artikulierbare, aber präsentativ doch so deutlich Wahrgenommene, anderswie bestmöglich zu fassen versuchen, wird sich kaum zuverlässig eruieren lassen. Wichtig aber ist in jedem Fall die emotionale Komponente: das individuelle und offenbar intersubjektive Spüren, mit (den) anderen Sängern – zudem auch den Musikern, den Schauspielern und so fort – verbunden, ja *zusammengeschweißt* zu sein als eingeschworene Gemeinschaft mit einem alle verbindenden Ziel, einer gemeinsamen Aufgabe und als Akteure eines großartigen Ganzen.

Wiewohl die folgenden Beobachtungen gewiss keine starren Kausalitäten behaupten sollen – im Sinne einer Haltung wie „Weil Faktor X gegeben war, musste ein Gemeinschaftsgefühl entstehen!" – ist zugleich doch vor dem Hintergrund des in Interviews Ausgesagten sowie des von mir als Feldforscher eigenleiblich Erlebten einiges festzuhalten, was für die bei *Amazing Grace* festgestellte Gemeinschaftsbildung zweifellos fundamentale Bedeutung hatte beziehungsweise ihr förderlich war.[778] Dabei wird, im Sinne fokussierter Begrenzung, von besonders prägenden Aspekten zu handeln sein. Weniger zentrale wie etwa jener, dass, wie in einzelnen Interviews aufschien, der Standort des einzelnen Sängers im Kirchenraum für sein Erleben in der Gruppe und damit verbunden auch sein Gemeinschaftsgefühl mitunter nicht unerheblich war, werden hierbei nicht näher berücksichtigt werden können.

Eingangs sei bereits darauf hingewiesen, dass dem Konzept der *Vergemeinschaftung* nach Max Weber (s. Kapitel A 1.2.2.1) für das von Gesprächspartnern hinsichtlich der Projektchorgruppe insgesamt oder in Bezug auf einzelne andere Mitglieder beschriebene Erleben, insbesondere für artikulierte Gefühle von Zugehörigkeit und Verbundenheit, aus meiner Sicht hohe hermeneutische Bedeutung zukommt. Zugleich spielen im Sinne der von Weber skizzierten, im praktischen Leben vorfindlichen Verschränkung von *Vergemeinschaftung* und *Vergesellschaftung* auch handfeste, die Riesenchorsänger untereinander verbindende *Interessen*, eine erhebliche Rolle; dazu gehört das im Folgenden zu erläuternde geteilte Ziel der Musicalaufführung, für welches jeder Einzelsänger die große Menschenmenge brauchte.

---

[778] Alternativ ließen sich die nachfolgenden Faktoren auch als solche der Gemeinschaftsgefühlssteigerung, als Vergemeinschaftungskatalysatoren oder dergleichen bezeichnen. Das stattdessen gewählte schlichtere Wort sollte indes die gleiche Aussagekraft besitzen.

2.6.1 Gemeinschaftsförderung durch ein verbindendes Ziel

Während, wie oben gezeigt (s. Kapitel C 1.3.1 und C 1.3.2), die Motivation bei einzelnen Mitwirkenden durchaus unterschiedlich akzentuiert und individuell ausgeprägt sein konnte, verband doch alle Beteiligten das definierte gemeinsame Projektziel, was insbesondere die Gruppe aus den rund 700 Projektchorsängern, dem Dirigenten, den Mitgliedern des LaKi-Popchores, den an den Proben in der Friedenskirche beteiligten Musikern und Mitarbeitern der Creativen Kirche faktisch zu einer Handlungs- und Zielgemeinschaft gemacht hat.[779] Dies bildete – ohne dass in diesem Abschnitt der direkte Vergleich beider Riesenchorformate größeren Raum einnehmen soll – nicht nur einen der augenfälligsten, sondern wohl auch einen der charakteristischsten Unterschiede zwischen potentiell zweckfreiem MassChoir-Singen in Kassel und zielgerichtetem Proben in Ludwigsburg.[780] In Kassel musste kein (Performance-) Ziel erreicht werden, es stand kein Publikum – zunächst virtuell, dann schließlich real – als Gegenüber vor Augen,

---

[779] Die Orchestermusiker und Solisten, die erst zur Generalprobe hinzutraten, können aus meiner Sicht zwar prinzipiell ebenfalls, in der Tendenz aber wohl nur abgestuft hinzugezählt werden, insofern sie erst am Tag der Aufführung mit dem Gros der Akteure zusammentrafen und -wirkten. Beim LaKi-Popchor verhielt es sich insofern anders, als dieser mit der Hauptprobe einen wesentlichen Teil der Probenphase in der Friedenskirche miterlebt wie -gestaltet hat, was dementsprechend insbesondere Riesenchor und kleinen Pop-Chor als interagierende Gegenüber zu eben jener Handlungs- und Zielgemeinschaft geformt hat, die das Gospel-Musical nach nicht geringem Vorlauf gemeinsam auf die Bühne brachte. Für die Aufführung bedurfte diese Gemeinschaft freilich weiterer Mitwirkender; aber im Reden von der Handlungs- und Zielgemeinschaft geht es vor allem um den Prozess des zielorientierten Zusammenwachsens wie Miteinander-auf-dem-Weg-Seins, weniger um faktische Rollenverteilungen oder (musikalische) Bedeutung einzelner Akteure für das große Ganze.

[780] Rückblickend erschien mir als bemerkenswerter Indikator dieses kategorischen Unterschieds, dass beim MassChoir in Kassel eine schier unüberschaubar große Zahl von Riesenchormitgliedern – darunter ich selbst – mit ihren Smartphones beziehungsweise mit als Aufzeichnungsgeräten erkennbarem technischem Equipment das Massensingen offenbar in Bild und Ton zu dokumentieren, also über die unmittelbare Situation hinaus zu konservieren unternahm. Bei *Amazing Grace* in Ludwigsburg war hingegen während der Proben nichts dergleichen zu beobachten – falls überhaupt, dann zumindest doch keineswegs in vergleichbarem Maß und Modus. Allerdings beklagten mehrere Interviewpartner – etwa Brigitte H. – die Vorgabe der Veranstalter, in der MHP-Arena nicht zu fotografieren oder zu filmen. Offenbar war also das Besondere, das Fest, das Extraordinäre und daher Dokumentierwürdige in Kassel das Massensingen selbst als Mittel und Zweck in einem, war eben dieses probenartige Singen bereits eine Abfolge festzuhaltender Momente, an denen (mit-) erlebend wie (mit-) gestaltend Anteil zu haben in Bild und Ton festgehalten werden sollte; in Ludwigsburg hingegen war dies – beziehungsweise wäre dies bei entsprechender Medieneinsatz-Erlaubnis gewesen – die Aufführung, der feuerwerksartige Projekthöhepunkt, nicht aber die vorbereitenden Proben, die letztlich als Mittel dem zeitlich und chronologisch nachgelagerten Projektabschluss als finalem Zweck strukturell untergeordnet waren und denen auch von Teilnehmern – mindestens überwiegend – geringere Bedeutung beigemessen wurde.

C 2.6 Der Projektchor als Gemeinschaft

weder als großes, abstraktes Auditorium insgesamt noch in Gestalt einzelner Bekannter oder Familienmitglieder, denen Projektchorsänger qualitativ hochwertigen Musikgenuss ermöglichen und/oder sie inhaltlich erreichen wollten. Dabei ist anzunehmen, dass dieser Unterschied – Zweckfreiheit des Singens im Moment hier, eine Musicalaufführung am Tag X dort –, der auch im Verhalten der Dirigenten[781] partiell sehr deutlich zutage zu treten schien, sich kaum von der individuellen Motivation trennen ließe: Mag nicht auszuschließen sein, dass (auch) am MassChoir in Kassel Menschen etwa einer Freundin oder ihrem Chor zuliebe teilgenommen haben, ohne persönlich hinsichtlich des konkreten Riesenchorsingens über dessen gesamten Verlauf motiviert gewesen zu sein, wie dies bei mindestens einer Probandin bei *Amazing Grace* durchaus plausibel erscheint, so war der dortige Modus des Singens im Moment ohne ein publikums- und medienwirksames Gruppenziel einer großen Bühnenshow doch gewiss einer, der auf prinzipiell (überaus) hohe individuelle Motivation hierfür schließen ließ, während die Musicalbeteiligung stärker vom Auftreten mit Starsolisten, der Teilhabe an einem längeren Entwicklungsprozess inklusive einer potentiell packenden erzählten Geschichte et cetera, motiviert sein konnte, wofür das Massensingen den notwendigen Weg – gleichsam als Mittel zum Zweck – bereitete, ohne aber Selbstzweck beziehungsweise bereits eigentliches Ziel der Mitwirkung des einzelnen Sängers zu sein, wie womöglich der MassChoir dies für Akteure in Kassel war.

Beispiele aus dem Kreis der 20 Probanden wie jenes von Paul P. korrespondieren diesen Überlegungen, insofern der Sänger weder Vorerfahrung aus dem Bereich christlichen Riesenchorsingens dieser Dimension mitbrachte noch über *Amazing Grace* hinaus in diesem Bereich sich erkennbar engagierte – ohne allerdings künftige Beteiligungen an ähnlichen Projekten grundsätzlich auszuschließen –, sondern betont die konkrete besondere Gelegenheit des Gospel-Musicals auf großer Bühne mit namhaften Stars vor Ort nutzen wollte. Vor diesem Hintergrund war bereits vor respektive zu Beginn der Probenphase zu erwarten, dass die rund 700 an *Amazing Grace* beteiligten Riesenchorsänger, in aller Individualität geeint im Ziel der gemeinsamen Aufführung, ein anders geartetes Potential der Vergemeinschaftung im Verlauf des mehrmonatigen Projekts haben würden als die etwa 5.000 am zweitägigen MassChoir in Kassel Mitwirkenden. Die empirischen Befunde der teilnehmenden Beobachtung und Rekonstruktion des Erlebens Dritter bestätigten und verstärkten diese Prognose später.

---

[781] Auffällig war etwa der Kontrast zwischen Hans-Christian Jochimsen und Hans-Martin Sauter: Während Sauter, wie sich in zahlreichen Interviewpassagen spiegelt, in aller Lockerheit stets diszipliniert auf die Aufführung hinarbeitete und seinem Großchor entsprechende Konzentration abverlangte, forderte Jochimsen die MassChoir-Beteiligten auch einmal dazu auf, nach Gutdünken ihre Stimme umzugestalten: „Pretend you know this song! Tenors, if you want to change (   ) you can! Just feel free! We will fix it tomorrow!" Zwar wurde auch beim MassChoir intensiv an Feinheiten gearbeitet, doch bestand das Ziel in gesteigerter Qualität innerhalb der Vormittagssingeinheiten, nicht einer (externen) Aufführung, für die geprobt worden wäre; auch der Abschlussgottesdienst auf dem Königsplatz kann nicht in diesem Sinne als Zielpunkt des Probens in der Rothenbach-Halle begründet angesehen werden.

In den Aufzeichnungen zur Hauptprobe am 2. November hielt ich fest:

> „Während der weiteren Probe denke ich über die Ambivalenz von kollektiver Uniformität und Bedeutung des Individuums nach; mir scheint, die einschränkenden Vorgaben lassen sich am besten mit einem gemeinsamen Ziel erklären, das mindestens die Veranstalter verfolgen. Sauter hatte erklärt, man könne nicht von unglaublicher Gnade singen, ohne dabei auch gewinnend zu strahlen, erfüllt von Freude über die Gnade. Mindestens für ihn besteht also das Ziel der Aufführung offenbar in einer überzeugenden Performance; da ich mich mit der Botschaft des Stückes identifizieren kann fällt mir eine Unterordnung unter das Geforderte nicht schwer. Ob Andere, welche das Evangelium nicht singend verkündigen wollen, sich bevormundet fühlen mögen?"[782]

Der Feldtagebuchabschnitt benennt ein entscheidendes Charakteristikum, das *Amazing Grace* ausgezeichnet und einen kategorischen Unterschied zum MassChoir auf dem Gospelkirchentag markiert hat.[783] Denn während in der Kasseler Rothenbach-Halle das Singen der mehreren Tausend mindestens potentiell reiner Selbstzweck war, der ein individuelles Kommen und Gehen im Verlauf des jeweiligen Vormittags möglich machte, ohne dass das Gesamtgeschehen dadurch beeinträchtigt gewesen wäre, hatte das Gospel-Musical schon vor und mit der Anmeldung jedes beteiligten Sängers einen klar umrissenen Zielpunkt, dem sich ein jeder verschrieb: die Aufführung in der MHP-Arena. Für diesen Abend wurde geprobt.[784]

Entsprechend nimmt es nicht wunder, dass in Interviews sich häufig – dabei nicht selten in kausal(isierend)er Darstellung – die Nennung des allen Sängern gleichen Willens, Anliegens, Zieles oder dergleichen findet.[785] Unerschrocken trafen mehrere daran Beteiligte – darunter die zitierte Einzelsängerin Anja B. – Aussagen für den gesamten Riesenchor: darüber, was *alle* seine Mitglieder wollen, was *alle* gemeinsam *vorhaben*, dass *alle das gleiche Anliegen* oder *Interesse haben*. Solches hat – mag manche Interpretation der Gesprächspartner im Einzelfall auch etwas gewagt bis spekulativ anmuten – wohl selbst für die Sänger, von denen keine expliziten individuellen Stellungnahmen zum Projektziel vorliegen, einen Anhaltspunkt in der kontinuierlichen Teilnahme jedes einzelnen Chormitglieds, welche – wodurch immer sie motiviert sein mochte – als Absichtserklärung samt Verpflichtung zum gleichen, gemeinsamen Ziel der Aufführung in der

---

[782] Feldtagebuch zur Hauptprobe, Z.283–290.
[783] Die wohl (abermals) theologenspezifische Frage, ob sich womöglich mancher Sänger nicht mit dem Ziel der Veranstalter identifiziert hat und ergo als Sänger beim Projekt – mehr oder minder – vereinnahmt oder gar ausgenutzt wurde, soll hier keinen größeren Raum einnehmen (s. dafür Kapitel C 1.7). Angesichts der vor Ort erlebten Transparenz – insbesondere bei der Generalprobe – erscheint mir rückblickend in dieser Hinsicht allerdings nichts kritikwürdig, da von der Ausschreibung über die Auftaktprobe bis hin zur Aufführung nicht verschleiert wurde, dass es um ein christliches Musical (mit missionarischer Ausrichtung) sich handelte, mit dessen Inhalten und Botschaften Sänger und Zuschauer inmitten aller „Begleit-Musik" vertraut gemacht werden sollten.
[784] Vgl. Kühn, Wir, 50–51.
[785] Vgl. AB 2, Z.84–87 (zitiert in C 2.2.1).

MHP-Arena gedeutet wurde und durchaus begründet so gedeutet werden konnte. Denn in ihrem Reden vom allen gemeinsamen Willen et cetera konstatierten Probanden im Grunde Selbstverständliches, explizierten gleichsam die implizite allgemeine Geschäftsgrundlage des Probengeschehens und unterstellten nicht haltlos anderen Sängern eine Haltung, für die es keine Anhaltspunkte gegeben hätte. Mindestens für die 20 Probanden ist über diese Basis aller Sänger hinaus ausweislich der geführten Interviews erkennbar, dass sie das Ziel des Musicalprojekts grundsätzlich persönlich geteilt haben.[786]

2.6.2 Gemeinschaftsförderung durch einen gemeinsamen (Verkündigungs-) Auftrag

Während Wille und Bereitschaft zum Zusammenwirken mit den anderen Projektbeteiligten zugunsten des allen gemeinsamen Zieles, *Amazing Grace* in der MHP-Arena erfolgreich zur Aufführung zu bringen und hierfür je seinen Teil zum Gelingen beizutragen während Probenphase und schließlich auf der Bühne, gewiss für alle Mitwirkenden als verbindender (Handlungs-) Auftrag angenommen werden können, wird dies wohl kaum analog auch für den durch das Musical zu transportierenden Inhalt beziehungsweise die intendierte Botschaft gelten können.[787] Nicht zuletzt auf Grund profilierter Aussagen hierzu im Interviewmaterial soll deshalb gesondert eruiert werden, ob und inwiefern der Ludwigsburger Projektchor des Gospel-Musicals als Verkündigungsgemeinschaft zu betrachten sein könnte.

Unter Absehung einzelner hierzu womöglich in Spannung stehender Einlassungen anderer Beforschter[788] dürfte die Aussage von Frauke L.[789] (noch) als konsensfähig anzusehen sein. Denn selbst jene Sänger, deren Hauptmotivation anscheinend die Mitwirkung auf großer Bühne mit großen Stars bildete, dürften auf eine große Wirkung gehofft haben: dass viele Menschen kommen, dass die Auf-

---

[786] Inwieweit sich einzelne Sänger konkret (nicht) in der Pflicht sahen, zum Gelingen des Projekts beizutragen, schien an mehreren Stellen auf, etwa, wenn Frauke L. den Gesamtklang als auch von sich abhängig beschrieb, oder wenn Elke H. angesichts der nahenden Geburt ihres Enkelkindes die Teilnahme an der Aufführung zur Disposition stellte.

[787] Bestimmt ließe sich extensiv diskutieren, was – soweit bekannt oder ermittelbar – Komponist und Librettist des Gospel-Musicals, was die Verantwortlichen der Stiftung Creative Kirche und was einzelne Projektbeteiligte als Botschaft oder Inhalt des Musicals (womöglich) definiert respektive identifiziert haben und ob vor diesem Hintergrund der bestimmte Artikel überhaupt adäquat erscheint. Allerdings legt die Zusammenschau von eigenen Aufzeichnungen sowie mehreren Interviewpassagen nahe, dass mindestens grundsätzlich durchaus begründet von „der" Botschaft und „dem" Inhalt gesprochen werden kann.

[788] Dass etwa Tanja R. erklärte, das Publikum kaum *registriert*, sondern (*zusammen mit dem Chor*) *für sich* selbst *gesungen* zu haben, könnte so gewertet werden, da ein Anliegen, das Publikum zu erreichen, damit kaum vereinbar erscheint.

[789] Vgl. FL 1, Z.68–70 (zitiert in C 1.4.2).

führung viel Aufmerksamkeit in den Medien erfährt, dass die Zuschauer mit Musik und Spiel *erreicht* werden – und sei es jenseits christlicher oder sonstiger Inhalte mit der Bewunderung weckenden gelingenden Performance. Denn das Publikum als zu erreichendes, zu begeisterndes und mit dem Bühnengeschehen zu überzeugendes Gegenüber aller an *Amazing Grace* beteiligten Akteure gehörte zum Projektformat mit bombastischer Aufführung in der MHP-Arena konstitutiv wie essentiell hinzu.

Hinsichtlich der durch das Musical transportierten Botschaft und dem damit verbundenen Vergemeinschaftungsgeschehen sind die Ausführungen von Nikola I. nach der Aufführung indessen besonders erhellend.[790] Wie häufiger in Äußerungen der 38-jährigen Chorleiterin schien hierin der Vergleichshorizont anderer Erfahrungen mit dem Gospel-Musical über den Moment hinaus eine Rolle zu spielen, insofern im *wieder* entweder – wie unmittelbar davor im selben Interview explizit erwähnt – über das Ludwigsburger Projekt hinaus die Aufführung von *Amazing Grace* in Kassel anklang oder aber die der Aufführung in der MHP-Arena vorausgegangenen Proben in der Friedenskirche. Ihr Erleben im Ludwigsburger Projektchor skizzierte Nikola in jedem Fall als geprägt von stetigem *Zusammenwachsen* der Riesenchorgruppe zu einer *Gemeinschaft*, die *eine* einheitliche *Message weiterzugeben* intendierte und dies im Rahmen der Aufführung schließlich erfolgreich tat, messbar daran, dass sich das Publikum dem Chor tatsächlich *anschloss*, sich gewinnen ließ für die *Message*. Eben diese *Message* des Musicals war für Nikola nicht vage-abstrakt, sondern prägnant benennbar.[791] Unmittelbar nach der Aufführung beschrieb die Sängerin somit eine kommunizierte christliche Botschaft mit (potentieller) Wirkung in zwei Richtungen: vom Einzelnen zu Gott und zum Mitmenschen. Wie vieles in dieser Studie vorgestellte empirisch Erhobene wirft dies gewiss die Frage auf, ob es sich hierbei um eine Einzelmeinung handelt, womöglich ohne (viel) Vergleichbares in den Reihen der rund 700 Ludwigsburger Sänger; umso mehr lohnt abermals der ergänzende Blick auf ausgewählte andere Beispiele. So findet sich das auf den Riesenchor bezogene Motiv einer faktischen Verkündigungsgemeinschaft auch bei der bereits zitierten Frauke L.:

> „[…] jetzt=am Sonntag fand ich äh (.) die lange Veranstaltung etwas anstrengend, weil es ging ja doch viele Stunden (.) ä:hm (.) aber es war für m:ich einer der bewegtesten Momente äh oder a- als es losging (.) ja? also als tatsächlich die ganze Halle voll war und wir den ersten Akkord gesungen haben und ä:hm (.) ich einfach gespürt hab', dass jetzt es dran is', dass es jetzt gilt (.) ä:hm dass ich hoffe, dass ganz viele Leute erreicht werden mit dem, was jetzt da aus dem (.) aus unseren Mündern alle rauskommt. Ä:hm und dann war, fand ich's einfach noch unheimlich schön zu sehen, wie die Leute tatsächlich ähm (.) begeistert werden konnten, also bei an verschiedenen ä:hm (.) Stellen vom Musical, als ä:hm (.) hast Du dann die Reaktion einfach gemerkt

---

[790] Vgl. NI 3, Z.29–33 (zitiert in C 1.5.4).
[791] Vgl. NI 3, Z.35–38 (zitiert in C 1.5.4).

C 2.6 Der Projektchor als Gemeinschaft

vom Publikum. Klar, beim Gospel-Medley war klar, aber ähm auch <u>so</u> hast Du gemerkt, wenn wenn der kleine John da war, w:ar's ruhig und und die Leute haben ähm wirklich ä:hm Du hast gemerkt, dass sie dabei sind!"[792]

Für die 43-Jährige gab es offenbar ebenfalls eine vom Projektchor transportierte Botschaft, die *aus den Mündern herauskam* – in dieser plastischen Beschreibung bezeichnenderweise gänzlich unabhängig davon, ob sich alle Singenden bewusst persönlich mit derselben beziehungsweise einem bestimmten Verkündigungsziel identifiziert haben mögen oder was sie jeweils als Kernbotschaft benannt hätten;[793] die Reaktionen des begeisterten Publikums scheinen Frauke als Indikator dafür gegolten zu haben, was bei den Zuschauern tatsächlich ankam, etwa hinsichtlich der emotionalen Dimension. Dass der Kommunikationserfolg im Letzten gleichwohl ungewiss bleiben musste, kam im gleichen Gespräch zur Sprache.[794]

Im zu Beginn dieses Kapitels C 2.6 bereits partiell zitierten Interview mit Janina S. direkt nach der Aufführung wird sehr anschaulich, dass und inwiefern das Projektziel einer erfolgreichen Performance vor ausverkaufter Arena, die (intendierte) Verkündigung respektive der erfolgreiche Transport der Message(s) des Musicals, bestätigende Reaktionen des Publikums allgemein oder konkreter persönlicher Vertrauter und das Erleben innerhalb der Riesenchorgemeinschaft zusammenhängen, sich gegenseitig beeinflussen und in einem (kausalen) Zusammenhang zu stehen kommen konnten:

„[…] heut' waren einfach äh war der komplette Chor war einfach so wie (.) eine große Familie oder wie fast wie eine Person (.) die einfach alle des gleiche rüberbringen wollten und alle (.) ja den den gleichen (.) die gleiche Motivation hatten oder die die gleiche den gleichen <u>Willen</u> einfach ähm dem dem Publikum des näher zu bringen, oder auch diese ja diese <u>Gnade</u> einfach zu verdeutlichen und des einfach klar zu machen den Leuten, ne? was was wir eigentlich (.) <u>erlebt</u> haben oder was=wir jeden Tag erleben und ähm ja es=war wirklich so komplett (.) <u>ein</u> (.) ich kann's gar nich' <u>beschreiben</u>, weil=des=is'=so ein so 'n Gefühl von so=einer kompletten (.) Einheit, von so=einem großen Ganzen und genau, also des war mal der Chor (.) ä:hm (.) Publikum war ich am Anfang immer so 'n bisschen ‚H:m, na ja, mal kucken, wie's wird!' und so, aber ähm ja nachdem die da so toll immer geklatscht haben und so begeistert waren und und auch jetzt zum Schluss (ja so) super mitgemacht haben, alle aufgestanden und ja mitgesungen und getanzt und geklatscht, es war schon ja, also ich fand, 's war 'n klasse Publikum! Und ich hab' auch hier in der Pause recht viel mit ähm meiner Familie noch gesprochen und mit Freunden und die waren, also schon na- nach der ersten Halbzeit haben die schon gesagt: ‚Wow!' @(.)@ ‚Es is' es is' klasse!' und ‚Wir finden's super!' und des ja gibt einem dann=natürlich schon nochmal so 'n bisschen (.) ja Aufschwung und (.) ja, beflügelt! @(.)@ […] Erwartungen, die sich erfüllt haben (.) auf jeden Fall ja dass es natürlich 'n supertoller, superschöner Abend war, der begeistert hat, ich glaub' <u>alle</u>, also Sänger und Publikum ä:hm ich glaub' einfach ja, dass diese Botschaft auch rübergekommen is', zu den Leuten, also ich hoff', es bewirkt einfach was ähm **weiß man, kann ich jetzt natürlich so nich' beurteilen**, ähm ich

---

[792] FL 3, Z.28–42.
[793] Rückblickend wäre eine quantitative Erhebung hierzu gewiss interessant und womöglich aufschlussreich gewesen.
[794] Vgl. FL 3, Z.59–66 (zitiert in C 1.5.4).

weiß es ja nich', wie jeder des für sich selber ähm (.) mitnimmt und was er daraus zieht, ne? und welche welche Schlüsse er für sich selber da mitnimmt, ä:hm (.) aber (.) ja also diese, dass der Chor so eine große Gemeinschaft wird, de- die Erwartung hat sich auf jeden Fall erfüllt ähm ja [euphorisch] Konzert war ausverkauft @(.)@ is' natürlich auch ja so ne Hoffnung, die man so insgeheim hegt"[795].

Im Sinne einer *Feedback-Schleife* hat demnach die Performance das *klasse Publikum begeistert*, dessen sichtbare Euphorie wiederum den Akteuren *Aufschwung* gab. Gleichzeitig blieb offen, was und wieviel an Wirkung aus der Halle *mitgenommen* wurde. Nicht offen blieb für Janina indes, dass der Massenchor spätestens bei der Aufführung am 9. November *fast wie eine Person* agierte und eine *komplette Einheit* darin bildete, dass er dem Gegenüber mit *gleichem Willen* sowie *gleicher Motivation* letztlich *das gleiche rüberbringen* und durch das Musical *die Gnade verdeutlichen* wollte.

Gewiss ließe sich einwenden, dass die exemplarisch angeführten Beispiele auf die theologische oder spirituelle Grundhaltung der jeweiligen Gesprächspartnerin zurückzuführen und überdies als Bekundungen einer persönlichen Einstellung, nicht – oder doch zumindest weniger – eines subjektiven Erlebens im Moment zu werten seien. Dies mag partiell in der Tat zutreffen. Nichtsdestoweniger beleuchten sie, dass mindestens für einen Teil der an *Amazing Grace* beteiligten Sänger die mit dem Musical verknüpfte einladende Verkündigung des christlichen Glaubens, beziehungsweise allgemeiner: der Transport einer christlich geprägten *Message* durch das zur Darstellung Gebrachte, auf der einen sowie Indizien für das Ankommen dieser Botschaft beim Publikum auf der anderen Seite für ihr Erleben (innerhalb) der Gruppengemeinschaft eine Rolle gespielt haben, womöglich eine entscheidende. Dabei wird sich im Letzten wohl weder widerlegen noch nachweisen lassen, inwieweit es sich um tatsächliches Erleben im Augenblick handelte und welche Anteile an den Interview- beziehungsweise Feldtagebuchdarstellungen nachträgliche reflektierende Interpretationen haben mögen. Diese Problematik begegnet indes prinzipiell bei allen in dieser Studie vorgestellten Rekonstruktionen, jeweils mehr oder minder stark ausgeprägt.

Hinzu kommt die Frage, wie stark und in welcher Weise kognitiv-rationale und emotionale Komponenten sich beim Erleben von Gemeinschaft im Zusammenhang der Dimension eines Verkündigungsauftrags und den Deutungen desselben auswirken. Ein weiterer Auszug aus meinem Feldtagebuch zur Generalprobe illustriert dies:

„[…] kam zu meiner Überraschung noch ein Andachtsblock; die Solisten und Musiker waren zuvor bereits entlassen worden, während der Mass Choir noch blieb, auf weitere Anweisungen wartend. [Name], eine etwas unsicher wirkende und bislang nicht in Erscheinung getretene junge Frau von der Creativen Kirche, hielt daraufhin eine mehrminütige Ansprache, der Massenchor hörte ihr aufmerksam zu. Sie sagte, Gott freue sich über jeden Mitsingenden, egal, welchen Bezug er/sie zur besungenen unfassbaren Gnade Gottes habe. Sie hoffe, dass wir alle die Quintessenz der ‚tollen Geschichte' begreifen und mit nach Hause nehmen könnten und betont, dass wir heute

---

[795] JS 3, Z.41–61.64–74.

C 2.6 Der Projektchor als Gemeinschaft 385

Abend Botschafter der Liebe Gottes seien. Sie wünsche sich sehr, dass die Zuschauer diese Botschaft mitbekämen und ebenfalls mit in ihren Alltag nähmen. Ich freute mich über diese klare Zielbestimmung und den Mut, dass die junge Frau noch ein Gebet sprach, gegen das kein Murren vernehmbar war. Sie betete für die Aufführung, für Gelingen und Gottes Zutun zum Transport der Evangeliumsbotschaft an die Zuhörer. Der Massenchor bekräftigte ihr Gebet mit seinem Amen, das von einer großen Mehrheit gesprochen scheint. Hier erlebe ich nun doch in kurzen Momenten geistliche Gemeinschaft, die über reines Statistentum hinausgeht. Wie immer einzelne Sänger dazu stehen mögen: Wenn auch später als mir angemessen erscheint sind nun doch klare Ziele für den Abend definiert, herrscht eine gewisse Transparenz, dass es seitens der Veranstalter kein bloßes ‚Event' sein soll, woran wir Anteil haben und unser Scherflein beitragen, sondern – zugespitzt – ein Missionseinsatz, ein Verkündigungsauftrag. Ich finde dies inhaltlich gut, trage diese Zielformulierung mit, frage mich aber, wie es wohl anderen Chormitgliedern damit geht. Ob sich Einzelne getäuscht fühlen durch die späte Zielformulierung? Oder war sie bereits im ‚Kleingedruckten' bei der Anmeldung zum Projekt benannt gewesen? Ich kann mich zumindest nicht daran erinnern."[796]

Nachdem Vorangegangenes, wie im gleichen Feldtagebucheintrag dokumentiert, in der Generalprobe mich durchaus irritiert, verärgert, sowie zur Einschätzung geführt hatte, der Riesenchor sei kaum wertgeschätzte (geistliche) Gemeinschaft, sondern vielmehr eine Gruppe dienstbarer Statisten, hat der beschriebene Andachtsblock dies stark gewandelt. Offenkundig hat sich meine Perspektive als Projektchormitglied verschoben und damit auch die rationale Bewertung des Geschehens eine Änderung erfahren, nachdem die kleine Ansprache samt Gebet mir als an der Mitteilung des Evangeliums interessiertem Pfarrer sehr behagt hat, zur Selbstvergewisserung und Bestätigung gereichte. Am zuvor Erlebten selbst hatte sich nichts geändert, aber an der kognitiven Einstellung und damit verbunden auch an der Interpretation des Gesamten, die wiederum die emotionale Dimension und damit das Erleben insgesamt beeinflusst hat.

Die Mini-Andacht, das gemeinschaftliche Gebet und eine angenehme kurze Unterredung mit meinem Sitznachbarn unmittelbar vor Beginn mögen entscheidend dazu beigetragen haben, dass ich während der Aufführung mit Begeisterung dabei war, emotional – zu meiner eigenen Überraschung – tief berührt wurde und die Musicaldarbietung im Beobachtungsprotokoll als Verkündigungsakt beschrieb, der Gottes Gnade und Barmherzigkeit klar ins Leben der Sänger und Zuschauer hinein erklingen ließ. Dies kann aber freilich Ausfluss kognitiver Deutung des womöglich rein emotional Erlebten gewesen sein, insofern ich als von der Dynamik des Stückes mitgerissener Sänger im Projektchor mich anderen ebenfalls tief Ergriffenen und von *Amazing Grace* Gepackten verbunden gefühlt und dies im Nachhinein rationalisierend mit Verkündigungselementen (mehr oder minder) kausal in Verbindung gebracht haben mag.

Letztendlich wird sich nicht eindeutig klären lassen, wie stark kognitive Einstellungen, reflektierende Deutungen im Nachgang und tatsächliches Erleben von

---

[796] Feldtagebuch zur Generalprobe und Aufführung, Z.423–443.

Gemeinschaft im Moment auf Grund eines (empfundenen) geteilten Verkündigungsauftrages, einer *Message* oder dergleichen, zusammenhingen. Aber es sollte doch gezeigt werden, dass wenigstens für eine Reihe von Sängern – einschließlich mich selbst – das Erleben von Gemeinschaft innerhalb des Projektchores untrennbar mit durch das Musical transportierten christlichen Inhalten verbunden war, welche den Riesenchor beziehungsweise die Bühnenakteure in der MHP-Arena insgesamt faktisch – unabhängig von individuellen Einstellungen und Motivationsspezifika Einzelner – für sie zu einer Verkündigungsgemeinschaft machten. Der alle Beteiligten verbindende (Handlungs-) Auftrag erschöpfte sich somit nicht in einer gelingenden Performance allein, sondern beinhaltete auch die Kommunikation der *Message(s)* von *Amazing Grace*. Dass der Riesenchor diesem Auftrag praktisch nachkam machte ihn effektiv zur Verkündigungsgemeinschaft, zur Gemeinschaft derer, die die Geschichte von *Amazing Grace*, die Botschaft des Musicals – und damit die Auswirkungen der Gnade Gottes im Leben eines Sünders – singend weitergaben.[797]

2.6.3 Gemeinschaftsförderung durch gemeinsames Handeln

Wie oben gezeigt (s. Kapitel C 2.6.1 und C 2.6.2) spielte in den erzählenden Beschreibungen mehrerer Probanden hinsichtlich ihres Gemeinschaftserlebens innerhalb des Riesenchores das gleiche Ziel, die gemeinsame Gesinnung oder das geteilte Anliegen eine gewichtige Rolle. Daneben begegnete indes etwas Weiteres in den Interviews, womit das subjektive Erleben in der Großgruppe plausibilisiert wird: das ganz praktische kollektive Tun, das die zugehörigen Einzelsänger miteinander verband.

> „[…] dadurch, dass meine Anderen aus dem Chor in ner ganz anderen Stimme singen, sind eigentlich alle um mich rum (2) Fremde, in Anführungszeichen, aber wir sind ein Chor und von daher ist=das natürlich schon ä:hm schön zu hören, wenn der Andere neben einem dann genau das Gleiche singt und mitsingt und man kann dann zum Beispiel chorisch atmen oder so und äh weiß sich da getragen, das is' schon schön!"[798]

---

[797] Es erscheint mir dabei angemessen, die faktische Verkündigung einer christlichen Botschaft durch das Musical nicht als vom persönlichen Glauben beziehungsweise Verkündigungswillen aller Beteiligten abhängig anzusehen. Was *aus den Mündern herauskam* musste nicht zwingend ein mehrhundertfaches Credo sein, im Gesamtklang des Riesenchores gebündelt, um beim Publikum als *Message* ankommen zu können. Vielmehr ließen sich alle Mitwirkenden, die den Anweisungen und Vorgaben des musikalischen Gesamtleiters Folge leisteten, in Dienst nehmen, sich am 9. November in der MHP-Arena zu Boten und Botschaftern machen. Damit war der Projektchor faktisch eine Mitteilungs-Gemeinschaft, unabhängig davon, wie einzelne Beteiligte zur zu übermittelnden Mitteilung selbst standen; dass sie im Chor mitmusizierten machte sie zu Trägern der *Message*, was wiederum Verbundenheitsgefühle untereinander evozieren konnte.

[798] FL 2, Z.12–20.

C 2.6 Der Projektchor als Gemeinschaft

Für die in der Hauptprobe von anderen Mitgliedern ihres heimischen Chores getrennte und von ihr fremden Mitsängern umgebene Frauke war demnach von zentraler Bedeutung, die Verbundenheit mit ihrer Umwelt praktisch zu erleben: dass die Fremden *genau das Gleiche sangen*, dass trotz Fremdheit im *chorischen Atmen* eine Handlungseinheit und gegenseitige Unterstützung spürbar wurde et cetera. Dies ist für den Forschungsgegenstand insofern von besonderer Bedeutung, als solches Gemeinschaftserleben durch gemeinsames Handeln weder von religiösen Einstellungen, Gesinnungen oder Frömmigkeitsstilen abhängt, noch mit zwischenmenschlicher Vertrautheit oder gar Freundschaft verbunden sein muss oder spezieller Vorbereitungen bedarf. Sich im Handeln derart miteinander verbunden Fühlende müssen sich weder kennen, mögen, noch gegenseitig als auf gleicher Wellenlänge befindlich einschätzen. Das gemeinsame Handeln als Gruppe im Augenblick des Singens kann zur Konstitution und Förderung eines starken Gemeinschaftsgefühls – das auch nicht darauf angewiesen ist, dass sich die Beteiligten näher kennen lernen im Verlauf – völlig genügen. Somit konnte Frauke und konnte potentiell jeder beim Gospel-Musical Mitwirkende – ob im Einzelnen so geschehen oder nicht – anonym bleiben, Handlungsverbundenheit auch ohne persönliche Vertrautheit erleben, begeistert sein vom praktischen Miteinander mit Fremden und sich dabei unabhängig von Sachfragen verbunden und *getragen* fühlen. Es kam lediglich darauf an, dass alle das Gleiche tun, das Gleiche *singen* und *chorisch atmen*, wodurch situativ aus komplett Fremden eine komplette (Handlungs-) Einheit entstehen konnte.

Mindestens bei einzelnen Sängern ließen sich subjektive Interpretationen dieser Handlungsgemeinschaft beobachten, so etwa im Fall von Michael R., der direkt nach der Aufführung gemeinsames Singen und eine gemeinsame *Meinung* miteinander verbunden sah:

> „Also für mich war (.) war des a <u>Einheitlichkeit</u> halt diese diese große äh Menge an Menschen, die (.) die gleiche Musik gesungen haben, die die gleichen Texte gesungen haben äh ja <u>als eine</u> Meinung aufgetreten, des war (.) gut!"[799]

In dieser Darstellung kamen geteiltes Tun und damit singend zum Ausdruck gebrachte inhaltliche Substanz beziehungsweise eine von den Sängern gemeinsam vertretene Position als unmittelbar zusammenhängend zu stehen. Dies illustriert beispielhaft, wie stark das auf die Handlungsebene bezogene Erleben von Gemeinschaft im Riesenchor von Sängern deutend etwa mit Glaubens- oder sonstigen Einstellungen, aber auch mit dem Inhalt des Gospel-Musicals oder der Meinung seiner Sänger verknüpft werden konnte.

Welch Potential, Gräben zu überwinden und Einheit zu stiften, im praktischen Singen jenseits aller (Glaubens-) Theorie lag, zeigt das Beispiel von Paul P., der zur Auftaktprobe – angesprochen darauf, wie er sich inmitten der anderen Sänger gefühlt habe – ausführte:

---

[799] MR 3, Z.12–14.

"Oh, angenehm, also des des war gleich am Anfang war's (.) okay bissle skeptisch: ‚Wie sind die Leute alle drum und dran?', aber sobald wir angefangen haben zum singen, des war wie (.) ein riesige Gemeinschaft, alles da äh äh (.) j- net net jeder für sich, denk' ich, aber aber okay, war vielleicht ein paar Leut', wo so super (.) singen kann und richtig Kraft rauslassen kann, hast=Du auch vielleicht daneben die einen oder die anderen mehr gehört und (des=so gedacht) und ‚Die können besser singen und die haben bessere Töne!', aber (.) äh äh des Sammeln und und und hast Du auch gedacht: ‚Okay, Hochnäsige links und rechts und und jeder für sich!' ä:h aber trotzdem, des war eine nie großes Ding zum Schluss, wo wir des Lied richtig durchgesungen hat schnell äh (.) dass Du=es merkst: Irgendwie (.) es war nochmal eins! Also alle war in dem Sinn auf eins eingestellt dann (.) ein Chor!"[800]

An diesem Gesprächsausschnitt wird mehrerlei deutlich: Zum einen, dass Paul im Singen seine persönliche Unsicherheit angesichts der vielen Fremden sowie des ihm neuen Projektformats mitsamt allen Unwägbarkeiten beiseitelassen konnte. Zum anderen, dass zuvor in Richtung mancher Mitsänger empfundenes Missfallen über deren vermeintliche *Hochnäsigkeit* und ihr *Kraftrauslassen* das Miteinander im Singen nicht störte, sondern offenbar ebenfalls situativ beiseite-, vielleicht sogar komplett zurückgelassen wurde und der Einzelsänger sich als voll integriertes Mitglied *eines* Chores empfand. Und schließlich, dass für den 49-Jährigen dieses Erleben intensiver Gemeinschaft im kollektiven Musizieren derart intensiv und prägend war, dass er drei Tage später im Telefoninterview auf die Sonntagsprobe angesprochen diese Erfahrung als erste und durchaus ausführlich beschrieb.

Dass sie offensichtlich keine punktuelle, einmalige Erfahrung war, zeigte sich im Anschluss an die Einzelsängerprobe im Oktober; angesprochen auf die nahende Aufführung erläuterte Paul:

[…] hoffentlich ausverkauftes Haus @(.)@ und und na ja irgendwi:e bloß, dass die Tonlage richtig dasteht, also (.) die Teile, was mir d:a äh äh bringt, ergibt sich (.) ä:h (.) eigentlich auch von die v- von die Ton- (.) Technik, was da is' (.) aber ich denk', wenn alle mitmachen und alle tun, es gibt keine, wo so richtig schlechte Tone bringt oder sowas, also außer, wenn eine gleich umkippt oder was, das is' halt was Anderes, aber (.) ich denk', des wird schon (.) also super hinhauen."[801]

Anscheinend ist das Erleben (in) der solidarisch wie kollegial singend zusammenarbeitenden Gruppe so beeindruckend, dass Paul vollmundig für den gesamten Chor von rund 700 Personen pauschal behauptet, niemand würde *richtig schlechte Töne bringen*. Allerlei dem widersprechende Interviewaussagen anderer Probanden ließen sich hiergegen zwar anführen, doch ging es in diesem Zusammenhang gewiss nicht um die sachliche Frage, ob einzelne Sänger innerhalb des Riesenchores falsch sangen, sondern vielmehr um die durch Pauls Aussage hindurchscheinende ungetrübte Erfahrung von Gemeinschaft im Massensingen, die für ihn ungestört harmonisch, geradezu perfekt war. Denn alle Projektchormitglieder trugen zum wohligen Gesamtklang bei – und da das Ergebnis nicht *falsch* war, der

---

[800] PP 1, Z.143–154.
[801] PP 2, Z.42–50.

C 2.6 Der Projektchor als Gemeinschaft

Gesamtklang durchaus ein höchst stimmiger, konnte – zurückbezogen – auf der Ebene der einzelnen Sänger konsequenterweise nichts substanziell falsch sein.

Das gleiche Handeln und die dabei erlebte geteilte Freude aller Sänger war auch für Stefanie B. ein wichtiger Erlebnisfaktor:

JK	Welche Rolle haben=jetzt für Dich die Anderen gespielt? Wie war's (.) so in Deinem Umfeld, generell in dieser großen Gruppe? Rein emotional, was hast Du da so empfunden?
SB	Ja `n Zusammen- äh <u>Zugehörigkeits</u>gefühl, dass wir alle das Gleiche gemacht haben, dass wir alle Spaß dabei hatten (.)

[802]

Wie in weiteren Interviewabschnitten erkennbar, beschränkte sich das für das Gemeinschaftserleben zahlreicher Probanden bedeutsame gemeinsame Handeln keineswegs auf das (Massen-) Singen allein, sondern schloss weitere Aktivitäten, einschließlich körperlicher Elemente, mit ein, etwa das kollektive Salutieren oder Taschentuch-Winken als Teil der Choreographie. Offenbar war es für Beteiligte sehr eindrücklich, zusammen mit hunderten anderen Menschen – nach mehrfachem Einüben – synchron zu agieren, etwa weiße Stofftaschentücher schwenkend; dieses einheitliche Handeln mitsamt dem damit verbundenen – auch für sie selbst inmitten des Menschenmeeres erkennbaren – starken sichtbaren Bild der Geschlossenheit hatte – mindestens für einige Gesprächspartner – prägende Auswirkungen auf das subjektive Erleben von Gemeinschaft und gegenseitiger Verbundenheit.

Von der Innenperspektive, Teil eines *harmonischen Zusammenklingens* sowie eines *Gesamtkunstwerks* zu sein, ausgehend ist es wenig verwunderlich, dass mehrere Gesprächspartner das euphorische Sich-Anschließen des Publikums durch Mitsingen, Klatschen et cetera als besonderes persönliches Highlight klassifiziert haben. Auch hier kam dem kollektiven Handeln und dabei erlebter Verbundenheit wie Zugehörigkeit zu einer großen (Handlungs-) Gemeinschaft besondere Bedeutung zu, ebenso wie der Ausweitung auf die Zuschauer. Hatten sich Mitglieder des Riesenchores bereits während der Probenphase im gemeinsamen Handeln als Teil einer intensiven musikalischen Gemeinschaft von rund 700 Sängern erlebt, so erweiterte sich diese Chorgruppe nun um rund 5.000 Zuschauer, die offensichtlich ebenfalls mitsangen, klatschten et cetera und damit sichtbar die Rolle konsumierender Rezipienten ablegten, vielmehr selbst produzierend aktiv wurden, gemeinsam mit der bisherigen *Amazing Grace*-Gemeinschaft, die sich im kollektiven Handeln schlagartig multiplizierte. Neben bereits angeklungenen Aspekten, dass etwa in begeisterten Reaktionen des Publikums ein Beleg für das Ankommen einer *Message* oder dergleichen gesehen wurde (s. Kapitel C 2.6.2), spielte somit ein denkbar offenkundiger eine Rolle: dass die Erweiterung der Handlungsgemeinschaft ein wohliges Gefühl der Zusammengehörigkeit, des Miteinanders, der Stärke evozierte, das rund 5.000 Menschen[803] ermöglichte, sich für

---

[802] SB 2, Z.7–10.
[803] Nach Veranstalterangaben im Umfeld der Aufführung von *Amazing Grace* nahmen in Ludwigsburg etwa 4.500 Personen als Zuschauer daran teil; deshalb wird hier in doppeltem

einen Moment als Teil einer großen Gruppe, womöglich gar einer (musikalischen) Familie zu erleben.

Ein solches Erleben von Entgrenzung, vom Überwinden zwischenmenschlicher Hürden unter Fremden, klingt bei Anja B. an:

> „[...] hat des natürlich in nem wunderschönen Finale (.) geendet, was dann auch der letzte Eindruck is und was dann sehr schön war, wie dann auch des Publikum zur Zugabe aufgestanden is und der Hans-Martin dann des Publikum noch mit dirigiert hat (.) und man da einfach tatsächlich das Gefühl hatte: ‚So, jetzt sind wir alle zusammen, also ob wir jetzt hier Schauspieler sind, Zuschauer' – ä:hm des des wa:r des war der schönste Moment eigentlich so, d- die die Zugabe, wie dann alle zusammen warn! Sonst war <u>vorher</u> das Publikum schon auch sehr <u>zurückhaltend</u>, also bis auf des Geklatsche, aber is jetzt nich <u>so</u> mitgegangen ä:hm (.) ja. Ich weiß nich (2) ja (.) wie was was was was äh kann ich Dir noch erzählen? Genau."[804]

War zuvor noch ein grundsätzliches Gegenüber von stehenden produzierenden Bühnenakteuren hier und sitzenden rezipierenden Zuschauern dort – mitsamt einem entsprechenden Gefälle – zu beobachten gewesen, so agierte das *Wir* bei der Zugabe *zusammen*, ohne dass Rollenunterschiede sich trennend ausgewirkt hätten. Wie Anja ihr begeistertes Erleben im Moment in Worte fasst, erinnert geradezu an Gal 3,28: für die junge Frau war es der *schönste Moment*, als alle Schranken und Grenzen im kollektiven Singen und Klatschen aufgingen, als endlich *alle zusammen* waren und der spontan sich bildende Riesen-Riesenchor, koordiniert durch Hans-Martin Sauter, gemeinsam handelte.

So lässt sich zusammenfassend festhalten, dass beim Riesenchorsingen im Rahmen von *Amazing Grace* das gemeinschaftliche Handeln – singend, salutierend, mit Taschentüchern winkend et cetera – hinsichtlich des Gemeinschaftsgefühls und Zugehörigkeitsempfindens seitens einzelner Sänger eine enorm(e) förderliche Rolle spielen konnte.

2.6.4 Gemeinschaftsförderung durch geteiltes Erleben

Als weiterer relevanter Faktor für Gemeinschaftserfahrungen beim Riesenchorsingen war im Rahmen der Längsschnittstudie zu *Amazing Grace* das geteilte, also intersubjektive Erleben auszumachen: dass einzelne Sänger überzeugt waren – was nicht allein rational-kognitiv geprägt sein musste, sondern auch etwa emotionale Dimensionen umfassen konnte –, ihre Umwelt oder mindestens essentielle Teile derselben handeln nicht allein ähnlich oder gar identisch, sondern fühlen und denken auch wie sie – exakt oder doch zumindest im Wesentlichen. Aufschlussreich ist in dieser Hinsicht exemplarisch das Erleben von Janina S.:

Gebrauch von rund 5.000 Menschen gesprochen: 4.500 Zuschauer während des Musicals insgesamt und 700 plus 4.500 punktuell musizierend-produzierend Aktive in der MHP-Arena.

[804] AB 4, Z.16–26.

C 2.6 Der Projektchor als Gemeinschaft 391

> „[...] um mich rum merk' ich eigentlich immer nur die Leute, die falsch @singen (2)@ sonst seh' ich's eigentlich eher so als dieses Gesamtkunstwerk, also dass wirklich so alle Stimmen so miteinander diesen einen Klang bilden und so ein so `n Klangkörper quasi bilden und einfach dieses harmonische Zusammen:klingen, ne? So um mich rum (.) hör' ich eigentlich immer nur so diese Masse, also wie gesagt, wenn halt jetz einer falsch singt oder so, des höre=ich natürlich dann schon raus und des stört mich dann auch persönlich, is' ja klar, aber sonst is' eigentlich eher so diese gesamte Masse, ja, die ja auch wirklich beeindruckend is', also (.) ja."[805]

Während sich die Passage vordergründig einzig auf die Handlungsebene zu beziehen, ja sogar allein die tonale Reinheit des Riesenchorsingens im Blick zu haben scheint, dass eben die Projektchormitglieder im Gros – unbeschadet falsch Singender – *diesen einen Klang bildeten*, impliziert das *harmonische Zusammenklingen* doch auch – und wesentlich – die kollektive Teilhabe am *Gesamtkunstwerk*, am *miteinander* erzeugten *Klangkörper*, den und innerhalb dessen die Partizipierenden geteilt erlebten. Demnach genossen die Sänger im Singen zugleich das hierdurch gebildete Audiokunstwerk gemeinsam, was sie untereinander verband und umso empfindlicher machte für Einzelne, die durch Falschsingen diese gemeinschaftliche Teilhabe an Verbindendem störten. Entsprechend nahm es nicht wunder, wenn die bezüglich ihres Erlebens während der Hauptprobe sich in deren Pause so äußernde Janina eine Woche später, direkt nach der Aufführung, davon sprach, dass die mehreren hundert überwiegend fremden Sänger im Projektverlauf *zusammengeschweißt* wurden und schließlich *fast wie eine Person* auftraten.

Wiewohl sich gewiss kontrovers diskutieren ließe, ob und inwieweit teilnehmende Individuen bei einem solchen Riesenchorprojekt tatsächlich das Gleiche erleben (können) und wie dies methodisch adäquat(er) zu eruieren ist, spielte mindestens für Einzelne offenbar eine entscheidende Rolle, dass sie dabei gemeinsam und zusammen in der Gruppe erlebt haben, wie die Erwähnung einer Alltagsbegegnung von Bärbel F. mit einer anderen Sängerin im Interview zwei Tage nach der Aufführung unterstrich:

> „A:ch ich=bin ich bin ich bin immer noch sprachlos! Ich hab' auch gestern eine=Kollegin getroffen, die auch mitgesungen hat, weißt und (.) da läufst Du aufeinander zu und <u>strahlst</u> bloß, weißt, das ist <u>so</u> (.) da ist man sich so **nah** dann, weißt, des is so, weil man's ja gemeinsam erleben hat dürfen, also (.) herrlich, herrlich! Ich freu' mich schon wieder auf's nächste! @(.)@"[806]

An Bärbels Beispiel wird – und hierbei scheint mir der Umstand, dass sie die anonym bleibende Kollegin schon vor dem Musicalprojekt gekannt haben und durch diese Vertrautheit eine gewisse Nähe untereinander als ohnehin gegeben anzunehmen sein mag, als für den Effekt des gemeinsamen Erlebens beim Musical vernachlässigbar – deutlich, wie stark das geteilte Erleben im Projektverlauf – im Sinne der Rede vom *Zusammengeschweißt-Werden* bei Janina – Beteiligte po-

---

[805] JS 2, Z.76–86.
[806] BF 4, Z.35–39.

tentiell untereinander verbunden und Gemeinschaft gestiftet hat, so dass sich zuvor womöglich Wildfremde – wenngleich im Fall von Bärbel und ihrer Kollegin solche Fremdheit wohl auszuschließen ist – einander hernach sehr nahe fühlen konnten, potentiell weit über das Projektende hinaus. Denn sie hatten Verbindendes gemeinsam erlebt, wurden dadurch *zusammengeschweißt*, hatten Anteil an der extraordinären Musical-Erlebnisgemeinschaft, gehörten zur Gruppe der Erlebnis-Insider, von der unterschieden es konsequenterweise auch eine Außerhalb-Sphäre gab, wie ebenfalls in Bärbels Ausführungen sehr anschaulich wurde.

Wiewohl fraglos nicht alle Sänger (exakt) das Gleiche erlebt haben, ist auf der Grundlage der geführten Interviews – wie in der Typologie bereits umfassend dargelegt (s. besonders Kapitel C 2.2.4) – erkennbar, dass Projektchormitglieder sehr intensiv und außeralltäglich erlebt haben. Auch von daher legt sich nahe, dass – wie Bärbel es beschreibt – sie sich anschließend anderen Sängern, die – vermutet oder begründet – ähnlich intensiv beziehungsweise Ähnliches erlebt haben, entsprechend verbunden fühlten als Mitglieder einer Gruppe, deren Erfahrungen sich Außenstehenden nicht (gleichermaßen) erschließen. Die Intensität des im Verbund der Großgruppe (inter-) subjektiv Erlebten ließen zahlreiche Interviewpassagen erahnen.[807]

Wer inmitten rund 700 anderer Sänger einen *Rauschzustand*, zusammen mit *allen drumrum* ein *richtiges Gänsehautfeeling* erlebt hat, *geschwebt* ist auf *Wolke Sieben*, der konnte sich anderen, die wohl Ähnliches oder gar Gleiches erlebt haben, nachvollziehbarerweise eng verbunden fühlen, insofern geteiltes Erleben im Moment offenkundig entsprechende Gemeinschaft(sgefühle) evozierte. Für Janina S. war das Erleben im Moment bereits während der Proben ausgesprochen intensiv; so schilderte sie fünf Tage nach der Auftaktprobe:

> „[…] also es war sehr bewegend auch, fand ich und, wie gesagt, ich hatt' wirklich 'n paar Mal richtig Gänsehaut und ähm ja klar, also die die Lieder für Gott zu singen auch einfach ähm total mitreißend und und lassen einen ja auch nich' irgendwie stillsitzen, also man <u>muss</u> ja irgendwie immer so 'n bisschen mitmachen und und sich bewegen und ähm einfach mit der Musik mitgehen und ja, also ich fand's sehr sehr schön, sehr bewegend und ja, hat mich sehr mitg- also mitgenommen <u>nich'</u> in dem nich' im negativen Sinn, sondern ähm ja i- im positiven Sinn, also."[808]

Im konkreten Einzelfall konnte das geteilte Erleben während der gesamten Projektphase unterschiedlich akzentuiert sein. So schien etwa für das Erleben von Gerhard S. inmitten des Riesenchores bei der Aufführung die uniforme schwarze Gewandung von Bedeutung gewesen zu sein, insofern – im Kontrast zur hinsichtlich der Kleidung besonders bunten Vielfalt der Proben in der Friedenskirche – bei diesem Projekthöhepunkt die Projektchormitglieder im Zusammenklang der vier Stimmen nicht nur dasselbe (Musical) sangen und choreographisch dasselbe taten, sondern auch das gleiche trugen. Bei Gerhards *Bad in der Menge* war dies

---

[807] Vgl. GK 4, Z.72–83 (zitiert in A 2.4.3.2).
[808] JS 1, Z.138–146.

C 2.6 Der Projektchor als Gemeinschaft 393

ein prägender Faktor. Auch im Erzählen von Anja B. findet sich das Motiv des geteilten Erlebens:

> „Mit den anderen Menschen ging's mir sehr ä:h gut, weil ähm (.) angesichts dieser Veranstaltung ä:h waren (.) alle gut drauf, also es gibt's ja oft, dass große Menschenmassen zusammenkommen und da is dann ne schlechte Stimmung, das kann ich dann immer schwer ertragen, so samstags auf'm Weihnachtsmarkt, wenn alle genervt sind, dass es so voll ist, das ist dann so'n so ne Grundvibration, so ne schlechte Stimmung und da war's jetzt genau andersrum, dass natürlich alle Chorsänger in freudiger Erwartung warn und egal, ob man jetzt mit jedem gesprochen ha- hat oder nich, aber des hat man (.) schon gespürt, dass alle sich sehr sehr gefreut haben auf diesen Moment und auch ähm (.) und dann ähm bei den Zuschauern (.) das, glaube ich, dann schon auch rübergekommen is […] Erwartungen waren halt für mich (.) hm gemeinschaftlich äh zu hm musizieren und ähm (.) d:a (.) hm ja des is einfach `n ein ein ein schönes schönes Gefühl (.) ich lieb es, in Harmonien zusammen zu singen, äh also wenn an und und also klar, mit dieser Masse an Menschen (.) ein harmonischer Gesang und alle äh schwingen zusammen, das is einfach ne ne ganz tolle positive Energie, die die ganz arg gut tut und da ging's mir auch weniger jetzt um um des Produkt äh was dann hinten dabei rauskommt, sondern es war klar, dass durch des Produkt ein Weg (.) da is, ein gemeinsames Ziel, was sehr wichtig is, aber eigentlich war's für mich eher also warn's die Proben an sich, also das äh immer im Moment zusammen zu singen und das dann einfach zu genießen ä:hm (.) gen- ja von daher, also ich hatte jetzt nicht riesige äh Erwartungen, sondern ä:hm (.) die Erwartung, die ich die ich hatte, die kleinen (.) eben dieses gemeinsame Miteinander, dann den Moment teilen, das w:ar natürlich immer da. Ja. Und ähm (2) ja, da (.) hm sind jetzt keine Freundschaften entstanden in der Kürze der Zeit bei den drei Proben, wo man sich dann immer wieder trifft, also klar, `n paar Leute, die ich jetzt vom Sehen kannte äh da durch des Projekt wurde dann dieser Kontakt intensivi- äh intensiv- na ja, Du weißt, was ich @mein'!@"[809]

Während die positive Grundstimmung – die bereits in Richtung des nächsten Kapitels zur kollektiven Wohlfühl-Atmosphäre (s. Kapitel C 2.6.5) weist – im veranschaulichten Kontrast zu anderswo erlebbarer negativer *Grundvibration* für Anja eine elementare Rolle zu spielen schien, sprach sie offenbar ohne zu zögern für *alle Chorsänger*, die spürbar *in freudiger Erwartung* der Aufführung harrten. Das *Zusammenschwingen* in *toller positiver Energie* bezog sich indessen für die 33-Jährige nicht allein auf das Bühnenfeuerwerk, sondern prägte bereits den *Weg* zum *gemeinsamen Ziel*. Ihre Beschreibung legt nahe, dass es ein emotional spürbares Zusammengehörigkeitsempfinden war, ein kollektives Anteilhaben an einer *Grundstimmung*, einem geteilten Genießen, welches die mehreren hundert Fremden untereinander verband. Charakteristisch für dieses Erleben ist offenbar das *Teilen des Moments*, das situative *Miteinander* beim Singen – auch schon bei den Proben. Eben dieses geteilte Erleben prägte erkennbar Anjas Spüren von Gemeinschaft beim Riesenchorsingen, wiewohl *keine Freundschaften entstanden sind*.[810]

---

[809] AB 4, Z.31–39.141–158.
[810] Dass Anja sich dies aber tendenziell wünscht führte letztlich dazu, dass sie dem Freundschafts-Typ zugeordnet wurde, s. Kapitel C 2.3.4.

Bereits unmittelbar nach der Auftaktprobe hatte Anja dieses geteilte Erleben als Charakteristikum des Massensingens bei *Amazing Grace* erstmals beschrieben.

Zwei besondere Akzente geteilten Erlebens beleuchtet zudem das Beispiel von Kathrin S.. Zum einen attestierte sie, die bei mehreren Aufführungen vor und nach jener in Ludwigsburg beteiligt war, nachdem sie zuvor das Unvermögen anderer Projektchormitglieder, konzentriert am Stück zu arbeiten und die Einzelstücke auswendig zu singen, beklagt hatte, dem Riesenchor für den Auftritt eine konzentrierte wie auch fokussierte Performance. Zum anderen berichtete sie, die bereits Erfahrung mit solchen Riesenchorprojekten ins Gospel-Musical mitbrachte, vom dortigen Wiedersehen mit Bekannten:

„[…] letztes Frühjahr im Prinzip war ja in der Porsche-Arena Oslo Gospel Choir, da haben wir mit 800 Mann Mass Choir gesungen (.) also des sind natürlich schon ganz andere Dimensionen! Aber des is', also=für mich is' des kein Thema, da also wenn ich sowas (mitsinge da muss man) muss man halt a bissle (.) ja 'n Abstand halten so, dann trifft man halt die Leut', ich mein', bei so großen Mass Choirs zum Oslo Gospel Choir triffst Du eigentlich viel die gleichen Leute wie jedes Mal, wenn sowas is', da hast Du immer so Deine guten Bekannten, die schon Jahre dann immer wieder triffst, wie gesagt, also ich mach' des ja eigentlich im Prinzip schon seit 2009 oder so regelmäßig solche (.) Großveranstaltungen"[811].

Daraus ergibt sich, dass ein gewisser Personenstamm, offenbar ohne persönliche Verbindungen außerhalb solcher Chorprojekte, sich mehr oder minder regelmäßig bei eben diesen begegnet und hierdurch ein geteiltes Erleben über Einzelprojekte hinaus stattfinden kann, indem die beteiligten Sänger die Mitwirkung an mehreren Großprojekten und damit verbundene Erfahrungen grundsätzlich miteinander teilen, aber auch besondere Momente wie den Auftritt mit dem Oslo Gospel Choir in der Porsche-Arena oder die Zugabe bei der Aufführung von *Amazing Grace* in der MHP-Arena. Dies dürfte für eine solche Gruppe von faktischen Großprojekte-Abonnenten in etwa das konstituieren respektive näher ausprägen, was Ralf Bohnsack den *konjunktiven Erfahrungsraum* nennt.[812]

2.6.5 Gemeinschaftsförderung durch eine kollektive Wohlfühl-Atmosphäre

Wiewohl es willkürlich anmuten mag, Atmosphären und Stimmungen qualifizierend beschreiben und feldforschend näherbestimmen zu wollen, gehörte es – wie bereits mehrfach angeklungen – zum ethnographisch-phänomenologischen Ansatz dieser Studie, auch diesen Bereich des individuellen und intersubjektiven Er-

---

[811] KS 2, Z.300–312. Das Interview wurde zwei Tage nach Abschluss des Gospelkirchentages, in dessen Rahmen Kathrin bei den (Ur-) Aufführungen von *Amazing Grace* mitgewirkt hatte, telefonisch geführt.
[812] Vgl. Bohnsack, Sozialforschung, 60–65.

C 2.6 Der Projektchor als Gemeinschaft

lebens bei der Untersuchung projekthaften christlichen Riesenchorsingens methodisch kontrolliert analytisch in den Blick zu nehmen. Sowohl die Interviews mit anderen an *Amazing Grace* beteiligten Riesenchormitgliedern als auch meine Feldtagebuchaufzeichnungen boten hierfür eine solide Datenbasis und konnten hinsichtlich des Erlebens von Gemeinschaft(sbildung) auf atmosphärischer Grundlage fruchtbar gemacht werden. So führte Anja B. unmittelbar nach der Auftaktprobe aus:

> „Es ist momentan noch so, dass man ähm schon (.) ähm alleine herkommt oder vielleicht 'n paar Leute kennt, ich denk, das wird sich en- entwickeln nachher dann mit der Aufgabe, dass man sich tatsächlich als gesamtes Team ä:h empfindet, aber hier ist=es schon ähm so, dass alle auf der gleichen Welle schweben, also man fühlt sich nicht anders, man fühlt sich dazugehörig […] die Skala von (.) momentan, denk ich, sind wir bei 'ner (.) äh ‚Gemeinschaftsgefühl sieben' würde ich sag- naja ich, also, wenn man das so so fühlt, es gibt keine Leute, wo man sagt so ‚Oah, ja, ich weiß nicht, ich kenn' den nicht', sondern es ist eher so, dass alle ganz offen miteinander umgehen und sich freuen, dass man zusammen is […] also ich äh ich ich genieß' es so, in in dieser Gemeinschaft zu baden, in diesen, also grad wenn wenn jetzt auf ähm einfach nur Ms gesungen werden und alle zusammen Ha- Harmonie, des is für mich Harmonie, also @wenn's dann funktioniert@ äh und des is (.) f- für mich eigentlich auch so'n so'n Lebensziel: Harmonie, einen=harmonischen Zustand erreichen und des is so, was man dann hier erleben kann: So, wie es sein kann, wenn es gut ist. Also hm @(.)@ h:m [AB lächelt stark]."[813]

Offenbar trugen die von ihr erlebte *Harmonie* des Miteinanders der an sich Fremden, das *offene Umgehen* und *Sich-Freuen* über das – im Chorklang durchaus hörbare – *Zusammensein*, das *Schweben auf der gleichen* (Gefühls-) *Welle* und der offene Umgang wesentlich dazu bei, dass Anja *sich dazugehörig fühlte*. Hierbei war es gewiss ein bedeutender Faktor, dass mit in der Regel wohl hoher Motivation alle sich dem gleichen Projekt(ziel) verschrieben hatten, in ihrer Freizeit den Gutteil eines sonnigen Sommersonntags in der Kirche verbrachten und dort eine Wohlfühl-Atmosphäre vorherrschte, in der die von Humor geprägte Lockerheit des Probens in deutlichem Kontrast zum Alltagsstress stand, wie bereits am Beispiel von Tanja R. illustriert (s. Kapitel C 1.3.2.14 und C 2.2.2).

Noch plastischer beschrieb Bärbel F. die von ihr genossene freundlich-herzliche Atmosphäre in der Friedenskirche während der dortigen Proben.[814] Diese gemeinschaftsbefördernde Atmosphäre genoss die 55-Jährige derart intensiv, dass sie sich offenkundig enorm auf die jeweils nächste Probe gefreut hat.[815] Während Bärbels Beschreibungen stark auf das Kennenlernen von immer mehr der zunächst namenlosen Fremden abzuheben scheinen, dürfte die darin ebenfalls enthaltene Charakterisierung der Atmosphäre in der Friedenskirche nicht minder gewichtig sein für ihr Erleben, insbesondere hinsichtlich der dortigen Gemeinschaftsbildung: Bei *Amazing Grace* erlebte sie eine offene Herzlichkeit, die im Schal-Mitnehmen, in freundlichen Worten und einer praktischen Willkommens-

---

[813] AB 1, Z.78–82.88–92.99–104.
[814] Vgl. BF 2, Z.42–52 (zitiert in C 1.4.2).
[815] Vgl. BF 3, Z.3–8 (zitiert in C 2.1.5).

Kultur des „Komm, setz' Dich zu uns!" (Z.7) konkret wurde und sie *sich wahnsinnig* freuen ließ. Dass die Sängerin mit der Zeit immer mehr Menschen kannte war gewiss ein verstärkender Faktor ihres atmosphärischen Erlebens von Gemeinschaft, doch wie an einer anderen Interviewpassage deutlich wurde, spielte für das *Angetan-Sein*, das Empfinden von Zu(sammen)gehörigkeit und freundschaftlicher Verbundenheit, es letztlich keine entscheidende Rolle, ob die Menschen neben ihr tatsächlich Bekannte oder sogar Freundinnen waren, sondern die Grundstimmung, der atmosphärische kollektive Freundschaftsmodus, gaben vielmehr den Ausschlag für Bärbels (Gemeinschafts-) Erleben.

Ein ähnliches Bild entstand in den Interviews mit Gabi K. hinsichtlich der allgemeinen *sehr sehr guten Stimmung* und der freundlichen Atmosphäre bei den Proben; diese beschrieb sie einerseits positiv – manches Wiedersehen mit anderen Sängern sei *einfach nett* et cetera –, andererseits anhand einer sie abschreckenden Erfahrung ex negativo: Eine Nebensitzerin wirkte in ihrem Verhalten auf sie auffällig reserviert, geradezu aggressiv, was als Negativfolie und Ausnahme die sonstige Regel umso heller erstrahlen lässt. Wie im Feldtagebuch dokumentiert erlebte ich selbst inmitten des Menschenmeeres Ähnliches:

> „Bereits ab dem Einsingen fühlte ich mich wohl in der Chorgemeinschaft, trotz kleinerer Besetzung und noch immer vorherrschender Fremdheit zu den meisten Anwesenden in ihrer Mitte gut aufgehoben, zugehörig, geborgen. Strahlende Gesichter, warme Klänge, freundliche gegenseitige Hinweise auf die nun zu singende Passage verstärken diese positiven Gefühle. Die mir heute alle bekannten Lieder – von der letzten Probe, aus Kassel und von der Gesamtaufnahme auf CD – lösen ebenfalls nur Positives aus. Es ist ein Erfolgserlebnis, mühelos zu einem Wohlklang, zu einem imposanten Gesamtakustikgebilde beizutragen."[816]

Die hier beschriebene, von Herzlichkeit geprägte Atmosphäre schien auch in zahlreichen Interviews auf, etwa als Gabi S. im letzten Gespräch Ende Juni 2015 erläuterte, dass die Offenheit, Fröhlichkeit und Freundlichkeit der Mitsänger ebenso wie das gemeinsame Ziel sie als *Einzelsängerin in die Gruppe reinwachsen* ließen und ihr ein *Gruppengefühl gaben*. Die im Feldtagebuchabschnitt benannte Mühelosigkeit der praktischen Teilhabe, das integrative Moment des Massensingens, spielte indes auch für das (Gemeinschafts-) Erleben Dritter eine bedeutende Rolle, wie die Ausführungen von Michael R. erkennen ließen:

> „[…] es macht mir schon (.) Spaß und ich empfind des dann a schon jetzt, net nur als Einzelsänger unterwegs zu sein, sondern sondern äh mit vielen gemeinsam (.) die gleiche Musik zu machen und (2) 'n tollen Klang insgesamt zu erzeugen! Klingt ja schon (.) stark, in so a großen (.) Menge als Stimme zu sein. Es ist auch net schlimm, wenn man ein oder zwei Fehler macht, weil äh es fällt eigentlich bei der großen Menge gar net aus (.) auf. Des erleichtert einem auch in so großen (.) Menschenmenge zusammen zu singen ä:hm (.) mhm man wirkt mit, man ist dabei, aber der Fehler ist (.) net ganz so schlimm, (wie) wenn's 'n kleiner Chor ist."[817]

---

[816] Feldtagebuch zur Einzelsängerprobe, Z.141–147.
[817] MR 2, Z.57–64.

C 2.6 Der Projektchor als Gemeinschaft 397

Gerhard S. skizzierte es als *ganz, ganz gewaltiges Gefühl* und Privileg, als *großartige Sache*, dass jeder einfach mitwirken konnte beim Gospel-Musical, dass auch er als *Normalbürger* höheren Alters *mit solchen Stars* und *vor so viel Publikum* dabei sein durfte. Auch sein Statement von Ende Mai 2015, rund sieben Monate nach der Aufführung, illustrierte neben der nachhaltigen Eindrücklichkeit der Musicalerfahrung die generell offenbar höchst harmonische, von Inklusivität geprägte Atmosphäre, in welcher der 67-Jährige, der sich selbst nicht als *richtig guten*, sondern dezidiert als *mittelmäßigen Sänger* beschrieb, durch das gesamte Projekt einschließlich der Aufführung hindurch nicht das Gefühl bekam, aus Alters- oder Musikalitätsgründen unerwünscht oder weniger hoch angesehen zu sein als jüngere beziehungsweise versiertere Chormitglieder. Vielmehr fühlte Gerhard sich losgelöst von solchen Fragen zugehörig, wertgeschätzt und selbstverständlich voll integriert.

Beachtung verdient des Weiteren das anders akzentuierte Beispiel von Elke H.. Auch sie zeichnete die Atmosphäre bei den *Amazing Grace*-Proben als eine offene und von starkem Aufeinander-Zugehen geprägte; in ihrer Darstellung wirkte die große Nähe fremder Menschen allerdings tendenziell vereinnahmend und potenziell bedrohlich, als etwas, womit sie sich nicht allzu sehr gemein machen wollte. So führte sie aus:

EH	Also ähm ich komm' ja aus der Pflege und ich werde (.) ich übe (.) des Nichtaufgehn in einer Gruppe i:n ä:h in mir verstärkt, deswegen ist des für mich eigentlich (.) was Positives, wenn ich sag', ich bin da bei mir und konzentriert. Also für mich ist des so, wie's is,
JK	∟ mhm
EH	genau richtig, dass ich da (.) nicht verschwimme bis zum fünfzehnten neben mir und aufpass', ob der jetzt sich an der Nase kratzt oder (.) ob er auch den Einsatz richtig macht und so, nee nee! Ist=schon gut so! @(2)@
JK	∟ @(.)@ Also (.) also kein hoher Wert @(.)@
EH	Dass ich mich verbinde? Do:ch, eben weil ich des so ä:h M:enschen in der Pflege versuchen ja (.) die Welt sozusagen an sich zu ziehen, also meine Berufsgruppe ist ja fürchter-
JK	∟ mhm
EH	lich ä:hm (.) prädestiniert dazu, sich zu:m (.) zum Affen zu machen (2) also ä:h wir müssen
JK	∟ mhm
EH	uns gleichzeitig (.) die Papiere dem Arzt hinlegen und und sagen „Da ist'n Fehler und dort noch zehn (.) Zentimeter reinschreiben!" und ä:hm gleichzeitig ä:h kü- kümmern wir uns um um die Belange, dass die (.) die Grundbedürfnisse erfüllt sind, wir behandeln machen die Behandlungspflege, nebenbei nehmen wir des Telefon ab und sind Sekretärin (.) des Abgrenzen is ja eine (.) gute Sache, wenn ein Mensch wie ich dieses hinkriegt.

[818]

Das betonte Bei-Sich-Bleiben-Wollen und dessen Begründung mit ihrem sozialen Beruf mag eine Art hermeneutischen Schlüssel anbieten für die betonte Verweigerung, sich den Gruppendynamiken anzuschließen. Demnach wäre für sie das Ludwigsburger Musicalprojekt, wie für alle andere Probanden auch, zwar ein deutlicher Kontrast zum Alltag gewesen, allerdings – und dies war innerhalb des Samples nur bei ihr zu beobachten – dergestalt, dass sie sich dort gerade nicht (zur

---
[818] EH 2, Z.115–132.

Gänze) mithineinnehmen lassen sowie ihrerseits nicht *die Welt an sich ziehen*, sondern *das Nichtaufgehen in einer Gruppe* trotz aller Gefühlswellen, Einfluss nehmenden Atmosphären, Dynamiken et cetera, üben wollte. Somit dürfte ihre skeptische Reserviertheit nicht einfach eine trotzige Verweigerungshaltung aus fehlender Grundmotivation oder dergleichen gewesen sein, sondern Teil eines Experiments. Wie Gabi S. sich wagemutig *getraut hatte, als Einzelsängerin* beim Projekt mitzumachen, so schwamm Elke entschlossen gegen den Strom, entzog sich gezielt den mitreißenden Strömen gewaltiger Emotion und Vergemeinschaftung fördernder Atmosphäre. Das Ludwigsburger Projekt fungierte hierfür anscheinend als eine Art Übungsplattform, um das im Beruf aus ihrer Sicht äußerst nötige Distanzwahren praktisch zu erlernen beziehungsweise zu erweitern und gerade nicht *bis zum fünfzehnten neben sich zu verschwimmen* und *sich zum Affen zu machen*. Somit kam dem Riesenchorsingen – wie bei etlichen anderen Probanden – letztlich auch für Elke die heilsame Funktion einer extraordinären, für Alltagsherausforderungen zurüstenden Gegenwelt zu, weil es bis hin zur und einschließlich der Aufführung gelang, sich nicht mitreißen zu lassen, sondern *bei sich zu sein*. Eben deshalb konnte die Sängerin inmitten hunderter Mitsänger sehr auf sich selbst konzentriert sein, sich der Gemeinschaft (innerlich) weitgehend entziehen und dies dennoch nicht als Erlebnismangel empfinden, sondern damit grundsätzlich zufrieden sein – weil sie genau das schließlich wollte und es als positiv einstufte, dass *ein Mensch wie* sie *das* tatsächlich *hinkriegte*.

In jedem Fall – ob das Skizzierte die (Haupt-) Motivation ihres Verhaltens und damit verbundenen Erlebens adäquat abbildet oder etwas anderes zutreffender sein mag – deuten auch ihre Einlassungen auf eine starke atmosphärische Dynamik bereits bei den Proben in der Friedenskirche hin, die sie – kognitiv und handlungspraktisch – vor die Wahl stellte, sich mitreißen zu lassen mit der begeisterten Masse oder sich dagegen zu sperren, um nicht vereinnahmt zu werden, nicht die Distanz zu verlieren, die zu wahren und einzuüben sie sich anscheinend fest vorgenommen hatte. Elke H. hat sich offenkundig aktiv und bewusst dem mitunter reißenden Strom der gemeinschaftsfördernden Atmosphäre und Gruppendynamik im Massensingen entzogen, was zum einen (abermals) von der enormen Integrationskraft und Vergemeinschaftungsdynamik der Riesenchorproben Zeugnis ablegt, zum anderen aber auch von der Freiheit, sich enthalten zu können, wenn man dies wollte und den Entschluss hierzu konsequent umzusetzen *hinkriegte*.

Von eben dieser kraftvollen, gemeinschaftsfördernden Atmosphäre, allerdings positiver konnotiert, sprach auch Elkes Chorleiterin Nikola I.; während mir selbst und gewiss den allermeisten Sängern von *Amazing Grace* der von ihr angestellte Vergleich nicht möglich war, erklärte die 38-Jährige vor dem Hintergrund ihrer Mitwirkung bei der Uraufführung des Gospel-Musicals in Kassel hinsichtlich der Grundstimmung in Ludwigsburg bereits bei den Proben in der Friedenskirche direkt nach der Hauptprobe – damit zwar sechs Tage vor Elke H. im zitierten Interview, indes im gleichen Stadium des Projekts, nämlich zwischen der Hauptprobe und dem Tag der Aufführung:

"[…] da war's bei der Probe auch schon schön, aber aber in Ludwigsburg des hat's nochmal übertroffen, also des war hier noch familiärer, noch (.) noch enger beieinander, noch freundschaftlicher und noch mehr dieser Zusammenhalt zu spüren!"[819]

Dass, wie gezeigt, zahlreiche Gesprächspartner die auch von mir als teilnehmendem Beobachter selbst so erlebte, von Freundlichkeit und Nähe geprägte Atmosphäre beim Singen mit dem Ludwigsburger Riesenchor als gemeinschaftsfördernd gezeichnet haben, ist entsprechend konsistent. Alle behandelten Beispiele zeugen von einer Vergemeinschaftung fördernden, den Einzelnen in der Masse potentiell mitreißenden Atmosphäre, ob vom Individuum hingebungsvoll und euphorisch als *Bad in der Menge* wahrgenommen (Gerhard S.) oder als Herausforderung, das *Bei-sich-Sein* gegen solche Dynamikströme schwimmend einzuüben (Elke H.) – oder zwischen diesen Ausformungen persönlichen Erlebens beziehungsweise Umgehens liegend: Die Atmosphäre beziehungsweise Grundstimmung beim Musicalprojekt war offenkundig von herzlicher Vertrautheit, von freizeitlicher Lockerheit, von gemeinschaftsstiftender Nähe zueinander geprägt, die jeden am Riesenchorprojekt Mitwirkenden vor die Wahl stellte, sich – wie Bärbel F., Gerhard S. und viele andere – darauf einzulassen oder aber – wie Elke H. – reserviert zurückzuhalten.

2.6.6 Gemeinschaftsförderung durch charismatische Führung

Als weiterer gemeinschaftsfördernder Faktor konnte das Agieren des musikalischen Leiters von *Amazing Grace*, Hans-Martin Sauter, rekonstruiert werden. Dass der Kirchenmusikdirektor für das Erleben beteiligter Riesenchorsänger beim Gospel-Musical in Ludwigsburg grundsätzlich eine bedeutsame Rolle spielte, ist bereits angeklungen (s. Kapitel C 2.4). Als Gegenüber zum Projektchor während der Proben und zu allen Bühnenakteuren während der Generalprobe wie Aufführung in der MHP-Arena kam ihm bereits strukturell eine Schlüsselrolle zu. Wie etliche Interviewaussagen nahelegen, überragten seine Ausstrahlung, seine Professionalität, seine hohe Motivation und Disziplin indes eine rein funktionsbedingte Bedeutung für Beteiligte bei weitem. So erwies sich der Dirigent – und dies keineswegs nur für mit ihm und seiner Arbeit vertraute und beides schätzende Sänger wie Jens M. oder Mitglieder des Friedenskirchen-Saisonchores „Voices of Peace" – im Projektverlauf als charismatische Führungsfigur, die durch ihre klaren Richtungsvorgaben und ihr Leitungshandeln insgesamt die Vergemeinschaftung der Projektchormitglieder förderte.

Brigitte H. attestierte eben diese integrierende Kompetenz:

---

[819] NI 2, Z.61–63.

JK	Jawoll. Wie würdest Du denn die Gemeinschaft mit den anderen Sängern gestern (.) bewerten oder einschätzen auf ner Skala von eins bis zehn und eins wäre „Ich fühl' mich ganz allein" und zehn „Ich bin ganz Teil des Chores und geh' da voll drin auf"?
BH	(3) Ah=dann würd' ich sagen, wahrscheinlich so um die neun, am Anfang war ja noch a bissle (.) Ladehemmung bei Vielen, hab' ich jetzt vielleicht selber net (.) <u>gehabt</u>, aber (.)
JK	L ja
BH	ä:hm (.) der Hans-Martin Sauter, der macht des ja klasse, wie er alle einbindet, ich=kenne=ihn ja auch von der (.) Nachteulen-Combo und da ist es ja im Gottesdienst auch erst mal so bissle verhaltener und dann (.) ähm wachen auch die Anderen auf oder lassen sich mitreißen. Und=von daher hab' ich mich sehr wohl gefühlt! Neun würd' ich

[820]

Während Brigittes positive Vorerfahrung im Kontext der Nachteulen-Gottesdienste in der Friedenskirche ihr Erleben und dessen Darstellung (mit-) prägen mochte, wiesen die Voten von Gabi K. in eine ganz ähnliche Richtung:

„[…] ich fand des wirklich <u>sehr</u> sehr beeindruckend ähm mit <u>so</u> vielen Sängerinnen und Sängern zusammen zu singen (.) und es hat ja auch erstaunlicherweise (.) sehr gut geklappt (.) äh dazu hat natürlich auch der Hans-Martin äh sehr @beigetragen, der motiviert ja, der war ja bis zur letzten Minute@ (.) ein @Energiebündel@ und gibt des dann auch weiter und kann alle motivieren und äh (.) also für mich war's sehr beeindruckend!"[821]

Demnach konnte Hans-Martin Sauter als *Energiebündel* durch sein souveränes, kompetentes und *motivierendes* Wirken *erstaunlicherweise* trotz der großen Sängerzahl (mit) dafür sorgen, dass die Probe letztlich *wirklich sehr sehr beeindruckend* war und alles *sehr gut geklappt hat*. So konnte aus verunsicherten Fremden bereits in der Auftaktprobe eine Gemeinschaft sich zu bilden beginnen, die von der ausstrahlenden Motivation des Chorleiters konstitutiv profitierte. Seine Rollenwahrnehmung mit der anderer Funktionsträger vergleichend erklärte Gabi K. nach der Einzelsängerprobe außerdem:

„Also der Hans-Martin is nach wie vor motiviert bis zum (.) ja @des kann man eigentlich gar nicht=mehr toppen (.)@ des is einfach f- er begeistert alle eigentlich (.) der Chorleiter. Und des macht viel aus, ja! Also ich kenn' auch andere Dirigenten und Chorleiter, die °sich so verästeln° (.) die begeistern @überhaupt nicht!@ Also es macht sehr viel aus, denk' ich."[822]

Auch diese Gesprächspassage beleuchtete, dass und wie stark die gute Stimmung, die gelöst-fröhliche Atmosphäre, das harmonische Zusammenklingen der rund 700 Sänger – wenngleich bei der Einzelsängerprobe keineswegs vollständig anwesend – und ihr Zusammenwachsen zur Gemeinschaft im Lauf des Musicalprojekts mit Sauters dies alles fördernden Wesen und Wirken zusammenhingen. Gewiss lässt sich auch hier kein direkter Kausalzusammenhang aufzeigen; aber dass für das in den vorigen Abschnitten nachgezeichnete (inter-) subjektive Erleben

---

[820] BH 1, Z.82–91.
[821] GK 1, Z.62–68.
[822] GK 2, Z.61–69.

C 2.6 Der Projektchor als Gemeinschaft

von Gemeinschaft beziehungsweise Vergemeinschaftung im gewaltigen Gesamtwohlklang des Riesenchorsingens ebenso wie für die grundlegende freundliche, lockere und zugleich disziplinierte Atmosphäre ohne Perfektionismus, jedoch mit Fokus auf das gemeinsame Ziel, der (charismatische) Dirigent eine essentielle Rolle gespielt hat, ist nicht zu bestreiten.

Auf einer organisatorisch-praktischen Ebene kam hinzu, dass Hans-Martin Sauter als Leiter von „Voices of Peace" sowie der württembergischen Chortage und früherer Großchorprojekte bereits als Person eine gewiss nicht geringe Zahl von Sängern zur Mitarbeit am Musicalprojekt motiviert haben dürfte, wie bereits anhand des Samples der 20 Probanden deutlich wurde: Sieben der 20 Gesprächspartner waren erkennbar bereits vor den Proben am Gospel-Musical mit Sauters Arbeit vertraut und allem Anschein nach – neben anderen Faktoren – auch seinetwegen bei *Amazing Grace* dabei, oder sie waren über den Friedenskirchen-Saisonchor dazu gekommen.[823] Freilich lässt sich nicht hochrechnend daraus folgern, dass grob ein Drittel des Riesenchores von *Amazing Grace* als mit Persönlichkeit und Arbeitsweise seines musikalischen Leiters bereits im Voraus vertraut gelten könne; gleichwohl erscheint es begründet, angesichts der sieben Probanden anzunehmen, dass ein gewisser Teil der am Gospel-Musical in Ludwigsburg Beteiligten so wie diese sieben Gesprächspartner den Dirigenten, seinen Stil und sein Charisma schon vor dem Musicalprojekt (grundsätzlich) kannten, möglicherweise außerdem den Kirchenraum der Friedenskirche – selbst wenn die einzelnen Sänger nicht direkt in Ludwigsburg wohnten, nicht am dortigen Nachteulen-Gottesdienst teilnahmen oder dem Saisonchor angehörten. Das müsste zwar wiederum nicht bedeuten, dass etwa die mit Sauter Vertrauten sich – in wesentlichen Teilen – untereinander kannten und deshalb rascher ein Gemeinschaftsgefühl in der Großgruppe bei den Proben für *Amazing Grace* aufgekommen wäre; der schlichte Umstand, dass Hans-Martin Sauter zu Projektbeginn offenkundig nicht allen rund 700 Projektchormitgliedern – wie mir selbst bis dato – gänzlich fremd war, dürfte für das durch sein persönliches Charisma sowie seine offenkundig gewinnende Leitungswahrnehmung beförderte Erleben von Gemeinschaft, Zugehörigkeit, Harmonie et cetera, zugleich aber kaum völlig ohne Bedeutung gewesen sein.[824]

---

[823] Im Einzelnen waren dies: Anja B., Jens M., Tanja R., Gerhard S., Hilderose S., Kathrin S. und Susanna M..

[824] SM 2, Z.12–16 etwa lässt erkennen, dass Susanna bei den *Amazing Grace*-Proben am gleichen Platz in der Friedenskirche saß wie auch bei den dienstäglichen Proben von „Voices of Peace" und sogar von denselben Menschen in beiden Kontexten unmittelbar umgeben war. Dies unterstreicht besonders plastisch, wie stark beide Sphären miteinander verknüpft sein konnten, in Personalunion des musikalischen Leiters und offenbar auch Teilen der Sängerschaft.

2.7 Ein Musical als „Krippenspiel für Erwachsene"?

Im Interview hat Andreas Malessa, Librettist von *Amazing Grace*, zur Entstehung des Gospel-Musicals erläutert:

> „[...] ‚10 Gebote' (2) hat wunderbar funktioniert (.) warum? (.) wei=l (2) wir Religionsunterricht für Erwachsene gemacht haben (.) ‚10 Gebote' ist doch eigentlich Krippenspiel höherer Ordnung!? Also, da ich <u>sehr gut</u> befreundet bin mit Dieter Falk, der war früher unser Keyboarder (.) ich war 20 Jahre in einer Band (.) ä=h in der Dieter Falk gespielt hat hm (2) darf ich das mal so sagen (.) und das würde ich auch in Anwesenheit von Dieter wiederholen: ‚Klasse! Ja, gut! Nichts dagegen! Wir machen Hochglanz-Krippenspiel und erzählen eine biblische Geschichte! Diesmal nicht Maria und Josef, sondern Moses und (.) @Aaron@ oder (.) (sonst) Miriam!' (.) So, ne?"[825]

Das mangelnde religiöse Grundwissen ermögliche, dass man gegenwärtig nacherzählte biblische Geschichten als etwas Neues, als *Musicalstoff wie „Phantom der Oper"* verkaufen kann. Da es sich hinsichtlich des allgemein fehlenden Vorwissens ebenso gut um eine *inszenierte tibetische Sage* handeln könne, sei es auch nicht mehr *stinky*, solche Angebote wahrzunehmen und in der *Betriebskantine* davon zu berichten. Anliegen der Creativen Kirche sei es beim Gospel-Musical allerdings gewesen, im Unterschied zu „Die 10 Gebote" stärker *nachsingbare Melodien* einzubeziehen, auch dadurch einen *missionarischen Mitmacheffekt* zu befördern sowie eine größere *Chorzentrierung* zu wagen, wodurch der Projektchor eine bedeutsamere Rolle bei der Aufführung spielen und Beteiligte beziehungsweise daran Interessierte in die Lage versetzt werden sollten, einzelne Lieder aus dem Gesamtstück herauszulösen und in anderen Kontexten zu präsentieren.[826]

Während es in diesem Kapitel nicht um den Vergleich der jeweiligen Konzepte oder individuelle Erfahrungen Mitwirkender mit „Die 10 Gebote" auf der einen und *Amazing Grace* auf der anderen Seite gehen soll, wird doch das Stichwort *Krippenspiel* aufgenommen und ansatzweise diskutiert. Denn wiewohl das bei am Heiligen Abend landauf landab szenisch zur Darstellung Gebrachte gewiss – ob zurecht oder zu Unrecht – noch immer als weithin bekannt gilt, was zuweilen die Kreativität zugunsten einer möglichst ausgefallenen Präsentationsvariante anregen mag, um das vermeintlich Altbekannte wenigstens möglichst innovativ umzusetzen, ist der motivierende Grundgedanke rezipientenunabhängig ein vergegenwärtigender, pädagogischer, katechetischer: Das in der Bibel Berichtete soll

---

[825] Interview mit Andreas Malessa, Z.98–108. Das zu Beginn der zitierten Passage (Z.98) begegnende „Wir" gehört offenbar zu Malessas Wiedergabe der Anfrage der Creativen Kirche an ihn.

[826] Was Andreas Malessa anschaulich als Konzept von *Amazing Grace* beschrieb, kann als hermeneutischer Schlüssel zu den Erfahrungen von Nikola I. und zugleich als Antwort auf ihre – Malessa nicht bekannte – Kritik verstanden werden, dass sie sich mit ihrem Kirchenchor bei „Die 10 Gebote" als bloße *Kulisse* empfand, bei *Amazing Grace* hingegen als wertgeschätzter, fair behandelter Akteur.

schauspielerisch, szenisch, musikalisch oder anderswie inszenierend (ansprechend) vermittelt werden. Eben dies leistet(e) nach Andreas Malessa auch das Pop-Oratorium „Die 10 Gebote", was es zu einer *Hochglanz-Bühnenshow* mache, die zugleich *Religionsunterricht für Erwachsene* sei.

Bei *Amazing Grace* verhält es sich prinzipiell ähnlich, unterscheidet sich allerdings wesentlich darin, dass der vermittels gegenwärtig populärer Musik und Schauspiel transportierte Inhalt kein explizit biblischer ist, sondern ein biographischer, wirkungsgeschichtlich interessierter, summarisch-theologisch profilierter. Zuspitzend lässt sich gar festhalten, dass das Gospel-Musical eine Art Heiligen-Geschichte erzählt, ohne dass John Newton in letzter Konsequenz zu einem Heiligen ohne Fehl und Tadel stilisiert würde, wie dies in anderen Kontexten begegnen mag. Wie die Gespräche mit den 20 Probanden gezeigt haben, war diese Geschichte selbst kirchlich Hochverbundenen, die wie Gerhard S. seit frühester Kindheit mit dem christlichen Glauben Berührung hatten, weitgehend bis völlig neu. Wie für einen mit der Weihnachtsgeschichte Nichtvertrauten jedes Krippenspiel potentiell die Möglichkeit bietet, auf (hoffentlich) ansprechende Art eine Bildungslücke zu schließen, so bestand bei *Amazing Grace* die Gelegenheit, die Geschichte hinter dem Lied „Amazing Grace", welches an sich *ja jeder kennt*, kennen zu lernen. Mehrere Beispiele zeigten deutlich, wie stark das durch die Mitwirkung beim Gospel-Musical dem einzelnen Sänger inhaltlich Angebotene über die Aufführung hinaus Wirkung entfalten konnte; etwa jenes von Michael R., der sich nach offiziellem Projektende intensiv mit der Figur John Newtons beschäftigt und einen Vortrag über dessen Biographie und mögliche Vorbildfunktion gehalten hat. Wie an solchen Nachwirkungen im Leben und Glauben eines beteiligten Sängers erkennbar, hat *Amazing Grace* Anstöße gegeben, sich näher zu befassen mit dem im Bühnenstück szenisch und musikalisch zur Darstellung Gekommenen, wie sich ein mit der Weihnachtsgeschichte gänzlich Nichtvertrauter nach Miterleben – durch Mitgestaltung oder Betrachtung als Zuschauer – eines ihn ansprechenden Krippenspiels womöglich näher mit dieser Geschichte beschäftigt, danach fragt, wie es nach der Geburt im Stall von Bethlehem weiterging, et cetera.

Was speziell bei *Amazing Grace* die persönliche Auseinandersetzung, wie sie exemplarisch bei Michael R. zu beobachten war, stark befördert haben dürfte, ist der betonte Gegenwartsbezug des *Musicalstoffs*, der Mitwirkende und wohl auch Zuschauer herausgefordert hat, sich mit den vorgestellten Figuren, ihrem Verhalten und Schicksal auseinanderzusetzen.[827] So war es gewiss nicht nur der um ein Mehrfaches geringere zeitliche Abstand zum dargestellten Geschehen als im Fall der Weihnachtsgeschichte oder der in „Die 10 Gebote" verarbeiteten Exodus-Erzählung, durch den das im Musical Erzählte Mitwirkenden und Zuschauern in ihrer persönlichen Lebenswelt näher liegend erschienen sein mag; vielmehr boten speziell die *drei Dämonen* eine Projektionsfläche an für eigenen *Hass*, eigene

---

[827] Dass Malessa genau diesen Effekt intendiert und erhofft hatte, zeigte sich im Interview mit ihm.

Angst und eigene *Gleichgültigkeit*. Dies trug aus meiner Sicht entscheidend dazu bei, dass das Musical in allem emotionalen und sonstigen individuellen Erleben allerlei katechetische, zugleich aber auch seelsorgerliche, spirituelle und andere Impulse bereithielt, wie neben Michael R. und Gerhard S. aus dem Sample der Gesprächspartner nicht zuletzt die Beispiele von Brigitte H., Jens M. und Gabi S. konkretisierend illustriert haben.

Daher ist es in keiner Weise despektierlich, wenn ich das Attribut *Krippenspiel für Erwachsene* als für *Amazing Grace* passend feststelle – wobei es freilich auch für Nichterwachsene solche Wirkung entfalten mag; denn wie in einer modernen Präsentation der Weihnachtsgeschichte werden darin zentrale Glaubensinhalte – wenngleich anhand der außerbiblisch dokumentierten (Lebens-) Geschichte John Newtons[828] – nach den Regeln zeitgenössischer Bühnenshows inszeniert, damit einem breiten Publikum ansprechend zugänglich gemacht und verschiedenste Impulse gesetzt sowie Inhalte angeboten, die im Leben und Glauben der Angesprochenen weiterwirken, sich in ihrem Denken, Fühlen und Handeln auswirken können, wie dies an etlichen Beispielen aus den Reihen der 20 Probanden nachvollziehbar war.

---

[828] Interviewäußerungen von Gerhard S. – einem kirchlich hochverbundenen Sänger – zu den im Musical geschilderten Gottes- beziehungsweise Glaubenserfahrungen Newtons legten allerdings nahe, dass es für mit *Amazing Grace* befasste Projektchormitglieder subjektiv keine Relevanzschmälerung oder dergleichen bedeuten musste, dass die im Bühnenstück transportierte Glaubens- und Lebensgeschichte nicht der Bibel entnommen ist.

3. Ein Musical erforschen – Grenzen des Erklärbaren

Anhand des erhobenen Datenmaterials ließ sich in den vorgestellten Rekonstruktionen vieles nachvollziehen respektive nachzeichnen, was hier nicht wiederholt, sondern nur angedeutet werden soll: Dass sich, wie im Fall von Anja B., die mit dem Gospel-Musical verbundenen Erfahrungen auf einer individuellen spirituellen Entdeckungsreise bestätigend und Orientierung gebend auswirken konnten; dass, wie für Gerhard S., nach Jahrzehnten eingefahrene Glaubenspraxen durch neue, etwa emotional-erlebnisorientierte, sich erweitern konnten; dass sich, am Beispiel von Elke H. greifbar, einzelne Sänger gezielt mitreißenden Dynamiken im Menschenmeer entziehen und zum euphorischen Gruppengeschehen auf Distanz bleiben konnten; dass, wie für Janina S., aus anfänglich hunderten Fremden ein familiäres Miteinander – *fast wie eine Person* – im Projektverlauf wachsen konnte et cetera.

Dabei erwies sich vieles als plausibel und konsistent; etwa, dass bei dem Produktionstypus Gelegenheitssänger zugeordneten Beforschten für die im Projektverlauf beobachtete Entfaltung der Sozialen, Harmonischen oder Überwältigenden Wirkung es nicht ohne Bedeutung gewesen sein dürfte, dass sie sich mit großer persönlicher Offenheit auf *Amazing Grace* eingelassen hatten, gleichsam als auf ein Experiment mit offenem Ausgang. Wäre bei mit dem gleichen (Ideal-) Typus – zu dem charakteristisch die wohlwollende Offenheit für das Projektgeschehen gehört (s. Kapitel C 2.1.1) – exklusiv Identifizierten stattdessen die Wirkung Distanzierte Beobachterin aufgetreten, wäre solches in Divergenz beziehungsweise sogar offener Spannung gestanden zur Zurechnung zum Gelegenheitssänger.[829] Hiergegen konnte es nur als stimmig gelten, wenn für ein *bei sich*

---

[829] Dass Elke H. als Ergebnis der Datenauswertungen sowohl mit dem Produktionstypus Gelegenheitssänger als auch mit der Wirkung Distanzierte Beobachterin identifiziert wurde, steht prinzipiell in eben dieser Spannung. Allerdings erklärt es sich in ihrem Fall schlüssig und entspannend durch dreierlei: 1. Die weitere Zurechnung zum Produktionstypus Distanzierte Sängerin war für ihren persönlichen Produktionsmodus in Ludwigsburg charakteristischer beziehungsweise prägender, wodurch die Identifikation mit dem Gelegenheitssänger in ihrer typologischen Kombination zu betrachten ist. 2. Anders als bei allen anderen dem Gelegenheitssänger zugeordneten Probanden konnte für Elke keine ausgeprägte Soziale, Überwältigende oder sonstige Wirkung festgestellt werden, sondern ausschließlich die der Distanzierten Beobachterin. Damit erscheint lediglich ihre Identifikation mit dem Gelegenheitssänger vordergründig unstimmig, während die weiteren typologischen Verortungen als unstrittig konsistent anzusehen sind. 3. Der gesamte Kontext ihrer Teilnahme in Ludwigsburg (s. Kapitel C 1.3.2.6) schließt bei näherer Betrachtung auf, dass und warum in ihrem Fall bezogen auf das dortige Musicalprojekt anfängliche prinzipielle Aufgeschlossenheit (Gelegenheitssänger) und (nicht allein zeitlich) spätere Distanz, die ihren Produktionsmodus sowie die Wirkung prägte, sowie das Ausbleiben nachhaltiger Wirkung sehr wohl ein konsistentes Gesamtbild ergeben.

selbst *bleiben wollendes* und von Gruppendynamiken im Riesenchor sich entschlossen abgrenzendes Projektchormitglied, wesentlich dem Typus Distanzierte Sängerin zugeordnet, ausschließlich die Wirkung Distanzierte Beobachterin rekonstruiert wurde. Kaum wundernehmen konnte außerdem, dass Sänger, welche die Überwältigende Wirkung erfasst hatte, nicht dem Keine Nachhaltigkeit-Typ zuzurechnen waren, sondern langfristige Wirkungen unzweideutig erkennbar und eine typologische Einordnung, etwa zum Großprojekte-Abo-Typ, auf deren Grundlage möglich waren. Somit war – unabhängig von der Frage nach etwaiger direkter Kausalität – überwiegend Stringenz festzustellen, kontinuierliche Entwicklungen durch die verschiedenen Phasen des Projekts hindurch.

Zugleich zeigte sich trotz aller Plausibilitäten aber auch, dass menschliches (inter-) subjektives Erleben, individuell und in Gruppen, komplexer ist als mit empirischen Instrumenten nachvollziehbar; dass auch Brüche und Spannungen auftraten, die alle ansonsten vorfindlichen, in Teilen (stark) in Richtung von Kausalzusammenhängen tendierenden Plausibilitäten aufbrachen und darin unterstrichen, wie ausdifferenziert und im Letzten unergründlich Lebenswirklichkeiten sich darstellen können. Nur zwei Beispiele sollen dies schlaglichtartig beleuchten: Angesichts der Begeisterung, die Gerhard S. beim Riesenchorsingen erfasste, die den Rentner tief berührte, ihm nach Jahrzehnten der Orientierung an *Lehrfragen* die *emotionale Seite*, ja die *Herzensseite des Glaubens* (noch weiter) aufschloss, irritierte, dass er – neben anderen Typen auch dem Response-Sänger sowie der Überwältigenden Wirkung zugeordnet (!) – offenbar nicht dauerhaft auf den Geschmack solcher Projekte wie *Amazing Grace* gekommen war, sondern die Erfahrung trotz aller nachhaltigen positiven Auswirkungen in seinem (Glaubens-) Leben als punktuell-einmalig hinter sich ließ und etwa am „Pop-Messias" sich nicht beteiligte, ohne hierfür etwa zeitliche Gründe anzuführen, wie andere Probanden dies bedauernd taten. Denn das Gospel-Musical war für ihn in dieser Dimension Neuland und angesichts seines enorm positiven Erlebens darin wäre es nur plausibel gewesen, hätte er – wie andere Sänger – ohne zu zögern sofort die nächste (realisierbare) Gelegenheit einer Fortsetzung wahrgenommen, dann womöglich mit dem Vergleichshorizont des bereits Erfahrenen im Produktionsmodus des Gewohnheitssängers mitwirkend.[830] Doch Gerhard beließ es stattdessen (zunächst)

---

[830] Zur Vollständigkeit gehört indes der Hinweis, dass Gerhard nach *Amazing Grace* weiterhin bei „Voices of Peace" mitsang und somit die Mitwirkung in einem großen Chor unter der Leitung von Hans-Martin Sauter einschließlich mancher Konzerte auch außerhalb der Bühnen-Großprojekte fortwährend zu seiner Singpraxis gehörte. Dennoch wäre es aus meiner Sicht plausibler und naheliegender gewesen, hätte ihm die rundum positive Erfahrung der Mitwirkung an *Amazing Grace* (erkennbar) größere Lust auf mehr dieser Art gemacht – ähnlich wie „Die 10 Gebote" für Michael R. seinerzeit Initialzündung gewesen zu sein schien, die ihn auf den Geschmack solcher *gewaltigen* Projekterfahrungen gebracht und in der Folge mehrere entsprechende Beteiligungen nach sich gezogen hat (s. Kapitel C 1.3.2.13), darunter auch jene beim Gospel-Musical in Ludwigsburg.

C 3. Grenzen des Erklärbaren

bei der Einmaligkeit des Erlebten mitsamt seinen Auswirkungen und stellte weiterem Großprojekte-Engagement alternativ-kontrastierend das Familienleben gegenüber.

Auch das Beispiel von Katharina M. bricht ansonsten bei etlichen Gesprächspartnern beobachtbare Plausibilitäten auf, die nicht zuletzt darin begegnen, dass mehrere Sänger parallel sich zugeordnet finden, also einem bestimmten Produktionstypus Zugerechnete wiederum beim gleichen Wirkungstyp versammelt sind, etwa einerseits mit dem Response-Sänger und andererseits mit der Harmonischen Wirkung identifizierte Probanden (s. Tabelle 20, Kapitel C 2). Zwar kann, beispielsweise für das geringer ausgeprägte Gemeinschaftserleben der Schülerin im Sinne erkennbarer Gruppenidentifikation, der späte Einstieg ins Projekt angeführt werden; zugleich verwundert, dass trotz offenbar auf sie nicht ohne Wirkung bleibender Partizipation an Hauptprobe, Generalprobe und Aufführung, welche die Einordnung in die Harmonische Wirkung begründete, sie als nur eine von zwei Probandinnen dem Keine Nachhaltigkeit-Typ zuzuordnen war. Bei Elke H. ist die bewusst gewählte Distanz zum Geschehen während des Ludwigsburger Projekts, die sich im Interview nach der Aufführung einmal mehr deutlich niederschlug, eine schlüssige Erklärung dafür. Bei Katharina hingegen gibt es nichts vergleichbar Plausibilisierendes. Sie selbst benannte zwar den Alltagsstress als Grund für ihr *Abhaken* und nahezu nahtloses Übergehen in den Alltag, was aber weder die ausbleibende Wirkung in den Tagen nach der Aufführung noch im Langzeitabstand aus meiner Warte hinreichend begründen kann, vor allem nicht vor dem Vergleichshorizont des Erlebens anderer Probanden, deren Alltag ebenfalls *stressig* war und einer nachhaltigen Wirkung ihrer Musicalbeteiligung dennoch keinen Abbruch tat, diese womöglich sogar beförderte, insofern die Erfahrung bei und mit *Amazing Grace* als wohltuender Kontrast hierzu fungierte, die Erinnerung an das Erlebte als inneres Refugium et cetera.

So zeigt sich bereits an diesen ausgewählten Beispielen, dass neben manchen Erkenntnisgewinnen die vorgelegte Längsschnittstudie immer wieder an deutliche Grenzen stieß und (längst) nicht die ganze Wirklichkeit vollumfänglich untersuchen oder feldforschend erschließen konnte, sondern sich mit Begrenzungen bescheiden musste.

D. Einblicke und Ausblicke: Emotion statt Institution, Identifikation statt Konfession, intensiv statt dauerhaft

Im Eingangsteil wurde der Forschungsgegenstand skizziert und für dessen Untersuchung hilfreiche Theorien wie Konzepte als Grundlage vorgestellt. Die folgenden Abteilungen haben die sozialwissenschaftlich gewonnenen Kernergebnisse zum (inter-) subjektiven Erleben in Kassel und Ludwigsburg präsentiert. Im abschließenden vierten Teil soll nun fokussiert auf praktisch vorgefundene Phänomene einerseits sowie auf bei deren Interpretation und Gewichtung weiterführende theoretische Ansätze andererseits eingegangen werden, das Bisherige aufnehmend, bündelnd, theologisch gewichtend und weiterdenkend.

Dabei ist zunächst zielgerichtet zu erläutern, dass und inwiefern sich das erlebte Geschehen beim MassChoir und beim Gospel-Musical aus sich selbst heraus als Manifestation von „Kirche" beziehungsweise als „Gemeinde" verstehen lässt, um diesen Teil beforschter Lebenswirklichkeit sodann ins Gespräch zu bringen mit dem eingangs theoretisch Hergeleiteten (s. Kapitel A 1.2.3).

Weiterhin sollen wesentliche Ergebnisse der Feldforschung abstrahiert als Impuls für den kirchentheoretischen Fachdiskurs formuliert und eine theologische Positionierung zum Verhältnis von Riesenchorveranstaltungen wie den untersuchten und dem sonstigen Leben verfasster Kirche vorgenommen werden. Abschließend schlage ich Konsequenzen aus den Beobachtungen der vorgestellten Feldforschung für das Selbstverständnis der Praktischen Theologie als theologischer Disziplin insgesamt vor.

1. Zuspitzung: Wo und wie entstand (k)eine Gemeinde?

Vor dem Hintergrund des zu beiden Veranstaltungen Rekonstruierten ist nun fokussiert zu fragen, ob und inwiefern die MassChoir-Einheiten und *Amazing Grace* auf der Basis des empirisch Erforschten, also induktiv, als „Gemeinde" oder Erscheinungsform von „Kirche" gelten können. Außerdem ist auf den eingangs aus verschiedenen Quellen deduktiv abgeleiteten Gemeindebegriff (s. Kapitel A 1.2.3) einzugehen. Da diese Studie keinen hypothesenprüfenden Ansatz verfolgt geht es hierbei allerdings nicht um die Überprüfung des theoretisch Entwickelten anhand der Praxis, um dieses nötigenfalls zu modifizieren und womöglich als Grundlage weiterer empirischer Forschung zu verwenden, mit dem Ziel der Verifizierung (s. Kapitel A 2.3.3); ebenso wenig soll umgekehrt der theoretische Gemeindebegriff als Maßstab der erforschten Praxis dienen, die dann als praktisches Beispiel genannt werden könnte oder nicht. Vielmehr sollen theoretisch Hergeleitetes und aus dem Material Gewonnenes miteinander ins Gespräch gebracht werden. Zunächst sei indessen daran erinnert, wie stark sich bei allen Gemeinsamkeiten die untersuchten Riesenchor-Veranstaltungen im Detail unterschieden haben:

Zeit-Dimension	Örtlichkeiten	Chor-Größe	Chor-Gegenüber	Ziel des Singens	Publikum
zwei Vormittage eines Wochenendes	Mehrzweckhalle	circa 5.000	verschiedene Dirigenten	keines	keines
vier (Halb-) Tage über vier Monate	*Kirche, Mehrzweckhalle*	*circa 700*	*Hans-Martin Sauter*	*Aufführung*	*circa 4.500*

Tabelle 27: Rahmendaten und Unterschiede von MassChoir und *Amazing Grace* (Angaben hierzu *kursiv*)

In den Abteilungen B und C ist bereits ausführlich auf beide Veranstaltungen einschließlich besonders markanter Unterschiede eingegangen worden; dass etwa den MassChoir-Sängern kein Publikum Tausender virtuell oder real gegenüberstand, wie dies bei *Amazing Grace* mit rund 5.000 Personen der Fall war, was – insbesondere für dem Response-Sänger zugeordnete Akteure – eine beträchtliche Rolle spielen konnte für individuelles wie intersubjektives Erleben. Dies soll im Folgenden nicht wiederholt, sondern vielmehr ergänzt werden durch den zielgerichteten Blick auf empirisch gewonnene Erkenntnisse, welche in der Zusammenschau das Bild einer christlichen Gemeinde ergeben. Wenn dabei für beide Veranstaltungsformate ein induktiv entwickelter Gemeindecharakter konstatiert wird, ist mit Bubmann, Fechtner und Weyel daran zu erinnern, dass jede Deutung – und für diese Studie ist zu ergänzen: jedes rekonstruierte (Selbst-) Verständnis – Beteiligter „eine kirchentheoretisch reflektierte Kriteriologie nicht ersetzen kann."[831] Dementsprechend wird in den Kapiteln D 2 und D 3 ausführlich zu behandeln sein, ob die induktiv entwickelten Gemeindebegriffe kirchentheoretisch haltbar erscheinen, welche der aus dem Untersuchten stammenden Impulse für den (praktisch-) theologischen Fachdiskurs besonders weiterführend sein könnten und ob sich sozialwissenschaftlich Rekonstruiertes und theologisch Vertretenes konstruktiv verbinden lassen.

1.1 Zweckfreie Moment-Begeisterung: Der MassChoir beim Gospelkirchentag in Kassel

	„Was da stattfindet is ja Gemeinde, is ja Kirche! Viele Christen singen zusammen, in der Kirche passiert nix Anderes."
F	Nee, das find ich nicht @(.)@! Das is
M	∟ Nee, das (.) das das glaub ich nicht. Das ist das ist völlig anders, weil in die Kirche gehen häufig Leute, die gehen da hin, weil das üblich ist, weil sie's von ihren Eltern kennengelernt haben vielleicht und (.) nur wenige, glaub ich, gehen aus Überzeugung da hin (.) äh (.) und hier, glaub ich, kommt man her, weil man hier dran teilnehmen will.
F	Und man möchte, glaub ich, auch etwas (.) mitnehmen (.) und etwas mitbewegen (2) also

[832]

Diese Spontanreaktion eines nach dem MassChoir II interviewten Ehepaares auf die vom Interviewer referierte These beleuchtet zweierlei in besonderer Weise: Zum einen, dass diese am Riesenchorsingen auf dem Gospelkirchentag Partizipierenden zwischen parochialen Kirchengemeinden und der Versammlung in Kassel betont unterscheiden. Zum anderen, dass in dieser Unterscheidung die Gospel-Gemeinde als die der Überzeugten und Freiwilligen zu stehen kommt, während das Gegenstück aus mehrheitlich tradiertem, inhaltsleerem Habitus besteht, mit nur *wenigen aus Überzeugung* Anteilhabenden. Während im Folgenden nicht im Sinne eines solchen Vergleichs das eine am anderen gemessen, ebenso wenig die Diskussion um volkskirchliches Prinzip hier und Richtungs- oder Personalgemeinden dort prolongiert werden soll, werden doch einzelne Aspekte fokussiert in den Blick zu nehmen sein, die helfen sollen bei der Klärung der Frage, ob und warum das Singen im MassChoir als Gemeinde verstanden werden kann.

---

[831] Bubmann/Fechtner/Weyel, Gemeinde auf Zeit (VWGTh), 144.
[832] GKT-Interview 140921_002, Z.74–81.

1.1.1 Intensive Gemeinschaftserfahrung

„Musik stiftet Gemeinschaft, führt Menschen beim Singen, Musizieren oder Hören zusammen. Sie ist ein wesentlicher Faktor des Gemeindeaufbaus und der Gemeindeentwicklung. Zu verweisen ist auf die besondere Bedeutung von Bewegungs- und Tanzmusik für das Gemeinschaftsleben."[833]

Die von Peter Bubmann hervorgehobene Bedeutung des gemeinsamen Singens und Sich-Bewegens für das Gemeinschaftsgefühl kann vor dem Hintergrund der Feldforschung zum MassChoir nur unterstrichen werden. Den im Videomaterial beobachtbaren kollektiven Bewegungsabläufen in der Rothenbach-Halle als Faktoren der Vergemeinschaftung – insbesondere beim Gospel-Day – korrespondierten Aussagen von Gesprächspartnern zu ihrem von Zugehörigkeit und Verbundenheit geprägten Erleben im Menschenmeer.

Im gemeinsamen musikalischen Handeln vereinigten sich die Stimmen der Beteiligten zu einem gewaltigen Gesamtklang, in körperlicher Nähe – etwa beim An-den-Händen-Fassen beim Gospel-Day – wurde die Verbundenheit untereinander mit Händen greifbar und wer vor lauter Überwältigung nicht mehr weitersingen konnte erlebte, dass es im Chor der Tausenden dennoch weiterging. So war für mitwirkende Individuen im Riesenchorsingen eine sie stützende und stärkende Gemeinschaft erfahrbar, eine Gruppe, die kollektiv gestaltete und aus deren Reihen durch die Hingabe der einzelnen Sänger Außeralltägliches hervorging, indem Individualinteressen zugunsten des Gemeinsamen zurückgestellt wurden. Dadurch, dass prinzipiell jeder Sänger sich mit seiner Stimme ganz investierte, entstand eine praktische *koinonia* gegenseitigen Anteilgebens, des wechselseitigen Sich-Beschenkens mit dem gewaltigen, extraordinären Klang.[834] Musizierend handelte eine Gütergemeinschaft[835], in die jeder etwas hineingab und wiederum am großen Ganzen partizipierend aus ihr etwas erhielt, prinzipiell nicht unähnlich der in Apg 2 beschriebenen Liebesgemeinschaft der Urgemeinde (s. Kapitel A 1.2.1.1.a).

---

[833] Bubmann, Klänge, 12. Zur großen (potentiellen) Bedeutung von Musik für theoretische und praktisch bereits vorfindliche Konzepte der Kirchen- und Gemeindeentwicklung vgl. Bubmann, Musik in Kirche, besonders 375–376 (auf diesen Beitrag im „Handbuch für Kirchen- und Gemeindeentwicklung" wird in Kapitel D 2.6 näher eingegangen).

[834] Vgl. Roloff, Apostelgeschichte, 66.

[835] Freilich soll nicht behauptet werden, dass beim MassChoir-Singen eine auf Güter und Besitz bezogene Vergemeinschaftung stattfand, wie sie in der Apostelgeschichte beschrieben wird. Aber der Begriff erscheint dennoch geeignet, das hohe Maß an Hingabe einzelner Sänger an das Gemeinschaftswerk (metaphorisch) zum Ausdruck zu bringen: Gütergemeinschaft als ein Sich-Schenken, einschließlich der Stimme, intensiver Emotionen und (Offenheit für) Transzendenzerfahrung inmitten eines Menschenmeeres Fremder, wobei mit der persönlichen Religiosität etwas hoch Intimes geteilt wurde (s. Kapitel A 1.2.1.1.a und A 2.4.1.1).

Auch auf der emotionalen Ebene fand Vergemeinschaftung statt, erlebten Menschen beim MassChoir-Singen intensive Verbundenheit untereinander; inmitten aller physischen und akustischen Bewegung auch innerlich tief bewegt drückten sie singend Gefühle aus, öffneten sich vertrauensvoll füreinander und erlebten gemeinsam in der Gruppe bis dahin, dass sie – mit Kaiser – ähnlich erlebend „zu einem kollektiven Individuum geformt"[836] wurden. So entstand im Singen eine intime Gemeinschaft aus Gospelsängern, die zusammen weinen konnten, lachen, albern hüpfen et cetera.

In summa kam es also beim MassChoir-Singen zu einer Gemeinschaftsbildung, die Alltägliches transzendierte und tausende einander fremde Menschen zusammenschloss, sie unabhängig von persönlicher Vertrautheit oder gar Sympathie miteinander verband durch geteiltes Erleben und kollektive Anteilhabe an etwas Großem; dabei wurden auch bislang Außenstehende integriert sowie in anderen Kontexten vorfindliche Grenzen von Konfession, Alter, Begabung oder dergleichen überwunden, so dass nicht zuletzt die Feldforscher als keine geborenen beziehungsweise dauerhaften Mitglieder der kleinen sozialen Lebenswelt des Gospel-Singens in dieselbe eintauchen, beim MassChoir – mindestens punktuell und potentiell – vollumfänglich dabei sein konnten im Augenblick des Singens.

1.1.2 Verkündigung und Gottesbegegnung

Inmitten des Riesenchorsingens konnten Menschen sich mit Gott verbunden fühlen, seine Nähe spüren, tief bewegt sein von der Botschaft seiner Liebe, etwa durch den Song „Loved". So verstanden Sänger ihre musikalische Erfahrung als von Gottes Reden geprägt, neben „Loved" besonders stark auch etwa mit dem Song „My Promise" verknüpft.[837] Umgekehrt brachten sie im Singen ihren Lobpreis dar, drückten ihren Glauben aus, besonders deutlich indem sie als Bekenntnisgemeinschaft „I belong to you" sangen.[838]

Im harmonisch-imposanten Gesamtklang konnten Sänger aufblühen, fühlten sie sich bedingungslos angenommen und geborgen. Die Komplexität ihrer Lebenswelt und Glaubenserfahrung fand sich in Liedtexten und Bühnen-Ansprachen wieder, wodurch sich die Angesprochenen umso ernster genommen wissen konnten, weil ihnen keine „heile Welt" vorgegaukelt, sondern der Realität ins Auge gesehen wurde, inklusive biografischen Brüchen, Krankheit und weiterem Leid im In- und Ausland. Dass nach dem euphorischen Massensingen wieder der Alltag mit seinen Herausforderungen kommen, dass das Glauben darin nicht immer

---

[836] Kaiser, Singen in Gemeinschaft, 459. Zu Gebrauch und Verständnis der ungewöhnlichen Rede vom *kollektiven Individuum* in dieser Studie vgl. Fußnote 867.
[837] Dass nach Pirner musikalische Erfahrung erst durch persönliche Deutung zur religiösen wird, ist in Kapitel A 1.3.2 näher beschrieben.
[838] Gewiss kann genauso wenig behauptet werden, dass alle dieses Lied Singenden an diesem Vormittag auch tatsächlich das Gesungene glaubten, wie das Sprechen des Credos im Sonntagsgottesdienst Aufschluss über den Glauben jedes Sprechenden geben muss.

leichtfallen und die Botschaften von Songs wie „My Promise" oder „Help me believe" gerade dann an Bedeutung gewinnen würden, war elementarer Bestandteil der MassChoir-Einheiten, die offenbar zurüsten sollten, Wegzehrung mitgeben für die Zeit danach.

1.1.3 Auftrag und Sendung

Zugleich blieb die auf Text-, Gefühls- und Musikebene kommunizierte christliche Botschaft nicht beim Zuspruch des Evangeliums – dass jeder bedingungslos geliebt ist – an die Riesenchormitglieder selbst stehen, sondern ergänzte den Auftrag, eben diese Botschaft, derer es sich an tristen Tagen etwa durch die „Loved"-Karten zu vergewissern gelte, in die Welt außerhalb der Mehrzweckhalle zu tragen, mit anderen zu teilen, getreu dem Motto „We are changing the world". Zum bedingungslosen Zuspruch trat also der appellhafte Anspruch eines dem christlichen Glauben gemäßen Handelns in der jeweiligen Lebenswelt und Umgebung, diakonisch-missionarisch, hinzu.

1.1.4 Die MassChoir-Gemeinde

Beim MassChoir Erlebtes überstieg sonstige Erfahrungen in der Lebenswelt, bildete eine heilsame Gegenwelt zum Vertrauten, hob aus dem sonstigen Leben heraus und sprach in dasselbe hinein, ermöglichte vertrauensvolles Miteinander, geradezu intime Gemeinschaft zwischen Wildfremden und sorglose Hingabe zugunsten eines Gemeinschaftswerkes. Daher sind es nicht allein explizite deutende Zuschreibungen von Gesprächspartnern, die das Riesenchorsingen in Kassel als Gemeinde erscheinen lassen; vielmehr ergibt sich aus dem Rekonstruierten ein Gesamtbild, das adäquat mit „Gemeinde" zu beschreiben ist, insofern inmitten der intensiven Gemeinschaftserfahrungen, die im Kontext einer dezidiert christlichen Veranstaltung stattfanden, die Evangeliumsbotschaft elementarisiert erklang und bei beteiligten Menschen ankam, mit dem tröstenden und zurüstenden Zuspruch sich ein aktivierender Handlungsauftrag zu praktischem christlichem Zeugnis verband und Singende Gott begegneten beziehungsweise ihre intensiven musikalischen Erfahrungen im Menschenmeer so deuteten. So nimmt es nicht wunder, dass einzelne Sänger das beim MassChoir Erlebte expressis verbis als *Gottesdienst* sowie das kollektive Singen als *direkt zu Gott schwebenden* Lobpreis bezeichnet haben.[839] Während der Vormittage in der Rothenbach-Halle war es

---

[839] Mit ihren Aussagen bestätigten mindestens zwei Sängerinnen praktisch Bubmanns Feststellungen, dass Singende „auf Gehör bei Gott und den Menschen" (Bubmann, Kirchenmusik, 582) hofften und dass „die *symbolische Kommunikation des Heiligen*" (a.a.O., 583) nicht allein zu den Potenzialen von Kirchenmusik gehöre, sondern sogar als eine ihrer Grundaufgaben zu bestimmen sei.

D 1.1 Der MassChoir beim Gospelkirchentag

schließlich zum außeralltäglichen Fest, zu spiritueller Erfahrung, zu christlicher Vergemeinschaftung sowie zur Gottesbegegnung gekommen. Als wie besonders und ungewöhnlich dieses Fest subjektiv empfunden wurde zeigte sich nicht zuletzt im audiovisuellen Dokumentieren vieler Teilnehmer, die offenbar den Moment erlebter Begeisterung bis hin zur Ekstase in Bild und Ton festhalten wollten.

Abbildung 28: Screenshot Bühnenkamera, MassChoir II, time code 01:46:40 (Markierung: zwei filmende Teilnehmer); Bildrechte: Dr. Jochen Kaiser

Als induktiv gewonnener Gemeindebegriff kann für den MassChoir somit gelten: *In der singenden Gemeinde wird intensive Verbundenheit zwischen Menschen erfahren, die in Gospelsongs vom christlichen Glauben hören und ihn musizierend ausdrücken. Dabei können sie ganzheitlich Großartiges erleben, können sogar Gott begegnen und den Auftrag erhalten, seine Liebe weiterzutragen.*

Bezogen auf den deduktiv gewonnenen Gemeindebegriff aus Kapitel A 1.2.3 sind von daher große inhaltliche Übereinstimmungen festzustellen. Dieser hatte gelautet: *Eine Gemeinde ist die frei zugängliche leibliche Versammlung von Menschen, die – für das Wirken des Heiligen Geistes offen – als einmütige Solidargemeinschaft das Wort Gottes hören, auf ihr Leben beziehen und vor der Welt bezeugen. In ihr werden der Alltag transzendiert, Menschen miteinander sowie mit der alle Zeiten und Orte übersteigenden Kirche Jesu Christi verbunden und individuelle Freiheit eröffnende christliche Botschaften kommuniziert.*

Die im MassChoir-Singen in Kassel versammelte beziehungsweise entstehende Gemeinde war als leibliche Versammlung prinzipiell frei zugänglich, wie nicht zuletzt die Beteiligung der Feldforscher praktisch zeigte. Zwar lassen sich durchaus bestehende Zugangshürden benennen, etwa insofern ganz grundsätzlich Beteiligte einerseits offen sein und sich einlassen mussten auf das Gemeinschaftswerk, um darin Anteil an den hierdurch beförderten Transzendenzerfahrungen erhalten zu können; solches dürfte jedoch letztlich für jede Ausformung von Gemeinde gelten. Spezieller und, wo sie begegnete, eine tendenziell größere Einschränkung der Zugänglichkeit war dagegen jene, die gerade wir Feldforscher als *natives auf Zeit* mehrfach erfahren mussten, die wir in dieser kleinen sozialen Lebenswelt des Gospel-Singens offenbar trotz allen grundsätzlich aufgeschlossenen Einlassens letztlich doch ein Stück weit fremd blieben und nicht (durchgehend) an allem vollumfänglich Anteil haben konnten; etwa dann, wenn im MassChoir nicht im Songbook stehende Lieder von nahezu allen anderen Teilnehmern auswendig mitgesungen wurden, wir diese aber nicht kannten und somit nicht zur Gänze an diesem Singen partizipieren konnten, was sich wiederum auf unser (Gemeinschafts-) Erleben ausgewirkt hat.[840] Damit war das MassChoir-Geschehen zwar gewiss ein leicht, aber nicht in allen Situationen völlig frei zugängliches. Zugleich wurde niemand ausgeschlossen und waren auch in Glaubensfragen keinerlei Voraussetzungen zu erfüllen, wie sich in Interviews teils sehr deutlich bemerkbar machte. Somit ist prinzipiell unbeschadet vereinzelter spezieller Einschränkungen festzuhalten: Jeder, der teilnehmen wollte an diesem Riesenchorsingen, konnte tatsächlich partizipieren.[841]

Ein solidarisches Miteinander und Einmütigkeit waren in den MassChoir-Einheiten durchaus zu beobachten, ebenso auch das Hören des Wortes Gottes beziehungsweise das Kommunizieren christlicher Botschaften, die in ihrem Bezug auf das eigene Leben (potentiell) Freiheit eröffneten. Der Zeugnischarakter vor der Welt hingegen wirkte nur bedingt gegeben, im Sinne eines nachgelagert zu erfüllenden Handlungsauftrags; auch hier bleibt indes zu fragen, ob dies beispielsweise beim Sonntagsgottesdienst einer parochialen Kirchengemeinde substantiell anders wäre. Im Kasseler Riesenchorsingen wurde der Alltag transzendiert und Menschen miteinander verbunden. Was dabei weitgehend fehlte war der (bewusste) Bezug auf die Kirche aller Zeiten und aller Orte. Zwar wurde insbesondere im Zusammenhang des Gospel-Days die Verbundenheit mit anderen Gospelsängern, die alle weltweit den gleichen Song singen, betont, was nicht zuletzt in den Feldtagebüchern dokumentiert sich findet; allerdings beschränkte sich dies letztlich auf die Aktionsgemeinschaft all jener Gospler, die die Welt nach Gottes

---

[840] Das empirisch im Feld zu eruierende Vorhandensein auch solcher Elemente der kleinen sozialen Lebenswelt Gospel-Singen, die nur „Insidern" voll zugänglich sind, in diese Welt neu eintauchenden Externen wie unserem Forscherteam hingegen (noch) nicht, illustrierte abermals deren Codes und Regeln. Hätten wir Feldforscher, wie hörbar viele andere Sänger, schon vor dem Gospelkirchentag in Kassel uns an Großveranstaltungen dieser Art beteiligt, wären uns vielleicht die nicht im Songbook enthaltenen Songs ebenfalls bekannt gewesen und wir hätten auswendig mitsingen können, statt als Nicht-Insider unsere grundsätzliche Fremdheit an diesen Stellen besonders deutlich zu spüren.

[841] Dass zur Anteilhabe am Riesenchorsingen in Kassel – neben allerlei logistischen, finanziellen und sonstigen Faktoren – auch ein gewisses Singenkönnen beziehungsweise -wollen konstitutiv dazugehörte, versteht sich von selbst und stellte aus meiner Warte keine Hürde dar, insofern faktisch jeder Interessierte mitmachen konnte, ganz gleich, wie es um seine gesangliche Qualifikation bestellt war.

Willen besser machen wollten und als Ausdruck dieses geteilten Willens zur gleichen Zeit „Amazing Grace" sangen. Damit mögen zwar Länder-, Sprach und Konfessionsgrenzen überwunden worden sein, der Bezug zur Kirche Jesu Christi aller Zeiten und Orte ist indes wohl kaum als damit identisch zu betrachten. Die Frage nach der grundsätzlichen Offenheit der Riesenchormitglieder für das Wirken des Heiligen Geistes kann hingegen gewiss bejaht werden. Außerdem wurde – in aller vermeintlichen Vagheit – unmissverständlich zum christlichen Glauben eingeladen (mehrere Ansprachen/Ansagen) und Gelegenheit zum Bekennen eben dieses Glaubens gegeben („I belong to you").

In summa lässt sich somit große inhaltliche Übereinstimmung zwischen dem theoretisch-deduktiv hergeleiteten Gemeindebegriff auf der einen und dem aus dem empirisch Erforschten induktiv entwickelten auf der anderen Seite festhalten, was die Validität einer Interviewäußerung unterstreicht, in der ein 56-Jähriger nach dem MassChoir I auf das zur Diskussion gestellte Statement hin, das Riesenchorgeschehen sei *wie eine Gemeinde*, erklärte:

> „Ja, es ist auch ne Gemeinde, das stimmt! Ich denke, äh (2) anders als eine Kirchengemeinde, aber wir sind auch Gemeinde."[842]

1.2 *Zielorientierte Langzeit-Erfahrung:* Amazing Grace *in Ludwigsburg*

Auch für das untersuchte Gospel-Musical in Ludwigsburg konnte aus dem Forschungsmaterial heraus ein Gemeindebegriff entwickelt werden, der das rekonstruierte (inter-) subjektive Erleben Beteiligter bündelt und zunächst näher vorgestellt, sodann zum deduktiv gewonnenen theoretischen aus Kapitel A 1.2.3 in Beziehung gesetzt werden soll. Er bestätigte für das Musicalprojekt insgesamt, was in Statements einzelner Beteiligter teils explizit aufschien:

---

[842] GKT-Interview 140920_005, Z.25–26.

JK	└ Aha! Und dann hat Dich die Freundin quasi auch zu „Amazing Grace" gezogen oder wie bist Du da hingekommen?
BF	└ **Ja**, natürlich, klar! Also des (.) äh meine Freundin hat da schon bei diesem (.) ach, was war vorher? „Die 10 Gebote" (.) gesungen gehabt, ich
JK	└ ja
BF	sag' ja, sie ist <u>sehr</u> christlich erzogen und und <u>ganz</u> lang (.) schon dabei und hat mir gesagt: „Mensch", da haben=wir uns <u>grad</u> kennen gelernt gehabt, da is' äh haben die dieses (.) ähm „Die 10 Gebote" aufgeführt in (.) in Mannheim und da bin ich hin und hab' mir des
JK	└ ja
BF	angehört und dann hab' ich gesagt: „Mensch! <u>So</u> kann ich mir des vorstellen! So is' für mich äh (.) <u>ja</u>." (.) <u>überhaupt</u> so, für mich war ja die=Kirche immer (.) 'n schwarzer Talar, traurig, ich sag' ja ich sag' immer ordinär: „Da kanzelt einer von oben runter!" und des war immer net so <u>meins</u>, gell? Und jetzt hab' ich einfach festgestellt, dass die Christen
JK	└ ja
BF	offene Menschen sind, dass man da <u>Spaß</u> haben=kann, dass man nicht in der Kirche sitzen muss (.) und de- und des einzige, was man betet: „Lass die Predigt rumgehen!", ne? Wi- ja

[843]

In dieser Interviewsequenz, in der Bärbel F. rund sieben Monate nach der Aufführung in der MHP-Arena ihre Motivation, bei *Amazing Grace* mitzuwirken, beschrieb, klingt an, was für viele Probanden zutreffen dürfte: dass die Riesenchorprojekte für sie in eindeutigem Zusammenhang mit Kirche und christlichem Glauben stehen, sich aber stark (und wohltuend!) von aus dem sonstigen Kirchenleben Bekanntem unterscheiden. Eben diese selbstverständliche individuell-subjektive kontrastierende Zusammenschau der Musikprojekte mit dem sonstigen Kirchenleben sowie die dorthinein verwobene Beziehungskomponente – hier in Gestalt der anonym bleibenden *Freundin* – weist auf jene Spannung hin, in der *Amazing Grace* im Ergebnis der empirischen Erforschung zu stehen kommt: als Gemeinde fester Teil des Kirchenlebens und doch ganz anders als so vieles darin ansonsten Auffind- und Erlebbare.

1.2.1 Gemeinschaft integrativer Harmonie

Beim Musicalprojekt konnte jeder, der hierzu bereit und willens war, mitmachen; weder musikalische noch konfessorische Hürden waren zu überwinden. Ob Christ, Agnostikerin oder Mormone – prinzipiell konnten alle aktiv dabei sein und wurden hierzu eingeladen, etwa indem über die Lokalzeitung geworben und damit jeder kirchliche Binnenraum verlassen wurde. Zwar wurde im Kirchenraum geprobt, bis zur Generalprobe aber im Projektprogramm weder laut gebetet noch eine Andacht gehalten oder dergleichen. Zwar wurde transparent auf die Ziele von *Amazing Grace* hingewiesen (s. Kapitel D 1.2.2), aber nichts aufgedrängt oder betont vorausgesetzt („Wir sind ja alle Christen!"). Entsprechend war religiöser

---

[843] BF 5, Z.121–136.

D 1.2 Amazing Grace in Ludwigsburg

Pluralismus möglich, wie Frey[844] ihn bereits der Urgemeinde attestiert und Spielraum für individualistische Patchwork- oder Fleckerlteppich-Konzepte (s. Kapitel D 2.3), wie sich diese mitunter in Interviews andeuteten, vorhanden.[845]

Dies trug gewiss wesentlich dazu bei, dass – wie eine Probandin betonte – für das Projekt eine für gewöhnlich kaum begegnende erkennbar große Vielfalt von sozialen Schichten, von *Kategorien* und Milieus von Menschen zusammentrat und beim Riesenchorsingen zusammenwirkte. Im Sinne Roloffs war damit bereits ein Kernmerkmal des paulinischen Verständnisses von Gemeinde gegeben.[846]

Durch die auch musikalische Voraussetzungslosigkeit waren zu Projektbeginn – mit sehr wenigen Ausnahmen wie Nikola I., die bereits an der CD-Produktion beteiligt war, oder Kathrin S., die im April bei einer Probe für die Uraufführung in Kassel mitgesungen hatte – grundsätzlich alle Projektchormitglieder auf dem gleichen (Kenntnis-) Stand, starteten mit manchen Fragen und Unsicherheiten ins gemeinsame Projekt, begaben sich unter hunderte Fremde. Bei den Proben fanden sie sich in einer freundlich-herzlichen Grundatmosphäre wieder, die von Lächeln und unkompliziertem Aufeinander-Zugehen ebenso geprägt war wie von der vertrauten Anrede „Du" und selbstverständlichen gegenseitigen Hilfestellung beim Zurechtfinden im Notenmaterial.

Während in anderen kirchlichen Kontexten häufig feste Gruppen anzutreffen sind, in die hineinzufinden Außenstehenden mitunter schwerfällt (Stichwort „Kerngemeinde"), war es trotz vieler innerhalb des Riesenchores bereits vorhandener Gruppen – insbesondere als Kleingruppe beziehungsweise ganzer Chor Angereiste – bei *Amazing Grace* problemlos möglich, mit anderen Sängern aus dem für alle Teilnehmer übergroßen Meer Unbekannter in Kontakt zu kommen. Rasch konnten Bekanntschaften entstehen, die zum Heimischwerden im Projektchor sowie dazu beitrugen, dass Einzelsänger sich auf und über das Wiedersehen bei Folgeproben ausgeprägt freuten. Solche partielle Vertrautheit inmitten bleibender Fremdheit – die als vertraute Fremdheit zu bezeichnen angemessen erscheint – wie auch die harmonische Atmosphäre und praktische gegenseitige Hilfe bei den Einzelnen überfordernden Änderungsvorgaben, aber auch im Vollzug des gemeinsamen Singens, bei dem schwächere beziehungsweise unsichere Sänger sich

---

[844] Vgl. Frey, Neutestamentliche Perspektiven, 38–40.
[845] Bubmann, Musik in Kirche, 378, benennt sehr prägnant persönliche und gemeinschaftliche Möglichkeitsräume eröffnende Chancen von „Musik als Medium von Beheimatung und Aufbruch", zugleich aber auch zu berücksichtigende Risiken, etwa die Trennung von Milieus oder pädagogische Funktionalisierung (der Aufsatz wird näher behandelt in Kapitel D 2.6). Für den Projektchor bei *Amazing Grace* kann festgehalten werden, dass im Zuge der Feldforschung eine Vielzahl der von ihm beschriebenen Phänomene erkennbar wurde: Zusammenführung verschiedener Milieus im Riesenchorsingen, individuelles (Neu-) Entdecken von *Unerhörtem*, Konfirmation und Affirmation mitgebrachter *Frömmigkeitskulturen*, persönliche Transzendenzerfahrungen, Prozesse gemeinschaftlicher *Lebenskunstbildung* et cetera.
[846] Vgl. Roloff, Kirche, 98. Dass dies empirisch betrachtet auch bezogen auf die Vergangenheit keineswegs als Selbstverständlichkeit angesehen werden kann, zeigt Möller, Gemeinde, 329–330.

an andere anlehnen, sich von starken mitziehen lassen konnten, erhellt das von zahlreichen Gesprächspartnern explizierte (Wohl-) Gefühl des Getragenwerdens in der Gemeinschaft.

Somit konnten Beteiligte bei *Amazing Grace* eine stark von Inklusivität geprägte, harmonische und solidarische Gemeinschaft intensiv erleben, die den Einzelnen in seinem So-Sein annahm, ihn unterstützte und aufbaute, in seinen spezifischen Möglichkeiten zur Entfaltung kommen und am entstehenden gemeinsamen Großen Anteil haben ließ. Das Miteinander war geprägt von gegenseitigem Vertrauen, von Herzlichkeit und Lastenteilen.

1.2.2 Rezeptive und produktive[847] Kommunikation des Evangeliums[848]

Zu den öffentlich erklärten Zielen des Musicalprojekts respektive den damit verbundenen Hoffnungen gehörte einerseits das *Begegnungs-Dreieck* zwischen den Mitwirkenden, dem Publikum und Gott, dessen Gnade als *nachsichtige Barmherzigkeit aufscheinen* sowie *die Herzen erreichen* möge, damit Menschen die Botschaft der Liebe Gottes in ihren Alltag mitnähmen; andererseits sollten die Beteiligten als *Botschafter* von „Gospel für eine gerechtere Welt" in ihrem Umfeld caritativ und diakonisch zur Verbesserung von Lebenssituationen beitragen, damit als Wirkung von *Amazing Grace* die Welt ein wenig besser werde.

Diesen Zieldefinitionen nicht unähnlich klar waren beim Musicalprojekt auch die Inhalte. Mit Ausnahme des Gospel Medleys und vier weiterer Stücke, darunter der vom Gospelquartett gesungene Vortragstitel „John, John", war das Musical auf Deutsch gehalten: der überwiegende Teil der über 20 Lieder war somit ebenso wie die Erzählertexte und Sprechsequenzen zwischen den Songs für die Riesenchorsänger in ihrer Muttersprache leicht zugänglich. Hinzu kamen die mehrfach in Interviews erwähnten Ergänzungstexte in der Chorpartitur über Sklaverei in Vergangenheit und Gegenwart, über soziale Spendenprojekte und die Arbeit der Creativen Kirche. Auf die *Sprache Kanaans* wurde in all dem weitgehend verzichtet, was auch nicht kirchlich sozialisierten Teilnehmern einen leichten Zugang

---

[847] Mit dem hier gewählten Begriffspaar *rezeptiv* und *produktiv* verbindet sich keine Anspielung auf die Produktions- oder Wirkungstypologie in Kapitel C 2.1 und C 2.2. Vielmehr sollen damit die sendende Kommunikation einerseits und die empfangende andererseits (theoretisch) differenziert werden. Mag in der beobachteten Lebenswirklichkeit eine solche Unterscheidung realitätsfern wirken, so ist sie zu Analysezwecken insofern durchaus sinnvoll, als beide Elemente in ihrer jeweiligen Akzentuierung im Zuge der Feldforschung deutlich aufschienen, mögen sie mindestens bei den allermeisten Beforschten auch gepaart aufgetreten sein und in wechselseitiger Beziehung gestanden haben.

[848] Für diesen vor allem mit Ernst Lange verbundenen stehenden Begriff, auf den hier aus pragmatischen Gründen nicht näher eingegangen werden soll, vgl. Lange, Kirche, 101–106 und Domsgen, Kommunikation.

ermöglichte; außerdem erbrachten die englischen Liedtexte mitunter einen Verfremdungseffekt, der sich gerade bei „Insidern" positiv auswirkte, wie das Beispiel von Gerhard S. zeigte.

Durch die großen zeitlichen Abstände zwischen den Proben blieb – anders als beim MassChoir auf dem Gospelkirchentag, wo konzentriert alles an einem Wochenende stattfand, in einer Sondersituation relativ losgelöst vom Alltag – Teilnehmern reichlich Gelegenheit, ihre Erlebnisse im Massensingen zu reflektieren, über das Musical oder einzelne Stücke daraus nachzudenken, vertiefend Texte zu lesen, zur Thematik der Sklaverei – inklusive der eigenen Familiengeschichte, wie im Fall von Stefanie B. – zu recherchieren et cetera. So wurde die Mündigkeit des Einzelnen befördert, aus dem Abstand des Alltags heraus eventuell erlebte Massenphänomene wie mitreißende Gruppendynamik zu hinterfragen, eine eigene Position zu den (Glaubens-) Inhalten des Gospel-Musicals zu finden und dessen Impulse aufzunehmen beziehungsweise individuell zu bearbeiten. Dass während des Musicalprojekts bei einzelnen Gesprächspartnern, etwa Anja B. und Gabi S., besonders deutliche persönliche Entwicklungen stattfanden, für die das bei *Amazing Grace* Erlebte gewiss nicht ohne Bedeutung war, ist im Kapitel C 2.5 bereits aufgeleuchtet.

Für alle Beteiligten kann angenommen werden – die Interviews mit den 20 Probanden legen dies sehr nahe –, dass in den rund vier Monaten des Arbeitens am Musical (und womöglich darüber hinaus) eine individuelle Beschäftigung mit christlichen (Musical-) Inhalten, dem persönlichen (Nicht-) Glauben und Leben vonstattenging. Bereits zeitlich war diese in etwa so intensiv – addiert man alle Probenzeiten im Großchor, eventuelle zusätzliche im eigenen Chor beziehungsweise bei „Voices of Peace" und das Üben zuhause – wie die Teilnahme an jedem Sonntagsgottesdienst einer Kirchengemeinde oder eines wöchentlich sich versammelnden ortskirchlichen Kreises für ein Jahr. Da die gemeinsamen Proben am Stück im Riesenchor mit allen potentiell beflügelnden und überwältigenden Erfahrungen während der Projektphase in relativ großen, mit Näherkommen der Aufführung kleiner werdenden Intervallen stattfanden, wechselten Fest und Alltag einander ab, waren ineinander verwoben und beeinflussten sich gegenseitig. Durch das Üben mit CD zuhause beziehungsweise im kleinen Chor konnten Sänger zudem über Erinnerungen an beim Fest Erlebtes hinaus auch etwas davon in den Alltag mit hineinnehmen, davon womöglich zehren, wurden die Impulse für ihr Leben verstärkt. So wurden Mitwirkende beobachtbar selbst Empfänger christlicher Botschaften, im Projektverlauf tief bewegt, wie etwa am Beispiel von Gerhard S. erkennbar (s. Kapitel C 1.5.5); dabei spielte der extraordinäre Charakter des beim Gospel-Musical nicht zuletzt emotional Erlebbaren, von Traurigkeit über Freude bis zu überwältigter Begeisterung und Ekstase, sicherlich eine gravierende Rolle. Die Erlebnisse vor und insbesondere beim Bühnenfeuerwerk dürften sich bei vielen Mitwirkenden ob ihrer außeralltäglichen Intensität tief eingeprägt haben, was auch an den Langzeitwirkungen deutlich wurde (s. Kapitel C 2.3).

Den rund 700 Mitgliedern des Riesenchores stand der musikalische Leiter Hans-Martin Sauter gegenüber, der – in religiöser Terminologie – gleich einem Priester Orientierung gab, den Weg wies und die Gruppe auf demselben geleitete, bis er sie schließlich am 9. November in der MHP-Arena ans Ziel geführt hatte. Seine Schlüsselrolle beim Gospel-Musical (s. Kapitel C 2.4) bezieht sich auch auf den Gemeindecharakter des Geschehens; nicht im Sinne einer Rangfolge, aber durchaus als die Rolle einer charismatischen Leitungsfigur, wie in anderen kirchlichen Kontexten eine Pfarrerin oder ein Kirchenvorsteher Leitungsaufgaben wahrnimmt, als Gleichrangiger mit besonderem Auftrag, dem sich andere Menschen anschließen und gemeinsam mit ihm einen Weg gehen – eigenständig und geführt zugleich.

Neben allem Empfangen, hier als rezeptive Kommunikation des Evangeliums bezeichnet, fand bei *Amazing Grace* auch produktive Kommunikation, aktive christliche Verkündigung statt, waren die Projektchormitglieder Boten der Evangeliumsbotschaft von Gottes Liebe. Besonders beim Abschluss der Generalprobe wurde dieses Ziel der Aufführung im Rahmen einer Kurzandacht transparent benannt und fand später Niederschlag in mehreren Interviews.[849] Somit war die spektakuläre Musicalaufführung nicht allein eine professionelle Unterhaltungsshow, die es mit anderen Musicaldarbietungen aufnehmen hätte können, sondern Medium der Kommunikation des Evangeliums, das Teilnehmer während des gesamten Projektverlaufs und darüber hinaus als in ihr konkretes Leben hineingesprochen empfangend erfahren konnten und am Abend der Aufführung selbst verkündigten – mit welcher individuellen Haltung zu dieser Botschaft auch immer: *Amazing Grace* war christliches Zeugnis vor der Welt, daran musikalisch Mitwirkende (faktisch) Zeugen seiner Gehalte (s. Kapitel C 2.6.2).

1.2.3 Gegenwelt zum und Verzahnung mit dem Alltag

Wie in Kapitel D 1.2.2 bereits angeklungen waren während des Musicalprojekts für die Beteiligten Alltag und Fest miteinander verzahnt: Die (Halb-) Tagesproben unterbrachen das sonstige Leben, das zusätzliche Üben potentiell ebenfalls, wiewohl weniger lange und markant beziehungsweise prinzipiell individuell freier gestaltbar als die fest vorgegebenen Gesamtproben.[850] Diese Verwobenheit schmälerte indes nicht den Gegenweltcharakter, der *Amazing Grace* für Mitwirkende zukommen konnte, indem sie es als Insel und Ruhepol für Seele und Geist, ihr Arbeiten daran in der Riesenchorgemeinschaft als wohltuende Chance zum

---

[849] Beispiele finden sich in Kapitel C 1.5.4.
[850] Besonders deutlich war diese Verzahnung bei Brigitte H. zu erkennen, die bereits im Oktober eine am Tag der Aufführung von *Amazing Grace* vormittags ebenfalls stattfindende Prüfung erwähnte, wodurch für sie Alltag und Fest über Wochen besonders spürbar ineinandergriffen. Mag eine Prüfung nur bedingt als Alltag gelten können, so ist sie doch (mindestens) für Brigitte anscheinend keinesfalls in der Kategorie „Fest" anzusiedeln und somit als Gegenstück dazu anzusehen.

Auf- und Durchatmen erlebt haben. Über mehrere Monate durchbrach das Projekt ihr sonstiges Leben in aller Bewegtheit in Familie und Beruf, anderen Chören und Kirchengemeinde, war umrahmt vom Urlaub, vom Schuljahresbeginn oder Wohnortswechsel. Die emotionalen und inhaltlichen Impulse strahlten ins Leben der Einzelnen hinein, inspirierten, etwa zur inneren Aneignung einzelner Aspekte wie der besungenen *unglaublichen Gnade*; so konnte es, wie etwa das Beispiel von Janina S. anschaulich zeigt, dazu kommen, dass einzelne Sänger persönlich vom Gehörten und Gesungenen zehrten, daran wuchsen, etwas für ihren Glauben und ihr Leben insgesamt aus dem Projekt mitnahmen.

Somit war *Amazing Grace* über einen Zeitraum mehrere Monate – einschließlich der erhobenen Nachwirkungen lässt sich von einem Jahr sprechen – ein Begleiter, Impulsgeber, Inspirator, der die sonstige Lebenswelt Mitwirkender heilsam durchbrach, emotional, kognitiv und spirituell neue Horizonte eröffnete, über bisher Vertrautes hinausführte und damit Leben in potentiell allen Bereichen – Glaube, Familie, Beruf, Konsumverhalten et cetera – veränderte, Anteil gab an etwas Großem, ganz Anderem. Im Riesenchorsingen fanden mindestens Einzelne, was sie sich sehnlich wünschen für ihr Leben.[851]

1.2.4 Einbindung in die Gesamtkirche

Während die Mitwirkung daran allen Interessierten offenstand, was etwa in punkto Kirchenmitgliedschaft nicht zuletzt am – wenn auch vergleichsweise geringen – Anteil Konfessionsloser (empirisch-) praktisch sichtbar wurde (s. Kapitel C 1.3.1), war das Musicalprojekt zugleich eindeutig im kirchlichen Kontext verortet: durch den Probenort, den als musikalischer Leiter fungierenden hauptamtlichen Kirchenmusiker, den landeskirchlich angebundenen Veranstalter et cetera. Allerdings transzendierte diese Anbindung an verfasste Kirche eine einzelne Amtskirche, da neben Konfessionslosen auch Mitglieder der römisch-katholischen Kirche oder freier Gemeinden sich beteiligten. Im Projekt selbst spielte die individuelle Konfessionszugehörigkeit keine erkennbare Rolle, vielmehr waren alle auf das gleiche Ziel ausgerichtet. So lässt sich – ohne Aussagen über den persönlichen Glauben einzelner Projektchormitglieder zu treffen – die Gemeinschaft der am Gospel-Musical Arbeitenden als in die alle Zeiten und Orte übersteigende unsichtbare Kirche Jesu Christi eingebettete Versammlung begreifen, in der Schranken und Grenzen überwunden wurden: von formaler Kirchenzugehörigkeit, Alter, Musikalität, Milieu, Bildungsgrad et cetera. Selbst persönlich (noch) nicht christlich Glaubende waren dabei handelnd eingebunden in die christliche Kirche, sangen, hörten und lasen christlich geprägte (Lied-) Texte.

Die impliziten und expliziten Hinweise, besonders gegen Ende des Projekts, darauf, wie es danach weitergehen könnte für einzelne Sänger, dass ihr Kontakt

---

[851] Vgl. die Beschreibung von Anja B. in AB 1, Z.99–104 (zitiert in C 2.6.5).

zu Christen und Kirche nicht auf das Musicalprojekt begrenzt sein müsse, unterstrichen den gesamtkirchlichen Anschluss ebenfalls. Ob im Rahmen von „Voices of Peace", einem anderen christlichen Chor, dem nächsten Riesenchorprojekt „Pop-Messias", dem Nachteulen-Gottesdienst oder anderen Formen gemeinschaftlich gelebten Glaubens – für niemanden musste gemeinsam ausgedrückter und praktizierter Glaube mit der Musicalaufführung enden, ebenso wenig geistliche und spirituelle Impulse für das persönliche Leben in allen Bezügen. Dass im Projektverlauf *Amazing Grace* von Sängern durchaus als ins Gesamtleben der Kirche(n) eingebettet verstanden wurde, wenn auch vom Ortsgemeindeleben unterschieden, wurde nicht zuletzt dann deutlich, wenn Sänger sich an der Teilnahmegebühr beziehungsweise dem marktüblichen Eintrittskartenverkauf für die Aufführung *in Verbindung mit Kirche* stießen.

1.2.5 Die Musical-Gemeinde

„[…] ich find' solche Großprojekte toll (.) weil sie einfach (.) gemeindeübergreifend äh äh konfessionsübergreifend Gemeinschaft schaffen. Ä:hm und das find' ich einfach wunderbar, weil ähm jeder seinen Glauben oder in seiner Au- in der Ausübung seines Glaubens ähm 'n Stück anders geprägt is'. Jeder braucht ja was anderes: Es gibt Leute, die in charismatischen Gemeinden sind, Leute in pietistischen Gemeinden, jeder jeder ä:h Mensch is' ja 'n Stück weit anders und und fühlt sich woanders zuhause (.) ä:hm und solche Projekte führen die Menschen übergreifend einfach (.) mit einem Ziel zusammen, nämlich ähm Gottes Lob (.) weiterzubringen und das find' ich toll!"[852]

Diese Aussage von Frauke L., Mitglied einer kleinen Freikirche und des Kirchenchores ihrer evangelisch-landeskirchlichen Ortsgemeinde, drei Tage nach der Aufführung von *Amazing Grace* mag eine spezielle Deutung des Projekts darstellen, mit der sich nur ein Teil der rund 700 weiteren Beteiligten identifizieren würde – was freilich ungewiss bleiben muss; aber die Aussage ist zugleich in jedem Fall darin eine erhellende, dass sie aus eigener Initiative – auf die offene Frage des Interviewers hin, ob Frauke noch etwas „loswerden" wolle, gegen Gesprächsende – den ökumenischen, integrativen und missionarischen Charakter des Riesenchorgeschehens kompakt umriss, welches dadurch als Manifestation der alle Grenzen überwindenden und Menschen grundsätzlich ohne Vorbedingung freimütig einladenden Kirche Jesu Christi zu stehen kommt.

Eben dies kommt meiner auf der Grundlage des induktiv aus dem erhobenen Material Rekonstruierten formulierten Antwort, ob das bei *Amazing Grace* (inter-)subjektiv Erlebte und sich Vollziehende als „Gemeinde" sich begreifen lasse, sehr nahe. Denn durch das darin rezeptiv und produktiv kommunizierte Evangelium, die intensive Erfahrung außeralltäglicher, intimer, einmütiger und solidarischer Gemeinschaft, durch die heilsame, Ruhe gebende Gegenwelt mit sich im Alltag auswirkenden (geistlichen) Impulsen und die Einbindung in die Gesamtkirche erscheint es nicht zu kühn, von *Amazing Grace* als von einer Manifestation

---

[852] FL 3, Z.146–155.

D 1.2 Amazing Grace in Ludwigsburg

von Kirche und somit als von einer Gemeinde zu sprechen. Während des Musicalprojekts haben Menschen tiefgreifende und nachhaltige Erfahrungen gemacht, vor allem musikalische beim Riesenchorsingen selbst, haben diese teilweise religiös gedeutet, sich auch spirituell mit anderen Teilnehmern verbunden und Gott nahe gefühlt, haben die christlichen Inhalte auf ihr Leben bezogen und Orientierung erhalten. Von zentraler Bedeutung hierbei ist, dass Kommunikation des Evangeliums keineswegs allein auf kognitiv-rationale Inhalte, auf Texte oder thematische Motive des Gospel-Musicals begrenzt war, sondern auch emotionale und spirituelle Dimensionen elementar einschloss.

Der induktiv gewonnene Gemeindebegriff lässt sich daher so fassen: *Beim Projektchorsingen für Amazing Grace wachsen die Beteiligten zur harmonisch-solidarischen Gemeinschaft zusammen, empfangen ganzheitlich kommuniziertes Evangelium, erleben eine Verzahnung des Festes der (Glaubens-) Gegenwelt mit ihrem Alltag und werden zu singenden Boten des Evangeliums. So manifestiert sich Kirche, die als Gemeinde eingebunden ist in die Gesamtkirche aller Zeiten und Orte.*

Inhaltlich ist das für das Riesenchorsingen im Projektchor von *Amazing Grace* Rekonstruierte noch näher am Gemeindebegriff aus Kapitel A 1.2.3[853] als zuvor das MassChoir-Singen beim Gospelkirchentag. Denn anders als bei der in Kassel situativ manifest werdenden kleinen sozialen Lebenswelt des Gospel-Singens waren in Ludwigsburg keinerlei Vorkenntnisse erforderlich, um zur Gänze partizipieren zu können, wie ich auch selbst teilnehmend beobachtend erfahren konnte. Durch die musikalisch wenig anspruchsvollen, leicht eingängigen und inmitten eines Massenchores problemlos singbaren Lieder konnte jeder sich leiblich Mitversammelnde ganz eintauchen ins Geschehen, Anteil an der integrativen und einmütigen Solidargemeinschaft erhalten und darin das Wort Gottes, das Evangelium vernehmen, akustisch oder im Songbook lesend, kognitiv-rational, emotional und körperlich etwas von der Liebe und *unglaublichen Gnade* Gottes erfahren und auf das eigene Leben beziehen – und dies auch zwischen den Proben, das Erlebte in Erwartung des weiteren Projektverlaufs reflektierend. Im singenden Menschenmeer wurde der Alltag transzendiert, wurde Ruhe gegeben und fand Stärkung sowie eine Vergemeinschaftung der nebeneinander und miteinander Singenden statt, die musikalisch handelnd zur Gruppe zusammenwuchsen. Als Mitglieder verschiedener christlicher Kirchen und als Konfessionslose waren sie miteinander sowie als Teil des Musicalprojekts mit der alle Zeiten und Orte übersteigenden Kirche Jesu Christi verbunden. Offen für das Wirken des Heiligen Geistes strebten sie gemeinsam der feuerwerksartigen Aufführung entgegen und

---

[853] *Eine Gemeinde ist die frei zugängliche leibliche Versammlung von Menschen, die – für das Wirken des Heiligen Geistes offen – als einmütige Solidargemeinschaft das Wort Gottes hören, auf ihr Leben beziehen und vor der Welt bezeugen. In ihr werden der Alltag transzendiert, Menschen miteinander sowie mit der alle Zeiten und Orte übersteigenden Kirche Jesu Christi verbunden und individuelle Freiheit eröffnende christliche Botschaften kommuniziert.*

agierten dort als Zeugnis- und Verkündigungsgemeinschaft, indem sie mehreren tausend Zuschauern singend von der Gnade Gottes berichteten.

In summa lässt sich der Projektchor von *Amazing Grace* daher ebenfalls als Gemeinde bezeichnen: als leibliche Versammlung von Menschen, die intensive musikalische und religiöse Erfahrungen machten, Vergemeinschaftung und Kommunikation des Evangeliums erlebten und in all dem Anteil hatten an einer räumlich und zeitlich begrenzten Manifestation von Kirche, die eingebettet in die Gesamtkirche sich in Ludwigsburg ereignete, zwar wie beim MassChoir in Kassel prinzipiell flüchtig und situativ, allerdings stärker mit dem Alltag der Beteiligten verbunden.[854]

---

[854] Im direkten Vergleich beider untersuchten Projekte ließen sich auch hinsichtlich des jeweils attestierten Gemeindebegriffs noch etliche Aspekte diskutieren: Welche Auswirkungen auf diese projekthafte Manifestation von Kirche hatte das in Ludwigsburg mögliche Zusammenwachsen der Sängergemeinschaft im Projektverlauf über Monate, welches in Kassel an nur zwei Vormittagen mit – bezogen auf den Musicalprojektchor – etwa sieben- bis achtmal so vielen Beteiligten bereits strukturell als nicht vergleichbar möglich anzusehen ist? Welchen Einfluss hatte das faktische Verkündigen der *Message(s)* durch den Projektchor bei *Amazing Grace* auf dessen Identität als (Zeugen-) Gemeinde, während in Kassel kein Publikum vorhanden war, dem etwas verkündigt wurde? Welche Rolle kam dem Austausch von Projektchormitgliedern mit Bekannten unter den Zuschauern für ihr Erleben und dessen spätere Reflexion zu? Diese und andere Fragen näher zu betrachten wäre gewiss lohnend, kann hier aber nicht geleistet, sondern nur als Desiderat für Anschluss- beziehungsweise Folgestudien im gleichen Feld benannt werden.

2. Hermeneutische(r) Schlüssel: Die Rolle(n) von Emotionalität, Zugehörigkeitserfahrung, (religiöser) Sinndeutung und Kirchenmusik

Am Ende dieser Untersuchung sollen zentrale Beobachtungen zum christlichen Riesenchorsingen gebündelt dargestellt und ausgewählte Konzeptionen für die theologische Einordnung und Diskussion fruchtbar gemacht werden. Darauf aufbauend wird ein empirisch informierter Beitrag zur aktuellen theologischen Fachdiskussion formuliert werden.

2.1 Sehnsucht nach Gemeinschaftserfahrung

Wie die unternommene Feldforschung dieser Studie zeigen konnte, besteht offenbar in unserer von ungekannten Kommunikationsmöglichkeiten, Pluralität, Individualisierung und enormer Mobilität geprägten Gegenwart[855] ein starkes Bedürfnis nach kollektiver Erfahrung, eine Sehnsucht nach einmütig-harmonischem Zusammenwirken mit hunderten, gar tausenden anderen Menschen, nach nicht zuletzt emotional und körperlich spürbarer Zugehörigkeit bis hin zum Gefühl völliger Homogenität. Daher ist Jochen Kaiser zuzustimmen, wenn er – in Teilen seiner jüngsten Buchpublikation ebenfalls auf den MassChoir beim Gospelkirchentag Bezug nehmend – davon spricht, dass Singende „zu einem kollektiven Individuum geformt"[856] werden können, wenn sie das Singen von Liedern ähnlich erleben.

Offenbar stellt diese positive Erfahrung im Massensingen einen heilsamen Kontrast zur sonstigen Lebenswelt dar, der Beteiligte weite Fahrstrecken, Teilnahmegebühren und zeitliche Investitionen zu erbringen motiviert, um persönlich dabei zu sein, eigenleiblich Anteil zu haben. Das im gemeinsam musizierenden Menschenmeer Erleb- und Erfahrbare bildet einen erkennbar wohltuenden Gegenpol, eine Ruheinsel in den *Irrungen* und Herausforderungen des Lebens: vertraute Fremdheit statt des Gefühls von Einsamkeit, integrative Einmütigkeit bis hin zur Homogenitätserfahrung statt isolierter Vereinzelung oder feindseligen Ellbogen-Konkurrenzkampfs, Euphorie bis hin zu Überwältigung und Ekstase statt Alltagsmonotonie et cetera. Hier fühlen sich Menschen offenbar angenommen in

---

[855] Für das Folgende, speziell zur kirchentheoretischen Diskussion markanter gesellschaftlicher Veränderungen der letzten Jahrzehnte, vgl. Pohl-Patalong, Zukunftsmodell, 76–97.
[856] Kaiser, Singen in Gemeinschaft, 459. Zum Verständnis dieses Begriffs in der vorgelegten Studie vgl. Fußnote 867.

ihrem So-Sein und geborgen, zugehörig zu und stark in der Gruppe, statt vereinzelt auf sich allein gestellt.

Hierbei mag der von Inklusivität geprägte Modus des beforschten Feldes eine entscheidende Rolle spielen: Anders als in etlichen anderen gesellschaftlichen Kontexten und Gruppen, aber auch in spirituell einseitigen und milieuverengten kirchlichen Ortsgemeinden vorzufinden, zeichnete das beforschte Riesenchorsingen charakteristisch seine Überschreitung von Grenzen aus: Milieu, Alter, Bildungsgrad, Kirchenmitgliedschaft und vieles mehr.[857] Hier sangen der Straßenwärter und die Gymnasiallehrerin, die Erzieherin und der Arzt, das Freikirchenmitglied und die Ausgetretene miteinander, waren in größter Selbstverständlichkeit Teil derselben Gemeinschaft. Auch darin stellte das christliche Massensingen – wenigstens potentiell – eine Gegenwelt zur ansonsten von Segmentierung und Fragmentierung geprägten jeweiligen Lebenswelt dar.[858]

Das quantitative wie qualitative Maß, in welchem Probanden – insbesondere bei *Amazing Grace* – von ihrem Erleben und Genießen der Gruppenzugehörigkeit, der innigen Gemeinschaft, des herzlichen Miteinanders, der extrem ungewöhnlichen Atmosphäre et cetera berichtet haben, überstieg bei weitem das, was mit dem Interviewer-Interesse begründet werden könnte, auf welches hin Gesprächspartner extensiv Bezug genommen hätten, weil für mich (vermutet) besonders von Bedeutung. Vielmehr zeigte sich in den Gesprächen, insbesondere bei den ausführlichen Erhebungen der Längsschnittstudie zum Gospel-Musical in Ludwigsburg, wie bedeutsam diese Dimension des Erlebens für Mitwirkende selbst war, als Motivator, Effekt und Langzeitwirkung ihres Singens im Riesenchor.

Dies bestätigt Gebhardts Einsichten zur situativen Event-Vergemeinschaftung: dass Menschen das Miteinander in riesigen Massen suchen, nicht auf Dauer, sondern vorübergehend, flüchtig, für intensives Erleben im Moment (s. Kapitel A 1.2.2.2). Dies muss indes nicht beim eigenen Erleben in der großen Masse und den zur Erfahrung geronnenen Erinnerungen wie Reflexionen stehen bleiben, sondern kann sich aktiv fortsetzen, wie das Beispiel von Vera Hotten zeigt, die mit ihrem Gospelchor beim Konzert in einer Universitätskirche „Loved" performte und die Zuhörer zum „Knuddeln" aufrief (s. Kapitel B 2.3). Wie die Ansagen der Chorleiterin unterstrichen haben, sollte dadurch das beim MassChoir-Singen in Kassel selbst Erlebte – offenbar einschließlich dessen Interpretation – an andere weitergegeben werden, was gewiss eine Grenze zu den von Gebhardt beschriebenen Phänomenen markiert.

Die empirisch ermittelte starke Sehnsucht nach Gemeinschaftserfahrungen im christlich-musikalischen Kontext ist als Anfrage an kirchliches Leben jenseits der

---

[857] Damit sind die beiden mittels Feldforschung untersuchten Projekte praktische Beispiele für die integrativen Potentiale musikalischer Erfahrung, wie Gotthard Fermor (vgl. Fermor, Sound des Lernens, 124) sie beschreibt und Peter Bubmann, Fermor aufnehmend, sie in die gegenwärtigen Diskurse zur Kirchen- und Gemeindeentwicklung einbringt (vgl. Bubmann, Musik in Kirche, 378).

[858] Vgl. Pohl-Patalong, Zukunftsmodell, 78–81.94–97.

D 2.1 Sehnsucht nach Gemeinschaftserfahrung

untersuchten Großveranstaltungen zu richten: Wo werden auf den verschiedenen Ebenen, insbesondere lokal und regional, Erfahrungsräume angeboten, in denen eben solche angestrebten Erfahrungen, geprägt von Selbst-Transzendierung, Zugehörigkeit, Harmonie beziehungsweise Einmütigkeit und kollektivem Wohlgefühl, gemacht werden können? Ist der praktische Befund, dass Tausende gegen Gebühr zum MassChoir-Singen nach Kassel strömen, während viele Kirchen weitgehend leer bleiben, nicht ein starker Indikator dafür, dass Menschen passende (kirchliche) Orte für die Stillung ihrer Bedürfnisse suchen und dabei nicht zuletzt das Parochialprinzip selbstverständlich ignorieren?[859]

Während, wie an mehreren Stellen dieser Studie gezeigt (s. etwa Kapitel C 1.7), vor dem Hintergrund des Untersuchten zwar die Frage nach Gefahren und Risiken von Programmformaten mit Menschenmassen, deren Anfälligkeit für Manipulation, insbesondere in einem emotional aufgeladenen, von Entindividualisierung und ritueller Hingabe geprägten Kontext, grundsätzlich begründet erscheint und weiterhin im Blick behalten werden sollte, kann für die beiden beforschten Projekte in Kassel und Ludwigsburg in summa auf empirischer Basis nichts Fragwürdiges konstatiert werden. Im Gegenteil scheinen darin Bedürfnisse nach intensivem Erleben im Moment, nach punktuell-passagerer (musikalischer) Gemeinschaftserfahrung im christlichen Rahmen et cetera befriedigt worden zu sein, die – zumal in ihrer vergleichsweise leichten Zugänglichkeit durch die fehlende Erfordernis dauerhafter Bindung – womöglich, wenn überhaupt, nur wenige Alternativadressen kennen.[860]

Begeistertes bis ekstatisches Miteinander in (großen) Gruppen muss offenbar keineswegs von das Individuum schädigender Entindividualisierung, von Betrug der Menschenmassen oder gar ihrer Manipulation geprägt sein, sondern kann schlicht die Erfüllung reflektierter Sehnsüchte und Wünsche darstellen.

Vor dem Hintergrund des feldforschend Eruierten ist Peter Bubmann darin zuzustimmen, dass er – in Aufnahme von Flender und Rauhe und keineswegs nur

---

[859] Es geht mir bei dieser Frage keineswegs darum, Teilnehmerzahlen vergleichend die Großereignisse mit Tausenden gegen Elemente im Leben von Ortsgemeinden auszuspielen, dadurch implizit das eine als „Erfolgsmodell", das andere als anachronistisch und im Abklingen begriffen zeichnend oder dergleichen – was letztlich ohnehin bereits daran scheiterte, dass die adäquate Vergleichsgröße, etwa bundesweit alle an einem Sonntagsgottesdienst Partizipierenden, die in Kassel Versammelten sehr klein aussehen ließe. Vielmehr soll unterstrichen werden, dass Menschen um des bei Veranstaltungen wie dem MassChoir auf dem Gospelkirchentag Erlebbaren willen offenbar weite Wege, finanzielle Investitionen et cetera zu investieren bereit sind und hierbei weder formale Mitgliedschaft noch lokale Zugehörigkeit eine Rolle spielen, was wiederum Rückschlüsse auf ihre Bedürfnisse und Sehnsüchte zulässt.

[860] Regelmäßige, auf Dauer angelegte (orts-) kirchliche Angebote wie die von Julia Koll untersuchten Posaunenchöre mögen zwar ähnliche Bedürfnisse nach christlicher Gemeinschaft, intensivem Erleben et cetera befriedigen (können), sind aber darin den untersuchten Großprojekten nicht vergleichbar, dass sie bereits konzeptionell keine nur punktuell-situative Teilnahme mit Potential zu intensiver Erfahrung offerieren, die für Beforschte ausweislich entsprechender Erhebungsdaten allerdings ein wesentlicher Faktor sein konnte.

auf Rockmusik bezogen – dafür plädiert, das eigene aktiv-kreative Musizieren zu fördern, nicht zuletzt zur Abwehr möglicher Gefahren und festhält:

> „Populäre Musik (bis hin zum Schlager) schafft Klangräume emotionaler Geborgenheit und ermöglicht im Sinne einer positiven Regression ein Ventil für die in der Arbeitswelt angestauten Triebenergien […] bezieht den Körper und die Sinnlichkeit in das Musikerleben ein und wirkt damit ganzheitlich in einer kopflastigen Lebenswelt […] begleitet und ermöglicht in der Alltagswelt kommunikative Prozesse. Sie kann Gemeinschaft stiften und sinnvolle Freizeitbeschäftigung bieten."[861]

Die vorgestellte Feldforschung hat diese positiven Potentiale populärer Musik bestätigt. Dass dabei auch vergleichsweise unmusikalischen Menschen ganzheitlich und aktiv gestaltend partizipieren konnten, weil der musikalische Anspruch kein hoher und die faktische Verantwortung des Einzelnen für den Gesamterfolg keine große war (s. Kapitel C 1.3.2.13 und C 1.3.2.15), mag ein wesentlicher Faktor bei der Suche nach Ursachen für den Forschungsbefund, dass im gemeinschaftlichen Musizieren der hunderten beziehungsweise tausenden Sänger keine konkrete Manipulation oder dergleichen[862] festgestellt wurde, sein, ohne dass dies hier fundiert geklärt werden könnte.[863]

---

[861] Bubmann, Traumzeit, 159.

[862] Neben dem tendenziell abstrakten Begriff der Manipulation, worauf an passender Stelle bereits eingegangen wurde (s. Kapitel B 2.5 und C 1.7), legte die vielfältige Feldforschung auch kein praktisches Beispiel für jene von Bubmann beschriebenen problematischen (Massen-) Phänomene offen, etwa einen bei Mammut-Rock-Spektakeln et cetera beobachtbaren „suggestiven Sog, der mir mit christlicher Freiheit bisweilen kaum vereinbar zu sein scheint. Musik dient dort der Kollektivierung der Massen, legt sie auf standardisierte Rezeptionsweisen fest und behindert sie damit in ihrer individuellen Freiheitverwirklichung." (Bubmann, Charisma, 211) Im Gegenteil konnte für den MassChoir ebenso wie für *Amazing Grace* nachgewiesen werden, dass nicht alleine aktive musizierende (Mit-) Gestaltung anstelle ausschließlicher (standardisierter) Rezeption, sondern eine eigenständige und potentiell eigenwillige Ausgestaltung der Partizipation möglich war, wie insbesondere die Produktionstypen Singende Hörerin und Distanzierte Sängerin deutlich zeigen (s. Kapitel C 2.1.5 und C 2.1.6).

[863] Die durch teilnehmende Beobachtung und empirische Feldforschung insgesamt gewonnenen Erkenntnisse dieser Studie haben indes die Berechtigung der Forderung Bubmanns am Ende des zitierten Buchbeitrags unterstrichen: „Wer sich zur populären Musik äußert, tut gut daran, sich auf eine detaillierte Analyse des komplexen sozialen Bedingungsfeldes des jeweiligen musikalischen Phänomens einzulassen." (Bubmann, Traumzeit, 160) Anfängliche persönliche Widerstände eines Liebhabers der Hochkultur (s. Kapitel A) wichen im Verlauf der Forschung – bei in Teilen bleibender persönlicher Distanz zum und mancher Kritik an den analysierten Phänomenen – zunehmend einem Verständnis für Dynamik, Eigenlogik und Komplexität des beforschten populär-musikalischen Feldes (s. Kapitel D 3.2). Das eigenleibliche Sich-Einlassen half dabei grundlegend, dem Untersuchungsgegenstand – ihn als *native auf Zeit* im Sinne Honers (s. Kapitel A 2.4.1.2) aus sich selbst heraus verstehen wollend – mitsamt den zugehörigen Eigenheiten und Prozessen in den Analysen zum individuellen und intersubjektiven Erleben stärker Rechnung zu tragen, als dies aus einer Zuschauerposition heraus wohl möglich gewesen wäre.

D 2.1 Sehnsucht nach Gemeinschaftserfahrung

Bei den untersuchten Projekten spielte neben allem emotionalen, sinnlichen und leibhaften (Gemeinschafts-) Erleben offenbar auch der Inhalt eine entscheidende Rolle für die Mitwirkenden: dass ihnen die Songs beim MassChoir beziehungsweise beim Gospel-Musical ein lebensnahes Sinndeutungsangebot unterbreiten – und dies kaum allein auf den konkreten Songtext oder die Ansagen, Sprechertexte et cetera bezogen, sondern auf den Gesamttenor, die *Message* des nicht zuletzt musikalisch und emotional Transportierten. Diese Angebote konnte das Individuum dann – im Sinne der gesellschaftlichen Individualisierung und Orientierung an Subjektivität[864] – in Teilen oder zur Gänze annehmen oder ablehnen, kognitiv oder spirituell als Anregung be- und ergreifen oder ignorieren. Daher würde es dem Untersuchten nicht gerecht, das Gemeinschaftsgefühl im Augenblick als einzig bedeutsam zu kennzeichnen, während Inhalt und *Message* irrelevant gewesen wären; vielmehr spielte die (christliche) Sinnstiftung im Sinne eines alltagsrelevanten Deutungsangebots eine essentielle Rolle.

Angesichts der Erträge der in dieser Studie vorgestellten Feldforschung erschiene es adäquat, wenn die christlichen Kirchen den offenkundigen Bedürfnissen nach heilsamen, von Inklusivität und Zu(sammen)gehörigkeit geprägten Gemeinschaftserfahrungen hinfort weit mehr Aufmerksamkeit widmeten, Erfahrungsräume anböten und alles Mögliche dafür täten, dass christlicher Glaube nicht allein als Kopfsache (miss-) verstanden und gelebt wird, sondern auch emotional, körperlich und spirituell in Gemeinschaft erfahrbar ist. Akademische (Praktische) Theologie könnte solche Bemühungen (weiterhin) konstruktiv-kritisch begleiten.[865]

2.2 *Sehnsucht nach religiöser Erfahrung*

Die empirischen Befunde dieser Studie haben gezeigt, wie stark Menschen in der Gegenwart nach sie selbst transzendierenden Erfahrungen verlangt. Im intensiven Gemeinschaftserleben einer Musizier- und Fühlgemeinschaft werden Zugehörigkeit, Geborgenheit und Verbundenheit mit anderen Riesenchorteilnehmern spürbar, findet also eine menschliche Entgrenzung statt vom singulären Individuum zum kollektiven Wir der Gruppe. Ergänzend sehen sich Menschen aber auch nach religiösen Transzendenzerfahrungen, über die rein menschliche Komponente des intersubjektiven Miteinanders hinausgehend. Hierbei sind individuell-individualistische und gemeinschaftliche Freiheiten zentral: Die mit dem Gemeinschaftssingen verknüpfte religiöse Erfahrung basiert nicht auf ausdifferenzierten,

---

[864] Vgl. Pohl-Patalong, Zukunftsmodell, 86–93.
[865] Indem sie dies täte käme sie ihrer von Bubmann beschriebenen (Teil-) Aufgabe, wonach sie mit der systematischen Theologie zusammen „Hilfestellung zur verantwortlichen Ausübung der christlichen Freiheit anzubieten, oder etwas altmodischer ausgedrückt: das musikalisch-ethische Gewissen zu schärfen" (Bubmann, Charisma, 210) hat, nach.

von allen geteilten Glaubenssätzen, nicht auf normativer Lehre, nicht auf bestimmten gesungenen konfessorischen Songtexten, sondern – mit Pirner (s. Kapitel A 1.3.2) – auf einer entsprechenden persönlichen Deutung des Erlebten. Die christlichen Riesenchorprojekte bieten die Grundlagen solcher Erfahrungen, indem intensive Gemeinschaft im Menschenmeer erlebt werden kann und Songs wie „Loved" beim MassChoir oder „Amazing Grace" beim Gospel-Musical eine subjektiv-individuelle Aneignung ermöglichen. So können Beteiligte das gleiche Lied inmitten des gleichen singenden Menschenmeeres zutiefst religiös erleben oder, etwa da dem christlichen Glauben skeptisch bis ablehnend gegenüberstehend, diese Aspekte bewusst ausblenden und lediglich das Singen im Moment, das Gruppengefühl der Stärke et cetera, genießen, ohne dass zur Grenzüberschreitung der hingebungsvollen Selbsttranszendierung eine (bewusste) religiöse Dimension dazukäme.

In Anlehnung an Pirner (s. Kapitel A 1.3.2) und Kaiser[866] ist davon auszugehen, dass im untersuchten christlichen Riesenchorsingen, bei dem ein die Beteiligten untereinander verbindendes Gemeinschaftsgefühl entstanden ist, die Singenden das Singen ästhetisch ähnlich erlebt haben. Dies war ihnen allen gemein, transzendierte den einzelnen und ließ ein *kollektives Individuum*[867] sich bilden. Erst durch religiöse Deutung des gemeinsamen musikalischen Erlebens kam es unter den Sängern in Teilen zu einer christlich-spirituellen oder, allgemeiner, religiösen Erfahrung, die indes die qua geteilten Erlebens miteinander Verbundenen nicht voneinander schied, nicht zwischen so Deutenden und bei ästhetischem Erleben und musikalischer Erfahrung ohne religiöse Dimension Verweilenden eine Grenzziehung bewirkte, sondern als ein extra additum hinzutreten konnte, aber nicht musste. Eine solche religiöse Erfahrung konnte wiederum über den Moment des Massensingens beziehungsweise die unmittelbare Anschlusszeit des Übergangs hinaus in den Alltag hineinwirken.[868]

---

[866] Für das Folgende vgl. Kaiser, Singen in Gemeinschaft, 192–194.451–459.
[867] Kaiser nimmt diesen mindestens auf einer semantischen Ebene widersprüchlich anmutenden Begriff von Jan Mukařovský auf (vgl. Kaiser, Singen in Gemeinschaft, 194). Für die Ergebnisse meiner Forschung könnte allerdings ebenso gut von einer beim Riesenchorsingen sich herausbildenden kollektiven Person (vgl. die Rede von *fast wie einer Person* in JS 3, Z.42), einer entstehenden Gemeinschaftsidentität oder anderem gesprochen werden, weshalb der gewählte Begriff nicht überbewertet werden sollte. Viel wichtiger als dieser ist das damit beschriebene Phänomen: Dass im gemeinsamen Singen Vergemeinschaftung stattfand bis hin zum individuellen und (inter-) subjektiven Empfinden inniger Verbundenheit, die – sprachbildlich gewiss nicht unbedeutend – die Einzelnen trotz bleibender Fremdheit „so richtig zusammengeschweißt" (JS 3, Z.40) hat.
[868] Ein Beispiel für das von Pirner (vgl. Pirner, Musik und Religion, 427) beschriebene Phänomen erkennbarer Alltagswirkungen religiöser Erfahrung könnte Brigitte H.s begeisterte Rezeption der *glockenklaren Stimme* einer jugendlichen Laiensängerin bei der Aufführung von *Amazing Grace* in der Kirchengemeinde von Jens M. abgeben. Gegenüber den Profi-Solisten wenige Tage zuvor in Ludwigsburg mag die Performance des Teenagers „objektiv" kaum besonders herausragend gewesen sein, für Brigitte stellte sie aber – wohl unter dem Eindruck ihrer religiösen Erfahrung während des Musicalprojekts – anscheinend etwas ganz Besonderes dar.

D 2.2 Sehnsucht nach religiöser Erfahrung

Ein markantes Exempel ist jenes von Gerhard S. (s. Kapitel C 1.3.2.16). Der 67-jährige Rentner, der nach Jahrzehnten einer stark an Lehrfragen orientierten Glaubenspraxis die *Herzensseite des Glaubens* als für sich besonders wertvoll entdeckt hat, konnte beim Singen im Projektchor von *Amazing Grace* emotional intensiv erleben, fühlte sich affektiv mit den anderen Beteiligten verbunden, genoss das *Bad in der Menge* und deutete das Erlebte (christlich-) religiös. Die ausgiebige Befassung mit dem Musicalinhalt und einzelnen Liedtexten verstärkte die Wirkungen auf sein Leben, bis in den Alltag hinein und weit über die Aufführung in der MHP-Arena hinaus. Als besonders prägende Faktoren seiner Erfahrungen beim Singen im Riesenchor einschließlich der religiösen Anteile waren somit neben insbesondere emotionaler Überwältigung und Gemeinschaftsgefühlen durch geteiltes ästhetisches Erleben die Deutungen der musikalischen Erfahrung sowie die tiefergehende Beschäftigung mit dem Musicalinhalt und die persönliche Aneignung speziell des Aspekts der *Gnade* zu identifizieren.

Ein weiteres erhellendes Beispiel ist jenes von Anja B., bei der unmittelbares Erleben, deutende Reflexion und persönliche Aneignung erkennbar zusammenspielten:

AB	dem gesamten Stück, des is (.) des Stück also Viele finden's vielleicht kitschig äh wenn man's des erste Mal hört, weil's so die (.) Musicalschnalz- schnulze is, aber des is für mich (.) vom Inhalt her so das schönste Stück, weil das is so das, was einen eigentlich die ganze Zeit (.) begleitet, also so dieses Thema nach Liebe, nach ä:h Glaube suchen also oder (.) oder der Glaube zeigt einem dann den Weg, also wenn man (.) ja. H:uh (.) es is so schön!
JK	└ ja
AB	@(.)@ Ja, ich muss jedes Mal @(.)@ krieg ich (`n Kick in) die Augen, wenn ich des höre, weil es so schön is, weil einfach (.) da gesagt wird so „Hey, hier is des Licht! Folge dem Licht einfach und (.) alles is gut!"
JK	Also wird auch ne Antwort gegeben auf diese Sehnsucht (.) innerhalb des Stückes?
AB	Ja, für mich schon! Weil ä:hm (3) äh d- das das is für mich die Antwort, einfach nach innen zu hören, was ja dann die Stimme (.) Gottes is oder was auch immer, einfach ähm (.) na- nach dieser Stimme, nach dem Licht, nach dem Zeichen suchen und dann (.) sich sicher zu sein, ohne irgendwie ä:h des abwägen zu müssen mathematisch, sondern diese Sicherheit zu ha- zu haben: „Ach, des fühlt sich gut an! Des des wird der richtige Weg sein! Der wird dann schon (.) stimmen von oben, von unten, von mir!" (.) Ja, (auf jeden Fall).

[869]

Der *Amazing Grace*-Song „Der Traum vom Glück" war für die Sängerin offenkundig keine bloße *Musicalschnulze*, sondern Orientierung gebender Wegweiser: Beim Singen und Hören des Liedes insbesondere emotional intensiv Erlebtes wurde ihr durch die individuelle Reflexion letztlich zu Zuspruch und Ermutigung, zur religiösen Erfahrung, die tiefe Sehnsüchte erfüllte und der jungen Frau half, auf Gottes Führung und darauf zu vertrauen, dass ihr intuitiv gewählter Weg *dann schon stimmen wird*, weshalb sie sich in allen Unwägbarkeiten des Lebens nicht zu fürchten braucht.

---

[869] AB 2, Z.43–58.

Bereits diese beiden ausgewählten Beispiele von *Amazing Grace*-Sängern und ihren religiösen Erfahrungen ergänzen die fundierte Feststellung Kaisers, „dass die religiöse Funktion des Singens als eher marginal eingeschätzt werden sollte."[870] Denn die Ergebnisse der Längsschnittstudie zum Gospel-Musical weisen partiell insofern über seine überzeugende Analyse hinaus, als für einzelne Sänger wie Anja B. oder Gerhard S. die religiöse Dimension ihres Singens offenbar durchaus eine bedeutende Rolle spielte – und sei es (noch) nicht beim unmittelbaren Singen, sondern, mit Pirner, erst nachgelagert durch subjektive religiöse Deutung des Erlebten. Hierzu passt, dass ausweislich der Datenerhebungen dieser Studie das Erleben im Moment des Riesenchorsingens häufig ein von emotionaler und körperlicher Überwältigung, von affektiv begründeter Gruppenidentität sowie Begeisterung bis zur Ekstase geprägtes ist, was erst im Nachhinein reflexiv-deutend zur (auch religiösen) Erfahrung wird. Beispiele dafür finden sich nicht zuletzt in den Feldtagebüchern und Interviews zum MassChoir. Sie zeigen, dass beim geteilten ästhetischen Erleben im Moment des Singens, dessen religiöse Funktion mit Kaiser in der Tat allgemein als eher gering anzunehmen ist, Beteiligte prinzipiell gleich oder mindestens ähnlich erleben, sich auch deshalb miteinander verbunden fühlen, dass aber (christlich-) religiöse Deutungen für die eine dieses Singen zur religiösen Erfahrung qualifizieren können, für den anderen hingegen nicht.

Zwar ist gewiss nicht auszuschließen, dass auch im Moment des christlichen Riesenchorsingens das Erleben von Menschen unmittelbar religiös sein kann, dass etwa der Trost des Evangeliums auf einer emotionalen Ebene in ihr Leben hineinspricht und nicht erst eine nachgelagerte reflektierende Deutung die musikalische Erfahrung zur religiösen macht. Gleichwohl legt der überwiegende Teil des Feldforschungsmaterials dieser Studie nahe, dass das unmittelbare Erleben im Moment vor allem ein emotionales und körperliches ist, hingegen – mit Pirner – erst durch Reflexion die religiöse Komponente qualifizierend hinzutritt, was wiederum Kaisers Befund bestätigt.[871] Bei *Amazing Grace* dürfte die Verzahnung von Fest und Alltag, von Riesenchorsingen am Wochenende und jeweiliger Lebenswelt zwischen den Proben beziehungsweise der Aufführung, die Reflexion über Erlebtes stark befördert und unterstützt haben, dass Beteiligte dasselbe religiös gedeutet haben.

Auffällig ist in all dem die hohe Popularität beider untersuchten Projekte: dass sich für den MassChoir 5.000 Menschen, für *Amazing Grace* 700 versammelt und in beiden Fällen dafür sogar Geld bezahlt haben. Die verbreitete Sehnsucht nach religiöser Erfahrung erscheint als wesentlicher Teil der Erklärung dieses Phänomens, eng verbunden mit der Situation ansonsten (nicht) vorfindlicher vergleichbarer Erfahrungsräume im kirchlichen, insbesondere im evangelischen Bereich. Andreas Malessas Einschätzung ist gewiss zutreffend:

---

[870] Kaiser, Singen in Gemeinschaft, 451.
[871] Für ein anderes Verständnis, wonach religiöse Symbole bereits vor-reflexiv – insbesondere in rituellen, sinnlich-symbolischen Zusammenhängen – wirken können, vgl. Josuttis, Leben, 224–226.

„[…] ich sach immer: ‚Zum Evangelischsein muss man ja Abitur haben!' Ne? @(2)@ Naja, is ja klar: Die Kirche des Wortes (2) was bieten wir denn an? (2) Am liebsten Diskussionskreise mit anschließender Abfassung eines Resolutionspapiers! (.) Das ist doch die klassische protestantische Gemeindearbeit der 80er Jahre, ne? (.) (glaube ich so) ich kokettier jetzt ich übertreib jetzt"[872]

Bei den beforschten, gerade in ihrer leichten Zugänglichkeit und geringen erforderlichen Bindung von Inklusivität geprägten Projekten konnten Menschen einfach partizipieren, nicht zuletzt körperlich und emotional intensiv erleben, auch *ohne Abitur*. Die untersuchten Erfahrungsdimensionen des Riesenchorsingens plausibilisieren nicht allein deren Popularität, indem sie offenkundig ein attraktives Erlebnisangebot darstellen für jene Menschen, die nach solchen Erlebnissen fragen, sondern zeigen – wenigstens ansatzweise – zudem den Kontrast des Forschungsgegenstands zur sonstigen Kirchenlandschaft auf, in welcher Erfahrungsräume wie beim MassChoir und *Amazing Grace* offenbar ihresgleichen suchen.

2.3 Hubert Knoblauchs Beobachtungen zum Phänomen des spirituellen Fleckerlteppichs

Bereits im Kapitel A 2.4.4 sind Kernaussagen Knoblauchs zur *Populären Religion* angeklungen und können hier, wo ihre Berücksichtigung der Einordnung der empirischen Ergebnisse dienen soll, vorausgesetzt werden. Die Beobachtung der erfahrungsorientierten Subjektivität einerseits und der individuellen Spiritualität des *Patchwork* oder *Fleckerlteppichs* andererseits erscheinen hierfür besonders geeignet.[873]

Denn wie bei den Feldforschungsunternehmungen auf dem Gospelkirchentag 2014, mit Schwerpunkt auf dem MassChoir-Singen, sowie beim Gospel-Musical *Amazing Grace* deutlich wurde, sind die rekonstruierten theologischen Profile, spirituellen Praxen und organisatorischen Anbindungen der beteiligten Sänger überaus heterogen, ob diese einer Kirche beziehungsweise anderen religiösen Organisationsform angehören oder nicht. Sie reichen vom expressis verbis nicht Glaubenden bis zur tief im christlichen Glauben Verwurzelten, von der am Kirchenleben nahezu gar nicht bis hin zum wöchentlich mehrfach daran partizipierenden Einzelnen.[874] Zudem begegnet mehrfach die Grundhaltung der Ablehnung eines vorgebenden Dogmatismus bei gleichzeitiger Bejahung völliger individuellsubjektiver Freiheit, wonach ein jeder sich aus dem bunten Angebot am Markt der

---

[872] Interview mit Andreas Malessa, Z.966–972. Vgl. dazu auch Josuttis, Leben, 222–226.
[873] Vgl. Knoblauch, Populäre Religion, 25.
[874] Wie Knoblauch festhält machen auch – und sogar „erstaunlich viele" – Menschen, die als nichtreligiös gelten, spirituelle Erfahrungen der Entgrenzung (vgl. Knoblauch, Transformation, 6), was zur Vorsicht bei der Interpretation von Teilnahmeverhalten beziehungsweise beobachtbarer religiöser Praxis allgemein mahnt.

Glaubensrichtungen und Weltanschauungen, konkret etwa aus dem in *Amazing Grace* enthaltenen beziehungsweise beim Gospelkirchentag gebotenen Christlichen bedienen und daraus oder damit seinen ganz persönlichen (Glaubens-) Fleckerlteppich knüpfen möge.

Daher ist dezidiert auszuschließen, dass die im Massensingen sich bildende und in steter Dynamik verändernde Gemeinschaft eine von Gleiches oder mindestens sehr Ähnliches Glaubenden ist. Dies ergänzt den bereits formalen Verzicht – der Veranstalter, prinzipiell aber auch der Teilnehmer – darauf, dass alle (Mit-) Sänger eine geteilte (Kirchen-) Mitgliedschaft, ein allen gemeines (Glaubens-) Bekenntnis oder dergleichen als Mitwirkungsvoraussetzung verbindet; die Zugehörigkeit zur situativ gebildeten Gruppe hängt von keinerlei solchen Bedingungen ab. Was sie vielmehr zusammengeführt hat, während der MassChoir-Probe beziehungsweise des Musicalprojekts beieinander hält und weiter zusammenwachsen lässt, ist das – grundsätzliche und nicht dadurch, dass zuweilen Einzelne nicht mitsingen, in Frage gestellte – gemeinsame musikalische Handeln, im Fall von *Amazing Grace* zusätzlich das singende Arbeiten an einem Gruppenziel, bei gleichzeitiger Freiheit, sich mit gesungenen christlichen Inhalten zu identifizieren, diese zu ignorieren oder gar entschieden abzulehnen, wie es ein Interviewpartner besonders unumwunden tat.

Dies ist nicht zuletzt dadurch problemlos möglich, dass die Beteiligten ausschließlich auf einer praktischen Handlungsebene aufeinander angewiesen sind und ihr Erleben offenbar nicht zusätzlich davon abhängt, ob die anderen Sänger genauso wie sie selbst (nicht) glauben oder außerhalb des Massensingens diesem jeweiligen Denken oder bestimmten (Glaubens-) Überzeugungen gemäß sich verhalten beziehungsweise darum bemühen. Es genügt vielmehr völlig, dass für den geteilten Moment des gemeinsamen Singens alle praktisch zusammenwirken, mit welcher Einstellung und Motivation verbunden auch immer.[875]

Somit erwiesen sich beide Formate, Gospelkirchentag und Gospel-Musical, als stattliche Ansammlungen von Menschen, deren aus den Interviews rekonstruierbare Haltungen mit den soziologischen Befunden Knoblauchs prinzipiell übereinstimmen und die das glaubensunabhängige Erfolgsmodell solchen Riesenchorsingens bestätigen: Für das intensive, erhebende Spüren extraordinärer Gemeinschaft – bis hin zu spiritueller Transzendenzerfahrung – ist das Denken und Glauben, mindestens jenes anderer Beteiligter, nicht konstitutiv; vielmehr ermöglichen das individuelle Fühlen und kollektive Handeln (potentiell) die tief berührende (Gemeinschafts-) Erfahrung, zu der mitunter das gläubige Denken beziehungsweise qualifizierende Reflektieren hinzutritt. Aber für das geteilte extraordinäre Erleben beim Singen im christlichen Riesenchor – bis hin zu Gottesbegegnung

---

[875] Höchst anschaulich wird dies am Beispiel von Bärbel F.: An sich selbst und andere (Christen-) Menschen stellt die 55-Jährige hohe ethische Ansprüche, problematisiert aber niemandes Mitsingen aus Gründen (vermeintlich) mangelnden Glaubens oder ethisch inadäquaten Verhaltens, sondern genießt vielmehr die von diesen Fragen weitgehend losgelöst erlebbare musizierende Handlungsgemeinschaft.

D 2.3 Phänomen des spirituellen Fleckerlteppichs

und Ekstase – ist es nicht zwingende Voraussetzung, dass andere Sänger (ebenfalls respektive ebenso) gläubig sind; zudem können dort ohne weiteres Elemente aus christlicher und kirchlicher Tradition, aus Popkultur et cetera zusammenfließen und dem erfahrungsbetonten Subjekt einen Rahmen bieten, innerhalb dessen es individuell spirituell erleben kann.

So konnte an solchem Singen problemlos die zu einer pietistischen Gemeinschaft gehörende und bei ProChrist mitwirkende Elske B. ebenso sich beteiligen wie die meditierende Anja B. oder die Schweigezeiten im Yoga genießende, ProChrist entschieden ablehnende Religionslehrerin Susanna M., ohne dass offenkundige Unterschiede individueller Glaubensüberzeugungen oder spiritueller Praxen am gemeinsamen Erleben und Genießen in der Menschenmenge gehindert hätten. Auch beim MassChoir konnten Sänger die gesungenen Lieder und ihre musikalische Erfahrung im Menschenmeer als tiefsten Ausdruck ihres Glaubens deuten und ihr eigenes Singen als Glaubensbekenntnis verstehen, während andere mit christlichen Inhalten nichts anfangen konnten oder wollten. Was alle etwaigen Gräben im Bereich von Glauben – in Theorie und Praxis –, von Spiritualität und Religion überbrücken half beziehungsweise irrelevant werden ließ, war auch hier das geteilte Erleben im Moment, die alle Beteiligten verbindende musikalische Gemeinschaftserfahrung.

Die Gesamtgesellschaft charakterisierende Phänomene wie Pluralismus, Subjektivität und Individualisierung waren somit im Forschungsfeld nicht alleine auszumachen, sondern als das darin stattfindende Erleben Beteiligter stark mitprägende Faktoren zu identifizieren.[876] Mit wenigen Ausnahmen schien unter den Beforschten die prinzipielle Ablehnung von verbindlichen Normen vorherrschend zu sein, ebenso von *Strengem* oder allzu missionarischen Einstellungen. Stattdessen wirkte in theologischer Hinsicht eine „Jeder wie er mag!"-Haltung verbreitet, Gruppenidentität beziehungsweise affektive Verbundenheit nicht von religiösen Aspekten abhängig, sondern für Mitwirkende die musikalische Erfahrung als solche entscheidend, welche als ästhetische mit einem spirituellen Fleckerlteppich kategorisch keineswegs in Konflikt geraten musste.

---

[876] Vgl. auch Pohl-Patalong, Zukunftsmodell, 76–93.

2.4 Wilhelm Gräbs Impulse zu Kultur und Religion

In seiner als Aufsatz erschienen Antrittsvorlesung hat Wilhelm Gräb[877] am Beginn des Jahrtausends ausgeführt, dass die Kirche mitsamt den anderen Religionsgemeinschaften „nicht mehr das andere zu einer ansonsten säkularen Kultur der Gesellschaft"[878] sei, sondern „selbstverständlich integriert in eine insgesamt sehr viel individualistischer und pluralistischer geprägte Gesellschaft"[879]. Kirchenmitgliedschaft und persönliche Religiosität seien nicht als (zwingend) einander korrespondierend anzusehen, vielmehr sei auch bei Kirchenfernen mit Glauben zu rechnen. Aus den insgesamt diskussionswürdigen Darstellungen sind für diese Studie vornehmlich die zusammenfassenden Beobachtungen und Schlussfolgerungen von Interesse. Demnach müssen sich die Kirchen auf einem geradezu unüberschaubaren Markt der Kulturen, Religionen und Weltanschauungen behaupten, während es das Christentum neu zu beschreiben gelte. Dieses sei als Sache der Individuen, als Vergewisserung ihrer Freiheit zu begreifen, im Kontrast zum Wahrheitsabsolutismus früherer Zeiten.[880] Aufgabe der Theologie sei die Förderung von Pluralität und zugleich die Freilegung handlungstranszendenter Sinnbedingungen und existenzieller Hoffnung. Kirche solle „weder defensiv-apologetisch noch missionarisch-wahrheitsabsolutistisch, sondern kommunikativ und wahrnehmungsoffen auf eine Gesellschaft hin orientiert"[881] sein, welche ihr überwiegend nicht mehr angehöre.

> „Wenn die Religion eine Angelegenheit der Menschen ist, gelebte Frömmigkeit die Basis der Kirche und nicht umgekehrt, dann verlangt das kirchenleitende Handeln die Kompetenz der Deutung des gelebten Lebens, die Kunst der Darstellung, religiöse Sprache, die verstanden wird, die ästhetisch ansprechende Inszenierung von Symbolen und Ritualen, daß Menschen in der Kirche eine tragende Gemeinschaft finden."[882]

Diese Grundlinien können insbesondere für *Amazing Grace* fruchtbar gemacht werden. Bei diesem auf mehrere Monate angelegten christlichen Riesenchorprojekt ohne Erfordernis einer Kirchenmitgliedschaft oder der Überwindung individuell mitunter nicht geringer Hürden – wie etwa die Teilnahme an einem Gottesdienst am Sonntagvormittag sie mit sich bringen mag, seien es Ressentiments, Desinteresse, oder persönliche negative Vorerfahrungen – wurde Individuen ein extraordinärer Erlebnisraum angeboten, in dem sie intensive, transzendente Gemeinschaftserfahrungen machen konnten einschließlich des Gefühls, in ihrem So-Sein angenommen, zugehörig und getragen zu sein – von der Gruppe, aber auch

---

[877] Vgl. für das Folgende Gräb, Religion.
[878] A.a.O., 136.
[879] Ebd.
[880] Vgl. a.a.O., 149–150.
[881] A.a.O., 150.
[882] Ebd.

D 2.4 Impulse zu Kultur und Religion

von Gott; außerdem wurden sie darin unterstützt, sich mit dem christlichen Glauben auseinanderzusetzen, ihren eigenen geistlichen und spirituellen Weg (weiter-) zu gehen, auf einladend-unaufdringliche Weise, ohne absolutistische Vorgaben, aber versehen mit konkreten (Sinndeutungs-) Angeboten, die alltagsnah elementarisierte Kerninhalte formulierten, wodurch in der Sängergemeinschaft nicht weniger als Kommunikation des Evangeliums stattfand.[883] Beim Singen im Projektchor von *Amazing Grace* wurde somit etwas zur Darstellung gebracht, symbolisch und rituell ansprechend inszeniert, was bei der subjektiven *Deutung des gelebten Lebens* Hilfestellung bot, ebenso wie Orientierung in Fragen des Glaubens und seines praktischen Lebens. So konnten Menschen im Massensingen eine *tragende Gemeinschaft* und darin eine konkrete Manifestation von *Kirche* erleben.

Gräbs Impulsen folgend könnten Kirche und Theologie von der vorfindlichen aktuellen Gospel- und Musical-Kultur, wie sie in dieser Studie untersucht wurde und stellvertretend für populäre Kultur wie Glaubenspraxen in aller auffindbaren Vielfalt steht, über die Gegenwart mitsamt ihren Trends und Bedürfnissen lernen sowie je für ihren Bereich passende Schlüsse ziehen: Dass zu Beginn des 21. Jahrhunderts tiefe Sehnsüchte nach (christlich-) spiritueller und religiöser (Gemeinschafts-) Erfahrung passende Räume suchen, wo Transzendentes mehrdimensional erfahren und – bildlich gesprochen – Wegzehrung für persönliche biographische wie spirituelle Reisen gefunden, sogar bevorratend gesammelt werden kann. In diesen Räumen versammeln sich Glaubende, Suchende, aber auch Kritische bis Ablehnende – und erleben doch alle *tragende Gemeinschaft*, empfangen und prüfen – nicht zuletzt emotional – Botschaften, die sie inspirieren und für den Alltag stärken können.[884]

Während sonntags landauf landab Kirchen (weitgehend) leer bleiben, kamen Hunderte phasenweise zum Musicalproben und Tausende punktuell zum Gospel-Singen zusammen, konnten dabei intensive musikalische wie nachhaltige religiöse Erfahrungen machen, mitunter aber keinen Konnex zur verfassten Kirche wahrnehmen, obgleich dieselbe strukturell, finanziell und personell nicht geringfügig an den Projekten beteiligt war. Statt sich damit abzufinden, dass solche Erfahrungsräume wie das MassChoir-Singen und *Amazing Grace* nur in solchen gewissermaßen Parallelwelten zu finden sind, könnte die verfasste Kirche vor Ort – die jeweiligen Möglichkeiten nutzend – gezielt ähnliche Räume zu schaffen versuchen, in denen Menschen *tragende Gemeinschaft* untereinander und mit Gott

---

[883] Besonders anschaulich wurde der Aspekt der Verzahnung von gehörter beziehungsweise gesungener Botschaft bei *Amazing Grace* und persönlichem Lebensalltag am Beispiel von Jens M..

[884] Welche Rollen hierbei vor-reflexive Prozesse auf der einen und individuelle Deutungen auf der anderen Seite für das Erleben Beteiligter spielen, lässt sich nicht klären: nicht in dieser Studie, aber wohl auch grundsätzlich nicht. Die bereits angeführten Positionen von Josuttis und Pirner (s. Kapitel A 1.3.2 und D 2.2) möchte ich daher nicht als Alternativen, sondern ihre jeweiligen Anliegen aufnehmend mit jener Gräbs als Instrumente zur Beleuchtung der komplexen Lebenswirklichkeit begreifen, mittels derer Annäherungen möglich sind, ohne letzte Antworten zu finden.

erleben können – beides bleibt im Letzten freilich unverfügbar. Statt – mit Andreas Malessa (s. Kapitel D 2.2) kritisch betrachtet weiterhin – Kirche zu sein, in der Partizipation *nur mit Abitur* möglich ist, ließen sich vorfindliche Sehnsüchte, insbesondere jene nach emotional geprägter kollektiver und religiöser Erfahrung, gezielt aufnehmen und für diese Erlebnisnachfrage adäquate Erlebnisangebote schaffen; aber dies würde sich vor Ort ereignen, in Dorf- und Stadtgemeinden, aber auch regional, in Verbindung mit sonstigen kirchlichen Angeboten stehend. Große Teilnehmerzahlen wären dabei nicht automatisch Qualitätsmerkmal, sondern der Fokus auf Spürbares, emotional Erleb- wie Erfahrbares zu richten, statt auf *Diskussionsabende mit Abfassung einer Resolution*. Sofern verfasste Kirche Volkskirche sein will, hat sie Auftrag und Pflicht, (potentiell) alle Menschen zu erreichen und auch denen etwas anzubieten, die, wie beim MassChoir in Kassel oder bei *Amazing Grace*, auch körperlich und emotional erleben möchten, indes weder zu solchen Veranstaltungen fahren können oder wollen, aber passende Angebote vor Ort beziehungsweise in der Region wahrnehmen würden.[885]

Hinzu kommt die zeitliche Dimension: dass auch jenseits nur punktuell stattfindender Sonderprojekte solche Erfahrungsräume verfügbar sein sollten, also auf Dauer gestellt, wie dies etwa in Ludwigsburg durch den Saisonchor der Friedenskirche „Voices of Peace" im Herbst und Frühjahr der Fall ist.[886] Wie das Beispiel von Bärbel F. eindrücklich zeigte, kann allerdings auch eine Ortsgemeinde ein solcher Erfahrungsraum sein, in dem – mindestens ansatzweise – ähnlich intensiv und ganzheitlich erlebt werden kann. Als weiterer Aspekt wäre die individuelle Möglichkeit der aktiven Mitgestaltung zu beachten: Beim MassChoir auf dem Gospelkirchentag und bei *Amazing Grace* kam den beteiligten Sängern faktisch eine Funktion partizipativer Ausgestaltung zu, indem sie musizierend – wenngleich bei 700 respektive 5.000 Mitwirkenden in eher geringem Umfang – das Gesamtgeschehen mitprägten. Entsprechend sollte auch in Erfahrungsräumen vor Ort – ob *auf Zeit* oder auf Dauer angelegt – individuelles Gestaltungspotential bestehen.

Theologie, insbesondere Praktische Theologie, könnte und sollte solche kirchlichen Bemühungen um Schaffung von religiösen (Gemeinschafts-) Erfah-

---

[885] Und auch solche Menschen, die begeistert (regelmäßig) an ganzheitliches Erleben beförderndern Großveranstaltungen, etwa wiederholt am Gospelkirchentag, teilnehmen, könnten in Zwischenphasen dankbar solche lokalen Angebote wahrnehmen, statt nur punktuell weit weg. Modellhaft ist solches bereits zu beobachten, indem zahlreiche Kirchengemeinden und Pfarrverbände lokale beziehungsweise regionale Taizé-Singtreffen anbieten; diese mögen kein „vollwertiger Ersatz" für Erlebnisse in Taizé selbst oder bei europaweiten Großtreffen sein – und dies auch gar nicht zu sein intendieren oder beanspruchen –, können aber Erfahrungsräume eröffnen, welche die gleichen Menschen ansprechen, die auch in Taizé tief berührt wurden oder würden. Zur Nachhaltigkeit des dortigen Erlebens vgl. Höglauer, Einfluss von Taizé.

[886] Zu den strukturellen Herausforderungen von Kirche angesichts gesellschaftlicher Pluralität und unterschiedlicher menschlicher Bedürfnisse vgl. Pohl-Patalong, Zukunftsmodell, 76–82.

rungsräumen für alle vorhandenen Milieus und Bedürfnisse, musikalischen Präferenzen et cetera, aus wissenschaftlicher Distanz kritisch – im Sinne der *Kritik* nach Martin Nicol (s. Kapitel D 4.3) – begleiten, auf mögliche Fehlentwicklungen hinweisen, sowie Impulse zu Aufbruch, Wagnis und konzeptioneller Weiterentwicklung geben. Dabei wäre es – mit Gräb – weiterhin konstitutiv für die adäquate Wahrnehmung ihrer Rolle und Aufgabe, gegenwärtige Kultur und (christliche) Religion im Blick zu behalten, auf die Orientierung des kirchlichen Lebens am empirisch Vorfindlichen, glaubenspraktisch Beobachtbaren zu dringen und Verbindungen zwischen bisher getrennt Existierendem kirchentheoretisch zu fundieren zu helfen, indem etwa stark auf emotionale Erfahrung abzielende Elemente mit Bildungszielen zusammenkommen können und sich gegenseitig bereichern. Dabei gehörte es weiterhin zur (Mit-) Verantwortung Praktischer Theologie, generell, jedoch insbesondere im Zusammenhang (musikalischer) Großveranstaltungen wie den untersuchten Riesenchorprojekten, die Herausbildung einer *zweiten Naivität* im Sinne des Plädoyers Pirners (s. Kapitel B 2.5) und damit die reflektierte individuelle Mündigkeit von Menschen zu fördern, um insbesondere den Gefahren von Suggestion und Manipulation – zumal in emotional aufgeladenen, mitunter ekstatischen Kontexten – zu wehren, damit aus affektiver Ergriffenheit gerade im kirchlichen Leben keine Verführung, Glauben nicht mit Überwältigung im Rausch der Gefühle gleichgesetzt und Glaubensgewissheit nicht primär, erst recht nicht exklusiv, in Gemeinschaftserfahrungen in großen Menschenmassen gesucht wird.

2.5 *Chancen und Gefahren des (Massen-) Singens*

Wie in den Kapiteln B 2.5 und C 1.7 bereits für die einzelnen untersuchten Projekte dargelegt wurde, zeigten die Erfahrungen im Forschungsfeld – Dritter und eigene – das große Potential gemeinsamen Singens auf, besonders hinsichtlich erfahrener Vergemeinschaftung und emotionaler Ergriffenheit, bis hin zu rauschartiger Ekstase. Damit verbinden sich großartige Möglichkeiten ganzheitlichen Erlebens, speziell des Spürens statt allein schlichten Hörens und kognitiven Aufnehmens, aber auch Risiken und Gefahren: der Verengung auf Hochgefühle, der Verführung und Manipulation et cetera. Umso bedeutsamer ist, dass gerade im christlichen Kontext alle Beteiligten verantwortungsvoll mit dem intensiven Erlebnispotential beim (Riesenchor-) Singen umgehen und insbesondere Gottesdienst- und Chorleiter, Kantoren und Programmverantwortliche im Sinne der Förderung einer *zweiten Naivität*, wie Manfred Pirner sie beschreibt (s. Kapitel B 2.5), besonnen agieren. Manfred Josuttis[887] bemerkt treffend:

---

[887] Für das Folgende vgl. Josuttis, Leben, 202–204.

> „Jedes Singen enthält eine Transzendierungstendenz. Deshalb erinnern die Lieder des Glaubens an menschliches Elend, aber auch an göttliches Heil. Nicht nur Hoffnung drücken sie aus, sondern vertrauensvolle, in der Heilsgeschichte fundierte Gewißheit. Sie reden von dem, was zu tun ist, indem sie vergegenwärtigen, was schon zur Rettung der Welt geschah. Sie erneuern die Lebenskraft, indem sie die Annäherung an den Grund allen Lebens erlauben. Im Singen äußert sich Verlassenheit und Jubel, Klage, Bitte und Dank, voller Erwartung, daß menschliches Schreien in der Weite des Kosmos nicht ungehört bleibt. Im Singen rufen die Kinder Gottes nach der Gegenwart ihres Heils."[888]

Was Josuttis zum Singen – nicht zuletzt im agendarischen Gottesdienst mit einer von Liedern umrahmten Predigt – feststellt, kann als hermeneutischer Schlüssel die beim christlichen Riesenchorsingen im leibhaften Miterleben und beim späteren Analysieren aus reflektierender Distanz beobachteten Phänomene einschließlich der potentiellen Gefahren erschließen helfen. Denn die *Transzendierungstendenz* des Singens wurde überdeutlich, bereits auf der „horizontalen" Ebene in Form von intensiver Vergemeinschaftungserfahrung der Singenden untereinander.[889] Das enorme emotionale Potential des Singens zeigte sich in Hochgefühlen bis hin zu Ekstase, aber auch in nachdenklicher Stimmung bis zur Traurigkeit; neben *Jubel* und *Dank* hatten auch *Klage* und *Bitte* ihren Raum, indem weder beim MassChoir noch bei *Amazing Grace* Erfahrungen von Leid und *Elend*, von Glaubenszweifeln und Verzweiflung, ausgeklammert wurden, sondern explizit vorkamen und beteiligte Sänger erkennbar bewegten.

Doch zugleich schien inmitten des singenden Menschenmeeres die Hoffnung des Evangeliums auf, wurde *Gewissheit* laut, die *in der Heilsgeschichte fundiert* ist. Im Singen wurde Gott angerufen, wurde Gottes Nähe erfahren und fand eine „vertikale" Begegnung statt. Im begeisternden gemeinsamen Miteinander wurde *Lebenskraft erneuert*, schöpften Menschen Mut für ihr Leben und fanden Orientierung. Dabei spielte das heilsame Erleben im Moment, die Kommunikation des Evangeliums in der *Gegenwart*, eine zentrale Rolle. Zugleich blieb und bleibt neben allen enorm positiven Potentialen, wie sie bei beiden untersuchten Singprojekten erkennbar waren, gerade in einem solchen Großformat auch Abgründiges zu bedenken. Abermals Josuttis:

> „Singen ist ein Verhalten, das auf Vereinigung zielt. Mit seiner Musik begibt sich der Mensch in die Sphäre kosmischer Harmonie. [...] Sein Singen führt ihn in sonst unzugängliche Wirklichkeiten, läßt ihn am Lobgesang der Schöpfung und der himmlischen Mächte partizipieren, vereinigt ihn mit der versammelten Gemeinde im Gottesdienst, läßt ihn aber auch Rollenangebote übernehmen, die seine Identität für den Augenblick bis ins Göttliche hinein zu erweitern vermögen. Was im [...] Gesang des gewöhnlichen Sonntagsgottesdienstes abläuft, hat einen universalen Horizont, hat psychologische Tiefe und eine Wirkung, die sich, auch ohne Taumel und Raserei, als semi-ekstasierend charakterisieren läßt. Im Akt des Singens [...] zeigt sich, daß keineswegs feststeht, wo wir sind, wer wir sind, was aus uns wird. Gerade deswegen

---

[888] A.a.O., 204.
[889] Die beobachteten Phänomene sollen hier nicht abermals näher beschrieben, sondern lediglich ausgewählt und schlaglichtartig benannt werden.

D 2.5 Chancen und Gefahren 443

gehört zum Gottesdienst andauernd ein untergründiger Kampf um die Macht. Bewußtseinserweiterungen, Identitätsveränderungen, die hier stattfinden können, bedürfen der schonsamen Lenkung, damit Menschen nicht unter die Herrschaft widergöttlicher Mächte geraten. Das intensive Erleben, das den lebendigen Gottesdienst ausmacht, muß an den Grund des Lebens gebunden bleiben."[890]

Vor dem Hintergrund der Ergebnisse dieser Studie ist Josuttis in doppelter Hinsicht zuzustimmen. Zum einen darin, dass Singen im christlichen Kontext enorme Potentiale besitzt, darunter auch Risiken und Gefahren, denen es besonnen entgegenzuwirken gilt. Zum anderen darin, dass diese Facetten gemeinschaftlichen Singens nicht zu einem ängstlichen Verzicht auf (*semi-*) *ekstasisierende* musikalische Erfahrungen führen müssen, sondern durch *schonsame Lenkung* gegengesteuert werden kann, ohne dass freilich auf menschlicher Seite bis ins Letzte *gelenkt* werden könnte, was beim Singen geschieht und erlebt wird – was, wenn es möglich wäre, dort, wo es stattfände, wiederum mit individueller Freiheit und Mündigkeit in Konflikt geriete. Denn hierbei handelt es sich bei aller Besonnenheit mindestens in Teilen stets um etwas Unverfügbares, das sich ereignet und weder gemacht noch vollumfänglich kontrolliert werden könnte.

Aus meiner Warte kommt der Kirche insgesamt die Verantwortung zu, Menschen auch außerhalb des christlichen Riesenchorsingens, wie es in dieser Studie untersucht wurde, adäquate Erfahrungsräume zu bieten, in denen sie ganzheitlich erleben können: harmonische Gemeinschaft, Kommunikation des Evangeliums sowie intensive Gefühle bis hin zu Euphorie und Ekstase. Damit würde einem möglichen, nach meinem Dafürhalten fragwürdigen Phänomen praktisch entgegengetreten: dass solches Erleben Nachfragende sich exklusiv an Riesenchorerlebnisse wie den MassChoir oder *Amazing Grace* halten, ohne an regelmäßigen, (stärker) mit dem Alltag verbundenen Formen gemeinschaftlich gelebten Glaubens zu partizipieren. Denn dadurch könnte es leicht zu Fehlentwicklungen kommen, etwa dergestalt, dass die Phänomene des Massensingens für die Idealform erlebbaren christlichen Glaubens gehalten werden und eine subjektive Abhängigkeit hiervon entsteht, bei gleichzeitiger Geringschätzung örtlicher Chor- und sonstiger kirchlicher Angebote. Dies kann hier insofern nur theoretisch-abstrakt skizziert werden, als in den empirisch erhobenen Materialien dieser Untersuchung für die Beforschten nichts auf solches hindeutet, selbst bei dem Großprojekte-Abo-Typ zugerechneten Sängern wie Kathrin S. nicht.

Im Gegenteil gibt es sehr anschauliche Beispiele für eine Vernetzung beider Sphären, etwa jenes von Bärbel F.: Während die 55-jährige Kinderkrankenschwester vom Singen im Riesenchor schwärmt, geradezu *baden möchte* im Klang des Menschenmeeres, den Abstand zwischen ihrem Auftritt mit dem Oslo Gospel Choir und *Amazing Grace* – etwa anderthalb Jahre – als *fast zu lang* empfindet und energisch betont, es dürfe *nicht nicht weitergehen* mit solchen Großprojekten, ist sie – neben anderem – mit ihrer Freundin an eine örtliche Gemeinde angeschlossen und erlebt dort kontinuierlich im Singen wie auch im Kontakt mit

---
[890] Josuttis, Leben, 202.

anderen am Gemeindeleben Beteiligten zwischen den Projekten ebenfalls Begeisterndes. Die Großprojekte potenzieren dies offenbar noch, sind für sie aber kein exklusiver Ort solchen Erlebens, sondern treten ergänzend zum in der Gemeinde Erlebbaren hinzu. Damit illustriert ihr Beispiel, dass sich beide Sphären gut ergänzen können, ohne dass Riesenchorsingen und Euphorie darinnen zu einer rauschartigen Exklusivität führen müssten.

2.6 Potenziale der Kirchenmusik

Die Untersuchungen der beiden christlichen Riesenchorprojekte haben gezeigt, dass mindestens *Amazing Grace* – beim MassChoir konnte, mangels allgemeiner beziehungsweise systematischer empirischer Erforschung der Langzeitwirkungen, allenfalls für Einzelfälle die (nachhaltige) individuelle (Alltags-) Wirkung rekonstruiert werden, etwa für Kathrin S. – offenbar ein praktisches Beispiel darstellt für das, was Gotthard Fermor[891] als *musiksensible Theologie* skizziert. Denn in der musikalischen (Gemeinschafts-) Erfahrung wurde für Beteiligte festartig Fremdes, Anderes, Unerhörtes hörbar, ereigneten sich Entgrenzungen, ritualartige Übergänge, die den Musizierenden nicht bei sich selbst stehen ließen, sondern aus der *stasis* hinaus in die *Ek-stasis* der Bewegung führten.[892] Und dies alles mit dem doppelten Potential der Verbindung mit und Konsequenzen für den persönlichen Alltag einerseits sowie geistlich-spiritueller Entwicklungsprozesse andererseits; so wurde eingelöst, was Fermor „in phänomenaler Weite zwischen Event und Meditationsgottesdienst"[893] verortet als Gemeindekulturpädagogik des Festes fasst:

> „Hier ist Glaube ohne Kultur nicht lebbar und geht doch gerade z.B. im Gottesdienst nicht darin auf. Gerade hier lernen wir eine Kultursprache, die wie die Musik im Hören Unerhörtes, im Sagen Unsagbares, in der Darstellung Undarstellbares, also die Wirklichkeit Gottes in, mit und unter unseren kulturellen Zeichen als Glauben erfahrbar machen kann."[894]

Indem diese Studie ihr Hauptaugenmerk auf musikalische und religiöse Erfahrung, insbesondere auf Vergemeinschaftungsprozesse beim Singen, legte, konnte sie zudem erhellen, welch gemeinde- und kulturpädagogische Möglichkeiten in Großchorprojekten wie den beforschten stecken, insofern – wie Fermor zurecht in (teil-) problematisierender Aufnahme von Josuttis bemerkt – die Kirche[895] von

---

[891] Für das Folgende vgl. Fermor, Sound des Lernens, 123–133.
[892] Vgl. a.a.O., 124–126.
[893] A.a.O., 132.
[894] A.a.O., 132; ergänzend und ausführlicher vgl. Fermor, Ekstasis, 225–233.
[895] Fermor spricht in der Diskussion der Josuttis-These von *Gottesdienst* und *Party* seinerseits zwar ebenfalls vom „Gottesdienst", scheint sich in seiner Grundhaltung allerdings nicht engführend auf den „klassischen" Sonntagsgottesdienst zu beschränken (wie etwa Fermor,

D 2.6 Potenziale der Kirchenmusik

der *Party* und deren Nachfrage im popkulturellen Bereich an das „Potential anthropologischer Vollzüge im Sinne des Reichtums an Glaubensmedialität"[896] erinnert werden und sich zur Realisierung dieser Dimension herausfordern lassen könne. Das bereits mehrfach zitierte Beispiel von Bärbel F. illustriert eben dies: Die Kirchen- und Glaubensbilder der Mittfünfzigerin, welche jahr(zehnt)elang keineswegs von *Party*, sondern geradezu von einem abschreckenden Gegenentwurf hierzu geprägt waren, wurden zunächst durch Rezipieren und bald auch Mitgestalten christlicher Riesenchorprojekte grundstürzend verändert und wichen zusehends der existenziellen Erkenntnis, dass Kirche auch *Party*, Horizontweitung und nachhaltige Lebenshilfe sein kann (s. Kapitel C 1.3.2.4).

Deutlich wurde dabei besonders das von Fermor beschriebene hohe Integrationspotential generations- und milieuübergreifenden Lernens von Riesenchor-Gemeinden. Den von ihm vorgeschlagenen heuristischen Gemeindebegriff – im Sinne „sozialräumlicher Verwirklichung von kultureller Glaubenspraxis mit hohem Integrationspotenzial"[897] – halte ich im MassChoir mindestens in Ansätzen, bei *Amazing Grace* hingegen zur Gänze für praktisch eingelöst. Denn dort teilten Menschen unterschiedlicher Prägungen, Glaubenseinstellungen, Milieuzugehörigkeiten, Bildungsstände, (Nicht-) Zugehörigkeiten zu Religionsgemeinschaften, Musikgeschmäcker[898] et cetera, Kultur und Glauben, Leben und Erleben, lernten zusammen, entwickelten sich je für sich und als Gruppe gemeinsam weiter.[899] Damit wurde ein Doppeltes praktisch bestätigt: Zum einen, dass Musik als Klammer zwischen Kirchen- respektive Gemeindeentwicklung und Entwicklung des persönlichen Glaubens sowie als *Medium interkulturellen Lernens* zwischen verschiedenen Lebensstilen und Milieus dient und Kirche sich als *klingende Gemeinde auf Zeit* ereignen kann.[900] Zum anderen:

> „Kirchlich Distanzierte, zum Skeptizismus oder gar zum Agnostizismus neigende Menschen und solche, die sonst nur wenig Berührungspunkte mit der Kirche sehen, lassen sich häufig für kirchenmusikalische Gruppenarbeit aktivieren [...] Über die musikalische Bildung lassen sich Menschen häufig auf den christlichen Glauben und auf kirchliche Lebensformen ansprechen."[901]

Sound des Lernens, 132 nahelegt), weshalb hier *die Kirche* als Platzhalter für kirchliche (gottesdienstliche) Angebote verwendet wurde.

[896] Fermor, Ekstasis, 228–229.
[897] Fermor, Sound des Lernens, 134.
[898] Das Beispiel der nicht-gospelaffinen Janina S. veranschaulicht dies exemplarisch.
[899] Als wie bedeutsam es gelten kann, ja muss, dass die sich stilistisch grenzenlos ausdifferenzierende und darin ansonsten gerade zur deutlichen Grenzziehung zwischen verschiedenen Szenen, Lebensstilen und Milieus massiv beitragende Funktion von Musik bei den untersuchten Projekten umgekehrt wurde und im gemeinsamen Singen respektive Musizieren eben solche Grenzen zwischen Menschen überwunden statt markiert oder gar vertieft wurden (!), lässt Bubmann, Kirchenmusik, 580.584, erahnen.
[900] Vgl. Bubmann, Musik in Kirche, 378–379.
[901] Evangelische Kirche in Deutschland, Kirche klingt, 36–37.

Da als Ergebnis dieser Studie beide untersuchten Riesenchorprojekte als Gemeinde im Sinne einer (vor allem musikalischen) Manifestation von Kirche in Zeit und Raum verstanden werden (s. Kapitel D 1.1.4, D 1.2.5 und D 3.1.2), ist Fermor zuzustimmen, der als Bandmusiker festhält:

> „Gemeinde ist immer auf der Suche nach einem Probenraum, und den Sinn dieser Praxis im Probenraum erfahren wir im Fest des Konzertsaales (sei es eine Kneipe oder der Dom)."[902]

Damit bestätigte sich lebensweltlich:

> „Die *integrativ-kommunikative Dimension* von Musik wird vor allem im gemeinsam gesungenen [...] Gotteslob oder Bekenntnis einer Kult- und Feiergemeinschaft deutlich."[903]

Riesenchorprojekte wie *Amazing Grace* können als Gegenmodell zu dem aufgefasst und gewürdigt werden, was Bubmann als „Phänomene kirchenmusikalischer Apartheid"[904] beobachtet, insofern ästhetische Präferenzen unter spätmodernen Bedingungen häufig das Zentrum menschlicher Identität ausmachten und Differenzen im Musikgeschmack „zunehmend als Risiko kirchlicher Gemeinschaftsbildung"[905] sich erwiesen. *Amazing Grace* hingegen brachte die Klassik liebende Nikola I. mit der Vollblut-Gosplerin Kathrin S. zusammen, den Heavy Metal-Fan Paul P. mit der Musical-begeisterten Katharina M. und entfaltete in ihrem gemeinsamen Singen integrative Kraft, die unbeschadet aller Unterschiede die Beteiligten zur Gemeinde zusammenwachsen ließ und damit praktisch unterstrich:

> „Kaum ein Medium ist besser geeignet, Gemeinschaft zu fördern, als aktives Musizieren in Gruppen. [...] Gemeinsames Musizieren kann kirchen- bzw. gemeindebildend sein, insofern es aus einzelnen Glaubenden *eine* Gemeinde formt."[906]

---

[902] Fermor, Sound des Lernens, 134. Freilich ist dieses musikalische Bild nicht engführend, es etwa direkt auf die Proben für *Amazing Grace* in der Friedenskirche (*Probenraum*) und die Aufführung in der MHP-Arena (*Konzertsaal*) beziehend, sondern metaphorisch zu verstehen: Dass sich im *Probenraum* des Massensingens etwas ereignete, dessen Gehalt und Wirkung im Fest – ob bei Musicalproben, beim MassChoir in Kassel oder bei der Aufführung in Ludwigsburg – präsentativ zur Entfaltung kam (und über den Moment hinaus wirkte!), ohne zur Gänze diskursiv gefasst werden zu können.
[903] Bubmann, Musik (MLexR), 501.
[904] Bubmann, Kirchenmusik, 580.
[905] Ebd.
[906] Evangelische Kirche in Deutschland, Kirche klingt, 36.

3. Damit alle gewinnen: Eine theologische Positionierung

Die im Eingangsteil aufgeworfenen Fragen konnten in den vorgestellten Feldstudien an konkrete Praxisbeispiele herangetragen und allerlei Klärungen zugeführt werden. Dabei blieb und bleibt gewiss noch vieles offen; weil es den Rahmen einer Qualifikationsarbeit sprengt, vielleicht aber auch, weil es sich nicht bis in die letzten Verästelungen hinein beantworten lässt. Dabei scheint das Verhältnis von Theorie und Praxis keine geringe Rolle zu spielen. So lässt sich in Fachkreisen, wie bei der Abschlusskonsultation zum Forschungsprojekt „Gemeinde auf Zeit" in Kassel im Oktober 2016 geschehen, trefflich über einen angemessenen Gemeindebegriff diskutieren, das kirchenpolitische Gegenüber einer Parochial- und Funktionaldenkstruktur problematisieren; in solchen Kontexten lässt sich auch leidenschaftlich ringen um einen Kriterienkatalog, was letztlich eine Gemeinschaft zu einer christlichen Gemeinde macht und darin von anderen Gemeinschaften, etwa „Fan-Gemeinden" beim Sport oder einem Rockkonzert, unterscheidet.[907] Auf meinen Forschungsgegenstand angewandt und ganz basal gefasst: Wann wird eine Riesenchor-Gemeinschaft, die zusammen (christliche) Lieder singt, zur Gemeinde? Überhaupt je und wenn ja, wann, wodurch, für wen und wie lange? Umfasst die entstehende Gemeinde alle Singenden oder nur den Teil, der am Geschehen auch spirituell beziehungsweise geistlich partizipiert? Und muss nicht Theologie per definitionem alles Massengeschehen, alle Erfahrungen von Einheit und Homogenität mit der Tendenz zu Rausch, Ekstase und Trance, massiv hinterfragen, den Sportpalast als Symbol individueller Verführung in der Masse[908] beständig mahnend im Blick behaltend, statt den Beteiligten zuzutrauen, dass sie reflektiert, selbstbestimmt und bei vollem Bewusstsein[909] sich ganzheitlichem ästhetischem Erleben hingeben können, ohne dass dieses – auch im zeitlichen und räumlichen Abstand – ihnen selbst in irgendeiner Form suspekt erscheint

---

[907] Für eine besonders aktuelle Gemeindedefinition im kirchentheoretischen Fachdiskurs vgl. Hauschildt/Pohl-Patalong, Kirche, 275–284.

[908] Für eine hilfreiche Darstellung der insbesondere mit Theodor W. Adorno verbundenen Kritik am (Massen-) Kulturbetrieb und deren In-Beziehung-Setzung mit populärer christlicher Musik vgl. Bubmann, Traumzeit.

[909] Solches Bewusstsein erscheint mir auch dort als gegeben anzusehen zu sein, wo persönliche Entscheidungen vorausgehen, in einem späteren Riesenchorsingen sich (womöglich) auf das dortige Geschehen gänzlich ein-, darin völlig fallen- und total loszulassen im Moment des intensiven Erlebens. Keineswegs beschränkt es sich darauf, dass Individuen inmitten singender Menschenmeere zu jeder Zeit bei „vollem Bewusstsein" sind, was in einer konzeptionellen Spannung, womöglich im Widerspruch stehen könnte zum Sich-völlig-Fallenlassen und der situativen Selbsthingabe an Gemeinschaftswerk und Atmosphäre, die den Einzelnen bis zur Ekstase führen mögen.

oder ihr Sich-mitreißen-Lassen rückblickend gar mit Scham oder Reue verbunden wäre?

Im letzten Teil dieser Studie sollen Schlussfolgerungen gezogen werden aus dem Beobachteten sowie eine theologische Positionierung gewagt werden, die inmitten alles Fließenden und sich Entwickelnden schlaglichtartig manches zu fassen versucht, freilich völlig subjektiv und in einzelnen Teilen nicht minder wagemutig.

3.1 Vergemeinschaftung, Gemeinde und kirchliche Orte: Plädoyer für terminologische Gelassenheit und den Mut zum „dritten Weg"

3.1.1 Das Modell „Kirchliche Orte"

Uta Pohl-Patalong[910] hat sich intensiv mit parochial und nichtparochial orientierten ekklesiologischen und kirchentheoretischen Konzepten auseinandergesetzt und auf der Grundlage ihrer fundierten Analyse vorgängiger Diskurse ein verschiedene Anliegen aus unterschiedlichen „Lagern" verbindendes eigenes Modell entwickelt, welches sie als *Vision* formuliert und als *dritten Weg* empfiehlt. Sie ist überzeugt,

„dass nach Lage der Argumente weder der parochiale noch der nichtparochiale Weg beanspruchen kann, das entscheidende oder das dominante Strukturprinzip der Zukunft zu sein."[911]

Weil plurale kirchliche Strukturen dem Evangelium entsprächen, müssten Territorialität und Mobilität zugleich berücksichtigt werden, ebenso auch der Anspruch an die Qualität von Angeboten. Während lokale Präsenz *um die Ecke* wichtig sei, begründeten das Motiv des *wandernden Gottesvolks* und das mit dem Gemeindebegriff verknüpfte Zusammenkommen eine strukturelle Vielfalt, innerhalb derer Kirche sich unterschiedlich ereignen könne. Darin begegnende Gemeinde sei – parochial und nichtparochial – stets und prinzipiell ein prozesshaftes Geschehen.[912] Innerhalb kirchlicher Strukturen sollten sich verschiedene Elemente und Gestalten ergänzen:

„Die ‚notae ecclesiae', die Merkmale der Kirche, müssen erfüllt werden, und zwar in einem ‚signifikanten', nicht nur in einem ‚exklusiven' Verständnis. Es ist wichtig, dass zu Wort und Sakrament Gerechtigkeits-, Hilfe- und Bildungshandeln als weitere

---

[910] Für das Folgende vgl. Pohl-Patalong, Zukunftsmodell, 127–155.
[911] A.a.O., 127.
[912] Vgl. a.a.O., 121.

,inklusive' Merkmale hinzukommen. Dazu sollte zumindest noch die lebensbegleitende, biografiebezogene Arbeit kommen […] Das muss nicht heißen, dass alle diese ‚notae' an jedem kirchlichen Ort erfüllt werden müssen, wohl aber, dass in einem bestimmten Rahmen alle vorhanden sind und für alle Menschen Zugang zu diesen besteht."[913]

Gottesdienstlichem Handeln beziehungsweise der Vermittlung von Wort und Sakrament komme bereits dadurch, dass sie explizite notae sind, besondere Bedeutung zu:

„Als geistliche Grundlage kirchlichen Handelns sollten diese an jedem kirchlichen Ort vorhanden sein. Damit ist einerseits eine Differenzierung kirchlicher Arbeit gefordert, die nicht an jedem Ort das gleiche Angebot vorhält, andererseits sind die Vorzüge breit gestreuter und unspezifischer Arbeit ebenso wenig aufzugeben wie gottesdienstliche Formen."[914]

Gemeinschaft(sbildung) müsse in verschiedenen Gestalten möglich sein, damit fraglose Zugehörigkeit zu Vorgegebenem ebenso erfahrbar sei wie selbst gewählte Beziehungen. Der innerhalb der Gesellschaft gewachsenen Subjektivität sei durch verstärkte „Angebote zur Orientierung und Auseinandersetzung mit der eigenen Person, anderen Menschen und der persönlichen Religiosität"[915] Rechnung zu tragen. *Kirchliche Orte* sollten stets in einen ökumenischen Horizont eingebunden, also bereits strukturell als Teil der weltweiten Gesamtkirche erkennbar sein. In Überwindung der bisher verbreiteten Trennung – mindestens kirchenpolitisch nicht selten von Rivalität geprägt – zwischen Ortsgemeinden und nichtparochialen Werken oder Diensten beschreibt Pohl-Patalong den *dritten Weg* visionär als Zusammenwirken zweier Arten von *kirchlichen Orten*.

Die eine Art ist vereinsähnlich, stark von Geselligkeit, Subjektivität und ehrenamtlicher Gestaltung geprägt und sollte prinzipiell überall lokal vorhanden, am Wohnort jedermann zugänglich sein. Vom Parochiemodell unterscheidet sich dieser vereinsähnliche *kirchliche Ort* vor allem durch seine Betonung der Eigengestaltung und Selbstverwaltung der Beteiligten, wodurch er im Kern ohne Pfarrer auskommt. Darin soll es Seniorenkreise, Gemeindefeste, Bibelgespräche et cetera geben, so dass Kirche darin weiterhin territorial organisiert lokal präsent ist und Interessierten eine Heimat bietet, einen wohnortnahen Raum zur Gemeinschaftsbildung.[916]

Die andere Art der *kirchlichen Orte* neben dieser vereinskirchlich geprägten besteht in spezialisierten Arbeitsbereichen. Diese werden nicht allein von Ehrenamtlichen, sondern von Haupt- und Ehrenamtlichen miteinander gestaltet; in ihnen können sich von gemeinsamen Interessen geprägte Gemeinschaften woh-

---

[913] A.a.O., 130.
[914] Ebd.
[915] A.a.O., 133.
[916] Vgl. a.a.O., 138–139.

nortunabhängig bilden, verschiedene Beteiligungsformen und befristetes Engagement möglich sein.[917] Sie sind breitflächiger angelegt und können, je nach Gegebenheiten, dezidiert auf regionaler oder sogar landeskirchlicher Ebene stattfinden.

Während in Pohl-Patalongs Modell manche Frage betont offenbleibt, nicht zuletzt hinsichtlich der Verhältnisbestimmung verschiedener *kirchlicher Orte* am selben (geographischen) Ort einschließlich personeller Schnittmengen, ist die praktische Vermischung verschiedener *kirchlicher Orte* auf lokaler Ebene prinzipiell vorgesehen und positiv bewertet. Eine hierarchische Rangfolge, die innerhalb des Modells etwa das vereinskirchliche Element als obligatorische Grundversorgung betrachtete und spezialisierte Arbeitsbereiche als entbehrliche, weil zusätzliche Luxusangebote, die nur bei Bedarf und Kapazität ergänzend hinzuträten, ist nicht erkennbar. Vielmehr kommen beide gleichwertig nebeneinander zu stehen.

Bedeutsam für die in dieser Studie untersuchten Großchorprojekte ist, dass in Pohl-Patalongs Modell an jedem *kirchlichen Ort* gottesdienstliches Leben stattfinden soll. Dieses könne zielgruppenorientiert sich nach den jeweiligen Bedürfnissen richten und womöglich in allererst neu entwickelten passenden Gottesdienstformen bestehen, indem etwa in einem für Jugendliche konzipierten Arbeitsbereich spezielle Jugendgottesdienste gestaltet werden. Es zielt stark auf aktive Beteiligung der an diesem *kirchlichen Ort* Engagierten, damit es deren gemeinsame Feier als Gemeinde wird und keine *pastorale Zentrierung* vorherrscht.[918] Die Sakramente finden in diesem Zusammenhang keine explizite Erwähnung, sind aber wohl als Konstitutivum oder *nota* mitzudenken.

3.1.2 Kirchliche Orte in Kassel und Ludwigsburg

Die Ergebnisse dieser Studie lassen erkennen, dass es sich bei beiden untersuchten Riesenchorprojekten im Sinne Pohl-Patalongs um *kirchliche Orte* gehandelt hat, verortet im spezialisierten, nicht im vereinskirchlichen, (stärker) lokalgebundenen Bereich. Denn sowohl der MassChoir wie auch *Amazing Grace* waren von klarer Zielgruppenorientierung bei gleichzeitiger Offenheit für jedermann geprägt, von einer Einbettung des christlichen Geschehens in einen ökumenischen Horizont der weltweiten Gesamtkirche, von gottesdienstlichen Feierelementen – wenn auch die Sakramente fehlten – mit Kommunikation des Evangeliums, diakonischer Solidarität[919] und massiver gestaltender Beteiligung aller Engagierten statt einer Fokussierung auf hauptamtliche Einzelpersonen. Deshalb ist Pohl-Patalongs

---

[917] Vgl. a.a.O., 147–148.
[918] Vgl. a.a.O., 149–150.
[919] Neben der gegenseitigen Unterstützung der Sänger bei der Orientierung im Musical, dem Teilen von Verpflegung et cetera, gab es bei beiden Projekten Hinweise auf Not anderer Menschen, Appelle zum aktiven Vorgehen gegen Elend und Ungerechtigkeit und die Möglichkeit, für ein christliches Hilfsprogramm zu spenden.

D 3.1 Mut zum „dritten Weg" 451

visionäre Konzeption besonders erhellend für diese Arbeit: Sie hilft, die besonderen Formen einer projektartigen Spezialisierung gemeinschaftlichen christlichen Lebens, Gestaltens und Feierns als *kirchliche Orte* zu begreifen, welche nicht in Konkurrenz zum jeweiligen Leben von Ortsgemeinde(n) stehen müssen und ohne hierarchische Abstufung ihre eigene Berechtigung haben. Außerdem zeigt sich in den beforschten Projekten, dass das Modell *kirchlicher Orte* nicht allein visionäre Theorie, sondern in wesentlichen Teilen bereits bewährte Praxis ist beziehungsweise die beobachtete Praxis konzeptionell fassen hilft.

Bei einer Vielzahl der interviewten Mitwirkenden war eine lokale Einbindung in Kirchengemeinden erkennbar, so dass der MassChoir beziehungsweise der Gospelkirchentag in Kassel insgesamt ebenso wie das Gospel-Musical in Ludwigsburg für sie als *kirchlicher Ort* ergänzend zum heimischen hinzutraten. Exemplarisch seien die Gesprächspartnerin aus GKT-Interview 140920_003 und Gerhard S. genannt. Eben diese tendenziell im Sinne Pohl-Patalongs vereinskirchliche Anbindung am Wohnort, die dortige Zugehörigkeit zu einem festen Kirchenchor, einem Bibelkreis oder anderem, beleuchtet einen entscheidenden Aspekt: Dass im Rahmen *kirchlicher Orte* auch dort, wo diese lokal, vereinsähnlich, in Gestalt einer Parochialgemeinde nach Territorialprinzip mit vielerlei Arbeitsfeldern und Angeboten sich ereignen, keineswegs überall die beiden *notae* von verkündigtem Wort und gefeierten Sakramenten vorzufinden sind. Wer etwa am örtlichen kirchlichen Gospelchor, am Frauenkreis, an einer Eltern-Kind-Gruppe et cetera (mehr oder minder) dauerhaft partizipiert, muss dadurch keineswegs automatisch auch an Wort und Sakrament Anteil erhalten.[920] Zwar ist beides in der Gesamtstruktur des vereinsähnlichen kirchlichen Lebens vor Ort vorhanden, mag aber für einzelne Teilnehmer persönlich keine Rolle spielen, weil sie zwar etwa an einer wöchentlichen Tanzgruppe Anteil haben, aber nicht am Bibelkreis oder Abendmahlsgottesdienst. Wenn und insofern nach Pohl-Patalongs Konzept – und so verstehe ich dieses – die einzelnen Teilnehmer gleichwohl Anteil am lokalen *kirchlichen Ort* haben, weil ihr Teilbereich darin eingegliedert ist, muss gleiches auch für die Riesenchorprojekte in Kassel und Ludwigsburg als *kirchlichen Orten* gelten können. Die daran Mitwirkenden gestalteten schließlich etwas mit, das im Kontext der weltweiten Kirche Jesu Christi stattfand, klar eingebettet in kirchliche Strukturen – lokal, regional und global. Während im Rahmen der Projekte selbst kein Sakrament gefeiert wurde, so ist dieser Teil der *notae* durch die Einbettung

---

[920] Spitzfindig lässt sich einwenden, dass bei Chören, die (Haupt-) Gottesdienste mitgestalten, von beidem mindestens potentiell auszugehen ist: Dass zum Chor Gehörige, wie etwa das Beispiel von Gabi S. nahelegt, dort an Wortverkündigung und Abendmahl Anteil haben können und somit beide *notae* als erfüllt zu gelten haben. Dies spielt meines Erachtens aber insofern keine Rolle für Pohl-Patalongs Forderung, an allen *kirchlichen Orten* solle dieses beides und gottesdienstliches Geschehen vorkommen, als es nicht originär zum Eigenleben des Chores oder einer anderen kirchlichen Gruppe zählen, sondern als „Nebeneffekt" der Gottesdienstmitgestaltung gelten dürfte, während ein Chor praktisch auch ohne jede Beteiligung an Gottesdiensten (mit Abendmahl) kirchlich angebunden und somit als Element der vereinskirchlichen Struktur *kirchlicher Ort* sein könnte.

letztlich als ebenso erfüllt anzusehen wie im Fall des kirchlichen Seniorenkreises einer Ortsgemeinde als Element dieses *kirchlichen Ortes*.

Hinzu kommt, dass beide Projekte neben allen strukturellen Fragen auch hinsichtlich der Werbematerialien, Ansagen et cetera nicht isoliert standen, sondern vielerlei Wege aufzeigten, außerhalb von Gospelkirchentag und Musicalprojekt an kirchlichem Leben teilzunehmen: bei weiteren Großchorprojekten, beim an die Friedenskirche angeschlossenen Chor „Voices of Peace", bei anderen lokalen Chören oder weiteren Angeboten von Kirche, lokal und regional. Somit wurde Mitwirkenden aufgezeigt, wie es für sie über das Einzelprojekt hinaus, womöglich sogar regelmäßig im Alltag und auf längere Dauer, weitergehen könnte hinsichtlich der Teilhabe an *kirchlichen Orten*. Dies bettete die beforschten Projekte ebenso in einen kirchlichen Gesamtkontext ein wie lokale Gruppen einer Kirchengemeinde in dieselbe eingebettet sein mögen mit Verweis auf andere Arbeitszweige. Im Fall von *Amazing Grace* und dem MassChoir beziehungsweise Gospelkirchentag insgesamt war dieser Verweis zudem von einem prinzipiell überaus weiten Horizont geprägt: Während lokale Gemeinden notwendig stets nur begrenzte Möglichkeiten haben, bezogen sich die Hinweise bei den Riesenchorprojekten grundsätzlich auf das ganze Spektrum kirchlichen Lebens, von wohnortsunabhängiger Freikirche bis zur römisch-katholischen Parochie, was den Beteiligten praktisch ausgesprochen viele zur Wahl stehende Optionen vor Augen führte.

3.1.3 Plädoyer für terminologische Gelassenheit

Ein Ergebnis der vorgelegten Studie besteht darin, dass der gegenwärtig im Fachdiskurs durchaus umstrittene Gemeindebegriff (s. Kapitel A 1.2) weiterhin problematisch bleibt. Zwar lässt er sich individuell füllen, doch wird innerhalb der praktisch-theologischen Disziplin kaum Konsens darüber zu erzielen sein, was genau „Gemeinde" sei, was eine Gemeinschaft dazu qualifiziert und was nicht. Selbst wo dies gelänge wäre immer noch das Verhältnis zu „Kirche" zu klären: Wie verhalten sich einzelne Gemeinden und die Kirche insgesamt zueinander? Und wie stark muss eine als christliche Gemeinde identifizierte Gemeinschaft vernetzt sein mit anderen Gemeinden vor Ort, in der Region und weltweit, um als eine Gemeinde auch innerhalb der ökumenischen Kirche Jesu Christi gelten zu können, die alle Gemeinden miteinander verbindet?

Vor dem Hintergrund der vorgestellten Befunde plädiere ich angesichts all dieser Fragen – und aller weiteren, die noch begründet hinzugenommen werden könnten – für größere Gelassenheit im kirchentheoretischen Fachdiskurs, nicht zuletzt in terminologischer Hinsicht. Denn die entscheidende Frage scheint mir zu sein, was eine Gemeinschaft Versammelter als eine christliche charakterisiert, ob diese dann als Gemeinde, als Manifestation von Kirche zu einer Zeit an einem Ort, als *kirchlicher Ort*, oder anderswie bezeichnet werden mag. Wie oben aus-

D 3.1 Mut zum „dritten Weg"

geführt (s. Kapitel A 1.2.3) halte ich die alltagsnahe Kommunikation des Evangeliums und die Einbindung in die Gesamtkirche aller Zeiten und Orte für wenn auch nicht die einzigen, so doch für die Kernkriterien. Mit Pohl-Patalong möchte ich parochial und nichtparochial orientierte Anliegen kombiniert sehen, ohne dass fragwürdige Ideale oder normative Maximen den Blick auf mehrdimensionale kirchliche Wirklichkeit und künftiges Potential unnötig einengten. Denn gewiss sind neben Kommunikation des Evangeliums und Feier der Sakramente beispielsweise Dauerhaftigkeit, ökumenische Weite und theologische wie spirituelle Vielfalt unersetzlich für christliches Gemeinschaftsleben insgesamt; sie dürfen aus meiner Sicht aber nicht als Kriterienkatalog jeder einzelnen Gemeinschaft herangezogen werden, um deren christlichen Charakter zu bestimmen. Auch ein ortsgemeindlicher Seniorenkreis, ein Gemeindebrief-Redaktionsteam oder ein regionaler Jugendgottesdienst sind Teil von Kirche, sind eingebettet in die Gesamtkirche Jesu Christi, welche alle Konfessionen, Organisationsformen, Zeiten und Orte (weit) übersteigt; und eben dies gilt auch für *Amazing Grace* und den MassChoir auf dem Gospelkirchentag, obgleich dort kein Sakrament gefeiert wurde.

Das Modell der *kirchlichen Orte* hat sich deshalb für die gesamtkirchliche Verortung der untersuchten Chorprojekte als sehr hilfreich erwiesen. Es erleichtert, die verschiedenen Manifestationen von sich in Zeit und Raum ereignender Kirche, vor Ort in Kirchengemeinden und (über-) regional spezialisiert, etwa bei großen Musikprojekten, als grundsätzlich gleichwertig und gleichberechtigt anzusehen, in mehreren Parallelstrukturen zu denken, die sich nicht gegenseitig ausschließen oder miteinander rivalisieren müssen, sondern einander ergänzen können und (mit anderem) den pluralen Reichtum von Kirche ausmachen. Dies wird befördert, wenn auf normatives Reden von „Gemeinde" oder „Kirche" verzichtet wird – das eine so begreifend, dem anderen ebendies implizit oder explizit absprechend – und vielmehr gelassen vom einen wie vom anderen und von drittem gesprochen wird. Nichts sollte ideologisch überhöht, sondern stattdessen durchgehend im Blick behalten werden, dass Kirche Jesu Christi enorm vielfältig ist, dass nicht allein bestimmte – historisch oder traditionell womöglich besonders etablierte – Formen, Gemeinschaft mit (anderen) Christen und mit Gott zu erleben oder den christlichen Glauben gemeinsam auszudrücken beziehungsweise zu feiern, als exklusiv richtig gelten können, sondern Pluralität der Vielfalt der Glaubensschätze und der Verschiedenheit von Menschen am ehesten entspricht.

Daher rege ich an, zeitliche, räumliche und formale Maximen oder Normen bezogen auf christliches Gemeinschaftsleben bewusst aufzugeben. Ob im Hauptgottesdienst der Kirchengemeinde am Wohnort, bei der regionalen Konfirmandenfreizeit, beim Abendsegen auf dem Kirchentag oder beim christlichen Riesenchorsingen in Kassel, überall kann Kirche sich ereignen und manifestieren; nicht, weil alle leiblich Kopräsenten (schon) Christen wären, sondern weil und insofern das Geschehen eingebettet ist in den gesamtkirchlichen Kontext und Evangelium kommuniziert wird in Wort und Tat, Gefühl und Musik.

3.2 Miteinander statt Neben- oder Gegeneinander: Parochie und Feuerwerk, Kontinuität und Projektbegrenzung, regelmäßig und intensiv-verdichtet

3.2.1 Mut zu pluralem Reichtum

Wie die obigen Untersuchungen gezeigt haben, animieren zeitlich begrenzte wie räumlich fokussierende Riesenchorprojekte wie *Amazing Grace* oder der Gospelkirchentag in Kassel ein breites Spektrum potentiell interessierter und für solche Erfahrungen offener Menschen, sich daran aktiv zu beteiligen. Hierfür müssen sie grundsätzlich weder Kirchenmitglied sein, Glaubensinhalten zustimmen, noch sich stark binden, sei es zeitlich, organisatorisch, finanziell, oder in anderer Weise. Die von ihnen gewählte Mitwirkung ist gleichwohl – bei allen Begrenzungen und niedrigen Hürden – eine potentiell enorm intensive, inspirierende, nachhaltige. Wer, wie die Sänger im Projektchor von *Amazing Grace*, an vier (Halb-)Tagesproben sowie einer Aufführung partizipiert, womöglich im Projektzeitraum auch außerhalb der Gesamtproben – mit dem eigenen Chor, mit „Voices of Peace", oder zuhause mit CD-Unterstützung – am Musical übt, investiert womöglich ebenso viel Zeit und Aufmerksamkeit wie eine, die ein Jahr lang an Gottesdiensten teilnimmt – und dies wöchentlich. Somit ist, bereits die zeitliche Verdichtung auf wenige Monate legt dies nahe, das Erleben bei *Amazing Grace* womöglich von größerer Intensität geprägt als kontinuierlich-regelmäßige Beteiligung am örtlichen Leben einer Kirchengemeinde es sein mag. Es wäre gewiss so unbegründet wie vermessen, mit dem dauerhaften Kirchgang jeden Sonntag automatisch eine Oberflächlichkeit verbunden zu sehen; doch wird umgekehrt ebenso wenig (begründet) zu behaupten sein, dass auf das Ludwigsburger Musicalprojekt sich Einlassende weniger ernsthaft und konzentriert bei dieser Sache gewesen wären als eine sich am Gottesdienst allsonntäglich Beteiligende.

Insofern, wie gezeigt wurde, die Mitwirkung beim Musical an keinem der 20 Probanden spurlos vorbeiging – selbst an den beiden dem Keine Nachhaltigkeit-Typ zugeordneten Sängerinnen nicht – lässt sich zudem festhalten, dass die intensive Mitwirkung am Ludwigsburger Projekt unbeschadet ihrer relativ kurzen Dauer dem einzelnen Sänger etwas beließ, Frucht trug, Impulse setzte, die in der Regel noch lange nachwirkten, reiften, in der Langzeitperspektive erkennbare Veränderungen mit sich brachten. Zwar ist, wenigstens formal, keine Dauerbindung entstanden durch *Amazing Grace*, hat sich kein Gesprächspartner wegen des Projekts anschließend zur Kirche gehalten, während dies zuvor noch undenkbar

D 3.2 Miteinander statt Neben- oder Gegeneinander

für ihn gewesen wäre;[921] aber zugleich ist deutlich geworden, dass es kein bloßer Gefühlsrausch des Augenblicks war, den die Mitsänger beim Proben in der Friedenskirche beziehungsweise bei der Aufführung in der MHP-Arena exklusiv im Moment genossen hätten, ohne dass ihre Begeisterung vor, bei und nach dem Bühnenfeuerwerk über den Tag hinaus eine Wirkung gezeitigt hätte. Mögen faktische Kirchennähe und Ergriffenheit durch das Projekt sich nach dessen Abschluss nicht als auf Dauer gestellt erwiesen haben, so blieb doch, dass das Musical nicht einfach wie eine Stichflamme verpuffte, sondern dass vielmehr den Beteiligten auch außerhalb des singenden Menschenmeeres etwas geblieben ist, das – natürlich positiv verstandene – Feuer sich als beständig und nachhaltig sowie als Lebenshilfe erwies: Folgenreiche Denkanstöße, Wegzehrung auf dem persönlichen Glaubensweg, Impulse zur Persönlichkeitsentwicklung, Motivation, sich neue christliche Projekte oder (sonstige) Weggemeinschaften im Alltagsleben zu suchen, am neuen Wohnort das Finden einer christlichen Gemeinschaft als hohe Priorität einzustufen et cetera – in vielen Gestalten ließen sich langfristig bereichernde „Früchte" der Projektmitwirkung im Leben beteiligter Individuen ausmachen.

Für den MassChoir auf dem Gospelkirchentag kann prinzipiell ähnliches angenommen werden, wiewohl die langfristigen Wirkungen des in Kassel Erlebten nicht empirisch untersucht wurden.[922] Denn in den Interviews vor Ort schien auf,

---

[921] Im Falle jener vier Gesprächspartner aus dem Sample, die zum Zeitpunkt der letzten Befragung bereits beim „Pop-Messias" mitsangen, ist aus meiner Warte deshalb nicht von einer Dauerbindung zu sprechen, weil selbst bei regelmäßiger Teilnahme an solchen Großveranstaltungen (im Sinne des Großprojekte-Abo-Typs) die einzelnen Projekte jeweils in sich abgeschlossen und die Gesamtgröße wie personelle Zusammensetzung des Chores, der Ort der Aufführung et cetera, einem Wandel unterworfen sind. Deshalb kann nicht von dauerhafter – also das einzelne Projekt über- und grundsätzlich unbefristet fortdauernder – Bindung der Beteiligten untereinander beziehungsweise an das Format gesprochen werden; allenfalls könnten Projektteilnehmer an einen Veranstalter wie die Creative Kirche sich binden – der „Pop-Messias" fällt allerdings nicht in dessen Verantwortungsbereich –, an einen Proben- oder Aufführungsort, oder an einen musikalischen Gesamtleiter wie Hans-Martin Sauter. Bei jedem Projekt, selbst dort, wo für ein Subjekt eins aufs andere folgen mag, ist dieses allerdings für das Individuum prinzipiell neu, auch und nicht zuletzt hinsichtlich der anderen Sänger und des Zusammenwirkens als Gruppe; es besteht außerdem immer nur eine kurzfristige Bindung und gleicht somit (ansatzweise) – sucht man nach ortsgemeindlichen Entsprechungen – dem Modus mitwirkender Teilnahme an einer Veranstaltungsreihe, etwa mehrere zusammenhängende, sich über einige Wochen oder Monate erstreckende Bibelabende, die im Umfang klar begrenzt sind. Mit deren Abschluss endet dann auch die individuelle Partizipation beispielsweise am Anspiel- oder Organisationsteam. Danach können Beteiligte bei einer nächsten Reihe mitwirken, die aber etwas Neues darstellt, wodurch ihre Parts sie zwar über das Einzelprojekt hinaus binden, aber keine kontinuierliche Dauerbindung an dieselbe Sache – wie monatliches Klavierspielen im Seniorenkreis et cetera – bedeuten, sondern mehrere befristete Projektengagements, die nach jedem solchen ein Nicht-Weitermachen elegant ermöglichen.

[922] Zumindest geschah dies nicht systematisch. Bei einzelnen *Amazing Grace*-Sängerinnen, die am Gospelkirchentag (partiell) teilgenommen hatten, etwa Kathrin S., mögen im Interview zwar langfristige Wirkungen des in Kassel Erlebten zu identifizieren sein, doch dürfte

wie – offenbar häufig auf frühere Erfahrungen in diesem Kontext rekurrierend – Menschen von den intensiven Erfahrungen eines solchen Wochenendes persönlich inspiriert werden können, Impulse für ihren Alltag mitnehmen, ihre Prioritäten überdenken et cetera.

Daher kann das Plädoyer dieser Arbeit nur darin bestehen, eine Doppel- beziehungsweise Mehrfachstruktur als Ideal theoretisch zu skizzieren und kirchlichen, oder allgemeiner: christlichen, Organisationen eine solche praktisch zu etablieren anzuraten. Sie sollten in aller Vielfalt dauerhafte Angebote vorhalten, im Bereich der Volkskirche insbesondere in Gestalt klassischer parochialer und regionaler Basisarbeit, so dass in und an jedem (Wohn-) Ort christliches (Gemeinschafter-) Leben sowohl identifizierbar als auch greifbar ist, hierfür aufgeschlossenen Menschen fortwährend (Erfahrungs-) Räume – buchstäblich wie metaphorisch – ebenso vorfinden wie konkrete Ansprechpartner. Pohl-Patalongs Vorschlag vereinsähnlicher *kirchlicher Orte* an jedem Wohnort bietet hierfür eine solide konzeptionelle Grundlage.

Daneben sollte es aber ergänzend grundsätzlich immer auch besondere Angebote – wie die hier untersuchten musikalischen – zur temporären Mitwirkung geben für all jene, die additiv oder alternativ zu dauerhaften (vereinsähnlichen) Formen wie regelmäßigen Gottesdiensten, festen Chören et cetera, solches nachfragen (wollen). So könnten auch diejenigen fündig werden, die in einer Art spiritueller Such- oder Power-Phase etwas zeitlich Befristetes, aber umso Intensiveres erleben wollen, mit Inspiration für den persönlichen Glauben in Theorie und Praxis ebenso wie mit emotionalem Potential, wie sie es in der festen Dauerstruktur insbesondere hinsichtlich der Gemeinschaftserfahrungen im Menschenmeer womöglich kaum finden könnten. Indem besondere Projekte wie *Amazing Grace* auf mehrere Generationen angelegt sind, können beide Sphären synergetisch miteinander verbunden werden, statt als konkurrierend wahrgenommen zu werden oder sich selbst so (miss-) zu verstehen. So kann einem kirchenpolitischen Gegeneinander-Ausspielen solcher Projekte oder der damit verbundenen Gruppierungen vorgebeugt und Menschen dabei unterstützt werden, Projekte wie das Gospel-Musical als das zu sehen, was sie sind: emotional, körperlich und spirituell potentiell enorm intensives Erleben befördernde Angebote, die augenscheinlich weniger extraordinäre Dauerangebote nicht abwerten oder infrage stellen, sondern durch ihre Existenz das Spektrum erweitern und damit die Kirchenlandschaft und Gesellschaft insgesamt bereichern. Kirchengemeinden vor Ort, einschließlich ihrer festen Chöre, sind ebenso wenig Konkurrenz für solche Großchorprojekte wie jene umgekehrt eine Alternative zu auf Dauer Gestelltem darstellen könnten. Im Sinne Pohl-Patalongs treten *kirchliche Orte* wie der MassChoir und *Amazing Grace* vielmehr als spezialisierte Arbeitsbereiche oder Angebote ergänzend zu allen anderen *kirchlichen Orten* hinzu.

---

sich – speziell bei Kathrin S. – kaum differenzierend zuordnen lassen, welche Anteile hiervon auf den MassChoir, welche auf die beiden Kasseler Aufführungen des Gospel-Musicals und welche auf in (relativer) zeitlicher Nähe stattgefundene Gospel-Workshops oder Musicalproben in Ludwigsburg oder Karlsruhe zurückgehen mochten.

D 3.2 Miteinander statt Neben- oder Gegeneinander

Deshalb sollten Institutionen wie Landeskirchen, kirchliche Werke wie das Evangelische Jugendwerk in Württemberg (EJW), kirchlich angebundene Werke wie die Stiftung Creative Kirche und freie christliche Organisationen im Miteinander eine erstrebenswerte Ergänzung sehen und ihren Teil dazu beitragen, dass im Rahmen einer soliden Mehrfachstruktur die verschiedenen *kirchlichen Orte* miteinander verbunden sind, sich gegenseitig inspirieren und gemeinsam den christlichen Auftrag wahrnehmen, über alle Grenzen von Konfessionen, Musikgeschmack, Formen und Strukturen hinweg: Evangelium zu verkünden, in allen förderlichen Formen zu kommunizieren, Gemeinschaft – leiblich vor Ort und in ökumenischer Verbundenheit zugleich weit über Zeit und Raum hinaus – der schon an Christus Glaubenden und derer, die (noch) nicht glauben, erfahrbar zu machen, Menschen auf ihren Glaubens- und Lebenswegen bestmöglich zu unterstützen und ihnen Räume zu bieten, die Emotionalität nicht allein zulassen, sondern fördern.[923] Dabei fragt der eine verstärkt oder ausschließlich dauerhafte, (mehr oder minder) traditionelle Formen nach, etwa den sonntäglichen Hauptgottesdienst oder einen Chor der Parochialgemeinde, die andere hingegen in Schlüsselphasen begrenzte, intensive Projekte, der dritte beides in gegenseitiger Ergänzung. Keines davon sollten die christlichen Kirchen, Institutionen und Organisationen Menschen vorenthalten, sondern vielmehr umfassende Formen- und Formatvielfalt wagen: Intensiv-Verdichtetes *und* Permanent-Beständiges, dauerhafte *und* projektbegrenzte Verbindlichkeit, (vermeintlich) Gewöhnliches *und* als bombastisches Feuerwerk Inszeniertes, *Diskussionsabend (mit Resolutionspapier) und* ekstatisches Massensingen, et cetera.

3.2.2 Chance gegenseitiger Ergänzung und Korrektur

Gerade in pluraler Vielfalt können sich verschiedenartige *kirchliche Orte* in der Wahrnehmung des gemeinsamen Auftrags ergänzen und nötigenfalls gegenseitig korrigieren. Denn beispielsweise im singenden Menschenmeer beim MassChoir Erlebtes könnte bei allem positiven Potential aufseiten beteiligter Subjekte zu theologisch kritikwürdigen und persönlich schädlichen Entwicklungen führen oder mindestens dazu beitragen, etwa in Gestalt egoistischer Selbstbezogenheit (Beispiel: Selbstumarmung bei „Loved", s. Kapitel B 2.5) oder überzogener Gefühlsbetonung bis hin zu Rauschzuständen mit anschließenden schmerzhaften Entzugserscheinungen als Symptom ungesunder Abhängigkeit wie im Fall von Drogensucht.[924] Doch auch wo solche Extreme ausbleiben, der christliche Glaube aber gleichwohl auf eine reine Wohlfühl-Harmonie oder entrückte Gegenwelt totaler Verzückung reduziert würde, bedürfte es der Korrektur, der Erdung

---

[923] Vgl. auch Pohl-Patalong, Zukunftsmodell, 76–82.
[924] Spätestens damit wäre praktisch dem widersprochen, was Bubmann und Pirner als *humanisierende Wirkung* von beziehungsweise als *menschenfreundliche Musik*(erfahrung) beschreiben, s. Kapitel A 1.3.2.

und Ergänzung durch respektive Überführung in andere *kirchliche Orte*, die stetig sind, (stärker) mit dem Alltagsleben verzahnt, die auch am Wohnort kontinuierlich erlebt und mannigfaltig mitgestaltet werden können. Deshalb ist Andreas Malessa ausdrücklich zuzustimmen, wenn er lokale Kirchen in der Pflicht sieht, an Riesenchorprojekten Beteiligten und von daher für christliches Gemeinschaftserleben Aufgeschlossenen am Wohnort etwas Geeignetes anzubieten. Dass es vor Ort nicht genau wie im Riesenchor sein würde sei dabei ohnehin allen klar, doch komme es auf die sozialen Beziehungen und die Möglichkeit der Mitgestaltung an – was Pohl-Patalongs vereinsähnlichen *kirchlichen Orten* durchaus entspräche.

Umgekehrt können Erfahrungsräume wie die untersuchten Riesenchorprojekte ein Korrektiv für andere *kirchliche Orte* darstellen, an denen Menschen (noch) kein solches Gemeinschaftsgefühl gegenseitiger Solidarität bis hin zur einmütig-familiären Verbundenheit erleben, dies vielleicht von Verantwortlichen auch gar nicht gewollt wird, wo der Reichtum gemeinschaftlich ausgedrückten Glaubens und des ganzheitlich kommunizierten Evangeliums nicht zur Entfaltung kommt, weil etwa durch starke Fokussierung auf das gesprochene Wort oder Begrenzung der aktiven (Mit-) Gestaltung des Miteinanders auf wenige Einzelne emotional oder physisch erfahrbare Zugänge versperrt bleiben, weil etwa nicht geklatscht, gestampft oder sich an den Händen gefasst wird wie beim MassChoir. Denn es ist kaum davon auszugehen, dass die intensiven ganzheitlichen Erlebnisse beim Riesenchorsingen – von Zugehörigkeit, Angenommensein, Überwältigung und so fort – ausschließlich von den dort tatsächlich Beteiligten und nur in diesem vorhandenen Format nachgefragt oder sogar ersehnt werden. Sondern auch für an *kirchlichen Orten* am Wohnort Partizipierende, wie in Malessas Beispiel der seiner Tochter zuliebe am Gottesdienst teilnehmende Konfirmandenvater, spielt die subjektiv ansprechende (ganzheitliche) Erfahrbarkeit christlicher Botschaften in Gemeinschaft potentiell eine enorme Rolle; auch sie sind mitunter empfänglich dafür, etwas am eigenen Leibe zu spüren, statt nur zu hören, *Gänsehaut* zu bekommen, mitgerissen zu werden von Gefühl und Musik et cetera.

3.3 Reichtum durch Vielfalt: So können alle gewinnen

Wenn und wo ein (gleichberechtigtes) Miteinander verschiedener *kirchlicher Orte* in Mehrfachstruktur gewagt wird, die sich gegenseitig ergänzen und bereichern, befruchten und inspirieren, statt sich wechselseitig als Konkurrenz infrage zu stellen, da kann umso mehr vom Reichtum des gelebten und gemeinschaftlich erlebten christlichen Glaubens aufscheinen und zur Entfaltung kommen. Ebenso, wie jeder einzelne Christ seinen Glauben speziell praktiziert, mit diesem oder jenem Schwerpunkt, nach tradiertem Muster oder völlig individuell, so sollte auch

D 3.3 Reichtum durch Vielfalt

in den das einzelne Subjekt übersteigenden Formen Vielfalt gewagt werden, Polyphonie[925] statt Monotonie, wo Menschen in Gemeinschaft von Gott hören, mit Ihm sprechen, gemeinsam zu Seinem Lob wie zur eigenen Erbauung singen, musizierend den Glauben ausdrücken und dazu einladen.

Wie diese Studie zeigen konnte, erfüllen christliche Riesenchorprojekte wie die untersuchten ausgeprägte menschliche Bedürfnisse nach intensivem, extraordinärem Erleben, insbesondere emotionalem, aber auch spirituellem und zugleich die tiefe Sehnsucht nach bewegenden Gemeinschaftserfahrungen, nach spürbarer Geborgenheit und (Handlungs-) Einheit, aber auch nach nachhaltiger Frucht des Engagements, nach etwas Bleibendem in flüchtiger, schnelllebiger Zeit.

Die längst nicht nur zeitlich begrenzte (An-) Bindung geht einher mit geradezu maximaler Freiheit hinsichtlich (nicht abverlangter) Langzeitverpflichtungen, Mitgliedschaft, Glaubensbekenntnissen et cetera. Die gleichzeitig lose und – auf Zeit – durchaus verbindliche Verbundenheit mit dem Projekt und seinem Massenchor kommt gerade solchen Menschen entgegen, die sich nicht festlegen können oder wollen, die sich alle Optionen offenhalten und nach dem Motto „Mal schauen!" vorgehen möchten. Ihnen bieten solche Projekte wie insbesondere *Amazing Grace* eine geradezu passgenaue Möglichkeit, ohne hohe Hürden oder feste Bindung sich testweise für eine überschaubare Phase einzulassen auf christliche Inhalte und Gemeinschaftsformen. Die Erfahrungen im Riesenchor können – wie etwa im Fall von Anja B. – eine bedeutende Rolle spielen auf dem biographischen, geistlichen und spirituellen Weg eines Menschen, zurück oder erstmalig überhaupt hin zur Kirche; aber sie müssen es nicht und können gleichwohl in ihrem Eigenrecht wertgeschätzt werden, als spezialisiertes Angebot eines *kirchlichen Ortes* für eine bestimmte Zielgruppe bei gleichzeitiger Offenheit für jedermann.

Wie durch strukturelles und inhaltliches Zusammenwirken verschiedener Akteure Großes und Besonderes entstehen kann, wurde eindrücklich am hier untersuchten Musical *Amazing Grace* deutlich: Den Text schrieb der Baptistenpastor Andreas Malessa, die Musik komponierte beziehungsweise arrangierte die skandinavische Gospelchor-Autorität Tore W. Aas, die organisatorische Umsetzung übernahm in der Hauptsache die landeskirchlich angebundene Stiftung Creative Kirche, die musikalische Leitung der Kirchenmusikdirektor des EJW Hans-Martin Sauter. Den Proben(kirchen)raum stellte eine Ludwigsburger Kirchengemeinde zur Verfügung, deren Pfarrer am Mischpult saß. Werbung wurde nicht zuletzt über kirchliche „Vertriebswege" wie kirchlich angebundene Chöre et cetera gemacht, aber auch durch die Lokalzeitung, was eine Klientel erreichte, an der binnenkirchliche Werbung gewiss vorbeigegangen wäre. Durch die sozialen Beziehungen der Sänger wurde eine Vielzahl von Menschen für den Besuch der Aufführung gewonnen, darunter auch Glauben und Kirche dezidiert kritisch ge-

---

[925] Mit Rudolf Bohren ließe sich wohl gar von einer *Polyphonie des Geistes* sprechen, vgl. Bohren, Predigtlehre, 80.

genüber Stehende, die womöglich ohne diesen persönlichen Bezug nicht zum Musical in der MHP-Arena gekommen wären. Aufführungen in nächster Generation nahmen für ihre Ortsgemeinde beziehungsweise Kleinstadt Jens M. und Nikola I. gestaltend in die Hand, beide (Co-) Leiter evangelischer Chöre und selbst römisch-katholisch.

Somit waren viele Stellen, Personen und Instanzen an der Vorbereitung des Großprojekts und seiner Fortsetzungen in kleinerem – gleichwohl immer noch beachtlich großem (!) – Rahmen beteiligt, deren Kooperation über Grenzen von Haushaltsstellen, Konfessionen und etwaigen Vorbehalten hinweg imposante Ergebnisse befördert hat, insbesondere hinsichtlich des intensiven Erlebens der Partizipierenden. An diesen drei Aufführungsorten, insbesondere in Ludwigsburg, wirkte sich das Miteinander von dauerhaften kirchlichen (Parochial-) Strukturen, freien Werken und Funktionsträgern ausgesprochen fruchtbar aus und erzeugte starke Synergieeffekte, indem jeder Akteur an etwas weit Größerem Anteil hatte, als er es allein hätte ins Werk setzen können. So erlebte letztlich auch diese Seite, was die Sänger im Riesenchor erfahren konnten: Im Miteinander wurde das dem Einzelnen Mögliche um ein Vielfaches übertroffen, bekam jedes Einzelne aber zugleich Anteil an diesem Größeren, wodurch letzten Endes alle gewonnen haben. Aus diesem Modell, das Bewährtes bewahrt, aber durch Neues ergänzt, das Vielfalt feiert und Aufbrüche wagt, lässt sich viel lernen. Es sollte Schule machen!

Hinsichtlich der gegenseitigen Ergänzung und Bereicherung verschiedener *kirchlicher Orte* und ihrer jeweiligen Propria spielt Musik gewiss eine nicht zu unterschätzende Rolle. Manfred Pirner hat zur Pop-, Rock- und Jazz-Musik zutreffend bemerkt:

> „Diese Musik kann nicht nur unsere christlich-kirchliche Musik ergänzen und bereichern, sondern es ist damit zu rechnen, dass Gottes Geist uns auch in der scheinbar profanen Popmusikkultur begegnet und in einer Art ‚Fremdprophetie' unsere christlich-kirchlichen Musik- und Frömmigkeitsformen anfragt und heilsam kritisiert. Vielleicht kann uns anhand der populären Musikkultur deutlich(er) werden, an welchen Einseitigkeiten und Unzulänglichkeiten unsere kirchliche Musikkultur krankt (aber auch, wo ihre Stärken liegen)."[926]

Für den in dieser Studie untersuchten Gegenstand christliche Riesenchorprojekte lässt sich freilich nicht, wie von Pirner bezogen auf populäre Musikstile kritisch aufgenommen und hinterfragt, von Profanität sprechen, also von etwas außerhalb des Christlich-Kirchlichen Anzutreffendem, wodurch dieses *angefragt, bereichert* oder *ergänzt* würde, wo es hinein- oder hinzugenommen wird. Denn Massensing-Veranstaltungen wie der MassChoir auf dem Gospelkirchentag in Kassel oder *Amazing Grace* finden im kirchlichen Kontext statt, stellen einen Teil seines breiten Spektrums dar, strukturell und finanziell unterstützt von (anderen) kirchlichen Stellen. Gleichwohl wird die von Pirner im Jahr 2008 angeprangerte Skepsis bis Ablehnung in kirchlichen und theologischen Kreisen gegenüber dem Populär-Musikalischen gewiss als noch immer existent zu betrachten sein.

---

[926] Pirner, Aspekte, 215.

D 3.3 Reichtum durch Vielfalt

Deshalb soll am Ende dieser Qualifikationsarbeit in aller Deutlichkeit Position bezogen werden: Was Menschen beim christlichen Riesenchorsingen erleben können, insbesondere emotional und hinsichtlich der Gemeinschaft mit ansonsten Beteiligten, ist in seinem Eigenwert, seinem Potential zur Lebens- wie Glaubenshilfe und etlichem Positiven mehr – wie empirisch herausgearbeitet – nicht nur nicht zu unterschätzen, sondern für Kirche, Theologie und Gesellschaft von potentiell immensem Wert, indem es Vorhandenes ergänzt und *heilsam kritisiert*, bereichert und korrigieren hilft. Es muss sich somit nicht erst noch bewähren, weiterer struktureller oder finanzieller Förderung als würdig erweisen, sondern spätestens mit *Amazing Grace* und dem MassChoir ist eben dies geschehen.

Wenn Pirner fragt

„In wieweit etwa werden in der im kirchlichen Bereich verwendeten Musik die Sehnsüchte, Probleme und Gefühle heutiger Menschen angesprochen, kann solche Musik als ‚Lebenshilfe' erfahren werden [...] ermöglicht sie Gemeinschaftserfahrungen, wirkt sie identitätsstiftend, wird [...] zur Anregung für eigenes Singen und Musizieren?"[927],

so ist vor dem Hintergrund der hier untersuchten Riesenchorsingveranstaltungen – beispielhaft auf Bärbel F., Tanja R. und Hilderose S. verweisend – zu antworten: in enormem Umfang – bei *Amazing Grace* in Ludwigsburg![928] Dies anzuerkennen und konstruktiv aufzunehmen in Theologie und Kirche wird dazu beitragen, dass am Ende alle gewinnen – nicht zuletzt jene Menschen, die Pirner in Anführungszeichen das *einfache Volk* nennt, mit Affinität für „eingängige Songs im poppigen Stil"[929]. Wie insbesondere die Feldforschung zu *Amazing Grace* gezeigt hat, bieten solche Riesenchorprojekte bestimmten Zielgruppen eine Plattform – sowie im konkreten Fall auch im Wortsinn eine Bühne –, Kirche, christliche Gemeinschaft und Musik zu erleben, die von anderen kirchlichen Angeboten offenkundig (noch) nicht, oder mindestens nicht in gleicher Weise erreicht und angesprochen werden.

Insbesondere im Blick auf das heilsame Erleben intensiver (Solidar-) Gemeinschaft und tiefer emotionaler Ergriffenheit kann von Projekten wie dem MassChoir und *Amazing Grace* viel gelernt werden über die Sehnsüchte, Bedürfnisse, Potentiale und das (mögliche) Nachfrageverhalten von Menschen, die gewiss auch andernorts, nicht zuletzt an ihrem Wohnort, für solches empfänglich wären. An Malessas Beispiel des Konfirmandenvaters lässt es sich veranschaulichen: Solchen Menschen – und vor dem Hintergrund persönlicher Gemeindediensterfahrung erscheint mir deren Anzahl nicht gering – könnte intensives Er-

---

[927] A.a.O., 217.
[928] Gewiss kann Ähnliches auf der Basis des empirisch Erforschten auch für den MassChoir in Kassel festgehalten oder doch zumindest begründet angenommen werden. Da die dortigen Interviews aber – verglichen mit der intensiven Begleitung der 20 Sänger des Samples bei *Amazing Grace* – sehr punktuell waren und die Langzeitwirkungen im Leben der Beforschten nicht untersucht wurden, soll dies nur angedeutet werden.
[929] Pirner, Aspekte, 218; vgl. dazu auch die Rede von musikalischer *Breitenarbeit* bei Schröer, Poiesis, 32.

leben von Mitgerissenwerden bis *Gänsehaut*, wie etwa Gospelkirchentags-Neulinge ihres eindrücklich beschrieben haben, an *kirchlichen Orten* den (Erst-) Zugang zum christlichen Glauben in all seinem Reichtum entscheidend erleichtern, weil die Hürden durch aus der Alltagskultur Vertrautes beziehungsweise durch ohne Vorwissen oder Einübung praktisch am eigenen Leibe (ganzheitlich) Erfahrbares viel niedriger sind als etwa bei Agendengottesdiensten für Ungeübte dies gemeinhin der Fall ist.[930]

Die vorgelegte Untersuchung hat jene Aspekte, die in der Gospel-Studie des SI[931] (s. Kapitel B 1.1) nicht zuletzt als Erklärung für die durch Gospelsingen wachsende Verbundenheit von Menschen mit Kirche aufscheinen, auch für das beforschte Riesenchorsingen von vorwiegend Gospelsongs bestätigt: Diese Musik *versetzt Saiten in Schwingung*, ist auch körperlich erlebbar, gibt Menschen Kraft für ihren Alltag, ermöglicht wohltuende Gemeinschaftserfahrungen und weckt beziehungsweise verstärkt Interesse an anderen kirchlichen Angeboten. Deshalb ist davon auszugehen, dass christliches Riesenchorsingen gerade erlebnisorientierten, der Kirche beziehungsweise dem Glauben (noch) nicht (allzu) verbundenen Menschen – im Sinne von Pohl-Patalongs Modell als *kirchlicher Ort* der Gattung spezialisierter Arbeitsbereich – etwas bieten kann, das in seiner freien bis leichten Zugänglichkeit und projekthaften Fokussierung eine „Marktlücke" schließt, indem es dafür Aufgeschlossenen ermöglicht, intensiv einmütig-bergende Gemeinschaft zu erleben, sich musizierend mit christlichen Inhalten zu befassen, dabei deren (Alltags-) Relevanz für das eigene Leben zu prüfen und sich persönlich zu orientieren: biografiebezogen, aber auch spirituell und kirchlich-strukturell. Wer weiterhin im Riesenchor singen möchte, findet entsprechende Angebote; wer ergänzend oder alternativ am Wohnort respektive in der eigenen Region etwas Alltäglicheres beziehungsweise Dauerhafte(re)s wahrnehmen möchte, hat vielerorts auch dazu Gelegenheit. Dabei wäre es verkürzt, Projekte wie *Amazing Grace* oder den MassChoir exklusiv als Missionsveranstaltung zu verstehen, die Menschen zum Glauben rufen und in andere *kirchliche Orte* weiterverweisen sollte, als eine Art Großevangelisation mit musikalischen Mitteln. Vielmehr sind sie als Erlebnisangebote zu verstehen, die zugleich Orientierung anbieten, bei Interesse Ähnliches wieder oder Anderes nachzufragen. Wie kirchlich angebundene lokale Gospelchöre nach den Ergebnissen der SI-Studie beobachtbar dazu führen (können), dass mitwirkende Sänger sich auch für andere kirchliche Angebote vor Ort interessieren, so birgt auch solches wie das in Kassel und Ludwigsburg Untersuchte entsprechendes Potential.

Damit bilden derartige Riesenchorprojekte eine wertvolle Ergänzung alles bereits Vorhandenen im Kirchenleben und unterstreichen in der Praxis das, was Uta Pohl-Patalong zum Beschluss ihrer gekürzten und überarbeiteten Habilitationsschrift zu den Chancen ihres Konzepts der *kirchlichen Orte* als *drittem Weg* formuliert:

---

[930] Vgl. Pirner, Aspekte, 218.
[931] Vgl. für das Folgende Ahrens, BeGeisterung, 31–39.

"Nicht nur finanziell, sondern vor allem inhaltlich wichtig ist die Chance dieses Modells, dass Menschen von der Kirche angesprochen werden, die in den bisherigen Strukturen nur schwer Kontakt gefunden haben. Der Zeugnisauftrag der Kirche und die Aufgabe, das Evangelium in den Lebenswelten zu verankern, wird damit auf neue Weise wahrgenommen[932]. Eine gesellschaftliche Wirksamkeit und Präsenz der Kirche wäre damit erfüllt. Gesichert wären auch der ökumenische Horizont und das Bewusstsein, Teil einer weltweiten Kirche zu sein. Sicher ist das Modell kein ‚Patentrezept' zur Lösung der inhaltlichen Krise der Kirche. Aber vielleicht stellt es Strukturen bereit, in denen die inhaltliche Frage, welche Aufgaben die Kirche hat und wie die in der Gegenwart konkret aussehen, konstruktiv angehen lässt! Damit wäre schon viel erreicht."[933]

In den mit am christlichen Riesenchorsingen Beteiligten geführten Interviews finden sich etliche Beispiele für eben dies: dass durch dieses Format Menschen einen Zugang zum christlichen Glauben, zu dessen Relevanz für ihr persönliches Leben und zur Kirche gefunden haben, der ihnen zuvor verborgen geblieben war. Bärbel F. mag das markanteste Beispiel dafür bieten, das einzige ist ihre Geschichte indessen gewiss nicht.

Somit ist, was Hauschildt und Pohl-Patalong kompakt als Auftrag der Kirche beschreiben[934], im Falle von MassChoir und *Amazing Grace* mindestens hinsichtlich eines Teils der Beteiligten gelungen:[935] Evangelium zu kommunizieren – intendiert oder nicht, bewusst oder nicht, verbal oder nonverbal. Denn die Botschaft von Gottes Liebe und seinem Heilswillen für die Welt ist kommunizierend im Rahmen und Umfeld der Riesenchorveranstaltungen übermittelt worden und hat im persönlichen Leben der Kommunikationspartner Bedeutung entfaltet. Dieses Ergebnis – nach Hauschildt und Pohl-Patalong *das* Kriterium gelungener Kommunikation des Evangeliums – könne Kirche zwar nie planen oder machen, gleichwohl bleibe sie für ihren Part verantwortlich.[936]

---

[932] Ein im Original offensichtlicher Druckfehler („-gekommen") wurde hier korrigiert.
[933] Pohl-Patalong, Zukunftsmodell, 155.
[934] Vgl. Hauschildt/Pohl-Patalong, Kirche, 410–415.
[935] Diese Feststellung wird nicht dadurch widerlegt, dass im Feldforschungsmaterial, speziell in den Interview-Transkripten, sich nicht für alle Kernelemente christlichen Glaubens – wie etwa den Kreuzestod Jesu, den Hauschildt und Pohl-Patalong in ihrem Summarium (Hauschildt/Pohl-Patalong, Kirche, 413–414) als Teil des zu kommunizierenden Evangeliums benennen – explizite Belege finden mögen; ebenso wenig dadurch, dass Gesprächspartner wie Bärbel F. womöglich nicht erstmalig in Berührung mit dem Evangelium kamen, sondern ihre diesbezüglichen Erfahrungen beim beforschten Riesenchorsingen an frühere Partizipation an kirchlichen Kommunikationsprozessen anknüpften. Vielmehr geht es bei ihr um die großen Linien: Dass bei den untersuchten Großchorprojekten Kerninhalte des christlichen Glaubens erfolgreich kommuniziert wurden und diese sich individuell als relevant erwiesen haben – im Einzelfall womöglich konfirmierend, differenzierend, korrigierend, ergänzend oder anderswie sich auswirkend.
[936] Vgl. Hauschildt/Pohl-Patalong, Kirche, 414–415.

4. Ausblick: Wie es weitergehen könnte

Ausgehend von der Feldforschung zum MassChoir auf dem Gospelkirchentag waren im Kapitel B 3.5 bereits einige Desiderate benannt worden. Vor dem Hintergrund des in dieser Studie Untersuchten insgesamt soll abschließend schlaglichtartig formuliert werden, was aus meiner Warte fürderhin zu erforschen lohnend erscheint, nachdem das Vorgelegte im bis dato wissenschaftlich kaum behandelten Bereich des christlichen Riesenchorsingens erste Schneisen zu schlagen sich bemüht hat.

4.1 Erweiterter Untersuchungsgegenstand

Waren für meine Feldstudien die Vergleichshorizonte der am projekthaften Riesenchorsingen beteiligten Beforschten untereinander von besonderem Interesse, könnte für künftige (Anschluss-) Studien ein Vergleich verschiedener Veranstaltungsformate beziehungsweise -prägungen wertvolle Erkenntnisse gewinnen lassen: Wie verhält sich das (inter-) subjektive Erleben inmitten eines musizierenden Menschenmeeres bei christlichem Riesenchorsingen wie dem MassChoir zu solchem bei einer formal ähnlichen, aber nichtchristlichen Veranstaltung? Lassen sich dort ähnliche Transzendenzerfahrungen rekonstruieren oder bleibt es bei der Vergemeinschaftung unter Menschen, ohne religiöse Erfahrungen beziehungsweise religiöse Deutung musikalischer Erfahrungen? Spüren an nichtchristlichen Großveranstaltungen Teilnehmende, die bereits an *Amazing Grace* oder ähnlichem mitgewirkt hatten, dabei – etwa atmosphärisch – einen signifikanten Unterschied oder ist es für sie ähnlich dem Vertrauten?

Außerdem könnte innerhalb des christlichen Spektrums ein singender Riesenchor mit einem instrumentalen verglichen werden, indem etwa ein Landesposaunentag mit mehreren tausend Blechbläsern – 2016 waren es in Ulm bei der Schlussfeier über 6.500[937] – empirisch erforscht und die Ergebnisse mit den hier vorgestellten oder eigens erhobenen zum Singen ins Verhältnis gesetzt werden. Das könnte erhellen, welche Rolle die Liedtexte, welche in den von mir geführten Interviews immer wieder als für Sänger bedeutsam erkennbar wurden, im Licht eines solchen Vergleichs spielen und ob beim Blechblasen ein Unterschied im individuellen Erleben sich abzeichnet zwischen dem Spielen von reinen Instrumentalstücken und solchen Liedern, für die es einen (vertrauten) Text gibt, etwa Chorälen aus dem Evangelischen Gesangbuch.

---

[937] Vgl. Fuhr, Zahlen.

D 4.1 Erweiterter Untersuchungsgegenstand

Drittens erscheint eine Vergleichsuntersuchung von christlichen Riesenchorprojekten mit nichtchristlichen Kunstprojekten oder Event-Formaten, wie Gebhardt sie beschreibt (s. Kapitel A 1.2.2.2), potentiell aufschlussreich, zumal dann, wenn diese in Umfang und Verbindlichkeit ähnlich konzipiert sind: etwa ein eintägiger Gospelworkshop auf der einen und ein eintägiges Sportereignis oder Foto-Shooting, zu dem sich große Mengen Fremder situativ-passager versammeln, auf der anderen Seite.

Für die Frage(n), wie sich das Singen beim MassChoir zum Singen in anderen christlichen Kontexten, darunter Singveranstaltungen auf dem Kirchentag, verhält, kann bereits auf Jochen Kaiser[938] verwiesen werden. Im Anschluss an seine jüngst veröffentlichten Analysen beziehungsweise unabhängig hiervon ließe sich indes bestimmt noch etliches weitere im Bereich des christlichen (Riesenchor-)Singens (vergleichend) erforschen.

Zu den potentiell besonders interessanten Fragestellungen dürfte jene nach dem – wie immer definierten – „Erfolg" von projekthaften Großveranstaltungen wie den beiden hier behandelten zählen. Was erwarten oder erhoffen Veranstalter wie die Stiftung Creative Kirche, was die Librettisten, Komponisten und Programmverantwortlichen vor Ort, was die Mitglieder der Riesenchöre solcher Projekte: für sich persönlich, für ihr Werk, für ihre Kirche(ngemeinde)? Was davon tritt messbar ein und was bleibt unerreicht? Wie nachhaltig sind Veranstaltungen wie der MassChoir oder Eintages-Workshops, die – anders als *Amazing Grace* – keinen ständigen Wechsel von Alltag und Riesenchor-Gegenwelt mit sich bringen, sondern nur punktuell die sonstige Lebenswelt „unterbrechen"?

Welche Rolle spielt der Aspekt der *Sinnstiftung*, von dem Gerhard S. im Zusammenhang mit seiner Glaubenspraxis einschließlich des zugehörigen musikalischen Engagements sprach, für die Teilnehmer an Riesenchören insgesamt? Wie groß ist der Anteil derer, die bereitwillig auch nichtchristliche Lieder sängen – Hauptsache in einmütig-harmonischer Gemeinschaft und als Teil eines Riesenchores – ohne dass dies ihr intensives Erleben und Genießen trüben würde? Wie groß jener, die, wie Anja B., Stefanie B. oder Jens M., durch das Projekt persönliche Orientierung bis hin zu biografiebezogenen Klärungsprozessen erleben?

Lassen sich – was beim MassChoir und *Amazing Grace* nicht der Fall war – Praxisbeispiele finden, wo in christlichem Kontext Begegnendes den Maximen von Bubmann und Pirner (s. Kapitel A 1.3.2) widerspricht, wo also musikalische Erfahrung nicht als humanisierend oder menschenfreundlich gelten kann, sondern im Gegenteil Menschen entmündigt, manipuliert oder ihnen sonst irgendwie schadet, sei es in riesigen oder kleineren Gruppen?

Inwieweit lassen sich im Feld am eigenen Leib erfahrene Phänomene als weit verbreitete Effekte, womöglich gar als regelhaft validieren, etwa jenes, dass ich müde und mit geringer Motivation zur Hauptprobe nach Ludwigsburg gefahren war, nach Stunden des Singens (und Forschens) in der großen Sängergemeinschaft aber am Abend erfrischt und beschwingt wieder gen Heimat aufbrach, so

---

[938] Kaiser, Singen in Gemeinschaft.

dass sich rückblickend von dieser den ganzen Tag prägenden Riesenchorprobe als von einem Erholungsprogramm sprechen lässt, das Motivation, Energie und Freude vermittelte? Wie stark hängen solche Veränderungen von der individuellen Begeisterungsfähigkeit ab, wie stark von etwaiger musikalischer Vorerfahrung oder persönlicher Offenheit für Neues?

4.2 Erweitertes methodisches Instrumentarium

Während diese Studie nicht an bereits vorliegende, empirisch gewonnene Erkenntnisse zum gleichen Gegenstand anknüpfen konnte, weshalb qualitativ orientierte Grundlagenforschung unternommen wurde, könnten zukünftige Untersuchungen anhand des Vorgestellten methodisch stärker variieren, indem sie beispielsweise gezielt Hypothesen formulierten und diese mittels quantitativer Erhebungsinstrumente im Feld überprüften.

Auch wäre es denkbar, das hier überwiegend qualitativ Erhobene in einem quantitativen Verfahren auf Validität zu überprüfen, indem – wie immer dies praktisch aussehen könnte – durch Fragebögen das hier Rekonstruierte Befragten als Artikulation ihres Erlebens angeboten würde, was diese dann wiederum bestätigen oder negieren beziehungsweise durch ihre Antworten ausdifferenzieren könnten.[939]

Ferner könnte ein nicht nach Zufallsprinzip, sondern auf der Grundlage fester Kriterien erstelltes Sample von an Riesenchorprojekten Beteiligten beforscht und die Ergebnisse zu den hier vorgestellten ins Verhältnis gesetzt werden.

Oder es könnte ein stärkerer Fokus auf teilnehmende Beobachtung oder Videoanalyse gelegt werden als in meiner Studie, die ihre Rekonstruktionen primär aus geführten Interviews entwickelte.

In jedem Fall sind mit der hier vorgestellten Forschung die methodischen Möglichkeiten künftiger Untersuchungen im gleichen Feld potentiell mehr und vielfältiger geworden.

---

[939] Durch quantitativ orientierte Verfahren wären zwar die Antwortmöglichkeiten von Beforschten prinzipiell stark beschnitten, allerdings könnte – ganz im Sinne des Anspruchs der Rekonstruktiven Sozialforschung beziehungsweise der Dokumentarischen Methode (s. Kapitel A 2.4.2.2), Wissensbestände offenzulegen, die bei Befragten vorhanden sind, wenn ihnen zunächst auch nicht selbst bewusst – auf diese Weise überprüft werden, ob und inwieweit das in dieser Studie Rekonstruierte an den untersuchten christlichen Riesenchorprojekten vergleichbaren Veranstaltungen Mitwirkende als etwas ihr eigenes Erleben zum Ausdruck Bringendes identifizieren oder nicht. Mit entsprechender Expertise auf diesem Gebiet, die mir persönlich fehlt, ließe sich diese Fragestellung vermutlich operationalisieren und somit ein hypothesenprüfendes Verfahren zur Überprüfung der von mir vorgelegten, qualitativ orientierten Beobachtungen entwickeln.

4.3 Konsequenzen für das Selbstverständnis der eigenen Fachdisziplin

Diese Qualifikationsarbeit stellte ein Experiment dar, geradezu ein Wagnis. Interdisziplinär zu arbeiten, als Mitglied einer Forschergruppe den eigenen Teilbereich akademischer Wissenschaft gezielt zu verlassen, mich des sozialwissenschaftlichen Instrumentariums zu bedienen und aus empirisch erhobenen Daten Erkenntnisse für die Praktische Theologie, speziell die Kirchentheorie, zu gewinnen, erwies sich zugleich aber als lohnendes Unterfangen. Im Blick auf beim christlichen Riesenchorsingen sich Ereignendes, speziell hinsichtlich tiefer individueller Sehnsüchte nach Gemeinschaftserfahrungen, ganzheitlich erfahrbaren Formen der Kommunikation des Evangeliums, projektartiger Begrenzung intensiven (religiösen) Erlebens et cetera, war vieles zu entdecken. Insbesondere durch den Modus der teilnehmenden Beobachtung, wodurch am Forschungsfeld vorübergehend als *native auf Zeit* Anteil erworben wurde, um zunächst darin am eigenen Leibe mitzuerleben und später vor diesem Erlebnishintergrund über Erlebtes und in Interviews et cetera Dokumentiertes rekonstruierend reflektieren zu können, wurden empirisch fundierte Beobachtungen möglich, die den untersuchten Bereich gegenwärtiger christlicher Riesenchorprojekte erschließen halfen.[940]

Die gewählte Kombination aus teilnehmender Beobachtung, Dichter Beschreibung, Interviews, Fragebogen-Einsatz, Videoaufzeichnungen et cetera, kann am Ende dieser Studie somit als praxisbewährtes Forschungskonzept bezeichnet werden, das den Diskurs innerhalb der Fachdisziplin auch in Zukunft befruchten und dazu beitragen könnte, dass akademische Wissenschaft und in verschiedensten Ausformungen gelebter Glaube einander nicht aus den Augen verlieren, sondern im Dialog bleiben, im wechselseitigen Kontakt, der beide Seiten bereichert. Im Fall der vorgelegten Untersuchung war es die persönliche feldforschende Partizipation am Forschungsgegenstand, die als Grundlage letzten Endes zu Erkenntnissen beitrug, welche ohne persönliches, leibhaftes Einlassen auf diesen Teil der Lebenswirklichkeit gewiss verschlossen geblieben wären. Wiederum ermöglichte die Reflexion aus der Distanz eine hieran anschließende Analyse, die (inter-) subjektiv Erlebtes für den kirchentheoretischen, theologischen und wissenschaftlichen Diskurs insgesamt erschloss.

Damit bilden die Feldstudien zum MassChoir und zu *Amazing Grace* ein Exempel für die praktische Bewährung, für Funktion und Wert eines sich persönlich in (in Teilen) fremde Welten vorwagenden Forschungsansatzes. Denn Phänomene wie die untersuchten können letztlich nur erlebt oder gegebenenfalls er-

---

[940] Selbstredend soll nicht behauptet werden, dass diese Studie das weite Feld gegenwärtigen christlichen Riesenchorsingens vollumfänglich erschlossen hätte. Aber in Teilen konnte doch bis dato nicht Erforschtes untersucht und empirisch fundiert Erhellendes rekonstruiert werden.

litten werden, erfordern unvermeidlich die Nähe zur sowie das ganzheitliche Einlassen auf Praxis, um anschließend wissenschaftlich fundiert(er) darüber reflektieren zu können. So verstanden und praktiziert kann Praktische Theologie gewiss noch viel Wertvolles leisten für Wissenschaft und kirchliche Praxis, indem in ihr Tätige engagiert erleben *und* adäquat reflektieren, Nähe wagen *und* Distanz nicht aufgeben.[941] Unmittelbares, präsentatives (inter-) subjektives Erleben, wie es in dieser Studie untersucht wurde, wird sich zwar gewiss auch weiterhin begrifflich nie ganz fassen lassen; aber Wissenschaft Treibende können selbst leibhaft und ganzheitlich erleben, können mit anderen im Feld über deren – und ihr eigenes – Erleben sprechen und vor diesem Hintergrund methodisch kontrolliert reflektieren: besonnen nachdenken, weiterdenken, vordenken. Wo sie dies tun können sie dem, was Jochen Kaiser gleichermaßen pointiert wie begründet formuliert, ebenso praktisch wie theologisch gerecht werden:

„Das aktuelle Erleben ist nicht alles, aber ohne Erleben ist Alles nichts."[942]

Dort, wo Praktische Theologie über dem Reflektieren das Erleben nicht vergisst (und umgekehrt!), bleibt sie besonders spannend, geerdet und relevant – für Wissenschaft, Glauben und Leben!

---

[941] Zu diesem Verständnis von Praktischer Theologie hat neben den Erfahrungen und Erträgen der Feldforschung nicht zuletzt Martin Nicols Aufsatz „Ereignis und Kritik" (vgl. Nicol, Ereignis) beigetragen, dessen spezieller Auffassung unserer Fachdisziplin ich mich zwar nicht zur Gänze anschließe, der aus meiner Sicht aber gleichwohl wertvolle Anregungen entnommen werden können, insbesondere das Bild des ständigen Oszillierens im Spannungsfeld zwischen gelebtem Glauben und wissenschaftlicher Reflexion.

[942] Kaiser, Das Triviale, 240.

5. Verzeichnis verwendeter, zitierter und weiterführender Literatur[943]

Adam, Gottfried; Lachmann, Rainer (Hrsg.): Neues gemeindepädagogisches Kompendium (ARPäd 40), Göttingen 2008

Adamek, Karl: Singen als Lebenshilfe. Zu Empirie und Theorie von Alltagsbewältigung. Plädoyer für eine „Erneuerte Kultur des Singens", Münster u.a. ⁴2008

Adnams, Gordon Alban: Modes of Congregational Singing: "Being-in song-in-singing.", Edmonton 2008. Online verfügbar unter http://www.worshipsinging.ca/Modes%20-of%20Congregational%20Singing.pdf, aufgerufen am 29.01.2015

Adnams, Gordon Alban: The Experience of Congregational Singing: An Ethno-Phenomenological Approach, Edmonton 2008. Online verfügbar unter http://www.worshipsinging.ca/profile/Final%20Dissertation%20in%20pdf.pdf, aufgerufen am 29.01.2015

Adnams, Gordon: 'Really Worshipping', not 'Just Singing', in: Monique Marie Ingalls, Carolyn Landau und Tom Wagner (Hrsg.): Christian congregational music: Performance, Identity and Experience, Farnham 2013, 185–200

Ahrens, Petra-Angela: BeGeisterung durch Gospelsingen. Erste bundesweite Befragung von Gospelchören, hrsg. v. Sozialwissenschaftliches Institut der EKD (SI), Hannover 2013. Online verfügbar unter http://www.ekd.de/si/downloads/22877.html, aufgerufen am 29.05.2014

Ahrens, Petra-Angela: Soziokulturelle Milieus und Kirche. Lebensstile – Sozialstrukturen – kirchliche Angebote, Stuttgart 2013

Angel, Hans-Ferdinand (Hrsg.): Religiosität. Anthropologische, theologische und sozialwissenschaftliche Klärungen, Stuttgart 2006

Anz, Thomas: Art. Erlebnis, in: Achim Trebeß (Hrsg.): Metzler Lexikon Ästhetik. Kunst, Medien, Design und Alltag, Stuttgart 2006, 97–99

Arnold, Jochen et al. (Hrsg.): Gottesklänge. Musik als Quelle und Ausdruck des christlichen Glaubens, Leipzig ²2014

Backhaus, Klaus et al.: Multivariate Analysemethoden. Eine anwendungsorientierte Einführung, Berlin u. a. ³2015

Barth, Hermann (Hrsg.): Kirche im Aufbruch. Schlüsseltexte zum Reformprozess (KiAu 7), Leipzig 2012

Bedford-Strohm, Heinrich; Jung, Volker (Hrsg.): Vernetzte Vielfalt. Kirche angesichts von Individualisierung und Säkularisierung. Die fünfte EKD-Erhebung über Kirchenmitgliedschaft, Gütersloh 2015

Berger, Peter A.; Hock, Klaus; Klie, Thomas (Hrsg.): Religionshybride. Religion in posttraditionalen Kontexten (Erlebniswelten), Wiesbaden 2013

Blaschke, Klaus; Haese, Bernd-Michael (Hrsg.): Volkskirche weiterdenken. Zukunftsperspektiven der Kirche in einer religiös pluralen Gesellschaft, Stuttgart 2010

Böhme, Gernot: Aisthetik. Vorlesungen über Ästhetik als allgemeine Wahrnehmungslehre, München 2001

Böhme, Gernot: Atmosphäre. Essays zur neuen Ästhetik, Frankfurt am Main 1995

Bohnsack, Ralf: Dokumentarische Methode, in: Ralf Bohnsack, Winfried Marotzki und Michael Meuser (Hrsg.): Hauptbegriffe qualitativer Sozialforschung. Ein Wörterbuch, Opladen 2003, 40–44

---

[943] Zeitschriften, Buchreihen et cetera wurden abgekürzt nach Schwertner, Abkürzungsverzeichnis.

Bohnsack, Ralf: Rekonstruktive Sozialforschung. Einführung in qualitative Methoden, Opladen ⁹2014
Bohnsack, Ralf: Typenbildung, Generalisierung und komparative Analyse: Grundprinzipien der dokumentarischen Methode, in: Ralf Bohnsack, Iris Nentwig-Gesemann und Arnd-Michael Nohl (Hrsg.): Die dokumentarische Methode und ihre Forschungspraxis. Grundlagen qualitativer Sozialforschung, Wiesbaden ³2013, 241–270
Bohnsack, Ralf; Nentwig-Gesemann, Iris; Nohl, Arnd-Michael: Einleitung: Die dokumentarische Methode und ihre Forschungspraxis, in: Dies. (Hrsg.): Die dokumentarische Methode und ihre Forschungspraxis. Grundlagen qualitativer Sozialforschung, Wiesbaden ³2013, 9–32
Bohnsack, Ralf; Nohl, Arnd-Michael: Exemplarische Textinterpretation: Die Sequenzanalyse der dokumentarischen Methode, in: Ralf Bohnsack, Iris Nentwig-Gesemann und Arnd-Michael Nohl (Hrsg.): Die dokumentarische Methode und ihre Forschungspraxis. Grundlagen qualitativer Sozialforschung, Wiesbaden ³2013, 325–329
Bohnsack, Ralf; Schäffer, Burkhard: Exemplarische Textinterpretation: Diskursorganisation und dokumentarische Methode, in: Ralf Bohnsack, Iris Nentwig-Gesemann und Arnd-Michael Nohl (Hrsg.): Die dokumentarische Methode und ihre Forschungspraxis. Grundlagen qualitativer Sozialforschung, Wiesbaden ³2013, 331–346
Bohren, Rudolf: Predigtlehre (EETh 4), München 1971
Bonhoeffer, Dietrich: Sanctorum communio. Eine dogmatische Untersuchung zur Soziologie der Kirche, München ³1960
Brauchle, Gernot; Staudinger, Roland; Wendrich, Frank: Controlled Induction of Negative and Positive Emotions by Means of Group Singing, in: Music and Medicine 2/3 (2010), 144–149
Bubmann, Peter, Das Charisma des Populären. Dimensionen der Kirchenmusik aus theologischer Perspektive, in: Peter Bubmann und Rolf Tischer (Hrsg.): Pop & Religion. Auf dem Weg zu einer neuen Volksfrömmigkeit?, Stuttgart 1992, 202–218
Bubmann, Peter: „Der Deutsche Evangelische Kirchentag: ein Modell für das Gemeindeleben?", in: DtPfrBl 99/5 (1999), 267–270
Bubmann, Peter: Einstimmung ins Heilige (Herrenalber Forum 31), Karlsruhe 2002
Bubmann, Peter: Kirchenmusik. Musik und Religion / Ästhetische Theologie / Musik im Gottesdienst / Musik und religiöse Erfahrung, in: Wilhelm Gräb und Birgit Weyel (Hrsg.): Handbuch Praktische Theologie, Gütersloh 2007, 578–590
Bubmann, Peter: Klänge des Heiligen. Musik und Religion aus theologischer Perspektive, in: entwurf. Konzepte, Ideen und Materialien für den Religionsunterricht 40/2 (2009), 10–13
Bubmann, Peter (Hrsg.): Menschenfreundliche Musik. Politische, therapeutische und religiöse Aspekte des Musikerlebens, Gütersloh 1993
Bubmann, Peter: Art. Musik, in: MLexR, Bd.2, Stuttgart u. a. 1999, 499–503
Bubmann, Peter: Musik, in: Kristian Fechtner et al. (Hrsg.): Handbuch Religion und Populäre Kultur, Stuttgart 2005, 206–215
Bubmann, Peter, Art. Musik, in: WiReLex. Online verfügbar unter http://www.bibelwissenschaft.de/wirelex/das-wissenschaftlich-religionspaedagogische-lexikon/lexikon/sachwort/anzeigen/details/musik/ch/f4a8b1149c5d6350072afee27a49c019/, aufgerufen am 14.3.2017
Bubmann, Peter: Musik in Kirche und Gemeinde, in: Ralph Kunz und Thomas Schlag (Hrsg.): Handbuch für Kirchen- und Gemeindeentwicklung, Neukirchen-Vluyn 2014, 373–380
Bubmann, Peter: Musik - Religion – Kirche. Studien zur Musik aus theologischer Perspektive (BLSp 21), Leipzig 2009
Bubmann, Peter: „Musik - Sprache zwischen den Religionen?", in: Manfred L. Pirner, Johannes Lähnemann und Werner Haußmann (Hrsg.): Medien-Macht und Religionen. Herausforderung für interkulturelle Bildung. Referate und Ergebnisse des Nürnberger Forums 2010 (Pädagogische Beiträge zur Kulturbegegnung 29), Berlin 2011, 270–277

Bubmann, Peter: „Nun singe Lob, du Christenheit". Zur Notwendigkeit des Hymnischen in christlicher Lebenskunst und Liturgie, in: MuK 83/5 (2013), 340–346

Bubmann, Peter: Art. „Popkultur / Popularkultur, I. Sozialwissenschaftlich und IV. Praktisch-theologisch", in: LThK3, Bd. 8, Freiburg u. a. 1999, 420–421.422–423

Bubmann, Peter: Religion in der Erlebnisgesellschaft – Kirche im Abseits?, in: ZdZ 50 (1996), 144–148

Bubmann, Peter: Singen als Modell christlicher Spiritualität und die Bedeutung der Hymnologie für die Aszetik, in: Andreas von Heyl und Konstanze Kemnitzer (Hrsg.): Modellhaftes Denken in der Praktischen Theologie. Festschrift zum 60. Geburtstag von Klaus Raschzok, Leipzig 2014, 15–23

Bubmann, Peter, Triviale Traumzeit? Die Diskussion um populäre religiöse Musik aus musiksoziologischer Perspektive, in: Peter Bubmann und Rolf Tischer (Hrsg.): Pop & Religion. Auf dem Weg zu einer neuen Volksfrömmigkeit?, Stuttgart 1992, 147–162

Bubmann, Peter: Die Zeit der Gemeinde. Kirchliche Bildungsorte zwischen Kirche auf Dauer und Kirche bei Gelegenheit, in: Peter Bubmann et al. (Hrsg.): Gemeindepädagogik, Berlin u. a. 2012, 85–105

Bubmann, Peter et al. (Hrsg.): Gemeinde auf Zeit. Gelebte Kirchlichkeit wahrnehmen (PTHe), Stuttgart 2019 (in Vorbereitung)

Bubmann, Peter et al. (Hrsg.): Gemeindepädagogik, Berlin u. a. 2012

Bubmann, Peter; Fechtner, Kristian; Weyel, Birgit: Ausgang ungewiss. Ein Forschungsprojekt untersucht die Chancen von Gemeinden auf Zeit, in: Zeitzeichen 14/10 (2013), 30–32

Bubmann, Peter; Fechtner, Kristian; Weyel, Birgit: „Gemeinde auf Zeit". Empirische Wahrnehmung punktuell-situativer Formen evangelischer Kirche und ihre sozialitätstheoretische Reflexion, in: Birgit Weyel und Peter Bubmann (Hrsg.): Kirchentheorie (VWGTh 41), Leipzig 2014, 132–144

Bubmann, Peter; Fechtner, Kristian; Weyel, Birgit: „Gemeinde auf Zeit". Praktisch-ekklesiologische Perspektiven aus evangelischer Sicht, in: ÖR 65/3 (2016), 345–357

Bubmann, Peter; Landgraf, Michael (Hrsg.): Musik in Schule und Gemeinde. Grundlagen - Methoden – Ideen. Ein Handbuch für die religionspädagogische Praxis, Stuttgart 2006

Bubmann, Peter; Tischer, Rolf (Hrsg.): Pop & Religion. Auf dem Weg zu einer neuen Volksfrömmigkeit?, Stuttgart 1992

Bubmann, Peter; Weyel, Birgit (Hrsg.): Praktische Theologie und Musik (VWGTh 34), Gütersloh 2012

Bucher, Anton A. et al. (Hrsg.): „Gott gehört so ein bisschen zur Familie". Mit Kindern über Glück und Heil nachdenken (JaBuKi 10), Stuttgart 2011

Burzan, Nicole: Gütekriterien, in: Günter Endruweit, Gisela Trommsdorff und Nicole Burzan (Hrsg.): Wörterbuch der Soziologie, Konstanz u.a. ³2014, 164–165

Chaves, Mark: Congregations in America, Cambridge, Mass. u. a. 2004

Collins, Randall: The Micro-sociology of Religion: Religious Practices, Collective and Individual (ARDA Guiding Paper Series). State College, PA 2010. Online verfügbar unter http://www.thearda.com/rrh/papers/guidingpapers.asp, aufgerufen am 13.3.2017

Cornehl, Peter: Erlebnisgesellschaft und Liturgie, in: LJ 52/4 (2002), 234–253

Cornehl, Peter: Zustimmung zum Leben und Glauben. Eine Besinnung auf den Sinn der Feste und Feiertage, in: PTh 74/10 (1985), 410–425

Cornelius-Bundschuh, Jochen: Das Evangelium kommunalisieren! Was Glaube und Kirche stärkt, in: PrTh 49/4 (2014), 240–251

Corsten, Michael; Krug, Melanie; Moritz, Christine (Hrsg.): Videographie praktizieren. Herangehensweisen, Möglichkeiten und Grenzen, Wiesbaden 2010

Dingel, Irene (Hrsg.): Die Bekenntnisschriften der Evangelisch-Lutherischen Kirche. Vollständige Neuedition, Göttingen u. a. 2014

Dinter, Astrid; Heimbrock, Hans-Günter; Söderblom, Kerstin (Hrsg.): Einführung in die Empirische Theologie. Gelebte Religion erforschen, Göttingen 2007

Domsgen, Michael: Familie und Religion. Grundlagen einer religionspädagogischen Theorie der Familie (ArPrTh 26), Leipzig ²2006

Domsgen, Michael: Kommunikation des Evangeliums – Perspektiven der Lebensbegleitung, in: Michael Domsgen und Bernd Schröder (Hrsg.): Kommunikation des Evangeliums. Leitbegriff der Praktischen Theologie (ArPrTh 57), Leipzig 2014, 75–85

Dresing, Thorsten; Pehl, Thorsten: Praxisbuch Interview, Transkription & Analyse. Anleitungen und Regelsysteme für qualitativ Forschende, Marburg 2013. Online verfügbar unter www.audiotranskription.de/praxisbuch, abgerufen am 20.08.2014

Eberle, Thomas S.; Hitzler, Ronald: Phänomenologische Lebensweltanalyse, in: Uwe Flick, Ernst von Kardoff und Ines Steinke (Hrsg.): Qualitative Forschung. Ein Handbuch, Reinbek bei Hamburg ¹⁰2013, 109–118

Eckert, Eugen: So sie's nicht singen, glauben sie's nicht. Von der Kirchenmusik in der Volkssprache zum Neuen Geistlichen Lied, in: Edith Harmsen und Bernd Willmes (Hrsg.): Musik in der Liturgie. Entwicklung der Kirchenmusik vom Gregorianischen Choral über Bach bis zum Neuen Geistlichen Lied, Petersberg 2001, 79–114

Endruweit, Günter: Feldforschung, in: Günter Endruweit, Gisela Trommsdorff und Nicole Burzan (Hrsg.): Wörterbuch der Soziologie, Konstanz u.a. ³2014, 124–126

Engemann, Wilfried: Gemeinde als Ort der Lebenskunst. Glaubenskultur und Spiritualität in volkskirchlichen Kontexten, in: Isolde Karle (Hrsg.): Kirchenreform. Interdisziplinäre Perspektiven (ArPrTh 41), Leipzig 2009, 269–291

Evangelischer Arbeitskreis Freizeit – Erholung – Tourismus in der Evangelischen Kirche in Deutschland (Hrsg.): Gemeinden auf Zeit. Überlegungen zur Ergänzung des parochialen Prinzips, Stuttgart 1991

Evangelische Kirche in Deutschland (Hrsg.): Die Bibel nach Martin Luthers Übersetzung. Standardausgabe mit Apokryphen, revidiert 2017, Stuttgart 2016

Evangelische Kirche in Deutschland / Kirchenamt (Hrsg.): Christsein gestalten. Eine Studie zum Weg der Kirche, Gütersloh ⁴1987

Evangelische Kirche in Deutschland / Kirchenamt (Hrsg.): Engagement und Indifferenz. Kirchenmitgliedschaft als soziale Praxis. V. EKD-Erhebung über Kirchenmitgliedschaft, Hannover 2014. Online verfügbar unter https://www.ekd.de/download/ekd_v_kmu2014.pdf, aufgerufen am 18.3.2017

Evangelische Kirche in Deutschland / Kirchenamt (Hrsg.): Fern der Heimat: Kirche. Urlaubs-Seelsorge im Wandel. Ein Beitrag der EKD zu einer missionarischen Handlungsstrategie (EKD.T 82), Hannover 2006. Online verfügbar unter http://www.ekd.de/download/ekd_texte_82.pdf, aufgerufen am 27.07.2013

Evangelische Kirche in Deutschland / Kirchenamt (Hrsg.): „Kirche klingt". Ein Beitrag der Ständigen Konferenz für Kirchenmusik in der evangelischen Kirche von Deutschland zur Bedeutung der Kirchenmusik in Kirche und Gesellschaft (EKD.T 99), Hannover 2008. Online verfügbar unter https://www.ekd.de/download/ekd_texte_99.pdf, aufgerufen am 15.3.2017

Evangelisch-Lutherische Kirche in Bayern: Antwort finden in alten und neuen Liedern, in Worten zum Nachdenken und Beten. Evangelisches Gesangbuch, Ausgabe für die Evang.-Luth. Kirchen in Bayern und Thüringen, München 1995

F: Gospels zentrales Element der Inszenierung. Chormusical: „Amazing Grace" in der katholischen Kirche aufgeführt […][944], aufgerufen am 11.10.2016

Fechtner, Kristian: Diskretes Christentum. Die Volkskirche ermöglicht ihren Mitgliedern Distanz und Eigensinn, in: Zeitzeichen 12/10 (2011), 22–24

---

[944] Da der Originalname von Musicalstadt Teil des Links zum Online-Artikel ist, wird dieser hier nicht wiedergegeben.

Fechtner, Kristian: Kirche von Fall zu Fall. Kasualien wahrnehmen und gestalten, Gütersloh ²2011
Fechtner, Kristian: Späte Zeit der Volkskirche. Praktisch-theologische Erkundungen (PTHe 101), Stuttgart 2010
Fechtner, Kristian: Volkskirche im neuzeitlichen Christentum. Die Bedeutung Ernst Troeltschs für eine künftige praktisch-theologische Theorie der Kirche (Troeltsch-Studien 8), Gütersloh 1995
Fechtner, Kristian et al. (Hrsg.): Handbuch Religion und Populäre Kultur, Stuttgart 2005
Fechtner, Kristian; Mulia, Christian: Kasualwirklichkeiten. Zur Bedeutung empirischer Forschung für das Verständnis heutiger Taufpraxis, in: Birgit Weyel, Wilhelm Gräb und Hans-Günter Heimbrock (Hrsg.): Praktische Theologie und empirische Religionsforschung (VWGTh 39), Leipzig 2013, 170–182
Fendler, Folkert (Hrsg.): Qualität im Gottesdienst. Was stimmen muss, was wesentlich ist, was begeistern kann, Gütersloh 2015
Fermor, Gotthard: Ekstasis. Das religiöse Erbe in der Popmusik als Herausforderung an die Kirche (PTHe 46), Stuttgart u. a. 1999
Fermor, Gotthard: Der Sound der Schöpfung und die Weite des Geistes. Musik und Gemeinde, in: Lernort Gemeinde. Zeitschrift für theologische Praxis 22 (2004), 9–13
Fermor, Gotthard: Der Sound des Lernens. Systematisch- und praktisch-theologische Überlegungen zur Gemeindepädagogik am Beispiel der Musik, in: ZPT 59/2 (2007), 120–135
Fermor, Gotthard; Gutmann, Hans-Martin; Schroeter, Harald (Hrsg.): Theophonie. Grenzgänge zwischen Musik und Theologie (Hermeneutica 9), Rheinbach 2000
Fermor, Gotthard; Schroeter-Wittke, Harald (Hrsg.): Kirchenmusik als religiöse Praxis. Praktisch-theologisches Handbuch zur Kirchenmusik, Leipzig 2005
Fischer-Lichte, Erika: Ästhetik des Performativen, Frankfurt am Main 2004
Fischer-Lichte, Erika: Theaterwissenschaft. Eine Einführung in die Grundlagen des Faches, Tübingen u. a. 2010
Flick, Uwe: Methoden, qualitative, in: Nicole Burzan, Günter Endruweit und Gisela Trommsdorff (Hrsg.): Wörterbuch der Soziologie, Konstanz u.a. ³2014, 298–302
Flick, Uwe: Triangulation in der qualitativen Forschung, in: Uwe Flick, Ernst von Kardorff und Ines Steinke (Hrsg.): Qualitative Forschung. Ein Handbuch, Reinbek bei Hamburg ¹⁰2013, 309–318
Flick, Uwe; Kardorff, Ernst von; Steinke, Ines: Was ist qualitative Forschung? Einleitung und Überblick, in: Uwe Flick, Ernst von Kardorff und Ines Steinke (Hrsg.): Qualitative Forschung. Ein Handbuch, Reinbek bei Hamburg ¹⁰2013, 13–29
Frey, Jörg: Neutestamentliche Perspektiven, in: Ralph Kunz und Thomas Schlag (Hrsg.): Handbuch für Kirchen- und Gemeindeentwicklung, Neukirchen-Vluyn 2014, 31–41
Fritzsche, Bettina: Mediennutzung im Kontext kultureller Praktiken als Herausforderung an die qualitative Forschung, in: Ralf Bohnsack, Iris Nentwig-Gesemann und Arnd-Michael Nohl (Hrsg.): Die dokumentarische Methode und ihre Forschungspraxis. Grundlagen qualitativer Sozialforschung, Wiesbaden ³2013, 33–50
Fuhr, Eberhard: Zahlen, Daten, Fakten. Landesposaunentag 2016, 01.07.2016. Online verfügbar unter http://www.ejwue.de/arbeitsbereiche/landesposaunentag/aktuelles/news/news/zahlen-daten-fakten-1/, aufgerufen am 10.03.2017
Gäckle, Volker: Allgemeines Priestertum. Zur Metaphorisierung des Priestertitels im Frühjudentum und Neuen Testament, Tübingen 2014
Gäckle, Volker: Die Starken und die Schwachen in Korinth und in Rom. Zu Herkunft und Funktion der Antithese in 1 Kor 8,1-11,1 und Röm 14,1-15,13, Tübingen 2005
Garleff, Gunnar: Urchristliche Identität in Matthäusevangelium, Didache und Jakobusbrief (Beiträge zum Verstehen der Bibel 9), Münster 2004
Gebhardt, Winfried: „Die eigene spirituelle Erfahrung zählt". Ein Gespräch mit dem Religionssoziologen Winfried Gebhardt, in: HeKorr 64/6 (2010), 286–290

Gebhardt, Winfried: Gemeinschaften ohne Gemeinschaft. Über situative Event-Vergemeinschaftungen, in: Ronald Hitzler, Anne Honer und Michaela Pfadenhauer (Hrsg.): Posttraditionale Gemeinschaften. Theoretische und ethnografische Erkundungen (Erlebniswelten 14), Wiesbaden 2008, 202–213

Gebhardt, Winfried: Kein Pilger mehr, noch kein Flaneur. Der „Wanderer" als Prototyp spätmoderner Religiosität, in: Winfried Gebhardt und Ronald Hitzler (Hrsg.): Nomaden, Flaneure, Vagabunden. Wissensformen und Denkstile der Gegenwart (Erlebniswelten 10), Wiesbaden 2006, 228–243

Gebhardt, Winfried; Hitzler, Ronald (Hrsg.): Nomaden, Flaneure, Vagabunden. Wissensformen und Denkstile der Gegenwart (Erlebniswelten 10), Wiesbaden 2006

Gebhardt, Winfried; Hitzler, Ronald; Liebl, Franz (Hrsg.): Megaparty Glaubensfest. Weltjugendtag: Erlebnis – Medien – Organisation (Erlebniswelten 12), Wiesbaden 2007

Gebhardt, Winfried; Hitzler, Ronald; Pfadenhauer, Michaela (Hrsg.): Events. Soziologie des Außergewöhnlichen (Erlebniswelten 2), Opladen 2000

Geertz, Clifford: Dichte Beschreibung. Beiträge zum Verstehen kultureller Systeme, Frankfurt am Main [10]2007

Gläser-Zikuda, Michaela et al.: Mixed methods in der empirischen Bildungsforschung – eine Einführung in die Thematik, in: Michaela Gläser-Zikuda et al. (Hrsg.): Mixed methods in der empirischen Bildungsforschung (AEPF Jena 2010), Münster u. a. 2012, 7–13

Göttlich, Udo et al. (Hrsg.): Arbeit, Politik und Religion in Jugendkulturen. Engagement und Vergnügen, Weinheim u. a. 2007

Gräb, Wilhelm: Religion in Berlin, in: PTh 90/4 (2001), 134–151

Gräb, Wilhelm; Weyel, Birgit (Hrsg.): Handbuch Praktische Theologie, Gütersloh 2007

Grethlein, Christian: Kirche – als praktisch-theologischer Begriff. Überlegungen zu einer Neuformatierung der Kirchentheorie, in: PTh 101/4 (2012), 136–151

Grethlein, Christian: Praktische Theologie, Berlin u. a. 2012

Grethlein, Christian; Schwier, Helmut (Hrsg.): Praktische Theologie. Eine Theorie- und Problemgeschichte (APrTh 33), Leipzig 2007

Grimes, Ronald: Typen ritueller Erfahrung, in: Andréa Belliger und David J. Krieger (Hrsg.): Ritualtheorien. Ein einführendes Handbuch, Wiesbaden [5]2013, 117–132

Gürtler, Leo; Huber, Günter L.: Triangulation. Vergleiche und Schlussfolgerungen auf der Ebene der Datenanalyse, in: Michaela Gläser-Zikuda et al. (Hrsg.): Mixed methods in der empirischen Bildungsforschung (AEPF Jena 2010), Münster u. a. 2012, 37–50

Gundlach, Thies: Freiheit und Geborgenheit – Situative Gemeinden als eine Grundform zukünftiger Verkündigung, in: PTh 99/3 (2010), 104–117

Guthrie, Steven R.: Singing, in the Body and in the Spirit, in: JETS 46/4 (2003), 633–646

Haar, Martin: Mega-Begeisterung fährt mit, in: Stuttgarter Nachrichten, 30.4.2013, http://www.stuttgarter-nachrichten.de/inhalt.evangelischer-kirchentag-mega-begeisterung-faehrt-mit.0ce82414-77fe-4392-857a-b6f11ce17232.html, aufgerufen am 5.6.2015

Hackober, Julia: Ich will nicht immer alle Menschen umarmen müssen! Handschlag, Umarmung oder Küsschen: Wie begrüßen und verabschieden wir uns? Die Generation Y hat ihre sozialen Codes nie richtig geklärt. Deshalb kommt es ständig zu peinlichen Missverständnissen. In: ICON Stilmagazin, 14.11.2016, http://www.welt.de/icon/partnerschaft/article159473480/Ich-will-nicht-immer-alle-Menschen-umarmen-muessen.html, aufgerufen am 07.12.2016

Härle, Wilfried: Dogmatik, Berlin u.a. [4]2012

Hahnen, Peter: Irgendwie die Liebe. Trotz imposanter Aufführung: Beim Pop-Oratorium „Die 10 Gebote" triumphiert die Oberfläche. Die Botschaft bleibt vage, in: Publik Forum 2010/2 (2010), 39

Hauschildt, Eberhard: Kirchenbindung und Gemeinschaft, in: EvT 68/2 (2008), 130–143

Hauschildt, Eberhard; Pohl-Patalong, Uta: Kirche (Lehrbuch Praktische Theologie 4), München 2013

Heimbrock, Hans-Günter: Didaktik des klangvollen Ohres. Über die Bedeutung von Musik für religiöse Lernprozesse, in: EvErz 43/5 (1991), 459–471
Heimbrock, Hans-Günter: Klang, in: Fermor, Gotthard; Schroeter-Wittke, Harald (Hrsg.): Kirchenmusik als religiöse Praxis. Praktisch-theologisches Handbuch zur Kirchenmusik, Leipzig 2005, 37–42
Hemming, Jan: Methoden der Erforschung populärer Musik, Wiesbaden 2016
Hempelmann, Heinzpeter: Kirchendistanz oder Indifferenz? Wie die Kirche von der Typologie der Lebensweltforschung profitieren kann. Ein kritischer Abgleich der Sinus-Studie für Baden-Württemberg mit der 5. Kirchenmitgliedschaftsuntersuchung. Online verfügbar unter http://heinzpeter-hempelmann.de/hph/wp-content/uploads/2013/02/KMU-V-SSBW-V10.pdf, aufgerufen am 15.08.2015
Hepp, Andreas; Krönert, Veronika: Medien, Event, Religion. Die Mediatisierung des Religiösen, Wiesbaden 2009
Herbst, Michael: Andere Gottesdienstformen, in: Albert Gerhards und Matthias Schneider (Hrsg.): Der Gottesdienst und seine Musik. Liturgik: Gottesdienstformen und ihre Handlungsträger (Enzyklopädie der Kirchenmusik 2), Laaber 2014, 161–190
Hermelink, Jan: Kirchliche Organisation und das Jenseits des Glaubens, Gütersloh 2011
Hermelink, Jan; Koll, Julia; Hallwaß, Anne Elise: Liturgische Praxis zwischen Teilhabe und Teilnahme, in: Heinrich Bedford-Strohm und Volker Jung (Hrsg.): Vernetzte Vielfalt. Kirche angesichts von Individualisierung und Säkularisierung. Die fünfte EKD-Erhebung über Kirchenmitgliedschaft, Gütersloh 2015, 90–111
Hermelink, Jan; Wegner, Gerhard (Hrsg.): Paradoxien kirchlicher Organisation. Niklas Luhmanns frühe Kirchensoziologie und die aktuelle Reform der evangelischen Kirche, Würzburg 2008
Herms, Eilert: Erfahrbare Kirche. Beiträge zur Ekklesiologie, Tübingen 1990
Hero, Markus: Die neuen Formen des religiösen Lebens. Eine institutionentheoretische Analyse neuer Religiosität (Religion in der Gesellschaft 28), Würzburg 2010
Hitzler, Ronald: Eventisierung. Drei Fallstudien zum marketingstrategischen Massenspaß, Wiesbaden 2011
Hitzler, Ronald et al.: Mega-Event-Macher. Zum Management Multipler Divergenzen am Beispiel der Kulturhauptstadt Europas RUHR.2010 (Erlebniswelten), Wiesbaden 2013
Hitzler, Ronald; Gothe, Miriam (Hrsg.): Ethnographische Erkundungen. Methodische Aspekte aktueller Forschungsprojekte (Erlebniswelten), Wiesbaden 2015
Hitzler, Ronald; Honer, Anne: Lebensweltliche Ethnographie, in: Ralf Bohnsack, Winfried Marotzki und Michael Meuser (Hrsg.): Hauptbegriffe qualitative Sozialforschung. Ein Wörterbuch, Opladen 2003, 112–114
Hitzler, Ronald; Honer, Anne; Pfadenhauer, Michaela (Hrsg.): Posttraditionale Gemeinschaften. Theoretische und ethnografische Erkundungen (Erlebniswelten 14), Wiesbaden 2008
Hitzler, Ronald; Niederbacher, Arne: Leben in Szenen. Formen juveniler Vergemeinschaftung heute, Wiesbaden 2010
Höglauer, Josef: Der Einfluss von Taizé auf die Spiritualität Jugendlicher. Eine empirische Untersuchung (Jugend in Kirche und Gesellschaft 10), Berlin 2016
Höhn, Tim: „Amazing Grace" in Ludwigsburg. 700 Chorsänger und ein weltbekanntes Lied, 10.11.2014. Online verfügbar unter http://www.stuttgarter-zeitung.de/inhalt.amazing-grace-in-ludwigsburg-700-chorsaenger-und-ein-weltbekanntes-lied.d55dd4d6-d408-4513-80ce-e349322f4545.html, aufgerufen am 12.03.2017
Honer, Anne: Interview, in: Ralf Bohnsack, Winfried Marotzki und Michael Meuser (Hrsg.): Hauptbegriffe qualitative Sozialforschung. Ein Wörterbuch, Opladen 2003, 94–99
Honer, Anne: Lebenswelt, in: Ralf Bohnsack, Winfried Marotzki und Michael Meuser (Hrsg.): Hauptbegriffe qualitative Sozialforschung. Ein Wörterbuch, Opladen 2003, 110–112

Honer, Anne: Lebensweltanalyse in der Ethnographie, in: Uwe Flick, Ernst von Kardorff und Ines Steinke (Hrsg.): Qualitative Forschung. Ein Handbuch, Reinbek bei Hamburg ^{10}2013, 194–204

Honer, Anne: Lebensweltliche Ethnographie. Ein explorativ-interpretativer Forschungsansatz am Beispiel von Heimwerker-Wissen, Wiesbaden 1993

Honer, Anne: Kleine Leiblichkeiten. Erkundungen in Lebenswelten, Wiesbaden 2011

Honer, Anne; Hitzler, Ronald: Kleine soziale Lebens-Welten, in: Ralf Bohnsack, Winfried Marotzki und Michael Meuser (Hrsg.): Hauptbegriffe qualitative Sozialforschung. Ein Wörterbuch, Opladen 2003, 99–100

Honer, Anne; Meuser, Michael; Pfadenhauer, Michaela (Hrsg.): Fragile Sozialität. Inszenierungen, Sinnwelten, Existenzbastler, Wiesbaden 2010

Huber, Stefan: Dimensionen der Religiosität. Skalen, Messmodelle und Ergebnisse einer empirisch orientierten Religionspsychologie (Freiburger Beiträge zur Psychologie 18), Freiburg, Schweiz 1996

Huber, Wolfgang: Der Kirchentag – Fünf Versuche, ihn zu verstehen, in: Dietrich Zilleßen et al. (Hrsg.): Praktisch-theologische Hermeneutik. Ansätze – Anregungen – Aufgaben, Rheinbach-Merzbach 1991, 469–481

Hüther, Gerald: Begeisterung… Begeisterung ist Doping für Geist und Hirn. Online verfügbar unter http://www.gerald-huether.de/populaer/veroeffentlichungen-von-gerald-huether/texte/begeisterung-gerald-huether/, aufgerufen am 11.05.2016

Hüther, Gerald: Etwas mehr Hirn, bitte. Eine Einladung zur Wiederentdeckung der Freude am eigenen Denken und der Lust am gemeinsamen Gestalten, Göttingen 2015

Ingalls, Monique Marie: Awesome in this Place. Sound, Space, and Identity in Contemporary North American Evangelical Worship, 2008. Digitale Version direkt bei der Autorin auf Anfrage erhältlich: http://www.academia.edu/1823324/Awesome_in_this_place_Sound_space_and_identity_in_contemporary_North_American_evangelical_worship

Jähningen, Brigitte: Niemals leiser werden!, in: Evangelisches Gemeindeblatt für Württemberg. Erleben, woran wir glauben (30). Online verfügbar unter http://www.evangelisches-gemeindeblatt.de/detailansicht/niemals-leiser-werden-581/, aufgerufen am 27.08.2014

Jeges, Oliver: Generation Maybe hat sich im Entweder-oder verrannt. Wir 20- bis 30-Jährigen sind eine Generation ohne Eigenschaften. Gut ausgebildet, aber ohne Plan, ohne Mut, ohne Biss. Weil alles möglich ist, sind alle heillos überfordert, in: Welt Online, 29.07.2012. Online verfügbar unter http://www.welt.de/13939962, aufgerufen am 02.10.2014

Josuttis, Manfred: Singen als Grenzüberschreitung, in: ZGP 12/1 (1994), 10–12

Josuttis, Manfred: Der Weg in das Leben. Eine Einführung in den Gottesdienst auf verhaltenswissenschaftlicher Grundlage, Gütersloh ^{2}1993

Kaiser, Jochen: Emotionen und Erleben des gottesdienstlichen Singens. Eine ethnografisch-empirische Studie, Handout zum Vortrag beim Doktorandenkolloquium der HMT Leipzig, gehalten am 23.1.2015 (unveröffentlicht)

Kaiser, Jochen: Erlebnisorientierte Liedanalyse: „Der Lärm verebbt", in: LiKu 5/1 (2014), 51–56

Kaiser, Jochen: Erwartungen an den Gottesdienst und seine Musik. Empirische Beobachtungen, in: MuK 82/5 (2012), 310–318

Kaiser, Jochen: Gottesdienst als Aufführung des Glaubens. Vom Theater zum Gottesdienst, in: Für den Gottesdienst: Informationen, Angebote, Beobachtungen, Fragen, Antworten 76 (2012), 4–13

Kaiser, Jochen: Gottesdienst und alltagsästhetische Milieus – Versuch eines „dritten Blicks", in: LJ 61/3 (2011), 187–198

Kaiser, Jochen: Kirchliches Singen. Fachtagung in Erlangen am 8. und 9. Juli 2016, in: Gottesdienst und Kirchenmusik 2016/6 (2016), 9–14

Kaiser, Jochen: Die Lieder, sonntags in der Kirche. Lieder im Gottesdienst zwischen Sinn- und Präsenzkultur, in: FKM 67/2 (2016), 17–23

Kaiser, Jochen: Religiöses Erleben durch gottesdienstliche Musik. Eine empirisch-rekonstruktive Studie (APTLH 71), Göttingen 2012

Kaiser, Jochen: Singen in Gemeinschaft als ästhetische Kommunikation, Wiesbaden 2017

Kaiser, Jochen: Spätmoderne Tagzeitenliturgien im Halberstädter Dom, in: Für den Gottesdienst: Informationen, Angebote, Beobachtungen, Fragen, Antworten 83 (2016), 34–43

Kaiser, Jochen: Das Triviale als Modus des Erlebens. Populäre Kultur im Gottesdienst und seiner Musik, in: PTh 103/6 (2014), 227–240

Kaiser, Jochen: Wie erleben Menschen Gott durch geistliche Musik?, in: Jochen Arnold et al. (Hrsg.): Gottesklänge. Musik als Quelle und Ausdruck des christlichen Glaubens, Leipzig ²2014, 45–54

Kaiser, Jochen: Zur empirischen Erforschung von Kirchenmusik und religiösem Musikerleben, in: Bubmann, Peter; Weyel, Birgit (Hrsg.): Praktische Theologie und Musik (VWGTh 34), Gütersloh 2012, 49–62

Karrer, Martin; Kraus, Wolfang; Merk, Otto (Hrsg.): Kirche und Volk Gottes. Festschrift für Jürgen Roloff zum 70. Geburtstag, Neukirchen-Vluyn 2000

Kaufmann, Franz-Xaver: Religion und Modernität. Sozialwissenschaftliche Perspektiven, Tübingen 1989

Kirchenamt der Evangelischen Kirche in Deutschland (EKD) (Hrsg.): Kirche der Freiheit. Perspektiven für die evangelische Kirche im 21. Jahrhundert. Ein Impulspapier des Rates der EKD, Hannover 2006. Online verfügbar unter http://kirche-im-aufbruch.ekd.de/reformprozess/impulspapier.html, zuletzt geprüft am 10.03.2017

Klie, Thomas et al. (Hrsg.): Lebenswissenschaft Praktische Theologie?! (PThW 9), Berlin u. a. 2011

Knecht, Achim: Erlebnis Gottesdienst. Zur Rehabilitierung der Kategorie »Erlebnis« für Theorie und Praxis des Gottesdienstes, Leipzig 2011

Knoblauch, Hubert: Fokussierte Ethnographie. Soziologie, Ethnologie und die neue Welt der Ethnographie, in: Sozialer Sinn. Zeitschrift für hermeneutische Sozialforschung 2/1 (2001), 123–141

Knoblauch, Hubert: Kommunikationsgemeinschaften. Überlegungen zur kommunikativen Konstruktion einer Sozialform, in: Ronald Hitzler, Anne Honer und Michaela Pfadenhauer (Hrsg.): Posttraditionale Gemeinschaften. Theoretische und ethnografische Erkundungen (Erlebniswelten 14), Wiesbaden 2008, 73–88

Knoblauch, Hubert: Populäre Religion. Auf dem Weg in eine spirituelle Gesellschaft, Frankfurt u. a. 2009

Knoblauch, Hubert: Die populäre Religion und die Transformation der Gesellschaft, in: APuZ 52 (2008), 3–8

Knoblauch, Hubert: Religionssoziologie (SG 2094), Berlin u. a. 1999

Koch, Dietrich-Alex: Geschichte des Urchristentums. Ein Lehrbuch, Göttingen 2013

Koll, Julia: Kirchenmusik als sozioreligiöse Praxis. Studien zu Religion, Musik und Gruppe am Beispiel des Posaunenchors (APrTh 63), Leipzig 2016

Kretzschmar, Gerald: Kirche und Gemeinde. Milieu / Typologien der Kirchenmitgliedschaft / Theologie und Empirie, in: Wilhelm Gräb und Birgit Weyel (Hrsg.): Handbuch Praktische Theologie, Gütersloh 2007, 77–88

Kreutz, Gunter: Warum Singen glücklich macht, Gießen 2014

Kühn, Jonathan: Vom Ich zum Wir. Beim Musicalprojekts „Amazing Grace" werden Individuen zu einem Chor, in: Das Baugerüst. Zeitschrift für Jugend- und Bildungsarbeit 68/3 (2016), 50–53

Kürzinger, Kathrin S.: „Das Wissen bringt einem nichts, wenn man keine Werte hat". Wertebildung und Werteentwicklung aus Sicht von Jugendlichen, Göttingen 2014

Kunz, Ralph; Schlag, Thomas (Hrsg.): Handbuch für Kirchen- und Gemeindeentwicklung, Neukirchen-Vluyn 2014

Kutter, Inge: Geld – oder doch lieber Freizeit? Die Forschung versucht die Generation Y zu ergründen, in: ZEIT Online, 22.05.2014. Online verfügbar unter http://www.zeit.de/20-14/22/generation-y-forschung, aufgerufen am 09.09.2014

Laack, Isabel: Religion und Musik in Glastonbury. Eine Fallstudie zu gegenwärtigen Formen religiöser Identitätsdiskurse (CSRRW 1), Göttingen 2011

Lämmlin, Georg (Hrsg.): Die Kirche der Freiheit evangelisch gestalten. Michael Nüchterns Beiträge zur Praktischen Theologie (Heidelberger Studien zur praktischen Theologie 17), Berlin u. a. 2012

Lämmlin, Georg: Protestantische Religionspraxis in der post-säkularen Gesellschaft. Studien zur Zukunft der Volkskirche (Heidelberger Studien zur praktischen Theologie 19), Münster 2013

Landeshauptstadt München, Kreisverwaltungsreferat, HA IV – Branddirektion, Einsatzvorbeugung. HA I – Veranstaltungs- und Versammlungsbüro: Sicherheitsrechtliche Beurteilung und vorbeugender Brand- und Gefahrenschutz bei Großveranstaltungen. Eine Handreichung für Sicherheitsbehörden, Polizei und Brandschutzdienststellen, München 2011. Online verfügbar unter http://www.agbf.de/pdf/Handreichung_Sicherheitsbehoerden.pdf, aufgerufen am 02.12.2015

Landeskirchenrat der Evangelisch-Lutherischen Kirche in Bayern (Hrsg.): Verfassung der Evangelisch-Lutherischen Kirche in Bayern (Kirchenverfassung - KVerf). In der Neufassung vom 6. Dezember 1999 (KABl 2000, S.10), in: Landeskirchenrat der Evangelisch-Lutherischen Kirche in Bayern (Hrsg.): Rechtssammlung der Evangelisch-Lutherischen Kirche in Bayern. Bearbeitet von Jost Heinzel. 77. Ergänzungslieferung, München 2016, 1–8

Lange, Ernst: Chancen des Alltags. Überlegungen zur Funktion des christlichen Gottesdienstes in der Gegenwart (HCiW 8), Stuttgart 1965

Lange, Ernst: Kirche für die Welt. Aufsätze zur Theorie kirchlichen Handelns, München u. a. 1981

Lehmann, Maren: Leutemangel. Mitgliedschaft und Begegnung als Formen der Kirche, in: Jan Hermelink und Gerhard Wegner (Hrsg.): Paradoxien kirchlicher Organisation. Niklas Luhmanns frühe Kirchensoziologie und die aktuelle Reform der evangelischen Kirche (Religion in der Gesellschaft 24), Würzburg 2008, 123–144

Lehmann, Maren: Zwei oder drei. Kirche zwischen Organisation und Netzwerk, Leipzig 2018

Lehmann-Wermser, Andreas; Niessen, Anne (Hrsg.): Aspekte des Singens. Ein Studienbuch (Musikpädagogik im Fokus 1), Augsburg 2008

Lindner, Herbert: Kirche am Ort. Eine Gemeindetheorie (PTHe 16), Stuttgart u.a. 1994

Luckmann, Thomas: Phenomenology and Sociology. Selected Readings, Harmondsworth 1978

Lüders, Christian: Beobachten im Feld und Ethnographie, in: Uwe Flick, Ernst von Kardorff und Ines Steinke (Hrsg.): Qualitative Forschung. Ein Handbuch, Reinbek bei Hamburg [10]2013, 384–401

Marx, Dominic: Das Kano-Modell der Kundenzufriedenheit. Ein Modell zur Analyse von Kundenwünschen in der Praxis. Hamburg 2014

Matthes, Joachim (Hrsg.): Kirchenmitgliedschaft im Wandel. Untersuchungen zur Realität der Volkskirche. Beiträge zur 2. EKD-Umfrage „Was wird aus der Kirche?", Gütersloh 1990

Mayring, Philipp: Mixed Methods – ein Plädoyer für gemeinsame Forschungsstandards qualitativer und quantitativer Methoden, in: Michaela Gläser-Zikuda et al. (Hrsg.): Mixed methods in der empirischen Bildungsforschung (AEPF Jena 2010), Münster u. a. 2012, 287–300

McGann, Mary E.: Exploring Music as Worship and Theology. Research in Liturgical Practice (American Essays in Liturgy), Collegeville, Minn. 2002

McGann, Mary RSCJ: Liturgical Musical Ethnography. Challenges and Promise, in: Jaarboek voor liturgieonderzoek 26, Groningen 2010, 83–98
Meier, Christoph: Ortsgemeinde und gesamtkirchliche Dienste zwischen Konkurrenz und Gemeinsamkeit, in: TPT 22/3 (1987), 250–263
Meyer, Joachim: Gemeinde als Fragment. Ein Diskussionsbeitrag zur theologischen Begründung von Zusammenarbeit, in: DtPfrBl 114/12 (2014), 708–710
Meyer-Blanck, Michael: Inszenierung des Evangeliums, Göttingen 1997
Mildenberger, Irene; Ratzmann, Wolfgang (Hrsg.): Beteiligung? Der Gottesdienst als Sache der Gemeinde (BLSp 15), Leipzig 2006
Möller, Christian: Art. Gemeinde. I. Christliche Gemeinde, in: TRE 12 (1984), 316–335
Müller, Wolfgang (Hrsg.): Musikalische und theologische Etüden. Zum Verhältnis von Musik und Theologie (SÖIL 9), Zürich 2012
Müller, Olaf; Pollack, Detlef: Religionsmonitor. Verstehen was verbindet. Religiosität und Zusammenhalt in Deutschland, Gütersloh 2013
Mundry, Johannes: „The Lord is good". Der Gospelkirchentag in Kassel, in: MuK 84/6 (2014), 445–447
Muthesius, Dorothea: Musikerfahrungen im Lebenslauf alter Menschen. Eine Metaphorik sozialer Selbstverortung, Münster u. a. 2002
Nentwig-Gesemann, Iris: Die Typenbildung der dokumentarischen Methode, in: Ralf Bohnsack, Iris Nentwig-Gesemann und Arnd-Michael Nohl (Hrsg.): Die dokumentarische Methode und ihre Forschungspraxis. Grundlagen qualitativer Sozialforschung, Wiesbaden ^{3}2013, 295–323
Nestle, Eberhard; Aland, Barbara (Hrsg.): Das Neue Testament. Griechisch und Deutsch, Stuttgart ^{4}2003
Nicol, Martin: Ereignis und Kritik. Praktische Theologie als hohe Schule der Gotteskunst, in: ZThK 99/2 (2002), 226–238
nob/mab: MDR-Journalistin findet zu Jesus. Von der Atheistin zur Christin: Eine Redakteurin des Mitteldeutschen Rundfunks hat sich im Alter von 28 Jahren taufen lassen. In der Multimedia-Reportage „Glaubenssache" zeichnet die Journalistin ihren Weg zum Glauben nach, 03.11.2016. Online verfügbar unter https://www.pro-medienmagazin.de/medien/internet/2016/11/03/mdr-journalistin-findet-zu-jesus/, aufgerufen am 22.02.2017
Nowack, Thomas: Amazing Grace – das Musical. Ein Mitmach-Konzert, in: Musik & Message. Magazin für christliche Popularmusik 2014/1 (2014), 12–13
Nowack, Thomas: Gospelkirchentag Dortmund 2012 – ein Tagebuch, in: Musik & Message. Magazin für christliche Popularmusik 2012/3 (2012), 22–23
Nowack, Thomas; Pechstein, Jonny: Gospelkirchentag 2014 – das Tagebuch, in: Musik & Message. Magazin für christliche Popularmusik 2014/2 (2014), 28–31
Nüchtern, Michael: Kirche bei Gelegenheit. Kasualien, Akademiearbeit, Erwachsenenbildung (PTHe 4), Stuttgart u. a. 1991
Nüchtern, Michael: Kirche evangelisch gestalten (Heidelberger Studien zur praktischen Theologie 13), Berlin u. a. 2008
Nüchtern, Michael: Kirche in Konkurrenz. Herausforderungen und Chancen in der religiösen Landschaft, Stuttgart 1997
Opitz, Peter: Kirchengeschichtliche Perspektiven, in: Ralph Kunz und Thomas Schlag (Hrsg.): Handbuch für Kirchen- und Gemeindeentwicklung, Neukirchen-Vluyn 2014, 42–48
Osgood, Charles Egerton: The Measurement of Meaning, Urbana u. a. 1967
Osgood, Charles Egerton: Method and Theory in Experimental Psychology, New York ^{5}1964
Pechstein, Jonny: Amazing Grace, in: Musik & Message. Magazin für christliche Popularmusik 2014/2 (2014), 32
Pesch, Rudolf: Die Apostelgeschichte. 1. Teilband (Apg 1-12) (EKK V/1), Zürich u. a. 1986

Pickel, Gert; Jaeckel, Yvonne; Yendell, Alexander: Der Deutsche Evangelische Kirchentag – Religiöses Bekenntnis, politische Veranstaltung oder einfach nur ein Event? Baden-Baden 2015
Pirner, Manfred: Art. Lied, in: LexRP 2, Neukirchen-Vluyn 2001, 1258–1261
Pirner, Manfred L. (Hrsg.): Medien-Macht und Religionen. Herausforderung für interkulturelle Bildung. Referate und Ergebnisse des Nürnberger Forums 2010 (Pädagogische Beiträge zur Kulturbegegnung 29), Berlin 2011
Pirner, Manfred: Art. Musik, in: Norbert Mette und Folkert Rickers (Hrsg.): LexRP 2, Neukirchen-Vluyn 2001, 1363–1367
Pirner, Manfred L.: Musik und Religion in der Schule (ARPäd 16), Göttingen 1999
Pirner, Manfred L.: Religiosität als Gegenstand empirischer Forschung, in: Hans-Ferdinand Angel et al. (Hrsg.): Religiosität. Anthropologische, theologische und sozialwissenschaftliche Klärungen, Stuttgart 2006, 30–52
Pirner, Manfred L.: Theologisch-ästhetische Aspekte der populären Musik, in: Michael Schütz (Hrsg.): Handbuch Popularmusik, München 2008, 213–219
Pohl-Patalong, Uta: Gemeinde. Kritische Blicke und konstruktive Perspektiven, in: PTh 94/6 (2005), 242–257
Pohl-Patalong, Uta: Gemeinde in historischer Perspektive, in: Peter Bubmann et al. (Hrsg.): Gemeindepädagogik, Berlin u. a. 2012, 37–60
Pohl-Patalong, Uta: Gottesdienst erleben. Empirische Einsichten zum evangelischen Gottesdienst, Stuttgart 2011
Pohl-Patalong, Uta: Kirchliche Strukturen im Plural. Analysen, Visionen und Modelle aus der Praxis (Lernort Gemeinde), Schenefeld 2004
Pohl-Patalong, Uta: Ortsgemeinde und übergemeindliche Arbeit im Konflikt. Eine Analyse der Argumentationen und ein alternatives Modell, Göttingen 2003
Pohl-Patalong, Uta: Von der Ortskirche zu kirchlichen Orten. Ein Zukunftsmodell, Göttingen 2004
Preul, Reiner: Kirchentheorie, Berlin u. a. 1997
Preul, Reiner: So wahr mir Gott helfe! Religion in der modernen Gesellschaft, Darmstadt 2003
Preul, Reiner: Die soziale Gestalt des Glaubens. Aufsätze zur Kirchentheorie (MThSt 102), Leipzig 2008
Przyborski, Aglaja; Wohlrab-Sahr, Monika: Qualitative Sozialforschung. Ein Arbeitsbuch (Lehr- und Handbücher der Soziologie), München [4]2014
Ramsel, Carsten: Teilhabeverhalten, Engagement und Distanz, in: Ralph Kunz und Thomas Schlag (Hrsg.): Handbuch für Kirchen- und Gemeindeentwicklung, Neukirchen-Vluyn 2014, 125–131
Rein, Matthias: Spannungsvolle Divergenzen und überraschende Parallelen. Christen in Ost- und Westdeutschland 20 Jahre nach dem Fall der Mauer – ein Vergleich, in: DtPfrBl 109/11 (2009), 577–582
Reinke, Stephan A.: Musik im Kasualgottesdienst. Funktion und Bedeutung am Beispiel von Trauung und Bestattung, Göttingen 2010
Reppenhagen, Martin; Herbst, Michael (Hrsg.): Kirche in der Postmoderne (BEGB 6), Neukirchen-Vluyn 2008
Roloff, Jürgen: Die Apostelgeschichte (NTD 5), Göttingen u. a. [18]1988
Roloff, Jürgen: Die Kirche im Neuen Testament (GNT 10), Göttingen 1993
Roosen, Rudolf: Die Kirchengemeinde – Sozialsystem im Wandel (APrTh 9), Berlin u.a. 1997
Sauerwein, Elmar: Das Kano-Modell der Kundenzufriedenheit. Reliabilität und Validität einer Methode zur Klassifizierung von Produkteigenschaften, Wiesbaden 2000
Scharnberg, Christian: Event – Jugend – Pastoral. Eine quantitativ-empirisch gestützte Theorie des religiösen Jugendevents am Beispiel des Weltjugendtages 2002 (Empirische Theologie 22), Berlin u. a. 2010

Scherle, Peter: Gemeinde auf Zeit. Systematisch-theologische und kirchentheoretische Überlegungen, Vortrag bei der Konsultation „Gemeinde auf Zeit? – Erkundungen und Perspektiven" am 29. Oktober 2016 in Kassel, bislang unveröffentlichtes Manuskript [Publikation im Tagungsband ist in Planung], 1–10

Scherle, Peter: Nachhaltige Kirchenentwicklung, in: Klaus-Dieter Grunwald und Wolfgang Nethöfel (Hrsg.): Kirchenreform jetzt! Projekte – Analysen – Perspektiven (Netzwerk Kirche 1), Hamburg 2005, 39–60

Schlag, Thomas: Öffentliche Kirche. Grunddimensionen einer praktisch-theologischen Kirchentheorie (Theologische Studien: Neue Folge 5), Zürich 2012

Schnelle, Udo: Symbol und Wirklichkeit. Zu einer notwendigen Bedingung johanneischen Denkens, in: ZNT 18/35 (2015), 61–65

Schröer, Henning: Poiesis, Creatura, Charisma. Musik aus theologischer Perspektive, in: Peter Bubmann (Hrsg.): Menschenfreundliche Musik, Politische, therapeutische und religiöse Aspekte des Musikerlebens, Gütersloh 1993, 21–34

Schröer, Henning: Wie musikalisch kann Theologie werden? Ein Plädoyer für die Wahrnehmung von Theophonie, in: Gotthard Fermor, Hans-Martin Gutmann und Harald Schroeter (Hrsg.): Theophonie. Grenzgänge zwischen Musik und Theologie (Hermeneutica 9), Rheinbach 2000, 299–312

Schroeter-Wittke, Harald: Kirchentag als vor-läufige Kirche. Der Kirchentag als eine besondere Gestalt des Christseins zwischen Kirche und Welt (PThe 13), Stuttgart u. a. 1993

Schüßler, Michael: Mit Gott neu beginnen. Die Zeitdimension von Theologie und Kirche in ereignisbasierter Gesellschaft (PThe 134), Stuttgart 2013

Schütz, Alfred; Luckmann, Thomas: Strukturen der Lebenswelt, Konstanz 2003

Schütze, Fritz: Die Technik des narrativen Interviews in Interaktionsfeldstudien, Bielefeld 1977

Schulz, Claudia: Empirische Forschung als praktische Theologie (APTLH 76), Göttingen 2013

Schulz, Claudia; Hauschildt, Eberhard; Kohler, Eike (Hrsg.): Milieus praktisch. Analyse- und Planungshilfen für Kirche und Gemeinde, Göttingen 2008

Schulze, Gerhard: Die Erlebnisgesellschaft. Kultursoziologie der Gegenwart, Frankfurt am Main u. a. ²2005

Schwertner, Siegfried M.: IATG³. Internationales Abkürzungsverzeichnis für Theologie und Grenzgebiete. Zeitschriften, Serien, Lexika, Quellenwerke mit bibliographischen Angaben, Berlin 2016. Online verfügbar unter https://www.degruyter.com/viewbooktoc/product/38642, aufgerufen am 18.11.2016

Sendzik, Sebastian: Chorfreundschaften und musikalische Beziehungen. Der 7. Internationale Gospelkirchentag in Kassel, in: Musik & Message. Magazin für christliche Popularmusik 2014/1 (2014), 26–27

Sigmund, Martin: Komponieren für Events. Zur Rolle der Künste in der Eventkultur, Bielefeld 2013

Soosten, Joachim von: Lebe wild und gefährlich. Kontraste und Kontakte. Erlebnisgesellschaften und Religion, in: LM 34/7 (1995), 17–20

Sulze, Emil: Die evangelische Gemeinde, Leipzig ²1912

Tietz, Christiane: Systematisch-theologische Perspektiven, in: Ralph Kunz und Thomas Schlag (Hrsg.): Handbuch für Kirchen- und Gemeindeentwicklung, Neukirchen-Vluyn 2014, 49–56

Tönnies, Ferdinand: Studien zu Gemeinschaft und Gesellschaft. Hrsg. von Klaus Lichtblau, Wiesbaden 2012

Tuma, René; Schnettler, Bernt; Knoblauch, Hubert: Videographie. Einführung in die interpretative Videoanalyse sozialer Situationen, Wiesbaden 2013

Turner, Victor: Das Ritual. Struktur und Anti-Struktur, Frankfurt u. a. 2005

Ueberschär, Ellen: Wie viel Kirche steckt im Kirchentag? Auch Atheisten sind willkommen, in: ZEIT Online, 02.05.2013. Online verfügbar unter http://www.zeit.de/2013/19/kirchentag-atheisten, aufgerufen am 09.09.2014

Walter, Susanna Yvette: Musical im Superlativ: Hauptprobe von „Amazing Grace", 03.11.2014. Online verfügbar unter http://www.swp.de/bietigheim/lokales/ludwigsburg/musical-im-superlativ_-hauptprobe-von-_amazing-grace_-11162642.html, aufgerufen am 12.03.2017

Weber, Max: Wirtschaft und Gesellschaft. Grundriss der verstehenden Soziologie. Studienausgabe, Tübingen ⁵1976

Wegner, Gerhard: Religiöse Kommunikation und Kirchenbindung. Ende des liberalen Paradigmas?, Leipzig 2014

Weyel, Birgit: Individuelle Religiosität und öffentliche Kirche. Empirische Perspektiven zum Zusammenhang von privater Religion und christlichem Glauben in der Zivilgesellschaft, in: DtPfrBl 114/12 (2014), 678–682

Weyel, Birgit; Gräb, Wilhelm; Heimbrock, Hans-Günter (Hrsg.): Praktische Theologie und empirische Religionsforschung (VWGTh 39), Leipzig 2013

Wilckens, Ulrich: Zum Kirchenverständnis der johanneischen Schriften, in: Karrer, Martin; Kraus, Wolfang; Merk, Otto (Hrsg.): Kirche und Volk Gottes. Festschrift für Jürgen Roloff zum 70. Geburtstag, Neukirchen-Vluyn 2000, 225–254

Wulf, Christoph et al.: Das Soziale als Ritual. Zur performativen Bildung von Gemeinschaften, Opladen 2001

Zimmermann, Johannes (Hrsg.): Kirchenmitgliedschaft. Zugehörigkeit(en) zur Kirche im Wandel (BEGB 5), Neukirchen-Vluyn 2008

Zanger, Cornelia (Hrsg.): Stand und Perspektiven der Eventforschung, Wiesbaden 2010

D 5. Literatur

Online-Texte ohne Autor:

ohne Autor, „Amazing Grace" – Lokalaufführung [...][945], aufgerufen am 11.10.2016
ohne Autor, Der Blick ins Stück, http://www.amazing-grace.de/die-geschichte/der-blick-ins-stueck/, aufgerufen am 12.10.2016
ohne Autor, Ethik-Kodex der Deutschen Gesellschaft für Soziologie (DGS) und des Berufsverbandes Deutscher Soziologinnen und Soziologen (BDS) vom 14.06.2014. Online verfügbar unter http://www.soziologie.de/index.php?id=19, aufgerufen am 28.7.2015
ohne Autor, John Newton – ein Gospelstar, http://www.amazing-grace.de/artikel/details/john-newton-ein-gospelstar/, aufgerufen am 11.10.2016
ohne Autor, Musical. Online verfügbar unter http://www.andreas-malessa.de/page12/, aufgerufen am 12.10.2016
ohne Autor, Neues Musical „Amazing Grace" in Kassel uraufgeführt, im Artikel zitierte Quelle: epd/medio. Online verfügbar unter http://www.ekkw.de/aktuell/14413.htm#a14418, aufgerufen am 12.10.2016
ohne Autor, Veranstaltungskalender, http://www.amazing-grace.de/veranstaltungen/, aufgerufen am 12.10.2016

Online-Videos:

Hotten, Udo: „Loved – Gospelchor Unity – Ltg. Vera Hotten", 13.04.2015. Online verfügbar unter https://www.youtube.com/watch?v=B3w7fHvSGYI, aufgerufen am 19.10.2016
Jochimsen, Hans-Christian, TV-Auftritt „Hans Christian & The Gospel Fellowship LIVE on American TV", 21.05.2014. Online verfügbar unter http://www.youtube.com/watch?v=p-mY8pja7uDg, aufgerufen am 25.7.2015

Für die Forschung verwendete CDs, DVDs und Videoaufzeichnungen (Auswahl):

CD „amazing grace", 2014
DVD „Die 10 Gebote. Ein Pop-Oratorium", LIVE aus der Westfalenhalle Dortmund, 2010
DVD „amazing grace. Ein Chormusical nach einer wahren Geschichte", Die Mitwirkenden-DVD, 2015
DVD „amazing grace. Ein Chormusical nach einer wahren Geschichte", Die Uraufführung live aus der Rothenbach Halle Kassel, 2014
Video-Mitschnitt der Aufführung von „Amazing Grace" in Ludwigsburg (mehrere Kamera-Perspektiven)
Video-Mitschnitt der Aufführung von „Amazing Grace" in Musicalstadt
Video-Mitschnitt des MassChoir I auf dem Gospelkirchentag 2014
Video-Mitschnitt des MassChoir II auf dem Gospelkirchentag 2014

---

[945] Wie oben (Fußnote 944).